Langenscheidt
Universal-Wörterbuch

Russisch

Russisch – Deutsch
Deutsch – Russisch

Langenscheidt

Langenscheidt Universal-Wörterbuch Russisch

Bearbeitet von: Anette Dralle, Anna Kamaeva

Entwickelt auf der Basis des
Langenscheidt Universal-Wörterbuch Russisch
ISBN 978-3-12-514287-9

Lexikografische Bearbeitung: Dr. Rima Breitsprecher, Susanne Brudermüller, Anne Cäsar, Krystyna Konovalova, Dr. Anke Levin-Steinmann, Dr. Irina Levontina

1. Auflage 2024 (1,04 - 2026)

www.langenscheidt.com/kontakt

Projektleitung: Ursula Martini
Typgografisches Konzept nach:
KOCHAN & PARTNER GmbH, München
Satz: Claudia Wild, Konstanz
Druck und Bindung: L.E.G.O. S.p.A., Lavis
Printed in Italy

ISBN 978-3-12-514585-6

Inhalt | Содержание

Hinweise für die Benutzung | Как пользоваться словарём

Die Stichwörter sind streng alphabetisch geordnet. Die Umlaute *ä, ö, ü* werden wie *a, o, u*, das *ß* wie *ss* behandelt. Dementsprechend steht z. B. *trösten* hinter *Trost* und vor *trostlos*. Redensarten und feste Wendungen sind in der Regel unter dem ersten bedeutungstragenden Element der Wendung zu finden, *also gut!* und *mach's gut!* findet man also unter dem Stichwort *gut*.

Russische Stichwörter, deren erster Wortbestandteil mit lateinischen Buchstaben geschrieben wird, werden wie kyrillisch geschriebene Stichwörter alphabetisch eingeordnet:

инъéкция F Injektion *f*
IP-áдрес M IP-Adresse *f*
ипотéка F Hypothek *f*

Die Tilde ~ (das Wiederholungszeichen) vertritt das Stichwort innerhalb des Artikels:

двухмéстный zweisitzig; Doppel-; ~ **нóмер** *m* Doppelzimmer *n*

essen ⟨по⟩éсть, ⟨по⟩кýшать; **zu Mittag** ~ ⟨по⟩обéдать; **zu Abend** ~ ⟨по⟩ýжинать

Bei mehrsilbigen russischen Wörtern wird die Betonung durch einen Betonungsstrich auf dem Vokal (Selbstlaut) der betonten Silbe gekennzeichnet:

еди́нственный einzig

Das Genus der Substantive (M, F, N bzw. *m*, *f*, *n*) und Wortartangaben wie ADJ, IMPF, PRÄP usw. stehen in Kapitälchen bzw. in kursiver Schrift. Das Genus der Substantive ist auch bei Übersetzungen stets angegeben:

я́блоко N Apfel *m*

подо́бный ADJ ähnlich

Reise F путеше́ствие *n*; *Fahrt* пое́здка *f*

Russische Verben treten meist als imperfektive und perfektive Verben auf. In beiden Wörterbuchteilen ist das perfektive Verb in spitzwinkligen Klammern angegeben:

слу́шать 〈послу́шать〉 zuhören (*B dat*)

ansprechen загова́ривать 〈-вори́ть〉

Der Bindestrich ersetzt den leicht zu ergänzenden Teil eines perfektiven Verbs:

beschreiben опи́сывать 〈-са́ть〉

Die zum Stichwort gehörenden Präpositionen bzw. die Kasusangaben im Deutschen und im Russischen sind vor allem dann aufgeführt, wenn sich beide Sprachen hierin unterscheiden:

> **überraschen** удивля́ть ⟨-ви́ть⟩ (**mit** *dat T*)

Erläuternde Hinweise stehen in kursiver Schrift und helfen bei der Wahl der richtigen Übersetzung:

> **Geschichte** F исто́рия *f*; *Erzählung* расска́з *m*

Sachgebiete sind meistens abgekürzt in Kapitälchen angegeben:

> **па́мять** F Gedächtnis *n*; IT Speicher *m*

Russisch – Deutsch

A

а aber; aber doch; sondern; **~ и́менно** und zwar; **~ (не) то́** sonst; andernfalls
абажу́р M Lampenschirm *m*
абитурие́нт M Studienbewerber *m*
або́рт M Abtreibung *f*
абрико́с M Aprikose *f*
абсолю́тно durchaus; ganz
абстра́ктный abstrakt
абсу́рд M Unsinn *m*
аванга́рд M Vorhut *f* (*a. fig*)
ава́нс M Vorschuss *m*
ава́рия F Panne *f*; Unfall *m*
а́вгуст M August *m*
авиа- *in zssgn* Flug-, Luft-
а́виабилет M Flugticket *n*
авиаре́йс M Linienflug *m*; **дешёвый ~** Billigflug *m*
аво́сь *umg* vielleicht; **на ~** aufs Geratewohl
Австра́лия F Australien *n*
австри́ец M, **австри́йка** F Österreicher(in) *m(f)*
А́встрия F Österreich *n*
авто- Auto-
авто́бус M Bus *m* **авто́бусный**; **авто́бусное сообще́ние** N Busverbindung *f* **автовокза́л** M Busbahnhof *m* **автого́нки** *pl* Autorennen *n* **авто́граф** M eigenhändig Geschriebenes *n*; Autogramm *n*
автома́т M Automat *m*; Maschinenpistole *f* **автомоби́ль** M Auto *n* **автомо́йка** F Waschstraße *f* **автоно́мия** F Autonomie *f* **автоотве́тчик** M Anrufbeantworter *m* **автопортре́т** M Selbstporträt *n*
авторите́т M Autorität *f* **автосто́п** M Notbremse *f*; *umg* Trampen *n* **автостоя́нка** F Parkplatz *m* **автостра́да** F Autobahn *f*
аге́нт M Vertreter *m*; Spion *m*
аге́нтство N Agentur *f*
агра́рный Agrar-
агресси́вный aggressiv **агре́ссия** F Aggression *f*; Angriff *m*
ад M Hölle *f* (*a. fig*)
ада́птер M Adapter *m*
адвока́т M Rechtsanwalt *m*
администра́тор M Verwalter
администра́ция F Administration *f*; Verwaltung *f*
а́дрес M Adresse *f*; **~ электро́нной по́чты** E-Mail-Adresse *f*; **~ в интерне́те** Internetadresse *f*

а́дский höllisch; Höllen- (*a. fig*)
аза́рт M Eifer **аза́ртный** Hasard-; **аза́ртная игра́** *f* Glücksspiel *n*
а́збука F Alphabet *n*; Fibel *f*
азиа́тский asiatisch
А́зия F Asien *n*
азо́т M Stickstoff *m*
а́ист M Storch *m*
акаде́мик M Akademiemitglied *n* **акаде́мия** F Akademie *f*; **Акаде́мия худо́жеств (нау́к)** die Akademie der Künste (Wissenschaften)
аквала́нг M Tauchgerät *n* **аквалангист** M Sporttaucher *m*
акваре́ль F Wasserfarbe *f*; Aquarell *n*
аква́риум M Aquarium *n*
аккомпанеме́нт M MUS Begleitung *f* **аккомпани́ровать** MUS (*Д akk*) begleiten
аккура́тный ADJ, **аккура́тно** ADV genau; pünktlich; sauber
акт M Akt *m*; Tat *f*; Protokoll *n*
актёр M, **актри́са** F Schauspieler(in) *m(f)*
актуализи́ровать aktualisieren
аку́ла F Hai(fisch) *m*
акупункту́ра F Akupunktur *f*
акуше́рка F Hebamme *f*
акце́нт M Akzent *m* (*a. fig*)
а́кция F **1** WIRTSCH Aktie *f* **2** Aktion *f*
алкого́ль M Alkohol *m*
аллерги́я F Allergie *f*; **у меня́ ~ на ры́бу** ich bin allergisch gegen Fisch
алле́я F Allee *f*
алма́з M Diamant *m*
алоги́чный unlogisch
алта́рь M Altar *m*
алфави́т M Alphabet *n*
а́лчный habgierig
а́лый blutrot
алыча́ F Kirschpflaume *f*
альбо́м M Album *n*; Kunstmappe *f*
альпи́йский Alpen- **альпини́ст** M Bergsteiger *m*
альт M MUS **1** Bratsche *f* **2** Altstimme *f*
амбулато́рия M Ambulanz *f*
Аме́рика F Amerika *n*; **Соединённые Шта́ты** *mpl* **Аме́рики (США)** Vereinigte Staaten *mpl* von Amerika **америка́нец** M, **америка́нка** F Amerikaner(in) *m(f)* **америка́нский** amerikanisch
ами́нь REL amen
амора́льный unmoralisch
амортиза́тор M TECH (Stoß-)Dämpfer *m*
амплуа́ N THEAT (typische) Rolle *f*
а́мпула F Ampulle *f*
ана́лиз M Analyse *f*
аналоги́чный gleichartig
анало́гия F Analogie *f*
ана́рхия F Anarchie *f*
а́нгел M Engel *m*; **день** *m* **~а** Namenstag *m*
англи́йский englisch; **англи́йская була́вка** *f* Sicher-

heitsnadel *f*; ~ **замо́к** *m* Sicherheitsschloss *n* **англича́нин** M, **англича́нка** F Engländer(in) *m(f)*
А́нглия F England *n*
анекдо́т M Witz *m*; Anekdote *f*
анке́та F Fragebogen *m*
аннота́ция F kurze Inhaltsangabe *f*
аннули́ровать PF stornieren
анса́мбль M Ensemble *n* (*a.* ARCH)
анте́нна F Antenne *f*
анти- *in zssgn* Anti-, -widrig **антиконституцио́нный** verfassungswidrig **антирелигио́зный** antireligiös **антисанита́рный** unhygienisch
анти́чный antik
антра́кт M THEAT Pause *f*
антреко́т M Rippenstück *n*
антура́ж M Milieu *n*
анфила́да F Zimmerflucht *f*
аню́тин: **~ы гла́зки** *pl* Stiefmütterchen *n*
апелля́ция F **1** JUR Berufung *f* **2** Appell *m* (**к** *Д* an *akk*)
апельси́н M Apfelsine *f*
аплоди́ровать Beifall klatschen **аплодисме́нты** *pl* Beifall *m*
апло́мб M (übertriebene) Selbstsicherheit *f*
аппара́т M Gerät *n*; Apparat *m* (*a.* POL)
аппендици́т M Blinddarmentzündung *f*
аппети́т M Appetit *m*; **прия́тного ~а!** guten Appetit!
апре́ль M April *m*
апте́ка F Apotheke *f*; **дежу́рная ~** diensthabende Apotheke *f* **апте́чка** F Reiseapotheke *f*
ара́б M Araber *m*
ара́хис M Erdnuss *f*
арбитра́ж M Schiedsgericht *n*
арбу́з M Wassermelone *f*
аре́на F Arena *f* (*a. fig*)
аре́нда F Pacht *f* **арендова́ть** (IM)PF pachten; mieten
аре́ст M Verhaftung *f* **арестова́ть** verhaften
а́рка F ARCH Bogen *m*
А́рктика F Arktis *f*
арме́йский Armee- **а́рмия** F Armee *f*
арома́т M Duft *m*
арсена́л M Arsenal *n*
арти́ст(ка) M(F) Schauspieler(in) *m(f)*
а́рфа F Harfe *f*
архео́лог M Archäologe *m*
архиепи́скоп M Erzbischof *m*
архите́ктор M Architekt *m* **архитекту́рный** Architektur-, Bau-
арши́н M 0,71 Meter; **ме́рить на свой ~** seine eigenen Maßstäbe anlegen
ассамбле́я F Versammlung *f*
ассорти́ N Mischung *f* (*z.B. Pralinen, Aufschnitt, Mischgemüse*)
ассортиме́нт M Sortiment *n*; Auswahl *f*
а́стма F Asthma *n*

áстра F Aster *f*
асфáльт M Asphalt *m*
атáка F Vorstoß *m*; Angriff *m*
атамáн M Anführer *m*; Räuberhauptmann *m*
ателье́ N Atelier *n*
áтлас M Atlas *m* (*Kartenwerk*)
атмосфéра F Atmosphäre *f* (*a. fig*)
аттестáт M Zeugnis *n*; **~ зрéлости** Reifezeugnis *n*
аттракциóн M Karussell *n* (*auf dem Jahrmarkt*)
аудиоки́ига F Hörbuch *n*
аудитóрия F 1 Hörsaal *m* (*in Hochschulen*) 2 Auditorium *n*; **целевáя ~** Zielgruppe *f*
афéра F *umg* Schwindel *m*
афи́ша F Werbeplakat *n*, Aushang *m*; **~ кинотеáтров** Kinoprogramm *n*
áхать ⟨áхнуть⟩ 1 seufzen 2 staunen (*mst laut*)
ахинéя F *umg* Quatsch *m*
áхнуть → áхать
аэровокзáл M Flughafengebäude *n*; Abfertigungshalle *f*
аэродрóм M Flugplatz *m*
аэропóрт M Flughafen *m*

Б

бáба F 1 *umg* Weib *n* (*oft abwertend*); (Ehe)Frau *f* 2 Bauersfrau *f*; **сне́жная ~** Schneemann *m* **бáба-ягá** F Hexe *f*
бáбий: **бáбье лéто** N Altweibersommer *m* **бáбочка** F Schmetterling *m* **бáбушка** F Großmutter *f*
багáж M Gepäck *n* **багáжник** M Kofferraum *m*; Gepäckträger *m*
бáза F 1 Grundlage *f* 2 Lager *n* 3 Stützpunkt *m*
базáр M Markt *m*; *fig* Rummel *m*
байдáрка F Kajak *m*
бак M Tank *m*
баклажáн M Aubergine *f*
бал M *Tanz* Ball *m*
балагáн M Posse *f*
балáнс M Balance *f*; Bilanz *f*
балери́на F Balletttänzerin *f*
балéт M Ballett *n*
балкóн M 1 Balkon 2 THEAT Rang
балл M Grad *n*; Note *f*; Punkt *m*
баллóн M Ballon *m*; Gasflasche *f*; Reifen *m*
баллоти́роваться kandidieren
баловáть V/T verhätscheln; verzärteln
балти́йский baltisch; **Балти́йское мóре** *n* Ostsee *f*
балы́к M gedörrter Störrücken *m*
бальзáм M: **~ для губ** Lippenbalsam *m*
бамбу́к M Bambus *m*
бáмпер M Stoßstange *f*
банáн M Banane *f*

бандеро́ль F Päckchen *n*
банди́т M Bandit *m*
банк M Bank *f*
ба́нка F Einmachglas *n*; Dose *f*
банке́т M Festessen *n*
банкома́т M Geldautomat *m*
бант M Schleife *f*
ба́ня F Dampfbad *n*; Sauna *f*
бар M Bar *f*
бараба́н M Trommel *f*
бара́к M Wohnbaracke *f*
бара́н M Hammel *m*
барахло́ N Plunder *m* **барахо́лка** F Flohmarkt *m*
барда́к M *umg* **1** Bordell *n* **2** Unordnung *f*
ба́ржа F Lastkahn *m*
ба́рин M Gutsherr *m*
барс M Schneeleopard *m*
барсу́к M Dachs *m*
ба́рхат M Samt *m*
ба́рхатный samten, Samt-; **~ сезо́н** *m* Herbsturlaubssaison *f* im Süden
бары́ш M Profit *m* (*mst unfair*)
барье́р M Schranke *f*
бас M Bass *m*
басносло́вный fabelhaft
ба́сня F Fabel *f*; Faselei *f*
бассе́йн M Schwimmbad *n*
бастова́ть streiken
батаре́йка F Batterie *f*; **на батаре́йках** batteriebetrieben
батаре́я F Batterie *f*; Heizkörper *m*
бато́н M Weißbrot *n* **бато́нчик** M GASTR Riegel *m*; **шокола́дный ~** Schokoriegel *m*
ба́тюшка M *umg* **1** russischer Priester *m* **2** HIST (Herr) Vater *m*; **ба́тюшки!** du liebe Zeit!
башма́к M Schuh *m*
ба́шня F Turm *m*
бая́н M Ziehharmonika *f*
бди́тельный wachsam
бег M Lauf *m* **бега́** *pl* (Pferde-)Rennen *n*; **быть в ~х** entlaufen sein; *umg* auf der Flucht sein
бе́гать (hin und her) laufen; rennen
бегемо́т M Nilpferd *n*
бегле́ц M Entlaufene(r) *m* **бе́гло** fließend **бе́гство** N Flucht *f*
беда́ F Unglück *n*; **попа́сть в беду́** ins Unglück geraten; **не ~** *umg* macht nichts; **лиха́ ~ нача́ло** aller Anfang ist schwer
бе́дный arm
бедро́ N Schenkel *m*; Hüfte *f*
бе́дственный elend; miserabel **бе́дствие** N Not *f*; Unglück *n*; **стихи́йное ~** *n* Naturkatastrophe *f*
бежа́ть **1** ⟨**побежа́ть**⟩ rennen; (hin)laufen **2** (IM)PF fliehen
бе́женец M Flüchtling *m*
без *P* ohne *A*
без- -los; -frei
безалкого́льный alkoholfrei; **~ напи́ток** *m* Softdrink *m*
безбра́чие N Zölibat *n* **безве́стный** unbekannt **безвку́сный** geschmacklos; kitschig **безвозду́шный** luftleer **безвозме́здный** unentgeltlich **безвре́дный**: **~ для окружа́ющей среды** umwelt-

verträglich **безвре́менье** N böse Zeiten *pl*

безгра́мотный unwissend; fehlerhaft **безда́рный** unbegabt **безде́йствовать** untätig sein **безде́лица** F Kleinigkeit *f* **безде́лье** N Müßiggang *m*

бе́здна F Untiefe *f*

бездо́мный obdachlos **бездо́нный** bodenlos **бездоро́жье** N schlechter Zustand *m* der Straßen **безду́шный** herzlos **беззабо́тный** sorgenfrei **беззако́ние** N Gesetzwidrigkeit *f* **беззащи́тный** schutzlos **безлакто́зный** laktosefrei **безли́чный** unpersönlich **безмяте́жный** ruhig; sorglos **безнадёжный** hoffnungslos **безнра́вственный** unmoralisch **безоби́дный** harmlos

безобра́зие N Hässlichkeit *f*; Gemeinheit *f*, Unfug *m* **безобра́зный** scheußlich

безоговоро́чный vorbehaltlos; bedingungslos

безопа́сность F Gefahrlosigkeit *f*, Sicherheit *f*; **госуда́рственная ~** Staatsicherheit **безопа́сный** sicher; gefahrlos

безору́жный unbewaffnet; *fig* wehrlos

безотве́тный 1 demütig 2 ohne Antwort (zu bekommen); **безотве́тная любо́вь** *f* unerwiderte Liebe *f* **безотве́тственный** verantwortungslos

безотчётный unbewusst **безоши́бочный** genau richtig, fehlerfrei

безрабо́тица F Arbeitslosigkeit *f* **безрабо́тный** arbeitslos **безразли́чный** gleichgültig **безрезульта́тный** erfolglos **безро́потный** ohne zu murren; ergeben

безуда́рный unbetont **безу́держный** unaufhaltsam **безу́мный** verrückt (*a. fig*) **безусло́вный** unbedingt **безуча́стный** apathisch

безымя́нный namenlos; anonym; **~ па́лец** *m* Ringfinger **безысхо́дный** hoffnungslos

белиберда́ F Unsinn *m*

бе́лка F Eichhörnchen *n*

бело́к M Eiweiß *n*

белоку́рый blond **бе́лый** weiß

бельё N Wäsche *f*; **посте́льное ~** Bettwäsche *f*; **ни́жнее ~** Unterwäsche *f*

бельмо́ N MED weißer Star *m*

бельэта́ж M THEAT erster Rang *m*

бемо́ль → **до**

бензи́н M Benzin *n*

бензоколо́нка F Tankstelle *f*

бе́рег M Ufer *n*; Küste *f*

бе́режный behutsam

берёза F Birke *f*

бере́менная schwanger

бере́чь ⟨**сбере́чь**⟩ hüten, (auf)bewahren; **береги́сь!** Vorsicht!

берло́га F Bärenhöhle *f*; *fig* Bude *f*
бес M Teufel *m*; Dämon *m*
бес- → без-
бесе́да F Unterhaltung *f*; **неформа́льная ~** Small Talk *m*
бесе́дка F Pavillon *m*
бесе́довать ⟨**побесе́довать**⟩ sich unterhalten
беси́ть ⟨**взбеси́ть**⟩ in Wut bringen
беси́ться ⟨**взбеси́ться**⟩ **1** an Tollwut erkranken **2** vor Wut toben
бескозы́рка F Matrosenmütze *f*
бесконе́чный endlos; ewig **бескра́йний** grenzenlos; unermesslich **бескро́вный** **1** ohne Blutvergießen **2** blutlos
бесноваться wüten; toben
беспардо́нный *umg* rücksichtslos; frech **беспе́чный** sorgenfrei **беспла́тный** kostenlos; frei **беспло́дный** unfruchtbar; unergiebig; fruchtlos (*a. fig*) **беспло́тный** körperlos **бесповоро́тный** unwiderruflich; **оконча́тельно и бесповоро́тно** endgültig **бесподо́бный** unvergleichlich
беспоко́ить **1** ⟨**побеспоко́ить**⟩ stören; belästigen **2** ⟨**обеспоко́ить**⟩ beunruhigen
беспоко́иться ⟨**побеспоко́иться**⟩ sich Sorgen machen (**о** *T* wegen *gen*)
беспоко́йный unruhig; bewegt **беспо́мощный** hilflos; schwach **беспоря́дки** *pl* Unruhen *pl* **беспоря́док** M Unordnung *f* **беспреде́льный** grenzenlos, maßlos **беспрепя́тственный** ungehindert **беспреры́вный** ununterbrochen **беспризо́рный** verwahrlost **бесце́нный** unschätzbar **бесцеремо́нный** rücksichtslos; unverfroren
бесчелове́чный unmenschlich; grausam **бесче́стить** entehren **бесче́стный** ehrlos **бесче́стье** N Schmach *f* **бесчи́нствовать** Unfug treiben **бесчу́вственный** gefühllos; mitleidslos **бесшаба́шный** übermütig; verwegen **бесшу́мный** geräuschlos
бе́шенство N (Toll)Wut *f*
библиоте́ка F Bibliothek *f*
Би́блия F Bibel *f*
бижуте́рия F Modeschmuck *m*
би́знес-кла́сс M Business Class *f* **би́знес-консульта́нт** M Unternehmensberater(in) *m(f)*
биле́т M (Fahr-, Eintritts)Karte *f*, Ticket *n*; **электро́нный ~** E-Ticket *n*
бино́кль M Fernglas *n*; Opernglas *n*
бинт M Binde *f*
би́ржа F Börse *f*; **фо́ндовая ~** Effektenbörse *f*; **~ труда́** Arbeitsagentur *f*, Jobbörse *f*

би́рка F Kofferanhänger *m*; Etikett *n*
бирюза́ F Türkis *m*
бирю́льки FPL: **игра́ть в ~** seine Zeit vergeuden
бис INT noch einmal!; da capo!; **исполня́ть на ~** eine Zugabe geben
бискви́т M Biskuit *n*
би́тва F Schlacht *f*
битко́м brechend voll
бито́чки *pl* Fleischklößе *mpl*
бить 1 ⟨**поби́ть**⟩ schlagen; prügeln 2 ⟨**заби́ть**⟩ sprudeln; **фонта́н бьёт** der Springbrunnen ist in Betrieb; **~ ключо́м** hervorsprudeln; **жизнь бьёт ключо́м** das Leben pulsiert; **~ трево́гу** Alarm schlagen (*a. fig*); **~ в бараба́н** die Trommel rühren; **~ в ладо́ши** in die Hände klatschen; **~ в глаза́** in die Augen springen; **меня́ бьёт лихора́дка** ich habe Schüttelfrost; **~ по самолю́бию** das Ehrgefühl verletzen; **~ по карма́ну** ins Geld gehen; **~ на эффе́кт** Effekthascherei betreiben
би́ться ⟨**поби́ться**⟩ sich schlagen; kämpfen; **~ в исте́рике** um sich schlagen
бифште́кс M Beefsteak *n*
бич M Peitsche *f*; *fig* Geißel *f*
бла́го 1 N Wohl *n*; **бла́га** *pl* Güter *pl* 2 da doch; umso mehr als
благове́щенье N Maria Verkündigung *f* **благови́дный** angemessen; **под благови́дным предло́гом** unter einem passenden Vorwand **благовоспи́танный** wohlerzogen **благогове́ть** verehren (**пе́ред** *T akk*) **благодари́ть** ⟨**поблагодари́ть**⟩ danken (*В dat*) **благодаря́** dank (*Д dat*)
блага́ть F Segen *m*; *fig umg* Wonne *f* **благоде́нствие** N Wohlstand *m* **благоде́тель** M Wohltäter *m* **благодея́ние** N Wohltat *f* **благо́й** gut; **блаѓие наме́рения** *pl* gute Vorsätze *pl* **благополу́чие** N Wohlergehen *n* **благоприя́тный** günstig; lobend **благоразу́мный** vernünftig **благоро́дный** edel **благоскло́нность** F Wohlwollen *n* **благослове́ние** N Segen *m*; Billigung *f*
благотвори́тельность F Wohltätigkeit *f* **благотво́рный** wohltuend **благоустро́енный** wohl geordnet; gut eingerichtet **благоуха́ть** duften (*T nach dat*); Wohlgerüche ausströmen **благоче́стивый** fromm
блаже́нный selig; töricht
блажь F Laune *f*; Grille *f*
бланк M Formular *n*
блат M Vetternwirtschaft *f*; **по бла́ту** durch Protektion **блатно́й** 1 kriminell; **~ жарго́н** *m* Gaunersprache *f* 2 *umg* → блат

бледне́ть ⟨**побледне́ть**⟩ erblassen **бле́дный** bleich; blass
блёклый fahl; welk; verblasst
бле́кнуть ⟨**побле́кнуть**⟩ fahl werden; verblassen
бле́ск M Glanz *m* **блесна́** F Köder *m* **блесте́ть** ⟨**блесну́ть**⟩ glänzen **блестя́щий** glänzend (*a. fig*)
блеф M Bluff *m*
бле́ять blöken; meckern
ближа́йший nächst(er) **бли́же** näher
бли́зкий nah; **бли́зкие** *pl* die Nächsten *pl* **близнецы́** *pl* Zwillinge *pl* **близору́кий** kurzsichtig (*a. fig*)
блин[1] M Pfannkuchen *m*; Plinse *f*; Omelette *n*
блин[2] *vulg* INT Scheiße!; → блядь 2.
блинда́ж M Unterstand *m*
бли́нчик M Omelette *n*
блиста́ть ⟨**блесну́ть**⟩ **1** glänzen **2** brillieren (*T* mit *dat*)
блог M Blog *m*; **вести́ ~** bloggen **бло́гер** M Blogger *m*
блок M Block *m*
блока́да F Blockade *f*; Sperre *f*
блокно́т M Notizbuch *n*
блокче́йн M Blockchain® *m*
блоха́ F Floh *m*
блужда́ть umherirren
блу́зка F Bluse *f*
блю́до N flache Schüssel *f*; Gericht *n*; **национа́льное ~** Nationalgericht *n*
блю́дце N Untertasse *f*
блюсти́ ⟨**соблюсти́**⟩ **1** wahrnehmen; wahren **2** behüten
блядь *vulg* **1** F Nutte **2** INT Scheiße!
боб M Bohne *f*
бобёр M Biber *m*
бог M, **Бог** M Gott *m*; **~ с ним** von mir aus; **сла́ва бо́гу** Gott sei Dank! **ра́ди бо́га** um Gottes willen; **как ~ на́ душу поло́жит** wie es einem gerade einfällt; **не ~ весть како́й** nichts Besonderes; **ви́дит ~** bei Gott!
бога́тство N Reichtum *m* **бога́тый** reich
богаты́рь M Held *m*
бога́ч M Krösus *m*
боги́ня F Gottin *f* **богомо́лец** M Pilger *m* **Богоро́дица** F Mutter Gottes *f*
бода́ть ⟨**бодну́ть**⟩ mit den Hörnern stoßen
бо́дрствовать IMPF wachen
бо́дрый munter
боду́н M *umg* Kater *m*; Katzenjammer *m*; **с бодуна́** verkatert
боеви́к M **1** Mitglied *n* eines (illegalen) bewaffneten Trupps **2** Schlager *m* (*mst Film*)
боец M Soldat *m*
бо́же INT mein Gott!
божи́ться ⟨**побожи́ться**⟩ bei Gott schwören
бой M Gefecht *n*
бо́йкий lebhaft; forsch
бойко́т M Boykott *m*
бо́йня F Schlachthof *m*; *fig* Gemetzel *n*

бок M Seite *f*; Flanke *f*
бокáл M Weinglas *n*
бокс M 1 Boxen *n* 2 Box *f*
бóксеры *pl* Boxershorts *pl*
болвáн M Dummkopf *m*
бóлее → бóльше
болéзнь F Krankheit *f*
болéльщик M Sportfreund *m*; Fan *m* **болéть** 1 krank sein; schmerzen; wehtun 2 SPORT die Daumen drücken (**за** *B* für *akk*) **болеутоляющий** schmerzstillend
болóто N Sumpf *m* (*a. fig*)
болт M Bolzen *m*; Schraube *f*
болтáть ⟨**поболтáть**⟩ plaudern **болтáться** baumeln; schlottern; sich herumtreiben
болтýн M, **болтýнья** F, **болтýшка** F Schwätzer(in) *m(f)*
боль F Schmerz *m* **бóльно** *Д* es tut j-m weh **больнóй** krank
бóльше mehr **большинствó** N Mehrzahl *f*; Mehrheit *f* **большóй** groß
боля́чка F wunde Stelle *f*; Schorf *m*
бóмба F Bombe *f*
бомж M (без определённого места жительства) Obdachlose(r) *m*
бóнус Ь Bonus *m*
борéц M Kämpfer *m*
бормотáть ⟨**пробормотáть**⟩ murmeln; brummen
бóров M Eber *m*
бородá F Bart *m*
бородáвка F Warze *f*
бороздá F Furche *f*; Rille *f*
борóться kämpfen
борт M Bord *m*
борщ M rote Rübensuppe *f*
борьбá F Kampf *m*
босикóм barfuß
босонóжки *pl* Sandaletten *pl*
ботúнки *pl* Schuhe *pl*
бóчка F Fass *n*
боязлúвый scheu
боя́рышник M Hagedorn *m*
боя́ться Angst haben (*P* vor *dat*)
бра N Wandlampe *f*
бравáда F Prahlerei *f*
брáга F selbstgebrautes Bier *n*
брак[1] M Ehe *f*
брак[2] M TECH Ausschuss *m*
бранúть(ся) schimpfen
брань F 1 Zank *m* 2 Schelte *f*
браслéт M Armband *n*
брасс M Brustschwimmen *n*
брат M Bruder *m* **брáтский** brüderlich
брать ⟨**взять**⟩ nehmen; **~ с собóй** mitnehmen; **~ на себя́** auf sich nehmen; **~ в скóбки** einklammern; **~ в толк** begreifen; **~ верх** den Sieg davontragen; **~ гóлыми рукáми** mühelos erreichen; **~ себя́ в рýки** sich beherrschen; **~ и сдéлать** tun, ohne sich lange zu überlegen
брáться ⟨**взя́ться**⟩ 1 fassen (**за** *B akk*) 2 auf sich nehmen (**за** *B akk*); **~ написáть статью** sich verpflichten, einen Artikel zu schreiben; **~ за дéло** sich

ins Zeug legen; **бра́ться за́ руки** einander an den Händen fassen; **отку́да э́то взяло́сь?** wo hat man das her?
бревно́ N Holzstamm *m*
бред M Fieberwahn *m*; *fig* Unsinn *m* **бре́дить** im Fieber sprechen; *fig* spinnen; *fig* träumen (*I* von *dat*)
брезгли́вый Ekel empfindend
брезе́нт M Zelttuch *n*
бре́зжить 〈**забре́зжить**〉 schimmern; dämmern
бре́мя N Last *f* (*a. fig*)
бре́нный vergänglich
брести́ sich schleppen; langsam gehen
брига́да F Brigade *f*
бриллиа́нт M Diamant *m*
бри́тва F Rasierapparat *m*
бри́ть(ся) 〈**побри́ть(ся)**〉 (sich) rasieren
бровь F Braue *f*; **попа́сть не в ~, а в глаз** den Nagel auf den Kopf treffen
брод M Furt *f* **броди́ть** (umher)wandern **бродя́га** M Landstreicher *m*
бро́коли F Brokkoli *m*
бро́нза F Bronze *f*
брони́ровать 〈**заброни́ровать**〉 reservieren (*Plätze im Flugzeug, Fahrkarten, Hotelzimmer*)
броса́ть 〈**бро́сить**〉 (hin)werfen; verlassen; **да брось ты!** hör doch auf! **броса́ться** 〈**бро́ситься**〉 sich stürzen; **~ в глаза́** in die Augen springen
бро́ский auffallend
бро́шка F Brosche *f*
брус M Balken *m*
брусни́ка F Preiselbeere *f*
брусо́к M Block *m*; Kantholz *n*
брусча́тка F Pflastersteine *pl*
бры́згать 〈**бры́знуть**〉 spritzen
бры́нза F Schafskäse *m*
брысь INT weg! (*Katze*)
брюзгли́вый mürrisch
брю́ки *pl* Hose *f*
брюне́т M, **брюне́тка** F Brünette *m/f*
брю́хо N Bauch *m*
бря́кать 〈**бря́кнуть**〉 klappern; *fig umg* unbedacht herausplatzen
бряца́ть klirren
бу́бен M Tamburin *n* **бубе́нчик** M Schelle *f*
бу́блик M Kringel *m*
бубни́ть vor sich hin brummen
бу́бны *pl* Karo *n*
бугО́р M Hügel *m*
будешь, **будет**, **буду**, **будут**, **будь** → **быть**
буди́льник M Wecker *m*
буди́ть 〈**разбуди́ть**〉 aufwecken
бу́дка F Häuschen *n*; Bude *f*
бу́дний: **~ день** M Werktag *m*; **по бу́дним** werktags
бу́дто als ob
бу́дущее N Zukunft *f*
буженИ́на F gekochter Schinken *m*
бузина́ F Holunder *m*
бу́йвол M Büffel *m*

бу́йный wild; stürmisch
бук M Buche *f*
бука́шка F Käferchen *n*
бу́ква F Buchstabe *m* **бу́квальный** wörtlich **буква́рь** M Fibel *f*
буке́т M Blumenstrauß *m*
букле́т M Faltblatt *n*; Flyer *m*
букси́р M Schlepper *m*
буксова́ть ⟨**забуксова́ть**⟩ gleiten; durchrutschen
була́вка F Nadel *f*
бу́лка F, **бу́лочка** F Brötchen *n* **бу́лочная** F Bäckerei *f*
бултыха́ться ⟨**бултыхну́ться**⟩ ins Wasser plumpsen; plantschen
булы́жник M Pflasterstein *m*
бульва́р M Boulevard *m*
бу́лькать gluckern; glucksen
бульо́н M Brühe *f*
бума́га F Papier *n* **бума́жник** M Brieftasche *f*
бу́нт M Aufruhr *f* **бунтова́ть** sich empören
бура́н M Schneesturm *m*
буреве́стник M Sturmvogel *m* (*a. fig*) **бурело́м** M Sturmschäden *pl* (*an Bäumen*)
бури́ть ⟨**пробури́ть**⟩ bohren
бурли́ть brodeln; wallen
бу́рный ungestüm (*a. fig*)
бу́рый braun
бу́ря F Sturm *m*
бутербро́д M belegtes Brot *n*
буто́н M Knospe *f*
буты́лка F Flasche *f*
бу́фер M Dämpfer *m*; Puffer *m*
буфе́т M Büfett *n*
буха́нка F Laib *m*
бу́хать ⟨**бу́хнуть**⟩ knallen
бухга́лтер M Buchhalter *m*
бу́хты-бара́хты: **с ~** holterdiepolter; auf die Schnelle
бушева́ть brausen; wüten; tosen; toben
буя́н M Raufbold *m*
бы: **я ~ пошёл** ich würde gehen
быва́ть vorkommen; (manchmal) sein; besuchen; **как не быва́ло** spurlos verschwunden sein; **чего́ (то́лько) не быва́ет!** was es nicht alles gibt!
бы́вший ehemalig
бык M Stier *m*
бы́ло beinahe; **я ~ уже́ ушёл** beinahe wäre ich gegangen
быль F wahrer Vorfall *m*
бы́стро schnell
быт M Alltag *m*; Lebensweise *f*
быть sein; **будь что бу́дет** komme, was da wolle; **бу́дет тебе́** hör auf; **так и ~** meinetwegen!
бюдже́тный Spar-; **~ вариа́нт** *m* Sparvariante *f*
бюро́ N Büro *n* **бюрокра́т** M Bürokrat *m*
бюстга́льтер M Büstenhalter *m*

В

в, **во** PRÄP *В*, *П* in; an; um; zu; nach; während; **идти́ ~ го́род** in die Stadt gehen; **~ Москву́** nach Moskau; **~ чемода́н** in den Koffer; **~ пя́тницу** am Freitag; **~ де́сять часо́в** um zehn Uhr; **~ январе́** im Januar; **он ~ о́тпуске** er ist im Urlaub; **игра́ть ~ футбо́л** Fußball spielen; **смотре́ть ~ окно́** durchs Fenster schauen; **~ дождь** bei Regen; **~ честь** zu Ehren; **~ гостя́х** zu Besuch

ваго́н M Eisenbahnwagen *m*; **спа́льный ~** Schlafwagen *m*; **купе́йный ~** Abteilwagen *m*

вагон-рестора́н M Speisewagen *m*, Zugrestaurant *n*

ва́жность F Wichtigkeit *f*; Bedeutung *f*; Hochmut *m*; Großtuerei *f*; **велика́ ~!** das ist ganz unwichtig! **ва́жный** wichtig

ва́за F Vase *f*; Schale *f*

вай-фа́й M IT Wi-Fi *n*

вакци́на F Impfstoff *m*

вал M **1** Welle *f* **2** Erdwall *m* **3** Bruttoproduktion *f*

ва́ленки *pl* Filzstiefel *pl*

валерья́нка F *umg* Baldriantropfen *pl*

вале́т M Bube *m* (*Karte*)

вали́ть **1** ⟨**повали́ть**, **свали́ть**⟩ umstoßen; umwerfen **2** ⟨**повали́ть**⟩ zusammenströmen; **дым повали́л** der Rauch stieg in dicken Wolken auf; **снег вали́т** es schneit in großen Flocken; **вали́ отсю́да!** *umg* raus mit dir!

вали́ться ⟨**повали́ться**, **свали́ться**⟩ (um)fallen; **у меня́ всё из рук ва́лится** mir fällt alles aus den Händen; *fig* ihm gelingt nichts; **~ с ног от уста́лости** vor Müdigkeit umfallen

вальс M Walzer *m*

валю́та F Währung *f* **валю́тный** Währungs-; **Междунаро́дный ~ фонд (МВФ)** *m* Internationaler Währungsfonds *m* (IWF)

валя́ть **1** ⟨**обваля́ть**⟩ umherwälzen **2** ⟨**сваля́ть**⟩: **~ дурака́, ва́ньку ~** faulenzen; sich dumm stellen; **валя́й (говори́)!** *umg* los! raus mit der Sprache! **валя́ться** umherliegen; sich wälzen; herumliegen

вам *Д*, **ва́ми** *Т* → **вы**

ва́нна F Badewanne *f* **ва́нная** F Badezimmer *n*

ва́режки *pl* Fausthandschuhe *pl*

варе́ники *pl* mit Beeren od Quark gefüllte Teigtaschen *pl*

варе́нье N Konfitüre *f* (*Eingemachtes*)

вариа́нт M Variante *f*; Fassung *f*

вари́ть(ся) ⟨**свари́ть(ся)**⟩ kochen *v/t* (*v/i*); **голова́ у него́ ва́рит** er hat Köpfchen

варьи́ровать variieren
вас *P, B, П* → вы
ва́та F Watte *f*
ватру́шка F Käsekuchen *m*
ва́фля F Waffel *f*
ва́хта F Wache *f*; Schicht *f* **вахтёр** M Wächter *m*; Pförtner *m*
ваш euer; Ihr
вая́ть ⟨**изва́ять**⟩ meißeln; aus Stein hauen
вбега́ть ⟨**вбежа́ть**⟩ hereinlaufen
вбива́ть ⟨**вбить**⟩ einschlagen; **вбить себе́ в го́лову** sich in den Kopf setzen
вблизи́ ADV, PRÄP *P* in der Nähe (von *dat*)
введе́ние N Einführung *f*
ввезти́ → ввози́ть
вверх nach oben; herauf **вверху́** oben
ввести́ → вводи́ть
ввиду́ PRÄP *P* wegen *gen*
ввинчивать ⟨**ввинти́ть**⟩ einschrauben
вводи́ть ⟨**ввести́**⟩ einführen; *fig* verhängen
ввози́ть ⟨**ввезти́**⟩ einführen; hineinfahren; importieren
вво́лю nach Herzenslust
ВВС (**вое́нно-возду́шные си́лы**) *pl* Luftwaffe *f*
ввысь in die Höhe
ввя́зываться ⟨**ввяза́ться**⟩ sich einmischen; sich einlassen (**в** *B* in *akk*)
вглубь in die Tiefe
вгля́дываться ⟨**вгляде́ться**⟩ aufmerksam betrachten (**в** *B akk*); starren
вгоня́ть ⟨**вогна́ть**⟩ hineinjagen
вдава́ться hineinragen; ~ **в подро́бности** auf Einzelheiten eingehen
вда́вливать ⟨**вдави́ть**⟩ hineindrücken
вдалеке́, **вдали́** in der Ferne **вдаль** ins Weite
вдво́е zweifach **вдвоём** zu zweit **вдвойне́** doppelt
вдева́ть ⟨**вдеть**⟩ durchziehen; einfadeln
вдоба́вок zu alledem
вдова́ F Witwe *f* **вдове́ц** M Witwer *m*
вдо́воль vollauf; hinreichend
вдоль entlang (*P*, **по** *Д akk*)
вдох M Einatmen *n*
вдохнове́ние N Begeisterung *f*
вдохну́ть → вдыха́ть
вдре́безги in kleine Stücke; in Trümmer
вдруг plötzlich
вду́мываться ⟨**вду́маться**⟩ sich hineindenken; sich vertiefen (**в** *B* in *akk*)
вдыха́ть ⟨**вдохну́ть**⟩ einatmen
вебина́р M Webinar® *n*
веб-регистра́ция F Online-Check-in *m*
вега́н(ка) M(F) Veganer(in) *m(f)*
вега́нский vegan
вегетариа́нец M Vegetarier *m* **вегетариа́нка** F Vegeta-

rierin *f* **вегетариа́нский** vegetarisch
ве́дение N Kompetenz *f* **ве́домство** N Behörde *f*
ведро́ N Eimer *m*
ведь doch, ja
ве́дьма F Hexe *f*
ве́ер M Fächer *m*
ве́жливый höflich
везде́ überall
везти́ 1 V/I bringen, fahren; überführen; holen 2 ⟨**повезти́**⟩: **мне везёт** ich habe Glück; **мне не везёт** ich habe Pech
век M Jahrhundert *n*; Zeit *f*
ве́ко N Augenlid *n*
веле́ть (IM)PF befehlen
велика́н M Riese *m*
вели́кий groß; **боти́нки мне велики́** die Schuhe sind mir zu groß
Великобрита́ния F Großbritannien *n*
великодержа́вный Großmacht- **великоду́шный** großmütig **великоле́пный** großartig
велича́вый, **вели́чественный** erhaben; majestätisch **вели́чество** N Majestät *f* **вели́чие** N Erhabenheit *f* **величина́** F Größe *f*
ве́лнес M Wellness *f* **ве́лнес-оте́ль** M Wellnesshotel *n* **велосипе́д** *m* Fahrrad *n*
Ве́на F Wien *n*
ве́на F Vene *f*
Ве́нгрия F Ungarn *n*
ве́ник M Besen *m*
вено́к M Kranz *m*
венча́ние N kirchliche Trauung *f*; Krönung *f*
вепрь M Eber *m*
ве́ра F Glaube(n) *m* (**в** *B* an *akk*)
ве́рба F Weide *f*
верблю́д M Kamel *n*
вербова́ть ⟨**завербова́ть**⟩ anwerben
верёвка F Strick *m*; Leine *f*
верени́ца F Reihe *f*; Zug *m*
ве́рить ⟨**пове́рить**⟩ glauben (**в** *B* an *akk*); vertrauen (*Д dat*)
вермише́ль F Fadennudeln *pl*
верну́ть(ся) → **возвраща́ть(ся)**
ве́рный 1 richtig; wahr; **ве́рно** das stimmt; wahrscheinlich 2 treu
вероисповеда́ние N Konfession *f*; **свобо́да вероисповеда́ния** Religionsfreiheit *f*
вероя́тно wahrscheinlich
ве́ртел M Bratspieß *m*
верте́ть herumdrehen
вертолёт M Hubschrauber *m*
верфь F Werft *f*
верх M Oberteil *n*; Gipfel *m* **верхо́вный** oberst **верхо́м** zu Pferd
верху́шка F Spitze *f*; *fig* Spitzen *pl*
верши́на F Gipfel *m* (*a. fig*)
вес M Gewicht *n* (*a. fig*)
весёлый fröhlich; heiter
весе́нний Frühlings-
ве́сить V/I wiegen
весло́ N Ruder *n*

весна́ F Frühling *m*
вести́ ⟨повести́⟩ (an)führen
вестибю́ль M Vorhalle *f*
ве́стник M **1** Bote *m* **2** Informationsblatt *n* **весть** F Nachricht *f*
весы́ *pl* Waage *f*
весь M **вся** F, **всё** N, **все** *pl* all; ganz
весьма́ höchst
ветвь F Zweig *m* (*a. fig*)
ве́тер M Wind *m*
ве́тка F Zweig *m*; Reis *n*
ве́треный windig; *fig* leichtsinnig
ве́тхий abgenutzt; gebrechlich; hinfällig; **Ве́тхий заве́т** *m* Altes Testament *n*
ветчина́ F Schinken *m*
ве́чер M Abend *m*
ве́чность F Ewigkeit *f* **ве́чный** ewig; *fig* dauernd
ве́шалка F Kleiderbügel *m*; Aufhänger *m* **ве́шать ⟨пове́сить⟩** (auf)hängen **ве́шаться ⟨пове́ситься⟩** sich erhängen
веща́ние N Sendung *f*; **~ тра́фика** Verkehrsmeldung *f*
веще́ственный substanziell; **веще́ственное доказа́тельство** *n* Beweisstück *n* **вещество́** N Stoff *m*; Substanz *f*
ве́щий prophetisch
вещь F Ding *n*; Sache *f*; **ве́щи** *pl* Gepäck *n*; **э́то в поря́дке веще́й** das ist ganz normal
взад: **ни ~ ни вперёд** weder vor- noch rückwärts
взад-вперёд hin und her
взаи́мный gegenseitig
взаимоде́йствие N Wechselwirkung *f*; Zusammenwirken *n*
взаимозави́симость F wechselseitige Abhängigkeit *f*
взаимозаменя́емый austauschbar **взаимоисключа́ющий** einander ausschließend **взаимоотноше́ния** *pl* Beziehungen *pl* **взаимопо́мощь** F gegenseitige Hilfe *f*
взаимопонима́ние N Einvernehmen *n* **взаимосвя́зь** F Wechselbeziehung *f*
взаймы́ auf Borg
взаме́н ADV als Ersatz; PRÄP anstatt (*P gen*)
взаперти́ eingesperrt
взба́лмошный unberechenbar
взбеси́ть → **беси́ть**
взбива́ть ⟨взбить⟩ rühren; schlagen; aufklopfen; **взби́тые сли́вки** *pl* Schlagsahne *f*
взве́шенный *fig* gut durchdacht **взве́шивать ⟨взве́сить⟩** abwiegen
взвод M MIL Zug *m*
взволно́ванный aufgeregt; bewegt **взволнова́ть** → **волнова́ть**
взгляд M Blick *m* **взгляну́ть** PF anblicken
вздор M dummes Zeug *n*
вздох M Seufzer *m* **вздохну́ть** PF → **вздыха́ть**; **~ свобо́дно** frei aufatmen
вздра́гивать ⟨вздро́гнуть⟩ zusammenzucken; **вздро́гнем!**

umg prost!; zum Wohl!
взду́мать PF auf einen Einfall kommen **взду́маться** einfallen
вздыха́ть ⟨**вздохну́ть**⟩ seufzen
взима́ть eintreiben; erheben
взлета́ть ⟨**взлете́ть**⟩ auffliegen; **взлете́ть на во́здух** explodieren
взлом M Einbruch *m*
взма́хивать ⟨**взмахну́ть**⟩ schwingen; schlagen; schwenken
взмо́рье N Küste *f*
взнос M Einzahlung *f*; Beitrag *m*
взойти́ → **восходи́ть, всходи́ть**
взор M Blick *m*
взро́слый erwachsen
взрыв M Explosion *f* **взрыва́ть** ⟨**взорва́ть**⟩ sprengen; zünden **взрыва́ться** ⟨**взорва́ться**⟩ explodieren; hochgehen
взы́скивать ⟨**взыска́ть**⟩ fordern; eintreiben; einziehen
взя́тка F Bestechung *f*
взя́ть(ся) → **бра́ть(ся)**; **чёрт возьми́!** verdammt!; hol's der Teufel!
вид M **1** Äußere *n*; Aussehen *n*; Aussicht *f*; Schein *m*; **на ~, с ви́ду** dem Aussehen nach; **не подава́ть ви́ду** sich nichts anmerken lassen; **ни под каки́м ви́дом** auf gar keinen Fall; **име́ть в ~у́** meinen; berücksichtigen; vorhaben; **упусти́ть из ви́ду** außer Acht lassen; **потеря́ть из ви́ду** aus den Augen verlieren; **на ~у́ у всех** vor aller Augen; **он ~ал ви́ды** er ist mit allen Wassern gewaschen **2** Art *f* **3** GRAM Aspekt *m*; **(не)соверше́нный ~** (im)perfektiver Aspekt *m*
ви́деть ⟨**уви́деть**⟩ sehen; **~ насквозь** durchschauen **ви́деться** ⟨**пови́деться, уви́даться**⟩ sich treffen; sich sehen
ви́дно sichtbar; offenbar
ви́за F Visum *n*
визг M Gekreisch *n* **визжа́ть** kreischen; winseln
ви́лка F Gabel *f*; Stecker *m*
виля́ть ⟨**вильну́ть**⟩ wedeln; *fig* ausweichen; sich drehen und wenden
вина́ F Schuld *f*; Verschulden *n*
винегре́т M roter Rübensalat; *fig* Mischmasch *m*
ви́нный Wein- **вино́** N Wein *m*; **сухо́е ~** trockener Wein *m*; **кре́пкое ~** schwerer Wein *m*
винова́т schuld (**пе́ред** *T dat* gegenüber; **в** *П* an *dat*)
виногра́д M Trauben *fpl*; Weinrebe *f*
винт M Schraube *f*; Spindel *f*
винто́вка F Gewehr *n*
висе́ть V/I hängen
висо́к M Schläfe *f*
високо́сный: **~ год** M Schaltjahr *n*
витри́на F Schaufenster *n*
вить ⟨**свить**⟩ winden **ви́ться**

1 sich locken 2 sich winden; sich schlängeln 3 kreisen 4 aufwirbeln
вихрь M Wirbelwind *m*
ви́шня F Sauerkirsche *f*
вклад M Bankguthaben *n*; Einlage *f* **вкла́дывать** 〈**вложи́ть**〉 (hin)einlegen; investieren
включа́ть 〈**включи́ть**〉 1 einschließen 2 einschalten
включи́тельно einschließlich
вкра́дываться 〈**вкра́сться**〉 sich einschleichen; unterlaufen
вкра́тце in (aller) Kürze
вкрутую: **яйцо́ ~** N hart gekochtes Ei *n*
вкус M Geschmack *m* (*a. fig*)
вку́сный lecker
вла́га F Feuchte *f*
влага́лище N ANAT Scheide *f*
владе́лец M Besitzer *m* **владе́ть** besitzen; beherrschen (*T akk*)
вла́жный feucht
власть F Macht *f*; Gewalt *f*; **вла́сти** *pl* Behörde *f*
вле́во nach links
влеза́ть 〈**влезть**〉 hinaufklettern; eindringen; *umg* sich hineindrängen; sich unterbringen lassen; **ско́лько вле́зет** *umg* so viel man will
влече́ние N Neigung *f*
влечь 〈**повле́чь**〉 anziehen, anlocken; **~ за собо́й** zur Folge haben
влива́ть 〈**влить**〉 eingießen; *fig* einflößen
влия́ние N Einfluss *m* **влия́ть** 〈**повлия́ть**〉 Einfluss ausüben (**на** *B* auf *akk*)
вложе́ние N FIN Einlage *f*; Anlage *f* **вложи́ть** → вкла́дывать
влюблённый verliebt (**в** *B* in *akk*)
вме́сте zusammen; gemeinsam; **~ с тем** zugleich; **всё ~ взя́тое** alles in allem
вмести́тельный geräumig
вмести́ть → **вмеща́ть**
вме́сто (an)statt; anstelle; **вме́сто того́ что́бы рабо́тать** anstatt zu arbeiten
вме́шиваться 〈**вмеша́ться**〉 sich einmischen
вмеща́ть 〈**вмести́ть**〉 enthalten; aufnehmen können
вмиг in einem Augenblick
внача́ле anfangs
вне PRÄP *P* außer(halb) (*gen*)
внеза́пно plötzlich
внести́ → **вноси́ть**
вне́шний äußerer; Außen-
вне́шность F Äußere *n*
вниз nach unten; **~у́** unten
вника́ть 〈**вни́кнуть**〉 eindringen; ergründen
внима́ние N Aufmerksamkeit *f*; **обрати́ть ~** die Aufmerksamkeit lenken (**на** *B* auf *akk*)
внима́тельный aufmerksam; rücksichtsvoll
вничью́ SPORT unentschieden; remis

вновь wieder
вноси́ть ⟨внести́⟩ (hin)eintragen; einzahlen
внук M Enkel(sohn) *m*
вну́тренний inner-; innerlich
внутри́ ADV innen; PRÄP *P* innerhalb **внутрь** ADV nach innen; PRÄP *P* in *akk* hinein
вну́чка F Enkelin *f*
внуша́ть ⟨внуши́ть⟩ einflößen, einschärfen
вня́тный hörbar; deutlich
во → в
в о́бщем im Allgemeinen
вовлека́ть ⟨вовле́чь⟩ heranziehen; verleiten (**в** *B* zu *dat*)
во́время rechtzeitig
во́все völlig
во-вторы́х zweitens
вогна́ть → вгоня́ть
во́гнутый konkav; hohl
вода́ F Wasser *n*; **питьева́я ~** Trinkwasser *n*; **пре́сная ~** Süßwasser *n*; **прото́чная вода́** fließendes Wasser *n*; **ключева́я ~** Quellwasser *n*; **их водо́й не разольёшь** sie sind unzertrennlich; **как в во́ду ка́нуть** spurlos verschwinden; **вывести на чи́стую во́ду** entlarven; **как в во́ду опу́щенный** niedergeschlagen; **концы́ в во́ду** alle Spuren sind verwischt; **в э́том докла́де мно́го воды́** dieser Bericht ist substanzlos
води́тель M Fahrer *m* **води́тельский**: **води́тельские права́** NPL Führerschein *m* **води́ть** führen; leiten **води́ться**: **в э́том лесу́ во́дится дичь** in diesem Wald gibt es viel Wild; **как во́дится** wie üblich
во́дка F Wodka *m*; Schnaps *m*
водобоя́знь F Tollwut *f* **водоворо́т** M (Wasser)Wirbel (*a. fig*) **водоём** M Wasserbehälter *m*; Gewässer *pl* **водола́з** M Taucher *m* **водола́зка** F Rollkragenpullover *m* **Водоле́й** M Wassermann *m* **водопа́д** M Wasserfall *m* **водопрово́д** M Wasserleitung *f*
во́доросль F Tang *m*; Alge *f*
водяни́стый wässerig; *fig* blass
воева́ть Krieg führen; *fig* sich streiten
вое́нно- Kriegs-; Wehr(dienst)-; Militär- **вое́нно-морско́й** Kriegsmarine- **военнообя́занный** M Wehrdienstpflichtige(r) *m* **военнопле́нный** M Kriegsgefangene(r) *m*
вое́нный 1 Militär-; Kriegs-; **вое́нная слу́жба** *f* Wehrdienst *m*; **вое́нное положе́ние** *n* Kriegszustand *m* 2 M Militärangehörige(r) *m*
вождь M Führer *m*
во́жжи *pl* Zügel *pl*
воз M Fuhre *f*; *fig* ein Sack voll; **что с во́за упа́ло, то пропа́ло** weg ist weg
возбужда́ть ⟨возбуди́ть⟩ erregen; hervorrufen; aufpeitschen; **возбуди́ть аппети́т** den Appetit anregen; **возбуди́ть уголо́вное де́ло** ein Strafverfahren einleiten **воз-**

бужда́ться ⟨**возбуди́ться**⟩ aufgeregt werden
возводи́ть ⟨**возвести́**⟩ **1** errichten; aufbauen **2**: **~ в сте́пень** MATH in eine Potenz erheben **3** erheben
возвраща́ть ⟨**верну́ть, возврати́ть**⟩ zurückgeben; zurücksenden; zurückzahlen
возвраща́ться ⟨**верну́ться, возврати́ться**⟩ zurückkehren; zurückkommen; heimfahren
возвыша́ть ⟨**возвы́сить**⟩ erhöhen; **возвы́сить го́лос** die Stimme erheben **возвыше́ние** N Erhöhung *f* **возвы́шенность** F Landrücken *m*; Anhöhe *f*
возглавля́ть ⟨**возгла́вить**⟩ an die Spitze treten; leiten
во́зглас M Ausruf *m*
воздава́ть ⟨**возда́ть**⟩ vergelten; **~ по заслу́гам** nach Verdienst behandeln (*Д akk*)
воздвига́ть ⟨**воздви́гнуть**⟩ errichten; erbauen
возде́йствовать IM/PF einwirken (**на** *B* auf *akk*); beeinflussen
воздержа́ние N Enthaltsamkeit *f*; Abstinenz *f*; Mäßigung *f* **возде́рживаться** ⟨**воздержа́ться**⟩ Abstand nehmen (**от** *P* von *dat*); sich der Stimme enthalten
во́здух M Luft *f* **возду́шный** Luft-
воззва́ние N Aufruf *m*; Appell *m*
воззре́ние N Anschauung *f*
вози́ть V/T (hin und her) fahren
вози́ться **1** sich balgen **2** hantieren (**с** *T* mit *dat*); sich zu schaffen machen; herumfummeln; herumwirtschaften **3** trödeln
возлага́ть ⟨**возложи́ть**⟩ niederlegen (**на** *B* an *akk*); auferlegen (**на** *B dat*); **возложи́ть отве́тственность на** *B* j-n verantwortlich machen; **~ (больши́е) наде́жды** große Hoffnungen setzen (**на** *B* auf *akk*)
во́зле PRÄP *P* neben *dat*
возме́здие N Vergeltung *f*; (gerechte) Strafe *f*
возмеща́ть ⟨**возмести́ть**⟩ ersetzen; entschädigen
возмо́жно möglich; vielleicht **возмо́жность** F Möglichkeit *f*
возмути́тельный empörend **возмуща́ть** ⟨**возмути́ть**⟩ empören; erzürnen **возмуща́ться** ⟨**возмути́ться**⟩ sich empören; auffahren
вознагражда́ть ⟨**вознагради́ть**⟩ entlohnen **вознагражде́ние** N Belohnung *f*
возника́ть ⟨**возни́кнуть**⟩ entstehen
возобновля́ть ⟨**возобнови́ть**⟩ wieder aufnehmen; erneuern
возража́ть ⟨**возрази́ть**⟩ erwidern; widersprechen
во́зраст M (Lebens)Alter *n*
возраста́ть ⟨**возрасти́**⟩

(an)wachsen
возрожда́ть ⟨возроди́ть⟩ wieder beleben **возрожда́ться ⟨возроди́ться⟩** wieder aufleben
во́ин M Soldat *m* **во́инствующий** streitbar
вой M Geheul *n*
во́йлок M Filz *m*
война́ F Krieg *m*; **гражда́нская ~** Bürgerkrieg *m*
войска́ *pl* Truppen *pl*
войти́ → входи́ть
вокза́л M Bahnhof *m*
вокру́г ADV ringsumher; PRÄP *P* um *akk* herum
вол M Ochse *m*; **он рабо́тает как ~** er arbeitet wie ein Pferd
волды́рь M Wasserblase *f*
во́лей-нево́лей ob man will oder nicht
волк M Wolf *m*; **морско́й ~** Seebär *m*; **смотре́ть во́лком** finster dreinschauen
волна́ F Welle *f*
волне́ние N **1** Wallung *f* **2** Aufregung *f* **волнова́ть(ся)** (sich) aufregen
волокно́ N Faser *f*
во́лос M Haar *n*
волочи́ть, воло́чь schleppen **волочи́ться 1** sich schleppen **2** den Hof machen (**за** *T dat*)
во́лчий Wolfs-
волше́бник M Zauberer *m* **волше́бница** F Zauberin *f* **волше́бный** zauberhaft
во́льно frei; ungebunden; **~!** rührt euch! **вольнолюби́вый** freiheitsliebend **вольнонаёмный 1** vertragsmäßig gebunden **2** M Zivilangestellter *m* **вольнослу́шатель** M Gasthörer *m* **во́льность** F **1** (unbeschränkte) Freiheit *f* **2** *mst pl* **во́льности** Freiheiten *pl* **во́льный** frei; durch nichts gebunden
во́ля F **1** Wille(n) *m*; **си́ла во́ли** Willenskraft *f*; **~ к побе́де** Siegeswille *m*; **прояви́ть до́брую во́лю** guten Willen an den Tag legen; **по до́брой во́ле** freiwillig; **не по свое́й во́ле** unfreiwillig **2** Freiheit *f*; Ungebundenheit *f*; **отпусти́ть на во́лю** freilassen; aus der Haft entlassen; **дать во́лю слеза́м** seinen Tränen freien Lauf lassen; **дать во́лю свои́м чу́вствам** sich Luft machen; **дать во́лю рука́м** handgreiflich werden; **во́лей (по во́ле) слу́чая** durch Zufall
вон 1 fort; weg; hinaus **2** *umg* da; **~ она́ идёт** da kommt sie; **~ оно́ что!** da sieh mal einer an!
вонь F Gestank *m* **воню́чий** stinkig **воня́ть** stinken
вообража́ть ⟨вообрази́ть⟩ sich vorstellen; sich einbilden
вообще́ überhaupt; im Allgemeinen
воодушеви́ть → воодушевля́ть **воодушевле́ние** N Begeisterung *f*

воодушевля́ть ⟨воодушеви́ть⟩ begeistern
вооружа́ть(ся) ⟨вооружи́ть(ся)⟩ (sich) bewaffnen; (sich) ausrüsten (*a. fig*) **вооруже́ние** N Aufrüstung *f*, Bewaffnung *f*; **взять на ~** *fig* anwenden
воо́чию mit eigenen Augen
во-пе́рвых erstens
вопи́ть ⟨завопи́ть⟩ schreien; brüllen
вопию́щий empörend
воплоща́ть ⟨воплоти́ть⟩ verkörpern
вопль M Jammergeschrei *n*
вопреки́ PRÄP Д entgegen *dat*
вопро́с M Frage *f*; **больно́й ~** brennende Frage *f*; **под больши́м ~ом** sehr fraglich; **поста́вить ~ ребро́м** die Frage unverblümt stellen; **что за ~!** aber natürlich!
вор M Dieb *m*; **на во́ре ша́пка гори́т** das Gesicht verrät den Wicht
ворва́ться → **врыва́ться**
воробе́й M (PL **воробьи́**) Sperling *m*; **стре́ляный ~** *fig* alter Fuchs *m*
ворова́ть ⟨сворова́ть⟩ stehlen; klauen
во́рон M Rabe *m*
воро́на F Krähe *f*; *fig umg* Gaffer *m*; **воро́н счита́ть** Löcher in die Luft gucken; **бе́лая ~** weißer Rabe *m*
воро́нка F Trichter *m*
во́рот M Kragen *m*
воро́та *pl* Tor *n*; Pforte *f*
воротни́к M → **во́рот**
во́рох M Haufen *m*
воро́чать(ся) (sich) wenden
ворча́ть ⟨проворча́ть⟩ brummen
восемна́дцать achtzehn
во́семь acht **во́семьдесят** achtzig **восемьсо́т** achthundert
воск M Wachs *n*
восклица́ние N Ausruf *m* **восклица́ть ⟨воскли́кнуть⟩** ausrufen
воскреса́ть ⟨воскре́снуть⟩ auferstehen; wieder aufleben **воскресе́нье** N Sonntag *m* **воскреша́ть ⟨воскреси́ть⟩** wieder beleben; wieder erwecken
воспале́ние N Entzündung *f*
воспита́ние N Erziehung *f*; Wohlerzogenheit *f* **воспи́тывать ⟨воспита́ть⟩** erziehen; großziehen
воспламеня́ться ⟨воспламени́ться⟩ in Brand geraten; *fig* entflammen
воспо́льзоваться → **по́льзоваться**
воспомина́ние N Erinnerung *f* **воспомина́ния** *pl* Memoiren *pl*
воспреща́ться: **воспреща́ется!, воспрещено́!** verboten!
восприи́мчивый empfänglich (**к** Д für *akk*) **воспринима́ть ⟨восприня́ть⟩** wahr-

nehmen; auffassen
воспроизведе́ние N Wiedergabe *f* **воспроизводи́ть** ⟨**воспроизвести́**⟩ wiedergeben; nachbilden; wiederholen
восстава́ть ⟨**восста́ть**⟩ sich erheben; sich empören
восстана́вливать ⟨**восстанови́ть**⟩ wiederherstellen; wieder aufbauen
восста́ние N Aufstand *m*
восто́к M Osten *m*; **Бли́жний Восто́к** der Nahe Osten; **Да́льний ~** der Ferne Osten
восто́рг M Entzücken *n* **восторга́ться** sich begeistern (*T* für *akk*)
восто́чный östlich; Ost-; **Восто́чная Евро́па** *f* Osteuropa *n*
востре́бование: **до востре́бования** postlagernd
восхваля́ть lobpreisen
восхища́ться ⟨**восхити́ться**⟩ entzückt (begeistert) sein (*T* von *dat*)
восхо́д M Sonnenaufgang *m*
восходи́ть ⟨**взойти́**⟩ hinaufsteigen; besteigen; aufgehen
восьмо́й der achte
вот da; hier; **~ и я** da bin ich; **~ и всё** das ist alles; **~ тебе́ раз!**, **~ тебе́ и на!** da haben wir's!; **~ как!** da sieh mal einer an!; **~ ещё!** ich denke nicht daran!; **ну ~** na also **вот-во́т** eben!
вошь F (*pl* **вши**) Laus *f*
впада́ть 1 münden; sich ergießen 2 ⟨**впасть**⟩ geraten; **впасть в отча́яние** in Verzweiflung geraten; **~ в де́тство** kindisch werden; **~ в кра́йность** ins Extrem verfallen
впа́дина F Vertiefung *f* **впа́лый** eingefallen
впервы́е zum ersten Male
вперёд vorwärts, voran **впереди́** ADV vorne; PRÄP *P* vor *dat*
впечатле́ние N Eindruck *m*
впива́ться ⟨**впи́ться**⟩ eindringen; sich festsaugen; sich anklammern; **впи́ться зуба́ми** sich festbeißen; **впи́ться глаза́ми** mit den Blicken verschlingen
впи́сывать ⟨**вписа́ть**⟩ einschreiben
вплотну́ю dicht; fest (**к** *Д* an *akk*, *dat*)
вплоть: **~ до** bis zu (*P dat*)
вполго́лоса halblaut
вполза́ть ⟨**вползти́**⟩ hineinkriechen; herankriechen
вполне́ vollkommen
впо́ру 1 passend; **э́то пальто́ ему́ ~** dieser Mantel passt ihm gut 2 es bleibt nur; **~ спроси́ть** da muss man wirklich fragen
впосле́дствии nachher
впра́вду in der Tat
вправе́ zu Recht; berechtigt
впра́во nach rechts
впредь künftig
впуска́ть ⟨**впусти́ть**⟩ hineinlassen, hereinlassen
враг M Feind *m*

враждá F Feindschaft *f* **враждовáть** sich befeinden
вратáрь M Torwart *m*
врать ⟨соврáть⟩ lügen
врач M Arzt *m*
вращáть(ся) (sich) drehen
вред M Schaden *m*; Nachteil *m*
вредúть ⟨повредúть⟩ schaden; schädigen (*Д j-n*)
врéдный schädlich
врéменный zeitweilig **врéмя** N (PL **временá**) Zeit *f*; **~ сýток** Uhrzeit *f*; **~ покáжет** kommt Zeit, kommt Rat; **в то же ~** gleichzeitig; **тем врéменем** inzwischen; mittlerweile; **до поры́ до врéмени** vorläufig; **всемý своё ~** alles zu seiner Zeit; **тяжёлые временá** schwere Zeiten; **~ не ждёт, ~ не тéрпит** die Zeit drängt; **однó ~** eine Zeit lang
врóде so etwas wie
врождённый angeboren
в рóзницу im Einzelhandel
врозь getrennt
вручáть ⟨вручúть⟩ aushändigen; überreichen **вручнýю** mit der Hand; manuell
врывáться ⟨ворвáться⟩ eindringen; einbrechen
вря́д ли kaum
всáдник M Reiter *m*
все *pl*, **всё** N → весь
всевозмóжный allerlei
всегдá immer; allzeit
всегó 1 *P* → весь 2 insgesamt 3 nur; erst
всё же dennoch; immerhin
вселéнная F Universum *n*
всéнощная F Abendmesse *f*
всё-таки trotzdem; doch
всецéло gänzlich
вскáкивать ⟨вскочúть⟩ aufspringen
вскипятúть → кипятúть
вскользь beiläufig; flüchtig
вскóре bald darauf
вскрúкивать ⟨вскрúкнуть⟩ aufschreien
вскрывáть ⟨вскрыть⟩ öffnen; sezieren; aufdecken
вслед hinterher; nach-
вслéдствие infolge
вслух laut; **читáть ~** vorlesen
всмя́тку: **яйцó** N **~** weich gekochtes Ei *n*
всплéскивать ⟨всплеснýть⟩: **всплеснýть рукáми** die Hände zusammenschlagen
всплывáть ⟨всплыть⟩ auftauchen
вспоминáть ⟨вспóмнить⟩ sich erinnern (*В*, **о** *T* an *akk*); zurückdenken
вспомогáтельный Hilfs-
вспотéть → потéть
вспы́льчивый aufbrausend
вставáть ⟨встать⟩ aufstehen
встáвить → вставля́ть
встáвка F Einschub *m*
вставля́ть ⟨встáвить⟩ einsetzen; einstecken
встрéча F Begegnung *f*; Zusammentreffen *n*; **мéсто встрéчи** Treffpunkt *m* **встречáть ⟨встрéтить⟩** begegnen; treffen; abholen **встре-**

ча́ться ⟨встре́титься⟩ sich treffen; begegnen (**с** *T dat*); stoßen (**с** *T* auf *akk*); manchmal vorkommen
вступа́ть ⟨вступи́ть⟩ eintreten; einziehen; antreten
всходи́ть ⟨взойти́⟩ aufgehen; aufkeimen; ersteigen
всю́ду überall
вся F → весь
вся́кий jeder
вта́йне insgeheim
вта́лкивать ⟨втолкну́ть⟩ hineinstoßen, hereinstoßen
втира́ть ⟨втере́ть⟩ einreiben; **~ очки́** *etw* weismachen
вторга́ться ⟨вто́ргнуться⟩ einfallen; einbrechen; eingreifen
втори́чно zum zweiten Mal **вто́рник** M Dienstag *m* **второ́й** der zweite
второпя́х in Eile
вход M Eingang *m*; Eintritt *m* **входи́ть ⟨войти́⟩** 1 eintreten; betreten; einsteigen; kommen; geraten 2 einloggen
вчера́ gestern
въезд M Einfahrt *f* **въезжа́ть ⟨въе́хать⟩** hineinfahren
вы ihr; Sie
выбира́ть ⟨вы́брать⟩ (aus)wählen
вы́бор M (Aus)Wahl *f*
выбра́сывать ⟨вы́бросить⟩ wegwerfen
вы́везти → вывози́ть
вы́веска F (Aushänge)Schild *n*
вы́вести → выводи́ть
выве́шивать ⟨вы́весить⟩ aufhängen; aushängen
вы́вих M Verrenkung *f*; Verstauchung *f* **вы́вихнуть** PF verrenken; verstauchen
вы́вод M 1 Entfernung *f*; Zurückziehen *n*; Abzug *m* 2 Schluss *m*; Schlussfolgerung *f*; Zusammenfassung *f* **выводи́ть ⟨вы́вести⟩** 1 wegführen; entfernen 2 schlussfolgern
вы́воз M Abfuhr *f*; Export *m* **вывози́ть ⟨вы́везти⟩** abtransportieren; exportieren
вы́глядеть aussehen
вы́говор M 1 Aussprache *f* 2 Tadel *m*; Verweis *m*
вы́года F Gewinn *m* **вы́годный** vorteilhaft; gewinnreich
выгоня́ть ⟨вы́гнать⟩ hinausjagen; hinaustreiben
выгора́ть ⟨вы́гореть⟩ 1 niederbrennen 2 verblassen; **де́ло вы́горело** die Sache hat geklappt
выгружа́ть ⟨вы́грузить⟩ ausladen; abladen
выдава́ть ⟨вы́дать⟩ 1 abliefern; übergeben; ausstellen 2 ausliefern; verraten; preisgeben 3 offenbaren; enthüllen 4 ausgeben (**за** *B* für *akk*) **выдаю́щийся** hervorragend
выдвига́ть ⟨вы́двинуть⟩ hinausschieben; vorrücken (lassen); vorbringen; befördern
вы́делка F Bearbeitung *f*
выделя́ть(ся) ⟨вы́делить-

(ся)〉 **1** (sich) (ab)sondern; einteilen **2** (sich) auszeichnen
выде́рживать 〈**вы́держать**〉 aushalten; ertragen
вы́держка F Beherrschung *f*
вы́дох M Ausatmen *n*
вы́дра F Otter *m*
вы́думка F Erdichtung *f*; Lügengeschichte *f*; Fantasie *f*
выду́мывать 〈**вы́думать**〉 ausdenken; erdichten
выдыха́ть 〈**вы́дохнуть**〉 ausatmen
вы́езд M Abreise *f*; Ausfahrt *f*; Gespann *n* **выезжа́ть** 〈**вы́ехать**〉 fortfahren; ausziehen
выжида́ть 〈**вы́ждать**〉 abwarten
выздора́вливать 〈**вы́здороветь**〉 gesund werden
вы́зов M Aufruf *m*; Anruf *m*
вызыва́ть 〈**вы́звать**〉 **1** herbeirufen; bestellen; auffordern **2** hervorrufen; erregen; auslösen
вы́игрывать 〈**вы́играть**〉 gewinnen
вы́йти → **выходи́ть**
выки́дывать 〈**вы́кинуть**〉 hinauswerfen, herauswerfen
вы́кидыш M Fehlgeburt *f*
выкла́дывать 〈**вы́ложить**〉 posten
выключа́тель M Schalter *m*
выключа́ть 〈**вы́ключить**〉 ausschalten
выкра́ивать 〈**вы́кроить**〉 zuschneiden; *fig* abzwacken; **вы́кроить вре́мя** Zeit finden
вы́куп M Loskauf *m*; Lösegeld *n* **выкупа́ть** 〈**вы́купить**〉 einlösen; loskaufen
вылеза́ть 〈**вы́лезти**〉 herauskriechen; ausfallen (*Haare*)
вы́лет M Abflug *m* **вылета́ть** 〈**вы́лететь**〉 (her)ausfliegen; abfliegen; *fig* hinausgeworfen werden; **это вы́летело у меня́ из головы́** das ist mir völlig entfallen
вы́лечить → **лечи́ть**
выма́нивать 〈**вы́манить**〉 herauslocken
вымета́ть 〈**вы́мести**〉 ausfegen
вымира́ть 〈**вы́мереть**〉 aussterben
вымога́тельство N Erpressung *f* **вымога́ть** (Geld) herauspressen; erpressen
вы́мысел M Erfindung *f*; Dichtung *f*
вы́мыть → **мыть**
вы́мышленный erdacht
вы́мя N Euter *n*
вынима́ть 〈**вы́нуть**〉 herausnehmen
выноси́ть 〈**вы́нести**〉 **1** forttragen; hinaustragen **2** ertragen; **вы́нести пригово́р** ein Urteil fällen; **вы́нести на обсужде́ние** zur Diskussion stellen; **~ за ско́бки** ausklammern (*a. fig*)
вынужда́ть 〈**вы́нудить**〉 erzwingen; abnötigen
вы́нуть → **вынима́ть**
выпада́ть 〈**вы́пасть**〉 **1** aus-

fallen; fallen; entfallen **2** zufallen; zuteil werden
выпива́ть ⟨вы́пить⟩ austrinken; Alkohol trinken
вы́писка F Auszug *m*; Exzerpt *n* **выпи́сывать ⟨вы́писать⟩** ausschreiben; bestellen; gesundschreiben
вы́плата F Auszahlung *f* **выпла́чивать ⟨вы́платить⟩** (aus)zahlen
выполня́ть ⟨вы́полнить⟩ ausführen; erfüllen; leisten
выпра́шивать ⟨вы́просить⟩ erbitten
вы́пуклый gewölbt; erhaben
вы́пуск M Ablassen *n*; (Her)Ausgabe *f*; Emission *f* **выпуска́ть ⟨вы́пустить⟩** hinauslassen, herauslassen; (her)ausgeben; herstellen
вырабо́тывать produzieren
выра́внивать ⟨вы́ровнять⟩ (ein)ebnen; richten; nivellieren
выража́ть ⟨вы́разить⟩ ausdrücken; äußern **выража́ться** **1** sich zeigen **2** *umg* schimpfen
выраста́ть ⟨вы́расти⟩ aufwachsen
выра́щивать ⟨вы́растить⟩ großziehen; züchten
вы́рвать PF **1** → вырыва́ть **2** → рвать; **его́ вы́рвало** er hat sich übergeben
выреза́ть ⟨вы́резать⟩ ausschneiden; schnitzen; stechen; niedermetzeln
вырожда́ться ⟨вы́родиться⟩ entarten; degenerieren
вырожде́ние N Verfall *m*
выруба́ть ⟨вы́рубить⟩ **1** aushauen; abholzen; abschlagen **2** ausschalten
выруча́ть ⟨вы́ручить⟩ **1** retten; helfen **2** Profit herausholen
вырыва́ть ⟨вы́рвать⟩ (he-r)ausreißen; entwurzeln
вырыва́ться ⟨вы́рваться⟩ sich losreißen; hervorbrechen; *fig* entschlüpfen; entfahren
вы́садка F **1** Aussteigen *n*; Landung *f* **2** Verpflanzung *f*
выселя́ть ⟨вы́селить⟩ umsiedeln; ausweisen; exmittieren
выси́живать ⟨вы́сидеть⟩ ausbrüten; *fig* verweilen
выска́зывать ⟨вы́сказать⟩ aussprechen; äußern
выслу́шивать ⟨вы́слушать⟩ abhören; zuhören
высме́ивать ⟨вы́смеять⟩ auslachen
высо́вывать(ся) ⟨вы́сунуть(ся)⟩ (sich) hinausstrecken
высо́кий hoch; groß (*a. fig*)
высота́ F Höhe *f*
вы́ставка F Ausstellung *f*
вы́стрел M Schuss *m* **вы́стрелить** → **стреля́ть**
вы́ступ M Vorsprung *m* **выступа́ть ⟨вы́ступить⟩** **1** hervorragen; durchsickern; ausschlagen **2** einherschreiten; den Marsch antreten **3**

sprechen; auftreten
вы́сший höchst; oberst; höher; **вы́сшее образова́ние** *n* Hochschulbildung *f*
высыла́ть ⟨вы́слать⟩ abschicken; ausweisen
высыха́ть ⟨вы́сохнуть⟩ vertrocknen
выта́скивать ⟨вы́тащить⟩ herausholen; herausstehlen
вытека́ть ⟨вы́течь⟩ ausfließen
вытесня́ть ⟨вы́теснить⟩ hinausdrängen
вытира́ть ⟨вы́тереть⟩ abwischen; abtrocknen
выть heulen
вытя́гивать ⟨вы́тянуть⟩ herausziehen
вы́учить (auswendig) lernen
выха́живать ⟨вы́ходить⟩ gesund pflegen
выхва́тывать ⟨вы́хватить⟩ herausreißen
вы́ход M Ausgang *m*; Ausstieg *m*; Austritt *m* **выходи́ть ⟨вы́йти⟩** 1 hinaustreten, heraustreten; aussteigen 2 erscheinen 3 ausloggen; **вы́йти на сце́ну** die Bühne betreten 4 aufgehen 5 gelingen
выцвета́ть ⟨вы́цвести⟩ ausbleichen
вычёркивать ⟨вы́черкнуть⟩ ausstreichen
вычисля́ть ⟨вы́числить⟩ berechnen
вычита́ть ⟨вы́честь⟩ MATH subtrahieren
вы́ше höher; über
выясня́ть ⟨вы́яснить⟩ klarstellen
вьюга F Schneesturm *m*
вяз M Ulme *f*
вяза́ть ⟨связа́ть⟩ stricken; binden
вя́зкий zäh; klebrig
вя́леный gedörrt
вя́лый schlaff; welk

Г

га́вань F Hafen *m*
га́вкать ⟨га́вкнуть⟩ bellen
гад M Scheusal *n*
гада́лка F Wahrsagerin *f*
гада́ть 1 **⟨погада́ть⟩** wahrsagen 2 **⟨угада́ть⟩** vermuten; raten
га́дкий ekelhaft **га́дость** F Gemeinheit *f*
гадю́ка F Viper *f*; *fig* giftige Natter *f*
га́ечный: **~ ключ** M Schraubenschlüssel *m*
газ M Gas *n*
газе́та F Zeitung *f*
газо́н M Rasen *m*
газопрово́д M Gasleitung *f*
га́йка F Schraubenmutter *f*
га́лка F Dohle *f*
га́лстук M Krawatte *f*
гам M Lärm *m*
гама́к M Hängematte *f*

гарáж M Garage *f*
гаранти́ровать (IM)PF garantieren **гарáнтия** F Garantie *f*; **без гарáнтии** ohne Gewähr
гардерóб M Kleiderschrank *m*; Kleiderablage *f*; Kleidung *f*
гарди́на F Gardine *f*
гармóния F Harmonie *f*
гарни́р M GASTR Beilage *f*
гаси́ть ⟨**погаси́ть**⟩ auslöschen, ausschalten, abdrehen
гáснуть ⟨**погáснуть**⟩ erlöschen
гастрóли *pl* Gastspiel *n*
гастронóм M Lebensmittelgeschäft *n*
гвáрдия F Garde *f*
гвозди́ка F Nelke *f* **гвоздь** M Nagel *m*; **~ сезóна** der Renner *m* der Saison
где wo **где-ли́бо** irgendwo
гейт M Gate *n*
гéндер M Gender *n*
генерáл M General *m*
гениáльный genial **гéний** Genie *n*
генномодифици́рованный genmanipuliert
геогрáфия F Erdkunde *f*
герб M Wappen *n*
гермáнец M Germane *m* **Гермáния** F Deutschland *n* **гермáнский** germanisch; deutsch
герóй M, **герóиня** F **1** Held(in) **2** Gestalt *f* (*im Roman, Schauspiel usw*)
ги́бель F Untergang *m*; Tod *m*
ги́бкий biegsam (*a. fig*)
ги́бнуть ⟨**поги́бнуть**⟩ umkommen; eingehen
гигиéна F Hygiene *f*
ги́льза F Hülse *f*
гимн M Hymne *f*; **государственный ~** Staatshymne *f*, Nationalhymne *f*
гимнáстика F Gymnastik *f*
гипс M Gips *m*; **наложи́ть на́ ногу ~** das Bein eingipsen
ги́ря F Gewicht *n*
глав- *in zssgn* → **глáвный**
главá F Kapitel *n* **главáрь** M Anführer *m* **глáвный** Haupt-; wesentlich; leitend
глáдить **1** ⟨**поглáдить**⟩ streichen **2** ⟨**поглáдить, вы́гладить**⟩ bügeln
глáдкий glatt; eben
глаз M (PL **глазá**) Auge *n*; **~ не покáзывать** sich nicht blicken lassen; **для отвóда ~** zum Schein; **за ~á** hinter dem Rücken; **в ~á** ins Gesicht; **говори́ть с глáзу на ~** unter vier Augen; **смотрéть во все ~á** ganz Auge sein; **идти́ кудá ~á глядя́т** der Nase nach gehen
глазу́нья F Spiegelei *n*
глáнды *pl* MED (Hals)Mandeln *pl*
глáсность F Offenheit *f*; Transparenz *f* **глáсный** **1** öffentlich **2** GRAM vokalisch
гли́на F Ton *m*; Lehm *m*
глотáть ⟨**глотну́ть, проглоти́ть**⟩ schlucken
глóхнуть **1** ⟨**оглóхнуть**⟩ taub werden **2** ⟨**заглóхнуть**⟩ abgewürgt werden

(*Auto*)
глу́бже *komp* → глубо́кий
глубина́ F Tiefe *f* (*a. fig*) **глубо́кий** tief (*a. fig*)
глуми́ться IMPF spotten (**над** *T* über *akk*)
глупе́ц M Dummkopf *m* **глу́пый** dumm
глухо́й taub; gedämpft
глуши́тель M Dämpfer *m*
глуши́ть 1 ⟨**приглуши́ть**⟩ dämpfen; unterdrücken 2 ⟨**заглуши́ть**⟩ abwürgen
глюте́н M: **без глюте́на** glutenfrei
гляде́ть ⟨**погляде́ть**⟩ schauen
гля́нец M Glanz *m*
гнать 1 ⟨**погна́ть**⟩ jagen 2 ⟨**прогна́ть**⟩ fortjagen 3 hetzen **гна́ться** nachjagen (**за** *T dat*)
гнев M Zorn *m*
гнездо́ N (PL **гнёзда**) Nest *n* (*a. fig*); **свить ~** ein Nest bauen
гнёт M Druck *m*; Joch *n*
гнило́й verfault (*a. fig*)
гнить ⟨**сгнить**⟩ (ver)faulen; vermodern
гной M Eiter *m*
гном M Zwerg *m*
гнус M Ungeziefer *n* **гну́сный** gemein
гнуть ⟨**согну́ть**⟩ biegen; beugen
говно́ N *vulg* Scheiße *f*; Mist *m*
говори́ть ⟨**сказа́ть**⟩ sprechen; reden; sagen; **не́чего и ~** das ist nicht der Rede wert; **говоря́т** man sagt; **~ обиняка́ми** drum herum reden; **~ намёками** in Andeutungen sprechen; **~ по ска́йпу** skypen®; **говоря́т тебе́!** hörst du!, das sei dir gesagt; **открове́нно говоря́** offen gesagt; **стро́го говоря́** streng genommen; **со́бственно говоря́** eigentlich
говя́дина F Rindfleisch *n* **говя́жий** Rind-
год M (*pl* **го́ды, ~а́, лета́**) Jahr *n*; **високо́сный ~** Schaltjahr *n*; **Но́вый ~** Neujahr *n*; **ра́зница в ~а́х** *f* Altersunterschied *m*; **ему́ 23 го́да** er ist 23 Jahre alt; **ей 25 лет** sie ist 25 Jahre alt; **ей пя́тый ~** sie wird 5; **ему́ нельзя́ дать его́ го́ды** man sieht ihm sein Alter nicht an; **бе́з ~у неде́ля** vor Kurzem
годи́ться sich eignen; passen (**для** *P od* **на** *B* zu *dat*); **так не годи́тся!** das gehört sich nicht!; **никуда́ не ~** sehr schlecht sein
годовщи́на F Jahrestag *m*
гол M Tor *m*; **заби́ть ~** ein Tor schießen
го́лень F Unterschenkel *m*
голова́ F Kopf *m*; **дыря́вая ~** ein Gedächtnis wie ein Sieb; **моро́чить го́лову** (*Д*) j-n an der Nase herumführen; **на свою́ го́лову** zum eigenen Schaden; **сломя́ го́лову** Hals über Kopf; **как снег на́ голову** wie ein Blitz aus heiterem Himmel

го́лод M Hunger *m* **голода́ть** hungern **голо́дный** hungrig; Hunger- **голодо́вка** F Hungern *n*; Hungerstreik *m*; **объяви́ть голодо́вку** in den Hungerstreik treten

гололёд M Straßenglätte *f*; **осторо́жно ~!** Straßenglätte! (*Warnhinweis*) **гололе́дица** F Glatteis *n*

го́лос M Stimme *f*; **пра́во ~а** Stimmrecht *n*; **в оди́н ~** wie aus einem Munde

голу́бка F Taube *f* **голубо́й** 1 hellblau; himmelblau 2 *umg* schwul **голу́бчик (голу́бушка)** M/F (*Anrede*) mein Lieber *m*, meine Liebe *f*

го́лубь M Taube *f*; Täuberich *m*

го́лый nackt

го́льфы *pl* Kniestrümpfe *mpl*

гоне́ние N Verfolgung *f*

го́нки *pl* Rennen *n*; Regatta *f*

гонча́р M Töpfer *m*

гоня́ть(ся) → гнать(ся)

гор- *in zssgn* → городско́й

гора́ F Berg *m*; **в го́ру** bergan (*a. fig*); **по́д гору** bergab (*a. fig*); **го́ры** *pl* Gebirge *n*; **не за ~ми** kurz bevorstehen

гора́здо viel; bei Weitem

горб M Buckel *m* **горбу́ша** F Buckellachs *m*

горди́ться stolz sein (*T* auf *akk*)

го́рдость F Stolz *m* **го́рдый** stolz

го́ре N Kummer *m*; Unglück; **ему́ и го́ря ма́ло!** er macht sich nichts daraus; **с ~м попола́м** mit Müh und Not

горе́лка F Brenner *m*

горе́ть ⟨сгоре́ть⟩ brennen

го́рец M Bergbewohner *m*

гори́стый gebirgig

го́рло N Kehle *f*; Hals *m*; **по ~** *umg* bis oben

го́рница F HIST gute Stube *f* **го́рничная** F Zimmermädchen *n* **горноста́й** M Hermelin *n*

го́рный Berg-

го́род M Stadt *f* **горожа́нин** M Städter *m*

горо́х M Erbsen *pl*; **как об сте́нку ~** wirkungslos an *j-m* abprallen **горо́шек** M Erbsen *pl*; Tupfen *pl*

го́рсть F Handvoll *f*

горта́нь F Kehlkopf *m*

горчи́ца F Senf *m* **горчи́чник** M Senfpflaster *n*

горшо́к M Topf *m*; Nachttopf *m*

го́ры *pl* → гора́

го́рький bitter (*a. fig*); **го́рько!** (*Hochzeitsruf*) küsst euch!; **пить го́рькую** saufen wie ein Loch

горю́чий brennbar; Brenn-

горя́чий heiß (*a. fig*); warm

горячи́тельные *pl* Spirituosen *pl*

гос- *in zssgn* → госуда́рственный

го́спиталь M Lazarett *n*

господи́н M Herr *m*; **(да́мы и) господа́!** meine Damen und Herren!

гостеприи́мный gastfreundlich; gastlich
гости́ная F Wohnzimmer *n* **гости́ница** F Hotel *n*
гости́ть zu Besuch sein **гость** M, **го́стья** F Gast *m*
госуда́рственный staatlich; Staats- **госуда́рство** N Staat *m*
гото́в bereit; fertig
гото́вить ⟨**подгото́вить**⟩ vorbereiten (**к** *Д* auf *akk*; zu *dat*) ⟨**пригото́вить**⟩ zubereiten; kochen
гото́виться ⟨**подгото́виться, пригото́виться**⟩ sich vorbereiten; sich fertig machen (**к** *Д* auf *akk*; zu *dat*)
грабёж M Raub *m*
гра́бить ⟨**огра́бить**⟩ ausrauben
гра́бли *pl* Rechen *m*
град[1] M Hagel *m*
град[2] M → го́род
гра́дус M Grad *m*; **под ~ом** *umg* angeheitert **гра́дусник** M Thermometer *n*
граждани́н M Bürger *m*; Staatsangehörige(r) *m* **гражда́нский** bürgerlich; zivil
грамм M Gramm *n*
гра́мотный schriftkundig; sachkundig; fachmännisch
грана́т M Granatapfel *m* **грана́та** F Granate *f*
гранёный geschliffen
грани́ца F Grenze *f* **грани́чить** grenzen (**с** *T* an *akk*) (*a. fig*)
граф M Graf *m*
графи́н M Karaffe *f*; Wasserflasche *f*
грацио́зный graziös **гра́ция** F Grazie *f*
гре́бень M Kamm *m*
гребе́ц M Ruderer *m*
грейпфру́т M Grapefruit *f*
грек M Grieche *m*
гре́лка F Wärmflasche *f*
греме́ть donnern; klirren; rasseln
гренки́ *pl* Toast *m*; geröstete Weißbrotstücke *pl*
грести́ *pl* rudern
гре́ть(ся) ⟨**погре́ть, согре́ть(ся)**⟩ (sich) wärmen
грех M Sünde *f*; **не ~** es würde nicht schaden; **с ~о́м попола́м** mit Ach und Krach; **что ~а́ таи́ть** ich muss gestehen; **от ~а́ пода́льше** um Unannehmlichkeiten zu vermeiden
Гре́ция F Griechenland *n* **гре́цкий**: **~ оре́х** M Walnuss *f*
греча́нка F Griechin *f*
гре́чка F Buchweizen *m* **гре́чневый** Buchweizen-; **гре́чневая ка́ша** *f* Buchweizengrütze *f*
греши́ть ⟨**согреши́ть**⟩ sündigen
гриб M Pilz *m*
гри́ва F Mähne *f*
грим M Schminke *f*
грипп M Grippe *f*
гроб M Sarg *m*; **идти за гро́бом** das letzte Geleit geben; **до гро́ба** bis in den Tod
гроза́ F Gewitter *n*

грози́ть ⟨**погрози́ть**, **пригрози́ть**⟩ drohen (*T* mit *dat*)
гро́зный drohend; fürchterlich
гром M Donner *m*
грома́да F Riese *m*
гро́мкий laut; **гро́мкое и́мя** *n* bekannter Name *m*; **гро́мкие слова́** *npl* große Worte
громоотво́д M Blitzableiter *m*
гро́хот M Gepolter *n*; Donnern *n*
груби́ть ⟨**нагруби́ть**⟩ grob sein
гру́бый grob
гру́да F Haufen *m*
грудно́й Säugling *m* **грудь** F Brust *f*; Busen *m*; **корми́ть ~ю** stillen
груз M Ladung *f*; Gut *n*; Bürde *f* **грузи́ло** N Senkblei *n*; Angelblei *n*
грузи́ть ⟨**загрузи́ть**, **нагрузи́ть**, **погрузи́ть**⟩ laden; beladen
Гру́зия F Georgien *n*
гру́ппа F Gruppe *f*; **~ оте́лей** Hotelgruppe *f*; **целева́я ~** Zielgruppe *f*
грусти́ть traurig sein **гру́стный** traurig **грусть** F Wehmut *f*
гру́ша F Birne *f*; Birnbaum *m*
гры́жа F Bruch *m*
грызть V/T nagen **гры́зться** sich beißen; *fig* sich zanken
гряда́ F Reihe *f*; Kette *f*
гря́дка F Beet *n*
гряду́щее N Zukunft *f* **гряду́щий** künftig; kommend; **на сон ~** vor dem Schlafengehen
грязи *pl* Moorbäder *pl* **гря́зный** schmutzig **грязь** F Schmutz *m* (*a. fig*); **не уда́рить лицо́м в ~** sich nicht blamieren
гря́нуть 1 → **греме́ть** 2 *fig* zum Ausbruch kommen
губа́ F Lippe *f*
губерна́тор M Gouverneur *m*
губи́ть ⟨**погуби́ть**⟩ vernichten, verderben
гу́глить ⟨**прогу́глить**⟩ googeln
гуде́ть tönen; läuten
гуля́нье N Spaziergang *m*; Volksfest *n*
гуля́ть 1 ⟨**погуля́ть**⟩ spazieren gehen 2 ⟨**загуля́ть**⟩ *umg* bummeln; zechen; feiern; verkehren
ГУМ M (Гла́вный универса́льный магази́н) GUM *n* (*Hauptwarenhaus*)
гу́сеница F Raupe *f*
густо́й dicht; dick; **не гу́сто** *umg* nicht viel
гусь M Gans *f*; **хоро́ш ~!** ein sauberer Patron!; **с него́ как с гу́ся вода́** das ist ihm schnuppe
гу́ща F (Boden)Satz *m*

да 1 ja 2 doch; **~ говори́!** sag doch was! 3 (*Wunsch*) **~ здра́вствует..!** es lebe..! 4 und; **ты ~ я** du und ich
дава́ть ⟨дать⟩ geben; lassen; **дать поня́ть** zu verstehen geben; **дать знать** wissen lassen; **да́йте мне сказа́ть!** lassen Sie mich sagen!; **не ~ себя́ в оби́ду** sich nichts gefallen lassen **дава́ться** 1 sich … lassen 2 j-m leicht (schwer) fallen
дави́ть ⟨надави́ть⟩ drücken; lasten (**на** *B* auf *dat*); **⟨задави́ть, раздави́ть⟩** *v/t* zerdrücken; zerquetschen
дави́ться ⟨подави́ться⟩ sich verschlucken (*T* an *dat*)
давле́ние N Druck *m*; **кровяно́е ~** Blutdruck *m*; **оказа́ть ~** *fig* unter Druck setzen (**на** *B akk*)
да́вний längst vergangen; **давно́** vor langer Zeit; seit Langem
да́же sogar; selbst
да́лее → да́льше
далеко́ weit; **до вокза́ла ~** bis zum Bahnhof ist es weit; **~ от и́стины** weit von der Wahrheit
даль F Ferne *f*; Weite *f* **дальнови́дный** weitblickend **дальнозо́ркость** F Weitsichtigkeit *f*; Alterssichtigkeit *f*
да́льше 1 *komp* → далеко́ 2 sodann; **~!** weiter; fahren Sie fort!
да́ма F Dame *f*
Да́ния F Dänemark *n*
да́нные *pl* Angaben *pl* **да́нный** gegeben **дань** F Tribut *m* (*a. fig*)
дар M Gabe *f* (*a. fig*); Schenkung *f*
дари́ть ⟨подари́ть⟩ schenken
дарова́ние N Begabung *f*
да́ром gratis
да́та F Datum *n*
да́ча F Wochenendhaus *n*; Landhaus *n*
два M/N zwei; **~ ма́льчика** zwei Jungen; **в двух слова́х** kurz gesagt; **в двух шага́х** nur ein Katzensprung **два́дцать** zwanzig **два́жды** zweimal
две F → два; **~ де́вочки** zwei Mädchen **двена́дцать** zwölf
две́рца F Türchen *n*; Schlag *m*
дверь F Tür *f*
двести zweihundert
дви́гатель M Motor *m*; Triebwerk *n* **дви́гать(ся) ⟨дви́нуть(ся)⟩** (sich) bewegen **движе́ние** N Bewegung *f*
двое zwei; zwei Paar; **~ дете́й** zwei Kinder; **~ перча́ток** zwei Paar Handschuhe **двоето́чие** N Doppelpunkt *m*
дво́йка F Zwei *f* **двойни́к** M Doppelgänger *m* **двойно́й** doppelt

двор M Hof *m* **дворе́ц** M Palast *m*; Palais *n* **дво́рник** M 1 Hausmeister *m* 2 Scheibenwischer *m* **дворяни́н** M Adlige(r) *m*

двою́родный брат M, **двою́родная сестра́** F Cousin(e) *m(f)*

двули́чный heuchlerisch

двусмы́сленный zweideutig **двуспа́льная крова́ть** F Doppelbett *n*

двухме́стный zweisitzig; Doppel-; **~ но́мер** *m* Doppelzimmer *n*

девальва́ция F Abwertung *f*

дева́ть ⟨**деть**⟩ hintun **дева́ться** ⟨**де́ться**⟩ hinkommen; **куда́ она де́лась?** wo steckt sie?

де́верь M Schwager *m*

деви́з M Devise *f*

деви́ца F Mädchen *n*; Jungfrau *f* **де́вочка** F kleines Mädchen *n* **де́вственный** jungfräulich **де́вушка** F Mädchen *n*; Fräulein *n*

девяно́сто neunzig **девятна́дцать** neunzehn **де́вять** neun **девятьсо́т** neunhundert

дед M Großvater *m* **Дед Моро́з** M Weihnachtsmann *m* **де́душка** M Opa *m*

дежу́рить Dienst haben

дезерти́р M Deserteur *m*

де́йствие N Handlung *f*; Aktion *f*; Tätigkeit *f*; Wirkung *f* **действи́тельно** tatsächlich

де́йствовать 1 IMPF handeln; verfahren; in Betrieb sein; in Kraft sein 2 ⟨**поде́йствовать**⟩ wirken

дека́брь M Dezember *m*

деклара́ция F Deklaration *f*

де́лать ⟨**сде́лать**⟩ machen; tun; herstellen; **~ вы́вод** eine Schlussfolgerung ziehen; **~ вид** so tun, als ob; **~ не́чего** da ist nichts zu machen

делега́т M Delegierte(r) *m*

делика́тный zartfühlend; heikel

дели́ть ⟨**подели́ть, раздели́ть**⟩ V/T teilen **дели́ться** ⟨**подели́ться**⟩ V/T 1 teilen (*T* **с** *T akk* mit *dat*) 2 mitteilen (*T* **с** *T akk dat*)

де́ло N Werk *n*; Tat *f*; Unternehmen *n*; Angelegenheit *f*; Sache *f*; **у меня́ мно́го дел** ich habe viel zu tun; **э́то моё ~** das ist meine Sache; **как дела́?** wie geht's?; **в чём ~?** was ist los?; **~ не в э́том** es liegt nicht daran **делово́й** geschäftlich; Geschäfts- **де́льный** tüchtig

демократи́ческий demokratisch **демокра́тия** F Demokratie *f*

демонстра́ция F Demonstration *f*; Kundgebung *f*

демонстри́ровать ⟨**продемонстри́ровать**⟩ zur Schau stellen

де́нежный Geld-

день M (PL **дни**) Tag *m*; **~ рож-**

де́ния Geburtstag *m*; **че́рез ~** jeden zweiten Tag; **на чёрный ~** für den Notfall
де́ньги *pl* Geld *n*
депута́т M Abgeordnete(r) *m*
дёргать ⟨дёрнуть⟩ zupfen **дёргаться ⟨дёрнуться⟩** zucken
дереве́нский Dorf-; dörflich **дере́вня** F Dorf *n*
де́рево N Baum *m*; Holz *n* **деревя́нный** Holz-
держа́ва F Macht *f*; Staat *m* **держа́ть** (be)halten **держа́ться** 1 sich halten (**за** *B* an *akk*) 2 durchhalten
де́рзкий frech **де́рзость** F Frechheit *f*
дерьмо́ N *vulg* Scheiße *f*
деса́нт M Landung *f*; Landetruppen *pl*
десе́рт M Nachtisch *m*
десна́ F Zahnfleisch *n*
деся́тка F Zehn *f* **деся́тый** der zehnte **де́сять** zehn
де́ти *pl* Kinder *pl* **де́тская** F Kinderzimmer *n* **де́тский** Kinder-; kindlich; kindisch; **~ сад** *m* Kindergarten *m*; **~ дом** *m* Kinderheim *n* **де́тство** N Kindheit *f*
де́ть(ся) → **дева́ть(ся)**
дешёвый billig (*a. fig*); **дёшево отде́латься** mit einem blauen Auge davonkommen
де́ятель M Wirkende(r) *m*; **госуда́рственный ~** Staatsmann *m*; **полити́ческий ~** Politiker *m*; **обще́ственный ~** eine Persönlichkeit des öffentlichen Lebens; **руководя́щий ~** leitender Funktionär *m*; **~ культу́ры** Kulturschaffende(r) *m* **де́ятельность** F Tätigkeit *f*; Aktivität *f* **де́ятельный** wirksam; tatkräftig
джаз M Jazz *m*; Jazzmusik *f*
диа́метр M MATH Durchmesser *m*
дива́н M Sofa *n*
ди́вный wundervoll
дие́та F Diät *f*; **сиде́ть на дие́те** Diät halten
дизентери́я F Ruhr *f*
ди́кий wild; *fig* schrecklich
дикта́нт M Diktat *n* **дикта́тор** M Diktator *m* **диктату́ра** F Diktatur *f*
диктова́ть ⟨продиктова́ть⟩ diktieren
ди́ктор M Nachrichtensprecher *m*
диплома́т M Diplomat *m*
дире́ктор M Direktor *m*
дирижёр M Dirigent *m*
диск M Scheibe *f*; Platte *f*
диста́нция F Distanz *f*
дитя́ N (kleines) Kind *n*
дичь F 1 Wild *n* 2 *umg* Unsinn *m*
длина́ F Länge *f* **дли́нный** lang
дли́тельный dauernd
дли́ться ⟨продли́ться⟩ dauern
для PRÄP *P* für *akk*
дневни́к M Tagebuch *n*; Hausaufgabenheft *n* **дневно́й** Ta-

ges-
днём am Tag; tagsüber; bei Tage; **~ и но́чью** Tag und Nacht
дно N Grund *m*; Boden *m*; **идти́ ко дну́** versinken; **вверх ~м** *umg* drunter und drüber
до[1] PRÄP *P* **1** bis (zu) *dat*; **~ сих пор** bis jetzt; **де́ти ~ 16** Kinder unter 16; **биле́т ~ Москвы́** eine Karte nach Moskau; **~ чего́ жа́рко!** es ist aber heiß! **2** vor *dat*; **за́ день ~ отъе́зда** einen Tag vor der Abreise
до[2] N MUS C *n*; **~ мажо́р** C-Dur *n*; **~ мино́р** C-Moll *n*
до- *in zssgn* vor-
добавля́ть ⟨**доба́вить**⟩ hinzufügen; ergänzen **доба́вочный** Zusatz-
до-бемо́ль M Ces *n*
добива́ться ⟨**доби́ться**⟩ erreichen; erzielen (*P akk*)
до́блестный heldenmütig
до́блесть F Heldenmut *m*
добро́ N **1** das Gute; Wohltat *f* **2** (Hab und) Gut *n* **доброво́лец** M Freiwillige(r) *m*
до́брый gutherzig; gut; **в ~ час!** Glück auf!; **до́брое у́тро!** guten Morgen!; **бу́дьте добры́!** seien Sie so gut!; **всего́ до́брого!** alles Gute!
добыва́ть ⟨**добы́ть**⟩ erwerben; beschaffen; gewinnen **добы́ча** F Beschaffung *f*; Gewinnung *f*; Beute *f*; Raub *m*
довезти́ → **довози́ть**
дове́ренность F Vollmacht *f*
дове́рие N Vertrauen *n* **доверя́ть** **1** vertrauen (*Д akk*); **не ~** misstrauen **2** ⟨**дове́рить**⟩ anvertrauen; bevollmächtigen
до́вод M Argument *n* **доводи́ть** ⟨**довести́**⟩ hinführen; heranbringen; führen (**до** *P* zu *dat*); **довести́ до слёз** zum Weinen bringen
довое́нный Vorkriegs-
довози́ть ⟨**довезти́**⟩ V/T fahren (**до** *P* bis zu *dat*)
дово́льно ziemlich **дово́льный** zufrieden **дово́льство** N Zufriedenheit *f*
дово́льствоваться ⟨**удово́льствоваться**⟩ sich begnügen (*T* mit *dat*)
дога́дка F Mutmaßung *f* **дога́дливый** scharfsinnig **дога́дываться** ⟨**догада́ться**⟩ erraten (**о** *П akk*)
догова́риваться ⟨**договори́ться**⟩ verabreden (**о** *П akk*)
догово́р M Vertrag *m* (**о** *П* über *akk*)
догоня́ть ⟨**догна́ть**⟩ einholen; nachholen
до-дие́з M Cis *n*
доезжа́ть ⟨**дое́хать**⟩ V/I fahren (**до** *P* bis zu *dat*); ankommen
дожда́ться → **дожида́ться**
дождеви́к M Regenmantel *m*
дождево́й Regen- **дождли́вый** regnerisch **дождь** M Regen *m*
дожида́ться ⟨**дожда́ться**⟩ warten, bis...; erwarten (*P*

akk); **жду не дожду́сь** ich kann es kaum erwarten
дои́ть ⟨подои́ть⟩ melken
дойти́ → доходи́ть
доказа́тельство N Beweis *m* **дока́зывать ⟨доказа́ть⟩** beweisen
докла́д M Bericht *m*; Vortrag *m*; **де́лать ~** einen Vortrag halten **докла́дывать ⟨доложи́ть⟩** berichten; vortragen; anmelden
до́ктор M **1** habilitierter Wissenschaftler *m* **2** Arzt *m*
докуме́нт M Dokument *n*; Ausweis *m*; Schein *m*; Bescheinigung *f*; Unterlage *f* **документа́льный** Dokumentar-
долг M **1** Pflicht *f* (**пе́ред** *T* vor *dat*, *dat* gegenüber) **2** Schuld *f*; Schulden *pl*; **взять в ~** entleihen; **дать в ~** verleihen
до́лгий lang **до́лго(-)** lange(-)
до́лжен *präd* **1** verpflichtet (sein); **я ~ зако́нчить э́ту рабо́ту** ich muss (soll) diese Arbeit beendigen; **должно́ быть** anscheinend **2** schuldig (sein); **он мне ~ большу́ю су́мму** er schuldet mir eine große Summe **должни́к** M Schuldner *m* **до́лжность** F Amt *n*; Dienststellung *f*
доли́на F Tal *n*
доложи́ть → докла́дывать
доло́й nieder!; hinweg!
до́льше *komp* → до́лго
до́ля F Anteil *m*; Schicksal *n*
дом M Haus *n*; Heim *n* **до́ма** zu Hause **дома́шний** Haus-
домовладе́лец M Hausbesitzer *m* **домо́й** nach Hause **домохозя́йка** F Hausfrau *f*
донесе́ние N Meldung *f*; Bericht *m* **донести́** → доноси́ть
доно́с M Anzeige *f* **доноси́ть ⟨донести́⟩** **1** anzeigen (**на** *B akk*) **2** tragen (**до** *P* bis zu *dat*)
допла́чивать ⟨доплати́ть⟩ nachzahlen; zuzahlen
дополне́ние N Ergänzung *f* **дополни́тельный** Zuschlags- **дополня́ть ⟨допо́лнить⟩** ergänzen (*T* durch *akk*); hinzufügen
допра́шивать ⟨допроси́ть⟩ verhören; vernehmen
допро́с M Verhör *n*
допуска́ть ⟨допусти́ть⟩ **1** zulassen **2** annehmen **допуще́ние** N Zulassung *f*; Voraussetzung *f*
доро́га F Weg *m*; Straße *f*; Bahn *f*
до́рого teuer **дорого́й** teuer; kostbar **доро́же** *komp* → до́рого *od* дорого́й **дорожи́ть** schätzen (*T akk*)
доро́жка F Pfad *m*; Fußweg *m*; Bahn *f* **доро́жный** Reise-; Straßen-
доса́да F Ärger *m* **доса́дный** ärgerlich; bedauerlich
доска́ F Brett *n*; Tafel *f*
досло́вно wortwörtlich
досмо́тр M Kontrolle *f*; **тамо́женный ~** Zollkontrolle *f*
досро́чно vorzeitig

достава́ть ⟨доста́ть⟩ verschaffen; herausnehmen **достава́ться ⟨доста́ться⟩** zukommen; zufallen
достига́ть ⟨дости́гнуть⟩ erreichen **достиже́ние** N Erlangung *f*; Leistung *f*
дости́чь PF → достига́ть
достове́рный glaubwürdig
досто́инство N **1** Würde *f* **2** Wert *m*; Vorzug *m* **досто́йный** wert; würdig **достопримеча́тельность** F Sehenswürdigkeit *f*
достоя́ние N Gut *n*; Besitz *m*
до́ступ M Zutritt *m* **досту́пный** zugänglich; erreichbar; verständlich
досу́г M Freizeit *f*
дотла́ bis auf den Grund
дотра́гиваться ⟨дотро́нуться⟩ berühren; anrühren (**до** *P akk*)
до́хнуть ⟨издо́хнуть, подо́хнуть, сдо́хнуть⟩ verenden; verrecken
дохо́д M Einkommen *n* **доходи́ть ⟨дойти́⟩** gehen (**до** *P* bis zu *dat*); ankommen **дохо́дный**
до́чка F, **дочь** F (*pl* **до́чери**) Tochter *f*
драгоце́нность F Schmuckstück *n*; Schatz *m* **драгоце́нный** wertvoll; **~ ка́мень** *m* Edelstein *m*
дразни́ть necken; hänseln; reizen
дра́ка F Schlägerei *f*
дра́ма F Drama *n*
дра́ться ⟨подра́ться⟩ sich schlagen
древе́сный Holz-
дре́вний altertümlich **дре́вность** F Altertum *n*
дремо́та F Halbschlaf *m* **дрему́чий** dicht; **~ лес** *m* Urwald *m*
дрессирова́ть ⟨выдрессировать⟩ dressieren
дроби́ть ⟨раздроби́ть⟩ zerstückeln **дробь** F **1** Schrot *n* (*für die Jagdflinte*) **2** MATH Bruchzahl *m* **3** Trommelwirbel *m*
дрова́ *pl* Brennholz *n* **дровосе́к** M Holzfäller *m*
дро́гнуть erzittern; wanken
дрожа́ть ⟨задрожа́ть⟩ zittern (*a. fig*)
дро́жжи *pl* Hefe *f*
дрожь F Zittern *n*; Schauer *m*
друг M (PL **друзья́**) Freund *m*; **закады́чный ~** Busenfreund *m* **друго́й** andere(r); andersartig; **ни тот ни ~** keiner von beiden
дру́жба F Freundschaft *f* **дружелю́бный** freundlich **дру́жеский** Freundschafts- **дружи́ть** befreundet sein **дру́жный** einträchtig; einig
дрянно́й lumpig; dreckig
дрянь F Dreck *m*; Plunder *m*; Lump *m*
дря́хлый alterschwach
дуб M Eiche *f*
дубли́ровать einen Film syn-

chronisieren
Ду́ма F Unterhaus *n* des russischen Parlaments
ду́мать ⟨поду́мать⟩ 1 denken (**о** *П* an *akk*); überlegen 2 glauben; meinen; **как Вы ду́маете?** was meinen Sie?
ду́нуть → дуть
ду́ра F, **дура́к** M Dummkopf *m* **дура́читься** Faxen machen **дурно́й** übel; schlecht
дуть ⟨поду́ть⟩ blasen
дух M Geist *m*; Mut *m*; Atem *m* **духи́** *pl* Parfüm *n*
духове́нство N Geistlichkeit *f* **духо́вка** F Backofen *m* **духо́вный** geistig; geistlich **духово́й** Blas- **духота́** F Schwüle *f*
душ M Dusche *f*
душа́ F Seele *f*; **на ду́шу населе́ния** pro Kopf der Bevölkerung; **жить ~ в ду́шу** ein Herz und eine Seele sein; **благодари́ть от всей души́** von ganzem Herzen danken **душе́вный** seelisch; herzlich
душево́й Dusch-; **душева́я каби́на** *f* Duschkabine *f*
души́стый duftig
души́ть 1 **⟨задуши́ть⟩** würgen 2 **⟨надуши́ть, подуши́ть⟩** parfümieren
дуэ́ль F Duell *n*
дым M Rauch *m*
ды́ня F Melone *f*
дыра́ F, **ды́рка** F Loch *n*
дыха́ние N Atem *m*; Atmen *n*
дыша́ть atmen
дья́вол M Teufel *m*
дья́кон M Diakon *m*
дю́жина F Dutzend *n*; **чёртова ~** dreizehn
дюйм M (*Maß*) Zoll *m*
дю́ны *pl* Dünen *pl*
дя́дя M Onkel *m*
дя́тел M Specht *m*

еба́ть(ся) *vulg* ficken; **ёб твою мать** → мать
Ева́нгелие N Evangelium *n*
евре́й M Jude *m*; Hebräer *m*
е́вро M Euro *m* **Е́врозона** F Eurozone *f*
Евро́па F Europa *n*
Еги́пет M Ägypten *n*
его́ ihn; es (*akk*); sein
еда́ F Essen *n*; **за едо́й** beim Essen
едва́ kaum; **он ~ не упа́л** beinahe wäre er gefallen; **~ ли** schwerlich; kaum; **~ она́ пришла́, как…** kaum war sie gekommen, als… **едва́-едва́** mit Müh und Not
е́дет, е́ду → е́хать
едини́ца F (*Ziffer*) Eins *f*; (*Zensur*) Eins *f* (*in Russland „ungenügend"*); Einheit *f*; **едини́цы** Einzelne **едини́чный** einzeln; vereinzelt
едино- *in zssgn* ein-; einzel-

единогла́сный einstimmig **единообра́зие** N Einheitlichkeit *f*
еди́нственный einzig **еди́нство** N Einheit *f* **еди́ный** Einheits-; geeint; **все до еди́ного** alle bis auf den Letzten
е́дкий ätzend; beißend
едя́т → есть²
её ihr(er, e); sie (*akk*); → она́
ёж M Igel *m*
еже- jede(n, -s)…
ежеви́ка F Brombeere *f*
ежего́дный jährlich **ежедне́вный** täglich; Tages-
е́жели falls
ежеме́сячный monatlich
ежемину́тный dauernd; fortwährend **ежеча́сный** stündlich
ёжиться ⟨**поёжиться, съёжиться**⟩ sich zusammenkauern; frösteln
езда́ F Fahren *n*; Reiten *n*; Reisen *n* **е́здить** fahren; reisen; → е́хать **ездо́к** M Reiter *m*
ей *Д* ihr; → она́
ей-бо́гу bei Gott!
е́ле: **~ жив** halbtot **е́ле-е́ле** kaum
ёлка F Tannenbaum *m*; **нового́дняя ~** Weihnachtsbaum *n*; Neujahrsfeier *f*, Weihnachtsfeier *f*
ело́вый Tannen- **ель** F Tanne *f*
ёмкий umfangreich **ёмкость** F Rauminhalt *m*; Behälter *m*
ему́ ihm; → он; оно́
ено́т M Waschbär *m*
епи́скоп M Bischof *m*
ерунда́ F Quatsch *m*; Kleinigkeit *f*
ёрш M **1** Kaulbarsch *m* **2** Gemisch *n* aus Wodka und Bier
е́сли wenn, falls
есте́ственный natürlich
есть¹ bin; bist; ist; → **быть**, **~!** MIL zu Befehl!
есть² ⟨**съесть**⟩ essen; **я ем** ich esse; **ты ешь** du isst; **мы еди́м** wir essen; **они́ едя́т** sie essen; **ел** (**е́ла, е́ло, е́ли**) er aß
е́хать ⟨**пое́хать**⟩ (hin)fahren; **~ да́льше** weiterfahren; **да́льше ~ не́куда!** das ist die Höhe!
ешь → есть²
ещё noch; **~ бы!** und ob!; **~ чего́!**; **вот ~!** das fehlte noch!
е́ю *Т* → она́

жа́ба F Kröte *f*
жа́бры *pl* Kiemen *pl*
жа́воронок M Lerche *f*
жа́дный gierig
жа́жда F Durst *m* **жа́ждать** ⟨**возжа́ждать**⟩ dürsten; begehren (*P akk*)
жаке́т M Damenjacke *f*
жале́ть ⟨**пожале́ть**⟩ **1** Mitleid haben (*В* mit *dat*) **2** schonen; sparen

жáлить ⟨ужáлить⟩ stechen; beißen
жáлкий kläglich **жáлко** *präd* 1 es tut *j-m* leid; **мне её** (*B*) **~** sie tut mir leid; **~ до слёз** es tut mir unendlich leid 2 schade; **как ~!** wie schade!
жáло N Stachel *m*; Giftzahn *m*
жáлоба F Klage *f*; Beschwerde *f*
жáлованье N Gehalt *n*
жáловаться ⟨пожáловаться⟩ sich beklagen; sich beschweren (**на** *B* über *akk*)
жáлость F Mitleid *n* **жáль** → жáлко
жанр M Genre *n*
жар M Hitze *f*; Eifer *m*; Fieber *n*; **меня́ в ~ бросáет** es überkommt mich heiß **жарá** F Hitze *f*
жáреный gebraten; Brat- **жáрить ⟨изжáрить, поджáрить⟩** braten; rösten
жáркий heiß (*a. fig*) **жаркóе** N Braten *m* **жар-пти́ца** F Feuervogel *m*
жать¹ ⟨нажáть, пожáть⟩ drücken
жать² ⟨сжать⟩ ernten
жвáчка F Kaugummi *m*
ждать ⟨подождáть⟩ warten (*P* auf *akk*)
же aber; jedoch; doch; denn; **говори́те ~!** sprecht/sprechen Sie doch!; **где ~ он?** wo bleibt er denn?
жевáть kauen
желáние N Wunsch *m*; Lust *f*
желáтельный erwünscht
желáть ⟨пожелáть⟩ wünschen (*P akk*); **желáю тебé счáстья** ich wünsche dir Glück
желéзный Eisen-; eisern (*a. fig*); **желéзная дорóга** *f* Eisenbahn; **~ зáнавес** *m* der Eiserne Vorhang *m*; **желéзо** *n* Eisen *n*; IT Hardware *f*
жёлоб M Rinne *f*
желтóк M Eigelb *n* **жёлтый** gelb; **жёлтая прéсса** *f* Boulevardpresse *f*
желу́док M Magen *m*; **расстрóйство** *n* **желу́дка** Magenverstimmung *f*
жёлудь M Eichel *f*
жёлчный gallig; Gallen-
жемáнный zimperlich
жéмчуг M Perlen *pl* **жемчу́жина** F Perle *f*
женá F Ehefrau *f* **женáтый** verheiratet (**на** *П* mit *dat*)
Женéва F Genf *n*
жени́тьба F Heirat *f*
жени́ться (IM)PF heiraten (**на** *П akk*) **⟨пожени́ться⟩** *v/i* heiraten
жени́х M Bräutigam *m*
жéнский weiblich; Frauen-
жéнственность F Weiblichkeit *f* **жéнщина** F Frau *f*
женьшéнь M Ginseng *m*
жеребёнок M Fohlen *n* **жеребéц** M Hengst *m*
жéртва F Opfer *n* (*a. fig*) **жéртвовать ⟨пожéртвовать⟩** opfern; **~ собóй** sich opfern
жест M Geste *f* (*a. fig*)

жёсткий hart (*a. fig*)
жесто́кий grausam; brutal; heftig; gewaltig **жесто́кость** F Grausamkeit *f*
жесть F Blech *n*
жето́н M (Spiel)Marke *f*, Jeton *m*
жечь ⟨сжечь⟩ (ver)brennen
жжёный gebrannt
живо́й lebend; lebendig; munter; **заде́ть за живо́е** den wunden Punkt treffen; **ни жив ни мёртв** halbtot **жи́вопись** F Malerei *f*
живо́т M Bauch *m* **живо́тное** N Tier *n* **живо́тный** tierisch; Tier-
Жигули́ *pl* Shiguli *m* (*Automarke*)
жид M *vulg neg!* Jude *m*
жи́дкий flüssig; dünn; wässerig **жи́дкость** F Flüssigkeit *f*
жидо́вка F *vulg neg!* Jüdin *f* **жидо́вский** *vulg neg!* jüdisch
жи́зненный Lebens-; lebenswichtig; aktuell **жизнера́достный** lebenslustig **жизнеспосо́бный** lebensfähig
жизнь F Leben *n*
жиле́т M Weste *f*
жиле́ц M Bewohner *m*
жи́листый sehnig; muskulös
жили́ще N Behausung *f* **жили́щный** Wohnungs-
жило́й bewohnt; bewohnbar **жилпло́щадь** F (**жила́я пло́щадь**) Wohnfläche *f*; Wohnung *f*
жир M Fett *n* **жи́рный** fett; dick; fettig
жите́йский Lebens-; Alltags-
жи́тель(ница) M(F) Einwohner(in) *m(f)* **жи́тельство** N Wohnsitz *m*; Aufenthalt *m*
жить leben; wohnen
жо́па F *vulg* Arsch *m*; **пошёл ты в жо́пу!** geh zum Teufel!
жрать ⟨пожрать *v/i*, **сожрать** *v/t*⟩ *vulg* fressen
жре́бий M Los *n* (*a. fig*)
жужжа́ть summen; surren
жук M Käfer *m*
жура́вль M Kranich *m*
журна́л M Zeitschrift *f*; Buch *n* **журнали́ст** M Journalist *m*
журча́ть rieseln
жу́ткий unheimlich (*a. fig*)
жуть F Grauen *n*
жюри́ N Jury *f*

З

за PRÄP *T, B* **1** hinter *akk, dat*; nach; an; bei; **~ до́мом** hinter dem Haus; **поверну́ть за́ угол** um die Ecke biegen; **друг ~ дру́гом** nacheinander; **я ~йду́ ~ тобо́й** ich hole dich ab; **~ стол** an den Tisch; zu Tisch; **~ столо́м** bei Tisch; **~ рулём** am Steuer; **~ ча́шкой ча́я** bei einer Tasse Tee **2** für; anstelle; **~ де́ньги** fürs Geld; **рабо́тать ~ двои́х** für zwei arbeiten; **~**

и прóтив Für und Wider **3** im Laufe *gen* **~ послéдние три гóда** während der letzten drei Jahre; **~** (… **до**) vorher; **придú ~ полчасá** komm eine halbe Stunde vorher; **~ два дня до дня рождéния** zwei Tage vor dem Geburtstag; **емý ~ пятьдесят** er ist über fünfzig; **пить ~ здорóвье** auf *j-s* Gesundheit trinken

забáва F Belustigung *f*; Vergnügen *n*; Spielerei *f* **забавлять(ся)** ⟨**позабáвить(ся)**⟩ (sich) belustigen **забáвный** lustig

забастóвка F Streik *m*

забвéние N Vergessenheit *f*

забéг M Wettlauf *m* **забегáть** ⟨**забежáть**⟩ hineinlaufen; (kurz) vorbeikommen (**к** *Д* bei *dat*)

забивáть ⟨**забúть**⟩ einschlagen; schlachten; hervorsprudeln; **забúть гол** ein Tor schießen **забивáться** ⟨**забúться**⟩ sich verkriechen; eindringen

забирáть ⟨**забрáть**⟩ wegnehmen **забирáться** ⟨**забрáться**⟩ sich einschleichen; klettern; geraten

заблаговрéменно frühzeitig; rechtzeitig

заблудúться sich verlaufen **заблуждáться** sich irren **заблуждéние** N Irrtum *m*

заболевáть ⟨**заболéть**⟩ krank werden **заболéть** schmerzen; → **болéть**

забóр M Zaun *m*

забóта F Sorge *f*

забóтиться ⟨**позабóтиться**⟩ sich kümmern (**о** *П* um *akk*)

забóтливый fürsorglich

забрáсывать **1** ⟨**забросáть**⟩ überhäufen **2** ⟨**забрóсить**⟩ wegwerfen; *fig* vernachlässigen

забывáть ⟨**забы́ть**⟩ vergessen **забывáться** ⟨**забы́ться**⟩ das Bewusstsein verlieren; sich vergessen **забы́вчивый** vergesslich

зав- *in zssgn* → **завéдующий**

завáривать ⟨**заварúть**⟩ aufbrühen; abbrühen; (*Tee*) zubereiten **завáрка** F *starker Tee, den man mit Wasser verdünnt*

заведéние N Anstalt *f* **завéдовать** leiten; verwalten

завéдомо wissentlich

завéдующий M Leiter *m*; Verwalter *m*

завёртывать → **заворáчивать**

завершáть ⟨**завершúть**⟩ vollenden

завестú → **заводúть**

завещáние N Testament *n* **завещáть** (IM)PF vererben

завúдный beneidenswert

завúдовать ⟨**позавúдовать**⟩ beneiden (*Д* um *akk*)

завúнчивать ⟨**завинтúть**⟩ zuschrauben

завúсеть abhängen (**от** *P* von

dat) **зави́симый** abhängig **зави́стливый** neidisch **зáвисть** F Neid *m* **завмáг** M Verkaufsstellenleiter *m* **завóд** M Betrieb *m*; Werk *n* **завоёвывать** ⟨**завоевáть**⟩ erobern; erkämpfen **заворáчивать** ⟨**заверну́ть**⟩ einwickeln; (ein)biegen; einkehren, aufkrempeln **зáвтра** morgen **зáвтрак** M Frühstück *n*; **на ~** zum Frühstück; **континентáльный ~** Frühstücksbüffet *n* **зáвтракать** ⟨**позáвтракать**⟩ frühstücken **завхóз** M Verwalter *m* **завя́зывать** ⟨**завязáть**⟩ **1** (zu)binden **2** *fig* anknüpfen **3** : **завязáть разговóр** ein Gespräch anknüpfen **4** *fig umg* aufhören; **я бóльше не пью, завязáл** ich trinke nicht mehr **загáдка** F Rätsel *n* **загáдочный** geheimnisvoll **загáдывать** ⟨**загадáть**⟩ zu raten aufgeben; vorausdenken **загáр** M Sonnenbrand *m* **заглáвие** N Titel *m*; Überschrift *f* **заглóхнуть** PF verhallen; versanden **заглушáть** ⟨**заглуши́ть**⟩ übertönen; dämpfen; ersticken **загля́дывать** ⟨**загляну́ть**⟩ hineinschauen; *fig* vorbeischauen (**к** *D* bei *dat)* **загля́дываться** ⟨**заглядéться**⟩ sich nicht sattsehen können (**на** *B* an *dat*) **заговáривать** ⟨**заговори́ть**⟩ anfangen zu sprechen **зáговор** M Verschwörung *f* **заголóвок** → **заглáвие** **загорáживать** ⟨**загороди́ть**⟩ umzäunen; versperren **загорáть** ⟨**загорéть**⟩ sich sonnen **загорáться** ⟨**загорéться**⟩ anbrennen; *fig* entbrennen; ausbrechen **загорóдка** F Verschlag *m* **зáгородный** außerhalb der Stadt gelegen **заготовля́ть** ⟨**заготóвить**⟩ vorbereiten **загрáн-** *in zssgn* → **заграни́чный** **заграни́ца** F Ausland *n* **заграни́чный** ausländisch **загранкомандирóвка** F Auslandsdienstreise *f* **загранпáспорт** M Reisepass *m* **загрязни́тель** M: **без загрязни́телей** schadstoffarm **загс** M (зáпись áктов граждáнского состоя́ния) Standesamt *n* **зад** M Hinterteil *n* **задавáть** ⟨**задáть**⟩ aufgeben; veranstalten; **задáть вопрос** eine Frage stellen; **задáть корм** Futter geben; **я тебе задáм!** du kriegst gleich was ab! **задавáться** *umg* großtun **задáние** N Aufgabe *f* **задáтки** *pl* Anlagen *pl*; Veranlagung *f* **задáток** M Vorschuss *m* **задáча** F Aufgabe *f*; Problem *n*

задвигáть ⟨задвúнуть⟩ zuschieben **задвúжка** F Riegel *m*
задвóрки *pl* Hinterhof *m* (*mst fig*)
задевáть 1 **⟨задéть⟩** anrühren; berühren (*a. fig*); **задéть за живóе** am wunden Punkt treffen 2 PF → девáть
задирáть ⟨задрáть⟩ 1 hochheben 2 *umg* necken **задирáться** 1 *umg* Streit suchen 2 **⟨задрáться⟩** sich heben
зáдний hinter; rückwärtig; **зáдним числóм (помéтить)** zurückdatieren (*a. fig*) **зáдница** F *umg* Hintern *m*
задолжáть PF in Schulden geraten **задóлженность** F Verschuldung *f*
задóр M Übermut *m*; Eifer *m*
задувáть ⟨задýть⟩ ausblasen
задýмчивый nachdenklich
задýмываться ⟨задýматься⟩ nachdenklich werden; ganz in Gedanken sein
задушéвный herzlich; innig
задушúть → душúть
задыхáться ⟨задохнýться⟩ V/I ersticken
заезжáть ⟨заéхать⟩ hineinfahren; hingeraten
заём M Anleihe *f*
заéхать *umg* prügeln (*Д akk*)
заживáть ⟨зажúть⟩ vernarben; abheilen
зажигáлка F Feuerzeug *n* **зажигáть ⟨зажéчь⟩** anzünden; in Flammen setzen; *fig* anfeuern **зажигáться ⟨зажéчься⟩** Feuer fangen; erglühen
зажúточный vermögend
зазнавáться ⟨зазнáться⟩ sich viel einbilden
заикáться 1 stottern 2 **⟨заикнýться⟩** *umg* erwähnen (**о** *П akk*)
заúмствовать (IM)PF, **⟨позаúмствовать⟩** entlehnen
заинтересовáться sich interessieren (*Т* für *akk*)
заúскивать sich einschmeicheln (**пéред** *Т* bei *dat*)
зайтú → заходúть
закáз M Auftrag *m* **заказнóй**: **заказнóе письмó** N Einschreibebrief *m*; **~ автóбус** *m* Sonderbus *m*; **заказнóе убúйство** *n* Auftragsmord *m* **закáзчик** M Auftraggeber *m*; Kunde *m*
закáзывать ⟨заказáть⟩ bestellen; in Auftrag geben
закáлывать ⟨заколóть⟩ erstechen; erdolchen; zustecken; abstechen
закалять härten; *fig* stählen **закаляться** sich abhärten
закáнчивать ⟨закóнчить⟩ beenden
закáпывать ⟨закопáть⟩ vergraben; zuschippen
закáт M Sonnenuntergang *m*; *fig* Niedergang *m* **закáтываться ⟨закатúться⟩** unter *etw* rollen; untergehen (*Sonne*)

заклáд M Pfand *n* **заклáдывать** ⟨**заложи́ть**⟩ 1 verlegen; verstopfen; **залóженный нос** *m* verstopfte Nase *f* 2 verpfänden 3 *umg* sich beklagen; anzeigen (*B akk*)
заклёпка F Niet *m*
заключáть ⟨**заключи́ть**⟩ 1 (ein)schließen 2 folgern **заключáться** enthalten sein; bestehen; **дéло заключáется в том, что…** die Sache besteht darin, dass… **заключéние** N 1 Schlussfolgerung *f* 2 Haft *f* **заключённый** M Häftling *m* **заключи́тельный** abschließend
закля́тый: **~ враг** M Erzfeind *m*
закóвывать ⟨**закова́ть**⟩ fesseln
заколóть PF 1 → закáлывать 2 → колóть; **у негó заколóло в бокý** er bekam Seitenstechen
закóн M Gesetz *n* **закóнный** rechtmäßig **законодáтельство** N Gesetzgebung *f* **закономéрный** gesetzmäßig **законопроéкт** M Gesetzesvorlage *f*
закóнчить → закáнчивать
закоренéлый eingefleischt; hartnäckig; verstockt
закоченéть PF vor Kälte erstarren; steif werden
закреплять ⟨**закрепи́ть**⟩ befestigen; festmachen; verankern; festigen
закрывáть ⟨**закры́ть**⟩ schließen; zumachen; zuschlagen; zudecken; sperren
закупáть ⟨**закупи́ть**⟩ zusammenkaufen; besorgen
закýпоривать ⟨**закýпорить**⟩ zupfropfen; verkorken
закýривать ⟨**закури́ть**⟩ anrauchen; sich eine Zigarette anstecken
закýска F 1 Vorspeise *f*; Imbiss *m* 2 kleiner Happen *m* (*nach einem alkoholischen Getränk*); **на закýску** zu guter Letzt **закýсочная** F Imbiss *m* **закýсывать** ⟨**закуси́ть**⟩ 1 beißen 2 zu sich nehmen (*T akk*)
зал M Saal *m*; Halle *f*; **концéртный ~** Veranstaltungsort *m*
зали́в M Bucht *f*; Golf *m* **заливáть** ⟨**зали́ть**⟩ 1 überschwemmen; überfluten; begießen 2 *fig umg* spinnen; Märchen erzählen **заливнóе** N GASTR Aspik *m*
залóг M Pfand *n*; Kaution *f*; *fig* Unterpfand *n*
заложи́ть → заклáдывать
залóжник M, **залóжница** F Geisel *f*
залп M Salve *f* **зáлпом** in einem Zug
замáзка F Kitt *m* **замáзывать** ⟨**замáзать**⟩ übermalen; verkitten; *fig* vertuschen
замáнивать ⟨**замани́ть**⟩ verlocken **замáнчивый** verlockend

замедля́ть(ся) **⟨заме́длить(ся)⟩** (sich) verzögern; (sich) verlangsamen
заме́на F Ersatz *m*; Wechsel *m* **заменя́ть** **⟨замени́ть⟩** ersetzen (*T* durch *akk*); vertreten
замерза́ть **⟨замёрзнуть⟩** (ein)frieren; zufrieren
замести́ → замета́ть
замести́тель M Vertreter *m*
замета́ть **⟨замести́⟩** fegen; zuwehen
заме́тка F (Zeitungs)Notiz *f* **заме́тный** bemerkbar; hervorragend
замеча́ние N Bemerkung *f*; Verweis *m* **замеча́тельный** bemerkenswert **замеча́ть** **⟨заме́тить⟩** (be)merken
заме́шанный verwickelt (**в** *П* in *akk*) **замеша́тельство** N Verwirrung *f*
замеща́ть vertreten
замина́ть **⟨замя́ть⟩** unter den Teppich kehren
за́мкнутый geschlossen; *fig* verschlossen
замо́к[1] M Schloss *n*; Verschluss *m*
за́мок[2] M Schloss *n*; Burg *f*
замолка́ть 1 **⟨замо́лкнуть⟩** verstummen; verhallen 2 **замолча́ть** stillschweigen; totschweigen
замора́живать **⟨заморо́зить⟩** gefrieren lassen
за́морозки *pl* Morgenfrost, Nachtfrost, Bodenfrost *m*
за́муж: **вы́йти ~** einen Mann heiraten (*Frau*) **заму́жняя** verheiratet (*Frau*)
за́мша F Wildleder *n*
замыка́ние N: **коро́ткое ~** Kurzschluss *m* **замыка́ть** **⟨замкну́ть⟩** (ab)schließen (*a. fig*)
за́мысел M Vorhaben *n* **замышля́ть** **⟨замы́слить⟩** beabsichtigen
замя́ть → замина́ть **замя́ться** den Faden verlieren
за́навес M Vorhang *m* (*im Theater*) **занаве́ска** F Fenstervorhang *m*
занима́тельный anregend
занима́ть **⟨заня́ть⟩** 1 einnehmen; belegen 2 beschäftigen; **я за́нят** ich habe zu tun 3 leihen (**у** *P* von *dat*) **занима́ться** **⟨заня́ться⟩** sich beschäftigen (*T* mit *dat*)
заноси́ть **⟨занести́⟩** → вноси́ть **зано́счивый** überheblich
за́нят M, **занята́** F, **за́нято** N, **за́няты** M besetzt; beschäftigt **заня́тие** N 1 Tätigkeit *f* 2 Unterricht *m* **заня́ть** → занима́ть **заня́ться** → занима́ться
заодно́ 1 gemeinsam 2 zugleich
заостря́ть **⟨заостри́ть⟩** zuspitzen (*a. fig*)
зао́чно in Abwesenheit **зао́чный** Fern-; **зао́чное обуче́ние** *n* Fernstudium *n*
за́пад M Westen *m* **за́пад-**

ный westlich; West-
западня́ F Falle *f* (*a. fig*)
запа́здывать ⟨**запозда́ть**⟩ sich verspäten
запако́вывать ⟨**запакова́ть**⟩ verpacken
запа́льчивый heftig
запаркова́ть PF zuparken
запа́с M Vorrat *m*; **слова́рный ~** Wortschatz *m*; **офице́р** *m* **~а** *m* Reserveoffizier *m*; **про ~** auf Vorrat; für alle Fälle **запаса́ть** ⟨**запасти́**⟩ V/T sich einen Vorrat anlegen **запаса́ться** ⟨**запасти́сь**⟩ sich versorgen (*T* mit *dat*) **запасно́й** Ersatz-; Not-; **~ (запа́сный) выход** *m* Notausgang *m*
за́пах M Geruch *m*; Duft *m*
запа́чкать → **па́чкать**
запека́нка F GASTR **1** Auflauf *m* **2** Fruchtlikör *m* **запере́ть** → **запира́ть**
запечатлева́ть ⟨**запечатле́ть**⟩ einprägen
запеча́тывать ⟨**запеча́тать**⟩ zukleben
запечённый GASTR in Backteig; im Schlafrock
запина́ться ⟨**запну́ться**⟩ stocken; stottern
запира́ть(ся) ⟨**запере́ть(ся)**⟩ (sich) abschließen **запира́ться** *fig* sich aufs Leugnen verlegen
запи́ска F Zettel *m* **запи́сывать** ⟨**записа́ть**⟩ aufschreiben, einschreiben; aufnehmen
запи́сываться ⟨**записа́ться**⟩ sich anmelden
запла́та F Flicken *m*
заплати́ть → **плати́ть**
запове́дник M Naturschutzgebiet *n*
за́поведь F Gebot *n*
заподо́зрить → **подозрева́ть**
запозда́лый verzögert; spät
запозда́ть → **запа́здывать**
заполня́ть ⟨**запо́лнить**⟩ auffüllen
запомина́ть ⟨**запо́мнить**⟩ behalten; sich merken; speichern
за́понка F Manschettenkopf *m*
запо́р M MED Verstopfung *f*
заправля́ть ⟨**запра́вить**⟩ **1** tanken **2** GASTR zurichten; anmachen **3** hineinstecken
запра́шивать ⟨**запроси́ть**⟩ anfragen; anfordern
запре́т M Verbot *n* **запре́тный** verboten; Sperr- **запреща́ть** ⟨**запрети́ть**⟩ verbieten **запрещённый** verboten
запро́с M Anfrage *f* **запро́сы** *pl* Ansprüche *pl*
запряга́ть ⟨**запря́чь**⟩ einspannen (*a. fig*)
запу́гивать ⟨**запуга́ть**⟩ einschüchtern
за́пуск M Anlassen *n*; Start *m*
запуска́ть ⟨**запусти́ть**⟩ **1** schleudern; anlassen **2** hineinstecken; hineinschlagen **3** vernachlässigen
запу́тывать ⟨**запу́тать**⟩ ver-

wirren; komplizieren; verwickeln **запу́тываться** ⟨**запу́таться**⟩ sich verwickeln; *fig* sich verirren
запыха́ться PF außer Atem kommen, keuchen
запята́я F Komma *n*; **то́чка с запято́й** *f* Semikolon *n*
зараба́тывать ⟨**заработа́ть**⟩ verdienen **за́работок** M Verdienst *m*
заража́ть ⟨**зарази́ть**⟩ anstecken; infizieren **зарази́тельный** *fig* hinreißend **зара́зный** ansteckend
зара́нее im Voraus
за́рево N Feuerschein *m*
заре́з: **до ~у** *umg* dringend **заре́зать** erstechen; → ре́зать
за́риться ⟨**поза́риться**⟩ *umg* erpicht sein (**на** *B* auf *akk*)
зарни́ца F Wetterleuchten *n*
заро́дыш M Keim *m*; Embryo *n*
зарожда́ться ⟨**зароди́ться**⟩ entstehen
за́росли *pl* Dickicht *n*
зарпла́та (**за́работная пла́та**) F Arbeitslohn *m*
зарыва́ть ⟨**зары́ть**⟩ vergraben
зарыва́ться ⟨**зарва́ться**⟩ zu weit gehen; jegliches Maß außer Acht lassen
заря́ F Morgenrot *n*, Abendrot *n*
заря́д M Ladung *f*; *fig* Schuss *m*; **~ бо́дрости** ein Schuss Lebensmut **заря́дка** F 1 Frühsport *m* 2 ELEK Ladegerät *n*
заря́дная ста́нция F E-Ladestation *f*
заряжа́ть ⟨**заряди́ть**⟩ laden
заса́да F Versteck *n*; Hinterhalt *m*
заса́ливать[1] ⟨**засоли́ть**⟩ einsalzen
заса́ливать[2] ⟨**заса́лить**⟩ fettig machen
засвиде́тельствовать → свиде́тельствовать
заседа́ние N Sitzung *f* **заседа́ть** eine Sitzung haben
заселя́ть ⟨**засели́ть**⟩ besiedeln
заслоня́ть ⟨**заслони́ть**⟩ verhüllen (*a. fig*)
заслу́га F Verdienst *n* **заслу́женный** verdient **заслу́живать** ⟨**заслужи́ть**⟩ wert sein; verdienen
засну́ть → засыпа́ть
засоря́ть ⟨**засори́ть**⟩ verstopfen; verunreinigen
засо́хнуть → засыха́ть
застава́ть ⟨**заста́ть**⟩ antreffen; erwischen
заставля́ть ⟨**заста́вить**⟩ nötigen; zwingen
застёгивать ⟨**застегну́ть**⟩ zuknöpfen; zuhaken
засте́нчивый schüchtern
застига́ть ⟨**засти́гнуть**⟩ erwischen; **засти́гнуть врасплóх** überraschen
засто́й M Stagnation *f*
засто́льный Tisch-
застрахова́ть → страхова́ть
застрева́ть ⟨**застря́ть**⟩ ste-

cken bleiben; festfahren
застрели́ть(ся) PF (sich) erschießen
заступа́ться ⟨заступи́ться⟩ eintreten (**за** *B* für *akk*) **засту́пничество** N Eintreten *n*
застыва́ть ⟨засты́ть⟩ fest werden; erstarren; gefrieren
за́суха F Dürre *f*; Trockenheit *f*
засучи́ть: **~ рукава́** die Ärmel aufkrempeln (*vor der Arbeit*) (*a. fig*)
засу́шивать ⟨засуши́ть⟩ eintrocknen lassen
засыпа́ть[1] ⟨засы́пать⟩ zuschütten; überhäufen; *fig* bestürmen
засыпа́ть[2] ⟨засну́ть⟩ einschlafen
засыха́ть ⟨засо́хнуть⟩ vertrocknen
затаённый heimlich **затаи́ть** PF verbergen **затаи́ться** PF sich verstecken
зата́пливать ⟨затопи́ть⟩ überfluten
затворя́ть ⟨затвори́ть⟩ zuschließen
затева́ть ⟨зате́ять⟩ sich vornehmen
зате́м dann
затемня́ть ⟨затемни́ть⟩ verdunkeln, verschleiern
зате́я F Einfall *m*
затиха́ть ⟨зати́хнуть⟩ still werden; verhallen; nachlassen
зати́шье N Windstille *f*, Kampfpause *f*
затме́ние N Finsternis *f*, *fig* Geistesverwirrung *f*
затопля́ть → зата́пливать
зато́р M Stockung *f*
затра́гивать ⟨затро́нуть⟩ berühren (*a. fig*)
затра́ты *pl* Ausgaben *pl*; Kosten *pl* **затра́чивать ⟨затра́тить⟩** aufwenden
затре́щина F Ohrfeige *f*
затрудне́ние N Schwierigkeit *f* **затрудня́ть ⟨затрудни́ть⟩** schwerfallen (*B dat*)
заты́лок M Nacken *m*; Genick *n*; Hinterkopf *m*
затя́гивать ⟨затяну́ть⟩ zuziehen; zuschnüren; hineinziehen; *fig* hinauszögern; **не́бо затяну́ло ту́чами** der Himmel ist mit Wolken bedeckt **затя́гиваться ⟨затяну́ться⟩** **1** sich zuziehen **2** auf Lunge rauchen **3** sich in die Länge ziehen
зауны́вный wehmütig
заря́дный mittelmäßig
зау́треня F Frühmesse *f*
зау́чивать ⟨заучи́ть⟩ auswendig lernen
захва́т M Ergreifung *f*; Eroberung *f* **захва́тывать ⟨захвати́ть⟩** mitnehmen; ergreifen (*a. fig*); **у меня́ дух захвати́ло** der Atem stockte mir
захлёбываться ⟨захлебну́ться⟩ sich verschlucken; **~ от ра́дости** sich vor Freude nicht fassen können; **~ от слёз** schluchzen
захо́д M **1** Sonnenuntergang *m* **2** (kurzer) Besuch *m* **захо-**

ди́ть ⟨зайти́⟩ hineingehen; (vorbei)kommen; untergehen (*Sonne*); **я зайду́ за тобо́й** ich hole dich ab
захолу́стье N tiefste Provinz *f*
захоте́ть → хоте́ть
зацепи́ть einhaken
зача́тие N Empfängnis *f*
заче́м wozu
зачёркивать ⟨зачеркну́ть⟩ durchstreichen
зачёт M Testat *n*
зачи́нщик M Anstifter *m*
зачисля́ть ⟨зачи́слить⟩ anrechnen; einstellen
зачи́тывать ⟨зачита́ть⟩ verlesen **⟨заче́сть⟩** anrechnen
зашищённый schreibgeschützt
защи́та F Schutz *m*; Verteidigung *f*; **~ от со́лнца** Sonnenschutz *m* **защи́тник** M Verteidiger *m*; Anwalt *m* **защи́тный** Schutz-; **защи́тного цве́та** khakifarben **защища́ть ⟨защити́ть⟩** schützen; verteidigen
зая́вка F (An)Forderung *f* **заявле́ние** N Erklärung *f*; Antrag *m*; Eingabe *f* **заявля́ть ⟨заяви́ть⟩** erklären; einlegen; äußern; (an)melden
за́яц M Hase *m*
зва́ние N Rang *m*; Titel *m*; Grad *m*
звать 1 **⟨позва́ть⟩** rufen 2 **⟨назва́ть⟩** nennen; heißen; **как тебя́ зову́т?** wie ist dein (Vor)Name?
звезда́ F Stern *m*
звене́ть ⟨зазвене́ть, прозвене́ть⟩ klingen; klirren
звено́ N Kettenglied *n* (*a. fig*)
звери́ный Tier- **зве́рский** tierisch; grausam; brutal
зверь M Tier *n*
звон M Klang *m*; Läuten *n*
звони́ть ⟨зазвони́ть, позвони́ть⟩ klingeln; anrufen
зво́нкий klingend; helltönend
звоно́к-буди́льник M Weckruf *m*
звук M Schall *m*; Ton *m*; Laut *m*
звуча́ть ⟨прозвуча́ть⟩ klingen; erschallen
зву́чный klangvoll
звя́кать ⟨звя́кнуть⟩ klirren; rasseln; *umg* anrufen
зда́ние N Gebäude *n*
здесь hier; da
зде́шний hiesig; von hier
здоро́ваться ⟨поздоро́ваться⟩ begrüßen (**с** *T akk*)
здоро́виться: мне не совсе́м здоро́вится ich fühle mich ganz nicht wohl **здоро́вый** gesund (*a. fig*); **бу́дьте здоро́вы!** leben Sie wohl!; Gesundheit!
здра́вница F Heilstätte *f* **здравомы́слящий** vernünftig **здравоохране́ние** N Gesundheitswesen *n*
здра́вствуй(те)! guten Tag (Morgen, Abend)!
зева́ть ⟨зевну́ть⟩ gähnen; *fig*

versäumen; **не зева́й!** pass auf!
зелёный grün; **зелёные** *pl umg* Dollars *pl*; POL Grüne *pl*
зе́лень F Grün *n*; Gemüse *n*
земе́льный Land-; Grund-
землевладе́лец M Grundbesitzer *m* **земледе́лие** N Landwirtschaft *f* **землетрясе́ние** N Erdbeben *n*
земля́ F Erde *f*; Erdkugel *f*; Grund *m* **земля́к** M Landsmann *m* **земляни́ка** F (Wald)Erdbeere *f* **земля́нка** F Erdhütte *f* **землянóй** Erd- **земля́чка** F Landsmännin *f*
земнóй Erd-; irdisch
зерка́лка F Spiegelreflexkamera *f*
зе́ркало N Spiegel *m*
зерка́льный Spiegel-; **~ фотоаппара́т** *f* Spiegelreflexkamera *f*
зерно́ N Korn *n*; **~ и́стины** *fig* ein Körnchen *n* Wahrheit
зима́ F Winter *m*; **ско́лько лет, ско́лько зим!** endlich sieht man sich wieder! **зи́мний** Winter-
зимова́ть ⟨**перезимова́ть**⟩ überwintern
зия́ть klaffen
зли́ть(ся) ⟨**разозли́ть(ся)**⟩ (sich) ärgern
зло N Übel *n*; Böse *n* **зло́ба** F Bosheit *f* **злободне́вный** aktuell; brennend **злово́ние** N Gestank *m* **злоде́й** M Bösewicht *m*
злока́чественный bösartig **злонаме́ренный** böswillig **злопа́мятный** nachtragend **злора́дный** schadenfroh **злосло́вие** N üble Nachrede *f*; Klatsch *m* **злость** F Bosheit *f*; Wut *f*
злоупотребля́ть ⟨**злоупотреби́ть**⟩ missbrauchen
змей M Drache *m*; (Papier)Drachen *m* **змея́** F Schlange *f*
знак M Zeichen *n*; Symbol *n*; **~ препина́ния** *m* Satzzeichen *n*
знако́мить ⟨**познако́мить**⟩ bekannt machen; vorstellen
знако́миться ⟨**познако́миться**⟩ kennenlernen (**с** *T akk*)
знако́мство N Bekanntschaft *f* **знако́мый** bekannt
знамена́тель M MATH Nenner *m* **знамена́тельный** bezeichnend; bedeutungsvoll
знамени́тый berühmt
зна́мя N Banner *n*; Fahne *f*
зна́ние N Wissen *n*; Kenntnis *f*
зна́тный vornehm; namhaft **знато́к** M Kenner *m* **зна́ть**[1] F Adel *m*
знать[2] wissen; kennen; **как ~?** wer weiß?; **она́ то́лько и зна́ет, что…** sie tut nichts anderes als…; **~ ме́ру** Maß halten; **~ не зна́ю** ich weiß von nichts
значе́ние N Bedeutung *f* **значи́тельный** bedeutend; bedeutsam **зна́чить** bedeuten; gelten
зноби́ть: **меня́ зноби́т** ich ha-

be Schüttelfrost
зной M Hitze *f* **знóйный** glutheiß
зоб M Kropf *m*
зов M Ruf *m*
зóдчество N Baukunst *f*
золá F Asche *f*
золóвка F Schwägerin *f* (*Schwester des Mannes*)
зóлото N Gold *n* **золотóй** golden; Gold-
золочёный vergoldet
зóлушка F Aschenbrödel *n*
зóна F Zone *f*; Region *f*; Gebiet *n*
зонт M, **зóнтик** M (Regen-)Schirm *m*
зóркий scharfäugig (*a. fig*)
зóрька F → **зарá**
зрáзы *pl* GASTR Klopse *pl* mit Grützefüllung
зрачóк M Pupille *f*
зрéлище N Anblick *m*
зрéлость F Reife *f* (*mst fig*)
зрéлый reif
зрéние N Gesichtssinn *m*
зреть ⟨**созрéть**⟩ reifen
зрúтель M Zuschauer *m* **зрúтельный** Seh-; Zuschauer-
зуб M Zahn *m* **зубéц** M Zacke *f*; Zinne *f* **зубнóй** Zahn-; **зубнáя нить** *f* Zahnseide *f* **зубочúстка** F Zahnstocher *m*
зубр M Wisent *m*
зубрúть ⟨**вы́зубрить**⟩ (ein-)pauken; büffeln
зудéть jucken
зы́бкий schwankend (*a. fig*)
зы́чный schallend
зя́блик M Fink
зя́бнуть ⟨**озя́бнуть**⟩ frieren
зять M Schwiegersohn *m*; Schwager *m*

И

и und; **~ т. д.** (**~ т. п.**) = **~ так дáлее** (**~ томý подóбное**) und so weiter (und dergleichen mehr)
ибо denn; weil
úва F Weide *f*
ивéнт M Event *n*
úволга F Pirol *m*; Goldamsel *f*
иглá F Nadel *f*
úго N Joch *n*
игóлка F Nadel *f* **игóлочка** F kleine Nadel *f*; **одéт с игóлочки** wie aus dem Ei gepellt
игóрный Spiel-; **~ дом** *m* Spielhölle *f*
игрá F Spiel *n*
игрáть ⟨**сыгрáть**⟩ spielen (*a. fig*); **~ в футбóл** Fußball spielen; **~ на роя́ле** Klavier spielen; **~ свáдьбу** Hochzeit feiern
игрúвый schalkhaft; kokett
игрúстый perlend; schäumend; **игрúстое винó** *n* Schaumwein *m* **игрýшка** F Spielzeug *n*
идеáл M Ideal *n* **идеáльный** ideal; vollkommen
идеолóгия F Ideologie *f*

иде́я F Idee *f*
идио́т(ка) M(F) Idiot(in) *m(f)*
идти́ ⟨пойти́⟩ gehen; **~ пешко́м** zu Fuß gehen; **иди́ сюда́!** komm her!; **кровь идёт из ра́ны** Blut strömt aus der Wunde; **дождь идёт** es regnet; **снег идёт** es schneit; **перегово́ры иду́т** die Verhandlungen sind im Gange; **фильм идёт** der Film läuft; **шля́па вам идёт** der Hut steht Ihnen gut; **~ на риск** ein Risiko eingehen; **идёт!** abgemacht!
из aus; von (*P dat*)
из- zer-; ver-; voll
изба́ F Bauernhaus *n*
избавля́ть ⟨изба́вить⟩ retten; erlösen; befreien (**от** *P* von *dat*)
избега́ть ⟨избежа́ть⟩ vermeiden; ausweichen; entrinnen (*P dat*)
избива́ть ⟨изби́ть⟩ verprügeln
избира́тель M Wähler *m* **избира́тельный** Wahl-; **~ уча́сток** *m* Wahlbezirk *m*
избира́ть ⟨избра́ть⟩ wählen
избра́нник M, **избра́нница** F Auserwählte(r) *f(m)* **и́збранный** auserwählt; ausgesucht; **и́збранные сочине́ния (произведе́ния)** *pl*, **и́збранное** *n* ausgewählte Schriften *fpl*; **и́збранные** *pl* Elite *f*
избы́ток M Überschuss *m*
изверга́ть ⟨изве́ргнуть⟩ ausstoßen **изверже́ние** N Ausbruch *m* eines Vulkans
извести́ → изводи́ть
изве́стие N Nachricht *f*, **извести́ть** → извеща́ть
изве́стно *präd* es ist bekannt **изве́стный** bekannt; berühmt
и́звесть F Kalk *m*
извеща́ть ⟨извести́ть⟩ benachrichtigen **извеще́ние** N Mitteilung *f*
извива́ться sich winden **изви́лина** F Windung *f*; Krümmung *f* **изви́листый** gewunden
извине́ние N Entschuldigung *f* **извиня́ть(ся) ⟨извини́ть(ся)⟩** (sich) entschuldigen
извлека́ть ⟨извле́чь⟩ herausziehen (*a. fig*)
извне́ von außen
изводи́ть ⟨извести́⟩ aufbrauchen; herunterbringen **изводи́ться** herunterkommen
изво́зчик M Fuhrmann *m*
извраща́ть ⟨изврати́ть⟩ verdrehen **извраще́ние** N Verdrehung *f*; Perversion *f*
изги́б M Krümmung *f* **изгиба́ться ⟨изогну́ться⟩** sich biegen
изгна́ние N Vertreibung *f*; Exil *n* **изгна́нник** M Verbannte(r) *m*
изгоня́ть ⟨изгна́ть⟩ vertreiben; verbannen
изгота́вливать, изготовля́ть ⟨изгото́вить⟩ herstel-

len; produzieren
издава́ть ⟨изда́ть⟩ herausgeben
и́здавна seit Langem
издалека́, и́здали von Weitem; von fern her
изда́ние N Ausgabe *f* **изда́тель** M Verleger *m* **изда́тельство** N Verlag *m* **изда́ть** → издава́ть
издева́ться verhöhnen (**над** *T akk*)
изде́лие N Werkstück *n*
изде́ржки *pl* (Un)Kosten *pl*
изжо́га F Sodbrennen *n*
и́з-за 1 hinter… hervor (*P dat*) 2 wegen (*P gen*)
излага́ть ⟨изложи́ть⟩ darlegen; wiedergeben
изле́чивать ⟨излечи́ть⟩ heilen; auskurieren
излива́ть ⟨изли́ть⟩ auslassen; **изли́ть ду́шу** sein Herz ausschütten
изли́шек M Überfluss *m*
изложе́ние N Nacherzählung *f*; Wiedergabe *f*
излома́ть völlig kaputt machen
изме́на F Untreue *f*; Verrat *m*
измене́ние N Änderung *f*; **~ кли́мата** Klimawandel *m* **изме́нник** M, **изме́нница** F Verräter(in) *m(f)* **изменя́ть ⟨измени́ть⟩** 1 verändern (*В akk*) 2 untreu sein (*Д dat*); verraten **изменя́ться ⟨измени́ться⟩** sich verändern
измеря́ть ⟨изме́рить⟩ (ver)messen
измождённый erschöpft
и́зморозь F Raureif *m*
и́зморось F Nieselregen *m*
изму́чить abquälen; entkräften
изна́нка F Rückseite *f*, Kehrseite *f*
изнаси́лование N Vergewaltigung *f* **изнаси́ловать** → наси́ловать
изне́женный verzärtelt
изнемога́ть ⟨изнемо́чь⟩ vergehen (**от** *P* vor *dat*)
изне́рвничаться die Nerven verlieren
изнуря́ть ⟨изнури́ть⟩ erschöpfen; entkräften
изнутри́ von innen
изо → из
изоби́лие N Überfülle *f*; Reichtum *m*
изобража́ть ⟨изобрази́ть⟩ darstellen; gestalten **изображе́ние** N Abbildung *f* **изобрази́тельный** darstellend; **изобрази́тельные иску́сства** *npl* bildende Künste *pl*
изобрета́тель M Erfinder *m* **изобрета́ть ⟨изобрести́⟩** erfinden **изобрете́ние** N Erfindung *f*
изойти́ → исходи́ть
изоли́ровать (IM)PF isolieren
изоля́ция F Isolierung *f*
изощрённый geübt; fein
изразе́ц M Kachel *f*
израсхо́довать → расхо́довать

и́зредка bisweilen; selten
изуве́чить → уве́чить
изуми́тельный wundervoll
изумле́ние N Erstaunen *n*
изумля́ть ⟨**изуми́ть**⟩ erstaunen **изумля́ться** ⟨**изуми́ться**⟩ sich wundern
изумру́д M Smaragd *m*
изуча́ть ⟨**изучи́ть**⟩ lernen; studieren
изъя́н M Mangel *m*; Defekt *m*
изы́сканный raffiniert **изы́скивать** ⟨**изыска́ть**⟩ ausfindig machen
изю́м M Rosinen *pl* **изю́минка** F Rosine *f*
изя́щный elegant
ика́ть ⟨**икну́ть**⟩ Schluckauf haben
ико́на F Ikone *f*
иконопи́сь F Ikonenmalerei *f*
ико́та F Schluckauf *m*
икра́ F Kaviar *m*; **зерни́стая ~** körniger Kaviar *m*
и́кры *pl* Waden *fpl*
ил M Schlamm *m*
и́ли oder; **~..., ~** entweder ... oder
им *Д* → **они́**
имена́ *pl*, **и́мени** *Р, Д, П* → **и́мя**
имени́нник M, **имени́нница** F Geburtstagskind *n* **имени́ны** *pl* Namenstag *m*
и́менно gerade; ausgerechnet; **а ~** nämlich; **вот ~!** eben!
име́ть haben
и́ми *Т* → **они́**
импера́тор M, **императри́ца** F Kaiser(in) *m(f)* **импе́рия** F Reich *n*
иму́щество N Vermögen *n*; Gut *n*
и́мя N (Vor)Name *m*
ина́че anders; ansonsten; **так или ~** sowieso
инде́ец M Indianer *m* *neg!* **инде́йка** F Pute *f* **индиа́нка** F Inderin *f*; Indianerin *f* *neg!* **инди́ец** M Inder *m*
индустри́я F Industrie *f*
индю́к M Truthahn *m*
и́ней M (Rau)Reif *m*
инжене́р M Ingenieur *m*
ино- anders- **инове́рец** M Andersgläubige(r) *m*
иногда́ manchmal
иногоро́дний aus einer anderen Stadt
ино́й anderer; manch einer; **~ раз** manchmal
инома́рка F ausländisches Auto *n*
иностра́нец M, **иностра́нка** F Ausländer(in) *m(f)* **иностра́нный** ausländisch; fremd
институ́т M Institut *n*; Hochschule *f*
инстру́кция F Benutzerhandbuch *n*
инсцени́ровать IM(PF) dramatisieren; vortäuschen
интеллиге́нт M Intellektuelle(r) *m* **интеллиге́нтный** intellektuell **интеллиге́нция** F die Intellektuellen *pl*
интере́с M Interesse *n* **инте-**

ре́сный interessant
интересова́ть 〈**заинтересова́ть**〉 interessieren
интересова́ться 1 〈**заинтересова́ться**〉 sich interessieren (*T* für *akk*) 2 〈**поинтересова́ться**〉 sich erkundigen (*T* nach *dat*)
интерна́т M Schülerwohnheim *n*; Internat *n*
интерне́т M Internet *n*; World Wide Web, WWW *n*
интри́га F Intrige *f* **интри́жка** F Flirt *m*
инфекцио́нный infektiös; Infektions- **инфе́кция** F Infektion *f*; **кише́чная ~** MED Magen-Darm-Infektion *f*
инфля́ция F Inflation *f*
информа́ция F Infomaterial *n*
инъе́кция F Injektion *f*
IP-а́дрес M IP-Adresse *f*
ипоте́ка F Hypothek *f*
ири́с M, **ири́ска** F Sahnebonbon *n*
ирла́ндец M Ire *m*
иро́ния F Ironie *f*; Spöttelei *f*
ис- → из-
иск M JUR Klage *f*
искажа́ть 〈**искази́ть**〉 entstellen
искале́чить → кале́чить
иска́ть suchen
исключа́ть 〈**исключи́ть**〉 ausschließen **исключе́ние** N Ausnahme *f*; Ausschluss *m*; **в поря́дке исключе́ния** ausnahmsweise **исключи́тельный** ausschließlich, außergewöhnlich
иско́нный ureigen
ископа́емое N Fossil *n*
искореня́ть 〈**искорени́ть**〉 ausrotten
и́скоса von der Seite (her)
и́скра F Funke *m* (*a. fig*)
и́скренний aufrichtig; ehrlich; **и́скренне Ваш...** mit herzlichen Grüßen...; **и́скренне рад** (ich bin) aufrichtig froh
и́скренность F Aufrichtigkeit *f*
искривле́ние M Biegung *f*
искри́ться funkeln; sprühen
искупа́ть[1] PF → купа́ть
искупа́ть[2] 〈**искупи́ть**〉 sühnen; büßen; ersetzen
искуси́тель M Verführer *m*
искуси́ть → искуша́ть
иску́сный geschickt; kunstreich **иску́сственный** künstlich; Ersatz- **иску́сство** N Kunst *f*
искуша́ть 〈**искуси́ть**〉 in Versuchung bringen **искуше́ние** N Verführung *f*
испа́нец M, **испа́нка** F Spanier(in) *m(f)*
испове́довать (IM)PF 1 die Beichte abnehmen 2 sich bekennen (*B* zu *dat*) **испове́доваться** 〈**испове́даться**〉 beichten (*a. fig*)
и́споведь F Beichte *f* (*a. fig*)
исполни́тельный vollziehend; exekutiv; sorgfältig **исполня́ть** 〈**испо́лнить**〉 aus-

führen; vollziehen; erfüllen **исполня́ться** ⟨**испо́лниться**⟩ **1** sich erfüllen **2** erreichen; jähren; **ему́ испо́лнилось 30** er wurde 30
испо́льзовать IM/PF (aus)nutzen
испо́ртить → **по́ртить** **испо́рченный** verdorben (*a. fig*); kaputt
исправля́ть ⟨**испра́вить**⟩ verbessern; korrigieren
испражня́ться ⟨**испражни́ться**⟩ Stuhlgang haben
испу́г M Schreck *m* **испуга́ться** → **пуга́ться**
испыта́ние N Versuch *m*; Test *m*; Probe *f* **испы́тывать** ⟨**испыта́ть**⟩ **1** ausprobieren; prüfen **2** empfinden; erleiden; erleben
иссле́дование N Untersuchung *f* **иссле́довать** IM/PF untersuchen; erforschen
истека́ть ⟨**исте́чь**⟩ **1** ablaufen **2**: **~ кро́вью** verbluten
исте́ц M, **исти́ца** F JUR Kläger(in) *m(f)*
и́стина F Wahrheit *f*
исто́к M Ursprung *m* (*a. fig*)
истолкова́ть → **толкова́ть**
истопи́ть → **топи́ть** **истопни́к** M Heizer *m*
исто́рик M Historiker *m* **истори́ческий** historisch **исто́рия** F Geschichte *f*; **совсе́м друга́я ~** etwas ganz anderes
исто́чник M Quelle *f* (*a. fig*)
истоща́ться ⟨**истощи́ться**⟩ erschöpft sein
истреби́тель M Jagdflugzeug *n* **истребля́ть** ⟨**истреби́ть**⟩ vertilgen; ausrotten
исхо́д M Ausgang *m* (*a. fig*)
исходи́ть **1** durchwandern **2** *fig* ausgehen; sich auf *etw* gründen **3** ⟨**изойти́**⟩: **исходи́ть слеза́ми** in Tränen zerfließen
исцеля́ть ⟨**исцели́ть**⟩ heilen
исчеза́ть ⟨**исче́знуть**⟩ verschwinden
исче́рпать PF erschöpfen; erledigen **исче́рпывающий** ausführlich
исчисля́ть ⟨**исчи́слить**⟩ berechnen; ausrechnen
ита́к also; somit
ито́г M Endergebnis *n*
итого́ insgesamt
их *P, B* → **они́**; ihr(e)
и́щет, **ищи́**, **ищу́**, **и́щут** → **иска́ть**
ию́ль M Juli *m*
ию́нь M Juni *m*

К

к, **ко** PRÄP *Д* **1** zu *dat*; an *akk*; **~ мне́** zu mir; **обрати́ться ~ врачу́** sich an den Arzt wenden **2** gegen *akk*; **~ десяти́ часа́м** gegen zehn Uhr; **~ сожале́нию**

leider; **~ тому́ же** zudem

-ка mal; doch; **скажи́-ка** sag mal; **пойдём-ка мы домо́й** gehen wir doch nach Hause

каба́к M Schenke *f*; *umg* Kneipe *f*

каба́н M Eber *m*

кабачо́к M Zucchini *f*

ка́бель M Kabel *n*; **~ USB** USB-Kabel *n*

каби́на F Kabine *f*; Zelle *f*; Kajüte *f* **кабине́т** M Arbeitszimmer *n*; Amtszimmer *n*; Sprechzimmer *n*; Kabinett *n*

каблу́к M Absatz *m* (*Schuh*)

Кавка́з M Kaukasus *m* **кавка́зец** Kaukasier *m* **кавка́зский** kaukasisch

кавы́чки FPL Anführungszeichen *npl*; Gänsefüßchen *pl*; **в кавы́чках** *fig* sozusagen

ка́дка F Kübel *m*

кадр M Filmszene *f*; Bild *n*; **ка́дры** *pl* Kader *pl*; **молоды́е ка́дры** *pl* Nachwuchskräfte *pl*

ка́ждый jeder

ка́жется → **каза́ться**; es scheint; anscheinend

каза́к M Kosak *m*

каза́рма F Kaserne *f*

каза́ться ⟨**показа́ться**⟩ scheinen; den Eindruck machen; **он ка́жется у́мным** er scheint klug zu sein

каза́цкий Kosaken-

казна́ F Staatsschatz *m* **казначе́йство** N Schatzamt *n*

казни́ть IM/PF hinrichten

казнокра́д M Dieb *m* am Staatseigentum

казнь F Todesstrafe *m*

кайма́ F Saum *m*; Kante *f*

как wie; **~ бы не так!** weit gefehlt!; **~ бы ни** wie auch immer; **~ же так?** wieso?; **а ~ же!** aber natürlich!; **расскажи́, ~ и что** erzähl, wie sich die Sache verhält; **~ ника́к** wie dem auch sei; **~ раз** 1 gerade 2 passend **как-либо, как-нибудь, как-то** irgendwie

како́й welch; was für ein **како́й-либо, како́й-нибудь** irgendein; beliebig **како́й-то** (irgend)ein

ка́к-то 1 irgendwie 2 einmal

кал M Kot *m*

кала́ч M Kalatsch *m* (*Weißbrotsorte*) **кала́чиком** zusammengekrümmt

кале́ка M/F *neg!* Krüppel *m neg!*

календа́рь M Kalender *m*

калёный glühend; geröstet

кале́чить ⟨**искале́чить, покале́чить**⟩ verstümmeln (*a. fig*)

кали́на F Schneeballbeeren *pl*

калы́мить *umg* schwarzarbeiten

кальсо́ны *pl* lange Unterhose *f*

ка́мбала F Flunder *f*; Scholle *f*; Butt *m*

камене́ть ⟨**окамене́ть**⟩ versteinern (*a. fig*)

камени́стый steinig; felsig

ка́менный Stein-; **~ у́голь** *m* Steinkohle *f* **ка́менщик** M

Maurer *m* **кáмень** M Stein *m*

кáмера F Kammer *f*; Kamera *f*; Zelle *f*; Schlauch *m*; Ballblase *f*; **~ хранéния** *f* Gepäckaufbewahrung *f*; **морози́льная ~** *f* Tiefkühlfach *n*; **~ зáднего ви́да** *f* AUTO Rückfahrkamera *f*

кампáния F Kampagne *f*

камы́ш M Schilf *n*

канáва F Graben *m*; Gosse *f*

канáл M: **~ автодорóжных сообщéния** Verkehrsmeldung *f*

канарéйка F Kanarienvogel *m*

канáт M Seil *n*; Tau *n*

кандалы́ *pl* Fesseln *fpl*

кандидáт M Kandidat *m*

кани́кулы *pl* (Schul)Ferien *pl*

канýн M Vorabend *m* (*a. fig*)

кáнуть PF: **~ в Лéту, ~ в вéчность** für immer vorbei sein; **как в вóду ~** spurlos verschwinden

канцеля́рия F Kanzlei *f*

кáпать 〈**кáпнуть**〉 **1** tropfen; tropfenweise eingießen **2** *umg* verleumden; anschwärzen

капитáл M Kapital *n*

капитáн M Kapitän *m*; Hauptmann *m*

капкáн M Falle *f* (*a. fig*)

кáпля F Tropfen *m*; **ни кáпли** kein bisschen; **послéдняя ~** der Tropfen, der das Fass zum Überlaufen bringt; **похóжи как две кáпли воды́** sie gleichen sich wie ein Ei dem anderen

капóт M Motorhaube *f*

капри́з M Laune *f*; Grille *f* **капри́зничать** Launen haben **капри́зный** kapriziös; launisch

кáпсула F Kapsel *f*

капýста F **1** Kohl *m*; **белокочáнная ~** Weißkohl *m*; **цветнóй ~** Blumenkohl *m*; **брюссéльская ~** Rosenkohl *m*; **ки́слая, квáшеная ~** Sauerkraut *n* **2** *umg* Geld *n*

капýстник M bunter Abend *m* (*unter Schauspielern od Studenten*)

капучи́но N Cappuccino *m*

капюшóн M Kapuze *f*

кáра F Strafe *f*

карáбкаться 〈**вскарáбкаться**〉 klettern

каравáй M Laib *m*; Brot *n*

карамéль F Karamelle *f*; Bonbon *m*

карандáш M Bleistift *m*; **тонáльный ~** *Kosmetik* Abdeckstift *m*

каранти́н M Quarantäne *f*

карапýз M Knirps *m*

карáсь M Karausche *f*

карáтель M *neg!* Angehöriger *m* eines Strafkommandos

карáть 〈**покарáть**〉 strafen

карáул M Wache *f*; **~!** Hilfe! **караýлить** bewachen; aufpassen

карбюрáтор M Vergaser *m*

карéта F Kutsche *f*; **~ скóрой**

по́мощи *f* Unfallwagen *m*
ка́рий braun (*Augen*)
ка́ркать 1 **⟨ка́ркнуть⟩** krächzen 2 **⟨нака́ркать⟩** Unheil verkünden
ка́рлик M Zwerg *m*
карма́н M Tasche *f* **карма́нный** Taschen-
карнава́л M Karneval *m*
карни́з M Sims *m*
карп M Karpfen *m*
ка́рта F Karte *f*; **платёжная ~** Bankkarte *f*
карта́вить das R schnarrend aussprechen
карти́на F Bild *n*; Gemälde *n*
карто́н M Pappe *f*; Karton *m*
карто́фель M Kartoffeln *pl*
ка́рточка F (Kartei)Karte *f*
карто́шка F → **карто́фель**
карше́ринг M Carsharing *n*
карье́р M Tagebau *m*; Grube *f*
карье́ра F Karriere *f*
каса́ться **⟨косну́ться⟩** berühren; anbetreffen
ка́ска F Helm *m*
ка́сса F Kasse *f*
кассацио́нный Berufungs-
касси́р M, **касси́рша** F *umg* Kassierer(in) *m(f)*
кастрю́ля F Kochtopf *m*
катала́жка F *umg* Knast *m*
ката́р M Katarrh *m*
ката́ть(ся) **⟨episode поката́ть(ся)⟩** 1 (sich) rollen; (sich) wälzen 2 spazieren fahren
ка́тер M Kutter *m*
кати́ть(ся) **⟨покати́ть(ся)⟩** (sich) rollen; **кати́сь отсю́да!** *umg* hau ab!
като́к M Eisbahn *f*; Eisstadion *n*
ка́торга F Zwangsarbeit *f*; *fig* Plackerei *f*
кату́шка F Rolle *f*; Spule *f*
кафе́ N Café *n*; Cafeteria *f*
ка́федра F 1 Katheder *n* 2 Lehrstuhl *m*
ка́фель M Kachel *f*
кафете́рий M Cafeteria *f*
кача́ть **⟨качну́ть, покача́ть⟩** schaukeln; schwingen; **покача́ть голово́й** den Kopf schütteln
кача́ться **⟨закача́ться, качну́ться⟩** sich wiegen; pendeln; schwanken; **закача́ешься!** *umg* super!
каче́ли *pl* Schaukel *f*
ка́чество N 1 Eigenschaft *f* 2 Qualität *f*
ка́чка F Schaukeln *n*
ка́ша F Grütze *f*; Brei *m*
ка́шель M Husten *m* **ка́шлять** **⟨ка́шлянуть⟩** husten
кашта́н M Kastanie *f*; Marone *f*
каю́та F Kajüte *f*; Kabine *f*
ка́яться **⟨пока́яться⟩** gestehen; **ка́юсь** offen gestanden
кварта́л M 1 Quartal *n* 2 (Stadt)Viertel *n*
кварти́ра F Wohnung *f*
квартпла́та F Miete *f*
квас M Kwass *m* (*alkoholfreies Brotgetränk*) **ква́сить** (ein)säuern; *fig umg* saufen
ква́шеный: **ква́шеная капу́ста** F Sauerkraut *n*

квéрху nach oben
квитáнция F Quittung *f*
кедр M Zeder *f*
кéды *pl* Sportschuhe *pl*
кем *T* → **кто**
керосúн M Petroleum *n*
кивáть ⟨кивнýть⟩ (zu)nicken
кидáть ⟨кúнуть⟩ werfen; *vulg* betrügen **кидáться ⟨кúнуться⟩** sich stürzen
киль M Kiel *m* **кúлька** F Sprotte *f*
кинжáл M Dolch *m*
кинó N Kino *n*
киóск M Kiosk *m*
кúпа F Packen *m*; Stoß *m*
кипарúс M Zypresse *f*
кипéть ⟨вскипéть, закипéть⟩ kochen *v/i*; sieden *v/i*
кипятúть ⟨вскипятúть⟩ (ab)kochen *v/t* **кипятúться** *fig* sich ereifern
кипятóк M kochendes Wasser *n*
кирúллица F kyrillische Schrift *f*
киркá F Picke *f*
кирпúч M Ziegel *m*
кисéль M Fruchtsuppe *f*
кислорóд M Sauerstoff *m*
кислотá F Säure *f* **кúслый** sauer
кúснуть ⟨прокúснуть, скúснуть⟩ sauer werden; *fig* versauern
кисть F **1** Pinsel *m* **2** Traube *f* **3** Hand *f*
кит M Wal(fisch) *m*
Китáй M China *n* **китáйский** chinesisch
кишéть wimmeln (*T* von *dat*)
кишéчник M Darm *m*; Gedärm *n* **кишкá** F Darm *m*
клавесúн M Cembalo *n*
клáвиша F Taste *f*
клад M Schatz *m* **клáдбище** N Friedhof *m* **кладовáя** F Lager *n*; Vorratskammer *f*
клáняться ⟨поклонúться⟩ sich verneigen
клáпан M Ventil *n*; Klappe *f*
класс M Klasse *f* **классúческий** klassisch **клáссный** Klassen-; *umg* klasse
класть ⟨положúть⟩ legen
клевáть ⟨клю́нуть⟩ picken; hacken; anbeißen; **~ нóсом** *umg* einschlummern
клéвер M Klee *m*
клеветá F Verleumdung *f*
клеветáть verleumden (**на** *B akk*)
клёвый *umg* cool
клéить ⟨наклéить, приклéить, склéить⟩ kleben; leimen; **дéло не клéится** die Sache klappt nicht
клей M Klebstoff *m*
клеймó N Brandmal *n*; Fabrikmarke *f*; *fig* Schandfleck *m*
клён M Ahorn *m*
клéтка F **1** Käfig *m* **2** Kästchen *n*; **в клéтку** kariert **3** BIOL Zelle *f*
клёцки *pl* GASTR Klöße *mpl*
клещ M Milbe *f*; **укýс** *m* **клещá** Zeckenstich *m* **клéщи** *pl* Zange *f*

клие́нт M Kunde *m* **клие́нтка** F Kundin *f*
кли́кать ⟨кликну́ть⟩ IT doppelklicken
кли́мат M Klima *n* **климатизи́рован** *präd* klimatisiert
клин M Keil *m*; Zwickel *m*
кли́ника F Klinik *f*
клино́к M Klinge *f*
клок M Büschel *n*; Strähne *f*; Fetzen *m*
клони́ть ⟨наклони́ть, склони́ть⟩ neigen; **куда́ ты кло́нишь?** worauf willst du hinaus?; **меня кло́нит в сон** ich bin schläfrig **клони́ться**: **день кло́нится к зака́ту** der Tag neigt sich dem Ende zu
клоп M Wanze *f*
кло́ун M Clown *m*
клуб M Klub *m*
клу́бень M Knolle *f*
клуби́ться sich ballen
клубни́ка F Gartenerdbeere *f*
клубо́к M (Woll)Knäuel *m*
клубы́ *pl* (Rauch-, Nebel-)Schwaden *pl*; Staubwolken *pl*
клу́мба F Blumenbeet *n*
клык M Stoßzahn *m*
клюв M Schnabel *m*
клю́ква F Moosbeere *f*
клю́нуть → клева́ть
ключ[1] M Schlüssel *m* (*a. fig*); **~ от но́мера** Zimmerschlüssel *m*
ключ[2] M Quelle *f*
клю́шка F (Hockey)Schläger *m*
кля́сться ⟨покля́сться⟩ schwören
кля́тва F Schwur *m*; Eid *m*
клятвопреступле́ние N Meineid *m*
кля́уза F Intrige *f*; Denunziation *f*
кля́ча F (Schind)Mähre *f* (*a. fig*); Gaul *m*
кни́га F Buch *n*; **электро́нная ~** E-Book *n* **кни́жка** F Buch *n*; Heft *n*; **записна́я ~** Notizbuch *n*
кно́пка F Reißzwecke *f*; Knopf *m*; Taste *f*
кнут M Peitsche *f*
княги́ня F Fürstin *f* **кня́жество** N Fürstentum *n* **княжна́** F Fürstentochter *f* **князь** M Fürst *m*
ко → к
коали́ция F Koalition *f*
кобе́ль M Rüde *m*; *vulg fig* geiler Bock *m*
кобы́ла F Stute *f*
кова́рный heimtückisch
кова́ть schmieden (*a. fig*)
ковёр M Teppich *m*
кове́ркать ⟨искове́ркать⟩ verzerren; verunstalten
ково́ркинг M Co-Working *n*
коври́га F Laib *m* **коври́жка** F Pfefferkuchen *m*; Lebkuchen *m*; **ни за каки́е коври́жки** um nichts auf der Welt
ко́врик M: **~ (для мы́шки)** IT Mauspad *n*
ковче́г M: **Но́ев ~** die Arche Noah
ковш M (Schöpf)Kelle *f*
ковы́ль M Federgras *n*
ковыля́ть humpeln; hinken

ковыря́ть ⟨**ковырну́ть, поковыря́ть**⟩ bohren; stochern **ковыря́ться** *umg* wühlen; kramen; *fig* langsam, mühselig arbeiten

когда́ **1** ADV wann **2** KONJ als; wenn **когда́-либо, когда́-нибудь** irgendwann **когда́-то** einst

кого́ → кто

ко́готь M Klaue *f*; Kralle *f*

ко́е- irgend- **ко́е-где́** hier und da **ко́е-ка́к** nachlässig; schlecht und recht **ко́е-кто́** gewisse Leute

ко́жа F Haut *f*; Fell *n*; Leder *n* **ко́жаный** Leder-

коза́ F Ziege *f* **козёл** M Ziegenbock *m*; *fig umg neg!* alter Knacker *m*; Arschloch *n*; **~ отпуще́ния** *m* Sündenbock *m* **козеро́г** M Steinbock *m*

козырёк M Mützenschirm *m*; Vordach *n*

ко́зырь M Trumpf *m* (*a. fig*)

козя́вка F *umg* Käferchen *n*; *fig* Winzling *m*; Null *f*

ко́йка F Koje *f*; Schlafstelle *f*

коклю́ш M Keuchhusten *m*

кол M **1** Pfahl *m* **2** *umg* Eins *f* (*die schlechteste Note in der russischen Schule*)

колбаса́ F Wurst *f*

колго́тки *pl* Strumpfhose *f*; **то́нкие ~** Feinstrumpfhose *f*

колдовство́ N Zauberei *f* **колду́н(ья)** M(F) Zauber(in) *m(f)*

колеба́ние N Schwingung *f*; Schwankung *f* **колеба́ть** ⟨**поколеба́ть**⟩ bewegen; erschüttern **колеба́ться** ⟨**заколеба́ться**⟩ schwanken (*a. fig*)

колéно N (PL **коле́ни**) Knie *n*; **стоя́ть на коле́нях** knien; **по ~** knietief

колесо́ N Rad *n*; **колёса** *pl umg* Auto *n*, Karre *f*; *umg* Pillen *fpl* (*Drogen*)

колея́ F Radspur *f*, Gleis *n* (*a. fig*)

коли́чество N Quantität *f*; Anzahl *f*; Menge *f*

колле́кция F Sammlung *f*

колобо́к M kleines rundes Brot *n*

коло́да F **1** Holzklotz *m* **2** ein Spiel *n* Karten **коло́дец** M Brunnen *m*; Schacht *f*

ко́локол M Glocke *f* **колоко́льчик** M Glöckchen *n*

коло́ния F Kolonie *f*

коло́нка **1** Spalte *f*; Kolonne *f* **2** Hydrant *m*; Badeofen *m* **коло́нна** F Säule *f*

ко́лос M Ähre *f*

колосса́льный riesig

колоти́ть ⟨**поколоти́ть**⟩ *umg* prügeln; schlagen

коло́ть **1** ⟨**расколо́ть**⟩ spalten; knacken **2** ⟨**уколо́ть**⟩ stechen **3** ⟨**заколо́ть, кольну́ть**⟩: **у меня́ заколо́ло в боку́** ich habe Seitenstechen **коло́ться** **1** stechen *v/i*; stacheln **2** ⟨**расколо́ть**⟩ *umg* (*ungern*) ein Geständnis ablegen *od* aussagen **3** *umg* drücken (*Drogen spritzen*)

колпа́к M Kappe *f*

колхо́з M (**коллекти́вное хозя́йство**) Kollektivwirtschaft *f*, Kolchose *f*

колыбе́ль F Wiege *f*

колыха́ть(ся) ⟨**колыхну́ть(ся)**⟩ schaukeln *v/t* (*v/i*); (sich) wiegen

кольну́ть → **коло́ть**

кольцо́ N Ring *m*; **обруча́льное ~** Trauring *m*; Ehering *m*

колю́чий stachelig; *fig* beißend; **колю́чая про́волока** *f* Stacheldraht *m* **колю́чка** F Stachel *m*; Dorn *m*; Zinke *f*

коля́ска F Kutsche *f*; Kinderwagen *m*; Beiwagen *m*

ком[1] *П* → **кто**

ком[2] M Klumpen *m*

кома́нда F **1** Befehl *m* **2** Mannschaft *f*; Team *n*

кома́р M Mücke *f*; Moskito *m*

комбина́ция F **1** Kombination *f* **2** Unterkleid *n* **комбинезо́н** M Kombination *f*; Spielanzug *m*; Latzhose *f*

коме́дия F Komödie *f* (*a. fig*); **лома́ть коме́дию** Theater machen

коменда́нт M Kommandant *m*; Hausverwalter *m* **коменда́тура** F Kommandantur *f*

коме́та F Komet *m*

комиссио́нные *pl* Provision *f* **коми́ссия** F Kommission *f*; Ausschuss *m*

комите́т M Komitee *n*

коми́ческий, **коми́чный** komisch

коммерса́нт M Geschäftsmann *m*

коммуни́ст M Kommunist *m*

ко́мната F Zimmer *n*; Stube *f*; **~ переговóров** Besprechungsraum *m*; **~ для кормле́ния** Stillraum *m*; **пелена́льная ~** Wickelraum *m*

комо́д M Kommode *f*

комо́к M Klümpchen *n*; **~ в го́рле** ein Kloß im Hals

компа́ния F Gesellschaft *f* **компаньо́н** M Gefährte *m*; Teilhaber *m*

компле́кт M Satz *m*; Garnitur *f*

компози́тор M Komponist *m*

компо́т M Fruchtsaft *m* (*mit Fruchtstücken*)

Комсомо́л M (**Коммунисти́ческий сою́з молодёжи**) Kommunistischer Jugendverband *m*

кому́ *Д* → **кто**

конве́рт M Briefumschlag *m*

конди́терская F Konditorei *f*

кондиционе́р M Klimaanlage *f*

конду́ктор M Schaffner *m*

конёк M Pferdchen *n*; *fig* Steckenpferd *n*

коне́ц M Ende *n*; **на худо́й ~** schlimmstenfalls; **концо́в не найти́** es ist nichts zu ermitteln; **в конце́ концо́в** schließlich; **(и) де́ло с концо́м** damit ist die Sache erledigt; **концы́**

в во́ду alle Spuren sind verwischt
коне́чно gewiss; natürlich
кони́на F Pferdefleisch *n*
ко́нкурс M Wettbewerb *m*
ко́нница F Reiterei *f*
консервати́вный konservativ **консервато́рия** F Konservatorium *n*
консе́рвный: **~ нож** M Büchsenöffner *m* **консе́рвы** *pl* Konserven *pl*
конститу́ция F Verfassung *f*
ко́нсульство N Konsulat *n*
консульта́нт N Ansprechpartner(in) *m(f)*
конто́ра F Büro *n*
контр- gegen-
контраба́нда F Schmuggel *m*
контр-аргуме́нт M Gegenargument *n*
контроли́ровать ⟨**проконтроли́ровать**⟩ kontrollieren
контро́ль M Kontrolle *f*
контр-предложе́ние N Gegenvorschlag *m*
конура́ F Hundehütte *f*
ко́нус M Kegel *m*
конфе́та F Konfekt *n*; Bonbon *n*; Praline *f*
конфискова́ть (IM)PF beschlagnahmen
конфли́кт M Konflikt *m*
конфу́зиться ⟨**сконфу́зиться**⟩ in Verlegenheit geraten
конце́рт M Konzert *n*
концла́герь M (концентрацио́нный ла́герь) Konzentrationslager *n*
конча́ть ⟨**ко́нчить**⟩ beenden **конча́ться** ⟨**ко́нчиться**⟩ enden; ablaufen
конь M Pferd *n*; Ross *n*; SCHACH Springer *m* **коньки́** *pl* Schlittschuhe *mpl*
конья́к M Kognak *m*
коню́шня F Pferdestall *m*
копа́ть (um)graben **копа́ться** *umg* wühlen; *fig* trödeln
копе́йка F Kopeke *f*
ко́пи *pl* Bergwerk *n*
копи́ровать ⟨**скопи́ровать**⟩ kopieren
копи́ть ⟨**накопи́ть, скопи́ть**⟩ sparen; aufhäufen; ansammeln
ко́пия F Kopie *f*; Abzug *m*
копна́ F Hocke *f*; Puppe *f*
ко́поть F Ruß *m* **копчёный** geräuchert
копы́то N Huf *m*
копьё N Speer *m*; Lanze *f*
кора́ F (Baum)Rinde *f*; Kruste *f*
кораблекруше́ние N Schiffbruch *m* **кораблестрое́ние** N Schiffbau *m* **кора́бль** M Schiff *n*
корёжить(ся) ⟨**покорёжить(ся)**⟩ (sich) krümmen
корена́стый stämmig **коренно́й** Grund-; Ur- **ко́рень** M Wurzel *f*
ко́реш M *umg* Kumpel *m*; Freund *m*
корешо́к M ■ kleine Wurzel *f*

2 Buchrücken *m*; Kontrollabschnitt *m* **3** *umg* → **кóреш**
корж M, **кóржик** M GASTR Fladen *m*
корзúна F, **корзúнка** F Korb *m*
коридóр M Korridor *m* **коридóрный** M Zimmerkellner *m*
корúца F Zimt *m*
корúчневый braun; *fig* faschistisch
кóрка F Kruste *f*
корм M Futter *n*
кормúть ⟨**накормúть, покормúть**⟩ füttern; unterhalten; ~ **грýдью** stillen
корóбить ⟨**покорóбить**⟩: **стол** (*B*) **корóбит от сырости** der Tisch verzieht sich vor Feuchtigkeit; *mst fig* **меня́** (*B*) **покорóбило от егó тóна** sein Ton stieß bei mir auf Ablehnung
корóбка F Schachtel *f* **корóбка-автомáт** M AUTO Automatikschaltung *f* **коробóк** M (Streichholz)Schachtel *f*
корóва F Kuh *f* **корóвник** M Kuhstall *m*
королéва F Königin *f* **королéвский** königlich **королéвство** N Königreich *n* **корóль** M König *m*
корóна F Krone *f* **коронавúрус** M Coronavirus *m/n* **коронáция** F Krönung *f* **корóнка** F Zahnkrone *f* **короновáть** (IM)PF krönen
корóткий kurz
кóрпус M Rumpf *m*; Gebäudeblock *m*
корреспондéнт M Reporter *m*
кóршун M Geier *m*
корыстный, **корыстолюбúвый** gewinnsüchtig **кóрысть** F Vorteil *m*; Gewinn *m*
корыто N (Wasch)Trog *m*
корь F Masern *pl*
косá[1] F Zopf *m*
косá[2] F Sense *f*
косá[3] F Landzunge *f*
косúть **1** V/T mähen **2** V/I schielen
косúться ⟨**покосúться**⟩ von der Seite ansehen (**на** *B akk*)
космéтика F Kosmetik *f*
косметúчка F Kulturbeutel *f*, Kulturtasche *f*
космúческий kosmisch **космонáвт** M Astronaut *m* **кóсмос** M Weltraum *m*
косноязы́чие N Stammeln *n*; *fig* schlechte Sprache *f*
коснýться → **касáться**
косоворóтка F *russisches Hemd mit Stehkragen und seitlichem Vorderverschluss* **косоглáзие** N Schielen *n* **косогóр** M Abhang *m*
косóй schräg; schief; schielend **косолáпый** klumpfüßig; *fig m* Bär *m*
костёр M Lagerfeuer *n*
кóсточка F Kern *m*; Stein *m*; Knöchelchen *n*
костыль M Krücke *f*
кость F **1** Knochen *m*; Gräte *f*

2 Würfel *m*
костю́м M Anzug *m*; Kostüm *n*
кот M Kater *m*
котёл M Kessel *m*
котёнок M (junges) Kätzchen *n*
котле́та F Bulette *f*
кото́рый welcher
ко́фе M Kaffee *m* **кофева́рка** F Kaffeemaschine *f*
кофе́йник M Kaffeekanne *f*
кофемо́лка F Kaffeemühle *f*
ко́фта F Jacke *f*; Bluse *f*
кочева́ть umherziehen **коче́вник** M Nomade *m*
кочега́р M Heizer *m*
коченéть ⟨**окоченéть**⟩ (vor Kälte) erstarren
кочерга́ F Feuerhaken *m*
ко́чка F Erdhäufchen *n*
кошелёк M Geldbeutel *m*; **нагру́дный ~** Brustbeutel *m*
ко́шка F Katze *f*; **у меня́ на душе́ ко́шки скребу́т** mir ist schwer ums Herz; **ме́жду ни́ми ~ пробежа́ла** sie haben sich verzankt
кошма́р M Albtraum *m* (*a. fig*)
краб M Krabbe *f*
кра́жа F Diebstahl *m*
край M (PL **края́**) 1 Rand *m*; Kante *f* 2 Land *n*; Region *f*; **на краю́ све́та** am Ende der Welt; **слу́шать кра́ем у́ха** mit halbem Ohr zuhören; **нали́ть до краёв** randvoll einschenken; **хвати́ть че́рез ~** über die Stränge schlagen
кра́йне äußerst **кра́йность** F Extrem *n*
кран M 1 (Wasser)Hahn *m* 2 Kran *m*
крапи́ва F Brennnessel *f*
краса́вица F Schönheit *f*
краси́вый schön; hübsch
кра́сить ⟨**вы́красить, покра́сить**⟩ färben
кра́ситься ⟨**накра́ситься**⟩ sich schminken **кра́ска** F Farbstoff *m*
красне́ть ⟨**покрасне́ть**⟩ rot werden; **~ до корне́й воло́с** sich in Grund und Boden schämen
красноре́чие N Redekunst *f*
кра́сный rot (*a. politisch*); **Кра́сная пло́щадь** *f* der Rote Platz; **кра́сная ры́ба** *f* Störe *pl*; **кра́сное со́лнышко** *n* die liebe Sonne; **ра́ди кра́сного словца́** der schönen Worte wegen; **кра́сная цена́** *f* höchstmöglicher Preis *m*; **кра́сная строка́** *f* neue Zeile *f* mit Absatz
красота́ F Schönheit *f*
красть ⟨**укра́сть**⟩ stehlen
кра́ткий kurz
крах M Zusammenbruch *m*; Bankrott *m*
крахма́лить ⟨**накрахма́лить**⟩ steifen; stärken (*Wäsche*)
кра́шеный gefärbt
креве́тка F Garnele *f*
креди́т M Kredit *m*
кре́йсер M Kreuzer *m*
крем M Creme *f*

кремлёвский Kreml-
Кремль M Kreml *m*
кре́мовый Creme-; cremefarben
крен M Schlagseite *f* (*Schiff, a. fig*)
кре́ндель M Brezel *f*
крепи́ть ⟨**закрепи́ть, укрепи́ть**⟩ (be)festigen; stärken ⟨**прикрепи́ть**⟩ festbinden; **его́ крепи́т** er leidet an Verstopfung **крепи́ться** die Fassung bewahren
кре́пкий fest, dauerhaft; hart; stark; **~ чай** *m* starker Tee *m*; **кре́пкие напи́тки** *pl* alkoholische Getränke *pl*; **~ сон** *m* fester Schlaf *m* **крепостно́й** leibeigen; Festungs- **кре́пость** F **1** Festung *f* **2** Festigkeit *f*; Stärke *f*; Alkoholgehalt *m*
кре́сло N Sessel *m*
крест M Kreuz *n* **крести́ны** *pl* Taufe *f*
крести́ть(ся) **1** ⟨**окрести́ть(ся)**⟩ taufen (sich taufen lassen) **2** ⟨**перекрести́ть(ся)**⟩ (sich) bekreuzigen
кре́стный: **~ ход** M Kreuzgang *m*
крёстный: **~ (оте́ц)** M Pate *m*; **крёстная (мать)** *f* Patin *f*
крестья́нин M Bauer *m* **крестья́нка** F Bäuerin *f* **крестья́нский** Bauern-
креще́ние N **1** Taufe *f* **2** Dreikönigsfest *n* **крещёный** getauft
крива́я F MATH Kurve *f* **крива́** F Unrecht *n* **криви́ть** krümmen; **~ душо́й** sich verstellen **кривля́ться** Fratzen schneiden; Faxen machen
криво́й **1** schief; krumm; verbogen **2** *umg* einäugig
кри́зис M Krise *f*; **экономи́ческий ~** Wirtschaftskrise *f*
крик M Schrei *m*; Ruf *m* **кри́кнуть** → **крича́ть**
криптовалю́та F Kryptowährung *f*
кри́тика F Kritik *f*
критикова́ть ⟨**покритикова́ть, раскритикова́ть**⟩ kritisieren
крити́ческий kritisch
крича́ть **1** ⟨**закрича́ть, кри́кнуть**⟩ schreien **2** ⟨**накрича́ть**⟩ anschreien (**на** *B akk*)
кров M Obdach *n*
крова́вый blutig
крова́ть F Bett *n*
кро́вля F Dach *n*; Abdeckung *f*
кро́вный blutsverwandt; **кро́вная оби́да** *f* tödliche Beleidigung *f*; **кро́вная месть** *f* Blutrache *f*; **кро́вные де́ньги** *pl* sauer verdientes Geld *n*
кровожа́дный blutrünstig
кровообраще́ние N Blutkreislauf *m*; **наруше́ние** *n* **кровообраще́ния** Kreislaufstörung *f* **кровопроли́тие** N Blutvergießen *n* **кровотече́ние** N Bluten *n* **кро́вь** F Blut *n*
кро́ить ⟨**раскро́ить,**

скрои́ть⟩ zuschneiden
крóлик M Kaninchen *n*
крóме PRÄP *P* außer *dat*; **~ шýток** Scherz beiseite
кромсáть zerstückeln
кропотли́вый mühselig
кросóвок M Laufschuh *m*
кросс M Geländelauf *m*
кроссвóрд M Kreuzworträtsel *n* **кроссóвки** *pl* Sportschuhe *pl*
крот M Maulwurf *m*
крóткий sanft(mütig); mild
крóхотный, **крóшечный** winzig
кроши́ть ⟨**раскроши́ть**⟩ zerkrümeln
крóшка F Krümchen *n*; Krümel *m* (*a. fig*)
круг M Kreis *m*; **заколдóванный** (**порóчный**) **~** Teufelskreis *m* **крýглый** rund **круговóй** Kreis- **круговорóт** M Kreislauf *m*; Wirbel *m* **кругóм** ringsherum
кружевá *pl* (Klöppel)Spitzen *pl*
кружи́ть(ся) ⟨**закружи́ть(ся)**⟩ kreisen; wirbeln; umherirren; **у меня́ крýжится головá** mir wird schwindlig
крýжка F Krug *m*; Becher *m*
кружóк M 1 Scheibe *f* 2 Zirkel *m*; Arbeitsgemeinschaft *f*
круиз-контрóль M AUTO Tempomat *m*
крупá F Grütze *f*
крýпный groß
крути́ть(ся) (sich) drehen
крутóй 1 abschüssig; jäh 2 hart; *umg* cool
крушéние N Scheitern *n*; Unfall *m* **круши́ть** ⟨**сокруши́ть**⟩ zerschmettern
крыжóвник M Stachelbeere *f*
крылáтый geflügelt **крылó** N Flügel *m*
крыльцó N Außentreppe *f*
кры́са F Ratte *f*
крыть ⟨**покры́ть**⟩ (be)decken; **~ мáтом** *umg* auf *j-n* losschimpfen
кры́ша F Dach *n*; *umg* krimineller Schutz *m*
крюк M, **крючóк** M Haken *m*
ксерокóпия F Fotokopie *f* **ксéрокс** M Kopiergerät *n*
кстáти 1 gelegen; bei dieser Gelegenheit 2 apropos
кто wer **ктó-либо**, **ктó-нибудь** irgendwer **ктó-то** jemand
куáр-код M QR-Code® *m*
куб M Würfel *m*; MATH dritte Potenz *f* **кýбик** M Würfelchen *n* **куби́ческий** kubisch
кýбок M Becher *m*; Pokal *m* (*a.* SPORT)
кувши́н M Krug *m* **кувши́нка** F Seelilie *f*
кувыркáться Purzelbäume schlagen **кувыркóм** kopfüber; *fig* schief und krumm
кудá wohin
кýдри *pl* Locken *fpl* **кудря́вый** lockig
кузнéц M Schmied *m* **кузнéчик** M Grashüpfer *m*
кýзов M Karosserie *f*

кýкиш M Feige *f* (*fig*); **~ с мáслом** gar nichts (*bekommen*)
кýкла F Puppe *f* **кýкольный** Puppen-
кукурýза F Mais *m*
кукýшка F Kuckuck *m*
кулáк M Faust *f*
кулёк M Tüte *f*
кулѝсы *pl* Kulissen *pl*
кулѝч M Osterkuchen *m*
кулóн M Halsschmuck *m*; Anhänger *m*
культ M Kult *m* **культýра** F Kultur *f* **культýрный** gebildet; Kultur-; kulturell
купáльник M Badeanzug *m* **купáльный** Bade-
купáть(ся) ⟨**вы́купать(ся), искупáть(ся)**⟩ (sich) baden
купé N BAHN Abteil *n*
купéц m Kaufmann *m* **купéческий** Kaufmanns-
купѝть → покупáть
кýпол M Kuppel *f*
купю́ра F **1** Kürzung *f* **2** (Geld)Schein *m*
курагá F trockene Aprikosen *pl*
курáжиться frech sein; großtun
курáнты *pl* Turmuhr *f* mit Glockenspiel
кургáн M Hügel *m*; Hügelgrab *n*
курѝльщик M Raucher *m*
курѝный Hühner-
курѝть ⟨**покурѝть**⟩ rauchen ⟨**накурѝть**⟩ qualmen; **для (не)куря́щих** für (Nicht)Raucher
кýрица F Huhn *n*
QR-код M QR-Code *m*
курóрт M Kurort *m*; Badeort *m*; Urlaubsort *m*
курс M Kurs *m*; Richtung *f* **кýрсы** *pl* Kurs *m*
кýртка F (Wind)Jacke *f*
кýры *pl* → кýрица
курьéр M (Eil)Bote *m*
куря́тина F Hühnerfleisch *n*
кусáть ⟨**укусѝть**⟩ beißen; **лóкти себе ~** sich schwarzärgern
кусóк M Stück *n*; Bissen *m*; Schnitte *f*
куст M Strauch *m* **кустáрник** M Gesträuch *n*
кустáрь M Handwerker *m*
кýтать ⟨**закýтать, укýтать**⟩ einhüllen
кутерьмá F Wirrwarr *m*
кутѝть zechen
кутья́ F *Reisspeise zur Gedächtnisfeier eines Verstorbenen*
кухáрка F Köchin *f* **кýхня** F Küche *f* **кýхонный** Küchen-
кýча F Haufen *m*; *fig umg* Menge *f*
кýшанье N Speise *f* **кýшать** ⟨**покýшать, скýшать**⟩ essen (*mst Kindersprache*)
кушéтка F Liege *f*
кювéт M Straßengraben *m*

Л

лаборато́рия F Labor *n*
лава́ш M GASTR orientalisches flaches Brot *n*
ла́вка F 1 Bank *f* 2 Kaufladen *m*; **сувени́рная ~** Souvenirladen *m*
лавро́вый Lorbeer-
ла́герь M Lager *n*
лад M 1 Eintracht *f* 2 (Ton)Art *f*; Bund *m*; **де́ло идёт на ~** die Sache klappt
ла́дить ⟨**пола́дить**⟩ sich (gut) vertragen (**с** *T* mit *dat*)
ла́дно INT gut!; meinetwegen!
ладо́нь M Handfläche *f*
ладья́ F 1 SCHACH Turm *m* 2 großes Boot *n*
ла́зить (hin und her) kriechen; klettern; greifen; → **лезть**
лай M Gebell *n* **ла́йка** F 1 Eskimohund *m* 2 Glacéleder *n*
лак M Lack *m*
лакиро́ванный lackiert
ла́комка M/F Leckermaul *n* **ла́комство** N Naschwerk *n* **ла́комый** lecker; schmackhaft
ла́мпа F Lampe *f*; Leuchte *f* **ла́мпочка** F Birne *f*; Lämpchen *n*
ла́ндыш M Maiglöckchen *n*
ла́па F Pfote *f*; Tatze *f*
ла́почка F, **ла́пушка** F Liebling *m*; Schätzchen *n*
лапша́ F Nudeln *pl*; Nudelsuppe *f*
ларёк M Verkaufsbude *f*
ла́ска F Liebkosung *f*; Zärtlichkeit *f* **ласка́ть** ⟨**прилaска́ть**⟩ liebkosen **ла́сковый** zärtlich
ла́стик M Radiergummi *m*
ла́сточка F Schwalbe *f*
ла́сты *pl* (Schwimm)Flossen *pl*
Ла́твия F Lettland *n*
лати́нский lateinisch
лату́нь F Messing *n*
латы́шский lettisch
лауреа́т M Preisträger *m*
ла́ять ⟨**зала́ять**⟩ bellen
лгать ⟨**солга́ть**⟩ lügen **лгун** M, **лгу́нья** F Lügner(in) *m(f)*
ле́бедь M Schwan *m*
лев M Löwe *m*
левша́ M/F Linkshänder *m* **ле́вый** link(s) (*a.* POL); *umg* schwarz; illegal
лега́льный legal
леге́нда F Legende *f*
лёгкие NPL Lunge *f*; **воспале́ние** *n* **лёгких** Lungenentzündung *f*
лёгкий leicht (*a. fig*)
легко́ leicht
легко- leicht- **легкове́рный** leichtgläubig **легково́й** m Pkw *m* **легкомы́сленный** leichtsinnig
лёгочный Lungen-
лёд M Eis *n*; **со льдо́м** mit Eis
леденéц M Fruchtbonbon *n*
ледни́к M Gletscher *m*
Ледови́тый океа́н M Eismeer

n **ледокóл** M Eisbrecher *m*
ледянóй Eis-
лежáть liegen
лéзвие N Schneide *f*; Klinge *f*
лезть ⟨**залéзть, полéзть**⟩ klettern; steigen; kriechen
лéйка F Gießkanne *f*
лекáрство N Arzneimittel *n*
лéкция F Vorlesung *f*
лелéять hegen und pflegen
лён M Lein *m*; Flachs *m*
ленúвый faul; lässig
ленúться ⟨**поленúться**⟩ (zu) faul sein
лéнта F Band *n*; Streifen *m*
лентя́й(ка) M(F) Faulenzer(in) *m(f)* **лень** 1 F Faulheit *f* 2 *präd* **мне ~ читáть** ich bin zu faul, um zu lesen; **все, комý не ~** jeder beliebige
лепетáть ⟨**пролепетáть**⟩ lallen; stammeln
лепёшка F Fladen *m*
лепúть ⟨**слепúть**⟩ kneten; formen
лес M Wald *m*; Forst *m*
лéстница F Treppe *f*; Leiter *f*
лéстный schmeichelhaft; beifällig **лесть** F Schmeichelei *f*
лет → год
лёт M Flug *m*; **на летý** im Fluge
летáть (hin und her) fliegen; → летéть
летéть ⟨**полетéть**⟩ fliegen (*a. fig*)
лéтний Sommer-
лётный Flug-
лéто N Sommer *m*
летýчий fliegend; **летýчая мышь** *f* Fledermaus *f*
лётчик M Flieger *m*; Pilot *m*
лечéбница F Klinik *f* **лечéбный** Heil-; Kur-
лечéние N (Heil)Behandlung *f*
лечúть ⟨**вы́лечить**⟩ behandeln
лечúться ⟨**вы́лечиться**⟩ sich ärztlich behandeln lassen
лечь → ложúться
лещ M Brasse *f*
лже- pseudo-; schein-
лжец M Lügner *m*
лжúвый verlogen; lügnerisch
ли ob
лúбо oder; **~ …, ~** entweder… oder **-либо** irgend-
лúвень M Regenschauer *m*
лúга F Liga *f*; Bund *m*
лúдер M führender Funktionär *m*; Führer *m*; Spitzenreiter *m*
лизáть ⟨**лизнýть**⟩ lecken
лúзинг M FIN Leasing *n*
лик M Antlitz *n*
ликвидúровать (IM)PF abschaffen
ликёр M Likör *f*
ликовáть jubeln; frohlocken; jauchzen
лúлия F Lilie *f* **лилóвый** lila (-farben)
лимóн M Zitrone *f* **лимонáд** M Limonade *f*
линéйка F Lineal *n*; Linie *f*
лúния F Linie *f*
линя́ть 1 ⟨**вы́линять, полиня́ть**⟩ verbleichen; abfärben 2 ⟨**облиня́ть, полиня́ть**⟩ haaren 3 ⟨**слиня́ть**⟩

umg weglaufen; türmen
ли́па F 1 Linde *f* 2 *umg* Fälschung *f* **ли́пкий** klebrig
ли́пнуть ⟨прили́пнуть⟩ kleben; haften
лиса́ F, **лиси́ца** F Fuchs *m*; Füchsin *f*
лист M Blatt *n* **листва́** F Laub *n* **ли́ственница** F Lärche *f*
ли́ственный Laub- **листо́вка** F Flugblatt *n*
литерату́ра F Literatur *f* **литерату́рный** literarisch
лито́вский litauisch
литр M Liter *m*
лить ⟨нали́ть⟩ gießen **ли́ться** fließen
лифт M Aufzug *m*; Fahrstuhl *m*
ли́фчик M Büstenhalter *m*
лихо́й forsch; flott; kühn **лихора́дка** F Fieber *n*
лицево́й Gesichts-; Außen-
лицеме́р M Heuchler *m*
лице́нзия F Lizenz *f*; Genehmigung *f*
лицо́ N 1 Gesicht *n* (*a. fig*) 2 Person *f* (*a.* GRAM) 3 Vorderseite *f*
личи́нка F Made *f*; Larve *f*
ли́чность F Persönlichkeit *f*; Person *f* **ли́чный** persönlich
лиша́ть ⟨лиши́ть⟩ entziehen (*B dat P akk*) **лише́ния** *pl* Entbehrungen *fpl*; Not *f*
ли́шний überflüssig
лишь → то́лько
лоб M Stirn *f*; **семи́ пя́дей во лбу́** superklug
лов M Fang *m* **лови́ть ⟨пойма́ть⟩** fangen; ertappen
ло́вкий geschickt; pfiffig **ло́вля** F Fang *m* **лову́шка** F Falle *f*
ло́дка F Boot *n*; Kahn *m*
ло́дырь M Faulenzer *m*
ло́жа F Loge *f*; **~ бенуа́ра** THEAT Parkett *n*
ло́жка F Löffel *m*; **ча́йная ~** Teelöffel *m*; **столо́вая ~** Suppenlöffel *m*
ло́жный falsch, unwahr; Schein- **ложь** F Lüge *f*
лоза́ F Weinrebe *f*
ло́зунг M Losung *f*
локда́ун M Lockdown *m*
ло́кон M Locke *f*
ло́коть M (PL **ло́кти**) Ell(en)bogen *m*; **чу́вство** *n* **ло́ктя** Tuchfühlung *f*
лом M 1 Brecheisen *n* 2 Bruchstücke *pl*
лома́ть ⟨слома́ть⟩ brechen
лома́ться 1 **⟨слома́ться⟩** kaputtgehen 2 sich zieren
ломи́ть ⟨заломи́ть⟩: **у него́ ло́мит ру́ку** er fühlt ein Ziehen in der Hand **ломи́ться ⟨вломи́ться⟩** mit Gewalt einzudringen suchen **ло́мка** F 1 Brechen *n*; Brechung *f* 2 *umg* Entzugserscheinungen *pl* **ло́мкий** zerbrechlich; spröde
ломо́ть M (Brot)Scheibe *f*
ло́мтик M Scheibchen *n*
лопа́та F Spaten *m*; Schaufel *f*
ло́пать *umg* **⟨сло́пать⟩** fressen
ло́паться ⟨ло́пнуть⟩ (zer)-

platzen; (zer)reißen; krachen
лопу́х M **1** Klette *f* **2** *umg* Trottel *m*
лоск M Glanz *m* (*a. fig*)
лосни́ться glänzen
лосо́сь M Lachs *m*
лось M Elch *m*
лотере́я F Lotterie *f*; Glücksspiel *n*
лото́к M Bauchladen *m*; Straßenverkaufsstand *m*
лоуко́стер M Billigfluglinie *f*
лохма́тый zottig **лохмо́тья** *pl* Lumpen *pl*
ло́цман M Lotse *m*
ло́шадь F Pferd *n*
луг M Wiese *f*
лу́жа F Pfütze *f*; Lache *f*; **сесть в лу́жу** in eine missliche Lage geraten
лужа́йка F, **лужо́к** M kleine Wiese *f*
лук[1] M Zwiebel *f*; Lauch *m*; **зелёный ~** Schnittlauch *m*; **ре́пчатый ~** Küchenzwiebel *f*
лук[2] M Bogen; **стреля́ть из лу́ка** mit dem Bogen schießen
лука́вый **1** schlau; verschmitzt **2** M Teufel *m*; Böser *m*; **э́то от лука́вого** das ist von Übel
лу́ковица F Zwiebel *f*
луна́ F **1** Mond *m*; **по́лная ~** Vollmond *m*; **молода́я ~** zunehmender Mond *m*; **серп луны́** *m* Mondsichel *f*; **обра́тная сторона́** *f* **луны́** Mondrückseite *f*; **под луно́й** auf Erden **2** **Луна́** ASTRON Mond *m*
луна́тик M Schlafwandler *m*
лу́па F Lupe *f*
лупи́ть ⟨**отлупи́ть**⟩ *umg* (ver)prügeln
луч M Strahl *m* **лучи́стый** strahlend
лу́чше **1** besser; **тем ~** umso besser; **как мо́жно ~** so gut wie möglich; **~ всего́** am besten **2** lieber; **~ не спра́шивай** frag lieber nicht; **~ не на́до** lieber nicht
лы́жи FPL Ski *pl*; **ката́ться на лы́жах** Ski laufen; **навостри́ть ~** *umg* sich auf die Socken machen **лы́жник** M Skiläufer *m*
лы́сина F Glatze *f* **лы́сый** kahl(köpfig)
ль → **ли**
льви́ца F Löwin *f*
льго́та F Privileg *n*; Ermäßigung *f* **льго́тный** Vorzugs-
льди́на F Eisscholle *f*
льняно́й Flachs-
льсти́вый schmeichlerisch
льсти́ть ⟨**польсти́ть**⟩ schmeicheln (*Д dat*)
любе́зный liebeswürdig; freundlich
люби́мец M, **люби́мица** F Liebling *m* **люби́мчик** M Günstling *m* **люби́мый** geliebt; beliebt; Lieblings-; lieber
люби́ть ⟨**полюби́ть**⟩ lieben; lieb haben; gern haben; mögen
любова́ться ⟨**полюбова́ться**⟩ liebäugeln (*T* mit *dat*)
любо́вник M, **любо́вница** F Geliebte(r) *f(m)* **любо́вь** F

Liebe *f*
любознательный wissbegierig **любой** jeder beliebige
любопытный 1 neugierig 2 interessant
люди *pl* Menschen *pl*; Leute *pl*; → человек **людный** dicht bevölkert; belebt **людской** Menschen-
люк M Luke *f*
люстра F Kronleuchter *m*
лютый grausam; grimmig
ля N MUS *akk*; → до
лягушка F Frosch *m*
ляжка F Oberschenkel *m*; Lende *f*
лязгать klirren
лямка F Tragriemen *m*
ляп M *umg* Fehler *m* **ляпать** ⟨**ляпнуть**⟩ *umg* pfuschen; herausplatzen

М

мавзолей M Mausoleum *n*
магазин M Laden *m*, Geschäft *n*; **универсальный** ~ Kaufhaus *n*, **промтоварный** ~, **продовольственный** ~ Lebensmittelladen *m*; ~ **самообслуживания** Selbstbedienungsladen *m*
магнит M Magnet *m*
мазать 1 bestreichen 2 ⟨**помазать, смазать**⟩ einschmieren, einsalben; ~ ⟨**намазать**⟩ **кремом** eincremen
мазь F Schmiere *f*, Salbe *f*
май M Mai *m*
майка F Unterhemd *n*, T-Shirt *n*; **жёлтая** ~ (**лидера**) Gelbes Trikot
мак M Mohn *m* **маковый** Mohn-
макаронный: **макаронные изделия** *pl* Nudeln *pl*, Teigwaren *pl* **макароны** *pl* Nudeln *pl*, Makkaroni *pl*
маковый Mohn-
малейший geringst
маленький klein, winzig, unbedeutend; **как** ~ kindisch
малина F Himbeeren *pl*; **не жизнь, а** ~ ein schönes Leben
малиновый Himbeer-; karmesinrot
мало wenig; ~ **того, что…** nicht genug, dass…; ~ **ли что** wer weiß, was alles geschehen kann **малодушный** kleinmütig, **малолетний** minderjährig
малый klein; **мал, мала, мало** zu klein (*Kleider, Schuhe*) **малыш** M Kleine(r) *f(m)*, **малышка** *f* Knirps *m*
мальчик M Junge *m*
мама F Mama *f* **мамочка** F Mutti *f*; **мамочки!** *umg* herrjemine!
мандарин M Mandarine *f*
манить V/T 1 ⟨**поманить**⟩ herbeiwinken 2 (an)locken, anziehen

мáния F Manie *f*, Sucht *f*
мáнка F Grieß *m*
мáнный: **мáнная кáша** F Grießbrei *m*; **мáнная крупá** *f* Grieß *m*
маргарúн M Margarine *f*
маринoвáть einmachen, marinieren; *fig* auf Eis legen
мáрка F Mark *f*, Marke *f*; **почтóвая ~** Briefmarke *f*
мáркер M Textmarker *m*
мармелáд M Geleefrüchte *pl* **мармелáдка** F Geleefrucht *f*
март M März *m*
маршрýт M Reiseroute *f*, Strecke *f*; **незáмкнутый ~** Gabelflug *m*
мáска F Maske *f*
маскировáть(ся) **⟨замаскировáть(ся)⟩** (sich) maskieren, (sich) verstellen
мáсленица F Butterwoche *f*, Fastnachtswoche *f* **маслёнка** F Butterdose *f* **маслúна** F Olive *f*
мáсло N **1** Öl *n*; **растúтельное, пóстное ~** Pflanzenöl *n*, Speiseöl *n*; **подсóлнечное ~** Sonnenblumenöl *n*; **провáнское, олúвковое ~** Olivenöl *n* **2** Butter *f*; **слúвочное ~** Tafelbutter *f*; **топлёное ~** Schmelzbutter *f*; **как по мáслу** wie geschmiert **мáсляный**: **мáсляные крáски** FPL Ölfarben *pl*
мáсса F Masse *f*, Menge *f*
массáж M Massage *f* **массажúст** M Masseur *m* **массажúстка** F Masseuse *f*
мáссовый Massen-; **срéдства** *npl* **мáссовой информáции** (Massen)Medien *pl*
мáстер M Meister *m* **мастерскáя** F Werkstatt *f*
масштáб M Maßstab *m*
мат[1] M SCHACH Matt *n*
мат[2] M unflätiges Fluchen *n*
математúк M Mathematiker *m* **математúка** F Mathematik *f*
мáтери *P, Д, П, pl* → **мать**
материáл M Material *n*, Stoff *m* **материáльный** materiell
материнский mütterlich, Mutter- **материнство** N Mutterschaft *f*
матéрия F Materie *f*, Stoff *m*
мáтерный obszön (*Fluchen*)
мáтовый glanzlos
матрáс M Matratze *f*
матрёшка F *Puppe* Matrjoschka *f*
матрóс M Matrose *m*
матч M SPORT Spiel *n*
мать F Mutter *f*; **к чёртовой мáтери!** *vulg* zum Teufel!; **~ твою!** *vulg*, **~ вáшу!** *vulg* Donnerwetter!; Scheiße!
махáть **⟨махнýть⟩** schwingen, schwenken
махрóвый Frottee-
мáчеха F Stiefmutter *f*
мáчта F Mast *m*
машúна F **1** Maschine *f*; **стирáльная ~** Waschmaschine *f* **2** Wagen *m*, Auto *n*; **легковáя ~** Pkw *m*; **грузовáя ~** Lkw *m*
маяк M Leuchtturm *m*

ма́ятник M Uhrpendel *n*
мгнове́ние N Augenblick *m*
мгнове́нный blitzschnell
МГУ M Moskauer Staatliche Universität *f*
ме́бель F Möbel *pl*
мёд M Honig *m*
меда́ль F Medaille *f*; **друга́я сторона́ меда́ли** die Kehrseite der Medaille
медве́дь M Bär *m*
медици́на F Medizin *f*
ме́дленный langsam
медли́тельный langsam, zögernd
ме́длить ⟨**поме́длить**⟩ zögern, zaudern
ме́дный kupfern, Kupfer-; **Ме́дный вса́дник** *m* der Eherne Reiter
медо́вый Honig-; **~ ме́сяц** *m* Flitterwochen *pl*
медпу́нкт M Sanitätsstelle *f*
медсестра́ F (**медици́нская сестра́**) Krankenschwester *f*, Arzthelferin *f*
меж- *in zssgn* → **между-**
ме́жду PRÄP *T* zwischen, unter; **~ про́чим** übrigens; **~ тем** inzwischen
мел M Kreide *f*
ме́лкий seicht, klein, unbedeutend, fein; **ме́лкая таре́лка** *f* flacher Teller *m*; **ме́лкие де́ньги** *pl* Kleingeld *n*
мело́дия F Melodie *f*
ме́лочный kleinlich **ме́лочь** F **1** Kleinigkeit *f* **2** Kleingeld *n*
мелька́ть schimmern, flimmern, vorbeihuschen **ме́лько́м** flüchtig
ме́льник M Müller *m* **ме́льница** F Mühle *f*
ме́нее weniger; **тем не ~** nichtsdestoweniger; **~ бо́лее или ~** mehr oder weniger
ме́ньше kleiner, weniger; **не бо́льше не ~, как** nicht mehr und nicht weniger als **меньшинство́** N Minderheit *f*
меню́ N Speisekarte *f*
меня́ *P, B* → **я**
меня́ть **1** ⟨**обменя́ть, поменя́ть**⟩ (um)tauschen, wechseln **2** (**меня́ться**) (sich) (ver)ändern
ме́ра F **1** Maß *n*, Ausmaß *n*; **в ме́ру** mit Maß; **чу́вство** *n* **ме́ры** Gefühl *n* für das rechte Maß; **по кра́йней ме́ре** wenigstens; **знать ме́ру** Maß halten; **ни в ко́ей ме́ре** in keiner Weise; **по ме́ре того́, как** je nach **2** Maßnahme (*mst pl*); **приня́ть ме́ры** Maßnahmen ergreifen
мерза́вец M Schuft *m* **мерза́вчик** M *umg* 1/8-Liter-Wodkaflasche *f*
ме́рзкий ekelhaft
мёрзнуть frieren
ме́рзость F Scheußlichkeit *f*
ме́рить **1** ⟨**изме́рить, поме́рить**⟩ messen **2** ⟨**поме́рить, приме́рить**⟩ anprobieren
мероприя́тие N Maßnahme *f*; Event *n*

мёртвый tot
местный lokal, örtlich, von hier **место** N (PL **места**) Platz *m*, Ort *m*, Stelle *f*, Sitz *m*, Sitzplatz *m*; **~ жительства** Wohnort *m*; **~ рождения** Geburtsort *m*; **~ работы** Arbeitsstelle *f*; **~ назначения** Bestimmungsort *m*; **~ назначения самолёта** Zielflughafen *m*; **~ багажа** Gepäckstück *n*; **на пустом месте** *a. fig* aus dem Nichts heraus; **не к месту** unangebracht; **знать своё ~** *fig* sich nicht vordrängen; **сердце не на месте** *fig*, **не находить себе места** *fig* keine Ruhe finden; **поставить на ~** *fig* in die Schranken weisen; **больное ~** *fig* wunder Punkt **местоимение** N GRAM Pronomen *n*
месть F Rache *f*
месяц M Monat *m*, Mond *m*; **медовый ~** Flitterwochen *pl* **месячные** *pl umg* Regel *f*, Menstruation *f* **месячный** Monats-, monatlich
металл M Metall *n*; **драгоценный ~** Edelmetall *n* **металлический** Metall-, metallisch
метель F Schneesturm *m*
метла F Besen *m*
метр M Meter *m*
метро N U-Bahn *f*, Metro *f* **метрополитен** M Untergrundbahn *f*
мех M (*pl* **~а**) Fell *n*, Pelz *m*, Pelzwerk *n*
механик M Mechaniker *m* **механический** mechanisch, maschinell
меховой Pelz-
меч M Schwert *n*
мечеть F Moschee *f*
мечта F Wunschtraum *m* **мечтать** träumen (*nicht schlafend*) (**о** *П* von *dat*), sich sehnen (**о** *П* nach *dat*)
мешать[1] ⟨**помешать**⟩ stören (*Д akk*); hindern; **не мешало бы, не мешает** es wäre gut
мешать[2] ⟨**размешать, смешать**⟩ V/T vermischen, umrühren
мешок M Sack *m*, Beutel *m*; **мешки** *mpl* **под глазами** Ringe unter den Augen
мещанин M Kleinbürger *m*; Spießbürger *m*
ми N MUS E; → **до**[2]
миг M Augenblick *m* **мигать** ⟨**мигнуть**⟩ blinzeln, flimmern **мигом** im Nu
МИД M Außenministerium *n*
мидия F Muschel *f*
мизинец M kleiner Finger, kleine Zehe
микроволокно N Mikrofaser *f* **микрофон** M Mikrofon *n*
милицейский Miliz *f* **милиционер** M Milizionär *m* **милиция** F Miliz *f*
миловать ⟨**помиловать**⟩ V/T begnadigen
милосердие N Barmherzigkeit *f* **милостыня** F Almosen *n* **милость** F Gunst *f*; Gnade *f*; **милости просим** willkom-

men **ми́лый** 1 nett, lieb, niedlich 2 M Liebling *m*
ми́мо vorbei, daneben
минда́ль M Mandeln *pl*
минера́лка F *umg* = **минера́льная вода́** *f* Mineralwasser *n*
мини-ба́р M Minibar *f*
министе́рство N Ministerium *f* **мини́стр** M Minister *m*
мину́та F Minute *f*; **сию́ мину́ту** sofort; **~ в мину́ту** auf die Minute; **с мину́ты на мину́ту** jeden Augenblick; **(одну́) мину́ту!** Moment mal!
мир[1] M Frieden *m*
мир[2] M Welt *f*
мири́ться ⟨**помири́ться**⟩ sich versöhnen (**с** *T* mit *dat*) ⟨**примири́ться**⟩ sich abfinden
ми́рный Friedens-, friedlich
мирово́й Welt-
ми́ска F Schüssel *f*
ми́ссия F Mission *f*
ми́тинг M Kundgebung *f*, Meeting *n*
миф M Mythos *m*
мише́нь F Zielscheibe *f*
младе́нец M Wickelkind *n*, Baby *n* **мла́дший** jüngerer, jüngster
мне *Д* → **я**
мне́ние N Meinung *f*
мно́го viel
мно́жество N Menge *f*
мной, **мно́ю** *T* → **я**; von mir, durch mich
мобилизовать mobilisieren
моби́льный mobil, beweglich; **~ телефо́н** *m* Handy *n*; **но́мер** *m* **моби́льного телефо́на** Handynummer *f*; **моби́льная сеть** *f* Mobilfunknetz *n*
моги́ла F Grab *n*
могу́чий gewaltig **могу́щественный** mächtig
мо́да F Mode *f* **мо́дный** modern, Mode-
мо́жет быть mag sein; → **мочь**
мо́жно man kann, man darf; **~?** darf ich?; **как ~** + *komp* möglichst
мозг M Gehirn *n*; **ко́стный ~** Knochenmark *n*; **до ~а́ косте́й** bis ins Mark; **впра́вить кому́-либо ~и́** *umg* j-m den Kopf zurechtrücken
мозо́ль F Schwiele *f*, Hühnerauge *n*
мой M, **моя́** F, **моё** N, **мои́** *pl* mein(e)
мо́кнуть ⟨**намо́кнуть**, **промо́кнуть**⟩ nass werden **мокро́та** F Auswurf *m*
мо́крый nass; **глаза́ на мо́кром ме́сте (у неё)** *umg* (sie) hat nah am Wasser gebaut
моли́тва F Gebet *n* **моли́ться** beten
мо́лния F 1 Blitz *m*; **~ сверка́ет** es blitzt 2 Reißverschluss *m*
молодёжь F Jugend *f*, Jugendliche *pl* **молоде́ц!** bravo!, alle Achtung!

молодо́й jung **мо́лодость** F Jugend f (*Zeit*); Jungsein n
моло́же *komp* jünger
молоко́ N Milch f
молото́к M Hammer m
моло́чный Milch-
молчали́вый schweigsam **молча́ние** N Schweigen n
молча́ть **⟨замолча́ть, помолча́ть, промолча́ть⟩** (still)schweigen
моль F Motte f
мольбе́рт M Staffelei f
моме́нт M Moment m **момента́льно** blitzschnell
монасты́рь M Kloster n **мона́х** M Mönch m **мона́хиня**, **мона́шенка** F Nonne f **мона́шеский** Mönchs-, Nonnen- **мона́шка** F Nonne f
моне́та F Münze f
морга́ть, **⟨моргну́ть⟩** zwinkern; **он да́же гла́зом не моргну́л** er hat mit keiner Wimper gezuckt
мо́рда F Schnauze f, Maul n, *umg* Fresse f, Fratze f; **дать в мо́рду, по мо́рде** *umg* schlagen (ins Gesicht) **мордобо́й** M *umg* Schläge *pl* (in die Fresse)
мо́ре N Meer n, See f; **ка́пля в ~** ein Tropfen auf den heißen Stein **морепроду́кты** *pl* GASTR Meeresfrüchte *pl*
морко́вка F Möhre f **морко́вь** F Möhren *pl*
моро́женое N (Speise)Eis n
моро́з M Frost m; **~ по ко́же** es läuft einem kalt über den Rücken **морози́лка** F Tiefkühltruhe f **моро́зить**: **моро́зит** es friert
мороси́ть: **мороси́т** es nieselt (tröpfelt)
морс M Fruchtsaftgetränk n
морско́й Meer(es)-, Marine-, See-; **(цвет) ~ волны́** Marine- (*Farbe*)
морщи́на F Falte f
мо́рщиться **⟨помо́рщиться, смо́рщиться⟩** das Gesicht verziehen
моря́к M Seemann m
Москва́ F Moskau n **москви́ч(ка)** M(F) Moskauer(in) m(f)
моско́вский ADJ Moskauer
мост M Brücke f **мостова́я** F Straßenpflaster n
мото́р M Motor m
мотоци́кл M Motorrad n
мотылёк M Falter m, Schmetterling m
мох M Moos n
мохна́тый zottig, flauschig
моча́ F Urin m
мочи́ть **⟨замочи́ть, намочи́ть, смочи́ть⟩** V/T anfeuchten **⟨замочи́ть⟩** *vulg* umbringen
мочи́ться **⟨помочи́ться⟩** urinieren
мочь **⟨смочь⟩** können, dürfen; **мо́жет быть** vielleicht; **не мо́жет быть!** unmöglich!, was du nicht sagst!
моше́нник M Gauner m
моше́нничать **⟨смоше́нничать⟩** betrügen, beschwin-

deln
мóшка F Schnake *f*
мóщность F Stärke *f*, Leistung *f* **мóщный** mächtig **мощь** F Macht *f*
мрак M Dunkel *n*
мрáмор M Marmor *m*
мрáчный dunkel, finster, trist
мстить ⟨**отомстúть**⟩ (sich) rächen (*Д* **за В** *an dat* (für) *akk*)
мудáк M *vulg* Arschloch *n*
мýдрость F Weisheit *f* **мýдрый** weise, klug
муж M Ehemann *m* **мýжественный** mutig, tapfer **мýжество** N Mut *m* **мужúк** M Bauer *m*, *umg* Kerl *m*, Mann *m* **мужскóй** Männer-, Herren-, männlich **мужчúна** M Mann *m*
музéй M Museum *n*; **~ изобразúтельных искýсств** Museum *n* der bildenden Künste
мýзыка F Musik *f* **музыкáльный** Musik-, musikalisch, wohlklingend **музыкáнт** M, **музыкáнтша** F *umg* Musiker(in) *m(f)*
мукá[1] F Mehl *n*
мýка[2] F Qual *f*, Pein *f*
муниципалитéт M Kommunalverwaltung *f* **муниципáльный** kommunal; Gemeinde-
муравéй M Ameise *f*
мýскул M Muskel *m*
мýсор M Müll *m*, Abfall *m*, Schutt *m* **мусоропровóд** M Müllschlucker *m*
мусульмáнин M Muslim *m*
мусульмáнка F Muslima *f*
мусульмáнский islamisch, Muslim- **мусульмáнство** N Islam *m*
мутúть trüben; **меня́ мутúт** es ist mir übel **мýтный** trübe, getrübt (*a. fig*); **ловúть рыбку в мýтной водé** im Trüben fischen
мýха F Fliege *f*; **дéлать из мýхи слонá** aus einer Mücke einen Elefanten machen **мухомóр** M Fliegenpilz *m*
мучéние N Qual *f*, Quälerei *f*
мýченик M, **мýченица** F Märtyrer(in) *m(f)* **мýчить(ся)** (sich) quälen
МХАТ M Moskauer Akademisches Künstlertheater *n*
мчать(ся) ⟨**помчать(ся)**⟩ schnell fahren, dahineilen
мщéние N Rache *f*
мы wir; **~ с тобóй** du und ich; **~ с сестрóй** meine Schwester und ich
мы́лить ⟨**намы́лить**⟩ seifen; **~ шéю** *umg fig j-m* den Kopf waschen
мы́ло N Seife *f*; **туалéтное ~** Feinseife *f*; **жúдкое ~** flüssige Seife *f* **мы́льница** F Seifenschale *f* **мы́льный** Seifen-, seifig; **~ пузы́рь** *m* Seifenblase *f* (*a. fig*)
мы́сленно in Gedanken, im Herzen **мы́слимый** denkbar
мы́слить ⟨**помы́слить**⟩ denken, nachdenken

мысль F Gedanke *m*; **мне пришлá в гóлову ~** ich kam auf den Gedanken; **зáдняя ~** Hintergedanke *m*
мыть ⟨вы́мыть, помы́ть⟩ (ab)waschen, putzen
мышелóвка F Mausefalle *f* **мы́шка** F Mäuschen *n*
мышлéние N Denken *n*, Mentalität *f*
мы́шца F Muskel *m*
мышь F Maus *f* (*a.* IT)
мэр M Bürgermeister *m* **мэ́рия** F Rathaus *n*
мя́гкий weich, mild, sanft; **мя́гко выражáясь** gelinde gesagt **мя́гкость** F Weichheit *f* (*a. fig*)
мяснóй Fleisch-
мя́со N Fleisch *n* **мясорýбка** F Fleischwolf *m*
мя́та F Minze *f*
мятéж M Meuterei *f* **мятéжник** M Meuterer *m* **мятéжный** aufmüpfig, rebellisch
мя́тый zerknüllt, zerknittert
мять ⟨измя́ть, помя́ть, смять⟩ zerknittern
мя́ться 1 **⟨помя́ться⟩** knittern 2 **⟨замя́ться⟩** nicht mit der Sprache herauswollen
мяч M Ball *m*

Н

на[1] PRÄP *В, П* 1 auf, an *akk, dat*; **~ стол** auf den Tisch; **~ столé** auf dem Tisch; **~ стéну** an die Wand; **~ стенé** an der Wand 2 nach *dat*; **~ востóк** nach Osten 3 für *akk*; zu *dat* **останoви́ться ~ час** Aufenthalt für eine Stunde haben; **~ пáмять** zum Andenken; **~ пять лет molóже** fünf Jahre jünger; **éхать ~ пóезде** mit dem Zug fahren; **катáться ~ велосипéде** Rad fahren
на[2] INT nimm!; da hast du!
набáт M Sturmläuten *n*; **бить в ~** Alarm schlagen (*a. fig*)
набéг M Überfall *m*; Raubzug *m*
набекрéнь: **надéть шáпку ~** die Mütze schief aufsetzen
нáбережная F Kai *m*; Uferstraße *f*
набивáть ⟨наби́ть⟩ (über)füllen; (voll)stopfen
набирáть ⟨набрáть⟩ sammeln; aufnehmen; anwerben; zusammenstellen; **набрáть (телефóнный) нóмер** eine Nummer wählen; **набрáть высотý** an Höhe gewinnen; **набрáть скóрость** eine große Geschwindigkeit erreichen
наби́тый vollgestopft; gepols-

tert; übervoll
наблюда́тель M Beobachter *m* **наблюда́тельный** Beobachtungs-; Aufsichts-; scharfsichtig **наблюда́ть** beobachten **наблюде́ние** N Beobachtung *f*
на́божный fromm
набо́р M **1** Aufnahme *f* **2** Satz *m*; Garnitur *f*; **шокола́дный ~** Schachtel *f* Pralinen; **~ слов** leere Worte *pl* **набо́рщик** M Setzer *m*
набра́сывать **1** ⟨**набро-са́ть**⟩ vollwerfen; überall hinwerfen; *fig* (schriftlich) entwerfen **2** ⟨**набро́сить**⟩ umwerfen **набра́сываться** ⟨**набро́ситься**⟩ herfallen (**на** *B* über *akk*)
набра́ть → **набира́ть** **набра́ться** sich ansammeln; sich anhäufen; *umg* sich betrinken; **~ сме́лости** Mut fassen
набро́сок M Entwurf *m*
набуха́ть ⟨**набу́хнуть**⟩ (an)schwellen
наважде́ние N Sinnestäuschung *f*
нава́ливать ⟨**навали́ть**⟩ aufhäufen **нава́ливаться** ⟨**навали́ться**⟩ sich mit dem ganzen Gewicht legen; *fig* alle Kräfte anspannen; herfallen (**на** *B* über *akk*)
наве́дываться ⟨**наве́даться**⟩ besuchen (**к** *Д akk*)
наве́к(и) auf ewig
наве́рно(е) wahrscheinlich
наверняка́ sicherlich
наве́рх nach oben **наверху́** oben
наве́с M Vordach *n*
навеселе́ angeheitert
навести́ → **наводи́ть**
на весу́ in der Schwebe
наве́т M Verleumdung *f*
наве́чно auf ewig
навеща́ть ⟨**навести́ть**⟩ besuchen
на́взничь rücklings
навзры́д: **пла́кать ~** laut schluchzen
навига́тор M Navi *n*
навлека́ть ⟨**навле́чь**⟩ sich zuziehen
наводи́ть ⟨**навести́**⟩ richten; **~ ску́ку** langweilen (**на** *B akk*); **~ спра́вки** Erkundigungen einziehen (**о** *П* über *akk*); **~ на размышле́ния** tief blicken lassen; **~ поря́док** Ordnung schaffen; **наводи́ть красоту́** sich schön machen
наводне́ние N Überschwemmung *f*; Hochwasser *n* **наводня́ть** ⟨**наводни́ть**⟩ *fig* überfluten
наво́з M Dünger *m*
на́волочка F Kissenbezug *m*
навра́ть → **врать**
навреди́ть → **вреди́ть**
навсегда́ für immer; **раз и ~** ein für allemal
навстре́чу entgegen
навы́ворот verkehrt
на́вык M Übung *f*; Gewohnheit *f*

навы́нос: **продава́ть ~** außer Haus verkaufen
навя́зчивый aufdringlich **навя́зывать** ⟨**навяза́ть**⟩ aufzwingen **навя́зываться** ⟨**навяза́ться**⟩ sich aufdrängen
нага́н M Revolver *m*
нагиба́ть ⟨**нагну́ть**⟩ (nieder)beugen **нагиба́ться** ⟨**нагну́ться**⟩ sich ducken; sich bücken
нагишо́м ADV splitternackt
на́глухо dicht, fest
на́глый frech; unverschämt
нагля́дный anschaulich
нагнета́ть zusammenpressen (*a. fig*)
нагну́ть(ся) → нагиба́ть(ся)
наго́вор M Verleumdung *f*
наго́й nackt (*a. fig*)
на́голо ADV kahl; blank
нагоня́й M *umg* Rüffel *m*
нагоня́ть ⟨**нагна́ть**⟩ einholen; aufholen; nachholen
нагота́ F Nacktheit *f*
наготове in Bereitschaft
награ́да F Belohnung *f*; Auszeichnung *f* **награжда́ть** ⟨**награди́ть**⟩ auszeichnen; *fig* bedenken
нагрева́ть(ся) ⟨**нагре́ть(ся)**⟩ (sich) erhitzen; *umg fig* hintergehen
нагроможда́ть ⟨**нагромозди́ть**⟩ auftürmen
нагруби́ть → груби́ть
нагружа́ть ⟨**нагрузи́ть**⟩ beladen; belasten **нагру́зка** F Belastung *f* (*a. fig*)
над PRÄP *T* über *dat*
надвига́ть ⟨**надви́нуть**⟩ schieben; rücken **надвига́ться** heranrücken; sich nähern
надева́ть ⟨**наде́ть**⟩ anziehen; aufsetzen; auflegen
наде́жда F Hoffnung *f*
надёжный zuverlässig
наде́лать PF (in Menge) anfertigen; anrichten
наделя́ть ⟨**надели́ть**⟩ ausstatten (*T* mit *dat*)
наде́яться ⟨**понаде́яться**⟩ hoffen (**на** *B* auf *akk*)
надзира́тель M Aufseher *m*
надзо́р M Aufsicht *f* (**за** *T* über *akk*)
надлежа́щий entsprechend
надло́м M Anbruch *m*; *fig* Bedrücktheit *f*
надме́нный hochmütig
на́до → ну́жно
надоеда́ть ⟨**надое́сть**⟩ überdrüssig werden; langweilen; belästigen (*Д akk*) **надое́дливый** zudringlich; lästig
надо́лго auf lange
надоу́мить PF auf einen Gedanken bringen
на́дпись F Inschrift *f*
надруга́ться verhöhnen (**над** *T akk*)
надры́в M **1** Einriss *m* **2** (psychische) Überanstrengung *f*
надрыва́ться ⟨**надорва́ться**⟩ sich überanstrengen; sich abquälen

надстро́йка F Überbau *m*
надува́ть ⟨наду́ть⟩ aufblasen; *fig umg* betrügen
надýманный ausgeklügelt
надуши́ть → души́ть 2
наеда́ться ⟨нае́сться⟩ sich satt essen (*P* an *dat*); **~ до отва́ла** sich den Bauch vollschlagen
наедине́ unter vier Augen
наезжа́ть ⟨нае́хать⟩ *j-n* anfahren; *fig umg* überfallen; erpressen
наём M Mieten *n*; Anwerben *n*
нажа́ть → нажима́ть
нажи́ва F Profit *m* **нажива́ть ⟨нажи́ть⟩** erwerben **нажива́ться ⟨нажи́ться⟩** profitieren
нажима́ть ⟨нажа́ть⟩ auf *etw* drücken; Druck ausüben
нажира́ться ⟨нажра́ться⟩ *vulg* sich satt fressen; sich betrinken
наза́д zurück
назва́ние N Titel *m* **назва́ть** → называ́ть
назида́тельный belehrend; schulmeisterlich
назло́ zum Ärger
назнача́ть ⟨назна́чить⟩ bestimmen **назначе́ние** N Bestimmung *f*; Zweck *m*
назо́йливый aufdringlich
назубо́к auswendig
называ́ть ⟨назва́ть⟩ (be)nennen **называ́ться** heißen
наи- aller-
наибо́лее höchst **наибо́льший** der größte
наиважне́йший der allerwichtigste
наи́вный naiv
наизна́нку verkehrt (herum)
наизу́сть auswendig; aus dem Kopf
наилу́чший der allerbeste
наиме́нее am (aller)wenigsten
наименова́ние N Bezeichnung *f*
наиме́ньший der (aller)kleinste
наискосо́к, на́искось schräg (gegenüber)
наи́тие N: **по наи́тию** intuitiv
наиху́дший der schlechteste
найдёныш M Findling *m*
найти́ → находи́ть
наказа́ние N Strafe *f* **нака́зывать ⟨наказа́ть⟩** bestrafen
накаля́ться ⟨накали́ться⟩ erglühen; sich erhitzen; *fig* äußerst gespannt werden
накану́не ADV am Vortage; PRÄP *P* am Tag vor; *fig* kurz vor
нака́чивать ⟨накача́ть⟩ aufpumpen
наки́дываться ⟨наки́нуться⟩ herfallen (**на** *B* über *akk*)
накладна́я F Lieferschein *m*
накладно́й: **накладны́е расхо́ды** MPL Spesen *pl*
накла́дывать ⟨наложи́ть⟩ auflegen; auferlegen
накле́ивать ⟨накле́ить⟩ aufkleben
накло́нность F Veranlagung *f*
наклоня́ть(ся) ⟨накло-

ни́ть(ся)〉 (sich) neigen; (sich) niederbeugen

наконе́ц endlich; schließlich; **~-то!** na endlich!

наконе́чник M Spitze *f*; Endstück *n*

накопи́ть → копи́ть

накорми́ть → корми́ть

накра́пывать tröpfeln; anfangen zu regnen

накра́ситься → кра́ситься

накрахма́лить → крахма́лить

на́крепко sehr fest

на́крест kreuzweise

накрича́ть → крича́ть

накроши́ть → кроши́ть

накру́чивать 〈**накрути́ть**〉 aufwickeln

накрыва́ть 〈**накры́ть**〉 (be)-decken

налага́ть 〈**наложи́ть**〉 → накла́дывать

нала́живать 〈**нала́дить**〉 in Gang bringen

нале́во nach links

налега́ть 〈**нале́чь**〉 sich stemmen (gegen *akk*); sich anstrengen

налегке́ unbeschwert

налёт M **1** Überfall *m*; Angriff *m* **2** Anflug (*a. fig*)

налета́ть 〈**налете́ть**〉 angeflogen kommen; sich stürzen

налётчик M Einbrecher *m*

налива́ть 〈**нали́ть**〉 eingießen; einschenken

нали́вка F Fruchtlikör *m*

нали́м M Quappe *f*

налицо́: **быть ~** vorliegen

нали́чие N Bestand *m*; Anwesenheit *f*

нали́чный: **нали́чные** *pl* **(де́ньги)** Bargeld *n*

нало́г M Steuer *f* (*Geld*)

нало́женный: **нало́женным платежо́м** per Nachnahme

наложи́ть → накла́дывать, налага́ть

нам *Д* → мы

нама́зывать 〈**нама́зать**〉 (be)schmieren; aufstreichen

нама́тывать 〈**намота́ть**〉 aufspulen

нама́яться PF todmüde werden

намёк M Andeutung *f*

намека́ть 〈**намекну́ть**〉 andeuten; zu verstehen geben

намерева́ться 〈**вознаме́риться**〉 die Absicht haben

наме́рение N Absicht *f* **наме́ренный** absichtlich; **я наме́рен** ich habe vor

намеча́ть 〈**наме́тить**〉 vormerken; entwerfen

на́ми *Т* → мы

намно́го viel; **~ лу́чше** viel besser

намо́рдник M Maulkorb *m*

намо́рщить → мо́рщить

намочи́ть → мочи́ть

намы́ливать 〈**намы́лить**〉 einseifen; **намы́лить ше́ю** *fig* den Kopf waschen

нанима́ть 〈**наня́ть**〉 einstellen; in Dienst nehmen

наноси́ть 〈**нанести́**〉 zufü-

gen; auftragen (*z.B. Creme*)
наоборóт umgekehrt
наобýм aufs Geratewohl
нападáть ⟨**напáсть**⟩ angreifen **напáдки** *pl* Ausfälle *mpl*; Beschuldigungen *fpl*
напáрник M Partner *m*
напéв M MUS Motiv *n*
наперебóй durcheinander
наперегóнки um die Wette
наперёд im voraus
наперекóр zum Trotz
наперерéз: **бежáть ~** in den Weg laufen
напёрсток M Fingerhut *m*
напечáтать → **печáтать**
напивáться ⟨**напи́ться**⟩ sich satt trinken; sich betrinken
написáть → **писáть**
напи́ток M Getränk *n*
наплы́в M Andrang *m*
напои́ть → **пои́ть**
напокáз zur Schau
наполня́ть ⟨**напóлнить**⟩ (an)füllen
наполови́ну zur Hälfte
напоминáть ⟨**напóмнить**⟩ erinnern; ins Gedächtnis rufen (**о** *П* an *akk*); im Gedächtnis wachrufen (*B* an *akk*)
напóр M Andrang *m*
направлéние N Richtung *f*; Einweisung *f* **направля́ть** ⟨**напрáвить**⟩ (aus)richten; leiten **направля́ться** ⟨**напрáвиться**⟩ sich begeben; seine Schritte lenken
напрáво nach rechts
напрáсно vergebens; umsonst
напрáсный vergeblich
напримéр zum Beispiel
напрокáт leihweise
напрóтив gegenüber; dagegen
напрягáть(ся) ⟨**напря́чь(ся)**⟩ (sich) anspannen **напряжéние** N Anstrengung *f*; Spannung *f* **напряжённый** (an)gespannt; angestrengt
напрями́к geradeaus; *fig* geradeheraus
напугáть(ся) → **пугáть(ся)**
напускáть ⟨**напусти́ть**⟩ **1** hereinlassen **2** (auf)hetzen (**на** *B* auf *akk*) **3** *umg* **напусти́ть на себя́ вáжность** sich wichtig machen **напусти́ться** *umg* herfallen (**на** *B* über *akk*)
наравнé auf gleicher Höhe *od* Stufe
нарастáть ⟨**нарасти́**⟩ anwachsen
нарезáть ⟨**нарéзать**⟩ (auf)schneiden
нарéчие N **1** Dialekt *m* **2** GRAM Adverb *n*
нарисовáть → **рисовáть**
нарóд M Volk *n* **нарóдность** F Nationalität *f*; Volkstümlichkeit *f* **нарóдный** Volks- **народонаселéние** N Bevölkerung *f*
нарóчно absichtlich
нарýжность F Äußere *n* **нарýжный** Außen-; äußerlich **нарýжу** nach außen (hin)
нарушáть ⟨**нарýшить**⟩ ver-

letzen; brechen
нарыв M Geschwür *n* **нарывать** eitern
наряд M **1** Gewand *n*; Tracht *f* **2** Order *f* **нарядный** schmuck
наряду (**с** *T*) neben; gleichberechtigt
наряжать(ся) ⟨**нарядить(ся)**⟩ (sich) festlich kleiden
нас *P*, *B*, *П* → **мы**
насаждать ⟨**насадить**⟩ einbürgern; einführen
насвистывать (vor sich hin) pfeifen
насекомое N Insekt *n*; **спрей** *m* **от насекомых** Insektenspray *n*
население N Bevölkerung *f* **населённый** bevölkert; **~ пункт** *m* Ortschaft *f*
насилие N Gewalt *f*
насиловать ⟨**изнасиловать**⟩ vergewaltigen
насквозь durch und durch
насколько inwiefern; soweit
наскоро in aller Eile
наслаждаться ⟨**насладиться**⟩ genießen **наслаждение** N Genuss *m*
наследие N geistiges Erbe; **культурное ~** Weltkulturerbe *n* **наследник** M Erbe *m*; Nachfolger *m* **наследница** F Erbin *f*
наследовать ⟨**унаследовать**⟩ erben
наследство N Erbschaft *f*
насмарку umsonst; verloren
насмерть zu Tode
насмехаться spotten (**над** *T* über *akk*)
насмешить → **смешить**
насмешка F Spott *m*
насморк M Schnupfen *m*
насос M Pumpe *f*
наспех hastig
наставать ⟨**настать**⟩ anbrechen; eintreten; kommen (*Zeit*); **настало лето** es wurde Sommer; der Sommer kam **наставление** N Belehrung *f* **наставлять** belehren
настаивать ⟨**настоять**⟩ **1** bestehen **2** einen Aufguss machen
настежь (sperrangel)weit offen
настой M Aufguss *m* **настойка** F Likör *m*; Tinktur *f*
настойчивый beharrlich; dringend
настолько so viel
настольный Tisch-
насторожиться PF aufmerksam werden
настоятель M Abt *m* **настоятельный** dringend
настоящее N Gegenwart *f*
настоящий echt; wahr
настраивать ⟨**настроить**⟩ stimmen **настроение** N Laune *f*; Stimmung *f*
наступать ⟨**наступить**⟩ **1** treten (**на** *B* auf *akk*) **2** MIL angreifen; vormarschieren **3** → **наставать**
насупиться PF finster drein-

schauen
насу́щный lebensnotwendig; brennend
насчёт PRÄP P betreffs
насчи́тывать(ся) zählen; **го́род насчи́тывает (в го́роде насчи́тывается) сто ты́сяч жи́телей** die Stadt zählt hunderttausend Einwohner
насыпа́ть ⟨**насы́пать**⟩ hineinschütten; vollschütten
на́сыпь F Damm *m*
насыща́ть(ся) ⟨**насы́тить(ся)**⟩ sich sättigen
натира́ть ⟨**натере́ть**⟩ (ein)reiben
на́тиск M Andrang *m*
наточи́ть → точи́ть
натоща́к auf nüchternen Magen
нату́ра F Natur *f*
натя́гивать ⟨**натяну́ть**⟩ (an)spannen; anziehen
науга́д, науда́чу auf gut Glück
нау́ка F Wissenschaft *f*
научи́ть(ся) → учи́ть(ся)
нау́чный wissenschaftlich
нау́шники *pl* Kopfhörer *mpl*; Ohr(en)stöpsel *mpl*
наха́льный unverschämt **наха́льство** N Dreistigkeit *f*
нахму́рить(ся) → хму́рить(ся)
находи́ть ⟨**найти́**⟩ finden
находи́ться sich befinden
нахо́дка F Fund *m* **нахо́дчивый** findig
национа́льность F Nationalität *f*
на́ция F Nation *f*
нача́ло N Anfang *m*
нача́льник M Vorgesetzte(r) *f*(*m*) **нача́льный** Anfangs-; Elementar- **нача́льство** N die Vorgesetzten *pl*
начеку́: **быть ~** auf der Hut sein
на́черно ins Unreine (*schreiben*)
начина́ть(ся) ⟨**нача́ть(ся)**⟩ anfangen; beginnen
начи́нка F GASTR Füllung *f*
начи́танный belesen
наш unser
наше́ствие N Invasion *f*
наяву́ in wachem Zustand
не nicht; kein
не́бо N Himmel *m*
нёбо N Gaumen *m*
небольшо́й gering
небосво́д M Himmelsgewölbe *n* **небоскло́н** M Horizont *m* **небоскрёб** M Wolkenkratzer *m*
небре́жный nachlässig
небыва́лый nie gesehen **небыли́ца** F erfundene Geschichte
нева́жно unwichtig; mittelmäßig
неве́жа M/F Flegel *m* **неве́жда** M/F Ignorant *m* **неве́жество** N Unwissenheit *f* **неве́жливый** unhöflich
неве́рный unrichtig; untreu
невероя́тный unwahrscheinlich; unglaublich

неве́рующий ungläubig
невесо́мость F Schwerelosigkeit *f*
неве́ста F Braut *f*
невзго́ды *pl* Unbilden *pl*
невзлюби́ть PF nicht mögen
невзнача́й zufällig
неви́данный nie gesehen **неви́димый** unsichtbar
неви́нный unschuldig **невино́вный** schuldlos
невменя́емый unzurechnungsfähig
невмеша́тельство N Nichteinmischung *f*
невмоготу́ unerträglich
невнима́ние N Achtlosigkeit *f* **невнима́тельный** unaufmerksam
невозмо́жный unmöglich
невозмути́мый gelassen
нево́льный ungewollt
невреди́мый unversehrt
невыноси́мый unerträglich
не́где es ist nirgends Platz
него́ *P*, *B* → он
него́дный untauglich; gemein
негодова́ние N Empörung *f*
негодя́й M Schuft *m*
негр M *neg!* Neger *m*
негра́мотный des Lesens und Schreibens unkundig; fehlerhaft
негритя́нка F *neg!* Negerin *f*
неда́вно vor Kurzem
недалёкий unweit; *fig* beschränkt **недалеко́** nicht weit
неда́ром nicht ohne Grund
недееспосо́бный handlungsunfähig
недействи́тельный nicht geltend
неде́ля F Woche *f*
недо- nicht ganz **недовари́ть** PF nicht gar kochen
недове́рие N Misstrauen *n* **недове́рчивый** misstrauisch
недово́льство N Unzufriedenheit *f*
недодава́ть ⟨**недода́ть**⟩ zu wenig geben
недоеда́ние N Unterernährung *f*
недо́лго nicht lange; **~ ду́мая** kurz entschlossen
недолю́бливать nicht gern haben
недомога́ние N Unwohlsein *n*
недопусти́мый unzulässig
недосмо́тр M Unachtsamkeit *f*; **по ~у** aus Versehen
недостава́ть ⟨**недоста́ть**⟩ mangeln; fehlen **недоста́ток** M Mangel *m*; Nachteil *m* **недоста́точный** ungenügend
недоста́ча F Fehlen *n*
недосто́йный unwürdig **недосту́пный** unzugänglich
недоумева́ть nicht fassen können **недоуме́ние** N Befremden *n*; Erstaunen *n* **недоу́чка** M/F Halbgebildete(r) *f(m)*
недочёт M Fehler *m*
не́дра *pl* Innere *n*
неду́г M Leiden *n*; Krankheit *f*

недю́жинный außergewöhnlich
неё *Р, В* → **она́**
нежда́нный unverhofft
не́жели als
нежена́тый unverheiratet (*Mann*)
не́жный zart; zärtlich; liebevoll
незабу́дка F Vergissmeinnicht *n* **незабыва́емый** unvergesslich
незави́симость F Unabhängigkeit *f* **незави́симый** unabhängig
незада́чливый unglückselig; ungeschickt
незадо́лго: **~ до** *Р* kurz vor *dat*
незаконнорождённый unehelich (*Kind*)
незако́нный ungesetzlich; illegal
незаме́тный unmerklich
незаму́жняя unverheiratet (*Frau*)
незамыслова́тый primitiv
незапа́мятный uralt
незаслу́женный unverdient, unverschuldet
незате́йливый unkompliziert
незауря́дный hervorragend
не́зачем es lohnt sich nicht
незва́ный ungerufen
незде́шний nicht von hier
нездоро́виться: **мне нездоро́вится** ich fühle mich unwohl
незнако́мец M, **незнако́мка** F Unbekannte(r) *f(m)* **незнако́мый** unbekannt
незначи́тельный unbedeutend
незре́лый unreif
незри́мый unsichtbar **незря́чий** blind
незы́блемый unerschütterlich
неизбе́жный unvermeidlich
неизве́стный unbekannt
неизглади́мый unauslöschlich
неизме́нный unveränderlich
неизлечи́мый unheilbar
неизъясни́мый unaussprechlich
неиму́щий besitzlos
неискушённый unerfahren
неисправи́мый unverbesserlich **неиспра́вный** nicht intakt
неиссяка́емый unerschöpflich
не́истовый rasend; wütend
неистощи́мый unversiegbar
ней *Д, Т, П* → **она**
нейтралите́т M Neutralität *f*
нейтра́льный neutral
не́кий ein gewisser
не́когда 1 **мне ~** ich habe keine Zeit; ich bin nicht dazu gekommen 2 ehemals
не́кого *Р, В* → **никто́**
не́кому *Д* → **никто́**
не́который ein gewisser; **не́которые** *pl* einige
некста́ти ungelegen
нектари́н M Nektarine *f*
не́кто jemand; ein gewisser
не́куда: **мне ~ положи́ть ве́-**

щи ich finde keinen Platz für die Sachen
некуря́щий M Nichtraucher *m*
нелéпый unsinnig; ungeschickt; plump
нелóвкий ungeschickt; peinlich
нельзя́ man darf nicht; man soll nicht
нелюди́м M ungeselliger Mensch *m*
нём *П* → он
немáло nicht wenig
немéдленно sofort
немéть ⟨**онемéть**⟩ stumm werden; starr werden
нéмец M, **нéмка** F Deutsche(r) *f*(*m*)
немецкоязы́чный deutschsprachig
немилосéрдный unbarmherzig; *fig* schrecklich
неми́лость F Ungnade *f*
немнóгий: **немнóгие** wenige
немнóго ein wenig **немногослóвный** wortkarg **немногочи́сленный** nicht zahlreich
немóй stumm
нéмощь F Schwäche *f*
нему́ *Д* → он
ненави́деть ⟨**возненави́деть**⟩ hassen
нéнависть F Hass *m* (**к** *Д* gegen *akk*)
ненавя́зчивый unaufdringlich
ненадёжный nicht fest; unzuverlässig
ненáстный trübe; regnerisch
ненáстье N Unwetter *n*
ненасы́тный unersättlich
нену́жный unnötig; nutzlos
необду́манный unbedacht
необходи́мый notwendig
необыкновéнный ungewöhnlich
неограни́ченный unbegrenzt
неоднокрáтно mehrmals
неожи́данный unerwartet
неоправданный unbegründet; ungerechtfertigt
неопределённый unbestimmt; ungewiss
неóпытный unerfahren
неосторóжность F Fahrlässigkeit *f* **неосторóжный** unvorsichtig
неотлóжный dringend; **неотлóжная медици́нская пóмощь** *f* (**неотлóжка** *f umg*) Erste Hilfe *f*; Unfallhilfe *f*
неотрази́мый unwiderlegbar; unwiderstehlich
неотсту́пный unablässig
неотъéмлемый unveräußerlich
неохóта **1** F Unlust *f* **2**: **мне** ~ ich habe keine Lust **неохóтно** ungern
неоцени́мый unschätzbar
непереводи́мый unübersetzbar
непередавáемый unbeschreiblich
неплатёж M Nichtzahlung *f*

непобеди́мый unbesiegbar
неповоро́тливый schwerfällig
неповтори́мый einmalig
непого́да F Unwetter *n* **непого́жий** trübe; regnerisch
непогреши́мый unfehlbar
неподалёку unweit (**от** *P* von *dat*)
неподви́жный unbeweglich
неподходя́щий unpassend
неполноце́нный minderwertig
непо́лный nicht voll
непоме́рный unmäßig
непоня́тливый verständnislos **непоня́тный** unverständlich
непоро́чный unbefleckt; rein; keusch
непоря́док M Unordnung *f* **непоря́дочный** unanständig
непосе́да M/F unruhiger Mensch *m*; rastlose Natur *f*
непосле́довательный inkonsequent
непосре́дственный unmittelbar, unbefangen
непостижи́мый unbegreiflich
непостоя́нный unbeständig
непра́вда F Unwahrheit *f* **непра́вильный** falsch **неправоме́рный** unrechtmäßig **непра́вый** unrecht
непревзойдённый unübertroffen
непредви́денный unvorhergesehen
непрекло́нный unerschütterlich
непреме́нный unerlässlich
непреры́вный ununterbrochen
неприви́чный ungewöhnlich
неприго́дный untauglich
неприка́янный ruhelos
неприкоснове́нный unantastbar
неприли́чный unanständig
непринуждённый ungezwungen
непристо́йный obszön
непристу́пный unzugänglich
неприхотли́вый anspruchslos
неприя́знь F Feindseligkeit *f*
неприя́тель M Feind *m* **неприя́тный** unangenehm
непроизво́льный unwillkürlich
непромока́емый wasserdicht
непроходи́мый unpassierbar; unwegsam
нера́венство N Ungleichheit *f*
неразбо́рчивый 1 nicht lesbar 2 gewissenlos
не́рвный nervös
нере́дко nicht selten
нереши́тельный unentschlossen
несгово́рчивый widerspenstig
несгора́емый feuerfest
не́сколько 1 einige 2 ein

wenig
неслы́ханный unerhört
несмотря́ на PRÄP *В* trotz *gen*
несно́сный unerträglich
несовершеннолéтний minderjährig
несовершéнный 1 unvollkommen 2 GRAM unvollendet
несовмести́мый unvereinbar
несомнéнный zweifellos
нести́ 1 ⟨**понести́**⟩ tragen; **~ отвéтственность** die Verantwortung tragen 2: **понести́ наказáние** eine Strafe abbüßen; **нести́ убы́тки** Schaden erleiden 3 ⟨**снести́**⟩: **снести́ я́йца** Eier legen
нести́сь ⟨**понести́сь**⟩ rennen; rasen; erschallen
несурáзный *umg* unsinnig; ungefüge
несусвéтный *umg* unerhört
несчáстный unglücklich **несчáстье** N Unglück *n*; Pech *n*
нет 1 nein 2 es gibt nicht; es ist nicht da; **у меня́ ~ врéмени** ich habe keine Zeit; **свести́ на ~** zunichte machen
нетерпели́вый ungeduldig **нетерпéние** N Ungeduld *f*
нетрудоспосо́бный arbeitsunfähig
неувя́зка F *umg* Unstimmigkeit *f*
неудáча F Misserfolg *m* **неудáчный** misslungen
неудо́бный unbequem; peinlich **неудо́бство** N Mangel *m*; Peinlichkeit *f*
неуёмный *umg* unbändig
неужéли wirklich?; ist es möglich?
неуклю́жий plump; linkisch
неукроти́мый unbändig
неумéлый ungewandt **неумéние** N Unfähigkeit *f*
неумéстный ungehörig
неуплáта F Nichtzahlung *f*
неурожáй M Missernte *f*
неуро́чный nicht vereinbart
неуря́дица F *umg* Durcheinander *n*
неустáнный unermüdlich
неусто́йка F Vertragsstrafe *f*
неусы́пный wachsam
неутеши́тельный unerfreulich **неутéшный** untröstlich
неутоли́мый unersättlich
неутоми́мый unermüdlich
нефтепрово́д M Erdölleitung *f* **нефть** F Erdöl *n*
нехвáтка F Mangel *m*
нечáянно unverhofft
нéчего 1 nichts; **~ дéлать** da ist nichts zu machen; **~ сказáть!** na, aber!; **от ~ дéлать** zum Zeitvertreib 2 es ist nicht nötig; **~ спрáшивать** es hat keinen Zweck, zu fragen
нéчем *Т*, **нéчему** *Д* → **ничто́**
нечéстный unehrlich
нечётный ungerade (*Zahl*)
нéчто etwas
нéю *Т* → **онá**
ни: 1 **~ … не** (gar) nicht; (gar) kein; **~ слóва** kein (einziges) Wort, **~ в кóем слу́чае** auf

(gar) keinen Fall **2** **~... ~** weder... noch; **~ то ~ сё** nicht Fisch, nicht Fleisch; **~ с того́ ~ с сего́** mir nichts, dir nichts **3** immer; auch; **кто бы то ~ бы́ло** wer es auch sein mag; **во что бы то ~ ста́ло** um jeden Preis
ни́ва F Feld *n* (*a. fig*)
нигде́ nirgendwo
ни́же *komp* → **ни́зкий ни́жний** unter; unterst
низ M Unterteil *n* **ни́зкий** niedrig; tief; klein **ни́зменный** niederträchtig
ника́к auf keine Weise **никако́й** kein(erlei)
никогда́ nie
никто́ niemand
никуда́ nirgendwohin
ним *T* → **он**
ни́ми *T* → **они́**
ниско́лько gar nicht
ни́тка F, **нить** F Faden *m*
них *P*, *П* → **они́**
ничего́ *P* → **ничто́**; **~!** **1** das tut nichts! **2** so lala
ниче́й M niemandem gehörig
ничто́ nichts
ничу́ть gar nicht
ничья́ F **1** niemandem gehörig **2** SPORT Unentschieden *n*
нищета́ F Elend *n* **ни́щий** **1** M Bettler *m* **2** blutarm
но aber; sondern
нови́нка F Neuheit *f*
новичо́к M Neuling *m*
ново- neu-
новолу́ние N Neumond *m*
новорождённый neugeboren **новосе́лье** N Einzugsfeier *f* **новостро́йка** F Neubau *m*
но́вость F Neuigkeit *f*
но́вшество N Neuerung *f*
но́вый neu
нога́ F Fuß *m*; Bein *n*
но́готь M Nagel *m*
нож M Messer *n*
но́жка F Füßchen *n*; Fuß *m*
но́жницы *pl* Schere *f*
ноздря́ F Nasenloch *n*
ноль M Null *f*
но́мер M Nummer *f*; Hotelzimmer *n*
нора́ F Höhle *f*; Loch *n*; Bau *m*
но́рка F **1** → **нора́** **2** Nerz *m*
но́рма F Norm *f* **норма́льный** normal
нос M Nase *f*
носи́лки *pl* (Kranken)Trage *f* **носи́льщик** M Gepäckträger *m*
носи́ть (hin und her) tragen; anhaben **носи́ться** umherlaufen; umgehen; **~ с мы́слью** sich mit dem Gedanken tragen
носки́ *pl* Socken *fpl*
носово́й Nasen-; **~ плато́к** *m* Taschentuch *n*
но́та F Note *f*
ночева́ть ⟨**переночева́ть**⟩ übernachten
ночле́г M Übernachtung *f*
ночни́к M Nachtlampe *f* **ночно́й** Nacht-; **ночна́я жизнь** *f* Nachtleben *n*; **~ по́езд** *m* Nachtzug *m*

ночь F Nacht *f*
ноша F Bürde *f*
ноябрь M November *m*
нрав M Gemüt *n*; Charakter *m*; **нравы** *pl* Sitten *pl*
нравиться ⟨**понравиться**⟩ gefallen
нравственный moralisch
ну na; nun
нудный sehr langweilig; fade
нужда F Bedürfnis *n*; Not *f*
нужно: **мне ~** ich muss; ich soll; ich brauche **нужный** notwendig
нуль → ноль
нырять ⟨**нырнуть**⟩ tauchen
ныть 1 wehtun 2 jammern
нюхать ⟨**понюхать**⟩ riechen *v/t*; schnupfen
нянчить(ся) hüten (*Kinder*); warten
няня F Kinderfrau *f*; Krankenpflege *f*

о, об, обо 1 PRÄP *П* über *akk*; von *dat*; bezüglich *gen* 2 PRÄP *В* an *akk*; gegen *akk*; **удариться ~ стол** gegen einen Tisch stoßen
оазис M Oase *f*
оба M,N, **обе** F beide
обалдевать ⟨**обалдеть**⟩ *umg* benommen (verwirrt) sein
обанкротиться PF bankrott gehen
обаяние N Reiz *m* **обаятельный** bezaubernd
обвал M Einsturz *m* (*a. fig*) **обваливаться** ⟨**обвалиться**⟩ abfallen; zusammenfallen
обвести → обводить
обвинение N Beschuldigung *f* **обвинитель** M Ankläger *m* **обвиняемый** M Angeklagte(r) *m* **обвинять** ⟨**обвинить**⟩ beschuldigen; anklagen (**в** *П* wegen *gen*)
обводить ⟨**обвести**⟩ 1 herumführen 2 umranden; umreißen; **~ глазами** mit einem Blick überfliegen; **~ вокруг пальца** *fig* um den Finger wickeln
обгонять ⟨**обогнать**⟩ V/T überholen; zuvorkommen
обдавать ⟨**обдать**⟩ übergießen; überströmen
обделывать ⟨**обделать**⟩ bearbeiten; arrangieren
обделять ⟨**обделить**⟩ benachteiligen
обдирать ⟨**ободрать**⟩ abziehen (*Rinde*); das Fell abziehen; zerkratzen **обдирный**: **~ хлеб** M Mischbrot *n*
обдумывать ⟨**обдумать**⟩ bedenken
обе F → оба
обед M Mittagessen *n* **обедать** ⟨**пообедать**⟩ zu Mittag essen **обеденный** Mittags- **обедня** F Gottesdienst *m*

обез-, **обес-** ent-
обезбо́ливание N Betäubung *f*
обезвре́живать ⟨**обезвре́дить**⟩ unschädlich machen; entschärfen
обездо́ленный elend
обезжи́ренный entfettet
обезлю́деть entvölkert werden
обезобра́живать ⟨**обезобра́зить**⟩ verstümmeln
обезопа́сить sicherstellen
обезору́живать ⟨**обезору́жить**⟩ entwaffnen (*a. fig*)
обезу́меть in Irrsinn verfallen
обезья́на F Affe *m*
оберну́ться → **обора́чиваться**
обёртка F Hülle *f* **обёртывать** ⟨**оберну́ть**⟩ einhüllen; einwickeln; einschlagen
обескура́живать ⟨**обескура́жить**⟩ entmutigen
обеспе́чение N Versorgung *f*
обеспе́ченный wohlhabend **обеспе́чивать** ⟨**обеспе́чить**⟩ versorgen; sicherstellen
обесси́леть kraftlos werden
обе́т M Gelübde *n* **обетова́нный**: **земля** F **обетова́нная** das gelobte Land
обеща́ние N Versprechen *n*
обеща́ть (IM)PF ⟨**пообеща́ть**⟩ versprechen
обжа́ловать (IM)PF Berufung einlegen
обжига́ть ⟨**обже́чь**⟩ (ver)brennen
обжира́ться ⟨**обожра́ться**⟩ *vulg* sich überfressen (*T an dat*)
обзаводи́ться ⟨**обзавести́сь**⟩ sich anschaffen (*T akk*)
обзо́р M Übersicht *f*
обзыва́ть ⟨**обозва́ть**⟩ beschimpfen; nennen
обива́ть ⟨**оби́ть**⟩ beziehen; beschlagen
оби́да F Kränkung *f*; Beleidigung *f* **оби́дный** kränkend; beleidigend **оби́дчивый** empfindlich; leicht beleidigt
оби́дчик M Beleidiger *m*
обижа́ть ⟨**оби́деть**⟩ kränken; beleidigen **обижа́ться** ⟨**оби́деться**⟩ übel nehmen
оби́льный reichlich
обиня́к: **говори́ть обиняка́ми** Ausflüchte machen; **без обиняко́в** ohne Umschweife
обита́тель M Bewohner *m*
обита́ть bewohnen
оби́тель F Kloster *n*; *fig* Wohnsitz *m*
обихо́д M Alltag *m*; Gebrauch *m*
обкра́дывать ⟨**обокра́сть**⟩ bestehlen
обла́ва F Treibjagd *f*; Razzia *f*
облада́ть besitzen
о́блако N Wolke *f*
обла́мывать(ся) ⟨**облома́ть(ся)**, **обломи́ть(ся)**⟩ abbrechen
о́бласть F Gebiet *n* (*a. fig*)
о́блачность F Bewölkung *f*

о́блачный bewölkt
облегча́ть ⟨облегчи́ть⟩ erleichtern; mildern
обледене́ть PF vereisen
облепи́ха F Sanddorn *m*
облива́ть ⟨obли́ть⟩ begießen
облига́ция F Obligation *f*
о́блик M Äußere *n*; Gestalt *f*
облича́ть ⟨обличи́ть⟩ entlarven; bezichtigen
обли́чье N Aussehen *n*
обложи́ть → обкла́дывать, облага́ть
обло́жка F Umschlagblatt *n*; Buchumschlag *m*
облока́чиваться ⟨облокоти́ться⟩ sich auf die (den) Ell(en)bogen stützen
обло́м M Bruch *m*; *fig umg* Pech *n* **облома́ть(ся)**, **обломи́ть(ся)** → обла́мывать(ся) **обло́мок** M Bruchstück *n*
обма́н M Betrug *m* **обма́нчивый** täuschend **обма́нщик** M Betrüger *m* **обма́нывать ⟨обману́ть⟩** täuschen; betrügen
обмеле́ть → меле́ть
обме́н M (Aus)Tausch *m*; Wechsel *m* **обме́нивать(ся) ⟨обменя́ть(ся)⟩** austauschen; wechseln
о́бморок M Ohnmacht *f*
обмундирова́ние N Uniform *f*
обнагле́ть frech werden
обнажа́ть ⟨обнажи́ть⟩ entblößen (*a. fig*), entkleiden
обнаро́довать veröffentlichen
обнару́живать ⟨обнару́жить⟩ entdecken
обнима́ть(ся) ⟨обня́ть(ся)⟩ (sich) umarmen
обновле́ние N Update *n* **обновля́ть ⟨обнови́ть⟩** 1 erneuern 2 einweihen
обню́хивать ⟨обню́хать⟩ beriechen; beschnuppern
обо → о
обобща́ть ⟨обобщи́ть⟩ verallgemeinern; zusammenfassen
обогаща́ть(ся) ⟨обогати́ть(ся)⟩ (sich) bereichern
обогна́ть → обгоня́ть
обогну́ть → огиба́ть
ободра́ть → обдира́ть
ободря́ть ⟨ободри́ть⟩ ermuntern
обожа́ние N Anbetung *f*
обожа́ть schwärmen; vergöttern
обознача́ть ⟨обозна́чить⟩ bezeichnen; bedeuten **обозначе́ние** N Bezeichnung *f*
обозрева́тель M Kommentator *m* **обозрева́ть ⟨обозре́ть⟩** überschauen; *fig* einen Überblick geben **обозре́ние** N 1 Überblick *m*, Umschau *f* 2 Kommentar *m*; Revue *f*
обо́и *pl* Tapete *f*
обойти́(сь) → обходи́ть(ся)
обокра́сть → обкра́дывать
оболо́чка F Hülle *f*; Schale *f*

обольща́ть ⟨**обольсти́ть**⟩ verführen **обольща́ться** sich in Hoffnungen wiegen
обомле́ть PF erstarren
обора́чивать ⟨**оберну́ть**⟩ einhüllen **обора́чиваться** ⟨**оберну́ться**⟩ sich (um)wenden
оборва́ть → обрыва́ть
обо́рка F Volant *m*; Rüsche *f*
оборо́на F Abwehr *f* **оборо-ня́ть(ся)** (sich) verteidigen
оборо́т M Wendung *f*; Umdrehung *f*; Umsatz *m*
обору́дование N Ausrüstung *f* **обору́довать** (IM)PF ausrüsten; ausstatten
обосно́вывать ⟨**обоснова́ть**⟩ begründen
обосо́бленный abgesondert; isoliert (*a.* GRAM)
обостре́ние N Verschärfung *f*
обостря́ть(ся) ⟨**обостри́ть(ся)**⟩ (sich) zuspitzen
обою́дный gegenseitig
обраба́тывать ⟨**обрабо́тать**⟩ bearbeiten
обра́довать(ся) → ра́довать(ся)
о́браз M Gestalt *f* **образе́ц** M Vorbild *n*
образова́ние N Bildung *f*
образо́ванный gebildet
образова́ть(ся), **образо́вывать(ся)** ⟨**образова́ть(ся)**⟩ (sich) bilden
образу́миться PF zur Vernunft kommen
образцо́вый vorbildlich **обра́зчик** M Muster *n*
обра́тно rückwärts **обра́тный** Rück-
обраща́ть(ся) ⟨**обрати́ть(ся)**⟩ (sich) wenden; (sich) richten; (sich) verwandeln **обраще́ние** N Anrede *f*; Aufruf *m*; Umgang *m*
обреза́ть ⟨**обре́зать**⟩ (be)schneiden
обрека́ть ⟨**обре́чь**⟩ verdammen (**на** *B* zu *dat*)
обременя́ть ⟨**обремени́ть**⟩ beschweren; belasten
обречённый verdammt; verloren
о́бруч M (*Schmuck*) Reifen *m*
обруча́льный: **обруча́льное кольцо́** N Verlobungsring *m* **обруча́ться** ⟨**обручи́ться**⟩ sich verloben
обру́шиваться ⟨**обру́шиться**⟩ zusammenstürzen; hereinstürzen
обры́в M **1** Abhang *m* **2** Abreißen *n* **обрыва́ть(ся)** ⟨**оборва́ть(ся)**⟩ abreißen; abbrechen **обры́вок** M Bruchstück *n* (*a. fig*)
обры́згать PF bespritzen
обря́д M Brauch *m*
обсле́довать (IM)PF untersuchen
обслу́живание N Dienstleistung *f*; Bedienung *f* **обслу́живать** ⟨**обслужи́ть**⟩ bedienen; betreuen

обставля́ть ⟨**обста́вить**⟩ umstellen; ausstatten; *umg* überholen **обстано́вка** F Ausstattung *f*; Milieu *n*; Lage *f*
обстоя́тельство N (Begleit)-Umstand *m*
обстоя́ть sich verhalten; **как обстоя́т дела́?** wie liegen die Dinge?
обстре́л M Beschuss *m* **обстре́ливать** ⟨**обстреля́ть**⟩ beschießen
обсужда́ть ⟨**обсуди́ть**⟩ besprechen
обсчи́тывать ⟨**обсчита́ть**⟩ prellen
обтира́ть ⟨**обтере́ть**⟩ abwischen
обува́ться ⟨**обу́ться**⟩ Schuhe anziehen **о́бувь** F Schuhwerk *n*
обу́гливаться ⟨**обу́глиться**⟩ verkohlen
обу́здывать ⟨**обузда́ть**⟩ zügeln
обусла́вливать, **обусло́вливать** ⟨**обусло́вить**⟩ bedingen; hervorrufen
обуча́ть ⟨**обучи́ть**⟩ unterrichten **обуче́ние** N Studium *n*
обхо́д M Rundgang *m*; Umweg *m* **обходи́тельный** umgänglich **обходи́ть** ⟨**обойти́**⟩ herumgehen (**вокру́г** *P* um *akk*) **обходи́ться** ⟨**обойти́сь**⟩ 1 behandeln (**с** *T akk*) 2 auskommen können (**без** *P* ohne *akk*); **всё обойдётся** es wird schon gehen
обща́ться verkehren
обще- gesamt-; allgemein-
обще́ние N Verständigung *f*; Umgang *m*
обще́ственность F Öffentlichkeit *f* **обще́ственный** gesellschaftlich; sozial; öffentlich
о́бщество N Gesellschaft *f*
о́бщий (all)gemein
объедине́ние N Vereinigung *f* **объединённый** vereint
объединя́ть ⟨**объедини́ть**⟩ vereinigen
объе́зд M Umleitung *f* **объезжа́ть** ⟨**объе́хать**⟩ (her)umfahren
объе́кт M Objekt *n* **объекти́вный** objektiv
объём M Umfang *m*; Rauminhalt *m*
объе́хать → **объезжа́ть**
объявле́ние N Bekanntmachung *f* **объявля́ть** ⟨**объяви́ть**⟩ bekannt machen; erklären
объясне́ние N Erläuterung *f*; Erklärung *f* **объясня́ть** ⟨**объясни́ть**⟩ erklären; erläutern
объя́тие N Umarmung *f*
обыва́тель M Einwohner *m*; Spießbürger *m*
обы́грывать ⟨**обыгра́ть**⟩ gewinnen
обыкнове́ние N Gewohnheit *f* **обыкнове́нный** gewöhnlich

óбыск M Durchsuchung *f*
обы́скивать ⟨**обыскáть**⟩ durchsuchen
обы́чай M Brauch *m*; Sitte *f* **обы́чный** üblich
обя́занность F Pflicht *f*
обязáтельно unbedingt **обязáтельный** obligatorisch **обязáтельство** N Verpflichtung *f*
обя́зывать ⟨**обязáть**⟩ verpflichten
овдовéть PF Witwe(r) werden
Овéн M ASTRON Widder *m*
овёс M Hafer *m*
ОВИ́Р M (Отдéл виз и регистрáций) Auslandsamt *n*; Passbüro *n*
овладевáть ⟨**овладéть**⟩ aneignen; ergreifen; beherrschen; meistern (*T akk*); **овладéть собóй** sich fassen
óвощи *pl* Gemüse *n*
овpáг M Schlucht *f*
овся́ный Hafer-; **овся́ные хлóпья** *pl* Haferflocken *pl*; **овся́ная кáша** *f*, **овся́нка** *f* Haferbrei *m*
овцá F Schaf *n*
овчáрка F Schäferhund *m*
огибáть ⟨**обогнýть**⟩ V/T umgehen; ausweichen
оглавлéние N Inhaltsverzeichnis *n*
оглáска F: **предáть оглáске** in die Öffentlichkeit bringen
оглашáть ⟨**огласи́ть**⟩ verlautbaren
оглушáть ⟨**оглуши́ть**⟩ betäuben
огля́дывать ⟨**оглядéть**⟩ beschauen **огля́дываться** ⟨**огляну́ться**⟩ sich umschauen; zurückschauen ⟨**оглядéться**⟩ um sich blicken
огне- Feuer- **огнетуши́тель** M Feuerlöscher *m* **огнеупóрный** feuerfest
оговáривать ⟨**оговори́ть**⟩ **1** ausbedingen **2** bezichtigen
оговóр M Verleumdung *f* **оговóрка** F **1** Vorbehalt *m* **2** Schnitzer *m*
огóнь M Feuer *n* (*a. fig*)
огорóд M Gemüsegarten *m*
огорóшивать ⟨**огорóшить**⟩ verblüffen
огорчáть ⟨**огорчи́ть**⟩ betrüben **огорчáться** ⟨**огорчи́ться**⟩ betrübt sein **огорчéние** N Verdruss *m*
огрáда F Umzäunung *f*
ограничéние N Einschränkung *f*; **без ограничéния срóка дéйствия** unbefristet **огранúченный** beschränkt **ограни́чивать** ⟨**ограни́чить**⟩ begrenzen; beschränken
огрóмный riesig
огрубéть grob werden; verwildern
огурéц M Gurke *f*
óда F Ode *f*
одáлживать ⟨**одолжи́ть**⟩ leihen; borgen
одарённый begabt
одáривать ⟨**одари́ть**⟩ begaben; ausstatten

одева́ть(ся) **⟨оде́ть(ся)⟩** (sich) anziehen
оде́жда F (Be)Kleidung *f*
одеколо́н M Kölnischwasser *n*
оде́рживать **⟨одержа́ть⟩**: **одержа́ть побе́ду** den Sieg davontragen **одержи́мый** besessen (*T* von *dat*)
оде́ть(ся) → одева́ть(ся)
одея́ло N (Bett)Decke *f*
оди́н M, **одна́** F, **одно́** N, **одни́** *pl* ein, eins, eine
одина́ковый gleich
одино́кий einsam **одино́чество** N Einsamkeit *f*; Alleinsein *n*
одна́жды einmal
одна́ко (je)doch
одно- ein-
одобре́ние N Billigung *f*
одобря́ть **⟨одо́брить⟩** gutheißen; billigen
одолева́ть **⟨одоле́ть⟩** bewältigen
одолже́ние N Gefallen *m*
одолжи́ть → ода́лживать
одува́нчик M Löwenzahn *m*
оду́маться PF sich besinnen
одура́чивать **⟨одура́чить⟩** foppen
одуре́ть PF *umg* den Verstand verlieren
одутлова́тый aufgedunsen
одухотворённый vergeistigt
оды́шка F Atemnot *f*
ожере́лье N Halsband *n*
ожесточе́ние N Verbitterung *f* **ожесточённый** verbittert
ожесточи́ть PF verbittern
ожесточи́ться PF verbittert werden
ожива́ть **⟨ожи́ть⟩** aufleben
оживле́ние N Belebung *f*; Lebhaftigkeit *f* **оживлённый** belebt **оживля́ть** **⟨оживи́ть⟩** beleben **оживля́ться** **⟨оживи́ться⟩** lebhaft werden
ожида́ние N Erwartung *f*
ожида́ть erwarten
ожире́ние N Verfettung *f*
ожи́ть → ожива́ть
озабо́ченный besorgt
озада́чивать **⟨озада́чить⟩** stutzig machen
озаря́ть **⟨озари́ть⟩** erleuchten **озаря́ться** **⟨озари́ться⟩** erglänzen
о́зеро N See *m*
ози́мый: **ози́мые** *pl* Wintersaat *f*
озло́бленный erbost
ознакомля́ть(ся) **⟨ознако́мить(ся)⟩** (sich) bekannt machen
ознаменова́ть PF festlich begehen
означа́ть bedeuten
озно́б M Schüttelfrost *m*
озорни́к M Wildfang *m* **озорно́й** ausgelassen
озя́бнуть → зя́бнуть
ока́зывать **⟨оказа́ть⟩** erweisen; leisten
окамене́лость F Versteinerung *f* **окамене́лый** versteinert; *fig* starr **окамене́ть** →

камене́ть
ока́нчивать ⟨**око́нчить**⟩ beenden
ока́пываться ⟨**окопа́ться**⟩ sich verschanzen (*a. fig*)
окая́нный verdammt
океа́н M Ozean *m*
оки́дывать ⟨**оки́нуть**⟩: **оки́нуть взгля́дом** mustern
оклевета́ть PF verleumden
окле́ивать ⟨**окле́ить**⟩ bekleben; tapezieren
окно́ N Fenster *n*
о́ко N (**о́чи** *pl*) *lit* Auge *n*
око́вы *pl* Ketten *pl*; Bande *pl* (*a. fig*)
околева́ть ⟨**околе́ть**⟩ verrecken
о́коло PRÄP P neben *dat, akk*; *fig* ungefähr; **ходи́ть вокру́г да ~** wie die Katze um den heißen Brei herumgehen
оконча́ние N Abschluss *m*
око́нчить → ока́нчивать
око́п M Schützengraben *m*
окопа́ться → ока́пываться
о́корок M Schinken *m*; Keule *f*
око́шко N Fensterchen *n*
окра́ина F Ortsrand *m*
окра́ска F Färbung *f* **окра́шивать** ⟨**окра́сить**⟩ (an)streichen; **осторо́жно, окра́шено!** frisch gestrichen!
окрести́ть(ся) → крести́ть(ся)
окре́стность F Umgebung *f*
окре́стный umliegend
окрова́вленный blutbefleckt
окро́шка F kalte Kwasssuppe *f*
о́круг M Bezirk *m*
окружа́ть ⟨**окружи́ть**⟩ umgeben **окруже́ние** N **1** Einkreisung *f* **2** Einfassung *f* **3** Umgebung *f*; Umwelt *f* **окружно́й** Ring-; Bezirks- **окру́жность** F Kreislinie *f*
окрылённый *fig* beflügelt
октя́брь M Oktober *m*
окуна́ть ⟨**окуну́ть**⟩ eintauchen **окуна́ться** ⟨**окуну́ться**⟩ untertauchen; *fig* aufgehen
о́кунь M Barsch *m*
оку́рок M Zigarettenstummel *m*
ола́дья F GASTR Fladen *m*
оле́нь M Hirsch *m*; **се́верный ~** Rentier *n*
олицетворя́ть personifizieren
о́лово N Zinn *n* **оловя́нный** Zinn-
ольха́ F Erle *f*
ома́р M Hummer *m*
омерзе́ние N Ekel *m* **омерзи́тельный** ekelhaft
он M, **она́** F, **оно́** N, **они́** *pl* er, sie, es, sie
онда́тра F Bisamratte *f*
онла́йн online **онла́йн брони́рование** N Online-Reservierung *f* **онла́йн трансля́ция** F Livestream *m* (*z.B. Nachrichten im Internet*)
ООН F (Организа́ция Объединённых На́ций) UNO *f* (Organisation der Vereinten Nationen)
опа́здывать ⟨**опозда́ть**⟩

sich verspäten
опа́ла F Ungnade *f*
опаса́ться befürchten **опа́сность** F Gefahr *f* **опа́сный** gefährlich
опе́ка F Vormundschaft *f* **опека́ть** bevormunden (*a. fig*)
опеку́н M Vormund *m*
опёнок M Hallimasch *m*
о́пера F Oper *f*; Opernhaus *n*
операти́вный operativ **опера́ция** F Operation *f*
опережа́ть ⟨**опереди́ть**⟩ zuvorkommen
опере́тта F Operette *f*
опере́ться → опира́ться
опеча́тка F Druckfehler *m*
опеча́тывать ⟨**опеча́тать**⟩ versiegeln
опи́лки *pl* Sägemehl *n*
опира́ться ⟨**опере́ться**⟩ sich stützen (*a. fig*)
описа́ние N Beschreibung *f*; **~ препара́та** Packungsbeilage *f* **опи́ска** F Schreibfehler *m*
опи́сывать ⟨**описа́ть**⟩ **1** beschreiben **2** mit Beschlag belegen
о́пись F Liste *f*; Verzeichnis *n*
опла́та F Bezahlung *f* **опла́чивать** ⟨**оплати́ть**⟩ bezahlen
оплеу́ха F Ohrfeige *f*
оплодотворя́ть ⟨**оплодотвори́ть**⟩ befruchten
опло́т M *fig* Bollwerk *n*
опло́шность F Fehler *m*; Versehen *n*
оповеща́ть ⟨**оповести́ть**⟩ benachrichtigen
опозда́ние N Verspätung *f*
опозда́ть → опа́здывать
опознава́ть ⟨**опозна́ть**⟩ erkennen
опо́мниться PF zu sich kommen
опо́ра F Stütze *f* (*a. fig*)
опорожня́ть ⟨**опорожни́ть**⟩ entleeren
опошля́ть ⟨**опо́шлить**⟩ verflachen
оппози́ция F Opposition *f*
опра́ва F Fassung *f*; Rahmen *m*
оправда́ние N **1** Freispruch *m* **2** Rechtfertigung *f*; Entschuldigung *f* **опра́вдывать** ⟨**оправда́ть**⟩ freisprechen; rechtfertigen **опра́вдываться** ⟨**оправда́ться**⟩ **1** sich rechtfertigen **2** eintreffen
опра́шивать ⟨**опроси́ть**⟩ befragen; vernehmen
определе́ние N Feststellung *f*; Definition *f* **определённый** bestimmt **определя́ть** ⟨**определи́ть**⟩ bestimmen
опроверга́ть ⟨**опрове́ргнуть**⟩ widerlegen
опроки́дывать ⟨**опроки́нуть**⟩ umstürzen
опроме́тчивый unbedacht
о́прометью Hals über Kopf
опро́с M Umfrage *f*; Abfragen *n* **опроси́ть** → опра́шивать
опря́тный reinlich
опто́вый Großhandels- **о́птом** en gros

опуска́ть ⟨**опусти́ть**⟩ herunterlassen
опусте́ть PF leer werden
опустоша́ть ⟨**опустоши́ть**⟩ verwüsten; leeren
опуха́ть ⟨**опу́хнуть**⟩ anschwellen
о́пухоль F Geschwulst *f*
о́пыт M Erfahrung *f*; Versuch *m* **о́пытный** erfahren
опя́ть wieder
ора́тор M Redner *m*
ора́ть ⟨**заора́ть**⟩ brüllen; grölen
орби́та F Umlaufbahn *f*
орга́н[1] M Orgel *f*
о́рган[2] M Organ *n*
организа́ция F Organisation *f* **органи́зм** M Organismus *m* **организова́ть** (IM)PF, **организо́вывать** veranstalten
о́рден M Orden *m* **ордено́носец** M Ordensträger *m*
орёл M Adler *m*
оре́х M Nuss *f*; Nussbaum *m*
оригина́льный original; originell
орке́стр M Orchester *n*
ороша́ть ⟨**ороси́ть**⟩ bewässern **ороше́ние** N Bewässerung *f*
ору́дие N Werkzeug *n* **ору́довать** hantieren
ору́жие N Waffe *f*
оса́ F Wespe *f*
оса́да F Belagerung *f* **оса́док** M Niederschlag *m*; *fig* bitterer Nachgeschmack *m*
осажда́ть ⟨**осади́ть**⟩ **1** belagern (*a. fig*) **2** *nur pf* zügeln (*a. fig*)
осва́ивать ⟨**осво́ить**⟩ aneignen **осва́иваться** ⟨**осво́иться**⟩ sich eingewöhnen
осведоми́тель M Informant *m* **осведомля́ться** ⟨**осве́домиться**⟩ sich erkundigen (**о** *П* nach *dat*)
освежа́ть ⟨**освежи́ть**⟩ erfrischen; kühlen; auffrischen
освеща́ть ⟨**освети́ть**⟩ beleuchten **освеще́ние** N Licht *n*
освобожда́ть ⟨**освободи́ть**⟩ befreien; entlasten **освобожде́ние** N Befreiung *f*; Freilassung *f*
оседа́ть ⟨**осе́сть**⟩ **1** sich senken **2** einen Niederschlag bilden **3** sesshaft werden
осе́длый sesshaft
осёл M Esel *m*
осе́нний Herbst-
о́сень F Herbst *m*
осётр M Stör *m* **осетри́на** F Störfleisch *n*
осе́чка F Versager *m* (*a. fig*)
оси́на F Espe *f*
оси́пнуть PF die Stimme verlieren
осироте́ть verwaisen
оска́лить(ся) → **ска́лить(ся)**
оскверня́ть ⟨**оскверни́ть**⟩ schänden
оско́лок M Scherbe *f*; Splitter *m*
оскорби́тельный beleidigend **оскорбле́ние** N Belei-

digung *f* **оскорбля́ть ⟨оскорби́ть⟩** beleidigen

оскудева́ть ⟨оскуде́ть⟩ *mst fig* arm werden; herunterkommen

ослабева́ть ⟨ослабе́ть⟩ schwach werden; nachlassen **ослабля́ть ⟨осла́бить⟩** schwächen

ослепи́тельный blendend (*a. fig*) **ослепля́ть ⟨ослепи́ть⟩** (ver)blenden

осложне́ние N Verwicklung *f* **осложня́ть ⟨осложни́ть⟩** erschweren

ослу́шаться PF nicht gehorchen

ослы́шаться PF sich verhören

осма́тривать ⟨осмотре́ть⟩ betrachten; mustern **осма́триваться ⟨осмотре́ться⟩** sich umsehen

осме́ивать ⟨осмея́ть⟩ auslachen

осмеле́ть PF Mut fassen

осме́ливаться ⟨осме́литься⟩ wagen; sich erkühnen

осмо́тр M Besichtigung *f*; Untersuchung *f* **осмотре́ть** → осма́тривать **осмотри́тельный** umsichtig

осно́ва F Grundlage *f* **основа́ние** N Gründung *f*; Grund *m*; Basis *f* **основа́тель** M Gründer *m*; Stifter *m* **основа́тельный** gründlich **основно́й** Haupt-; wesentlich **осно́вывать ⟨основа́ть⟩** (be)gründen

осо́ба F (wichtige) Person *f*

осо́бенно besonders **осо́бенность** F Besonderheit *f* **осо́бенный** eigenartig **особня́к** *m* Villa *f*

осо́бо besonders; gesondert **осо́бый** Sonder-; groß

о́спа F Pocken *pl*

оспа́ривать ⟨оспо́рить⟩ bestreiten; abstreiten

остава́ться ⟨оста́ться⟩ bleiben

оставля́ть ⟨оста́вить⟩ zurücklassen

остально́й übrig; verblieben

остана́вливать ⟨останови́ть⟩ V/T anhalten **остана́вливаться ⟨останови́ться⟩** stehen bleiben; verweilen

оста́нки *pl* Leichnam *m* **остано́вка** F (Aufent)Halt *m*; Haltestelle *f*

оста́ток M Rest *m*

оста́ться → остава́ться

остерега́ться ⟨остере́чься⟩ sich vorsehen

остолбене́ть PF *umg* baff sein

осторо́жность F Vorsicht *f* **осторо́жный** vorsichtig

остриё N spitzes Ende *n*

остри́ть ⟨состри́ть⟩ Witze machen

о́стров M Insel *f*

острота́[1] F Schärfe *f* (*a. fig*) **остро́та**[2] F Witz *m* **остроу́мие** N Scharfsinn *m* **остроу́мный** scharfsinnig; geistreich

о́стрый scharf (*a. fig*); spitz

остыва́ть ⟨**осты́ть**⟩ kalt werden; *fig* sich beruhigen
осужда́ть ⟨**осуди́ть**⟩ tadeln; verurteilen **осужде́ние** N Tadel *m*; Verurteilung *f*
осуществля́ть ⟨**осуществи́ть**⟩ verwirklichen
осыпа́ться ⟨**осы́паться**⟩ abbröckeln; herabfallen
ось F Achse *f*
осьмино́г M Krake *f*
осяза́ние N Tastsinn *m* **осяза́ть** betasten; spüren
от, ото PRÄP P von *dat*
ота́пливать beheizen
отбива́ть ⟨**отби́ть**⟩ abbrechen; abweisen
отбира́ть ⟨**отобра́ть**⟩ wegnehmen
о́тблеск M Abglanz *m*
отбо́р M Auswahl *f*; Auslese *f* **отбо́рный** ausgesucht
отбра́сывать ⟨**отбро́сить**⟩ wegwerfen; *fig* fallen lassen
отбро́сы *pl* Abfall *m*
отбыва́ть ⟨**отбы́ть**⟩ abfahren; absitzen
отва́га F Kühnheit *f* **отва́житься** PF sich wagen **отва́жный** kühn; tapfer
отва́ливать ⟨**отвали́ть**⟩ ablegen (*Schiff*); **отвали́!** *vulg* hau ab!
отвезти́ → отвози́ть
отверга́ть ⟨**отве́ргнуть**⟩ ablehnen
отверну́ть PF abdrehen
отверну́ться → отвора́чиваться
отве́рстие N Öffnung *f*; Loch *n*
отвёртка F Schraubenzieher *m*
отве́сный senkrecht
отвести́ → отводи́ть
отве́т M Antwort *f* **отве́тственность** F Verantwortung *f* **отвеча́ть** ⟨**отве́тить**⟩ (be)antworten
отви́нчивать ⟨**отвинти́ть**⟩ abschrauben
отвлека́ть ⟨**отвле́чь**⟩ ablenken **отвлечённый** abstrakt
отво́д M Ableitung *f*; Anweisung *f* **отводи́ть** ⟨**отвести́**⟩ **1** wegbringen **2** ableiten; anweisen **3** ablehnen
отвози́ть ⟨**отвезти́**⟩ V/T (weg)fahren
отвора́чиваться ⟨**отверну́ться**⟩ sich abwenden
отворя́ть ⟨**отвори́ть**⟩ aufmachen
отврати́тельный widerlich
отвыка́ть ⟨**отвы́кнуть**⟩ sich abgewöhnen
отвя́зывать ⟨**отвяза́ть**⟩ losbinden **отвя́зываться** ⟨**отвяза́ться**⟩ sich losbinden; *fig umg* in Ruhe lassen
отга́дка F Enträtselung *f*; Lösung *f* **отга́дывать** ⟨**отгада́ть**⟩ erraten
отгова́ривать ⟨**отговори́ть**⟩ *j-m etw* ausreden **отгово́рка** F Ausrede *f*
отголо́сок M Nachhall *m*
отдава́ть ⟨**отда́ть**⟩ zurück-

geben; abgeben
отдалённый entfernt
отдаля́ть(ся) **⟨отдали́ть(ся)⟩** (sich) entfernen
отде́л M Abteilung *f*
отде́лывать **⟨отде́лать⟩** einrichten **отде́лываться** **⟨отде́латься⟩** loswerden
отделя́ть(ся) **⟨отдели́ть(ся)⟩** (sich) abtrennen; (sich) ablösen
о́тдых M Erholung *f* **отдыха́ть** **⟨отдохну́ть⟩** sich ausruhen
оте́ц M Vater *m*
оте́чественный vaterländisch; einheimisch **оте́чество** N Vaterland *n*
о́тзыв M Widerhall *m*; Rezension *f*; Bewertung *f* (*z.B. von Hotels*) **отзыва́ться** **⟨отозва́ться⟩** antworten; sich äußern; sich auswirken
отзы́вчивый verständnisvoll
отка́з M Absage *f*, Ablehnung *f*
отка́зывать **⟨отказа́ть⟩** absagen; versagen **отка́зываться** **⟨отказа́ться⟩** Abstand nehmen; verzichten
отка́шливаться **⟨отка́шляться⟩** sich räuspern
отки́дывать **⟨отки́нуть⟩** zurückwerfen; weglassen
откла́дывать **⟨отложи́ть⟩** beiseitelegen; verschieben
о́тклик M Widerhall *m* **отклика́ться** **⟨откли́кнуться⟩** antworten; reagieren
отклоне́ние N Abweichen *n*
отклоня́ть **⟨отклони́ть⟩** ablenken; ablehnen **отклоня́ться** **⟨отклони́ться⟩** abweichen (*a. fig*)
отко́с M Abhang *m*
открове́нность F Offenherzigkeit *f* **открове́нный** offen; aufrichtig
открыва́ть **⟨откры́ть⟩** (er)öffnen; aufmachen **откры́тие** N Entdeckung *f*; Eröffnung *f* **откры́тка** F Postkarte *f*; Ansichtskarte *f* **откры́тый** offen
отку́да woher
отку́поривать **⟨отку́порить⟩** entkorken
отку́сывать **⟨откуси́ть⟩** abbeißen
отлёт M Abflug *m*
отлета́ть **⟨отлете́ть⟩** zurückfliegen; abspringen
отли́в M **1** Ebbe *f* **2** Schillern *n* **отлива́ть** **⟨отли́ть⟩** gießen; zurückfluten
отлича́ть **⟨отличи́ть⟩** unterscheiden; auszeichnen **отли́чие** N Unterschied *m* **отли́чный** ausgezeichnet
отложи́ть → откла́дывать
отмежева́ться PF *fig* sich abgrenzen (**от** *P* von *dat*)
о́тмель F Sandbank *f*
отме́на F Abschaffung *f* **отменя́ть** **⟨отмени́ть⟩** aufheben; abschaffen; absagen
отме́тка F Note *f*; Kennzeichen *n* **отмеча́ть** **⟨отме́тить⟩** bezeichnen; bemerken

отмирáть ⟨**отмерéть**⟩ absterben
отморáживать ⟨**отморóзить**⟩ erfrieren
отмывáть ⟨**отмы́ть**⟩ rein waschen
отмы́чка F Nachschlüssel *m*
отнести́ → относи́ть
отнимáть ⟨**отня́ть**⟩ wegnehmen **отнимáться** ⟨**отня́ться**⟩ gelähmt sein
относи́тельно ADV relativ; PRÄP hinsichtlich; bezüglich **относи́тельный** relativ
относи́ть ⟨**отнести́**⟩ hintragen **относи́ться** ⟨**отнестúсь**⟩ sich verhalten (**к** *Д* zu *dat*)
отношéние N Verhalten *n* **отношéния** *pl* Beziehung *f*; Verhältnis *n*
отню́дь: ~ **не** keineswegs
отня́ть → отнимáть
ото → от
отобрáть → отбирáть
отодвигáть(ся) ⟨**отодви́нуть(ся)**⟩ abrücken
отозвáть → отзывáть
отойти́ → отходи́ть
отомсти́ть → мстить
отопи́тельный Heiz- **отоплéние** N Heizung *f*
оторвáть(ся) → отрывáть(ся)
оторопéть PF *umg* verdutzt sein
отослáть → отсылать
отпадáть ⟨**отпáсть**⟩ abfallen; *fig* wegfallen **отпадéние** N Ausscheiden *n*
отперéть → отпирáть
отпечáток M Abdruck *m*; Abbild *n*; *fig* Gepräge *n* **отпечáтываться** ⟨**отпечáтаться**⟩ sich abdrücken
отпирáть ⟨**отперéть**⟩ aufschließen
отплáчивать ⟨**отплати́ть**⟩ vergelten; sich revanchieren
отплывáть ⟨**отплы́ть**⟩ wegschwimmen; absegeln **отплы́тие** N Absegeln *n*
óтповедь F Abfuhr *f*
отпóр M Widerstand *m*
отправи́тель M Absender *m*
отправлéние N Absendung *f*; Abgang *m* **отправля́ть** ⟨**отпрáвить**⟩ absenden, versenden **отправля́ться** ⟨**отпрáвиться**⟩ abgehen; abfahren; abreisen
отпрáшиваться ⟨**отпроси́ться**⟩ die Erlaubnis erhalten, weggehen zu dürfen
óтпуск M Urlaub *m* **отпускáть** ⟨**отпусти́ть**⟩ entlassen; freilassen; nachlassen; ~ **шу́тки** einen Witz zum Besten geben
отрабáтывать ⟨**отработáть**⟩ durcharbeiten; abarbeiten; einüben
отравля́ть ⟨**отрави́ть**⟩ vergiften; *fig* verseuchen; verderben
отрáдный erfreulich
отражáть ⟨**отрази́ть**⟩ widerspiegeln (*a. fig*); abwehren
отражáться ⟨**отрази́ть-**

ся〉 sich widerspiegeln; sich auswirken
о́трасль F Branche *f*
отреза́ть 〈отре́зать〉 abschneiden
отрезвля́ть 〈отрезви́ть〉 ernüchtern
отре́зок M Abschnitt *m*; Strecke *f* (*a.* MATH)
отрека́ться 〈отре́чься〉 widerrufen; zurücknehmen
отрица́ние N Verneinung *f* **отрица́тельный** negativ **отрица́ть** verneinen; negieren
отрыва́ть 〈оторва́ть〉 abreißen; trennen **отры́вистый** abrupt **отры́вок** M Auszug *m*
отря́д M Trupp *m*
отря́хивать 〈отряхну́ть〉 abschütteln
отсро́чивать 〈отсро́чить〉 aufschieben **отсро́чка** F Stundung *f*; Verlängerung *f*
отстава́ть 〈отста́ть〉 zurückbleiben; nicht nachkommen; nachgehen; *umg* in Ruhe lassen
отста́вка F Rücktritt *m* **отставля́ть 〈отста́вить〉** wegstellen; **отста́вить!** Kommando zurück!
отста́ивать 〈отстоя́ть〉 verteidigen
отста́лый zurückgeblieben
отстёгивать 〈отстегну́ть〉 aufknöpfen; aufhaken
отстраня́ть 〈отстрани́ть〉 beiseiteschieben; entziehen
отступа́ть 〈отступи́ть〉 zurücktreten; MIL sich zurückziehen; abweichen **отступа́ться 〈отступи́ться〉** abkommen; aufgehen **отступле́ние** N MIL Rückzug *m* **отсту́пник** M Renegat *m*
отсу́тствие N Abwesenheit *f*; Mangel *m* **отсу́тствовать** fehlen; abwesend sein
отсыла́ть 〈отосла́ть〉 abschicken
отсыпа́ться 〈отоспа́ться〉 sich ausschlafen
отсырева́ть 〈отсыре́ть〉 feucht werden
отсю́да von hier (aus, ab); hieraus
отта́ивать 〈оття́ять〉 abtauen; schmelzen
отта́лкивать 〈оттолкну́ть〉 wegstoßen; *fig* abstoßen **отта́лкиваться** abstoßen; *fig* ausgehen
отта́скивать 〈оттащи́ть〉 wegschleppen
отта́чивать 〈отточи́ть〉 schärfen; schleifen; *fig* feilen
отте́нок M Schattierung *f* (*a. fig*) **оттеня́ть 〈оттени́ть〉** abschatten; betonen
о́ттепель F Tauwetter *n*
оттесня́ть 〈оттесни́ть〉 wegdrängen
о́ттиск M Sonderdruck *m*; Abzug *m*
оттого́ deswegen
оттопы́ривать(ся) 〈оттопы́рить(ся)〉 (sich)

spreizen
отторже́ние N Annexion *f*; Abstoßen *n* (*a. fig*)
отту́да von da
отуча́ть(ся) ⟨**отучи́ть(ся)**⟩ (sich) abgewöhnen
отхо́д M Abgang *m*; Rückzug *m* **отходи́ть** ⟨**отойти́**⟩ beiseitetreten; weggehen; wieder zu sich kommen; *lit* sterben **отхо́ды** *pl* Abfälle *mpl*
отцепля́ть(ся) ⟨**отцепи́ть(ся)**⟩ (sich) loshaken; *umg* in Ruhe lassen
отцо́вский väterlich **отцо́вство** N Vaterschaft *f*
отча́иваться ⟨**отчая́ться**⟩ verzweifeln
отча́ливать ⟨**отча́лить**⟩ vom Ufer abstoßen
отча́сти teilweise
отча́яние N Verzweiflung *f* **отча́янный** verzweifelt; tollkühn; äußerst
отчего́ weswegen
о́тчество N Vatersname *m*
отчёт M Bericht *m* **отчётливый** deutlich
отчи́зна F Vaterland *n*
о́тчим M Stiefvater *m*
отчи́тываться ⟨**отчита́ться**⟩ Rechenschaft ablegen
отъе́зд M Abfahrt *f*; **день** *m* **отъе́зда** Abreisetag *m* **отъезжа́ть** ⟨**отъе́хать**⟩ abfahren
оты́скивать ⟨**отыска́ть**⟩ aufsuchen
отягча́ющий erschwerend
офице́р M Offizier *m*
официа́льный offiziell; amtlich
официа́нт(ка) M(F) Kellner(in) *m(f)*
офла́йн offline
оформля́ть ⟨**офо́рмить**⟩ **1** ausgestalten **2** rechtskräftig machen
оха́пка F ein Armvoll *n*
о́хать ⟨**о́хнуть**⟩ ächzen; seufzen
охва́тывать ⟨**охвати́ть**⟩ ergreifen; erfassen
охлажда́ть ⟨**охлади́ть**⟩ kühlen
охо́та[1] F Jagd *f*
охо́та[2] Lust *f*
охо́титься jagen **охо́тно** gern
охра́на F Bewachung *f*; Wache *f* **охраня́ть** bewachen; wahren
охри́пнуть PF heiser werden
оце́нивать ⟨**оцени́ть**⟩ bewerten; schätzen **оце́нка** F Schätzung *f*; Bewertung *f*; Note *f*
оцепене́ть → цепене́ть
оцепля́ть ⟨**оцепи́ть**⟩ absperren; umzingeln
оча́г M Herd *m* (*a. fig*)
очарова́ние N Charme *m* **очарова́тельный** bezaubernd **очаро́вывать** ⟨**очарова́ть**⟩ berücken
очеви́дец M Augenzeuge *m* **очеви́дный** offensichtlich
о́чень sehr
очередно́й nächstfolgend

о́чередь F Reihe *f*; Reihenfolge *f*; **заня́ть ~** sich anstellen; **стоя́ть в о́череди** Schlange stehen

о́черк M Grundriss *m*; Essay *n*

очерни́ть → черни́ть

очерта́ния *pl* Umrisse *pl*

оче́рчивать 〈очерти́ть〉 umreißen (*a. fig*)

о́чи *pl* → о́ко

очища́ть 〈очи́стить〉 reinigen

очки́ *pl* Brille *f*; **~ для чте́ния** Lesebrille *f* **очко́** N SPORT Punkt *m*

очну́ться zu sich kommen

очуме́ть PF *umg* den Kopf verlieren

очути́ться PF geraten; sich versetzt finden

очу́хаться PF *umg* zu sich kommen

ошале́ть PF *umg* den Kopf verlieren

оше́йник M Halsband *n* (*für Tiere*)

ошеломля́ть 〈ошеломи́ть〉 überwältigen

ошиба́ться 〈ошиби́ться〉 sich irren **оши́бка** F Fehler *m*

оштрафова́ть → штрафова́ть

ощу́пывать 〈ощу́пать〉 betasten

о́щупь: **на ~** beim Betasten; **~ю** tastend

ощуща́ть 〈ощути́ть〉 empfinden; spüren **ощуще́ние** N Empfindung *f*

П

павли́н M Pfau *m*

па́губный verderblich; unheilvoll

па́даль F Aas *n*; Kadaver *m*

па́дать 〈упа́сть〉 fallen

паде́ж M GRAM Fall *m*, Kasus *m* **па́дкий** erpicht (**на** *B* auf *akk*)

па́дчерица F Stieftochter *f*

паёк M Ration *f*, Verpflegung *f*

па́йщик M Teilhaber *m*

паке́т M Paket *n*; Tüte *f*

па́костить 〈напа́костить〉 verpfuschen; gemein handeln

пала́с M Teppich *m* (*ohne Flor*)

пала́та F Kammer *f* **пала́тка** F Zelt *n*

пала́ч M Henker *m*

па́лец M Finger *m*; Zehe *f*; **большо́й ~** *m* Daumen *m*; große Zehe *f*; **указа́тельный ~** Zeigefinger *m*; **сре́дний ~** Mittelfinger *m*; **безымя́нный ~** Ringfinger *m*

палиса́дник M Vorgarten *m*

пали́тра F Palette *f*

пали́ть brennen; feuern

па́лка F Stock *m*; **перегну́ть па́лку** den Bogen überspannen

пало́мник M Pilger *m* **пало́мничество** N Pilgerreise *f*

па́луба F Deck *n*

пальто́ N Mantel *m*

па́мятка F Merkblatt *n* **па́мятник** M Denkmal *n* **па́мятный** denkwürdig; Denk- **па́мять** F Gedächtnis *n*; IT Speicher *m*
пандеми́я F Pandemie *f*
пане́ль F 1 Fußweg *m* 2 Plattenbauelement *n* 3 Pult *n*; **пойти́ на ~** auf den Strich gehen
панирóванный frittiert
панно́ N Wandbild *n*
панора́ма F Panorama *n*; Skyline *f*
пансио́н M Pension *f*; Pensionat *n* **пансиона́т** M Ferienheim *n*
па́па M 1 *umg* Papa *m* 2 Papst *m*
папа́ха F Papacha *f* (*kaukasische Pelzmütze*)
папиро́са F Zigarette *f*
па́пка F Aktenordner *m*
па́поротник M Farn *m*
пар M Dampf *m*
па́ра F Paar *n*
пара́д M Parade *f* **пара́дное** N Haupteingang *m* **пара́дный** Parade-; Gala-; Haupt-
парализова́ть lähmen **парали́ч** M Lähmung *f*
паралле́ль F Parallele *f*; GEOG Breitenkreis *m*
парашю́т M Fallschirm *m* **парашюти́ст** M Fallschirmspringer *m*
па́рень M junger Mann *m*
пари́ N Wette *f*
пари́к M Perücke *f* **парикма́хер** M Friseur *m* **парикма́херская** F Friseursalon *m*
пари́лка F *umg* Dampfbad *n*
пари́ть schweben; segeln
па́риться ⟨**попа́риться**⟩ ein Dampfbad nehmen; *umg fig* schwitzen
паркова́ть ⟨**запаркова́ть, припаркова́ть**⟩ parken
парко́вка F Parken *n*
парко́вочный: **парко́вочная ка́рта** F Parkschein *m*
парко́вщик M, **парко́вщица** F Parkwächter(in) *m(f)*
парла́мент M Parlament *n*
парламента́рий M Parlamentarier *m* **парламентёр** M Unterhändler *m*
парна́я F Dampfbad *n* **парни́к** M Treibhaus *n* **парно́й**: **парно́е молоко́** N kuhwarme Milch *f*; **парно́е мя́со** *n* Frischfleisch *n*
па́рный paarig; gepaart; Doppel-
парово́з M Dampflokomotive *f* **парово́й** Dampf-
паро́ль M Kennwort *n*
паро́м M Fähre *f*; Fährschiff *n*
парохо́д M Dampfer *m*
па́рта F Schulbank *f*
парте́р M THEAT Parkett *n*
парти́йный Partei- **па́ртия** F Partei *f*
па́рус M Segel *n*
па́сека F Imkerei *m*
паску́дный ekelhaft
па́смурный trübe; bedeckt
па́спорт M Pass *m*
пассажи́р M Fahrgast *m* **пас-**

сажи́рский: ~ по́езд M Personenzug *m*; ~ ваго́н *m* BAHN Personenwagen *m*; ~ самолёт *m* Verkehrsflugzeug *n*
пасти́ weiden; hüten
пастила́ F Konfekt *n* (*aus Fruchtsaft, Zucker und Eiweiß*)
пасту́х M Hirt *m*
пасть[1] F Rachen *m*; Maul *n*
пасть[2] PF fallen
Па́сха F Ostern *n* **пасха́льный** Oster-
па́сынок M Stiefsohn *m*
патру́ль M Streife *f*
па́уза F Pause *f*
пау́к M Spinne *f*
паути́на F Spinngewebe *n*
пауша́льный: **пауша́льная цена́** F Pauschalpreis *m*
пах M ANAT Leiste *f*
паха́ть ⟨вспаха́ть⟩ pflügen; *umg fig* schuften
па́хнуть[1] riechen (*T* nach *dat*)
пахну́ть[2] PF wehen
паху́чий stark riechend
па́чка F Päckchen *n*; Paket *n*
па́чкать ⟨запа́чкать, испа́чкать⟩ beschmutzen (*a. fig*)
па́шня F Acker *m*
паште́т M GASTR Pastete *f*
па́юсный: **па́юсная икра́** F Presskaviar *m*
пая́ть ⟨запая́ть⟩ löten
ПВО (противовозду́шная оборо́на) Fliegerabwehr *f*
пев́ец M Sänger *m* **певи́ца** F Sängerin *f*
пе́гий scheckig
педиа́тр M Kinderarzt *m*
пейза́ж M Landschaft *f*
пека́рня F Bäckerei *f*
пелена́ F Schleier *m*
пелёнка F Windel *f*
пельме́ни *pl* GASTR Pelmeni *pl* (*mit Fleisch gefüllte Klößchen*)
пе́на F Schaum *m*; **с пе́ной у рта** wütend; eifrig
пена́л M Federmappe *f*
пе́ние N Gesang *m*
пе́нистый schaumig; schäumend **пе́ниться** schäumen
пе́нка F Haut *f* (*Milch, Konfitüre*)
пенсионе́р(ка) M(F) Rentner(in) *m(f)*
пень M Baumstumpf *m*; Klotz *m* (*a. fig*)
пеньюа́р M Negligé *n*
пе́ня F Verzugszinsen *pl*
пеня́ть: **пеня́й на себя́** du bist selbst daran schuld
пе́пел M Asche *f* **пепели́ще** N 1 Brandstätte *f* 2 eigener Herd *m* **пе́пельница** F Aschenbecher *m* **пе́пельный** aschfarben; aschblond
пе́рвенец M Erstling *m* **пе́рвенство** N 1 Vorrang *m* 2 Meisterschaft *f* **перви́чный** Erst-; primär
пе́рво- Ur- **первобы́тный** ursprünglich **первонача́льный** Anfangs-
пе́рвый der erste
пере- um-; über-; wieder-
перебáрщивать ⟨переборщи́ть⟩ *umg* übertreiben; überspitzen

перебега́ть ⟨перебежа́ть⟩ hinüberlaufen **перебе́жчик** M Überläufer *m*; *fig* Verräter *m*
перебива́ть ⟨переби́ть⟩ unterbrechen; zerschlagen
перебира́ть ⟨перебра́ть⟩ auslesen; durchsehen
перебира́ться ⟨перебра́ться⟩ hinüberkommen; umziehen
перебо́й M Stockung *f*
перебоóть überwinden
перебра́сывать ⟨перебро́сить⟩ hinüberwerfen
перева́л M Gebirgspass *m*
перева́ривать ⟨перевари́ть⟩ 1 zerkochen 2 verdauen
перевезти́ → перевози́ть
перевёртывать → перевора́чивать
переве́с M Übergewicht *n*; Übermacht *f* **перевести́** → переводи́ть
переве́шивать ⟨переве́сить⟩ überwiegen (*a. fig*)
переводи́ть ⟨перевести́⟩ überführen; übersetzen **перево́дчик** M Übersetzer *m*; Dolmetscher *m*
перевози́ть ⟨перевезти́⟩ befördern; transportieren **перево́зка** F Beförderung *f* **перево́зчик** M Fährmann *m*; Bootsmann *m*
перевора́чивать(ся) ⟨переверну́ть(ся)⟩ (sich) umwenden
переворо́т M Umwälzung *f*; Umsturz *m*; Umschwung *m*
перевя́зка F Anlegen *n* eines Verbandes **перевя́зывать ⟨перевяза́ть⟩** verbinden; umbinden
перегиба́ть ⟨перегну́ть⟩ umbiegen; *fig* übertreiben
перегно́й M Humus *m*
перегова́риваться sich unterhalten **переговори́ть** PF sprechen (**с** / mit *dat*) **перегово́ры** *pl* Verhandlungen *pl*
перегоня́ть ⟨перегна́ть⟩ 1 überholen 2 an einen anderen Ort treiben 3 destillieren
перегоро́дка F Trennwand *f*; Zwischenwand *f*
перегружа́ть ⟨перегрузи́ть⟩ 1 überladen; überlasten 2 umladen
пе́ред, пе́редо T vor *dat, akk*
передава́ть ⟨переда́ть⟩ übergeben; übertragen; wiedergeben **переда́точный** Übertragungs- **переда́тчик** M Sendeanlage *f* **переда́ча** F Sendung *f*; Übergabe *f*
передвига́ть ⟨передви́нуть⟩ verschieben
переде́лка F Umarbeitung *f* **переде́лывать ⟨переде́лать⟩** umarbeiten; umändern
пере́дний vordere(r); Vorder-
пере́дник M Schürze *f*
пере́дняя F Diele *f*
пе́редо → пе́ред
передово́й Vor-; vorgeschoben
передозиро́вка F Überdo-

sis *f*
передохну́ть PF Atem holen
передра́знивать nachäffen
передря́га F *umg* Patsche *f*
переду́мывать ⟨**переду́мать**⟩ es sich anders überlegen
переды́шка F Atempause *f*
перее́зд M Umzug *m*; Überfahrt *f*; Wegüberführung *f*
переезжа́ть ⟨**перее́хать**⟩ überfahren; umziehen
пережива́ние N Erlebnis *n*; Emotion *f*
пережива́ть 1 sich zu Herzen nehmen 2 ⟨**пережи́ть**⟩ erleben; durchmachen 3 überleben
пережи́ток M Überbleibsel *n*
перезва́нивать ⟨**перезвони́ть**⟩ noch einmal anrufen
перезво́н M Glockengeläut *n*
перезимова́ть → зимова́ть
перейти́ → переходи́ть
переки́дывать ⟨**переки́нуть**⟩ hinüberwerfen
перекла́дина F Querbalken *m*; SPORT Reck *n*
перекла́дывать ⟨**переложи́ть**⟩ umlegen
перекли́чка F Aufruf *m*; Appell *m*
переключа́ть ⟨**переключи́ть**⟩ umschalten; umstellen
перекрести́ть(ся) → крести́ть(ся)
перекрёсток M Kreuzung *f*
перекрыва́ть ⟨**перекры́ть**⟩ absperren
переку́пщик M Zwischenhändler *m*
перелеза́ть ⟨**переле́зть**⟩ hinüberklettern
перелёт M 1 Vogelzug *m*; Überflug *m* 2 Weitschuss *m*
перелета́ть ⟨**перелете́ть**⟩ überfliegen
перелива́ть ⟨**перели́ть**⟩ umgießen; zu voll gießen
перелива́ться 1 schillern 2 ⟨**перели́ться**⟩ überfließen
перели́стывать ⟨**перелиста́ть**⟩ (durch)blättern; umblättern
переложи́ть → перекла́дывать
перело́м M Bruch *m*
переме́на F 1 Änderung *f*; Wendung *f* 2 Pause *f* (*Schule*)
переме́нный wechselnd; variabel; ~ **ток** *m* ELEK Wechselstrom *m* **переме́нчивый** wechselhaft; veränderlich
переменя́ть ⟨**перемени́ть**⟩ verändern
переме́шивать ⟨**перемеша́ть**⟩ vermischen
перемеща́ться ⟨**перемести́ться**⟩ sich verlagern; die Stelle wechseln
перемеще́ние N Umstellung *f*; Versetzung *f*
переми́рие N Waffenstillstand *m*
перено́с M Silbentrennung *f*; Übertragung *f*; Transport *m*
переноси́ть ⟨**перенести́**⟩ 1 hinübertragen; verlegen (*a.*

fig) **2** ertragen **перено́ска** F ELEK Mehrfachstecker *m* **переносно́й** tragbar

переночева́ть → ночева́ть

переодева́ть(ся) ⟨**переоде́ть(ся)**⟩ (sich) umkleiden; (sich) umziehen

переоце́нивать ⟨**переоцени́ть**⟩ **1** überbewerten **2** umwerten

перепи́ска F Briefwechsel *m* **перепи́сывать** ⟨**переписа́ть**⟩ umschreiben; abschreiben **перепи́сываться** einen Briefwechsel führen; sich schreiben

пе́репись F (Volks)Zählung *f*

переплёт M **1** Einband *m* **2** Fensterkrenz *n* **переплета́ть** ⟨**переплести́**⟩ **1** einbinden (*Buch*) **2** verflechten

перепо́лненный überfüllt **переполня́ть** ⟨**перепо́лнить**⟩ überfüllen

переполо́х M Tumult *m*

перепра́ва F Überfahrt *f*; Übergangsstelle *f* **переправля́ть(ся)** ⟨**перепра́вить(ся)**⟩ hinüberfahren; übersetzen

перепроизво́дство N Überproduktion *f* **переры́в** M Unterbrechung *f* **переры́ть** PF umgraben; durchwühlen

переса́дка F **1** BAHN Umsteigen *n*; Anschluss *m* **2** Umpflanzung *f*; Transplantation *f* **переса́живать** ⟨**пересади́ть**⟩ umpflanzen; verpflanzen; umsetzen **переса́живаться** ⟨**пересе́сть**⟩ den Platz wechseln; umsteigen

пересека́ть ⟨**пересе́чь**⟩ durchkreuzen; überqueren

переселя́ться ⟨**пересели́ться**⟩ übersiedeln

пересе́сть → переса́живаться

пересе́чь → пересека́ть

переска́з M Nacherzählung *f*; Wiedergabe *f* **переска́зывать** ⟨**пересказа́ть**⟩ nacherzählen

пересла́ть → пересыла́ть

переспа́ть PF **1** zu lange schlafen **2** übernachten

переставáть ⟨**переста́ть**⟩ aufhören

переставля́ть ⟨**переста́вить**⟩ umstellen

перестара́ться PF übereifrig sein

перестре́лка F Geplänkel *n*

перестро́йка F Umbau *m*; Umgestaltung *f*; Umstellung *f*

пересыха́ть ⟨**пересо́хнуть**⟩ austrocknen; vertrocknen

переу́лок M Gasse *f*; Querstraße *f*

перехо́д M Übergang *m* **переходи́ть** ⟨**перейти́**⟩ hinübergehen; übertreten **перехо́дный** Übergangs-; Zwischen-

пе́рец M Pfeffer *m*; Paprika *m*

пе́речень M Verzeichnis *n*; Register *n*

перечисля́ть **⟨перечи́слить⟩** 1 aufzählen 2 überweisen (*Geld*)
перешéек M Landenge *f*
пери́ла *pl* (Treppen)Geländer *n*
пери́на F Federbett *n*
пери́од M Periode *f*
перó N Feder *f*
перрóн M Bahnsteig *m*
пéрсик M Pfirsich *m*
персóна F Person *f* **персонáж** M LIT handelnde Person *f* **персонáл** M Personal *n*
перспекти́ва F Perspektive *f* (*a. fig*)
пéрстень M Fingerring *m*
пéрхоть F Kopfschuppen *pl*
перцóвка F Pfefferbranntwein *m*
перчáтка F Handschuh *m*
перши́ть: **у меня́ в гóрле перши́т** mir kratzt es im Hals
пёс M Hund *m*
песéц M Polarfuchs *m*
пéсня F Lied *n*
песóк M Sand *m*; **сáхарный ~** *m* Kristallzucker *m* **песóчница** F Sandkasten *m* **песóчный** Sand- (*a.* GASTR)
пёстрый bunt (*a. fig*)
петля́ F Schlinge *f* (*a. fig*); Masche *f*; Knopfloch *n*; Kehre *f*; Looping *m*; Türband *n*
петру́шка F 1 Petersilie *f* 2 Kasper *m*; *fig* Quatsch *m*
пету́х M Hahn *m*
петь **⟨спеть⟩** singen
пехóта F Infanterie *f*
печáлиться **⟨опечáлиться⟩** traurig sein
печáль F Trauer *f*; Kummer *m*
печáтать **⟨напечáтать⟩** drucken
печáть F 1 Siegel *n*; Stempel *m* (*a. fig*) 2 Presse *f*
печёнка F Leber *f* **печёный** gebacken
пéчень F Leber *f*
печéнье N Kekse *pl*
печь¹ F Ofen *m*
печь² **⟨испéчь⟩** backen
пешехóд M Fußgänger *m* **пéший** zu Fuß gehend **пéшка** F SCHACH Bauer *m*; *fig* Puppe *f* **пешкóм** zu Fuß
пещéра F Höhle *f*
пиани́но N Klavier *n*
пивнáя F Kneipe *f* **пивнóй** Bier-
пиджáк M Jackett *n*
пижáма F Schlafanzug *m*
пиздá F *vulg* Fotze *f*
пик M (Berg)Spitze *f* (*a. fig*); **часы́** *pl* **~** Spitzenbelastungszeit *f*; Hauptverkehrszeit *f*
пи́ка F Lanze *f*
пи́ки *pl* Pik *n* (*Karten*)
пилá F Säge *f* **пили́ть** sägen; *umg fig* nörgeln
пилóт M Pilot *m*
пилю́ля F Pille *f*
пинáть **⟨пнуть⟩** (mit dem Fuß) stoßen **пинóк** M Stoß *m*; Tritt *m*
пиóн M Pfingstrose *f*
пир M Festmahl *n*
пирóг M Kuchen *m*
пирóжное N Törtchen *n* **пи-**

рожо́к M kleiner Kuchen *m*
пи́рсинг M Piercing *n*
писа́тель M Schriftsteller *m*
писа́ть[1] ⟨**написа́ть**⟩ schreiben
пи́сать[2] ⟨**попи́сать**⟩ *umg* pinkeln
пистоле́т M Pistole *f*
писчебума́жный Papierwaren- **пи́счий** Schreib-
пи́сьменный schriftlich
письмо́ N Brief *m*
пита́ние N Ernährung *f* **пита́тельный** nahrhaft; Nähr- **пита́ться** sich ernähren; essen
пито́мец M Zögling *m* **пито́мник** M Pflanzenschule *f*; Zucht *f*
пить ⟨**вы́пить**⟩ trinken
питьё N Getränk *n*; Trunk *m*
пи́хта F Edeltanne *f*
пи́цца F Pizza *f* **пиццери́я** F Pizzeria *f*
пи́шущий Schreib-
пи́ща F Nahrung *f* (*a. fig*); Kost *f*
пища́ть piepsen; quieken
пищеваре́ние N Verdauung *f*
пищево́д M Speiseröhre *f*
пла́вание N Schwimmen *n*
пла́вать schwimmen
пла́виться ⟨**распла́виться**⟩ V/I schmelzen
пла́вки *pl* Badehose *f*
плавни́к M (Schwimm)Flosse *f*
пла́вный fließend; leicht
пла́кать ⟨**запла́кать**⟩ weinen
пла́мя N Flamme *f*
план M Plan *m*
планёр M Segelflugzeug *n*
плане́та F Planet *m*
плани́ровать ⟨**заплани́ровать, сплани́ровать**⟩ planen
пла́новый planmäßig; Plan- **планоме́рный** planmäßig
планше́т M IT Tablet *n*
пласт M Schicht *f*
пла́стырь M Pflaster *n*
пла́та F Vergütung *f*; Miete *f*
платёж M Zahlung *f* **плати́ть** ⟨**заплати́ть**⟩ zahlen
пла́тный gebührenpflichtig
плато́к M Tuch *n*
платфо́рма F Bahnsteig *m*; Plattform *f*
пла́тье N Kleid *n*
плацка́ртный: **~ваго́н** M Schlafwagen *m*
плач M Weinen *n* **плаче́вный** kläglich
плащ M (Regen)Mantel *m*
плева́ть 1 ⟨**плю́нуть**⟩ spucken 2 ⟨**наплева́ть**⟩ pfeifen
пле́мя N Stamm *m* (*Leute*)
племя́нник M Neffe *m* **племя́нница** F Nichte *f*
плен M Gefangenschaft *f*
плёнка F Häutchen *n*; Film *m*
пле́нник M, **пле́нница** F Gefangene(r) *f*(*m*) **пле́нный** gefangen
пленя́ть ⟨**плени́ть**⟩ gefangen nehmen (*mst fig*)
пле́сень F Schimmel *m*
плести́ ⟨**сплести́**⟩ flechten
плести́сь sich schleppen

плетёный Flecht-
плётка F, **плеть** F Peitsche *f*
плечо́ N Schulter *f*
плеши́вый kahlköpfig
плешь F Glatze *f*
плита́ F 1 Herd *m* 2 Fliese *f*
пли́тка F 1 Kachel *f*; Tafel *f* 2 Tischkocher *m*
плов M *Gericht aus gekochtem Reis mit Fleisch und Gewürzen*
пловéц M, **пловчи́ха** F Schwimmer(in) *m(f)*
плод M Frucht *f* (*a. fig*)
плодо́вый Obst- **плодоро́дный** fruchtbar **плодотво́рный** fruchtbringend
пло́мба F Plombe *f* **пломби́р** M Sahneeis *n*
пло́ский flach; platt **пло́скость** F Fläche *f*; Ebene *f* (*a. fig*)
плот M Floß *n* **плоти́на** F Damm *m*
пло́тник M Zimmermann *m*
пло́тность F Dichte *f* **пло́тный** dicht; fest; robust
пло́хо ADV schlecht; übel **плохо́й** ADJ schlecht; schlimm
площа́дка F Platz *m* **пло́щадь** F Fläche *f*; Platz *m*
плуг M Pflug *m*
плута́ть umherirren
плыть ⟨**поплы́ть**⟩ schwimmen
плю́шка F Milchbrötchen *n*
плющ M Efeu *n*
пляж M Strand *m*
пляса́ть ⟨**спляса́ть**⟩ tanzen
пля́ска F Tanz *m*
по PRÄP *Д, В* über *akk*; in *dat*; auf *akk*, *dat*; **~гла́дить ~ голове́** über den Kopf streichen; **éхать ~ у́лице** auf der Straße fahren; **экза́мен ~ матема́тике** Prüfung in Mathematik; **ходи́ть ~ магази́нам** einkaufen gehen; **~ зако́ну** laut Gesetz; **~ ~чте** per Post; **~ янва́рь** bis Januar; **~ ноча́м** nachts
побе́г[1] M Flucht *f*
побе́г[2] M Trieb *m*; Spross *m*
побе́да F Sieg *m*, **победи́тель** *m* Sieger *m* **победоно́сный** siegreich **побежда́ть** ⟨**победи́ть**⟩ besiegen; überwinden **побеждённый** besiegt
побере́жье N Küste *f*
поблагодари́ть → **благодари́ть**
побо́льше etwas mehr; etwas größer
побужда́ть ⟨**побуди́ть**⟩ anregen; veranlassen **побужде́ние** N Anregung *f*; Impuls *m*
побыва́ть besuchen
по́вар M Koch *m* **повари́ха** F Köchin *f*
пове́дать PF erzählen
поведе́ние N Benehmen *n*; Verhalten *n*
повезти́ → **везти́**
пове́рить → **ве́рить**
поверну́ть(ся) → **повора́чивать(ся)**
пове́рх PRÄP *Р* über
пове́рхностный Oberflächen-; oberflächlich **пове́рх-**

ность F Oberfläche *f*
пове́рье N Volksglaube *m*
пове́са M *fig* Windbeutel
пове́сить → **ве́шать**
пове́стка F Vorladung *f*
по́весть F Erzählung *f*
по-ви́димому anscheinend
пови́дло N Marmelade *f*
пови́нность F Verpflichtung *f*
пови́нный schuldig **пови-нова́ться** (IM)PF gehorchen
по́вод M Anlass *m*; Vorwand *m* **поводо́к** M Leine *f* **пово-ды́рь** M Führer *m*
повора́чивать(ся) ⟨**поверну́ть(ся)**⟩ (sich) umdrehen; (sich) umwenden
поворо́т M Drehung *f*
поврежда́ть ⟨**повреди́ть**⟩ beschädigen; verletzen; schaden **поврежде́ние** N Beschädigung *f*; Verletzung *f*
повседне́вный Alltags-
повсеме́стно überall
повста́нец M Aufständische(r) *m*
повсю́ду überall
повторе́ние N Wiederholung *f* **повторя́ть** ⟨**повтори́ть**⟩ wiederholen
повыша́ть ⟨**повы́сить**⟩ erhöhen
повя́зка F Binde *f*; Verband *m* **повя́зывать** ⟨**повяза́ть**⟩ (um)binden
пога́нка F Giftpilz *m* **пога́ный** ekelhaft
погиба́ть ⟨**поги́бнуть**⟩ ums Leben kommen
поглоща́ть ⟨**поглоти́ть**⟩ einsaugen; absorbieren
погово́рка F Redensart *f*
пого́да F Wetter *n*
пого́ня F Verfolgung *f*
пограни́чник M Grenzsoldat *m* **пограни́чный** Grenz-
по́греб M Keller *m* **погребе́ние** N Beerdigung *f*
погре́шность F Fehler *m*
погро́м M Blutbad *n*
погружа́ть ⟨**погрузи́ть**⟩ versenken
под PRÄP *T*, *B* unter *dat*, *akk*
подава́ть ⟨**пода́ть**⟩ (ein)reichen; auftragen
подави́ться → **дави́ться** **подавля́ть** ⟨**подави́ть**⟩ unterdrücken **подавля́ющий**: **подавля́ющее большинство́** N überwältigende Mehrheit *f*
пода́вно umso mehr
подари́ть → **дари́ть**
пода́рок M Geschenk *n*
пода́ча F Abgabe *f*; Einreichung *f* **пода́чка** F Almosen *n*
подбо́р M Auslese *f*; Zusammenstellung *f*
подборо́док M Kinn *n*
подва́л M Keller *m*
подвезти́ → **подвози́ть**
подвене́чный Braut-
подверга́ть ⟨**подве́ргнуть**⟩ unterziehen (*Д akk*); aussetzen **подве́рженный** geneigt; anfällig
подвести́ → **подводи́ть**
по́двиг M Heldentat *f*; Großtat

f **подви́гнуть** PF zwingen **подви́жник** M Asket *m* **подви́жный** beweglich; lebhaft **подви́нуть(ся)** PF (sich) rücken; (sich) schieben
подводи́ть 〈**подвести́**〉 **1** zuleiten **2** hereinlegen
подво́дный Unterwasser-
подвози́ть 〈**подвезти́**〉 herfahren; mitnehmen
подворо́тня F Torweg *m*
подво́х M böser Streich *m*; *fig* Falle *f*
подвы́пивший angeheitert
подгоня́ть antreiben; anpassen
подгоре́вший verbrannt
подгота́вливать 〈**подгото́вить**〉 vorbereiten **подготови́тельный** Vorbereitungs- **подгото́вка** F Vorbereitung *f*
поддава́ться 〈**подда́ться**〉 nachgeben
подда́кивать 〈**подда́кнуть**〉 beipflichten, zustimmen
по́дданный M Staatsangehörige(r) *m* **по́дданство** N Staatsangehörigkeit *f*
подде́лка F Fälschung *f* **подде́лывать** 〈**подде́лать**〉 fälschen; nachmachen **подде́льный** gefälscht; falsch
подде́рживать 〈**поддержа́ть**〉 unterstützen; unterhalten **подде́ржка** F Unterstützung *f*
поде́ржанный gebraucht
поджа́ривать 〈**поджа́рить**〉 anbraten **поджа́ристый** braun gebraten
подже́чь → поджига́ть
поджига́тель M Brandstifter *m* **поджига́ть** 〈**подже́чь**〉 anzünden; in Brand stecken
поджида́ть erwarten
поджо́г M Brandstiftung *f*
подзаголо́вок M Untertitel *m*
подзаты́льник M Genickstoß *m*
подзащи́тный M Mandant *m*
подзе́мный unterirdisch
подка́пываться 〈**подкопа́ться**〉 unterminieren
подкла́дка F Futter *n* (*Kleidung*)
подко́ва F Hufeisen *n*
подко́вывать 〈**подкова́ть**〉 beschlagen (*Pferd*)
подко́жный Unterhaut-
подкрепля́ть 〈**подкрепи́ть**〉 untermauern (*mst fig*)
по́дкуп M Bestechung *f* **подкупа́ть** 〈**подкупи́ть**〉 bestechen **подкупа́ющий** gewinnend
по́дле PRÄP P neben *dat*
подлежа́ть unterliegen
подле́ц M Schuft *m*
подли́вка F Soße *f*
по́длинник M Original *n* **по́длинный** echt; wahr
подло́г M Urkundenfälschung *f*
подмасте́рье M Geselle *m*
подмета́ть 〈**подмести́**〉 fe-

gen
подмётка F Schuhsohle *f*
подмышка: **подмышкой** unter dem Arm
поднести → подносить
поднимать ⟨**поднять**⟩ heben; hochnehmen
подниматься ⟨**подняться**⟩ sich erheben; steigen; **у меня рука не поднимается** Ich bringe es nicht über mich
подножие N Fuß *m* (*Berg*)
подножка F 1 Trittbrett *n* 2 Beinstellen *n*
поднос M Tablett *n* **подносить** ⟨**поднести**⟩ näher bringen; darbieten
подобие N Ähnlichkeit *f* **подобно** ADV ähnlich **подобный** ADJ ähnlich
подождать → ждать
подозревать ⟨**заподозрить**⟩ verdächtigen **подозрение** N Verdacht *m* **подозрительный** 1 verdächtig 2 misstrauisch
подойти → подходить
подоконник M Fensterbrett *n*
подол M Schoß *m*; Rockzipfel *m*
подолгу lange
подонок M Schuft *m*
подорвать → подрывать
подорожать teurer werden
подорожник M Wegerich *m*
подошва F Fußsohle *f*; Schuhsohle *f*
подписка F Bestellung *f*; Abonnement *n* **подписчик** M, **подписчица** F Abonnent(in) *m(f)* **подписывать** ⟨**подписать**⟩ unterschreiben **подписываться** ⟨**подписаться**⟩ subskribieren
подпись F Unterschrift *f*
подполковник M Oberstleutnant *m*
подполье N Illegalität *f* **подпольный** Untergrund-
подпорка F Stütze *f*; Pfeiler *m*
подрабатывать ⟨**подработать**⟩ einen Nebenverdienst haben
подражать nachahmen (*Д akk*)
подразделение N Unterabteilung *f*
подразумевать darunter verstehen
подробность F Einzelheit *f*; Detail *n* **подробный** detailliert
подросток M Teenager *m*
подруга F Freundin *f*
подрывать ⟨**подорвать**⟩ sprengen; *fig* untergraben
подряд[1] hintereinander
подряд[2] M Auftrag *m* **подрядчик** M Auftragnehmer *m*
подсвечник M Kerzenhalter *m*
подсказка F Vorsagen *n*
подскакивать ⟨**подскочить**⟩ hochspringen; aufspringen
подсластить PF versüßen

подсле́дственный M Untersuchungsgefangene(r) *m*

подслу́шивать ⟨**подслу́шать**⟩ lauschen; abhören

подсма́тривать ⟨**подсмотре́ть**⟩ belauern; heimlich beobachten

подсне́жник M Schneeglöckchen *n*

подсо́бный Hilfs-

подсозна́ние N Unterbewusstsein *n*

подсо́лнечный: **подсо́лнечное ма́сло** N Sonnenblumenöl *n* **подсо́лнух** M Sonnenblume *f*

подста́вка F Ständer *m*; Untergestell *n* **подставля́ть** ⟨**подста́вить**⟩ unterstellen; unterschieben; hinhalten; *umg* hereinlegen

подстерега́ть ⟨**подстере́чь**⟩ auflauern; abpassen

подстрека́тель M Anstifter *m* **подстрека́ть** aufhetzen

подсуди́мый M Angeklagte(r) *m*

подтвержда́ть ⟨**подтверди́ть**⟩ bestätigen; bekräftigen

подтвержде́ние N: **~ брони́рования** Buchungsbestätigung *f*

подтя́жки *pl* Hosenträger *m*

поду́шка F Kissen *n*

подфа́рник M Parkleuchte *f*; Standlicht *n*

подхали́м M Kriecher *m*

подхо́д M Herantreten *n*; Vorgehen *n*; *fig* Standpunkt *m*

подходи́ть ⟨**подойти́**⟩ **1** sich nähern; heranrücken; herangehen **2** passen; entsprechen **подходя́щий** passend

подчёркивать ⟨**подчеркну́ть**⟩ unterstreichen (*a. fig*)

подчине́ние N Unterordnung *f* **подчинённый** M Untergeordnete(r) *m* **подчиня́ться** ⟨**подчини́ться**⟩ sich unterordnen; sich fügen (*Д* in *akk*)

подъе́зд M Auffahrt *f*; Aufgang *m* **подъезжа́ть** ⟨**подъе́хать**⟩ vorfahren

подъём M Aufstieg *m*; Anstieg *m* **подъёмный** Hebe-

поды́грывать ⟨**поды́гра́ть**⟩ zuspielen; Vorschub leisten

подыма́ть(ся) → поднима́ть(ся)

поды́скивать ⟨**подыска́ть**⟩ aussuchen

подыха́ть ⟨**подо́хнуть**⟩ verrecken

поеди́нок M Zweikampf *m*

по́езд M (Eisenbahn)Zug *m*

пое́здка F Fahrt *f*; Reise *f*; **информа́ция** *f* **для пое́здки** Reiseunterlagen *pl*

пое́хать → е́хать

пожале́ть → жале́ть

пожа́ловаться → жа́ловаться

пожа́луй wohl; meinetwegen

пожа́луйста bitte

пожа́р M Brand *m* **пожа́рище** N Brandstätte *f* **пожа́р-**

ный 1 Feuer- 2 M Feuerwehrmann *m*

пожа́тие N Händedruck *m*

пожа́ть → пожимать, пожинать

пожела́ние N (Glück)Wunsch *m* **пожела́ть** → жела́ть

пожени́ться sich verheiraten

поже́ртвование N Spende *f* **поже́ртвовать** → же́ртвовать

поживать: **как пожива́ете?** wie geht es Ihnen?

пожи́зненный lebenslänglich

пожило́й bejahrt

пожима́ть ⟨**пожа́ть**⟩: **пожа́ть ру́ку** die Hand drücken; **пожа́ть плеча́ми** mit den Achseln zucken

пожина́ть ⟨**пожа́ть**⟩ ernten (*mst fig*)

пожира́ть ⟨**пожра́ть**⟩ auffressen; verschlingen

по́за F Pose *f*

позабо́титься → забо́титься

позави́довать → зави́довать

поза́втракать → за́втракать

позавчера́ vorgestern

позади́ hinten

позапро́шлый vorvorig

позаре́з *umg* dringend

поза́риться → за́риться

позволе́ние N Erlaubnis *f* **позволя́ть** ⟨**позво́лить**⟩ erlauben

позвони́ть → звони́ть

позвоно́к M Wirbel *m* **позвоно́чник** M Wirbelsäule *f*

по́здний ADJ spät **по́здно** ADV spät

поздравле́ние N Glückwunsch *m*; Gratulation *f* **поздравля́ть** ⟨**поздра́вить**⟩ gratulieren (*B* **с** *T dat* zu *dat*)

по́зже später

познава́ть ⟨**позна́ть**⟩ erkennen; erfahren

познако́мить(ся) → знако́мить(ся)

позна́ние N Erkenntnis *f*

позо́р M Schande *f*; Schmach *f* **позо́рить(ся)** ⟨**опозо́рить(ся)**⟩ (sich) blamieren **позо́рный** schändlich

по́иск M, **по́иски** *pl* Suche *f* **поискови́к** M IT Suchmaschine *f*

пои́ть ⟨**напои́ть**⟩ zu trinken geben; tränken

пойма́ть → лови́ть

пойти́ → идти́

пока́ 1 KONJ während; bis 2 ADV vorläufig

пока́з M Schau *f* **показа́ние** N Aussage *f*; Angabe *f* **показа́тель** M Kennziffer *f* **показа́тельный** Muster-; Schau- **показно́й** Schein- **пока́зывать** ⟨**показа́ть**⟩ zeigen

покати́ться → кати́ться

пока́тый abschüssig

покая́ние N Buße *f*; Reue *f*

пока́яться → ка́яться

покида́ть ⟨**поки́нуть**⟩ verlassen

покла́дистый nachgiebig; fügsam

поклóн M Verbeugung *f* **поклонéние** N Anbetung *f* **поклóниться** → кла́няться **поклóнник** M, **поклóнница** F Verehrer(in) *m(f)* **поклоня́ться** anbeten (*Д akk*)

покóй M Ruhe *f* **покóйник** M, **покóйница** F Verstorbene(r) *f(m)* **покóйный** verstorben; ruhig

поколебáть → колебáть

поколéние N Generation *f*

покорéние N Eroberung *f* **покóрный** ergeben **покоря́ть(ся)** ⟨**покори́ть(ся)**⟩ (sich) unterwerfen

покрáсить → крáсить

покраснéть → краснéть

покрови́тель M Gönner *m*

покрывáло N (Tages)Decke *f* **покрывáть** ⟨**покры́ть**⟩ bedecken **покры́шка** F Deckel *m*; Überzug *m*

покупáтель(ница) M(F) Käufer(in) *m(f)*

покупáть ⟨**купи́ть**⟩ kaufen **покýпка** F Kauf *m*; Erwerb *m*

покушáться ⟨**покуси́ться**⟩ einen Anschlag verüben (**на** *B* auf *akk*) **покушéние** N Anschlag *m*

пол[1] M Fußboden *m*

пол[2] M Geschlecht *n*

пол-[3] *in zssgn* halb

полагáть meinen

полагáться ⟨**положи́ться**⟩ sich verlassen (**на** *B* auf *akk*)

полгóда M ein halbes Jahr *n*

пóлдень M Mittag *m*

пóле N Feld *n*; **футбóльное ~** Fußballplatz *m* **полевóй** Feld-

полéзный nützlich

полени́ться → лени́ться

полéно N Holzscheit *m*

полёт M Flug *m*; **горя́щий ~** Last-Minute-Flug *m*

пóлзать (hin und her) kriechen **ползти́** kriechen **ползунки́** *pl* Strampelanzug *m*

поливáть ⟨**поли́ть**⟩ begießen **поли́вка** F Gießen *n*

полк M Regiment *n*

пóлка F Fach *n*; Regal *n*; Liegebank *f* (*Zug*)

полкилó M ein halbes Kilo *n*

полкóвник M Oberst *m*

полковóдец M Heerführer *m*

полнéть ⟨**пополнéть**⟩ zunehmen; dicker werden

полнó *umg* voll; viel **полнокрóвный** kraftvoll **полнолýние** N Vollmond *m* **полномóчия** *pl* Vollmacht *f*; Machtbefugnis *f* **полноправный** vollberechtigt **пóлностью** völlig

пóлночь F Mitternacht *f*

пóлный voll; gefüllt; ganz

полови́на F Hälfte *f*; **~ вторóго** halb zwei

половóдье N Hochwasser *n*

половóй[1] Fußboden-

половóй[2] Geschlechts-

положéние N Lage *f*; Zustand *m* **полóженный** festgelegt; zukommend **положи́тельный** positiv **положи́ть** → класть, **положи́ться** →

полага́ться

полоса́ F Streifen *m* **полоса́тый** streifig **поло́ска** F Streifen *m*

полоска́ть ⟨**прополоска́ть**⟩ spülen; gurgeln

полоте́нце N Handtuch *n* **поло́тнище** N Stoffbahn *f* **полотно́** N Leinwand *f* **полотня́ный** leinen

поло́ть ⟨**пропо́лоть**⟩ jäten

полтора́ M, **полторы́** F anderthalb

полу- halb **полуго́дие** N Halbjahr *n* **полузащи́тник** M SPORT Läufer *m* (*Fußball*) **полуо́стров** M Halbinsel *f* **полуста́нок** M Zwischenstation *f* **полу́тора** → полтора́ **полуфина́л** M SPORT Halbfinale *n*

получа́ть ⟨**получи́ть**⟩ bekommen; erhalten; kriegen **получе́ние** N Erhalten *n* **полу́чка** F Lohn *m*

полуша́рие N Halbkugel *f*; Hemisphäre *f*

полцены́: за ~ zum halben Preis **полчаса́** M eine halbe Stunde *f*

полы́нь F Wermut *m*

по́льза F Nutzen *m* **по́льзование** N Benutzung *f* **по́льзоваться** ⟨**воспо́льзоваться**⟩ benutzen (*T akk*)

по́лька F 1 Polin *f* 2 Polka *f*

полюби́ть PF lieb gewinnen

полюбо́вно gütlich

по́люс M Pol *m*

поля́рный Polar-; polar

пома́да F Lippenstift *m* **пома́дка** F Sahnekonfekt *n*

поме́тка F Notiz *f*; Vermerk *m*

поме́ха F Störung *f*

поме́шанный irrsinnig **помеша́ть** → меша́ть **помеша́ться** verrückt werden

помеща́ть ⟨**помести́ть**⟩ unterbringen; hinsetzen **помеща́ться** ⟨**помести́ться**⟩ sich einrichten; hineingehen **помеще́ние** N Raum *m*

поме́щик M, **поме́щица** F Gutsherr(in) *m(f)*

помидо́р M Tomate *f*

поми́лование N Begnadigung *f* **поми́ловать** → ми́ловать

поми́мо PRÄP *P* außer *dat*; ungeachtet *gen*

помина́ть ⟨**помяну́ть**⟩ V/T j-s im Gottesdienst gedenken; j-s mit einem Leichenschmaus gedenken

поми́нки *pl* Gedenkfeier *f*

по́мнить sich erinnern (**о** *П* an *akk*)

помога́ть ⟨**помо́чь**⟩ helfen

по-мо́ему meiner Meinung nach

помо́щник M, **помо́щница** F Helfer(in) *m(f)*

по́мощь F Hilfe *f*

помяну́ть → помина́ть

помя́ть → мя́ть

пона́добиться benötigen

понапра́сну vergebens

понаслы́шке vom Hörensa-

gen
понача́лу anfangs
понево́ле wider Willen
понеде́льник M Montag *m*
по-неме́цки auf Deutsch
понемно́гу nach und nach; ein wenig
понижа́ть ⟨пони́зить⟩ senken; mindern; reduzieren **пониже́ние** N Herabsetzung *f*; Senkung *f*
понима́ние N Verständnis *n* **понима́ть ⟨поня́ть⟩** verstehen; begreifen
по-но́вому auf neue Art
поно́с M Durchfall *m*
поно́шенный abgetragen
понра́виться → нра́виться
понужда́ть zwingen
пону́рый niedergeschlagen; bedrückt
по́нчик M Pfannkuchen *m*
понюхать → нюхать
поня́тие N Begriff *m* **поня́тный** verständlich; klar
поочерёдно der Reihe nach
поощря́ть ⟨поощри́ть⟩ aufmuntern
поп M *umg* Pfaffe *m*
по́па F *umg* Popo *m*
попада́ть ⟨попа́сть⟩ geraten; gelangen; treffen; **мне попадёт** ich kriege was ab; **как попа́ло** aufs Geratewohl **попада́ться ⟨попа́сться⟩** hineingeraten; ertappt werden; **попа́сться на глаза́** unter die Augen kommen; **пе́рвый попа́вшийся** der erste Beste
попа́рно paarweise
поперёк quer **попере́чный** Quer-
поперхну́ться PF sich verschlucken
попече́ние N Fürsorge *f*
попира́ть ⟨попра́ть⟩ übertreten; missachten
по́пка F *umg* Po *m*
поплати́ться PF büßen; *fig* bezahlen (*T* mit *dat*)
попо́йка F Zecherei *f*
попола́м in zwei Hälften
поползнове́ние N Versuch *m*
пополня́ть ⟨попо́лнить⟩ ergänzen; nachfüllen
попра́вка F Korrektur *f* **поправля́ть ⟨попра́вить⟩** ausbessern; korrigieren; ordnen **поправля́ться ⟨попра́виться⟩** 1 gesund werden 2 zunehmen
по-пре́жнему wie früher; nach wie vor
попрёк M Vorwurf *m* **попрека́ть ⟨попрекну́ть⟩** unter die Nase reiben
по́прище N Arbeitsfeld *f*
попро́бовать → про́бовать
попроси́ть → проси́ть
попроша́йка M/F Bettler(in) *m(f)*
попуга́й M Papagei *m*
попу́тно nebenbei **попу́тный**: **~ ве́тер** M günstiger Wind *m*; **попу́тная маши́на** *f*, **попу́тка** *f* Mitfahrgelegenheit *f* **попу́тчик** M, **попу́тчица**

F Weggefährte *m* (-gefährtin *f*)
попы́тка F Versuch *m*
порá[1] **1** F (Jahres)Zeit *f* **2** es wird Zeit; **до поры́ до врéмени** zeitweilig; **до каки́х пор** bis wann; **с тéх пор** von jener Zeit an; **до тех пор, покá** so lange, bis; **дó сих пор** bis jetzt; bis hierher; **на пéрвых ~х** fürs Erste
пóра[2] F Pore *f*
порабощáть ⟨**поработи́ть**⟩ unterjochen (*a. fig*)
поражáть ⟨**порази́ть**⟩ **1** einen Schlag versetzen; verletzen **2** in Erstaunen versetzen **поражéние** N Niederlage *f*; Schädigung *f* **порази́тельный** erstaunlich; frappant
порвáть → рвать, порывáть
порицáть tadeln
пóровну in gleiche Teile
порóг M Schwelle *f* (*a. fig*)
порóда F **1** Rasse *f*; Gattung *f* **2** GEOL Gestein *n* **порóдистый** rassig; Rasse-
порождáть ⟨**породи́ть**⟩ hervorrufen
пóрознь getrennt
порóк M Laster *n*; **~ сéрдца** Herzfehler *m*
поросёнок M Ferkel *n*
порóть **1** ⟨**вы́пороть**⟩ prügeln **2** ⟨**распорóть**⟩ auftrennen (*Näharbeit*); **~ горя́чку** hasten; **~ чушь** *umg* Dummheiten reden
пóрох M Schießpulver *n*
порóчить ⟨**опорóчить**⟩ verleumden
порóчный lasterhaft; fehlerhaft; **~ круг** *m* Zirkelschluss *m*; Teufelskreis *m*
порошóк M Pulver *n*
порт M Hafen *m*
портати́вный tragbar
портвéйн M Portwein *m*
пóртить ⟨**испóртить**⟩ verderben
портни́ха F Schneiderin *f*, **портнóй** *m* Schneider *m*
портрéт M Porträt *n*
портсигáр M Zigarettenetui *n*
портфéль M Aktentasche *f*; **мини́стр** *m* **без портфéля** Minister *m* ohne Geschäftsbereich
портьéра F Vorhang *m*
порýки : **взять на ~** für *j-n* bürgen
по-рýсски auf Russisch, russisch; Russisch
поручáть ⟨**поручи́ть**⟩ beauftragen (*Д akk*) **поручéние** N Auftrag *m* **поручи́ться** → ручáться
порхáть umherflattern
пóрция F Portion *f*
пóрча F Beschädigung *f*
поры́в M Windstoß *m*; *fig* Ausbruch *m* **порывáть** ⟨**порвáть**⟩ abbrechen **порывáться** streben; sich bemühen **поры́вистый** heftig; stürmisch; hastig
поря́док M Ordnung *f* **поря́дочный** anständig
посади́ть → **сажáть** **посáдка** F Pflanzung *f*; Einsteigen *n*

по-своéму auf seine Art
посвящáть ⟨посвяти́ть⟩ widmen
посéв M (Aus)Saat *f* **посевнáя** F Zeit *f* der Aussaat
поселéнец M Siedler *m* **поселéние** N Siedlung *f*
посели́ть(ся) → сели́ть(ся)
посёлок M Wohnsiedlung *f*
посереди́не in der Mitte; mitten
посети́тель(ница) M(F) Besucher(in) *m(f)*, Gast *m*
посещáть ⟨посети́ть⟩ besuchen **посещéние** N Besuch *m*
поскóльку sofern; da
послáние N Sendschreiben *n*; Botschaft *f* **послáнник** M Gesandte(r) *m*; Bote *m*
пóсле 1 PRÄP *P* nach *dat* 2 ADV nachher
послéдний letzter
послéдователь M Anhänger *m*; Nachfolger *m* **послéдовательный** aufeinanderfolgend; konsequent
послéдствие N Folge *f*
послезáвтра übermorgen **послеобéденный** Nachmittags- **послеслóвие** N Nachwort *n*
послóвица F Sprichwort *n*
послужи́ть → служи́ть
послýшать(ся) → слýшать(-ся)
послýшный gehorsam
послы́шаться → слы́шаться
посмéртно postum
посмéть → сметь
посмотрéть → смотрéть
посóбие N 1 Beihilfe *f* 2 Lehrmittel *n*
посóл M Botschafter *m* **посóльство** N Botschaft *f*
пóсох M Stab *m* **посошóк** M kleiner Stab *m*; *fig umg* Abschiedstrunk *m*
поспевáть ⟨поспéть⟩ 1 reif werden 2 rechtzeitig kommen
поспéшно in Eile
посрами́ть blamieren
посреди́ PRÄP *P* mitten in *dat* **посреди́не** → посереди́не
посрéдник M Vermittler *m* **посрéдственный** mittelmäßig **посрéдство** N Vermittlung *f*
пост[1] M Posten *m*
пост[2] M Fastenzeit *f*
постáвить → стáвить, поставля́ть **постáвка** F Lieferung *f* **поставля́ть ⟨постáвить⟩** liefern **поставщи́к** M Lieferant *m*
постанóвка F Aufstellen *n*; Stellung *f*; Aufführung *f* **постановлéние** N Beschluss *m*; Resolution *f* **постановля́ть ⟨постанови́ть⟩** einen Beschluss fassen
постéль F Bett *n*
постепéнный allmählich
постигáть ⟨пости́гнуть, пости́чь⟩ begreifen; fassen **постижéние** N Begreifen *n*
пости́ться fasten
постóльку insofern; **~ по-**

ско́льку insofern als
посторо́нний fremd
постоя́лец M Mieter *m*
постоя́нный ständig
постри́чь → стричь
постро́ить → стро́ить, **постро́йка** F Bau *m*; Bauwerk *n*
поступа́ть ⟨**поступи́ть**⟩ 1 handeln 2 eintreten; eingeben **поступле́ние** N Eintritt *m*; Erlös *m* **посту́пок** M Tat *f*; Handlung *f*
постыди́ться → стыди́ться
посты́дный schändlich
посты́лый überdrüssig
посу́да F Geschirr *n*
посыла́ть ⟨**посла́ть**⟩ schicken **посы́лка** F Sendung *f*
посыпа́ть ⟨**посы́пать**⟩ bestreuen; schütten **посы́паться** → сы́паться
посяга́тельство N Eingriff *m* **посяга́ть** ⟨**посягну́ть**⟩ einen Anschlag auf *etw* verüben
пот M Schweiß *m*
потайно́й Geheim-
потаску́ха F Nutte *f*
потасо́вка F Prügelei *f*
потво́рствовать Nachsicht üben (*Д* mit *dat*)
потёмки *pl* Dunkel *n*
потерпе́вший M Geschädigte(r) *m* **потерпе́ть** → терпе́ть
поте́ря F Verlust *m*
поте́ть ⟨**вспоте́ть**⟩ schwitzen
поте́ха F Spaß *m*
потеша́ть ⟨**поте́шить**⟩ belustigen
потихо́ньку leise; heimlich; langsam
по́тный schweißig
пото́к M Strom *m*; Flut *f* (*a. fig*)
потоло́к M Zimmerdecke *f*; *fig* Höchstgrenze *f*
пото́м nachher **пото́мок** M Nachkomme *m* **пото́мство** N Nachkommenschaft *f*
потому́ deshalb; **~ что** weil
потреби́тель M Verbraucher *m* **потребле́ние** N Konsum *m* **потребля́ть** ⟨**потреби́ть**⟩ verbrauchen **потре́бность** F Bedürfnis *n*
потроха́ *pl* Eingeweide *pl*
потряса́ть ⟨**потрясти́**⟩ erschüttern (*a. fig*) **потряса́ющий** ergreifend **потрясе́ние** N Erschütterung *f*
поту́хнуть erlöschen
потуши́ть → туши́ть
пoу́жинать → у́жинать
поучи́тельный lehrreich
поха́бный zotig; unflätig
похвала́ F Lob *n* **похвали́ть** → хвали́ть **похва́льный** lobenswert; Lob-
похища́ть ⟨**похи́тить**⟩ stehlen; entführen
похо́д M Wanderung *f*; Ausflug *m*; Besuch *m*; Kriegszug *m* **походи́ть** ähnlich sein (**на** *В dat*) **похо́дка** F Gangart *f*
похо́жий ähnlich
по́хороны *pl* Beerdigung *f*
поцелу́й M Kuss *m*
по́чва F Boden *m*; GEOL Soh-

le *f*
почём *umg* was kostet das?
почему́ warum
по́черк M Handschrift *f*
по́чести *pl* Ehren *f*; Ehrung *f*
почёт M Ehre *f*; Hochachtung *f* **почётный** Ehren-
почи́н M Anregung *f*; Initiative *f* **почини́ть** → **чини́ть** **почи́нка** F Reparatur *f*
почита́ть ⟨**почти́ть**⟩ ehren; Ehre zollen
по́чка F 1 Knospe *f* 2 Niere *f*
по́чта F Post *f*; **электро́нная ~** E-Mail *f*; E-Mail-Account *m*
почтальо́н M Briefträger *m*
почта́мт M Postamt *n*
почте́ние N Ehrerbietung *f*
почте́нный ehrbar
почти́ fast; beinahe
почти́тельный ehrerbietig
почти́ть → **почита́ть**
почто́вый Post-; **почто́вое отделе́ние** *n* Poststelle *f*; **~ я́щик** *m* Briefkasten *m*
пошёл → **идти́**
по́шлина F Zoll *m*; Zollgebühren *pl*
по́шлость F Gemeinheit *f*; KUNST Kitsch *m* **по́шлый** fade; vulgär; platt
поща́да F Gnade *f*; Schonung *f*
пощёчина F Ohrfeige *f*
поэ́зия F Poesie *f* **поэ́ма** F Poem *n* **поэ́т** M Dichter *m*
поэ́тому deswegen
появле́ние N Erscheinen *n*
появля́ться ⟨**появи́ться**⟩ erscheinen; entstehen
по́яс M Gürtel *m*; Gürtellinie *f*; **часово́й ~** Zeitzone *f*
поясне́ние N Erläuterung *f*
поясни́ца F ANAT Kreuz *n*
поясня́ть ⟨**поясни́ть**⟩ erläutern
праба́бушка F Urgroßmutter *f*
пра́вда F Wahrheit *f* **правди́вый** wahrheitsgetreu **правдоподо́бный** glaubwürdig
пра́вило N Regel *f* **пра́вильный** richtig
прави́тельство N Regierung *f* **пра́вить** 1 regieren; steuern 2 korrigieren **правле́ние** N Regierung *f*; Vorstand *m*
пра́во N Recht *n*; **води́тельские права́** *pl* Führerschein *m*
правописа́ние N Rechtschreibung *f* **правосла́вный** orthodox **правосу́дие** N Rechtspflege *f*
пра́вый recht(s) (*a.* POL)
пра́дед M, **праде́душка** M Urgroßvater *m*
пра́зднество N Feierlichkeit *f*
пра́здник M Feiertag *m*; Fest *n* **пра́здничный** festlich; Feiertags- **пра́здновать** feiern **пра́здный** müßig; untätig; unnütz
пра́ктика F Praxis *f*; Praktikum *n* **практи́чный** praktisch
прах M 1 Staub *m* 2 sterbliche Überreste *pl*

пра́чечная F Wäscherei *f* **пра́чка** F Wäscherin *f*
пребыва́ние N Aufenthalt *m*
превосходи́тельство N Exzellenz *f* **превосходи́ть** ⟨**превзойти́**⟩ übertreffen
превосхо́дный ausgezeichnet; **превосхо́дная сте́пень** *f* GRAM Superlativ *m*
превра́тный irrig; verkehrt
превраща́ть ⟨**преврати́ть**⟩ verwandeln; umgestalten **превраще́ние** N Umwandlung *f*
превыша́ть ⟨**превы́сить**⟩ übersteigen **превыше́ние** N Überschreitung *f*
прегра́да F Schranke *f*; Sperre *f* **прегражда́ть** ⟨**прегради́ть**⟩ versperren
пред → пе́ред
предава́ть ⟨**преда́ть**⟩ verraten **предава́ться** ⟨**преда́ться**⟩ sich hingeben **преда́ние** N Sage *f*
пре́данность F Hingabe *f* **пре́данный** anhänglich; treu
преда́тель(ница) M(F) Verräter(in) *m(f)* **преда́тельство** N Verrat *m*
предба́нник M Auskleideraum *m* (*Sauna*)
предвари́тельный Vor-; vorläufig
предве́стник M Vorbote *m*; Vorzeichen *n* **предвеща́ть** verheißen
предвзя́тый voreingenommen; vorgefasst; befangen
предви́дение N Voraussicht *f* **предви́деть** vorhersehen
предвкуша́ть im Voraus genießen
предводи́тель M Anführer *m*
предвосхища́ть ⟨**предвосхи́тить**⟩ vorwegnehmen
предвы́борный Wahl-
преддве́рие N Vorhof *m*; *fig* Zeit unmittelbar davor
преде́л M Grenze *f* (*mst fig*)
предисло́вие N Vorwort *n*
предлага́ть ⟨**предложи́ть**⟩ vorschlagen **предло́г** M **1** Vorwand *m* **2** GRAM Präposition *f* **предложе́ние** N **1** Vorschlag *m* **2** GRAM Satz *m*
предме́стье N Vorstadt *f*
предме́т M Gegenstand *m* (*a. fig*)
предназнача́ть ⟨**предназна́чить**⟩ (voraus)bestimmen
преднаме́ренный vorsätzlich; vorbedacht
пре́док M Vorfahr *m*; Urahn *m*
предопла́та F Vorauszahlung *f*
предоставля́ть ⟨**предоста́вить**⟩ überlassen; verschaffen
предостерега́ть ⟨**предостере́чь**⟩ verwarnen
предостереже́ние N Warnung *f*
предосторо́жность F Vorsicht *f*
предосуди́тельный ungebührlich; anstößig

предотвраща́ть ⟨**предотврати́ть**⟩ vorbeugen **предохрани́тель** M Sicherung *f* **предохрани́тельный** Schutz-; Sicherheits- **предписа́ние** N Vorschrift *f* **предпи́сывать** ⟨**предписа́ть**⟩ vorschreiben **предполага́ть** ⟨**предположи́ть**⟩ voraussetzen **предположе́ние** N Annahme *f* **предпосле́дний** vorletzter **предпосы́лка** F Vorbedingung *f*; Voraussetzung *f* **предпочита́ть** ⟨**предпоче́сть**⟩ bevorzugen **предпочте́ние** N Präferenz *f* **предприи́мчивый** unternehmungslustig **предпринима́тель** M Unternehmer *m* **предпринима́ть** ⟨**предприня́ть**⟩ unternehmen **предприя́тие** N Betrieb *m* **предрассу́док** M Vorurteil *n* **председа́тель** M Vorsitzende(r) *m* **предсказу́емый** voraussagbar **предска́зывать** ⟨**предсказа́ть**⟩ voraussagen **представи́тель** M Vertreter *m* **представи́тельство** N Vertretung *f* **представле́ние** N **1** Vorstellung *f* **2** Aufführung *f* **представля́ть** ⟨**предста́вить**⟩ **1** vorlegen **2** vorstellen; ~ **себе́** sich vorstellen **предстоя́ть** bevorstehen **предстоя́щий** kommend **предупреди́тельный** zuvorkommend; vorbeugend **предупрежда́ть** ⟨**предупреди́ть**⟩ vorher mitteilen; warnen; zuvorkommen **предупрежде́ние** N Warnung *f*; ~ **об опа́сности для путеше́ственников** Reisewarnung *f* **предусма́тривать** ⟨**предусмотре́ть**⟩ voraussehen **предусмотри́тельный** vorsorglich **предчу́вствие** N Vorahnung *f* **предчу́вствовать** ahnen **предше́ственник** M Vorgänger *m* **предъяви́тель** M Inhaber *m* **предъявля́ть** ⟨**предъяви́ть**⟩ vorweisen; vorlegen **предыду́щий** vorig **прее́мник** M Nachfolger *m* **прее́мственность** F Nachfolge *f* **пре́жде** früher **преждевре́менный** vorzeitig **пре́жний** vergangen **презервати́в** M Kondom *n* **презира́ть** verachten; missachten **презре́ние** N Verachtung *f* **презри́тельный** verächtlich **преиму́щественно** hauptsächlich **преиму́щественный** überwiegend **преиму́щество** N Vorzug *m*; Vorteil *m* **преиспо́дняя** F Hölle *f*; Unterwelt *f* **прейскура́нт** M Preisliste *f*

прекра́сный schön; ausgezeichnet
прекраща́ть(ся) ⟨**прекрати́ть(ся)**⟩ aufhören *v/t* (*v/i*) **прекраще́ние** N Aufhören *n*
преле́стный reizend; entzückend **пре́лесть** F Reiz *m*
прельща́ть ⟨**прельсти́ть**⟩ verlocken
пре́мия F Preis *m*; Prämie *f*
премье́ра F Premiere *f* **премье́р-мини́стр** M Premierminister *m*
пренебрега́ть ⟨**пренебре́чь**⟩ vernachlässigen **пренебреже́ние** N Missachtung *f*; Vernachlässigung *f*
пре́ния *pl* Debatte *f*
преоблада́ть vorherrschen
преобразова́ние N Umgestaltung *f*; Umbildung *f* **преобразо́вывать** ⟨**преобразова́ть**⟩ umgestalten
преодолева́ть ⟨**преодоле́ть**⟩ überwinden
преподава́тель(ница) M(F) (Hochschul)Lehrer(in) *m(f)*
преподава́ть unterrichten
препя́тствие N Hindernis *n*
препя́тствовать ⟨**воспрепя́тствовать**⟩ behindern
прерыва́ть ⟨**прерва́ть**⟩ abbrechen; unterbrechen
пресле́дование N Verfolgung *f* **пресле́довать** verfolgen
пресловýтый berüchtigt
пре́сный ungesalzen; gewürzlos; *fig* flach; **пре́сная вода́** *f* Süßwasser *n*
пресс M Schraube *f*
пре́сса F Presse *f*
преступле́ние N Verbrechen *n* **престу́пник** M, **престу́пница** F Verbrecher(in) *m(f)*
престу́пный sträflich; kriminell
претенде́нт M Bewerber *m*
претендова́ть beanspruchen **прете́нзия** F Anspruch *m*
преувеличе́ние N Übertreibung *f* **преувели́чивать** ⟨**преувели́чить**⟩ übertreiben
при PRÄP *П* bei *dat*; an *dat*
приба́вка F Zulegen *n*; Zulage *f* **прибавля́ть** ⟨**приба́вить**⟩ zugeben; zulegen; hinzufügen
Приба́лтика F Baltikum *n*
прибега́ть **1** ⟨**прибежа́ть**⟩ herbeilaufen **2** ⟨**прибе́гнуть**⟩ seine Zuflucht nehmen; sich wenden (**к** *Д* an *akk*)
прибира́ть ⟨**прибра́ть**⟩ aufräumen
приближа́ть(ся) ⟨**прибли́зить(ся)**⟩ (sich) nähern **приближённый** M Vertraute(r) *m* **приблизи́тельный** ungefähr
прибо́й M Brandung *f*
прибо́р M **1** Gerät *n* **2** Besteck *n*
прибыва́ть ⟨**прибы́ть**⟩ **1** ankommen **2** zunehmen; **вода́**

прибыва́ет das Wasser steigt **при́быль** F Gewinn *m* **при́быльный** gewinnbringend **прибы́тие** N Ankunft *f*; **вре́мя** *n* **прибы́тия** Ankunftszeit *f* **прива́л** M Halt *m*; Rast *f* **привезти́** → привози́ть **привере́дничать** nörgeln **приве́рженец** M Anhänger *m* **привести́** → приводи́ть **приве́т** M Gruß *m* **приве́тливый** freundlich **приве́тствовать** 〈**поприве́тствовать**〉 begrüßen **прививать** 〈**приви́ть**〉 impfen; BOT pfropfen **приви́вка** F Pfropfung *f*; Impfung *f* **приви́нчивать** 〈**привинти́ть**〉 anschrauben **привлека́тельный** anziehend **привлека́ть** 〈**привле́чь**〉 (heran)ziehen; locken **приводи́ть** 〈**привести́**〉 herbeiführen; bringen (*a. fig*) **приво́з** M Zufuhr *f* **привози́ть** 〈**привезти́**〉 V/T anfahren **привыка́ть** 〈**привы́кнуть**〉 sich gewöhnen (**к** *Д* an *akk*) **привы́чка** F Gewohnheit *f* **привя́занность** F Anhänglichkeit *f* **привя́зывать** 〈**привяза́ть**〉 anbinden; anknüpfen **привя́зываться** 〈**привяза́ться**〉 **1** lieb gewinnen **2** belästigen **приглаша́ть** 〈**пригласи́ть**〉 einladen **приглаше́ние** N Einladung *f* **приглашённый** M Eingeladene(r) *m* **пригова́ривать** 〈**приговори́ть**〉 verurteilen **пригово́р** M Urteil *n* **приго́дный** brauchbar; **~ для инвали́дов** barrierefrei **при́город** M Vorort *m* **приготовле́ние** N Vorbereitung *f* **придава́ть** 〈**прида́ть**〉 verleihen **прида́ное** N Mitgift *f* **прида́ча** F: **в прида́чу** dazu **придво́рный** höfisch **приде́л** M Nebenaltar *m* **приде́рживаться** sich halten (*P* an *akk*) **придира́ться** 〈**придра́ться**〉 nörgeln (**к** *Д* an *dat*); schikanieren **приду́мывать** 〈**приду́мать**〉 ausdenken **прие́зд** M Ankunft *f* **приезжа́ть** 〈**прие́хать**〉 anreisen **прие́зжий** M Zugereiste(r) *m* **приём** M **1** Annahme *f*; Empfang *m* **2** Verfahren *n* **прие́млемый** akzeptabel **приёмная** F Sprechzimmer *n* **приёмник** M **1** Empfänger *m* **2** Aufnahmestelle *f* **приёмный** **1** Empfangs-; Sprech-; Aufnahme- **2** Adoptiv- **прие́хать** → приезжа́ть **прижима́ть** 〈**прижа́ть**〉 (an)drücken; anpressen **приз** M (Ehren)Preis *m* **призва́ние** N Berufung *f* **призва́ть** → призыва́ть

приземля́ться ⟨**приземли́ться**⟩ landen
признава́ть ⟨**призна́ть**⟩ anerkennen; zugeben **признава́ться** ⟨**призна́ться**⟩ gestehen
при́знак M Merkmal *n* **призна́ние** N Anerkennung *f* **призна́тельность** F Dankbarkeit *f*
при́зрак M Gespenst *n* **при́зрачный** illusorisch
призы́в M Ruf *m*; Appell *m*; Losung *f* **призыва́ть** ⟨**призва́ть**⟩ (auf)rufen
прийти́ → **приходи́ть**
прика́з M Befehl *m* **прика́зывать** ⟨**приказа́ть**⟩ befehlen
прикаса́ться ⟨**прикосну́ться**⟩ leicht berühren
прикла́д M Kolben *m* **прикладно́й** angewandt **прикла́дывать** ⟨**приложи́ть**⟩ beilegen; auflegen; anwenden
приключе́ние N Abenteuer *n*
прикрепля́ть ⟨**прикрепи́ть**⟩ befestigen; angliedern
прикрыва́ть(ся) ⟨**прикры́ть(ся)**⟩ (sich) leicht zudecken
прила́вок M Ladentisch *m*
прилага́тельное N GRAM Adjektiv *n* **прилага́ть** → **прикла́дывать**
прилега́ть angrenzen
прилежа́ние N Fleiß *m* **приле́жный** fleißig
прилета́ть ⟨**прилете́ть**⟩ heranfliegen
приле́чь sich ein wenig hinlegen
прили́в M Flut *f*; *fig* Ausbruch *m* **прилива́ть** ⟨**прили́ть**⟩ zufließen
прили́чие N Anstand *m* **прили́чный** anständig
приложе́ние N Beilage *f*; *einer Mail* Attachment *n*; Anwendung *f*; App *f* **приложи́ть** → **прикла́дывать**
примене́ние N Verwendung *f*
примени́тельно к in Bezug auf (*Д akk*) **применя́ть** ⟨**примени́ть**⟩ anwenden
приме́р M Beispiel *n*; Beleg *m*; Vorbild *n* **приме́рка** F Anprobe *f* **приме́рно** ungefähr
примеря́ть ⟨**приме́рить**⟩ anprobieren
приме́та F Kennzeichen *n*
примеча́ние N Fußnote *f*; Anmerkung *f*
приме́шиваться sich beimischen
примире́ние N Versöhnung *f*
примиря́ть(ся) ⟨**примири́ть(ся)**⟩ (sich) versöhnen
примыка́ть ⟨**примкну́ть**⟩ sich anschließen (**к** *Д dat*, an *akk*)
принадлежа́ть gehören
принадле́жность F **1** Zugehörigkeit *f* **2** Zubehör *n*
принести́ → **приноси́ть**
принижа́ть ⟨**прини́зить**⟩

herabwürdigen **принима́ть ⟨приня́ть⟩** annehmen; empfangen **принима́ться ⟨приня́ться⟩** 1 sich vornehmen (**за** *В akk*) 2 Wurzeln schlagen **принора́вливаться ⟨принорови́ться⟩** sich anpassen (**к** *Д dat*) **приноси́ть ⟨принести́⟩** (ein)bringen **принуди́тельный** Zwangs- **принужда́ть ⟨прину́дить⟩** zwingen **принужде́ние** N Zwang *m* **при́нцип** M Prinzip *n* **принципиа́льный** prinzipiell **приня́тие** N Annahme *f* **при́нято** es ist üblich **приня́ть** → принима́ть **приобрета́ть ⟨приобрести́⟩** erwerben **приобрете́ние** N Erwerbung *f* **припа́док** M Anfall *m* **припаса́ть ⟨припасти́⟩** Vorräte anlegen **припа́сы** *pl* Vorräte *pl* **припе́в** M Refrain *m* **припева́ючи** sorgenfrei **припи́ска** F Nachschrift *f*; geschönte Angaben *pl* **припи́сывать ⟨приписа́ть⟩** hinzuschreiben; zuschreiben **приплыва́ть ⟨приплы́ть⟩** heranschwimmen **припо́днятый** leicht gehoben (*mst fig*) **приполза́ть ⟨приползти́⟩** herankriechen **припомина́ть ⟨припо́мнить⟩** sich ins Gedächtnis zurückrufen **припра́ва** F Gewürz *n* **приправля́ть ⟨припра́вить⟩** würzen; abschmecken **приро́да** F Natur *f* **присва́ивать ⟨присво́ить⟩** 1 zuerkennen 2 sich aneignen **приседа́ть ⟨присе́сть⟩** niederhocken; knicksen **приско́рбие** N tiefste Trauer *f* **приско́рбный** betrüblich **прислоня́ть(ся) ⟨прислони́ть(ся)⟩** (sich) anlehnen (**к** *Д* an *akk*) **прислу́га** F Bedienstete *pl*; Dienstmädchen *n* **прислу́живать** aufwarten **прислу́шиваться ⟨прислу́шаться⟩** lauschen; *fig* Gehör schenken (**к** *Д dat*) **присма́тривать ⟨присмотре́ть⟩** aufpassen (**за** *Т* auf *akk*) **присма́триваться ⟨присмотре́ться⟩** genau betrachten (**к** *Д akk*) (*a. fig*) **присни́ться** → сни́ться **присоединя́ть(ся) ⟨присоедини́ть(ся)⟩** (sich) anschließen **приспоса́бливаться ⟨приспосо́биться⟩** sich anpassen **приспособле́ние** N Anpassung *f*; Mechanismus *m* **пристава́ть ⟨приста́ть⟩** anlegen; anheften; anmachen (**к** *Д akk*) **при́стальный** starr

приста́нище N Obdach *n* **приста́нь** F Anlegestelle *f*; Hafen *m*

пристра́стие N Vorliebe *f* **пристра́стный** voreingenommen

пристро́йка F Anbau *m*

при́ступ M Anfall *m*; MIL Sturm *m* **приступа́ть** ⟨**приступи́ть**⟩ beginnen (**к** *Д* mit *dat*)

пристыди́ть → **стыди́ть**

присужда́ть ⟨**присуди́ть**⟩ zuerkennen; verurteilen

прису́тствие N Anwesenheit *f* **прису́тствовать** anwesend sein

прису́щий eigen; charakteristisch (*Д* für *akk*)

присыла́ть ⟨**присла́ть**⟩ zuschicken

прися́га F Eid *m* **присяга́ть** ⟨**присягну́ть**⟩ einen Eid leisten

прися́жный M Geschworene(r) *m*; **суд** *m* **прися́жных** Geschworenengericht *n*

прита́йться PF sich verkriechen

прита́скивать ⟨**притащи́ть**⟩ heranschleppen; herbeischleppen

притво́рство N Heuchelei *f* **притворя́ться** ⟨**притвори́ться**⟩ sich verstellen

притесня́ть knechten

притиха́ть ⟨**прити́хнуть**⟩ still werden

прито́к M Zufluss *m* (*a. fig*)

прито́м dabei; außerdem

при́торный übersüß (*a. fig*)

притупля́ться ⟨**притупи́ться**⟩ stumpf werden; *fig* abstumpfen

при́тча F LIT Gleichnis *n*

притя́гивать ⟨**притяну́ть**⟩ heranziehen **притяже́ние** N Anziehung *f*

притяза́ние N Anspruch *m*; Anmaßung *f* **притяза́ть** beanspruchen (**на** *B akk*)

приуча́ть ⟨**приучи́ть**⟩ anlernen (*B* **к** *Д dat akk*)

прихо́д M **1** Ankunft *f* **2** Einkommen *n* **3** Kirchengemeinde *f* **приходи́ть** ⟨**прийти́**⟩ kommen (*a. fig*); geraten **приходи́ться** ⟨**прийти́сь**⟩: **мне пришло́сь уе́хать** ich musste fortfahren

прихожа́нин M, **прихожа́нка** F Gemeindemitglied *n*

прихотли́вый wählerisch

прихо́ть F Laune *f*; Grille *f*

прихра́мывать leicht hinken

прице́л M Zielen *n* **прице́ливаться** ⟨**прице́литься** ⟩ zielen; die Waffe richten

прице́п M Anhänger *m* (*Wagen*); Gepäckanhänger *m* **прицепи́ться** → **цепля́ться**

прицепля́ть ⟨**прицепи́ть**⟩ anhängen

прича́ливать ⟨**прича́лить**⟩ vertäuen; anlegen

прича́стие N Partizip *n* **прича́стный** beteiligt

причёска F Frisur *f* **причё-**

сывать(ся) ⟨**причеса́ть(ся)**⟩ (sich) kämmen
причи́на F Ursache *f* **причиня́ть** ⟨**причини́ть**⟩ zufügen; antun
причисля́ть ⟨**причи́слить**⟩ hinzuzählen (**к** *Д* zu *dat*)
причу́да F Laune *f*; Grille *f* **причу́дливый** bizarr; wunderlich
пришива́ть ⟨**приши́ть**⟩ annähen
прищёлкивать ⟨**прищёлкнуть**⟩ schnalzen
прищеми́ть PF einklemmen
прию́т M Obdach *n* **приюти́ть** beherbergen
прия́тель(ница) M(F) Freund(in) *m(f)*
прия́тный angenehm
про PRÄP *В* über *akk*; von *dat*; **расска́зывать ~ него́** von ihm erzählen
про́ба F Versuch *m*; Test *m*
пробега́ть ⟨**пробежа́ть**⟩ durchlaufen
пробе́л M Lücke *f*
пробива́ть ⟨**проби́ть**⟩ durchschlagen
пробира́ться ⟨**пробра́ться**⟩ sich einschleichen
проби́рка F Reagenzglas *n*
про́бка F Kork *m*; Pfropfen *m*; Stau *m*
про́бовать ⟨**попро́бовать**⟩ versuchen; ausprobieren; kosten
пробо́р M Scheitel *m*
пробужда́ть ⟨**пробуди́ть**⟩ aufwecken **пробужде́ние** N Aufwachen *n*; Erwachen *n* (*a. fig*)
прова́л M **1** Einsturz *m* **2** Misserfolg *m* **прова́ливаться** ⟨**провали́ться**⟩ einstürzen; misslingen
проведе́ние N Durchführung *f*
прове́рка F Überprüfung *f* **проверя́ть** ⟨**прове́рить**⟩ überprüfen
провести́ → проводи́ть
прове́тривать ⟨**прове́трить**⟩ lüften
провиде́ние N Vorsehung *f*
прови́дец M Prophet *m*
прови́зия F Proviant *m*
провини́ться PF sich *etw* zuschulden kommen lassen
про́вод M Leitung *f*; Kabel *n*
проводи́ть ⟨**провести́**⟩ (durch)führen **проводни́к**[1] M PHYS (Strom)Leiter *m* **проводни́к**[2] M, **проводни́ца** F (Zug)Schaffner(in) *m(f)*; Zugpersonal *n*; Führer(in) *m(f)*
прово́ды *pl* Verabschiedung *f* **провожа́ть** ⟨**проводи́ть**⟩ begleiten
прово́з M Beförderung *f*
провозглаша́ть ⟨**провозгласи́ть**⟩ verkünden
провози́ть ⟨**провезти́**⟩ hinfahren
про́волока F Draht *m*
прово́рный flink; hurtig
проворо́нить PF versäumen
прогла́тывать ⟨**проглo-**

ти́ть〉 verschlucken
прогова́риваться 〈**проговори́ться**〉 sich verplaudern **проговори́ть** PF aussprechen
прогоня́ть 〈**прогна́ть**〉 fortjagen
програ́мма F Programm *n*; Programmheft *n*
прогре́сс M Fortschritt *m*
прогу́лка F Spaziergang *m*
продава́ть 〈**прода́ть**〉 verkaufen **прода́жа** F Verkauf *m* **прода́жный** käuflich
продви́нутый fortschrittlich, cool
продлева́ть 〈**продли́ть**〉 verlängern; in die Länge ziehen
продово́льственный Lebensmittel- **продово́льствие** N Nahrungsmittel *pl*
продолжа́ть 〈**продо́лжить**〉 verlängern; fortfahren **продолжа́ться** 〈**продо́лжиться**〉 dauern **продолже́ние** N Fortsetzung *f* **продолжи́тельный** andauernd
продува́ть 〈**проду́ть**〉 durchblasen; *umg* verspielen
прое́зд M Durchfahrt *f* **проезжа́ть** 〈**прое́хать**〉 (vorbei)fahren
прожа́рка M: **сре́дняя ~** medium (*beim Steak*)
проже́ктор M Scheinwerfer *m*
прожива́ть 1 wohnen 2 〈**прожи́ть**〉 (eine Zeitlang) wohnen; leben
про́звище N Beiname *m*; Spitzname *m*
прозева́ть PF verpassen
прозра́чный durchsichtig
прои́грывать 〈**проигра́ть**〉 verspielen; verlieren
произведе́ние N 1 Werk *n* 2 MATH Produkt *n* **производи́тель** M Hersteller *m* **производи́тельность** F Produktivität *f* **производи́тельный** produktiv **производи́ть** 〈**произвести́**〉 durchführen; hervorrufen **произво́дство** N Herstellung *f*; Betrieb *m*
произво́л M Willkür *f* **произво́льный** willkürlich
произноси́ть 〈**произнести́**〉 aussprechen **произноше́ние** N Aussprache *f*
произойти́ → происходи́ть
про́иски *pl* Intrigen *pl*
происходи́ть 〈**произойти́**〉 1 geschehen; passieren 2 abstammen **происхожде́ние** N Abstammung *f*; Herkunft *f* **происше́ствие** N Vorfall *m*
пройти́ → проходи́ть
прок M Nutzen *m*
прокажённый M Leprakranke(r) *m*
прока́зник M, **прока́зница** F Lümmel *m*
прока́лывать 〈**проколо́ть**〉 durchstechen
прока́т M Verleih *m* **прокати́ть(ся)** PF spazieren fahren

v/t (v/i)
прокла́дка F Verlegung *f*; Einlage *f*; Slipeinlage *f*; Dichtung *f*
проклина́ть ⟨прокля́сть⟩ verdammen **прокля́тие** N Fluch *m* **прокля́тый** verdammt
прокру́чивать ⟨прокрути́ть⟩ scrollen
прокуро́р M Staatsanwalt *m*
прола́мывать ⟨проломи́ть⟩ durchbrechen; durchstoßen
пролёт M ARCH Flucht *f*; Brückenöffnung *f*
пролета́ть ⟨пролете́ть⟩ vorbeifliegen; verfliegen; *umg fig* einen Misserfolg haben
проли́в M Meerenge *f* **пролива́ть ⟨проли́ть⟩** vergießen **проливно́й**: **~ дождь** M Regenguss *m*
про́мах M Fehlschuss; *fig* Fehlleistung *f* **прома́хиваться ⟨промахну́ться⟩** danebenschießen
промежу́ток M Abstand *m* **промежу́точный** Zwischen-
промелькну́ть PF verfliegen
промерза́ть ⟨промёрзнуть⟩ durchfrieren
промока́ть ⟨промо́кнуть⟩ nass werden
промолча́ть PF stillschweigen
проморга́ть PF *umg* verpassen
промота́ться PF sein Geld vergeuden
промочи́ть PF durchnässen
промтова́ры (**промышленные това́ры**) *pl* Industriewaren *pl*
про́мысел M Gewerbe *n*
промы́шленность F Industrie *f* **промы́шленный** Industrie-
промышля́ть betreiben
пронзи́тельный durchdringend; stechend (*a. fig*)
проника́ть ⟨прони́кнуть⟩ eindringen
проница́тельный scharfsinnig
пропада́ть ⟨пропа́сть⟩ verloren gehen; vergehen **пропа́жа** F Verlust *m*
про́пасть F Kluft *f* (*a. fig*)
пропива́ть ⟨пропи́ть⟩ versaufen
пропи́ска F polizeiliche Anmeldung *f* **прописно́й**: **прописна́я бу́ква** F Großbuchstabe *m*; **прописна́я и́стина** *f* Binsenwahrheit *f* **прописывать ⟨прописа́ть⟩** verschreiben
пропове́дник M Prediger *m* **пропове́довать** predigen
про́поведь F Predigt *f*
про́пуск M **1** Passierschein *m* **2** Lücke *f* **пропуска́ть ⟨пропусти́ть⟩** **1** durchlassen; vorlassen (*in einer Schlange*) **2** verpassen, versäumen **пропускно́й** Durchlass-; Passier-
прорéха F Loch *n*; Riss *m*
проро́к M Prophet *m* **проро́-**

ческий prophetisch

проры́в M Durchbruch *m*

прорыва́ть(ся) ⟨**прорва́ть(ся)**⟩ zerreißen *v/t (v/i)*

просве́т M Lichtstreif *m* **просвеща́ть** ⟨**просвети́ть**⟩ bilden **просвеще́ние** N Aufklärung *f*

про́сека F Waldweg *m*

просёлок M Feldweg *m*

проси́ть ⟨**попроси́ть**⟩ bitten

прослу́шивать ⟨**прослу́шать**⟩ abhören

просма́тривать ⟨**просмотре́ть**⟩ durchsehen **просмо́тр** M Durchsicht *f*; Vorführung *f*

просну́ться → **просыпа́ться**

просо́вывать ⟨**просу́нуть**⟩ durchschieben

проспе́кт M Prospekt *m*

просро́чивать ⟨**просро́чить**⟩ einen Termin versäumen

простира́ться sich erstrecken

прости́тельный verzeihlich

прости́ть(ся) → **проща́ть(ся)**

про́сто einfach **простоду́шный** treuherzig **просто́й** einfach **простоква́ша** F Sauermilch *f*

просто́р M weiter Raum *m*; Weite *f*; Freiheit *f*

просторе́чие N saloppe Umgangssprache *f*

просто́рный geräumig

простота́ F Einfachheit *f*

простофи́ля M/F Einfaltspinsel *m*

простра́нный ausgedehnt

простра́нство N Raum *m*

просту́да F Erkältung *f* **простужа́ться** ⟨**простуди́ться**⟩ sich erkälten

просту́пок M Vergehen *n*

простыня́ F Betttuch *n*

просыпа́ть **1** ⟨**проспа́ть**⟩ verschlafen **2** ⟨**просы́пать**⟩ verschütten

просыпа́ться **1** ⟨**просну́ться**⟩ aufwachen **2** ⟨**просы́паться**⟩ verschüttet werden

просьба F Bitte *f*

протека́ть ⟨**проте́чь**⟩ **1** durchfließen **2** verlaufen

про́тив PRÄP P gegen *akk*

проти́виться ⟨**воспроти́виться**⟩ sich widersetzen

проти́вник N Gegner *m* **проти́вный** widerlich

противо- Gegen- **противове́с** M Gegengewicht *n* **противовозду́шный** Luftabwehr- **противоде́йствие** N Widerstand *m*; Gegenwirkung *f* **противозако́нный** gesetzwidrig **противозача́точный**: **противозача́точное сре́дство** N Verhütungsmittel *n* **противополо́жность** F Gegensatz *m* **противополо́жный** gegenüberliegend, gegenteilig **противоре́чие** N Widerspruch *m*

противотáнковый Panzerabwehr- **противоя́дие** N Gegengift *n*
протокóл M Protokoll *n*
протрезвéть nüchtern werden
протыкáть ⟨**проткнýть**⟩ durchstechen
протя́гивать ⟨**протянýть**⟩ spannen; ausstrecken; hinziehen **протяжéние** N Weite *f*; Zeitspanne *f*
профессионáльный Berufs- **профéссия** F Beruf *m* **профéссор** M Professor *m*
профсою́з M (профессионáльный сою́з) Gewerkschaft *f*
прохлáда F Kühle *f*; Frische *f* **прохладúтельный** erfrischend **прохлáдный** kühl
прохóд M Durchgang *m* **проходúть** ⟨**пройтú**⟩ (durch)gehen; vergehen; vorbei sein
прохóжий M Vorübergehende(r) *m*
процветáть ⟨**процвестú**⟩ *fig* gedeihen
прочéсть → прочитáть
прóчий übrig
прочитáть → читáть
прóчный haltbar; fest (*a. fig*)
прочь fort; weg
прошéдший vergangen
прошéние N Gesuch *n*
прошлогóдний vorjährig **прóшлое** N Vergangenheit *f* **прóшлый** vergangen
прощáльный Abschieds- **прощáние** N Abschied *m* **прощáть** ⟨**простúть**⟩ verzeihen **прощáться** ⟨**попрощáться, простúться**⟩ sich verabschieden
прощéние N Vergebung *f*
проявлéние N Bekundung *f* **проявля́ть(ся)** ⟨**проявúть(ся)**⟩ (sich) zeigen
прояснéние N (Auf)Klärung *f* **проясня́ться** ⟨**проясню́ться**⟩ sich aufklären
пруд M Teich *m*
пружúна F (Sprung)Feder *f*
прут M Gerte *f*; Stab *m*
пры́гать ⟨**пры́гнуть**⟩ springen
прыжóк M Sprung *m*
прыщ M Pickel *m*
прядь F Haarsträhne *f*
пря́жа F Garn *n*
пря́жка F Schnalle *f*; Spange *f*
пря́мо gerade; geradeaus **прямóй** aufrecht; gerade **прямотá** F Aufrichtigkeit *f* **прямоугóльник** M Rechteck *n*
пря́ник M Pfefferkuchen *m*; Lebkuchen *m* **пря́ность** F Gewürz *n* **пря́ный** würzig
прясть spinnen
пря́тать(ся) ⟨**спря́тать(ся)**⟩ (sich) verstecken
пря́тки *pl* Versteckspiel *n*
психúческий psychisch **психолóгия** F Psychologie *f*
птенéц M Vogeljunges *n*
птúца F Vogel *m*
птúчий Vogel-
пýблика *umg* Publikum *n*

публи́чный öffentlich; **~ дом** *m* Bordell *n*
пу́гало N Vogelscheuche *f*; *fig* Schreckgespenst *n*
пуга́ть ⟨**испуга́ть**, **напуга́ть**⟩ erschrecken
пугли́вый furchtsam; scheu
пу́говица F Knopf *m*
пу́дра F Puder *m*; **са́харная ~** Staubzucker *m* **пу́дреница** F Puderdose *f* **пу́дрить** ⟨**напу́дрить**⟩ pudern; **~ мозги́** blauen Dunst vormachen
пуза́тый *umg* dickbäuchig; bauchig **пу́зо** N *umg* Bauch *m*
пузырёк M Bläschen *n*; Fläschchen *n* **пузы́рь** M Blase *f*
пулемёт M Maschinengewehr *n*
пульс M Puls *m*
пу́ля F Kugel *f*; Geschoss *n*
пуска́й → пусть
пуска́ть ⟨**пусти́ть**⟩ fortlassen; hereinlassen; anlaufen
пуска́ться ⟨**пусти́ться**⟩ losgehen
пусте́ть ⟨**опусте́ть**⟩ leer werden
пусто́й leer **пустота́** F Leere *f* **пусты́ня** F Wüste *f* **пусты́рь** M braches Gelände *n*
пусть … lass …; mag …; möge …; soll …
пустя́к M Kleinigkeit *f*
пу́таница F Verwirrung *f*
пу́тать ⟨**перепу́тать**, **спу́тать**⟩ verwirren; verwechseln
путёвка F Einweisung *f* **путеводи́тель** M Reiseführer *m*
путево́дный Leit- **путево́й** Wege-
путеше́ственник M Reisende(r) *m* **путеше́ствие** N Reise *f* **путеше́ствовать** reisen
путь M Weg *m*; Bahn *f*; Route *f*
пух M Daunen *pl*; Flaum *m*
пу́хнуть ⟨**опу́хнуть**, **распу́хнуть**⟩ aufschwellen
пуши́стый flaumig
пу́шка F Kanone *f*
пушни́на F Pelzwerk *n*
пчела́ F Biene *f*
пшени́ца F Weizen *m*
пшено́ N Hirse *f*
пыл M Eifer *m* **пыла́ть** ⟨**запыла́ть**⟩ flammen (*a. fig*)
пылесо́с M Staubsauger *m*
пы́лкий feurig; flammend; heftig; leidenschaftlich
пыль F Staub *m* **пы́льный** staubig
пыта́ть foltern
пыта́ться ⟨**попыта́ться**⟩ versuchen
пы́тка F Folter *f*
пы́шка F runder Hefekuchen *m*; *fig* Dicke *f* **пы́шный** üppig
пье́са F Theaterstück *n*
пья́ница M/F Trinker(in) *m(f)*
пья́ный betrunken; besoffen
пятёрка F Fünf *f*
пяти- Fünf-
пя́титься ⟨**попя́титься**⟩ rückwärts gehen
пя́тка F Ferse *f*
пя́тница F Freitag *m*
пятно́ N Fleck *m*

пятый der fünfte **пять** fünf

Р

раб M Sklave *m*
работа F Arbeit *f*; Werk *n* **работать** arbeiten; berufstätig sein; **не работает!** außer Betrieb! **работник** M Arbeiter *m*
рабочий M Arbeiter *m*
равенство N Gleichheit *f*
равнина F Ebene *f*
равно gleich; **мне всё ~** das ist mir egal; **она всё ~ придёт** sie kommt sowieso
равновесие N Gleichgewicht *n* **равнодушный** gleichgültig **равномерный** gleichmäßig **равноправие** N Gleichberechtigung *f*
равный gleich **равнять** ⟨**сравнять**⟩ gleichmachen
рагу N Ragout *n*
рад froh (Д über *akk*)
радар M: **полицейский ~** Radarfalle *f*
ради PRÄP P zuliebe; wegen; **~ бога!** um Gottes willen
радио N Radio *n*; Funk *m* **радиовещание** N Rundfunk *m* **радиопередача** F Rundfunksendung *f* **радиостанция** F Rundfunksender *m*
радоваться ⟨**обрадоваться, порадоваться**⟩ sich freuen (Д über *akk*)
радостный freudig; erfreut **радость** F Freude *f*
радуга F Regenbogen *m*
радушный gastfreundlich; herzlich
раз M **1** Mal *n*; **ни разу** kein einziges Mal; **как ~** gerade; eben **2**: **~, два, три …** eins, zwei, drei **3** KONJ wenn einmal … auch; **~ ты обещал, сделай это** wenn du's einmal versprochen hast, tu's auch
раз-, разо-, рас- ver-; zer-; ent-
разбавлять ⟨**разбавить**⟩ verdünnen; verwässern
разбалтываться ⟨**разболтаться**⟩ sich lockern; sich gehen lassen (*a. fig*)
разбег M Anlauf *m* **разбегаться** ⟨**разбежаться**⟩ **1** einen Anlauf nehmen **2** auseinanderlaufen
разбередить PF reizen; beunruhigen; **~ рану** eine Wunde aufreißen (*a. fig*)
разбивать ⟨**разбить**⟩ zerschlagen; zerbrechen
разбирать ⟨**разобрать**⟩ auseinandernehmen; ordnen; untersuchen
разбираться ⟨**разобраться**⟩ seine Sachen in Ordnung bringen; sich auskennen (**в** П in *dat*)
разбой M Raub *m* **разбойник** M Räuber *m*

разболе́ться PF anfangen zu schmerzen; ernstlich erkranken

разбо́р M Sortierung *f*; Untersuchung *f* **разбо́рка** F Sortierung *f* **разбо́рчивый** 1 lesbar 2 wählerisch

разбра́сывать ⟨**разброса́ть**⟩ umherwerfen **разбро́санный** verstreut; zerstreut

разбры́згивать ⟨**разбры́згать**⟩ verspritzen

разбуди́ть → **буди́ть**

разбуха́ть ⟨**разбу́хнуть**⟩ anschwellen; aufquellen; *fig* sich aufblähen

разва́ливаться ⟨**развали́ться**⟩ auseinanderbrechen **разва́лины** *pl* Ruinen *pl*

ра́зве denn; wirklich; **~ он прие́хал?** ist er wirklich gekommen?; **~ что** etwa; vielleicht

разве́дка F MIL Aufklärung *f*; GEOL Schürfung *f* **разве́дчик** M Aufklärer *m*

развёртывать → **развора́чивать**

развести́(сь) → **разводи́ть(ся)**

развива́ть(ся) ⟨**разви́ть(ся)**⟩ (sich) entwickeln **разви́тие** N Entwicklung *f*

развлека́ть(ся) ⟨**развле́чь(ся)**⟩ (sich) amüsieren **развлече́ние** N Amüsement *n*; Vergnügen *n*

разво́д M Scheidung *f* **разводи́ть** ⟨**развести́**⟩ züchten; anpflanzen **разводи́ться** ⟨**развести́сь**⟩ sich scheiden lassen

разволнова́ться in große Aufregung geraten

разворо́вывать ⟨**разворова́ть**⟩ alles stehlen

развраща́ть ⟨**разврати́ть**⟩ verführen; verderben

развя́зка F 1 Lösung *f* 2 Ausfädeln *n* (*Verkehr*) **развя́зный** vorlaut; ungeniert **развя́зывать** ⟨**развяза́ть**⟩ losbinden; *fig* entfesseln

разга́дывать ⟨**разгада́ть**⟩ erraten

разга́р M: **в ~е** in vollem Gange; auf dem Höhepunkt

разгильдя́й M *umg* Faulpelz *m*

разглаго́льствовать große Worte reden

разглаша́ть ⟨**разгласи́ть**⟩ ein (Dienst)Geheimnis verletzen

разгля́дывать ⟨**разгляде́ть**⟩ genau betrachten

разгова́ривать sich unterhalten; (miteinander) reden

разгово́р M Gespräch *n* **разговори́ться** PF ins Gespräch kommen **разгово́рник** M Sprachführer *m* **разгово́рный** umgangssprachlich **разгово́рчивый** gesprächig

разго́н M Vertreibung *f* **разгоня́ть** ⟨**разогна́ть**⟩ verjagen (*a. fig*) **разгоня́ться** ⟨**разогна́ться**⟩ Anlauf nehmen

разгора́ться 〈**разгоре́ться**〉 entflammen (*a. fig*)
разгро́м M Zerschlagung *f*; *umg* Unordnung *f* **разгроми́ть** PF zerschmettern
раздава́ть 〈**разда́ть**〉 verteilen **раздава́ться** 〈**разда́ться**〉 erschallen
раздева́ть(ся) 〈**разде́ть(ся)**〉 (sich) ausziehen
разде́л M **1** (Auf)Teilung *f* **2** Rubrik *f* **разде́латься** loswerden (**с** *T akk*) **разделе́ние** N Einteilung *f* **раздели́ть** → дели́ть **разделя́ть** 〈**раздели́ть**〉 teilen (*a. fig*)
раздо́лье N freies Feld *n*; weiter Raum *m*
раздо́р M Zwist *m*
раздража́ть 〈**раздражи́ть**〉 reizen (*a. fig*) **раздражи́тельный** erregbar; leicht aufgebracht
раздува́ть 〈**разду́ть**〉 aufblasen; *fig* übertreiben **раздува́ться** 〈**разду́ться**〉 anschwellen; sich blähen
разду́мать PF es sich anders überlegen; nachdenken **разду́мье** N Nachdenken *n*
разжа́лобить PF Mitleid erwecken
разжа́ловать (IM)PF MIL degradieren
разжёвывать 〈**разжева́ть**〉 zerkauen; *fig* vorkauen
разжига́ть 〈**разже́чь**〉 anzünden; anheizen; *fig* schüren
разжима́ть 〈**разжа́ть**〉 auftun; entspannen; loslassen
рази́ня M/F *umg* Schlafmütze *f*
рази́ть **1** *lit* niederhauen **2** *vulg* stinken (*T* nach *dat*)
разлага́ть(ся) 〈**разложи́ть(ся)**〉 (sich) zersetzen
разлени́ться PF faul werden
разли́в M **1** Hochwasser *n* **2** Abfüllen *n* in Flaschen (*Wein*)
разлива́ть 〈**разли́ть**〉 ausgießen; einschenken **разлива́ться** 〈**разли́ться**〉 vergossen werden; über die Ufer treten
различа́ть 〈**различи́ть**〉 unterscheiden **разли́чие** N Unterschied *m* **разли́чный** unterschiedlich
разложе́ние N Zerlegung *f*; Zersetzung *f*; *fig* Verfall *m* **разложи́ть** → раскла́дывать **разложи́ться** → разлага́ться
разлу́ка F Trennung *f* **разлуча́ть(ся)** 〈**разлучи́ть(ся)**〉 (sich) trennen
разлюби́ть PF nicht mehr lieben
размазня́ F dünn gekochter Brei *m*; *fig* Waschlappen *m*
разма́зывать 〈**разма́зать**〉 verstreichen
разма́х M Wucht *f*; Schwung *m* **разма́хивать** (*T*) schwingen; (hin und her) schwenken
разма́хиваться 〈**размахну́ться**〉 zum Schlag ausholen
разме́н M Auswechslung *f*; Austausch *m* **разме́нивать**

⟨разменя́ть⟩ (ein)wechseln
размéр M (Aus)Maß *n*; Größe *f* **размéренный** gemessen
размещáть ⟨размести́ть⟩ aufstellen; unterbringen
размножáть(ся) ⟨размнóжить(ся)⟩ (sich) vermehren
размóлвка F Verstimmung *f*
разморáживать ⟨разморóзить⟩ auftauen
размори́ть: **меня́ размори́ло** ich bin schlapp
размышлéние N Nachdenken *n* **размышля́ть** überlegen (**о** *П* über *akk*); gründlich nachdenken
разнимáть ⟨разня́ть⟩ auseinandernehmen
рáзница F Differenz *f*; **какáя ~!** das ist doch egal!
разнови́дность F Abart *f*; Variante *f* **разноглáсие** N Meinungsverschiedenheit *f*
разнообрáзный verschiedenartig; abwechslungsreich
разноси́ть ⟨разнести́⟩ 1 austragen; in Umlauf bringen 2 *umg* runtermachen **разнóсчик** M Austräger *m*
разночи́нец M Rasnotschinez *m* (*nichtadliger Intellektueller*)
рáзный verschieden
разня́ть → разнимáть
разоблачáть ⟨разоблачи́ть⟩ entlarven; enthüllen
разобрáть(ся) → разбирáть(ся)
разогнáть(ся) → разгоня́ть(ся)
разогревáть ⟨разогрéть⟩ aufwärmen; erhitzen
разойти́сь → расходи́ться
рáзом auf einen Schlag; mit einem Schlag; gleichzeitig
разонрáвиться nicht mehr gefallen
разорвáть → разрывáть
разорéние N Verwüstung *f*
разоружéние N Abrüstung *f*; Entwaffnung *f*
разоря́ть ⟨разори́ть⟩ ruinieren; verwüsten **разоря́ться ⟨разори́ться⟩** verarmen
разослáть → рассылáть
разочаровáние N Enttäuschung *f* **разочарóвывать ⟨разочаровáть⟩** enttäuschen
разрабáтывать ⟨разрабóтать⟩ ausarbeiten
разрéз M Schnitt *m*; Schlitz *m*; **идти́ в ~** widersprechen (**с** *T dat*) **разрезáть ⟨разрéзать⟩** zerschneiden
разрешáть ⟨разреши́ть⟩ erlauben **разрешéние** N Erlaubnis *f*; Bewilligung *f*; Erledigung *f*
разрóзненный abgesondert; vereinzelt
разрýха F Zerrüttung *f*
разрушáть ⟨разрýшить⟩ zerstören **разрушéние** N Zerstörung *f*
разры́в M Riss *m*; Abbruch *m*; Spanne *f* **разрывáть ⟨разорвáть⟩** zerreißen

разря́д M 1 ELEK Entladung *f* 2 Kategorie *f* 3 MATH Ordnung *f* 4 SPORT Leistungsklasse *f*
разубежда́ть ⟨**разубеди́ть**⟩ von *etw* abbringen; ausreden (*B dat*)
разува́ть(ся) ⟨**разу́ть(ся)**⟩ (sich) die Schuhe ausziehen
разузнава́ть ⟨**разузна́ть**⟩ ausfindig machen
ра́зум M Vernunft *f* **разуме́ется** gewiss **разу́мный** vernünftig
разуха́бистый ausgelassen; forsch
разу́чивать ⟨**разучи́ть**⟩ einüben **разу́чиваться** ⟨**разучи́ться**⟩ aus der Übung kommen
разъеда́ть ⟨**разъе́сть**⟩ anfressen; ätzen
разъединя́ть ⟨**разъедини́ть**⟩ absondern; abschalten
разъе́зд M Ausweichgleis *n*; Abreise *f*; **~ы** *pl* Reisen *n*
разъезжа́ться ⟨**разъе́хаться**⟩ auseinandergehen
разъярённый wütend
разъясня́ть ⟨**разъясни́ть**⟩ klar machen
разы́грывать ⟨**разыгра́ть**⟩ 1 SPORT austragen 2 foppen
разы́скивать ⟨**разыска́ть**⟩ suchen; ausfindig machen
рай M Paradies *n*
райо́н M Bezirk *m*; Gebiet *n*
рак M Krebs *m* (ZO, MED, ASTRON)
раке́та F Rakete *f* **раке́тка** F (Tennis)Schläger *m*
ра́ковина F 1 Muschel *f* 2 Waschbecken *n*
ра́ковый Krebs-
раку́шка F 1 kleine Muschel *f* 2 *umg* kleine Garage *f*
ра́ма F Rahmen *m*
ра́на F Wunde *f*
ра́нее → ра́ньше
ра́нить (IM)PF verwunden
ра́нний frühzeitig **ра́но** (zu) früh; **~ или по́здно** über kurz oder lang **ра́ньше** früher
рас- → раз-
ра́са F Rasse *f a. neg!*
раска́иваться ⟨**раска́яться**⟩ bereuen (**в** *П akk*)
раскалённый glühend
раска́чивать(ся) ⟨**раскача́ть(ся)**⟩ schaukeln *v/t* (*v/i*)
раска́яние N Reue *f*
раскваси́ть PF *umg* blutig schlagen
расквита́ться PF abrechnen (**с** *T* mit *dat*)
раски́дывать ⟨**раскида́ть**⟩ verstreuen
раски́нуться PF sich ausbreiten; sich ausdehnen
раскиса́ть ⟨**раски́снуть**⟩ schlammig werden (*Straßen*); *fig umg* schlapp werden
раскладу́шка F Klappbett *n*
раскла́дывать ⟨**разложи́ть**⟩ auslegen
раскла́ниваться ⟨**раскла́няться**⟩ sich verbeugen; sich

verabschieden **раскле́ивать** ⟨**раскле́ить**⟩ aufkleben; öffnen **раскле́иваться** ⟨**раскле́иться**⟩ sich ablösen; *fig umg* kränkeln **раско́л** M Spaltung *f*; HIST Kirchenspaltung *f*; Schisma *n* **раскоше́ливаться** ⟨**раскоше́литься**⟩ spendieren **раскру́чивать** ⟨**раскрути́ть**⟩ loswinden; aufdrehen; *fig umg* aggressive Werbung machen **раскрыва́ть(ся)** ⟨**раскры́ть(ся)**⟩ (sich) öffnen; (sich) aufdecken (*a. fig*) **раскуси́ть** zerbeißen; *fig umg* durchschauen **распада́ться** ⟨**распа́сться**⟩ zerfallen **распа́хивать** 1 ⟨**распаха́ть**⟩ aufpflügen 2 ⟨**распахну́ть**⟩ weit aufmachen **распеча́тывать** ⟨**распеча́тать**⟩ aufreißen; *umg* ausdrucken **распина́ть** ⟨**распя́ть**⟩ kreuzigen **расписа́ние** N Plan *m*; Verzeichnis *n* **распи́ска** F Quittung *f* **расписно́й** ausgemalt **распи́сываться** ⟨**расписа́ться**⟩ unterschreiben **распла́каться** PF anfangen zu weinen **распла́та** F Vergeltung *f* **распла́чиваться** ⟨**расплати́ться**⟩ verrechnen (**с** *T* mit *dat*); vergelten

расплыва́ться ⟨**расплы́ться**⟩ verschwimmen; anschwellen **расплы́вчатый** verwaschen; *fig* unklar **расплю́щивать** ⟨**расплю́щить**⟩ platt drücken **располага́ть** 1 verfügen (*T* über *akk*) 2 ⟨**расположи́ть**⟩ anordnen; günstig stimmen (**к** *Д* für *akk*) **располага́ться** ⟨**расположи́ться**⟩ gelegen sein; es sich bequem machen **расположе́ние** N 1 Lage *f*; Anordnung *f* 2 Zuneigung *f* **располо́женный** gelegen **распоря́док** M Ordnung *f*; **~ дня** Tagesordnung *f* **распоряжа́ться** ⟨**распоряди́ться**⟩ anordnen; verfügen (*T* über *akk*) **распоряже́ние** N Anordnung *f*; Verfügung *f*; **быть в распоряже́нии** zur Verfügung stehen (**у** *P*, *P dat*) **распоя́сываться** ⟨**распоя́саться**⟩ über die Stränge schlagen **распра́ва** F Abrechnung *f*; Vergeltungsmaßnahme *f* **расправля́ть** ⟨**распра́вить**⟩ glätten **расправля́ться** ⟨**распра́виться**⟩ mit *j-m* fertig werden **распределе́ние** N Verteilung *f* **распределя́ть** ⟨**распредели́ть**⟩ verteilen; einteilen **распродава́ть** ⟨**распрода́ть**⟩ ausverkaufen **распро-**

да́жа F (Schluss)Verkauf *m*
распростране́ние N Verbreitung *f* **распространя́ть** 〈**распространи́ть**〉 verbreiten **распространя́ться** 1 〈**распространи́ться**〉 sich verbreiten (*a. fig*) 2 gelten
распроща́ться PF sich verabschieden; sich trennen
распуска́ть 〈**распусти́ть**〉 auflösen; ~ **слу́хи** Gerüchte in Umlauf bringen **распуска́ться** 〈**распусти́ться**〉 sich auflösen
распу́тица F Unbefahrbarkeit *f*; Schlammwetter *n* **распу́тный** lasterhaft **распу́тывать** 〈**распу́тать**〉 auseinanderknüpfen; entwirren (*a. fig*)
распу́тье N Scheideweg *m* (*a. fig*)
распу́щенный ausgelassen; lasterhaft; verdorben
распыля́ть 〈**распыли́ть**〉 zerstäuben
распя́тие N Kreuzigung *f*; Kruzifix *n* **распя́ть** → **распина́ть**
расса́да F Pflänzlinge *pl* **расса́живать** 〈**рассади́ть**〉 die Plätze anweisen
рассве́т M Morgendämmerung *f* **рассвета́ть** 〈**рассвести́**〉 dämmern
рассе́янный zerstreut (*mst fig*)
расска́з M Erzählen *n*; Erzählung *f* **расска́зывать** 〈**рассказа́ть**〉 erzählen
расслабля́ть(ся) 〈**рассла́бить(ся)**〉 (sich) entspannen, relaxen
рассле́дование N (gerichtliche) Untersuchung *f* **рассле́довать** (IM)PF (eingehend) untersuchen; ermitteln (*Verbrechen*)
рассло́ение N Schichtung *f* (*a. fig*)
рассльíшать PF deutlich hören
рассма́тривать 〈**рассмотре́ть**〉 genau betrachten (*a. fig*)
рассмея́ться PF in Lachen ausbrechen
рассо́л M Salzlake *f*
рассо́льник M GASTR (Fleisch)Suppe *f* mit sauren Gurken
расспра́шивать 〈**расспроси́ть**〉 nachfragen
рассро́чка F Stundung *f*; **в рассро́чку** ratenweise
расстава́ться 〈**расста́ться**〉 sich trennen (**с** *T* von *dat*)
расставля́ть 〈**расста́вить**〉 1 an verschiedenen Orten aufstellen 2 spreizen
расстега́й M GASTR Pastete *f* mit Öffnung
расстёгивать 〈**расстегну́ть**〉 aufknöpfen
расстоя́ние N Entfernung *f*
расстра́иваться 〈**расстро́иться**〉 1 in Verwirrung geraten 2 sich die Laune verderben lassen

расстрéл M Erschießung *f* **расстрéливать** ⟨**расстрелять**⟩ erschießen
расстрóйство N **1** Verwirrung *f* **2** MED Störung *f* **3** schlechte Laune *f*
рассудительный besonnen **рассудить** PF überlegen **рассýдок** M Verstand *m*
рассуждáть überlegen; erwägen **рассуждéние** N Beurteilung *f*
рассчитывать **1** rechnen (**на** *B* auf *akk*) **2** ⟨**рассчитáть**⟩ ausrechnen; berechnen **3** ⟨**рассчитáть**⟩ entlassen
рассылáть ⟨**разослáть**⟩ verschicken
раствóр M Lösung *f* (*Flüssigkeit*); ~ **для линз** Kontaktlinsenflüssigkeit *f* **растворять** ⟨**растворить**⟩ **1** auflösen (*in einer Flüssigkeit*) **2** öffnen
растéние N Pflanze *f*
растéрянный verwirrt; verdutzt **растеряться** → терятьсся
расти ⟨**вырасти**⟩ wachsen
растирáть ⟨**растерéть**⟩ zerreiben; abreiben
растительность F Vegetation *f* **растительный** Pflanzen-
растить ⟨**вырастить**⟩ züchten; erziehen
растлéние N Notzucht *f*
растолкóвывать ⟨**растолковáть**⟩ klar machen
растоптáть → топтáть
растопыривать ⟨**растопырить**⟩ auseinanderspreizen
расторгáть ⟨**растóргнуть**⟩ annullieren **расторжéние** N Aufhebung *f*
расторóпный rührig; flink
расточительный verschwenderisch
растрáта F Veruntreuung *f* **растрáчивать** ⟨**растрáтить**⟩ ausgeben; unterschlagen
растягивать ⟨**растянуть**⟩ ausdehnen (*a. fig*); strecken; spannen **растягиваться** ⟨**растянуться**⟩ sich in die Länge ziehen (*a. fig*); *umg* lang hinschlagen; sich ausstrecken
растяпа M/F *umg* Schlafmütze *f*
расфасóванный abgepackt
расфуфыренный *umg* aufgedonnert
расхищáть ⟨**расхитить**⟩ ausplündern
расхлёбывать *umg fig* auslöffeln
расхлябанный gelockert; zerfahren
расхóд M Ausgabe *f* **расходиться** ⟨**разойтись**⟩ auseinandergehen
расхóдовать ⟨**израсхóдовать**⟩ ausgeben
расхотéть PF die Lust verlieren
расцвéт M Blüte *f* (*a. fig*) **расцветáть** ⟨**расцвести**⟩ aufblühen **расцвéтка** F Farb-

musterung *f*
расце́нивать ⟨расцени́ть⟩ abschätzen
расчёска F Kamm *m* **расчёсывать ⟨расчеса́ть⟩** kämmen
расчёт M Berechnung *f* **расчётливый** umsichtig; berechnend
расчища́ть ⟨расчи́стить⟩ entrümpeln; aufräumen
расчленя́ть ⟨расчлени́ть⟩ zergliedern; zerstückeln
расша́тывать ⟨расшата́ть⟩ losrütteln; lockern (*a. fig*)
расшевели́ть PF aufstören
расширя́ть ⟨расши́рить⟩ erweitern
расщепля́ть ⟨расщепи́ть⟩ spalten; zersplittern
ра́туша F Rathaus *n*
рафина́д M Würfelzucker *m*
рва́ный zerrissen **рвать** 1 **⟨порва́ть, разорва́ть⟩** reißen; zerreißen; abbrechen 2 **⟨вы́рвать, сорва́ть⟩** zerren; pflücken 3 **⟨вы́рвать⟩**: **его́ рвёт** er übergibt sich
рве́ние N Eifer *m*
рво́та F Erbrochenes *n*; Brechen *n* **рво́тное** N MED Brechmittel *n*
реа́льность F Realität *f* **реа́льный** real
ребёнок M (**де́ти** *pl*) Kind *n*
ребро́ N (**рёбра** *pl*) 1 ANAT Rippe *f* 2 TECH Rand *m*; Kante *f*; **поста́вить вопро́с ~м** die Frage ganz offen stellen
ребя́та Jungs *pl* **ребя́ческий** kindisch
рёв M Brüllen *n*; Geheul *n* (*a. fig*)
реве́нь M Rhabarber *m*
ревмати́зм M Rheuma *n*
ревни́вый eifersüchtig **ревнова́ть ⟨приревнова́ть⟩** eifersüchtig sein (**к** *Д* auf *akk*)
ре́вность F Eifersucht *f*
регистра́ция F Check-in--Schalter *m*
регла́н M Sweatshirt *n*
регуля́рный regelmäßig
реди́ска F Radieschen *n*
ре́дкий selten; licht
ре́дька F Rettich *m*; **надое́сть ху́же го́рькой ре́дьки** zum Hals heraushängen
режи́м M Regime *n*; Lebensweise *f*
ре́зать schneiden
резви́ться sich tummeln
рези́на F Gummi *n* **рези́новый** Gummi-
ре́зкий hastig; heftig; schrill
результа́т M Ergebnis *n*
рейс M Fahrt *f*; Flug *m*; **стыко́вочный ~** Anschlussflug *m*; **~ внутри́ страны́** Inlandsflug *m*
река́ F Fluss *m*
реквизи́ровать IM(PF) requirieren
рекла́ма F Werbung *f*
рекоменда́ция F Empfehlung *f*
рекомендова́ть ⟨порекомендова́ть⟩ empfehlen

рельс M Eisenbahnschiene *f*
ремéнь M Riemen *m*; Gurt *m*; Gürtel *m*
ремéсленник M Handwerker *m* **ремеслó** N Handwerk *n*
ремóнт M Reparatur *f*
ремонтúровать **⟨отремонтúровать⟩** reparieren
рентгéн M Röntgen *n*
рéпа F Rübe *f*
репетúтор M Nachhilfelehrer *m* **репетúция** F Theaterprobe *f*
рéплика F Replik *f*; Zwischenruf *m*
репортёр M Reporter *m*
репрéссия F Repressalie *f*
репродýктор M Lautsprecher *m*
рéпчатый: **~ лук** M Knollenzwiebel *f*
ресницы *pl* Augenwimpern *pl*
респýблика F Republik *f*
рессóра F Feder *m*
ресторáн M Restaurant *n*; Gaststätte *f*
рецéпт M MED Rezept *n* **по ~у** verschreibungspflichtig
речнóй Fluss-
речь F Sprache *f*; Rede *f*; **~ идёт о** *П* es geht um *akk*; **об этом не мóжет быть и рéчи** das kommt gar nicht in Frage
решáть **⟨решúть⟩** beschließen **решáться** **⟨решúться⟩** sich entscheiden **решéние** N Entscheidung *f*
решётка F Gitter *n*
решетó N Sieb *n*
решúтельный entschlossen; entscheidend
ржáветь **⟨заржáветь⟩** (ver)rosten
ржáвчина F Rost *m* **ржáвый** rostig
ржать wiehern; *umg fig* wiehernd lachen
Рим M Rom *n*
рúнуться PF sich stürzen
рис M Reis *m*
риск M Risiko *n* **рисковáть** **⟨рискнýть⟩** ein Risiko eingehen
рисовáние N Zeichnen *n*; Malen *n*
рисовáть **⟨нарисовáть⟩** zeichnen; malen
рисовáться 1 erscheinen 2 geziert auftreten
рисýнок M Zeichnung *f*
ритм M Rhythmus *m* **ритмúчный** rhythmisch
рúфма F Reim *m*
рóбкий zaghaft; scheu
ров M Graben *m*
ровéсник M Gleichaltrige(r) *m*
рóвно gleich; gleichmäßig; genau **рóвный** eben; glatt; gleichmäßig; gemessen
рог M Horn *n* **рогáлик** M Hörnchen *n* (*Brötchen*)
род M Sippe *f*; Generation *f*; Art *f*; Genus *n*; GRAM Geschlecht *n* **родúльный**: **~ дом (роддóм)** M Entbindungsklinik *f* **рóдина** F Heimatland *n* **рóдинка** F Muttermal *n*
родúтели *pl* Eltern *pl* **ро-**

ди́ть → рожа́ть **роди́ться** → рожда́ться
родни́к M Quelle *f* **родно́й** blutsverwandt **родня́** F Verwandtschaft *f*
родонача́льник M Stammvater *m*; Begründer *m* **родосло́вная** F Stammbaum *m*
ро́дственник M Verwandte(r) *m*
ро́ды *pl* Geburt *f*
ро́жа F *vulg* Fratze *f*; **стро́ить ро́жи** Grimassen ziehen
рожа́ть ⟨роди́ть⟩ gebären; zur Welt bringen
рожда́ться ⟨роди́ться⟩ geboren werden **рожде́ние** N Geburt *f* **рождество́** N Weihnachten *n*
рожо́к M Hörnchen *n*
рожо́н M: **лезть на ~** *umg* mit dem Kopf durch die Wand rennen
рожь F Roggen *m*
ро́за F Rose *f*
розе́тка F **1** Steckdose *f* **2** Schälchen *n*
ро́зница F: **в ро́зницу** stückweise (*verkaufen*) **ро́зничный**: **ро́зничная торго́вля** F Einzelhandel *m*
ро́зовый rosa; Rosen-
ро́зыгрыш M Verlosung *f*; SPORT Austragung *f*; Streich *m*
ро́зыск M Ermittlung *f*; **уголо́вный ~** Kriminalpolizei *f*
рой M Schwarm *m*
рок M Schicksal *n* **рок-му́зыка** F Rockmusik *f* **роково́й** verhängnisvoll
ро́лик M TECH Rolle *f* **ро́ликовый** Roll(en)-; **ро́ликовые коньки́ (ро́лики** *mpl umg*) Rollschuhe *mpl*
роль F THEAT Rolle *f*
ром M Rum *m*
рома́н M **1** Roman *m* **2** Verhältnis *n*; Romanze *f*
рома́нс M (Kunst)Lied *n*
романти́ческий romantisch
романти́чный schwärmerisch
рома́шка F Kamille *f*
роня́ть ⟨урони́ть⟩ fallen lassen
ро́пот M Murren *n* **ропта́ть** murren; unwillig sein
роса́ F Tau *m*
роско́шный prächtig (*a. fig*)
ро́скошь F Luxus *m*
ро́слый hochgewachsen
росси́йский russ(länd)isch
рост M Wachsen *n*; Größe *f*
ро́стбиф M GASTR Roastbeef *n*
росто́к M Keim *m* (*a. fig*)
рот M Mund *m*
ро́та F MIL Kompanie *f*
ро́ща F Gehölz *n*; Wäldchen *n*
роя́ль M Flügel *m*
ртуть F Quecksilber *n*
руба́шка F Hemd *n*; **в руба́шке роди́ться** ein Sonntagskind sein
рубе́ж M Grenze *f*
рубе́ц M Narbe *f*; Naht *f*
руби́ть ⟨наруби́ть⟩ hacken **⟨сруби́ть⟩** fällen

рублёвый Rubel- **ру́бленый** gehackt **рубль** M Rubel *m*
ру́гань F Geschimpfe *n*
руга́ть **⟨отруга́ть⟩** schimpfen; scharf kritisieren
руга́ться **⟨поруга́ться⟩** aufeinander schimpfen
руда́ F Erz *n*
рудни́к M Bergwerk *n*
ружьё N Gewehr *n*
руи́ны *pl* Ruine *f*
рука́ F Hand *f*; Arm *m*; **ему́ всё схо́дит с рук** er kommt immer ungeschoren davon; **руко́й пода́ть** ganz nahe, ein Katzensprung; **э́то мне на́ руку (не с руки́)** das kommt mir (nicht) gelegen; **из рук вон (пло́хо)** unter aller Kritik; **на все ру́ки ма́стер** *m* Tausendsassa *m*
рука́в M Ärmel *m*; **спустя́ рукава́** nachlässig **рукави́ца** F Fausthandschuh *m*
руководи́тель M Leiter *m*
руководи́ть leiten; betreuen
руково́дство N (An)Leitung *f*
рукоде́лие N Nadelarbeit *f*
ру́копись F Manuskript *n*
рукопожа́тие N Händedruck *m*
рулево́й Steuer- **руль** M Steuer(rad) *n*
румя́нец M Röte *f* **румя́ный** rotwangig
ру́пор M Megafon *n*
ру́сло N Flussbett; *fig* Bahn *f*
ру́сский russisch; **~ (язык)** Russisch *n*, russische Sprache *f*
ру́сый dunkelblond
руча́ться **⟨поручи́ться⟩** (ver)bürgen (**за** *B* für *akk*)
руче́й M Bach *m*
ру́чка F **1** Händchen *n* **2** Griff *m*; Armlehne *f* **3** Füller *m*; Kugelschreiber *m*
ручно́й **1** Hand-; **ручна́я кладь** *f* Handgepäck *n* **2** zahm
ру́шиться **⟨обру́шиться⟩** zusammenbrechen (*a. fig*)
ры́ба F Fisch *m* **рыба́к** M, **рыболо́в** M Fischer *m* **рыболо́вство** N Fischerei *f*
рыда́ть **⟨зарыда́ть⟩** schluchzen
ры́жий rot(haarig) **ры́жик** M echter Reizker *m* (*Pilz*)
ры́ло N Schnauze *f* (*a. fig vulg*); Maul *n*; Rüssel *m*
ры́нок M Markt *m*
рысь F Luchs *m*
рыть graben; schaufeln **ры́ться** herumwühlen
ры́хлый locker; porös; mürbe; schlaff
ры́царь M Ritter *m*
рыча́г M Hebel *m*
рыча́ть **⟨зарыча́ть⟩** brüllen; knurren
рья́ный sehr eifrig
рю́мка F Weinglas *n*, Likörglas *n*, Schnapsglas *n*
ряби́на F Ebereschenbeere *f* **ряби́новка** F Ebereschenschnaps *m*
ряби́ть **⟨заряби́ть⟩**: **у меня́ ря́бит в глаза́х** mir flimmert es vor den Augen **рябо́й** po-

ckennarbig; bunt **рябчик** M Haselhuhn *n* **рябь** F Kräuseln *n*

рявкать ⟨**рявкнуть**⟩ aufbrüllen; *fig* anschreien

ряд M Reihe *f* **рядовой** gewöhnlich **рядом** nebenan; neben (**с** *T akk* od *dat*)

ряженый M Verkleidete(r) *m*

ряса F Priesterrock *m*; Kutte *f*

С

с, **со** *P, B, T* mit *dat*; von *dat*; seit *dat*; aus *dat*; **играть ~ ребёнком** mit dem Kind spielen; **иметь ~ ~обой** bei sich haben; **мы ~ тобой** du und ich, wir beide; **встать ~о ~тула** vom Stuhl aufstehen; **~ этого места** von diesem Platz aus; **~ осени** seit Herbst; **~ утра до вечера** von morgens bis abends; **~ горя** vor Kummer; **~ неделю назад** etwa vor einer Woche

сабля F Säbel *m*

сад M Garten *m* **садиться** ⟨**сесть**⟩ 1 sich setzen 2 einsteigen

сажа F Ruß *m*

сажать ⟨**посадить**⟩ 1 setzen; Platz nehmen lassen 2 pflanzen

сайка F Semmel *f*

сайт M Site *f*, Website *f*

саквояж M Reisetasche *f*

салазки *pl* Rodelschlitten *m*

салака F Sprotte *f*

салат M (Garten)Salat *m* **салатник** M Salatschüssel *f* **салатовый** salatgrün

салки *pl* Fangspiel *n*

сало N Speck *m*

салфетка F Serviette *f*

сальный fettig; *fig* zotig

сам M, **сама** F, **само** N, **сами** *pl* selbst; selber; **~о собой** es versteht sich von selbst

самец M Männchen *n* **самка** F Weibchen *n*

само- selbst- **самобытный** eigenartig **самовольный** eigenmächtig **самогон** M, **самогонка** F Selbstgebrannte(r) *m* **самодержавие** N Selbstherrschaft *f* **самодеятельность** F Laienkunst *f* **самозванец** M Usurpator *m* **самолёт** M Flugzeug *n* **самоклеющий** selbstklebend **самолюбивый** empfindlich **самомнение** N Einbildung *f* **самообладание** N Selbstbeherrschung *f* **самосохранение** N Selbsterhaltung *f* **самостоятельный** selbstständig **самоучитель** M Lehrbuch *n* **самоучка** M/F Autodidakt *m*

самый 1 der -ste; **~ красивый** der schönste 2: **тот ~** derselbe; der nämliche; **в самой середине** genau in der Mitte; **с**

са́мого нача́ла von Anfang an; **в са́мом де́ле** tatsächlich; **са́мое вре́мя** genau die richtige Zeit
санато́рий M Heilstätte *f*
са́ни *pl*, **са́нки** *pl* Schlitten *m*
санита́йзер M Händedesinfektionsmittel *n*
санита́р(ка) M(F) Krankenpfleger(in) *m(f)*
сапёр M MIL Pionier *m*
сапоги́ *pl* (Schaft)Stiefel *pl* **сапо́жник** M Schuhmacher *m*
сара́й M Scheune *f*
саранча́ F Heuschrecke *f*
сарафа́н M Kleiderrock *m*
сарде́лька F dicke Bockwurst *f*
са́хар M Zucker *m* **са́харница** F Zuckerdose *f*
сачо́к M Fischnetz *n*, Schmetterlingsnetz *n*
сбе́гать[1] schnell holen (**за** *T akk*)
сбега́ть[2] 〈**сбежа́ть**〉 weglaufen; hinunterlaufen
сберега́тельный Spar- **сберега́ть** 〈**сбере́чь**〉 sparen
сбереже́ния *pl* Ersparnisse *pl*
сберка́сса (сберега́тельная ка́сса) F Sparkasse *f*
сбива́ть 〈**сбить**〉 **1** abschlagen; umwerfen; **сбить с ног** zu Boden werfen **2** verwirren; **сбить це́ну** den Preis drücken; **сбить с то́лку** aus dem Konzept bringen **сбива́ться** 〈**сби́ться**〉 sich verhaspeln; **сби́ться с пути́** vom Wege abkommen
сближа́ть(ся) 〈**сбли́зить(ся)**〉 (sich) einander nähern
сбо́ку seitlich; daneben
сбор M Sammeln *n*; Einkassieren *n* **сбо́рище** N Menschenansammlung *f* **сбо́рная** F SPORT Auswahlmannschaft *f*
сбо́рник M Sammelband *m*
сбра́сывать 〈**сбро́сить**〉 abwerfen
сбыва́ть 〈**сбыть**〉 verkaufen **сбыва́ться** 〈**сбы́ться**〉 in Erfüllung gehen
сбыт M Verkauf *m*; Vertrieb *m*
сва́дьба F Hochzeit *f*
сва́ливать 〈**свали́ть**〉 umwerfen; zu Boden werfen **свали́ться** PF zu Boden fallen
сва́лка F Müllkippe *f*
сва́рка F Schweißen *n*
сва́стика F Hakenkreuz *n*
сва́таться 〈**посва́таться**〉 um *j-s* Hand anhalten (**к** *Д*)
све́дение N Erkundigung *f*; Nachricht *f* **све́дущий** wissend
све́жий frisch
свёкла F (rote) Rübe *f*
свеко́льник M Rübensuppe *f*
свёкор M Schwiegervater *m* (*Vater des Ehemannes*)
свекро́вь F Schwiegermutter *f* (*Mutter des Ehemannes*)
сверга́ть 〈**све́ргнуть**〉 entthronen **сверже́ние** N Sturz *m*; Entthronung *f*
сверка́ть 〈**сверкну́ть**〉 (auf)blitzen
сверли́ть TECH bohren **свер-**

ло́ N Bohrer *m*
свéрстник M Altersgenosse *m* **свéрстница** F Altersgenossin *f*
свёрток M Rolle *f*; Tüte *f*
свёртывать ⟨сверну́ть⟩ 1 zusammenrollen 2 abbiegen; einbiegen
сверх PRÄP *P* über *akk*; außer *dat*
сверх- über-; super-
свéрху (von) oben
сверчо́к M Heimchen *n*
сверши́ться PF sich ereignen; geschehen
сверя́ть ⟨свéрить⟩ vergleichen; verifizieren
свести́ → **своди́ть**
свет[1] M Welt *f*; Gesellschaft *f*; **стра́ны** *pl* **свéта** Himmelsrichtungen; **вы́пустить в ~** herausgeben; **тот ~** Jenseits *n*
свет[2] M Licht *n*; Schein *m*; **чуть ~, ни ~ ни заря́** in aller Frühe **светáть**: **светáет** es tagt; es wird Tag; es dämmert **свети́ло** N Himmelslicht *n*; *fig* Leuchte *f* **свети́ть** *j-m* leuchten **свети́ться** leuchten; glänzen
светлéть ⟨посветлéть⟩ hell werden
свéтлый hell; licht **светово́й** Licht- **светодио́д** M LED *f*
светофо́р M (Verkehrs)Ampel *f*
свечá F, **свéчка** F 1 Kerze *f* 2 MED Zäpfchen *n*; **игрá не сто́ит свеч** es lohnt sich nicht
свидáние N Verabredung *f*; **до свидáния** auf Wiedersehen
свидéтель M Zeuge *m* **свидéтельница** F Zeugin *f* **свидéтельство** N Zeugnis *n*; Aussage *f*
свинéц M Blei *n*
свини́на F Schweinefleisch *n*
сви́нка F 1 Schweinchen *n* 2 MED Mumps *m* **сви́нство** N *umg* Schweinerei *f* **свинья́** F Schwein *n*; Sau *f* (*a. fig umg*)
свирéль F Schalmei *f*
свирéпый wütend; grausam
свисáть ⟨сви́снуть⟩ herunterhängen
свистéть ⟨сви́стнуть⟩ pfeifen **сви́стнуть** PF 1 → **свистéть** 2 *umg* stibitzen **свисто́к** M Pfiff *m*; Pfeife *f*
свитшо́рт M Sweatshirt *n*
свобо́да F Freiheit *f* **свобо́дный** 1 frei 2 lose; weit
свод M Gewölbe *n*
своди́ть ⟨свести́⟩ 1 hinabführen 2 zusammenkrampfen; **не свести́ глаз с кого́-то** kein Auge von j-m abwenden; **свести́ с умá** den Kopf verdrehen; **свести́ счёты** abrechnen; **éдва ~ концы́ с концáми** mit seinem Geld knapp auskommen; **свести́ на нет** zunichte machen
своди́ться ⟨свести́сь⟩: **всё сво́дится к томý, что…** aus alledem ergibt sich, dass…
сво́дка F Sammelbericht *m*
сво́дник M, **сво́дница** F

Kuppler(in) *m(f)*
своевре́менный rechtzeitig
своенра́вный launenhaft
своеобра́зный originell
свой M, **своя́** F, **своё** N, **свои́** *pl* mein, dein, sein, ihr, unser, euer, ihr, Ihr; **я возьму́ свою́ кни́гу** ich nehme mein Buch; **возьми́ свою́ кни́гу** nimm dein Buch
сво́йственный charakteristisch (*Д* für *akk*) **сво́йство** N Eigenschaft *f*
сво́ра F Meute *f*; *fig* Bande *f*
своя́к M Schwager *m* (*Ehemann der Schwester der Ehefrau od Bruder der Ehefrau*) **своя́ченица** F Schwägerin *f* (*Schwester der Ehefrau*)
свыка́ться ⟨**сви́кнуться**⟩ sich gewöhnen (**с** *T* an *akk*)
свысока́ von oben herab; hochmütig **свы́ше** **1** von oben **2** PRÄP *P* über
свя́зка F Bündel *n*; Bund *n*; ANAT (sehniges) Band *n* **свя́зки** *pl* ANAT Stimmbänder *npl*
свя́зный zusammenhängend
свя́зывать ⟨**связа́ть**⟩ fesseln; binden (*a. fig*); **он двух слов связа́ть не мо́жет** er kann nicht bis drei zählen **свя́зываться** ⟨**связа́ться**⟩ sich in Verbindung setzen; sich einlassen (**с** *T* mit *dat*) **связь** F Zusammenhang *m*; Verhältnis *n*
свя́тки *pl* Weihnachtszeit *f*
свято́й heilig **святы́ня** F Heiligtum *n*
свяще́нник M Priester *m*; Geistliche(r) *m* **свяще́нный** heilig; geheiligt; **Свяще́нное Писа́ние** *n* die Heilige Schrift
сгиб M Biegung *f*; Knick *m*
сгиба́ть ⟨**согну́ть**⟩ beugen; biegen; (zusammen)falten
сги́нуть PF verschwinden
сгова́риваться ⟨**сговори́ться**⟩ abmachen **сгово́рчивый** verträglich
сгоня́ть ⟨**согна́ть**⟩ verjagen; zusammentreiben
сгора́ть ⟨**сгоре́ть**⟩ verbrennen; *fig* glühen
сгоряча́ im Eifer; unbedacht
сгруди́ться sich ansammeln
сгущённый kondensiert
сдава́ть ⟨**сдать**⟩ **1** abgeben **2** vermieten **сдава́ться** ⟨**сда́ться**⟩ sich ergeben; **сдаётся мне, что…** *umg* es kommt mir vor … **сда́ча** F **1** Aufgabe *f*; Vermieten *n* **2** Wechselgeld *n*; Rest *m*
сдвиг M Ruck *m* **сдвига́ть** ⟨**сдви́нуть**⟩ rücken; schieben
сде́лать → де́лать **сде́лка** F Abmachung *f*; Abkommen *n*
сде́льно stückweise
сде́ржанный zurückhaltend
сде́рживать ⟨**сдержа́ть**⟩ zügeln
сдо́бный: **сдо́бная бу́лка** F Milchbrötchen *n*
сеа́нс M Vorstellung *f*; Sendezeit *f*
себе́ *Д, П* → себя́; **так ~** mäßig;

уйти́ к ~ in sein Zimmer gehen; **не по ~** nicht ganz wohl
себестóимость F Selbstkostenpreis *m*
себя́ *P*, *B* mich, dich, sich ...; **я вижу ~** ich sehe mich; **ты ви́дишь ~** du siehst dich
се́вер M Norden *m* **се́верный** nördlich; Nord-; **се́верное сия́ние** *n* Polarlicht *n*
севрю́га F Sternstör *m*
сегóдня heute
седе́ть ⟨поседе́ть⟩ ergrauen
седлó N Sattel *m*
седóй grauhaarig
седóк M Reiter *m*
седьмóй der siebente
сезóн M Jahreszeit *f*
сей dieser
се́йф M Safe *m*; Schließfach *n*
сейча́с jetzt; **~ же** gleich; eben
секре́т M Geheimnis *n*
секре́тный geheim; versteckt
селёдка F Hering *m*
селезёнка F Milz *f*
се́лезень M Enterich *m*
сели́тра F Salpeter *m*
селó N (PL **сёла**) Dorf *n*; **на селé** auf dem Land
се́лфи N FOTO Selfie *n*
сельдере́й M Sellerie *m*
сельдь F Hering *m*
се́льский Dorf-; Land-; **се́льское хозя́йство** *n* Landwirtschaft *f*
семафóр M BAHN Signal *n*
сёмга F Lachs *m*
семе́йный Familien- **семе́йство** N Familie *f*
семена́ *pl*, **се́мечки** *pl* → **се́мя**
семидеся́тый der siebzigste
семисóтый der siebenhundertste
семна́дцатый der siebzehnte
семна́дцать siebzehn
семь sieben **се́мьдесят** siebzig **семьсóт** siebenhundert
семью́ *T* → **семь**
семья́ F Familie *f* **семья́нин** M (guter) Familienvater *m*
се́мя F Same(n) *m* (*a. fig*); Saatgut *n*
се́но N Heu *n* **сенова́л** M Heuboden *m* **сенокóс** M Heuernte *f*
сентя́брь M September *m*
се́ра F Schwefel *m*
серде́чный Herz-; herzlich
серди́тый böse; ärgerlich
серди́ть(ся) ⟨рассерди́ть(ся)⟩ (sich) ärgern
се́рдце N Herz *n*; **скрепя́ ~** ungern; schweren Herzens
сердцебие́ние N Herzklopfen *n*
серебрó N Silber *n* **сере́бряный** silbern
середи́на F Mitte *f*
серп M Sichel *f*
се́рый grau
се́рьги *pl* Ohrringe *mpl*
серьёзный ernst; wichtig
се́ссия F Prüfungsperiode *f*; Tagung *f*
сестра́ F Schwester *f*; **двою́родная ~** Cousine *f*; **медици́нская ~** Krankenschwester *f*

сесть → садиться
сетка F, **сеть** F Netz *n*; **беспроводная** ~ IT WLAN *n*; ~ **отелей** Hotelkette *f*
сеялка F Sämaschine *f*
сеять ⟨**посеять**⟩ säen
сжатый zusammengepresst; kurz; gedrängt **сжать** → жать, сжимать
сжигать ⟨**сжечь**⟩ verbrennen
сжимать(ся) ⟨**сжать(ся)**⟩ (sich) zusammenpressen
сзади (von) hinten
си N MUS H; → до
сибирский sibirisch **Сибирь** F Sibirien *n*
сигара F Zigarre *f* **сигарета** F Zigarette *f*; **электронная** ~ E-Zigarette *f*
сидеть sitzen **сидя** sitzend **сидячий** Sitz-
сила F Kraft *f*; Stärke *f*; **в силу** infolge; **через силу** mit Widerwillen **силы** *pl* Kräfte *pl* **сильный** stark; kräftig
синева F Bläue *f* **синий** blau
синь F Bläue *f* **синяк** M blauer Fleck *m*
сиплый heiser; krächzend
сирень F Flieder *m*
сирота M/F Waisenkind *n*; **круглый** ~ *m*, **круглая** ~ *f* Vollwaise *f*
сито N Sieb *n*
сияние N Glanz *m*; Strahlen *n*; **северное** ~ Polarlicht *n* **сиять** glänzen; strahlen
сказать → говорить **сказка** F Märchen *n* **сказуемое** N GRAM Prädikat *n*
сказываться ⟨**сказаться**⟩ sich auswirken
скакать ⟨**скакнуть**⟩ springen ⟨**поскакать**⟩ galoppieren
скала F Felsen *m* **скалистый** felsig
скалить(ся) ⟨**оскалить(ся)**⟩ die Zähne zeigen; *umg fig* grinsen
скамейка F, **скамья** F Bank *f* (*zum Sitzen*)
сканировать ⟨**отсканировать**⟩ IT einscannen
скарлатина F MED Scharlach *m*
скат[1] M Abhang *m*
скат[2] M ZO Rochen *m*
скатерть F Tischdecke *f*; Tischtuch *n*
скатываться ⟨**скатиться**⟩ hinunterrollen; hinunterrutschen
скачивать ⟨**скачать**⟩ IT downloaden
скачки *pl* Pferderennen *n* **скачок** M Sprung *m*
скважина F Spalte *f*; Ritze *f*
сквер M Grünanlage *f*
скверный schlecht
сквозить: **сквозит** es zieht **сквозняк** M Zugluft *f*
сквозь PRÄP B durch *akk*; ~ **слёзы** unter Tränen
скидка F Ermäßigung *f*; Rabatt *m* **скидывать** ⟨**скинуть**⟩ hinunterwerfen; *umg*

schnell ausziehen
скипида́р M Terpentin *n*
скита́ться sich herumtreiben
склад M **1** Lager *n*; Magazin *n* **2** Beschaffenheit *f*; **~ ума́** Denkart *f* **скла́дка** F Falte *f* **складно́й** Klapp- **скла́дчина** F: **в скла́дчину** auf gemeinsame Rechnung **скла́дывать ⟨сложи́ть⟩** **1** zusammenlegen; zusammenklappen **2** MATH addieren **скла́дываться ⟨сложи́ться⟩** sich herausbilden; sich ergeben
скле́ивать ⟨скле́ить⟩ V/T zusammenkleben
скло́ка F Zank *m*
склон M Abhang *m*; **на скло́не лет** am Lebensabend **склоне́ние** N GRAM Deklination *f* **скло́нность** F Neigung *f*; Hang *m* **склоня́ть ⟨склони́ть⟩** neigen; *fig* überreden **склоня́ться ⟨склони́ться⟩** sich niederbeugen; *fig* sich bewegen lassen
скло́чник M Intrigant *m*
скля́нка F Gläschen *n*
ско́бка F Klammer *f*; **заме́тим в ~х** *fig* nebenbei gesagt
ско́ванный gehemmt
сковорода́ F, **сковоро́дка** F Pfanne *f*
скользи́ть ⟨скользну́ть⟩ gleiten; rutschen **ско́льзкий** glatt; glitschig; *fig* schlüpfrig; heikel
ско́лько wie viel
скоморо́х M Spielmann *m*; Gaukler *m*; Hanswurst *m*
сконча́ться PF verscheiden; sterben
скопидо́м M Geizhals *m*
ско́пище N Bande *f*; Rotte *f*
ско́рбный gramvoll; leidvoll **ско́рбь** F Leid *n*; Gram *m*
скоре́е **1** schneller **2** lieber; eher; **~ всего́** aller Wahrscheinlichkeit nach
скорлупа́ F Schale *f*
скорня́к M Kürschner *m*
ско́ро bald; schnell **скорогово́рка** *f* Zungenbrecher *m*; schnelle Sprache *f*
скоро́мный während der Fastenzeit verboten (*Speise*)
скоропали́тельный übereilt; unbedacht **скоропо́ртящийся** leicht verderblich
ско́рость F Geschwindigkeit *f* **скорохо́д** M Schnellläufer *m* **ско́рый** baldig; schnell; **ско́рая по́мощь** *f* Unfallhilfe *f*; Krankenwagen *m*
скот M Vieh *n* **скоти́на** F Vieh *n* (*a. fig*)
скре́жет M Knirschen *n* **скрежета́ть** knirschen
скре́пка F Büroklammer *f*
скрепля́ть ⟨скрепи́ть⟩ befestigen; zusammenheften
скрести́ schaben; kratzen
скре́щивать ⟨скрести́ть⟩ kreuzen (*a.* BIOL)
скрип M Knarren *n* **скрипа́ч** M Geiger *m* **скрипе́ть ⟨скри́пнуть⟩** knarren

скри́пка F Geige *f*; Violine *f*
скро́мный bescheiden; anspruchslos
скрыва́ть ⟨скрыть⟩ verbergen **скрыва́ться ⟨скры́ться⟩** sich verbergen; fliehen
скры́тный verschlossen (*Mensch*)
скря́га M/F Geizhals *m*
ску́дный spärlich; kärglich
ску́ка F Langeweile *f*
ску́льптор M Bildhauer *m*
скульпту́ра F Bildhauerkunst *f*
ску́мбрия F Makrele *f*
скупердя́й M *umg* Geizhals *m*
скупо́й sparsam
скуча́ть 1 sich langweilen 2 sich sehnen (**по** *П*, *Д* nach *dat*)
ску́чный langweilig
слабе́ть ⟨ослабе́ть⟩ schwach werden
слаби́тельное N MED Abführmittel *n*
слабоне́рвный nervenschwach **слабора́звитый** unterentwickelt
сла́бость F Schwäche *f* **слабоу́мный** *neg!* geistig behindert; schwachsinnig *neg!* **слабохара́ктерный** charakterlos **сла́бый** schwach; schlaff
сла́ва F Ruhm *m*; Ruf *m*
сла́виться ⟨просла́виться⟩ berühmt sein (*T* durch *akk*)
сла́вный 1 glorreich 2 gut; nett
славяни́н M Slawe *m* **славя́нка** F Slawin *f*
слага́ть ⟨сложи́ть⟩ ablegen; komponieren
сла́дкий süß **сла́достный** wonnig **сладостра́стие** N Wolllust *f* **сла́дость** F Süße *f*; Süßigkeit *f*
сла́сти *pl* Süßigkeiten *pl*
сле́ва (von) links
слегка́ leicht; ein wenig
след M Spur *f* (*a. fig*); **его́ и ~ просты́л** er ist über alle Berge
следи́ть[1] **⟨последи́ть, проследи́ть⟩** verfolgen (**за** *T A*); beobachten
следи́ть[2] **⟨наследи́ть⟩** Spuren hinterlassen
сле́дователь M Untersuchungsrichter *m* **сле́довательно** folglich; also
сле́довать 1 **⟨после́довать⟩** folgen (**за** *T dat*) 2: **сле́дует** man soll
следо́чки FPL Sneakersöckchen *pl*
сле́дствие N 1 JUR gerichtliche Untersuchung *f* 2 Folgerung *f* **сле́дующий** nächst
слеза́ F Träne *f*
слеза́ть ⟨слезть⟩ herunterklettern; heruntersteigen
слепе́нь M ZO Bremse *f* **слепи́ть**[1] blenden; blind machen
слепи́ть[2] → **лепи́ть**
сле́пнуть ⟨осле́пнуть⟩ blind werden
слепо́й blind (*a. fig*) **слепота́** F Blindheit *f*
сле́сарь M Schlosser *m*
слёт M Zusammenkunft *f*

слета́ть ⟨**слете́ть**⟩ hinunterfliegen **слета́ться** ⟨**слете́ться**⟩ zusammenfliegen
слечь PF erkranken
сли́ва F Pflaume *f*
слива́ть ⟨**слить**⟩ abgießen; *fig* vereinigen **слива́ться** ⟨**сли́ться**⟩ zusammenfließen; *fig* sich vermischen
сли́вки *pl* Sahne *f*; Rahm *m*; **взби́тые ~** Schlagobers *m* *österr*
сли́зистый schleimig **слизь** F Schleim *m*
слипа́ться ⟨**сли́пнуться**⟩ zusammenkleben *v/i*; **у меня́ глаза́ слипа́ются** mir fallen die Augen zu
сли́тный zusammen(-hängend); verbunden
сли́шком zu; zu sehr; **э́то уж ~!** das geht zu weit!
слова́рь M Wörterbuch *n*; Wortschatz *m*; **толко́вый ~** erklärendes Wörterbuch *n*; **энциклопеди́ческий ~** Lexikon *n*
слове́сность F Literatur *f*
слове́сный mündlich **сло́во** N Wort *n*; **к сло́ву** apropos; **гро́мкие слова́** *pl* große Worte *npl*
слог M **1** Silbe *f* **2** Stil *m*
сложе́ние N **1** MATH Addition *f* **2** Körperbau *m*; Gestalt *f* **3** Niederlegung *f*
сложи́ть → скла́дывать, слага́ть
сложи́ться → скла́дываться
слой M Schicht *f* **сло́йка** F Blätterteigbrötchen *n*
слома́ть → лома́ть **сломи́ть** PF überwinden; bezwingen; **сломя́ го́лову** Hals über Kopf
слон M **1** Elefant *m* **2** SCHACH Läufer *m* **слоно́вый** Elefanten-; **слоно́вая кость** *f* Elfenbein *n*
слуга́ M Diener *m*
слу́жащий M Angestellte(r) *m*
слу́жба F Dienst *m*; Amt *n*; **~ о́нлайн** Onlinedienst *m* **служе́бный** dienstlich
служи́ть ⟨**послужи́ть**⟩ dienen
слух M **1** Gehör *n* **2** Gerücht *n*; **о ней ни слу́ху ни ду́ху** sie ist spurlos verschwunden; **он весь обрати́лся в ~** er war ganz Ohr
слу́чай M Fall *m*; Gelegenheit *f*; **упусти́ть ~** eine Gelegenheit versäumen; **на вся́кий ~** auf alle Fälle; **во вся́ком слу́чае** jedenfalls; **ни в ко́ем слу́чае** keineswegs; **в кра́йнем слу́чае** notfalls; **в проти́вном слу́чае** anderenfalls **случа́йный** zufällig **случа́ться** ⟨**случи́ться**⟩ geschehen; vorfallen
слу́шатель(ница) M(F) Zuhörer(in) *m(f)*
слу́шать ⟨**послу́шать**⟩ zuhören (*B dat*)
слу́шаться ⟨**послу́шаться**⟩ gehorchen (*P dat*); **~ сове́та** *j-s* Rat befolgen
слы́шать ⟨**услы́шать**⟩ hören; vernehmen

слы́шно man hört
слюна́ F, **слю́ни** *pl* Speichel *m*
сля́коть F Matsch *m*
смазли́вый *neg!* hübsch
сма́зывать ⟨**сма́зать**⟩ einschmieren; verschmieren
смак M Geschmack *m* **смакова́ть** mit Genuss kosten
смарт-ка́рта F Chipkarte *f*
смартфо́н M Smartphone *n*
сме́жный angrenzend
сме́лый kühn; furchtlos
сме́на F **1** Wechsel *m* **2** Schicht *f* (*Arbeit*) **3** Nachwuchs *m* **сменя́ть** ⟨**смени́ть**⟩ ersetzen
сме́рить PF → ме́рить; **~ взгля́дом** *j-n* (geringschätzig) mustern
смерка́ться ⟨**сме́ркнуться**⟩ dunkel werden
смерте́льный tödlich (*a. fig*)
сме́ртность F Sterblichkeit *f*
сме́ртный sterblich; Todes-; Sterbe- **смерть** F Tod *m*
смерч M Windhose *f*
смести́ть(ся) → смеща́ть(ся)
смесь F Mischung *f*
сме́та F Kostenvoranschlag *m*
смета́на F saure Sahne *f*
смета́ть ⟨**смести́**⟩ wegfegen; zusammenfegen
сметь ⟨**посме́ть**⟩ wagen; sich trauen; **не смей!** untersteh dich!
смех M Lachen *n*; **сме́ха ра́ди** zum Spaß, **подня́ть на ~** auslachen; **не до сме́ха** da gibt es nichts zu lachen **смехотво́рный** lächerlich
сме́шивать ⟨**смеша́ть**⟩ vermischen
смеши́ть ⟨**рассмеши́ть**⟩ zum Lachen bringen
смешно́й drollig; lächerlich
смеща́ть(ся) ⟨**смести́ть(ся)**⟩ (sich) verschieben
смея́ться ⟨**засмея́ться**⟩ lachen (**над** *T* über *akk*)
смире́ние N Demut *f* **сми́рный** still; sanft; artig
смола́ F Teer *m*; Harz *n*
смолка́ть ⟨**смо́лкнуть**⟩ verstummen
смо́лток M Small Talk *m*
сморка́ться ⟨**вы́сморкаться**⟩ sich schnäuzen
сморо́дина F Johannisbeeren *pl*
смотр M Truppenbesichtigung *f*; Leistungsschau *f*
смотре́ть ⟨**посмотре́ть**⟩ schauen; ansehen
смочь → мочь
СМС F/N: **слать** ⟨**посла́ть**⟩ **~** simsen
сму́глый dunkelhäutig
сму́тный dunkel; undeutlich
смуща́ть ⟨**смути́ть**⟩ in Verlegenheit bringen; verwirren
смуща́ться ⟨**смути́ться**⟩ in Verlegenheit geraten **смуще́ние** N Verlegenheit *f*
смысл M Sinn *m*; Bedeutung *f*; **здра́вый ~** gesunder Menschenverstand
смычо́к M Bogen *m* (*Geige usw*)

смышлёный aufgeweckt; gescheit; findig
смягча́ть ⟨смягчи́ть⟩ erweichen (*a. fig*); mildern; dämpfen
смяте́ние N Verwirrung *f*; Bestürzung *f*
смять → **мять**
снабжа́ть ⟨снабди́ть⟩ versorgen (*T* mit *dat*); versehen; ausstatten **снабже́ние** N Versorgung *f*; Belieferung *f*; Ausstattung *f*
сна́добье N Arznei *f*
снару́жи draußen; von außen; außerhalb
снаря́д M 1 Geschoss *n* 2 (Turn)Gerät *n* **снаряжа́ть ⟨снаряди́ть⟩** ausrüsten
снача́ла zuerst; anfangs
сна́шивать(ся) ⟨сноси́ть(ся)⟩ (sich) abtragen; (sich) abnutzen
СНГ N (Содру́жество Незави́симых Госуда́рств) Gemeinschaft *f* Unabhängiger Staaten
снег M Schnee *m*; **идёт ~** es schneit; **как ~ на́ голову** wie ein Blitz aus heiterem Himmel
снегоочисти́тель M Schneepflug *m* **снегопа́д** M Schneefall *m*
снегу́рочка F Schneewittchen *n*
снедь F Kost *f*; Essen *n*
снежи́нка F Schneeflocke *f*
сне́жный Schnee-; verschneit; **сне́жная ба́ба** *f* Schneemann *m*
снести́ → **сноси́ть, нести́**
снижа́ть(ся) ⟨сни́зить(ся)⟩ (sich) senken; (sich) vermindern; **сни́зить це́ны** die Preise senken; **самолёт снижа́ется** das Flugzeug verliert an Höhe
сни́зу (von) unten
снима́ть ⟨снять⟩ 1 ausziehen; ablegen 2 entlassen; absetzen 3 aufnehmen 4 mieten
сни́мок M Foto *n*
сниска́ть PF erwerben
снисходи́тельный nachsichtig; herablassend
сни́ться ⟨присни́ться⟩: **ему́ присни́лось, что…** er träumte, dass…; **мне сни́лся сон** ich hatte einen Traum
сно́ва wieder
снова́ть hin- und herlaufen
сноп M Garbe *f*; Bund *n*
сноро́вка F Gewandtheit *f*
сноси́ть ⟨снести́⟩ 1 hintragen 2 fortwehen; forttreiben 3 ertragen
сноси́ться → **сна́шиваться**
сно́ска F Fußnote *f*
сно́сный passabel
снотво́рное N Schlafmittel *n*
сноха́ F Schwiegertochter *f* (*Frau des Sohnes*)
сноше́ние N Verkehr *m*; Beziehungen *pl*
снять → **снима́ть**
со → **с**
со- mit-; zusammen-
соба́ка F Hund *m*; IT At-Zeichen *n*, Klammeraffe *m*; **он на э́том соба́ку съел** er versteht sich darauf

собе́с → соц-
собесе́дник M, **собесе́дница** F Gesprächspartner(in) *m(f)* **собесе́дование** N (Prüfungs)Gespräch *n*
собира́ть ⟨**собра́ть**⟩ **1** sammeln **2** zusammenbauen **собира́ться** ⟨**собра́ться**⟩ **1** zusammenkommen **2** sich fertig machen; beabsichtigen
собла́зн M Versuchung *f*; Verlockung *f* **соблазни́тельный** verlockend **соблазня́ть** ⟨**соблазни́ть**⟩ verführen
соблюда́ть ⟨**соблюсти́**⟩ beachten; befolgen
собо́й *T* → себя́
соболе́знование N Beileid *n* **соболе́зновать** Mitgefühl empfinden (*Д* mit *dat*)
со́боль M Zobel *m*
собо́р M Dom *m*; Kathedrale *f*
собра́ние N Versammlung *f*; Sammlung *f* **со́бранный** konzentriert **собра́ть(ся)** → собира́ть(ся)
со́бственник M Eigentümer *m* **со́бственно** eigentlich **собственнору́чный** eigenhändig **со́бственный** eigen; Eigen-
собы́тие N Ereignis *n*
сова́ F Eule *f*
соверша́ть ⟨**соверши́ть**⟩ vollbringen **соверша́ться** ⟨**соверши́ться**⟩ geschehen **соверше́нно** vollständig **совершеннолетний** volljährig **соверше́нный** vollkommen **соверше́нство** N Vollkommenheit *f*
соверше́нствовать ⟨**усоверше́нствовать**⟩ vervollkommnen
со́весть F Gewissen *n*; **угрызе́ния** *npl* **со́вести** Gewissensbisse *pl*; **без зазре́ния со́вести** ohne ein schlechtes Gewissen zu haben; **для очи́стки со́вести** zur Beruhigung des Gewissens
сове́т M Rat(schlag) *m*
совеща́ние N Beratung *f*; Besprechung *f* **совеща́тельный** Beratungs-; beratend
совеща́ться ⟨**посовеща́ться**⟩ sich beraten
совмести́мый vereinbar
совмести́ть → совмеща́ть
совме́стный gemeinschaftlich
совмеща́ть ⟨**совмести́ть**⟩ vereinen; verbinden
сово́к M **1** Schaufel *f*; Handschaufel *f* **2** *umg* Sowjetunion *f*; Sowjetmensch *m*
совоку́пный Gesamt-
совпада́ть ⟨**совпа́сть**⟩ zusammenfallen **совпаде́ние** N Übereinstimmung *f*
совра́ть → врать
совраща́ть ⟨**соврати́ть**⟩ verleiten; verführen
совреме́нник M Zeitgenosse *m* **совреме́нный** zeitgenössisch
совсе́м ganz; durchaus
совхо́з M (**сове́тское хозя́й-**

ство) Staatsgut *n*
согла́сие N Einwilligung *f* **согла́сно** **1** einträchtig **2** PRÄP Д laut; entsprechend *dat* **согла́сный** **1** willens; harmonisch **2** M GRAM Konsonant *m* **согласо́вывать** ⟨**согласова́ть**⟩ koordinieren
соглаша́ться ⟨**согласи́ться**⟩ einwilligen (**на** *B* in *akk*); zustimmen (**c** *T dat*) **соглаше́ние** N Übereinkunft *f*; Kontrakt *m*
согна́ть → сгоня́ть
согну́ть → сгиба́ть, гнуть
согрева́ть ⟨**согре́ть**⟩ erwärmen
соде́йствие N Mitwirkung *f*
соде́йствовать ⟨**посоде́йствовать**⟩ beitragen; unterstützen (*Д akk*)
содержа́ние N **1** Erhaltung *f* **2** Gehalt *m* **3** Inhalt *m* **содержа́ть** erhalten; enthalten
содрога́ться ⟨**содрогну́ться**⟩ erbeben
содру́жество N Zusammenarbeit *f*; Gemeinschaft *f*
со́евый Soja-; **~ со́ус** *m* Sojasoße *f*; **со́евые ростки́** *pl* Sojasprossen *pl*
Соединённые Шта́ты Аме́рики → США
соединя́ть ⟨**соедини́ть**⟩ vereinigen
сожале́ние N Bedauern *n*; Mitleid *n*; **к сожале́нию** leider **сожале́ть** bedauern (**о** *П akk*)
сожже́ние N Verbrennung *f*
сожи́тель(ница) M(F) Geliebte(r) *f(m)* **сожи́тельство** N wilde Ehe *f*
созва́ниваться ⟨**созвони́ться**⟩ sich telefonisch in Verbindung setzen
созва́ть → созыва́ть
созве́здие N Gestirn *n* (*a. fig*)
созву́чие N Gleichklang *m*
создава́ть ⟨**созда́ть**⟩ schaffen; gründen **созда́ние** N **1** Schaffen *n*; Schöpfung *f* **2** Werk *n*; Geschöpf *n* **созда́тель** M Schöpfer *m* (*a.* REL)
созида́тельный schöpferisch
созида́ть errichten; aufbauen
сознава́ть ⟨**созна́ть**⟩ erkennen; einsehen **сознава́ться** ⟨**созна́ться**⟩ eingestehen **созна́ние** N Bewusstsein *n* **созна́тельный** pflichtbewusst
созрева́ть ⟨**созре́ть**⟩ ausreifen; *fig* heranreifen
созы́в M Einberufung *f* **созыва́ть** ⟨**созва́ть**⟩ zusammenrufen; einberufen
соиска́тель M Bewerber *m*
сойти́(сь) → сходи́ть(ся)
сок M Saft *m*
со́кол M Falke *m*; **гол как со́кол** arm wie eine Kirchenmaus
сокраща́ть ⟨**сократи́ть**⟩ kürzen; reduzieren; entlassen
сокраще́ние N (Ver)Kürzung *f*
сокрове́нный geheim
сокро́вище N Schatz *m* **со-**

кро́вищница F Schatzkammer *f* (*a. fig*)
сокруша́ться jammern
сокруши́тельный vernichtend **сокруши́ть** → круши́ть
сокры́тие N Verheimlichung *f*
солга́ть → лгать
солда́т M Soldat *m*
соле́ния *pl* Eingesalzene *n*
солёный salzig; gesalzen (*a fig*); Salz-
соли́ть 1 ⟨**посоли́ть**⟩ salzen 2 ⟨**засоли́ть**⟩ einsalzen; pökeln
со́лнечный sonnig; Sonnen-; **со́лнечные батаре́и** *pl* Solaranlage *f* **со́лнце** N Sonne *f*
солнцепёк M Sonnenglut *f*
солове́й M Nachtigall *f*
соло́ма F Stroh *n* **соло́менный** Stroh- **соло́мка** F Stroh *n*; GASTR Salzstangen *pl*
солони́на F Pökelfleisch *n* **соло́нка** F Salzfass *n*; Salzstreuer *m*
соль[1] F Salz *n*
соль[2] N MUS *gen*; → до
соля́нка F GASTR 1 *Fleisch- od Fischsuppe mit Sauerkohl* 2 *Fleisch-, Fisch-, od Pilzspeise mit gedämpftem Kohl*
сом M Wels *m*
сомнева́ться ⟨**усомни́ться**⟩ zweifeln (**в** *П* an *dat*)
сомне́ние N Zweifel *m* **сомни́тельный** zweifelhaft
сон M Schlaf *m*; Traum *m*; **на ~ гряду́щий** vor dem Schlafengehen; **ни сном ни ду́хом** kein bisschen
со́ня M/F *umg* Schlafmütze *f*
соображ́ать ⟨**сообрази́ть**⟩ überlegen; fassen **сообрази́тельный** gescheit
сообща́ gemeinsam **сообща́ть** ⟨**сообщи́ть**⟩ mitteilen; zur Kenntnis bringen **сообще́ние** N Mitteilung *f*; Nachricht *f* **соо́бщество** N Gemeinschaft *f* **соо́бщник** M Komplize *m* **соо́бщница** F Komplizin *f*
сооружа́ть ⟨**сооруди́ть**⟩ errichten; erbauen **сооруже́ние** N Bau *m*; Anlage *f*
соотве́тствовать entsprechen **соотве́тствующий** entsprechend
сопе́рник M Rivale *m* **сопе́рница** F Rivalin *f* **сопе́рничать** wetteifern; sich messen (können)
сопе́ть schnaufen
со́пка F Bergkuppe *f*
сопоставля́ть ⟨**сопоста́вить**⟩ gegenüberstellen
соприкаса́ться ⟨**соприкосну́ться**⟩ in Berührung kommen **соприкоснове́ние** N Berührung *f* (**с** *T* mit *dat*)
сопровожда́ть ⟨**сопроводи́ть**⟩ begleiten
сопротивле́ние N Widerstand *m* **сопротивля́ться** widerstehen; sich stemmen (*Д* gegen *akk*)
сопу́тствовать begleiten (*Д*

akk) (*mst fig*)
сор M Unrat *m*
сорaзме́рный angemessen
сора́тник M Kampfgenosse *m*
сорва́ть → срыва́ть
соревнова́ние N Wettbewerb *m* **соревнова́ться** wetteifern
сори́ть ⟨насори́ть⟩ um sich werfen; verunreinigen; **~ деньга́ми** Geld zum Fenster hinauswerfen
сорня́к M Unkraut *n*
соро́дич M Verwandte(r) *m*
со́рок vierzig
соро́ка F Elster *f*
сороково́й der vierzigste **сороконо́жка** F Tausendfüßler *m*
соро́чка F Hemd *n*
сорт M Sorte *f*; Güteklasse *f*
соса́ть saugen; lutschen
сосе́д(ка) M(F) Nachbar(in) *m(f)* **сосе́дний** Nachbar-
соси́ска F Würstchen *n*
со́ска F Schnuller *m*
соска́кивать ⟨соскочи́ть⟩ herunterspringen; losspringen
соску́читься 1 Sehnsucht bekommen 2 sich langweilen
сосла́ть(ся) → ссыла́ть(ся)
со́слепу aus Kurzsichtigkeit
сосло́вие N Stand *m* (*Gesellschaft*)
сослужи́вец M Arbeitskollege *m* **сослужи́вица** F Arbeitskollegin *f*
сосна́ F Kiefer *f*; **в трёх со́снах заблуди́ться** aus einer unkomplizierten Lage keinen Ausweg wissen
сосо́к M Brustwarze *f*; Zitze *f*
сосредото́чить(ся) PF (sich) richten; (sich) konzentrieren
соста́в M Zusammensetzung *f*; BAHN Zug *m* **составля́ть ⟨соста́вить⟩** zusammenstellen **составно́й** zusammengesetzt
состоя́ние N 1 Zustand *m* 2 Vermögen *n*; **быть в состоя́нии** imstande sein **состоя́тельный** wohlhabend **состоя́ть** bestehen **состоя́ться** stattfinden
сострада́ние N Mitleid *n* **сострада́ть** Mitleid haben (*Д* mit *dat*)
состяза́ние N Wettkampf *m* **состяза́ться** wetteifern
сосу́д M Behälter *m*; (Blut)Gefäß *n*
сосу́лька F Eiszapfen *m*
сосуществова́ние N Koexistenz *f*
со́тня F Hundert *n*
сотрапе́зник M Tischgenosse *m*
сотру́дник M, **сотру́дница** F Mitarbeiter(in) *m(f)*
сотряса́ть ⟨сотрясти́⟩ erschüttern **сотряса́ться ⟨сотрясти́сь⟩** (er)beben **сотрясе́ние** N Erschütterung *f*
со́ус M Soße *f*; Tunke *f*
соуча́стник M, **соуча́стница** F Mitbeteiligte(r) *f(m)*, Mitschuldige(r) *f(m)*

со́хнуть 1 **〈вы́сохнуть〉** trocknen; trocken werden 2 **〈засо́хнуть〉** ausdörren; dürr werden 3 *umg* verliebt sein (**по** *П* in *akk*)
сохране́ние N Erhaltung *f*
сохраня́ть 〈сохрани́ть〉 aufheben; verwahren **сохраня́ться 〈сохрани́ться〉** erhalten (gewahrt) bleiben
соц- 1 = **социалисти́ческий** sozialistisch 2 = **социа́льный** sozial; Sozial-; **социа́льное обеспе́чение** *n* (**собе́с**) Sozialfürsorge *f*
соче́льник M Weihnachtsabend *m*; Heiligabend *m*
сочета́ние N Verbindung *f*; Vereinigung *f*; Kombination *f*
сочине́ние N 1 Verfassen *n*; Dichten *n*; Werk *n*; Aufsatz *m* 2 GRAM Verbindung *f* **сочиня́ть 〈сочини́ть〉** verfassen; erfinden
сочи́ться sickern; tröpfeln
со́чный saftig
сочу́вствие N Mitgefühl *n* (**к** *Д* mit *dat*)
сочу́вствовать 〈посочу́вствовать〉 mitfühlen (*Д* mit *dat*)
сою́з M Bund *m*; Union *f*; Allianz *f*; Verein *m* **сою́зник** M, **сою́зница** F Verbündete(r) *f(m)*; Alliierte(r) *f(m)* **сою́зный** Bundes-
спа N Wellnessbereich *m*
спад M Rückgang *m*
спада́ть 〈спасть〉 (herab)sinken; fallen; abnehmen *v/i*
спа́льный Schlaf- **спа́льня** F Schlafzimmer *n*
спа-оте́ль M Wellnesshotel *n*
спа́ржа F Spargel *m*
спаса́ть 〈спасти́〉 retten (**от** *P* vor *dat*) **спасе́ние** N Rettung *f* **спаси́бо** danke
спаси́тель(ница) M(F) Retter(in) *m(f)*
спать 〈поспа́ть〉 schlafen; **~ и ви́деть** sehnlichst wünschen
спекта́кль M Vorstellung *f*
спе́лый reif
сперва́ *umg* zuerst
спе́реди (von) vorn(e)
спере́ть PF: 1 **у меня́ дыха́ние спёрло** es verschlug mir den Atem 2 *umg* klauen
спёртый stickig (*Luft*)
спеси́вый hochmütig **спесь** F Hochmut *m*
спец- (специа́льный) Spezial-, Sonder-; Fach-
специали́ст M Fachmann *m*
специа́льность F Fachgebiet *n* **специа́льный** Fach-; Sonder-
спеши́ть 〈поспеши́ть〉 es eilig haben; sich beeilen
спе́шка F Eile *f*; Hetze *f*
спе́шный eilig; dringend
спина́ F Rücken *m* **спи́нка** F (Rücken)Lehne *f*; Rückenteil *n*
спирт M Spiritus *m*; Alkohol *m*
спиртно́й: **спиртно́е** N, **спиртны́е напи́тки** MPL Spirituosen *pl*
спи́сок M Liste *f*; Verzeichnis

n **спи́сывать ⟨списа́ть⟩** **1** abschreiben **2** gutschreiben
спи́ца F **1** Stricknadel *f* **2** Radspeiche *f*
спи́чечный: **~ коробо́к** M Streichholzschachtel *f*
спи́чка F Streichholz *n*
сплав M **1** Legierung *f* **2** Flößen *n* **сплавля́ть ⟨спла́вить⟩** **1** legieren **2** flößen **3** *umg* loswerden
спла́чивать(ся) ⟨сплоти́ть(ся)⟩ (sich) zusammenschließen
спле́тник M, **спле́тница** F Klatschmaul *n*
спле́тничать ⟨наспле́тничать, поспле́тничать⟩ klatschen, tratschen
спле́тня F Klatsch *m*
сплочённый fest zusammengefügt; einig, einmütig
сплошно́й dicht; durchgängig **сплошь** gänzlich; **~ и ря́дом** auf Schritt und Tritt
сплю́снутый, сплю́щенный platt gedrückt
споко́йный ruhig; **споко́йной но́чи!** gute Nacht! **споко́йствие** N Ruhe *f*; Stille *f*; Friede *m*
сполна́ vollständig
спор M Streitgespräch *n*; Meinungsstreit *m* (**о** *П* um *akk*)
спо́рить ⟨поспо́рить⟩ **1** (sich) streiten (**о** *П* um *akk*) **2** wetten (**на** *В* um *akk*)
спо́рный strittig; umstritten
спорт M Sport *m* **спорти́вный** Sport-; **~ костю́м** *m* Sportbekleidung *f*; **спорти́вная буты́лка** *od* **фля́га** *f* Trinkflasche *f* **спортсме́н(ка)** M(F) Sportler(in) *m(f)*
спо́соб M Weise *f*; Methode *f* **спосо́бность** F Fähigkeit *f* **спосо́бный** fähig (**на** *В gen*); begabt **спосо́бствовать** beitragen
спотыка́ться ⟨споткну́ться⟩ stolpern
спохва́тываться ⟨спохвати́ться⟩ sich plötzlich erinnern (besinnen)
спра́ва (von) rechts
справедли́вость F Gerechtigkeit *f* **справедли́вый** gerecht; wahr
спра́вка F Auskunft *f*; Bescheinigung *f* **справля́ться ⟨спра́виться⟩** **1** sich erkundigen **2** zurechtkommen
спра́вочник M Nachschlagewerk *n* **спра́вочный** Auskunfts-
спра́шивать ⟨спроси́ть⟩ fragen
спрос M Bedarf *m* (**на** *В* an *dat*)
спросо́нок schlaftrunken
спрут M Krake *f*
спряга́ть ⟨проспряга́ть⟩ konjugieren
спряже́ние N Konjugation *f*
спуск M Abstieg *m*, Rutsche *f*
спуска́ть ⟨спусти́ть⟩ hinunterlassen **спуска́ться ⟨спусти́ться⟩** heruntersteigen; niedergehen

спу́тник M (Reise)Gefährte *m*; Satellit *m* **спу́тница** F (Reise)-Gefährtin *f*
спя́тить PF *umg* verrückt werden
спи́чка F (Winter)Schlaf *m* **спя́щий** schlafend; **спя́щая краса́вица** *f* Dornröschen *n*
сравне́ние N Vergleich *m*
сра́внивать 1 ⟨**сравни́ть**⟩ vergleichen 2 ⟨**сравня́ть**⟩ gleichstellen **сравни́тельно** relativ **сравни́тельный** vergleichend
сража́ться ⟨**срази́ться**⟩ kämpfen **сраже́ние** N Schlacht *f*
сра́зу 1 sofort, gleich 2 zugleich 3 auf einmal
срам M Schande *f*
срать ⟨**посра́ть**⟩ *vulg* scheißen
среда́ F 1 Umwelt *f*; Umgebung *f* 2 Mittwoch *m* **среди́** PRÄP P mitten in *dat* **Средизе́мное мо́ре** N Mittelmeer *n* **сре́дний** Mittel-; mäßig
сре́дство N Mittel *n*; **мо́ющее** ~ Putzmittel *n*
среза́ть ⟨**сре́зать**⟩ abschneiden; *umg* durchfallen lassen (*Prüfung*)
сровня́ть PF ebnen; ~ **с землёй** dem Erdboden gleichmachen
срок M Frist *f*; Zeitpunkt *m*
сро́чный eilig; dringend
срыв M Nichterfüllung *f*; Nervenzusammenbruch *m*
срыва́ть 1 ⟨**сорва́ть**⟩ pflücken; vereiteln 2 ⟨**срыть**⟩ abtragen
срыва́ться ⟨**сорва́ться**⟩ 1 abstürzen 2 misslingen
ссади́на F Schramme *f*
ссать ⟨**поссать**⟩ *vulg* pissen
ссо́ра F Streit *m*
ссо́риться ⟨**поссо́риться**⟩ streiten
СССР M HIST UdSSR *f*
ссу́да F Darlehen *n*; Anleihe *f*
ссыла́ть ⟨**сосла́ть**⟩ verbannen; ausweisen
ссыла́ться ⟨**сосла́ться**⟩ sich beziehen; verweisen (**на** *B* auf *akk*)
ссы́лка F 1 Verbannung *f* 2 Verweis *m*; Hinweis *m*; IT Link *m*
ста́вень M Fensterladen *m*
ста́вить ⟨**поста́вить**⟩ (hin)-stellen; setzen
ста́вка F 1 (Spiel)Einsatz *m*; Rate *f* 2 Hauptquartier *n* **ста́вленник** M Günstling *m*
ставри́да F Schildmakrele *f*
ста́до N Herde *f*
стаж M Dienstalter *n*
стака́н M (Trink)Glas *n*
ста́лкивать ⟨**столкну́ть**⟩ herunterstoßen; zusammenstoßen *v/t*
ста́лкиваться ⟨**столкну́ться**⟩ zusammenstoßen *v/i* (*a. fig*)
стаме́ска F Stemmeisen *n*
станови́ться ⟨**стать**⟩ werden; anfangen

стано́к M Werkzeugmaschine *f* **станцио́нный** Stations- **ста́нция** F Station *f*; Bahnhof *m*
стара́ние N Mühe *f*; Fleiß *m*
стара́ться **⟨постара́ться⟩** sich bemühen
старе́ть **⟨постаре́ть⟩** alt werden; veralten
стари́к M Alte(r) *m* **стари́нный** altertümlich **старомо́дный** altmodisch **ста́рость** F Alter *n*
стартова́ть IT hochfahren
стару́ха F Alte *f* **ста́рше**, **ста́рший** älter **старшина́** M Hauptfeldwebel *m* **ста́рый** alt
стать → **станови́ться**
статья́ F Artikel *m*
ста́чка M Streik *m*
стая F Schwarm *m*; Rudel *n*
ствол M Stamm *m*
сте́бель M Stiel *m*; Stängel *m*
стека́ть **⟨стечь⟩** abfließen
стекло́ N Glas *n*
стели́ть → **стлать**
стена́ F Wand *f* (*a. fig*); Mauer *f*
стенгазе́та (стенная газе́та) F Wandzeitung *f*
сте́пень F Grad *m*; Maß *n*; MATH Potenz *f*
степь F Steppe *f*
стере́ть → **стира́ть**
стесне́ние N Beengung *f* **стесни́тельный** schüchtern; verlegen **стесня́ть** **⟨стесни́ть⟩** beengen **стесня́ться** sich genieren

стечь → **стека́ть**
стиль M Stil *m* **стиля́га** M Modefatzke *m*
стира́ть 1 **⟨стере́ть⟩** abwischen 2 **⟨вы́стирать⟩** waschen (*Wäsche*)
стих M Vers *m*
стихи́йно spontan **стихи́я** F Element *n*; Naturkraft *f*
стихотворе́ние N Gedicht *n*
стлать **⟨постла́ть⟩** ausbreiten; decken
сто hundert
сто́имость F Wert *m*
сто́ить kosten; sich lohnen
стой INT halt!
сто́йкий standhaft; fest
сток M Abfluss *m*
стол M Tisch *m*
столб M Säule *f*; Stange *f* **столбе́ц** M Spalte *f*
столе́тие N Jahrhundert *n*
столи́ца F Hauptstadt *f*
столкнове́ние N Auseinandersetzung *f*
столо́вая F Esszimmer *n*; Mensa *f* **столо́вый** Tisch-; Tafel-
столь so **сто́лько** so viel
столя́р M Tischler *m*
стон M Stöhnen *n*
стона́ть **⟨застона́ть, простона́ть⟩** stöhnen
стоп INT halt!
стопа́[1] F Fuß *m*; LIT Versfuß *m*
стопа́[2] F Stapel *m* **сто́пка** F 1 Stapel *m* 2 Gläschen *n*
сторни́ровать PF stornieren
сто́рож M Wächter *m*

сторожи́ть ⟨**посторожи́ть**⟩ bewachen
сторона́ F Seite *f*; Land *n*
сторони́ться ⟨**посторони́ться**⟩ aus dem Wege gehen; meiden
сторо́нник M Anhänger *m*
сто́я stehend
стоя́нка F Haltestelle *f*; Parkplatz *m* **стоя́ть** stehen
сто́ящий preiswert
страда́лец M Dulder *m* **страда́ние** N Leiden *n*
страда́ть ⟨**пострада́ть**⟩ leiden
страна́ F Land *n*
страни́ца F Seite *f* (*Buch*)
стра́нник M Wanderer *m*
стра́нный seltsam
стра́нствовать wandern
страстно́й: **страстна́я неде́ля** F REL Karwoche *f* **стра́стный** leidenschaftlich
страсть F Leidenschaft *f*
страх M Angst *f*
страхова́ть ⟨**застрахова́ть**⟩ versichern **страхово́й** Versicherungs-; **страхова́я ка́рта** *f* Versicherungskarte *f*
стра́шный fürchterlich
стрекоза́ F Libelle *f*
стрела́ F, **стре́лка** F Pfeil *m* **стрело́к** M ASTRON Schütze *m*
стрельба́ F Schießen *n* **стреля́ть** schießen
стремгла́в Hals über Kopf
стреми́тельный hastig
стреми́ться (zu)streben
стре́мя N Steigbügel *m*
стри́жка F Haarschnitt *m*
стрим M Livestream *m* (*z.B. Nachrichten im Internet*)
стричь ⟨**остричь**, **постричь**⟩ schneiden (*Haar*)
стро́гий streng
строе́ние N Bau *m* **строи́тель** M Bauarbeiter *m* **строи́тельство** N Aufbau *m*; Baustelle *f*
стро́ить ⟨**постро́ить**⟩ bauen
строй M Bau *m* **стро́йка** F Baustelle *f* **стро́йный** schlank
строка́ F Zeile *f*
стру́жка F Span *m*
струи́ться rieseln
струна́ F Saite *f*
струя́ F Strahl *m*; Strom *m*
стря́пать kochen
студе́нт(ка) M(F) Student(in) *m(f)*
сту́день M GASTR Sülze *f*
сту́жа F Frost *m*
стук M Klopfen *n* **сту́кать** ⟨**сту́кнуть**⟩ klopfen; stoßen **сту́каться** ⟨**сту́кнуться**⟩ sich stoßen
стул M Stuhl *m*
ступа́ть ⟨**ступи́ть**⟩ treten **ступе́нька** F Stufe *f* **ступня́** F Fuß *m*; Sohle *f*
стуча́ть ⟨**постуча́ть**⟩ klopfen
стуча́ться ⟨**постуча́ться**⟩ anklopfen
стыд M Scham *f*
стыди́ть ⟨**пристыди́ть**⟩ beschämen

стыди́ться ⟨постыди́ться⟩ sich schämen
стыдли́вый schamhaft **сты́дно** es ist eine Schande
сты́нуть, стыть ⟨осты́нуть⟩ abkühlen
стя́гивать ⟨стяну́ть⟩ zusammenziehen; *umg* klauen
суббо́та F Samstag *m*
сугро́б M Schneehaufen *m*
суд M Gericht *n*
суда́к M Zander *m*
суде́бный Gerichts- **суди́ть** richten; beurteilen
су́дно N Schiff *n*
су́дорога F Krampf *m*
судьба́ F Schicksal *n*
судья́ M Richter *m*
суеве́рие N Aberglaube *m* **суеве́рный** abergläubisch
суета́ F Hast *f* **суети́ться** hasten; (hin und her) laufen
сужде́ние N Urteil *n*
сук M Ast *m*
су́ка F **1** Hündin *f* **2** Scheusal *n*
сукно́ N Tuch *n*
сумасше́дший wahnsinnig
сумато́ха F Wirrwarr *m*
су́мерки *pl* Dämmerung *f*
су́мка F Tasche *f*; Mappe *f*; **спорти́вная ~** Sporttasche *f*
су́мма F Summe *f*; Betrag *m*
су́мрак M Dämmerung *f*
сунду́к M Koffer *m*; Truhe *f*
су́нуть → **сова́ть**
суп M Suppe *f*
супру́г M Gatte *m* **супру́га** F Gattin *f* **супру́жеский** ehelich
суро́вый streng; rau
суста́в M Gelenk *n*
су́тки *pl* Tag und Nacht
суть F Wesen *n*
суха́рь M Zwieback *m*; *fig* schwungloser Mensch *m*
сухожи́лие N Sehne *f*
сухо́й trocken **сухопа́рый** → **сухоща́вый** **сухопу́тный** Land- **сухоща́вый** hager; sehnig
су́ша F Festland *n*
су́ши *pl* GASTR Sushi *n*
сушёный Dörr-
суши́ть ⟨вы́сушить⟩ trocknen
суще́ственный wesentlich **существи́тельное** N GRAM Substantiv *n* **существо́** N Geschöpf *n* **существова́ть** existieren
су́щность F Wesen *n*
сфе́ра F Sphäre *f*; Gebiet *n*
схвати́ть → **хвата́ть, схва́тывать** **схва́тка** F Geplänkel *n*
схва́тки *pl* Wehen *pl*
схва́тывать ⟨схвати́ть⟩ fassen; erfassen
сходи́ть[1] ⟨сойти́⟩ heruntergehen; aussteigen; *umg* gehen; passen
сходи́ть[2] PF holen (**за** *T akk*)
сходи́ться ⟨сойти́сь⟩ näher treten; sich einigen
схо́дный ähnlich **схо́дство** N Ähnlichkeit *f*
сце́на F Bühne *f* **сцена́рий** M Drehbuch *n*

счастли́вый glücklich **сча́стье** N Glück *n*
счесть → счита́ть
счёт M Rechnen *n*; Rechnung *f*
счита́ть 〈**посчита́ть, счесть**〉 rechnen; meinen
счита́ться 1 〈**посчита́ться**〉 berücksichtigen 2 gelten
США *pl* (Соединённые Шта́ты Аме́рики) USA *pl*
съедо́бный essbar
съезд M Kongress *m*; Abfahrt *f*
съёмка F (Film)Aufnahme *f*
съестно́й Ess-
сыгра́ть → игра́ть
сын M Sohn *m*
сы́пать 〈**насы́пать, посы́пать**〉 schütten; streuen
сыр M Käse *m*
сырое́дение N Rohkost *f* **сыро́й** feucht; roh **сырьё** N Rohstoff *m*
сы́тный sättigend **сы́тый** satt (*a. fig*)
сюда́ hierher
сюже́т M Sujet *n*; Fabel *f*
сюрпри́з M Überraschung *f*

Т

та F → тот
таба́к M Tabak *m*
табле́тка F Tablette *f*
табли́ца F Tabelle *f*; ~ *f* **умноже́ния** Einmaleins *n* **табли́чка** F (kleines) Schild *n* **табло́** N Schautafel *f*
табуре́т M, **табуре́тка** F Hocker *m*, Schemel *m*
таз M Becken *n*
таи́нственный geheimnisvoll **тайко́м** heimlich **та́йна** F Geheimnis *n* **та́йный** geheim
так so; **~ же** ebenso; **~ как** da; weil; **~ сказа́ть** sozusagen, **не ~ ли?** nicht wahr?; **и ~ да́лее** und so weiter; **~ ему́ и на́до** das geschieht ihm recht; **здесь что́-то не ~** hier stimmt etwas nicht; **~ себе́** so lala; **как бы не ~!** das hätte noch gefehlt!; **~ то́чно!** jawohl! **та́кже** auch
тако́й solch (ein); **что э́то тако́е?** was ist das?; **что тако́е?** was ist los?; **что тут тако́го?** und wenn schon?
такси́ N Taxi *n*; **пойма́ть ~** ein (vorbeifahrendes) Taxi herbeiwinken
такти́чный taktvoll
тала́нт M Talent *n*
тало́н M Kupon *m*; Gutschein *m*
там dort; **~ и сям** hie und da
тамо́женный Zoll- **тамо́жня** F Zollamt *n*
та́нец M Tanz *m*
танк M Panzer *m*
танцева́ть tanzen **танцо́вщик** M (Ballett)Tänzer *m*
та́пки *pl*, **та́почки** *pl* Hausschuhe *mpl*; Pantoffeln *pl*
тарака́н M Schabe *f*
тара́щить 〈**вы́таращить**〉

umg die Augen aufreißen
таре́лка F Teller *m*
тари́ф M Tarif *m*; **еди́ный ~** Flatrate *f*
тари́фный: **~ по́яс** M Tarifzone *f*
таска́ть herumschleppen; herumschleifen; → тащи́ть **таска́ться** sich herumtreiben
та́чка F Schubkarren *m*
тащи́ть ⟨потащи́ть⟩ schleppen; schleifen **тащи́ться ⟨потащи́ться⟩** sich langsam fortbewegen; kriechen
та́ять ⟨раста́ять⟩ tauen; (zusammen)schmelzen (*a. fig*); zergehen
твёрдый hart; fest (*a. fig*)
тви́тить ⟨тви́тнуть⟩ twittern
твой M, **твоя́** F, **твоё** N, **твои́** *pl* dein(e)
творе́ние N Schöpfung *f* **творе́ц** M Schöpfer *m*
твори́ть ⟨сотвори́ть⟩ schaffen
твори́ться vorgehen
творо́г M Quark *m*
тво́рчество N Schaffen *n*; Werk *n*
те *pl* → тот
т.е. (то есть) d.h. (das heißt)
теа́тр M Theater *n* **театра́льный** Theater-; theatralisch
тебе́ *Д*, **тебя́** *P, B* → ты
текст M Text *m*
теку́чий fließend; flüssig **теку́щий** fließend; *fig* laufend; gegenwärtig; **теку́щие собы́тия** *npl* Zeitgeschehen *n*
телеви́дение N Fernsehen *n*
телеви́зор M Fernsehapparat *m*
теле́га F Leiterwagen *m*; *fig umg* schriftliche Klage *f* **теле́жка** F Karren *m*
телёнок M Kalb *n*
теле́сный körperlich; fleischfarben
телефо́н M Telefon *n*; **городско́й ~** Festnetzanschluss *m*; **вас (про́сят) к ~у** Sie werden am Telefon verlangt
те́ло N Körper *m* **телосложе́ние** N Körperbau *m*
теля́тина F Kalbfleisch *n* **теля́чий** Kalb-; **~ восто́рг** *m* kindische Freude *f*
тем *T, Д pl* → тот; **~ бо́лее** umso mehr; **~ не ме́нее** nichtsdestoweniger; **~ лу́чше** umso besser
темне́ть ⟨потемне́ть⟩ dunkel werden **⟨стемне́ть⟩** dämmern
темнота́ F Dunkel *n*
тёмный dunkel (*a. fig*); rückständig
температу́ра F Temperatur *f*; Fieber *n*
тени́стый schattig
те́ннис M Tennis *n*
тень F Schatten *m* (*a. fig*); **быть в тени́** im Dunkel bleiben
тепе́рь jetzt
тепло́ N Wärme *f* **теплово́з** M Diesellok *f* **теплохо́д** M Motorschiff *n*
тёплый warm (*a. fig*)

терáкт (террористи́ческий акт) M Terrorakt *m*
терéть ⟨**натерéть**, **потерéть**⟩ reiben
терзáть ⟨**растерзáть**⟩ zerreißen; zerfleischen; quälen
терпели́вый geduldig **терпéние** N Geduld *f*
терпéть ⟨**стерпéть**⟩ dulden ⟨**потерпéть**⟩ sich gedulden ⟨**вы́терпеть**⟩ leiden; ertragen ⟨**претерпéть**⟩ erleiden; **врéмя тéрпит** das hat noch Zeit
терпи́мый 1 tolerant 2 erträglich
терять ⟨**потерять**⟩ verlieren (*a. fig*); verlustig gehen
теряться ⟨**потеряться**⟩ verloren gehen ⟨**растеряться**⟩ in Verlegenheit geraten
тесёмка F Litze *f*; Schnur *f*
теснотá F Enge *f*; Gedränge *n*
тéсный eng (*a. fig*); schmal
тéсто N Teig *m*
тесть M Vater *m* der Ehefrau; Schwiegervater *m*
тетрáдь F Heft *n*
тётя F Tante *f*
течéние N Fließen *n*; Strömung *f*; *fig* Lauf *m*
течь[1] (ver)fließen; lecken
течь[2] F Leck *n*; **дать ~** leck werden
тёща F Mutter *f* der Ehefrau; Schwiegermutter *f*
тигр(и́ца) M(F) Tiger(in) *m(f)*
ти́на F Schlamm *m*; Algen *pl*
тип M Typ *m* **типи́чный** typisch
типогрáфия F Druckerei *f*
тирáж M Auflage *f*
тирé N Gedankenstrich *m*
тиски́ *pl* Schraubstock *m*; *fig* Umklammerung *f*
ти́тул M Titel *m*
тиф M Typhus *m*
ти́хий leise; still; langsam; **ти́хо!, ти́ше!** Ruhe!
тишинá F Stille *f*
ткань F (Web)Stoff *m*; Gewebe *n* **ткать** ⟨**соткáть**⟩ weben
тлеть 1 glimmen 2 ⟨**истлéть**⟩ faulen; verwesen
то → тот: **то …, то** bald …, bald; **не ~ …, не ~** halb … halb; **ни ~ ни сё** nichts Halbes und nichts Ganzes; **~-~!** na eben!; **да (и) ~** überdies; **а (не) ~** sonst; **~ есть (т. е.)** das heißt
-то 1 gerade; eben; **в тóм-то и дéло** das ist es ja eben 2 irgend-; **чтó-то** irgendwas; **когдá-то** irgendwann
тобóй *T* → ты
товáр M Ware *f*; Artikel *m*
товáрищ M Genosse *m*
тогдá damals; dann
тóже auch
ток M Strom *m*; Strömung *f*
тóкарь M Dreher *m*; Drechsler *m*
толк M Sinn *m*; Nutzen *m*; **бéз ~у** vergebens; **тóлку не вы́йдет** das hat keinen Sinn; **сбить с тóлку** verwirren; **взять в ~** begreifen; **знать ~** sich

auskennen (**в** *П* mit *dat*)
толка́ть ⟨толкну́ть⟩ (an)stoßen; schieben
толкова́ть **1** **⟨потолкова́ть⟩** reden **2** **⟨истолкова́ть, растолкова́ть⟩** erklären; deuten
толкотня́ F Gedränge *n* **толку́чка** F **1** Gedränge *n* **2** *umg* Flohmarkt *m*
толо́чь ⟨растоло́чь⟩ zerstoßen
толпа́ F (Menschen)Menge *f*
толсте́ть ⟨потолсте́ть, растолсте́ть⟩ zunehmen **то́лстый** dick
толчо́к M Stoß *m*; Schub *m*
толщина́ F Dicke *f*; Stärke *f*
то́лько nur; erst; aber; kaum; **~ что** eben erst; **не ~ …, но и** nicht nur… sondern auch; **~ бы** wenn nur; **~-~ хвати́ть** gerade noch reichen
том[1] M Band *m*
том[2] *П* → **тот**
то́нкий dünn; schlank; zart; fein (*a. fig*)
тону́ть ⟨утону́ть⟩ ertrinken **⟨затону́ть⟩** untergehen (*Schiff*)
то́пать ⟨то́пнуть⟩ trampeln; stampfen
топи́ть[1] **⟨затопи́ть, потопи́ть, утопи́ть⟩** versenken; in den Grund bohren
топи́ть[2] **⟨затопи́ть, истопи́ть⟩** heizen; feuern
топи́ть[3] **⟨растопи́ть⟩** schmelzen; **топлёное молоко́** *n* im Ofen gedämpfte Milch *f*
то́пливо N Brennstoff *m*
то́поль M Pappel *f*
топо́р M Beil *n* **топо́рный** grob
то́пот M Getrappel *n*
топта́ть ⟨растопта́ть⟩ zertreten
торгова́ть Handel treiben; handeln (*Т* mit *dat*) **торгова́ться** feilschen (**из-за** *Р* um *akk*)
торже́ственный Fest- **торжество́** N Feierlichkeit *f*
торжествова́ть feiern **⟨восторжествова́ть⟩** triumphieren
то́рмоз M Bremse *f*
тормози́ть ⟨затормози́ть⟩ bremsen
торопи́ть ⟨поторопи́ть⟩ zur Eile antreiben
торопи́ться ⟨поторопи́ться⟩ sich beeilen; **не торопя́сь** in Ruhe
торт M Torte *f*
торча́ть vorragen; *umg* herumstehen
тоска́ F **1** Melancholie *f* **2** Langeweile *f* **3** Sehnsucht *f* (**по** *П* nach *dat*); **~ по ро́дине** Heimweh *n* **тоскли́вый** wehmütig **тоскова́ть** sich sehnen (**по** *П* nach *dat*)
тот M, **та** F, **то** N, **те** *pl* jene(r, -s) **с тех пор** seitdem; **~ и друго́й** dieser und jener; **ни ~ ни друго́й** keiner von beiden; **~ же (са́мый)** derselbe; **ни с то-**

го́ ни с сего́ ohne jeden Grund; **ни то ни сё** weder Fisch noch Fleisch
то́тчас sofort
точи́ть ⟨наточи́ть⟩ schärfen **⟨вы́точить⟩** drehen; drechseln
то́чка F Punkt *m*; **~ зре́ния** Standpunkt *m*; **попа́сть в то́чку** ins Schwarze treffen; **дойти́ до то́чки** am Ende seiner Kräfte sein; **~!** nun aber Schluss damit!; **торго́вая ~** Verkaufsstelle *f*; **~ с запято́й** Semikolon *n*
то́чно 1 genau; pünktlich; präzise; **так ~!** jawohl! 2 als ob
точь-в-то́чь (haar)genau
тошни́ть ⟨затошни́ть⟩: **меня́ тошни́т** mir ist übel
тошнота́ F Übelkeit *f*
то́щий mager; dürr, abgezehrt
трава́ F Gras *n*
трави́ть 1 **⟨отрави́ть⟩** vergiften 2 **⟨затрави́ть⟩** hetzen; *fig* verfolgen
тра́вма F Verletzung *f*; Trauma *n*
траге́дия F Tragödie *f*
тракти́р M Kneipe *f*; Wirtshaus *n*
трамва́й M Straßenbahn *f*
трампли́н M Sprungbrett *n*; Sprungschanze *f*
трансге́ндерный transgender
трансля́ция F (Radio)Sendung *f*
транспортёр M Gepäckband *n*
трансфе́р M Transfer *m*; Shuttlebus *m*
трансчелове́к M Transgender *m/f*
тра́тить ⟨истра́тить, потра́тить⟩ ausgeben; verbrauchen
тре́бовать ⟨потре́бовать⟩ fordern; verlangen (*P akk*)
трево́га F Unruhe *f*; Alarm *m*
трево́жить ⟨встрево́жить, потрево́жить⟩ beunruhigen; stören
тре́звый nüchtern (*Ggs* **пья́ный**); abstinent; *fig* nüchtern; gesund
тре́кинг M Trekking *n*
трём *Д*, **тремя́** *Т* → три
трепета́ть ⟨затрепета́ть⟩ zittern; beben; flattern; flackern
треск M Krachen *n*
треска́ F Dorsch *m*
тре́скаться ⟨потре́скаться, тре́снуть⟩ Risse bekommen
тре́снуть 1 → трещать 2 → тре́скаться
трете́йский Schieds-
тре́тий der dritte; → три
треть F Drittel *n*
треуго́льник M Dreieck *n*
трёх *Р*, *П* → три
треща́ть ⟨затреща́ть, тре́снуть⟩ krachen; knacken; knistern; prasseln; schwätzen
три drei
тридца́тый der dreißigste
три́дцать dreißig **трина́дцать** dreizehn
тро́гать ⟨потро́гать, тро́

нуть⟩ anrühren; anfassen; ⟨**растро́гать, тро́нуть**⟩ *fig* rühren **тро́гаться** ⟨**тро́нуться**⟩ sich in Bewegung setzen

тро́ица F drei Personen **Тро́ица** REL Dreieinigkeit *f*, Pfingsten *n*; **бог тро́ицу лю́бит** aller guten Dinge sind drei

тро́йка F Drei *f* **тройно́й** dreifach

тро́нутый *umg* nicht ganz normal **тро́нуть** → тро́гать

тропа́ F, **тропи́нка** F Pfad *m*

тростни́к M Schilf *n* **трость** F Spazierstock *m*

тротуа́р M Bürgersteig *m*

труба́ F Rohr *n*; Schornstein *m*; Trompete *f* **тру́бка** F Röhre *f*; Rolle *f*; Pfeife *f*; **телефо́нная ~** Hörer *m*

труд M Arbeit *f*; Mühe *f*; Werk *n* **труди́ться** arbeiten **тру́дный** schwer; schwierig; mühsam **трудолюби́вый** fleißig **трудя́щийся** werktätig

труп M Leiche *f*

трус M Feigling *m*

тру́сики *pl* Slip *m*

тру́сить ⟨**стру́сить**⟩ Angst haben

труси́ха F Feigling *m* **трусли́вый** feig(e)

трусы́ *pl* Slip *m*; Turnhose *f*

трюк M Trick *m* (*a. fig*)

трюм M Schiffsraum *m*

тря́пка F Lumpen *m*; Lappen *m*; Waschlappen *m* (*a. fig*)

трясти́ ⟨**потрясти́, сотрясти́, тряхну́ть**⟩ schütteln; rütteln **трясти́сь** ⟨**затрясти́сь**⟩ beben; zittern; (**над** *T akk*) hüten wie seinen Augapfel

тряхну́ть → трясти́

туале́т M: **же́нский ~** Damentoilette *f*; **мужско́й ~** Herrentoilette *f*

туго́й straff; fest; eng

туда́ dahin; **~ и обра́тно** hin und zurück **туда-сюда́** hin und her

туз M As *n*

тузе́мец M *neg!* Eingeborene(r) *m*

тузи́ть *umg* hauen

ту́ловище N Rumpf *m*

тулу́п M grober Pelzmantel *m*

тума́н M Nebel *m* (*a. fig*)

туни́ка F Tunika *f*

тупи́к M Sackgasse *f* **тупи́ца** M/F Schwachkopf *m* **тупо́й** stumpf(sinnig)

тури́зм M Tourismus *m*, Fremdenverkehr *m*

тури́ст(ка) M(F) Tourist(in) *m*(*f*); Wanderer *m*, Wanderin *f*

ту́рпоездка F: **~ с ко́мплексным обслу́живанием** Pauschalreise *f*

турпохо́д M (**туристи́ческий похо́д**) Wanderung *f*

ту́склый trübe; farblos

тускне́ть ⟨**потускне́ть**⟩ sich trüben; *fig* verblassen

тут hier; da; **не ~ то бы́ло** da hast du dich aber verrechnet; **~ как ~!** schon da!

ту́фли *pl* Pumps *mpl*

тýхлый faul
тýхнуть 1 ⟨**протýхнуть**⟩ verfaulen 2 ⟨**потýхнуть**⟩ erlöschen
тýча F (große, dunkle) Wolke *f*
тушúть ⟨**потушúть**⟩ 1 auslöschen 2 schmoren
ТЦ M (Торгóвый Центр) Einkaufszentrum *n*
тщáтельный sorgfältig
тщеслáвный eitel
тщéтный vergeblich
ты du
ты́ква F Kürbis *m*
тыл M Hinterland *n*
ты́сяча F Tausend *n*
тьма F Finsternis *f*
тюлéнь M Seehund *m*
тюрьмá F Gefängnis *n*
тя́га F Zug *m*; Drang *m* **тя́гостный** lästig; drückend
тяжёлый schwer (*a. fig*)
тянýть ⟨**потянýть**⟩ ziehen

У

у PRÄP P 1 an; neben *dat, akk*; **сидéть ~ окнá** am Fenster sitzen 2 bei *dat*; **жить ~ родúтелей** bei seinen Eltern leben; **~ меня́ есть** ich habe; → **быть**; **~ влáсти** an der Macht
убавля́ть ⟨**убáвить**⟩ vermindern
убегáть ⟨**убежáть**⟩ davonlaufen; flüchten
убеждáть ⟨**убедúть**⟩ überzeugen (**в** *П* von *dat*)
убéжище N Asyl *n*; Zuflucht *f*; Obdach *n*; Bunker *m*
убивáть ⟨**убúть**⟩ töten; ermorden
убúйство N Mord *m* **убúйца** M/F Mörder(in) *m(f)*
убирáть ⟨**убрáть**⟩ aufräumen
убóгий armselig; kläglich
убóрка F Aufräumen *n*; Ernte *f*
убóрная F 1 THEAT Ankleidezimmer *n* 2 Toilette *f* **убóрщица** F Putzfrau *f*
убрáть → **убирáть**
убывáть sich vermindern
убы́тки *pl* Schaden *m*
уважáть ehren **уважéние** N Respekt *m*
увезтú → **увозúть**
увелúчивать ⟨**увелúчить**⟩ vergrößern; vermehren
увéренный sicher; überzeugt
уверя́ть ⟨**увéрить**⟩ versichern
увестú → **уводúть**
увúдеть → **вúдеть**
увлекáтельный spannend
увлекáть ⟨**увлéчь**⟩ hinreißen **увлечéние** N Begeisterung *f* (*T* von *dat*); Leidenschaft *f*
уводúть ⟨**увестú**⟩ wegführen
увольня́ть ⟨**уво́лить**⟩ entlassen; kündigen (*B dat*)
увы́! leider!
угáдывать ⟨**угадáть**⟩ erra-

ten
углубля́ть ⟨углуби́ть⟩ vertiefen **углубля́ться ⟨углуби́ться⟩** eindringen; sich vertiefen (*a. fig*)
угна́ть → угоня́ть
угнета́ть unterjochen; niederdrücken
угова́ривать ⟨уговори́ть⟩ überreden
уго́дно lieb; **что Вам ~?** was wünschen Sie?; **как Вам ~** wie Sie wünschen; **кто ~** jeder Beliebige; **ско́лько ~** so viel man will
у́гол M Ecke *f*; Winkel *m*; **в углу́** in der Ecke; **за угло́м** um die Ecke; **име́ть свой ~** sein Heim haben; **загна́ть в ~** in die Enge treiben; **сгла́дить о́стрые углы́** *etw* entschärfen
уголо́вный Kriminal-; Straf-; **~ престу́пник** *m* Verbrecher *m*
у́голь M Kohle *f*
уго́н M Autodiebstahl *m*; Flugzeugentführung *f* **угоня́ть ⟨угна́ть⟩** entführen (*ein Fahrzeug*)
у́горь M Aal *m*
угоща́ть ⟨угости́ть⟩ bewirten (*B T akk* mit *dat*); **угоща́йся!** lang zu!
угрожа́ть drohen; bedrohen (*Д T dat* mit *dat*) **угро́за** F Drohung *f*; Gefahr *f*
угро́зыск (уголо́вный ро́зыск) M Kriminalpolizei *f*
угрызе́ния *pl*: **~ со́вести** Gewissensbisse *pl*
угрю́мый mürrisch; finster
удава́ться ⟨уда́ться⟩ gelingen
удалёнка F Homeoffice *n*
удаля́ть ⟨удали́ть⟩ entfernen; **удали́ть зуб** einen Zahn ziehen; **удали́ть (програ́мму)** IT deinstallieren
уда́р M Schlag *m* (*a. fig*); Stoß *m*; **быть в ~е** in Stimmung sein
ударе́ние N Betonung *f*
ударя́ть ⟨уда́рить⟩ schlagen
уда́ча F Erfolg *m*; Glück *n*
уда́чный gelungen; glücklich
удва́ивать ⟨удво́ить⟩ verdoppeln
удержа́ться sich halten können; sich enthalten (**от** *P gen*)
уде́рживать ⟨удержа́ть⟩ zurückhalten; beibehalten
удиви́тельный erstaunlich
удивля́ть ⟨удиви́ть⟩ in Erstaunen versetzen **удивля́ться ⟨удиви́ться⟩** staunen
уди́ть ⟨вы́удить⟩ angeln
удлиня́ть ⟨удлини́ть⟩ verlängern; ausdehnen
удо́бный bequem; **~ слу́чай** *m* günstige Gelegenheit *f*
удобря́ть ⟨удо́брить⟩ düngen
удовлетвори́тельный befriedigend **удовлетвори́ться** PF sich begnügen (*T* mit *dat*) **удовлетворя́ть ⟨удовлетвори́ть⟩** befriedigen; genügen; **удовлетвори́ть про́сьбу** eine Bitte erfüllen

удово́льствие N Vergnügen *n*
удово́льствоваться → довольствоваться
удоста́ивать ⟨удосто́ить⟩ würdigen (*T akk*)
удостовере́ние N Bescheinigung *f*; **~ ли́чности** Personalausweis *m* **удостове́риться** PF sich vergewissern (**в** *П* dass, …) **удостоверя́ть ⟨удостове́рить⟩** beurkunden
у́дочка F Angel *f*
удруча́ть ⟨удручи́ть⟩ deprimieren
уду́шье N Atemnot *f*
уезжа́ть ⟨уе́хать⟩ fortfahren; abreisen
уж[1] M Natter *f*
уж[2] 1 → уже́ 2 doch, ja, na, wirklich; schön
у́жас M Entsetzen *n* **ужа́сный** schrecklich
уже́[1] schon; bereits
у́же[2] *komp* → у́зкий
у́жин M Abendessen *n*
у́жинать ⟨поу́жинать⟩ zu Abend essen
узда́ F Zaum *m* (*mst fig*) **узде́чка** F Zaum *m*
у́зел M Knoten *m*; Bündel *n*
у́зы *pl* Bande *pl* (*mst fig*)
уйти́ → уходи́ть
ука́з M Erlass *m* **указа́тель** M Anzeiger *m*; Verzeichnis *n*
указа́тельный: **~ па́лец** M Zeigefinger *m* **ука́зывать ⟨указа́ть⟩** zeigen; weisen
ука́чивать ⟨укача́ть⟩ 1 in den Schlaf wiegen 2: **меня́ укача́ло** ich wurde seekrank
укла́д M: **~ жи́зни** Lebensweise *f* **укла́дывать ⟨уложи́ть⟩** (ein)packen; (schlafen) legen; umlegen
укло́н M Neigung *f*; Abhang *m*; **под ~** bergab **укло́нчивый** ausweichend **уклоня́ться ⟨уклони́ться⟩** abweichen; ausweichen
уко́л M (Ein)Stich *m*; **сде́лать ~** eine Spritze geben **уколо́ть(ся)** PF (sich) stechen
уко́р M Vorwurf *m*
укра́дкой heimlich
Украи́на F Ukraine *f* **украи́нец** M, **украи́нка** Ukrainer(in) *m(f)* **украи́нский** ukrainisch
укра́сть → красть
украша́ть ⟨укра́сить⟩ (aus)schmücken **украше́ние** N Schmuckstück *n*
укрепля́ть ⟨укрепи́ть⟩ (be)festigen; stärken
укро́мный einsam; abgelegen
укро́п M Dill *m*
укрыва́ть ⟨укры́ть⟩ bedecken; verbergen **укрыва́ться ⟨укры́ться⟩** sich zudecken; sich verbergen; entgehen (**от** *P dat*); **от него́ ничто́ не укро́ется** es bleibt ihm nichts verborgen
у́ксус M Essig *m*
укуси́ть → куса́ть
уку́тывать ⟨уку́тать⟩ einhüllen; einmummeln
ула́вливать ⟨улови́ть⟩ auf-

fangen; erfassen
ула́живать ⟨**ула́дить**⟩ regeln; einrichten; ordnen
у́лей M Bienenstock *m*
улета́ть ⟨**улете́ть**⟩ wegfliegen
ули́ка F Beweis *m*
ули́тка F Schnecke *f*
у́лица F Straße *f*; Gasse *f*
улича́ть ⟨**уличи́ть**⟩ überführen; ertappen (**в** *П* bei *dat*)
уло́в M (Fisch)Fang *m*
уло́вка F Finte *f*
уложи́ть(ся) → укла́дывать(ся)
улучша́ть(ся) ⟨**улу́чшить(ся)**⟩ (sich) verbessern
улыба́ться ⟨**улыбну́ться**⟩ lächeln **улы́бка** F Lächeln *n*
ум M Verstand *m*; Sinn *m*
ума́лчивать ⟨**умолча́ть**⟩ verschweigen (**о** *П akk*)
уме́лый geschickt; sachkundig
уменьша́ть ⟨**уме́ньшить**⟩ reduzieren
уме́ренный mäßig; maßvoll
умере́ть → умира́ть
умеря́ть ⟨**уме́рить**⟩ mäßigen, einschränken
уме́стный angebracht
уме́ть ⟨**суме́ть**⟩ können; verstehen
умира́ть ⟨**умере́ть**⟩ sterben; umkommen
умножа́ть ⟨**умно́жить**⟩ vermehren; multiplizieren
у́мный klug; gescheit
умолка́ть ⟨**умо́лкнуть**⟩ verstummen
умоля́ть ⟨**умоли́ть**⟩ anflehen
у́мственный geistig
умыва́ться ⟨**умы́ться**⟩ sich waschen
у́мысел M Vorsatz *m* **умы́шленный** vorsätzlich
унести́ → уноси́ть
универма́г (универса́льный магази́н) M Kaufhaus *n*
универса́м (универма́г самообслу́живания) M Supermarkt *m*
университе́т M Universität *f*
унижа́ть ⟨**уни́зить**⟩ erniedrigen; entwürdigen **унизи́тельный** entwürdigend
уноси́ть ⟨**унести́**⟩ forttragen
уныва́ть den Mut verlieren
уны́лый niedergeschlagen; trostlos **уны́ние** N Mutlosigkeit *f*; Verzagtheit *f*
упа́док M Niedergang *m*
упако́вывать ⟨**упакова́ть**⟩ (ein)packen
упа́сть → па́дать
упла́та F Zahlung *f* **уплати́ть** → плати́ть
уполномо́ченный M Beauftragte(r) *m*
упомина́ть ⟨**упомяну́ть**⟩ erwähnen
упо́р M Stütze *f* **упо́рный** beharrlich **упо́рствовать** beharren
употребля́ть ⟨**употреби́ть**⟩ (ge)brauchen; verwenden; benutzen
управле́ние N Verwaltung *f*;

Führung *f* **управля́ть** leiten; regieren; steuern (*T akk*)
упражнéние N Übung *f*
упражня́ться (sich) üben (**в** *П* in *dat*)
упраздня́ть ⟨**упраздни́ть**⟩ abschaffen; annullieren
упрёк M Vorwurf *m*
упрекáть ⟨**упрекну́ть**⟩ vorwerfen (*B* **в** *П* DA)
упрощáть ⟨**упрости́ть**⟩ vereinfachen
упру́гий spannkräftig
у́пряжь F Pferdegeschirr *n*
упря́миться ⟨**заупря́миться**⟩ eigensinnig, dickköpfig sein
упря́мый stur; bockig
упускáть ⟨**упусти́ть**⟩ loslassen; entwischen; **упусти́ть из ви́ду** außer Acht lassen
урá INT hurra!
уравнéние N Gleichung *f*
уравнивать ⟨**уравня́ть**⟩ gleichstellen
ураган M Orkan *m*
у́ровень M Niveau *n*
урóдливый hässlich
урожáй M Ernte *f* **урожéнец** M Einheimische(r) *m*
урóк M (Unterrichts)Stunde *f*; Schulaufgabe *f*
урóн M Verlust *m* **урони́ть** → роня́ть
усáдьба F Bauernhof *m*; Gutshof *m* **усáживать** ⟨**усади́ть**⟩ zum Sitzen auffordern; einen Platz anweisen **усáживаться** ⟨**усéсться**⟩ sich hinsetzen
усвáивать ⟨**усвóить**⟩ sich aneignen; verdauen
усéрдный eifrig; fleißig
усéсться → усáживаться
уси́ливать ⟨**уси́лить**⟩ verstärken
ускользáть ⟨**ускользну́ть**⟩ entgleiten; entschlüpfen
ускоря́ть ⟨**ускóрить**⟩ beschleunigen
услóвие N Bedingung *f*; Voraussetzung *f* **услóвный** bedingt
усложня́ть ⟨**усложни́ть**⟩ komplizieren **усложня́ться** verwickelt werden
услу́га F Dienstleistung *f*; Gefallen *m*
услыхáть, **услы́шать** → слы́шать
усмехáться ⟨**усмехну́ться**⟩ spöttisch lächeln; schmunzeln **усмéшка** F ironisches Lächeln *n*
усну́ть PF einschlafen
усовершéнствовать → совершéнствовать
усомни́ться → сомневáться
успевáть ⟨**успéть**⟩ zur rechten Zeit kommen; noch Zeit für *etw* haben; **онá не успéла э́то сдéлать** sie kam nicht dazu
успéх M Erfolg *m*; Fortschritt *m* **успéшный** gelungen
успокáивать(ся) ⟨**успокóить(ся)**⟩ (sich) beruhigen
устáв M Statut *n*; Satzung *f*

устава́ть ⟨**уста́ть**⟩ müde werden **уста́лый** müde
устана́вливать ⟨**установи́ть**⟩ einbauen; herstellen; bestimmen **устано́вка** F Aufstellung *f*; Anlage *f*; Einstellung *f*; Richtlinie *f*
у́стный mündlich
усто́йчивый: **экологи́чески** ~ nachhaltig
устоя́ть PF aufrecht stehen bleiben; standhalten (**про́тив** *P dat*)
устра́ивать ⟨**устро́ить**⟩ 1 (**устра́иваться**) (sich) einrichten 2: **э́то меня́ не устра́ивает** das passt mir nicht
устраня́ть ⟨**устрани́ть**⟩ beseitigen; entfernen
устремля́ться ⟨**устреми́ться**⟩ sich stürzen
у́стрица F Auster *f*
устро́ить → устра́ивать **устро́йство** N Einrichtung *f*; Aufbau *m*
уступа́ть 1 nachstehen (**в** *П* in *dat*) 2 ⟨**уступи́ть**⟩ nachgeben **усту́пка** F Zugeständnis *n* **усту́пчивый** nachgiebig
у́стье N Mündung *f*
усы́ *pl* Schnurrbart *m*
усыновля́ть ⟨**усынови́ть**⟩ adoptieren
усыпля́ть ⟨**усыпи́ть**⟩ einschläfern
утвержда́ть 1 behaupten 2 ⟨**утверди́ть**⟩ bestätigen
утёс M Felsen *m*
утеша́ть ⟨**уте́шить**⟩ trösten
утеше́ние N Trost *m*
утиха́ть ⟨**ути́хнуть**⟩ sich beruhigen; sich legen
у́тка F Ente *f*
утоля́ть ⟨**утоли́ть**⟩ stillen; lindern; löschen; **утоли́ть го́лод** den Hunger stillen; **утоли́ть жа́жду** den Durst löschen
утоми́тельный anstrengend
утомля́ть ⟨**утоми́ть**⟩ ermüden
утону́ть → тону́ть
утончённый raffiniert
утопа́ть ⟨**утону́ть**⟩ → тону́ть **утопи́ть** → топи́ть[1]
уто́пленник, **уто́пленница** M/F Ertrunkene(r) *f(m)*
уточня́ть ⟨**уточни́ть**⟩ präzisieren
утра́та F Verlust *m* **утра́чивать** ⟨**утра́тить**⟩ verlieren
утри́ровать IM(PF) überbetonen; übertreiben
у́тро N Morgen *m*; **~м** am Morgen; **с до́брым ~м!** guten Morgen!
утружда́ть belästigen
утю́г M Bügeleisen *n*
уха́ F Fischsuppe *f*
уха́живать 1 pflegen; sorgen (**за** *T* für *akk*) 2 hinter *j-m* her sein
ухвати́ть(ся) → хвата́ть(ся)
ухмыля́ться ⟨**ухмыльну́ться**⟩ grinsen; schmunzeln
у́хо N Ohr *n*
ухо́д M 1 Weggang *m*; Rücktritt *m* 2 Pflege *f*; Wartung *f*; **нужда́ющийся в ухо́де** pfle-

gebedürftig **уходи́ть ⟨уйти́⟩** fortgehen
ухудша́ть(ся) ⟨уху́дшить(ся)⟩ (sich) verschlechtern
уцеле́ть PF heil *od* ganz bleiben
уценённый preisgesenkt; reduziert
уцепи́ться → цепля́ться
уча́ствовать ⟨поуча́ствовать⟩ teilnehmen (**в** *П* an *dat*)
уча́стие N **1** Teilnahme *f*; **принима́ть ~** sich beteiligen (**в** *П* an *dat*) **2** Mitgefühl *n*
у́часть F Los *n*; Schicksal *n*
уче́бник M Lehrbuch *n* **уче́бный** Lehr- **учени́к** M Lehrling *m*; Schüler *m* **учени́ца** F Schülerin *f* **учёный** M Wissenschaftler *m*
уче́сть → учи́тывать
учи́лище N Schule *f*; Berufsschule *f* **учи́тель(ница)** M(F) Lehrer(in) *m(f)*
учи́тывать ⟨уче́сть⟩ berücksichtigen
учи́ть[1] **⟨научи́ть⟩** unterrichten; beibringen; anlernen; **~ся** studieren; lernen; **~ся чита́ть** lesen lernen
учи́ть[2] **⟨вы́учить⟩** (auswendig) lernen; einüben
учрежда́ть ⟨учреди́ть⟩ gründen; stiften **учрежде́ние** N Behörde *f*; Amt *n*; Institution *f*
учти́вый (sehr) höflich
уша́нка F warme Mütze *f* mit Ohrenklappen
у́ши *pl* → у́хо
ушиб M Stoß *m*; Prellung *f* **ушиба́ться ⟨ушиби́ться⟩** sich stoßen; sich verletzen
ушко́ N Nadelöhr *n* **ушно́й** Ohr(en)-
уще́лье N Bergschlucht *f*; Hohlweg *m*
ущерб M Schaden *m*; **нанести́ ~** schädigen (*Д akk*); **понести́ ~** Schaden erleiden; **в ~** zum Nachteil; gegen
ущипну́ть → щипа́ть
уют M Gemütlichkeit *f* **ую́тный** gemütlich
уязви́мый verwundbar; *fig* anfechtbar
уясня́ть ⟨уясни́ть⟩ erfassen; sich über *etw* im Klaren sein

фа N MUS *umg*; → до[2]
фа́брика F Fabrik *f*
факт M Tatsache *f*
факульте́т M Fakultät *f*
фальсифика́ция F (Ver)Fälschung *f* **фальши́вый** falsch (*a. fig*)
фами́лия F Nachname *m*; **как ва́ша ~?** wie ist Ihr Name?
фамилья́рный (übertrieben) vertraulich
фане́ра F **1** Furnier *n* **2** *umg* Playback *n*

фантáзия F Fantasie *f*
фáра F (Auto)Scheinwerfer *m*
фáртук M Schürze *f*
фарфóр M Porzellan *n*
фарш M Hackfleisch *n* **фарширóванный** gefüllt
фасáд M Fassade *f*
фасóль F Bohnen *pl*
фаст фуд M Fast Food *n*
фатá F Brautschleier *m*
фашúзм M Faschismus *m*
фаянс M Steingut *n*
феврáль M Februar *m*
федератúвный Bundes-; **Федератúвная Респýблика** *f* **Гермáния (ФРГ)** Bundesrepublik *f* Deutschland (BRD) **федерáция** F: **Совéт** M **Федерации** Oberhaus *n* des russischen Parlaments
фейервéрк M Feuerwerk *n*
фен M Föhn *m*
ферзь M SCHACH Dame *f*
фéрма F Farm *f* **фéрмер** M Farmer *m*
фестивáль M Festspiele *pl*
фéтровый Filz-
фехтовáть fechten
фиáлка F Veilchen *n*
фиг M *vulg*: **~ тебé!** ich denke nicht daran!; du kriegst nichts; **ни ~á** gar nichts; **нá ~, на ~á** wozu **фúга** F Feige *f* (*a. fig*) **фúговый**[1] Feigen- **фигóвый**[2] Schund-
фигýра F Figur *f*
фúзик M Physiker *m* **физúческий** körperlich; physikalisch; **физúческая культýра (физкультýра)** *f* Körperkultur *f*; Sport *m*
фиктúвный fingiert
филé N Filet *n*; Filetbraten *m*
фúлин M Uhu *m*
филóсоф M Philosoph *m*
фильм M Film *m*
фильтр M Filter *m* **фильтровáть** ⟨**профильтровáть**⟩ filtern; *fig* absondern
финáл M Finale *n*; Schluss *m*; **однá восьмáя** *f* **~а** Achtelfinale *n*
финáнсы *pl* Finanzen *pl*
фингáл M *umg* Veilchen *n* (*blauer Fleck*)
фúник M Dattel *f*
фúниш M Endspurt *m*; Ziel *n*
фиолéтовый lila
фúрма F Firma *f*
фитúль M Docht *m*; Lunte *f*
фúтнес-центр M Fitnesscenter *n*
флаг M Fahne *f*
флакóн M Fläschchen *n*
флéйта F Flöte *f*
флúгель M Seitengebäude *n*
фломáстер M Filzstift *m*
флот M Flotte *f*; **речнóй ~** Binnenflotte *f*; **морскóй ~** Marine *f*
флю́гер M Wetterfahne *f*; *fig* Wendehals *m*
фля́га F, **фля́жка** F Feldflasche *f*
фóкус M **1** Fokus *m* **2** Kunststück *n*; **~ы** *pl* Launen *fpl*; Machenschaften *fpl*
фон M Hintergrund *m* (*a. fig*)

фонарь M Laterne *f*; *fig* blauer Fleck *m* (*unter dem Auge*)
фонд M Fonds *m*; Stiftung *f*
фонтан M Springbrunnen *m*
форель F Forelle *f*
форма F Form *f*; Uniform *f*; Formular *n*
форсировать (IM)PF erzwingen; vorantreiben
фортепьяно N Klavier *n*
фото- Foto- **фотоальбом** M Bildband *m* **фотокарточка** F Foto *n*
фрак M Frack *m*
фрахтовать ⟨**зафрахтовать**⟩ verfrachten; chartern
ФРГ → федеративный
фронт M Front *f*
фрукт M Frucht *f*; **фрукты** *pl* Obst *n*
ФСБ M (Федеральная служба безопасности) Bundessicherheitsdienst *m*
фундамент M Fundament *n*
фундук M Haselnuss *f*
фуникулёр M Seilbahn *f*
фунт M Pfund *n*
фура F Lastwagen *m*
фуражка F Schirmmütze *f*
футбол M Fußball *m* **футболист** M Fußballspieler *m*
футболка F T-Shirt *n*
футляр M Futteral *n*; Etui *n*; Hülle *f*
фыркать ⟨**фыркнуть**⟩ schnauben; schnaufen; kurz auflachen

Х

халат M Morgenrock *m*; Bademantel *m*; Arbeitskittel *m* **халатность** F Nachlässigkeit *f*
халва F Halwa *n* (*Nussmarzipan*)
халтура F 1 Pfuscherei *f* 2 Nebenverdienst *m* **халтурить** ⟨**схалтурить**⟩ pfuschen
хам M Flegel *m*, Rohling *m*
хаос M Chaos *n*; *fig* Unordnung *f*; Durcheinander *n*
характер M Charakter *m*
характеризовать ⟨**охарактеризовать**⟩ charakterisieren
характерный charakteristisch
хата F Hütte *f*
хачапури M GASTR georgischer Käsekuchen *m* (*nicht süß*)
хвалить ⟨**похвалить**⟩ loben (**за** *B* für *akk*)
хвастать(ся) ⟨**похвастать(ся)**⟩ prahlen; großtun
хвастливый angeberisch
хвастун(ья) M(F) Angeber(in) *m(f)*
хватать 1 ⟨**схватить**⟩ packen; fassen; ergreifen 2 ⟨**хватить**⟩ (aus)reichen (*P nom*); **мне не хватает времени** es fehlt mir an Zeit; **хватит!** genug!; **с меня хватит** ich ha

be es satt!
хворáть 〈**захворáть**〉 kränkeln
хвост M Schwanz *m*; Schweif *m*
хвóя F Nadelbaumzweig *m*
хер M *vulg* Schwanz *m*; → **фиг**
хи́жина F Häuschen *n*
хи́лый schwächlich
хи́мик M Chemiker *m*
химчи́стка F (chemische) Reinigung *f*
хитри́ть 〈**схитри́ть**〉 schlau handeln
хи́трый schlau; listig
хихи́кать 〈**хихи́кнуть**〉 kichern
хищéние N Raub *m*; Unterschlagung *f*
хи́щник M Raubtier *n* **хи́щный** Raub-; *fig* gierig
хладнокрóвный kaltblütig; gelassen
хлам M Kram *m*; Plunder *m*
хлеб M Brot *n* **хлебáть** 〈**хлебнýть**〉 löffeln; schlürfen **хлебосóльный** gastfreundlich
хлев M Stall *m*
хлестáть 1 〈**хлестнýть**〉 peitschen 2 strömen; *fig* saufen
хлóпать 〈**похлóпать, хлóпнуть**〉 knallen; klatschen
хлóпок M Baumwolle *f*
хлопотáть 1 〈**похлопотáть**〉 Fürsprache einlegen (**за** *B* für *akk*) 2 herumwirtschaften; sich bemühen (**о** *П* um *akk*)
хлóпоты *pl* Mühen *fpl*; Scherereien *pl*
хлопчатобумáжный Baumwoll-
хлóпья *pl* Flocken *pl*
хлы́нуть PF hervorströmen; hervorbrechen (*a. fig*)
хлыст M Gerte *f*
хлю́пать 〈**хлю́пнуть**〉 glucksen; patschen
хмель M 1 Hopfen *m* 2 Trunkenheit *f*
хмýриться 〈**нахмýриться**〉 finster dreinschauen
хóбот M Rüssel *m*
ход M Gang *m*; Gehen *n*; (Ver)Lauf *m* **ходи́ть** (hin und her) gehen; → **идти́**; **~ в шýбе** einen Pelz tragen
хозя́ин M (PL **хозя́ева**), **хозя́йка** F Besitzer(in) *m(f)*; Wirt(in) *m(f)*; Gastgeber(in) *m(f)*; **домáшняя хозя́йка** *f* Hausfrau *f*
хоккéй M Hockey *n*
хóлить hätscheln
холм M Hügel *m*
хóлод M Kälte *f*
холодáть 〈**похолодáть**〉 kälter werden (draußen)
холодéц M Sülze *f* **холоди́льник** M Kühlschrank *m*
холóдный kalt (*a. fig*); ungefüttert
холостóй ledig **холостя́к** M Junggeselle *m*
холст M Leinwand *f*
хомя́к M Hamster *m*
хор M Chor *m*

хоровóд M Reigen *m*
хоронúть ⟨**похоронúть, схоронúть**⟩ beerdigen
хорóший gut; schön; **хорошó!** (nun) gut!; schön; **хорошó бы!** das wäre schön!
хотéть ⟨**захотéть**⟩ wollen; wünschen; mögen; **хóчешь не хóчешь** ob man will oder nicht
хотéться ⟨**захотéться**⟩: **мне хóчется, мне бы хотéлось** ich möchte (gern); **мне не хóчется** ich habe keine Lust
хот-спóт M Hotspot *m*
хоть wenigstens; selbst; obwohl; **емý ~ бы что** er macht sich gar nichts daraus **хотя́** obwohl; **~ бы** wenigstens
хóхот M Gelächter *n* **хохотáть** ⟨**захохотáть**⟩ laut lachen
хрáбрый tapfer; kühn
храм M Tempel *m*; Gotteshaus *n*
хранúть ⟨**сохранúть**⟩ (auf)bewahren; lagern; wahren
храпéть ⟨**захрапéть**⟩ schnarchen
хребéт M Rückgrat *n*
хрен M Meerrettich *m*; **~ рéдьки не слáще** das ist gehupft wie gesprungen
хрипéть ⟨**захрипéть**⟩ röcheln; heiser sein
хрúпнуть ⟨**охрúпнуть**⟩ heiser werden
христиáнин M, **христиáнка** F Christ(in) *m(f)* **христиáнский** christlich
хромáть hinken; *fig* zurückbleiben **хромóй** lahm
хрýпкий brüchig; spröde; *fig* zart
хрустáль M Kristall(glas) *n*
хрустéть ⟨**захрустéть, хрýстнуть**⟩ knirschen; knistern
хрю́кать ⟨**хрю́кнуть**⟩ grunzen
хрящ M Knorpel *m*
худéть ⟨**похудéть**⟩ abnehmen; abmagern
худóжественный Kunst- **худóжник** M, **худóжница** F Künstler(in) *m(f)*
худóй mager; **на ~ конéц** im schlimmsten Falle; **не говоря́ худóго слóва** ohne zu widersprechen
хýдший *sup* → плохóй
хýже *komp* → плохóй
хуй M *vulg* Schwanz *m*; → фиг
хулигáн M Rohling *m*

Ц

цапáть ⟨**цáпнуть**⟩ *umg* schnappen; kratzen; beißen
цапáться ⟨**поцапáться**⟩ streiten
цáпля F Reiher *m*
царáпать ⟨**оцарáпать, поцарáпать, царáпнуть**⟩ kratzen; ritzen

цара́пина F Kratzwunde *f*; Kratzer *m*
царе́вич M Prinz *m* **царе́вна** F Prinzessin *f* **цари́ца** F Kaiserin *f* **ца́рствовать** herrschen (*a. fig*) **царь** M Kaiser *m*
цвести́ ⟨расцвести́⟩ blühen
цвет M (~**á** *pl*) Farbe *f* **цветно́й** farbig; bunt; **цветна́я капу́ста** *f* Blumenkohl *m*
цвето́к M (**цветы́** *pl*) Blume *f*
цвету́щий blühend (*a. fig*)
цеди́ть 1 **⟨процеди́ть⟩** durchseihen 2 **⟨нацеди́ть⟩** (ab)zapfen
це́дра F Zitronenschale *f*
целесообра́зный zweckmäßig **целеустремлённый** zielstrebig
целико́м gänzlich; völlig; **~ и по́лностью** ganz und gar
целина́ F Neuland *n*
це́лить(ся) ⟨прице́литься⟩ zielen (*a. fig*) (**в** *B* nach *dat*)
целова́ть(ся) ⟨поцелова́ть(ся)⟩ (sich) küssen
це́лый ganz
цель F Ziel *n*; Zweck *m*
цена́ F Preis *m*; **~ за ро́уминг** TEL Roaminggebühren *pl*; **э́тому цены́ нет** das ist unbezahlbar **цени́ть** schätzen **це́нность** F Wert *m* **це́нный** wertvoll
цент M Cent *m*
центр M Zentrum *n*; Mittelpunkt *m*; **~ тя́жести** Schwerpunkt *m* (*a. fig*); **торго́вый ~** Einkaufszentrum *n* **центра́льный** Zentral-, zentral
цепене́ть ⟨оцепене́ть⟩ erstarren
це́пкий fest (an)haftend
цепля́ться ⟨прицепи́ться, уцепи́ться⟩ sich festhalten; *fig* belästigen; nörgeln
цепо́чка F Kettchen *n* **цепь** F Kette *f*; **звено́** *n* **це́пи** Kettenglied *n* (*a. fig*); **посади́ть соба́ку на ~** den Hund anketten; **спусти́ть с це́пи** losketten
церемо́ниться Umstände machen **церемо́ния** F Zeremonie *f*; *fig*Ziererei *f*
це́рковь F Kirche *f*
цех M Werkabteilung *f*
цивилиза́ция F Zivilisation *f*
цикла́мен M Alpenveilchen *n*
цини́чный zynisch
цирк M Zirkus *m*
ци́фра F Ziffer *f*; Zahl *f*
цифрово́й Ziffern-; zahlenmäßig; **цифрова́я ка́мера** *f* Digitalkamera *f*
цыга́н(ка) M(F) Zigeuner(in) *m(f) neg!*
цыплёнок M Küken *n*
цы́почки *pl*: **на цы́почках** auf Zehenspitzen
Цю́рих M Zürich *n*

Ч

ча́вкать schmatzen
чад M Dunst *m* **чади́ть** dunsten; qualmen
чаевы́е *pl* Trinkgeld *n* **чай** M Tee *m*; **зелёный ~** grüner Tee *m*, Grüntee *m*; **чёрный ~** schwarzer Tee *m*, Schwarztee *m*; **дать на ~** Trinkgeld geben
ча́йка F Möwe *f*
ча́йник M Teekanne *f*; Wasserkocher *m*; *fig umg* Trottel *m*
чан M Kübel *m*
чарова́ть ⟨очарова́ть⟩ bezaubern
час M Stunde *f*; Uhr *f*; **два ~а́ дня** zwei Uhr mittags; **кото́рый ~?** wie spät ist es?; **шесто́й ~** es ist nach fünf; **приёмные ~ы́** *pl* Sprechstunde *f*; **~ы́ пик** Hauptverkehrszeit *f*; **мёртвый ~** Mittagsruhe *f*; **стоя́ть на ~а́х** Wache stehen; **в до́брый ~!** gut Glück!
части́ца F Teilchen *n*; Partikel *f* **ча́стный** privat; speziell **ча́стый** häufig **часть** F Teil *m od n*
часы́ *pl* Uhr *f*
ча́титься chatten
ча́хнуть ⟨зача́хнуть⟩ dahinsiechen; verkümmern
ча́шечка F → ча́шка; **коле́нная ~** Kniescheibe *f*
ча́шка F Tasse *f*; Schale *f*
ча́ща F Waldesdickicht *n*
ча́ще → ча́сто
чего́ *Р* → что
чей M, **чья** F, **чьё** N, **чьи** *pl* wessen
чек M Scheck *m*; Kassenzettel *m*
челно́к M **1** Kahn *m* **2** Schiffchen *n*
челове́к M **(лю́ди** *pl***)** Mensch *m* **челове́ческий** menschlich; Mensch- **челове́чество** N Menschheit *f* **челове́чный** human
че́люсть F Kiefer *m*; Gebiss *n*
чем *Т* → что
чём *П* → что
чемода́н M Koffer *m*; **~ на колёсиках** Rollkoffer *m*; **~** Trolley *m* (*Rollkoffer*)
чемпио́н M SPORT Meister *m*
чему́ *Д* → что
чепуха́ F Unsinn *m*
че́рви *pl* Herz *n* (*Spielkarten*)
че́рвь M, **червя́к** M Wurm *m*
черда́к M Dachboden *m*
чередова́ть(ся) abwechseln
че́рез PRÄP *В* über; durch; nach
че́реп M Schädel *m* **черепа́ха** F Schildkröte *f* **черепи́ца** F Dachziegel *m*
чересчу́р übermäßig
чере́шня F Süßkirsche *f*
черни́ка F Heidelbeere *f* **черни́ла** *pl* Tinte *f* **черни́ть ⟨очерни́ть⟩** anschwärzen
черно́вик M Entwurf *m* **чер-**

норабо́чий M ungelernter Arbeiter *m* **чернослив** M Backpflaumen *pl*
чёрный schwarz
чёрствый trocken (*Brot; fig Mensch*)
чёрт M Teufel *m*; **у ~а на кули́чках** wo sich Fuchs und Hase gute Nacht sagen; **оди́н ~** das ist mir wurscht
черта́ F Strich *m*; Linie *f*; (Wesens)Zug *m* **чертёж** M Zeichnung *f*
черти́ть ⟨**начерти́ть**⟩ entwerfen
чеса́ть ⟨**почеса́ть**⟩ kratzen; **~ языки́ (языка́ми)** tratschen
чеса́ться **1** ⟨**почеса́ться**⟩ sich kratzen **2** ⟨**зачеса́ться**⟩ jucken
чесно́к M Knoblauch *m*
че́стный ehrlich **честолюби́вый** ehrgeizig **честь** F Ehre *f*; Hochachtung *f*
четве́рг M Donnerstag *m* **четвёрка** F Vier *f* **че́тверо** vier
четвёртый der vierte **че́тверть** F Viertel *n*
чёткий deutlich; klar; exakt
чётный gerade (*Zahl*)
четы́ре vier
четырёх *P, П*, **четырём** *Д*, **четырьмя́** *T* → **четы́ре** **четы́рнадцать** vierzehn
чехо́л M Kappe *f*; Überzug *m*; **~ для телефо́на** Handyhülle *f*
чечеви́ца F Linsen *pl*
Че́чня F Tschetschenien *n*
чешуя́ F (Fisch)Schuppe *f*
чин M Dienstgrad *m*
чини́ть ⟨**почини́ть**⟩ reparieren
чино́вник M Beamte(r) *m*; Bürokrat *m*
чи́сленность F Anzahl *f* **числи́тельное** N Zahlwort *n*
чи́слиться geführt werden
число́ N Zahl *f*; **како́е сего́дня ~?** welches Datum haben wir heute?; **в пе́рвых чи́слах ию́ня** Anfang Juni; **из их числа́** einer von ihnen; **в том числе́** darunter
чи́стить **1** ⟨**почи́стить**⟩ putzen **2** ⟨**начи́стить**⟩ polieren **3** ⟨**очи́стить**⟩ reinigen
чистопло́тный reinlich; *fig* anständig **чистосерде́чный** offenherzig
чистота́ F Sauberkeit *f*; Reinheit *f* (*a. fig*) **чи́стый** sauber; rein
чита́ть ⟨**проче́сть**, **прочита́ть**⟩ lesen
чиха́ть ⟨**чихну́ть**⟩ niesen; **мне на него́ ~** *umg* ich pfeife auf ihn
член M (Mit)Glied *n*; *umg* Penis *m*
чо́каться ⟨**чо́кнуться**⟩ anstoßen **чо́кнутый** *umg* verrückt
чо́порный prüde; geziert
ЧП N (чрезвыча́йное происше́ствие) besonderes Vorkommnis *n*
чрезвыча́йный außerordent-

lich; **чрезвыча́йное положе́ние** *n* Ausnahmezustand *m*
чрезме́рный übermäßig
чте́ние N Lesen *m*; Lektüre *f*
чтить hoch achten
что 1 **чего́** *Р*, **чему́** *Д*, **чем** *Т*, **чём** *П* was; **ну и ~?** was ist denn dabei?; **ни за ~** auf keinen Fall; **ни за ~ ни про ~** für nichts und wieder nichts; **~ с Ва́ми?** was fehlt Ihnen?; **~ Вы!** was Sie nicht sagen!; **~ ли** etwa 2 dass; **говоря́т, ~…** man sagt, dass…
что́б(ы) damit; um… zu; dass; **я хочу́, что́б…** ich will, dass…
что́-либо, **что́-нибудь**, **что́-то** (irgend) etwas
чу́вственный sinnlich **чувстви́тельный** empfindlich
чу́вство N Gefühl *n*; Sinn *m*; **~ собственного досто́инства** Selbstwertgefühl *n*; **~ ю́мора** Sinn *m* für Humor; **прийти́ в ~** wieder zu sich kommen **чу́вствовать** ⟨**почу́вствовать**⟩ fühlen; empfinden; spüren
чуда́к M, **чуда́чка** F verschrobene Person *f* **чу́диться** ⟨**почу́диться**⟩ scheinen; **мне почу́дилось, что…** es schien mir… (*etw Irreales*) **чудно́й** komisch **чу́дный** wundervoll (*a. fig*) **чу́до** N Wunder *n* **чудо́вище** N Untier *n* **чудо́вищный** ungeheuer(lich)
чужби́на F (unfreundliche) Fremde *f*
чу́ждый fern; fremdartig **чужо́й** fremd
чулки́ *pl* Strümpfe *mpl*
чурба́н M Klotz *m*; *fig* Dummkopf *m*
чу́рка 1 F Klötzchen *n* 2 M/F *vulg neg!* Asiat(in) *m(f)*
чу́ткий hellhörig; zartfühlend; **~ сон** *m* leichter Schlaf *m*
чуть kaum; ein wenig; **~ не** kaum, beinahe; **я ~ не упа́л** beinahe wäre ich gefallen; **~ что** beim geringsten Anlass
чутьё N Spürsinn *m*; *fig* Instinkt *m*
чу́чело N 1 Balg *m* 2 Vogelscheuche *f* (*a. fig*)
чушь F dummes Zeug *n*; **~ соба́чья** Quatsch *m*; **~ поро́ть** Dummheiten reden
чу́ять ⟨**почу́ять**, **учу́ять**⟩ wittern; riechen; spüren
чьё N, **чьи** *pl*, **чья** F → **чей**

шаг M Schritt *m* (*a. fig*); Gang *m* **шага́ть** ⟨**шагну́ть**⟩ (aus)schreiten; gehen
ша́йка F 1 Bande *f* 2 Kübel *m*
шала́ш M Laubhütte *f*
шале́ть ⟨**ошале́ть**⟩ den Kopf verlieren
шали́ть Unfug machen **ша́лость** F Streich *m*

шаль F Umschlagtuch *n*
шампа́нское N Sekt *m*
шампу́нь M Shampoo *n*
шанс M Chance *f*
шанта́ж M Erpressung *f*
ша́пка F Mütze *f*
шар M Kugel *f*; Ball *m*; Ballon *m*
шарж M Karikatur *f*
шарлата́н M Betrüger *m*
шарма́нка F Leierkasten *m*
шарова́ры *pl* Pumphosen *fpl*
шата́ться 1 ⟨**зашата́ться**⟩ wanken; taumeln 2 sich herumtreiben
ша́ткий wackelig; kippend
шаурма́ F Döner *m*
шах M Schah *m*; Schach *n* **ша́хматы** *pl* Schachspiel *n*
ша́хта F Grube *f* **шахтёр** M Bergmann *m*
ша́шка F 1 Säbel *m* 2 Sprengkörper *m* 3 Damestein *m* **ша́шки** *pl* Damespiel *n*
шашлы́к M GASTR Schaschlik *n*
шва́бра F Schrubber *m*
шве́дский schwedisch
шве́йный Näh-
швейца́р M Portier *m*
швейца́рец M Schweizer *m* **Швейца́рия** F Schweiz *f* **швейца́рка** F Schweizerin *f* **швейца́рский** schweizerisch
швея́ F Näherin *f*
швыря́ть ⟨**швырну́ть**⟩ schmeißen; hinknallen
шевели́ть ⟨**пошевели́ть**, **шевельну́ть**⟩ bewegen; rühren (*T akk*)
шевели́ться ⟨**пошевели́ться**, **шевельну́ться**⟩ sich bewegen
шеде́вр M Meisterwerk *n*
шёл er ging → **идти́**
ше́лест M Geraschel *n*
шелесте́ть ⟨**зашелесте́ть**⟩ säuseln
шёлк M Seide *f* **шелкови́стый** seidenartig **шёлковый** Seiden-
шелохну́ться PF sich leicht bewegen
шелуха́ F Schale *f*; Hülse *f*
шепеля́вить lispeln
шёпот M Flüstern *n*; Geflüster *n*
шепта́ть ⟨**прошепта́ть**, **шепну́ть**⟩ flüstern
шере́нга F Glied *n*; Reihe *f*
шерохова́тый uneben; rau
шерсть F Fell *n*; Wolle *f* **шерстяно́й** wollen
шерша́вый rau; stoppelig
ше́ршень M Hornisse *f*
шест M Stab *m*; Stange *f*
ше́ствие N Zug *m*; Prozession *f*
шестидеся́тый der sechzigste **шестисо́тый** der sechshundertste **шестна́дцать** sechzehn **шесто́й** der sechste **шесть** sechs **шестьдеся́т** sechzig **шестьсо́т** sechshundert
шеф M Vorgesetzte(r) *m*
ше́я F Hals *m*
ши́ло N Ahle *f*

шúна F (Rad)Reifen *m*; MED Schiene *f*
шинéль F (Uniform)Mantel *m*
шип M Dorn *m*
шипéть ⟨зашипéть⟩ zischen
шипóвник M Heckenrose *f*
шúре *komp* → широ́кий
ширинá F Breite *f* **широ́кий** breit (*a. fig*); weit **широтá** F Breitengrad *m*, Reichweite *f*
шить ⟨сшить⟩ nähen
шифр M Geheimzahlen *pl*
шúшка F **1** Zapfen *m* **2** Beule *f* **3** *fig* großes Tier *n*
шкалá F Skala *f*
шкаф M Schrank *m*
шкóла F Schule *f*
шкýра F Fell *n*
шла sie ging; → идтú
шланг M Schlauch *m*
шлем M Helm *m*
шлёпанцы *pl* Pantoffeln *mpl* **шлёпать ⟨шлёпнуть⟩** latschen; klatschen; schlagen
шли sie gingen; → идтú
шлифовáть ⟨отшлифовáть⟩ schleifen
шлюз M Schleuse *f*
шлю́пка F (Rettungs)Boot *n*
шля́па F Hut *m*
шмель M Hummel *f*
шнúцель M Schnitzel *n*
шнур M Schnur *f* **шнуркú** *pl* Schnürsenkel *mpl*
шов M Naht *f*
шоколáд M Schokolade *f* **шоколáдка** F Riegel *m* Schokolade
шóрох M Rascheln *n*
шóрты *pl* kurze Hose *f*
шотлáндский schottisch
шофёр M Autofahrer *m*
шпáга F Degen *m*
шпáла F Eisenbahnschwelle *f*
шпиль M Turmspitze *f*
шпиóн M Spion *m*
шприц M Spritze *f*
шрам M Narbe *f*; Schramme *f*
шрифт M Druckschrift *f*
штаб M Stab *m*
штамп M Stempel *m*
штаны́ *pl* Hosen *pl*
штат M Personalbestand *m* **штáтский** zivil
штéмпель M Stempel *m*
штéпсель M Stecker *m*
штиль M Windstille *f*
штóпать ⟨заштóпать⟩ stopfen
штóпор M Korkenzieher *m*
штóра F Vorhang *m*
шторм M Sturm(wind) *m*
штраф M Geldstrafe *f*
штрафовáть ⟨оштрафовáть⟩ eine Geldstrafe auferlegen (*B dat*)
штýка F Stück *n*; Ding *n*
штукатýрить ⟨оштукатýрить⟩ verputzen
штурм M Sturmangriff *m*
штýрман M Steuermann *m*
штык M Bajonett *n*
шýба F Pelzmantel *m*
шум M Lärm *m*; Geräusch *n* **шумéть** Lärm machen
шýрин M Schwager *m* (*Bruder der Ehefrau*)
шуршáть rascheln; knistern

шу́стрый flink; fix
шут M Hofnarr *m*; Clown *m*; **~ горо́ховый** Hanswurst *m* **шути́ть ⟨пошути́ть⟩** scherzen; Spaß machen **шу́тка** F Scherz *m*; Witz *m*; **кро́ме шу́ток!** mein voller Ernst!; **~ сказа́ть** das ist kein Pappenstiel
шушу́каться tuscheln; miteinander flüstern
шху́на F Schoner *m*

Щ

щади́ть ⟨пощади́ть⟩ (ver)schonen
щебета́ть zwitschern
щего́л M Stieglitz *m*
щёголь M Modenarr *m*
щеголя́ть ⟨щегольну́ть⟩ prahlen (*T* mit *dat*)
ще́дрый freigebig; großzügig
щека́ F Wange *f*
щекота́ть ⟨пощекота́ть⟩ kitzeln
щекотли́вый heikel; delikat
щёлкать ⟨щёлкнуть⟩ schnalzen; knipsen; schnippen
щёлочь F Lauge *f*
щель F Spalte *f*; Münzeinwurf *m*
щепети́льный übergenau
ще́пка F Span *m*; **лес рубя́т - ще́пки летя́т** *fig* wo gehobelt wird, da fallen Späne
щепо́тка, щепо́ть F Prise *f*
щети́на F Borsten *pl*
щётка F Bürste *f*
щи *pl* Kohlsuppe *f*
щи́колотка F Knöchel *m*
щипа́ть ⟨ущипну́ть⟩ kneifen; zwicken **щипцы́** *pl* Zange *f*
щит M Schild *m*
щу́ка F Hecht *m*
щу́пальцы *pl* Fühler *m*; Fangarm *m* (*a. fig*)
щу́пать ⟨пощу́пать⟩ betasten
щу́плый schmächtig
щу́риться ⟨прищу́риться⟩ die Augen zusammenkneifen

Э

эвакуи́ровать (IM)PF evakuieren
эгои́ст M Egoist *m*
эй INT he!; he da!
эква́тор M Äquator *m*
экза́мен M Prüfung *f*
экзаменова́ть ⟨проэкзаменова́ть⟩ prüfen
экземпля́р M Exemplar *n*
экипа́ж M **1** (Schiffs)Besatzung *f* **2** Kutsche *f*
эколо́гия F Ökologie *f*
эконо́мика F Wirtschaft *f*
эконо́мить ⟨сэконо́мить⟩ einsparen

экра́н M (Bild)Schirm *m*; Filmleinwand *f*
экскава́тор M Bagger *m*
экску́рсия F Ausflug *m*; Exkursion *f*; **~ по города́м** Städtetour *f*; **дневна́я ~** Tagesausflug *m*
экспеди́ция F Expedition *f*
экспе́рт M Gutachter *m* **эксперти́за** F Begutachtung *f*
эксплуати́ровать ausbeuten; betreiben
э́кстренный Sonder-; Sofort-
элега́нтный fein; elegant
электри́ческий elektrisch **электри́чка** F *umg* S-Bahn® *f* **электро́бус** M E-Bus *m* **электровелосипе́д** M E-Bike *n* **электромоби́ль** M E-Auto *n* **электроста́нция** F Kraftwerk *n* **электроча́йник** M Wasserkocher *m*
элеме́нт M Bestandteil *m*; Grundstoff *m*
эма́ль F Schmelz *m*; Email *n*
эмигри́ровать (IM)PF auswandern
энерги́чный tatkräftig **эне́ргия** F Energie *f*; Kraft *f*
энциклопе́дия F Lexikon *n*
эскала́тор M Rolltreppe *f*
эскало́п M Steak *n*
эски́з M Entwurf *m*; Skizze *f*
эскимо́ N Eis *n* am Stiel
эсте́тика F Ästhetik *f*
это́нский estnisch
эстра́да f (Kleinkunst)Bühne *f*
эта́ж M Stock *m*; **пе́рвый ~** Erdgeschoss *n*
э́тот M, **э́та** F, **э́то** N, **э́ти** *pl* diese(r, -s); **э́то я** das bin ich
этю́д M Etüde *f*; Übungsstück *n*; Studie *f*
эфи́р M Äther *m*
эффе́кт M Wirkung *f*
э́хо N Echo *n*

Ю

юбиле́й M Jubiläum *n*
ю́бка F Rock *m*
ювели́р M Juwelier *m*
юг M Süden *m*; **на ю́ге** im Süden
ю́жный südlich; Süd-
ю́мор M Humor *m*
ю́ность F Jugend(zeit) *f* **ю́ноша** M junger Mann **ю́ный** jung
юриди́ческий Rechts-
юри́ст M Jurist *m*
ю́ркий flink; beweglich
юро́дивый M Narr *m* in Christo; Schwachsinnige(r) *m neg!*
юсти́ция F Justiz *f*

Я

я *И*, **меня́** *Р*, *В*, **мне** *Д*, *П* **мной** *Т* ich
я́бедничать ⟨**ная́бедни-**

чать〉 VI verleumden, anschwärzen
я́блоко N Apfel *m* **я́блоня** F Apfelbaum *m*
я́вка F Erscheinen *n* **явле́ние** N Erscheinung *f*; Phänomen *n* **явля́ться** 〈**яви́ться**〉 erscheinen; sich erweisen als; sein **я́вный** offensichtlich
ягнёнок M Lamm *n*
я́года F Beere *f* **я́годица** F Gesäßbacke *f*
яд M Gift *n* (*a. fig*)
я́дерный Kern-; nuklear
ядови́тый giftig (*a. fig*)
ядро́ N Kern *m* (*a. fig*); (Kanonen)Kugel *f*
я́зва F Geschwür *n*; Wunde *f*; *fig* Giftnudel *f*
язы́к M **1** Zunge *f* **2** Sprache *f* **язы́ческий** Heiden-
я́ичник M ANAT Eierstock *m*
я́ичница F Rührei *n* **я́ичница-глазу́нья** F Spiegelei *n*
яйцо́ N Ei *n*; **~ всмя́тку, ~ в мешо́чек** weich gekochtes Ei *n*; **~ вкруту́ю (круто́е)** hart gekochtes Ei *n*
я́корь M Anker *m*
я́ма F Grube *f*
янва́рь M Januar *m*
янта́рь M Bernstein *m*
япо́нский japanisch
я́ркий grell; farbenfroh; markant; **~ приме́р** *m* treffendes Beispiel *n* **я́рко-кра́сный** hochrot
ярлы́к M Etikett *n*; *fig* Brandmal *n*
я́рмарка F WIRTSCH Messe *f*
ярмо́ N Joch *n* (*a. fig*)
яровы́е *pl* Sommergetreide *n*
я́рость F Wut *f*
я́рус M THEAT Rang *m*
я́сли *pl* Krippe *f*
я́сный klar (*a. fig*); **я́сно как день** sonnenklar
я́ства NPL Speisen *fpl*
я́стреб M Habicht *m*
я́хта F Jacht *f*
яче́йка F Zelle *f*
ячме́нь M Gerste *f*; MED Gerstenkorn *n*
я́шма F Jaspis *m*
я́щерица F Eidechse *f*
я́щик M Kasten *m*; Kiste *f*; **~ для инструме́нтов** *m* Werkzeugkasten *m*

Anrede

Im Russischen spricht man unbekannte Erwachsene mit **„вы"** (2. Person Plural – Großschreibung nur bei Briefen und offiziellen Dokumenten) an. Kennt man den Namen der angesprochenen Person nicht, kann man außer „Entschuldigung!" (**Простите!**) folgende Anredeformen verwenden: (Mein) Herr! / (Gnädige) Frau! (**Мужчина! / Женщина!**) oder Junger Mann! / Junge Frau! (**Молодой человек! / Девушка!**).
Statt der im Deutschen üblichen Anrede „Herr" bzw. „Frau" und Familiennamen verwendet man im Russischen Vor- und Vatersnamen (**имя-отчество**). Für den vom Vornamen des Vaters gebildeten Vatersnamen gibt es jeweils eine männliche und eine weibliche Form, z. B. von Alexander (**Александр**): Viktor Alexandrowitsch – Irina Alexandrowna (**Виктор Александрович – Ирина Александровна**) oder von Ilja (**Илья**): Alexej Iljitsch – Olga Iljinitschna (**Алексей Ильич – Ольга Ильинична**). So können Sie sich nach beiden Namen bei Ihrem Gesprächspartner erkundigen: **Простите, как ваше имя-отчество?**
Unter Verwandten, guten Bekannten und im Freundeskreis gebraucht man Kosenamen. Zählen Sie zu diesem Kreis, hören Sie zum Beispiel folgende Formen: Michael → Mischa (**Миша**), Maria → Mascha (**Маша**) oder Anna → Anja (**Аня**) usw.

Anreise

Russland kann man über Land, Luft und Meer erreichen.
Da sich die Situation jederzeit ändern kann, ist es ratsam, sich über den aktuellen Stand der Dinge bezüglich der Reiseroute, Visa und der Bargeldeinführungsbestimmungen vor der Reise zu informieren.

Autofahren

Wer mit dem Auto unterwegs ist, benötigt einen gültigen Führerschein (**водительское удостоверение**), den Fahrzeugbrief und die Grüne Versicherungskarte. Mit einer Vollkaskoversicherung sowie einem Auslandsschutzbrief sollten Sie auf der sicheren Seite sein.

Im Auto sollten Sie Folgendes mit sich führen: einen Verbandskasten (**аптечка**), eine Warnweste (**жилет**), ein Warndreieck (**предупреждающий треугольник**) und einen Feuerlöscher (**огнетушитель**).

Für Kinder benötigen Sie entsprechende Sitze (**детское автокресло**). Auch in Russland gelten die Anschnallpflicht und das Verbot, während der Fahrt mit dem Handy zu telefonieren. Im Unterschied zu Deutschland muss man das Abblendlicht (**ближний свет**) ganztägig einschalten. Zudem sind die „breiteren" Straßen automatisch übergeordnete Straßen, was nicht durchgängig durch das entsprechende Vorfahrtsschild angezeigt wird.

Die Promillegrenze liegt aktuell bei 0,3 (**промилле**). Innerhalb von Ortschaften darf man 60 km/h (**км/ч**), auf Autobahnen (**автострада**) 110 km/h und auf Landstraßen (**шоссе**) 90 km/h fahren. Werden Sie von einem Verkehrspolizisten (**инспектор ГИБДД**) gestoppt, bleiben Sie ruhig und bemühen Sie sich um einen höflichen Ton.

Sowohl in Moskau als auch in Sankt Petersburg kann das Parken (**парковка**) vor allem in Zentrumsnähe ein großes Problem sein. Die gebührenpflichtigen Parkplätze (**автостоянки / паркинги / парковки**) werden innerhalb der Stadtgrenzen immer mehr ausgebaut. Bezahlen kann man entweder am Automaten oder per Handy.

Parkhäuser bzw. Tiefgaragen (**многоуровневые надземные** bzw. **подземные паркинги**) sind dagegen eher Mangelware.

Einkaufen und Shopping

In russischen Großstädten wie Moskau und Sankt Petersburg sind die Einkaufsmöglichkeiten um einiges vielfältiger als in Deutschland. Das betrifft sowohl die Art der Geschäfte als auch deren Arbeitszeiten, siehe hierzu auch den Abschnitt „Ladenöffnungszeiten". Die Bandbreite reicht vom kleinen Lebensmittelgeschäft (**магазин / мини-маркет**) bis zu riesigen Einkaufszentren (**торговый центр**). Außer den Einkaufszentren gibt es Supermärkte, die im Russischen **гипермаркет** heißen. Als **супермаркеты** werden Selbstbedienungsläden mit Lebensmitteln bezeichnet. Bekannte russische Supermarktketten sind **Перекрёсток®**, **Вкусвилл®** (mit einer großen Auswahl an Regional- und Bioprodukten im Angebot), **Пятёрочка®** (Lebensmitteldiscounter) und andere mehr, von denen einige auch rund um die Uhr geöffnet sind, zu erkennen an dem Zusatz **24 часа**. Lebensmittel bietet auch das **гастроном** an, eine Art Delikatessengeschäft mit verschiedenen Abteilungen.
Die Schilder **открыто** und **закрыто** zeigen an, ob geöffnet oder geschlossen ist.
Bei einem Selbstbedienungsladen mit gemischtem Sortiment spricht man auch von einem **универсам**. Das klassische Kaufhaus heißt dagegen **универмаг**. Das berühmteste Kaufhaus Russlands GUM (**ГУМ**) befindet sich in Moskau am Roten Platz (**Красная площадь**). Im Erdgeschoss von drei Stockwerken des passagenartigen, aus jeweils drei Längs- und drei Quergängen bestehenden Komplexes findet man vor allem die Läden und Boutiquen (**бутики**) teurer internationaler Unternehmen, aber auch einheimische Juwelier- und Pelzgeschäfte. In den beiden oberen Etagen wird das Angebot vielfältiger bis hin zum Fast-Food-Restaurant (**фастфуд**).
Die Einheimischen mit kleinerem Geldbeutel bevorzugen die außerhalb des Zentrums, in der Nähe von U-Bahn-Stationen gelegenen (Kleider-) Märkte, (**вещевые**) **рынки**, oder die nur an Wochenenden stattfinden-

den Märkte (**ярмарки**). Flohmärkte (**блошиный рынок**), auch Trödelmärkte (**барахолка**) genannt, dürfen natürlich auch nicht fehlen. In Moskau gibt es zudem einen „Vogelmarkt" (**птичий рынок**), aber das ist nur etwas für das Auge, denn weder Tiere noch Antiquitäten dürfen aus dem Land ausgeführt werden.

Geld

In Russland kommt man ohne Bargeld nicht aus. Die Einheiten der russischen Währung heißen Rubel (**рубль**) und Kopeke (**копейка**). Allerdings werden die Kopeken-Münzen nicht mehr produziert. Es werden 1-, 2-, 5- und 10-Rubel-Münzen (**монета**) und Scheine (**банкнота**) im Nennwert von 5, 10, 50, 100, 200, 500, 1000, 2000 und 5000 Rubel herausgegeben.

In touristischen Zentren kann man in Banken (**банк**) gegen Vorlage des Reisepasses Euro (**евро**) oder Dollar (**доллар**) in Rubel wechseln. Angenommen werden nur gut erhaltene Geldscheine. Den aktuellen Wechselkurs (**курс обмена валюты**) in Rubel erfahren Sie unter dem Wort „Ankauf" (**покупка**). Es ist allerdings ratsam, sich vorab über die anfallenden Gebühren zu erkundigen.

Die Banken haben wochentags in der Regel von 9 Uhr bis 19 Uhr und samstags bis 16 Uhr geöffnet.

Achtung: Der angegebene Wechselkurs sollte immer ab dem ersten Euro oder Dollar gelten, und es ist ratsam, das Geld gleich am Schalter nachzuzählen.

Kyrilliza und russische Sprache

Die russische Sprache bedient sich der kyrillischen Schrift, genannt Kyrilliza (**кириллица**). Obwohl es in Metropolen wie Moskau bereits Beschilderung auf Englisch gibt und in der U-Bahn (**метро**) Stationsnamen auch in lateinischer Schrift angegeben werden, sind diese

meistens klein gedruckt und schwer zu lesen. Eventuell hilft die englische Version der App „Yandex.Metro" weiter.
Um Straßen- und Stationsnamen auf Russisch mit englischen Plänen zu vergleichen, schnell das Lieblingsgericht in der Speisekarte oder einen Ausdruck im Wörterbuch zu finden, hilft es, wenn man mit den kyrillischen Buchstaben einigermaßen vertraut ist.
Wenn Sie sogar vorhaben, einige russische Wörter und Phrasen zu lernen, umso besser. So wird man von Kaliningrad (**Калининград**) bis Wladiwostok (**Владивосток**) gut verstanden, denn die drei Dialektgebiete von Nord-, Mittel- und Südrussland weisen bei Weitem nicht solch große Unterschiede auf, wie die viel kleineren deutschen Dialektgebiete. In den Medien findet Hochrussisch Anwendung, das auf dem Mittelrussischen basiert, wie es auch in Moskau gesprochen wird.

Krankheitsfall

Nur in russischen Großstädten gibt es private Krankenhäuser (**частные больницы**) und Arztpraxen (**кабинет врача**), die hinsichtlich ihrer Ausstattung mit deutschem Standard vergleichbar sind. Im Umland kann es auch zu Verständigungsproblemen mit dem Personal kommen. Menschen aus dem Ausland müssen in Russland prinzipiell für die ärztliche Behandlung bezahlen und dabei meistens in Vorkasse treten bzw. eine Garantieerklärung unterschreiben, was natürlich nicht für Notfälle gilt. Deshalb sollte man entweder über ausreichend Bargeld verfügen oder sicherstellen, dieses per Überweisung aus der Heimat kurzfristig zu bekommen.
In Russland gibt es häufig ein großes Problem mit Medikamentenfälschungen. Am sichersten gelten diesbezüglich die staatlichen Apotheken.
Ein ausreichender Impfschutz gegen Tetanus, Diphterie, Hepatitis B, Tollwut und FSME wird empfohlen. Weitere medizinische Hinweise für

Russland kann man auf der Seite des Auswärtigen Amtes nachlesen. Wer dringend Hilfe benötigt, wählt die 112.

Ladenöffnungszeiten

In Russland gibt es kein Gesetz, das Ladenöffnungszeiten (**время работы магазинов**) vorschreibt, deshalb unterscheiden sie sich je nach Ort und Branche stark. In touristischen Zentren haben Geschäfte durchgängig geöffnet. Macht ein Geschäft eine Mittagspause (**обеденный перерыв**), dann kann diese von einer halben bis zu einer Stunde im Zeitraum von 12 bis 15.30 Uhr dauern.

Die Kernarbeitszeit von Lebensmittelgeschäften in Großstädten ist von 8/10 bis 19/22 Uhr. Einige Supermärkte arbeiten auch rund um die Uhr. Alkohol wird ab 23 Uhr nicht mehr verkauft.

Die anderen Geschäfte haben außer sonntags von 10/11 bis 19/20 Uhr geöffnet, große Kaufhäuser sogar bis 22 Uhr. Das Ganze wird noch getoppt von den Moskauer Einkaufszentren, die täglich bis 23 Uhr geöffnet sind.

Wem das alles noch nicht reicht, dem stehen Onlineshops (**интернет-магазины**) zur Verfügung bzw. der Lieferservice von einer Reihe von Geschäften und Restaurants nach Hause (**доставка на дом**).

Landschaften und Sehenswürdigkeiten

In Russland gibt es wunderbare, vielseitige Landschaften. Die Halbinsel Kamtschatka (**Камчатка**) bietet Vulkane (**вулканы**), heiße Quellen und Bergseen (**горные озёра**). Bergseen und Schluchten (**ущелья**) findet man auch im Altai-Gebirge (**Алтайские горы**). Der Baikalsee (**Байкал**) dagegen punktet mit atemberaubender Natur und ist zugleich der tiefste See der Erde.

Mächtige Gebirge wie der Kaukasus (**Кавказ**), der Ural oder die Bergregion rund um Sotchi (**Сочи**) liefern faszinierende Naturschauspiele.

Fantastische Landschaften findet man aber auch an anderen Orten, wie zum Beispiel in Sibirien (**Сибирь**) oder auch in Baschkortostan (**Башкирия**), das mit zahlreichen Flüssen aufwartet.
Zu den klassischen Sehenswürdigkeiten (**достопримечательности**) in Moskau gehören der Kreml (**Кремль**), der Rote Platz (**Красная площадь**) und die Prachtstraße Arbat (**Арбат**). Die Eremitage (**Эрмитаж**), die Isaakskathedrale (**Исаакиевский собор**) und der Winterpalais (**Зимний дворец**) zieren dagegen die Stadt Sankt Petersburg. Kirchen und Baudenkmäler sind das Kernstück der sieben Städte des Goldenen Rings (**Золотое кольцо**) nördlich von Moskau.
Als Fortbewegungsmittel dient die Bahn (**железная дорога**), der Bus (**автобус**) oder das Schiff (**корабль**) – Letzteres als Kreuzfahrt (**круиз**). Die sibirischen Metropolen Irkutsk (**Иркутск**) und Nowosibirsk (**Новосибирск**) gehören wie auch der Baikal zur Route des Zuges „Goldener Adler" (**Золотой орёл**). Und der „Zarengold" (**Царское золото**) fährt über die Mongolei bis nach Peking. Nicht ganz so abenteuerlich, dafür aber mindestens genauso schön geht es bei einer Flusskreuzfahrt von Moskau nach Rostow (**Ростов**) über den Don (**Дон**) und die Wolga (**Волга**) zu.
„Gute Reise!" (**Счастливого пути!**).

Mahlzeiten

So zahlreich, wie das Angebot an Lebensmitteln in Russland heutzutage ist, kann auch die Vielfalt bei den einzelnen Mahlzeiten sein. Zu diesen gehören das Frühstück (**завтрак**), Mittagessen (**обед**) und Abendessen (**ужин**). Wie in Deutschland kann man am Nachmittag etwas Kleines zum Tee (**чай**) essen, siehe hierzu den Abschnitt „Teetrinken und Samowar".
Wer Zeit zum Frühstücken hat, isst entweder mit Wurst (**колбаса**) oder Käse (**сыр**) belegte Brote (**бутерброды**), Eier(pfann)kuchen (**блинчики**),

ein Omelett (**омлет**), Brei (**каша**) oder Müsli (**мюсли**) und dazu vielleicht einen Joghurt (**йогурт**) oder Quark (**творог**). Bei Zeitmangel trinkt man nur einen Tee oder Kaffee (**кофе**), der einem deutschen Espresso oder Mokka entspricht, bzw. greift auf die Reste des Abendbrotes zurück. Diese kann man sich auch mit zur Arbeit nehmen.

Das Mittagessen nimmt man zwischen 12 und 15 Uhr ein, das Abendessen auch entsprechend später als in Deutschland. Mittag- und Abendessen sind Hauptmahlzeiten, wovon eine am Tag aus vier, aber mindestens drei Gerichten besteht: der Vorspeise (**закуска**), Suppe (**суп**), dem Hauptgericht (**второе**) und dem Nachtisch (**десерт**).

Als Vorspeisen werden entweder Salate gereicht oder Fisch, Pilze, Zucchini (**кабачок**), Auberginen, Tomaten usw. mariniert oder in bestimmten Arrangements mit anderen Gemüsen, Käse oder Knoblauch gebacken.

Als Suppen sind Kohlsuppe (**щи**), Sauerampfersuppe (**щавелевый суп**) oder Rübensuppe (**свекольный суп**) bzw. Borschtsch (**борщ**) beliebt.

Das Hauptgericht besteht entweder aus Fleisch (**мясо**) oder Fisch (**рыба**). Beliebte Fleischgerichte sind Bœuf Stroganoff (**бефстроганов**), Frikadellen (**котлеты**), Koteletts (**отбивные**) und Brathähnchen (**жареная курица**) mit Buchweizengrütze, Kartoffeln (**картофель**) bzw. Kartoffelpüree (**картофельное пюре**) oder Nudeln (**вермишель**), dazu ausgewähltes Gemüse oder ein Salat.

Nach dem Essen trinkt man Kaffee, Tee oder gekochte Früchte, die in einem Glas zusammen mit dem Saft (**компот**) serviert werden. Dazu kann man Gebäck (**печенье**), Eier(pfann)kuchen (**блинчики**) oder andere Süßigkeiten reichen.

Bei der jeweils anderen Mahlzeit begnügt man sich mit dem Hauptgericht, wofür die oben aufgezählten Speisen infrage kommen, aber auch belegte Brote, Pizza (**пицца**), Pasta (**паста**) usw.

Masleniza

Das mit vielen lustigen Spielen und Gesang verbundene slawische Fest „Masleniza" (**Масленица**), abgeleitet von dem Wort „Butter" (**масло**) und deshalb im Deutschen „Butterwoche" genannt, erfreut sich in Russland nach den Sowjetzeiten wieder großer Beliebtheit. Es wird eine Woche vor Beginn der Fastenzeit begangen. Ursprünglich heidnischen Ursprungs mit Bezug zur Fastnacht, hat es bis heute viele christliche Züge angenommen. In erster Linie markiert es aber den Übergang vom Winter zum Frühling.

In dieser Woche, die auch die Übergangszeit zur Fastenzeit ist, darf bereits kein Fleisch, aber noch Käse, Eier und Milch zu sich genommen werden. Es werden neben anderen Köstlichkeiten vor allem Eier(pfann)-kuchen (**блины**), auch in gefüllter Form mit Kartoffeln, Kohl oder Pilzen, gebacken und verzehrt. Eier(pfann)kuchen deshalb, weil sie rund wie die Sonne (**солнце**) sind.

Die Rituale innerhalb dieser Woche sind von Region zu Region sehr unterschiedlich. Jedem Tag der Woche kommt dabei eine besondere Bedeutung und Handlung zu.

Einer der möglichen Abläufe ist wie folgt: Am Montag wird die Masleniza-Puppe (**чучело**) aus Stroh und Lumpen gefertigt, am Dienstag finden Spiele und die Brautschau statt, am Mittwoch und Freitag besuchen sich die Schwiegersöhne und -mütter gegenseitig, der Donnerstag ist geprägt von ausgelassenem Feiern (**разгул**) bei Box- und anderen Wettkämpfen, am Samstag lädt die Braut die Verwandtschaft des Bräutigams ein und am Sonntag wird die Masleniza-Puppe nach einem bestimmten Zeremoniell verbrannt. Da dieser Tag nach dem orthodoxen Kalender mit dem „Vergebungssonntag" zusammenfällt, bitten sich die Menschen für die von ihnen begangenen Taten gegenseitig um Verzeihung.

Matrjoschka

Die aus Holz in ovaler Form gedrechselte und kunstvoll bemalte Puppe Matrjoschka (**матрёшка**), in deren aufdrehbarem Bauch kleinere Puppen ineinander stecken, ist zweifellos das beliebteste Souvenir aus Russland. Sie entstand Ende des 19. Jahrhunderts nach japanischem Vorbild, das einen alten kahlköpfigen Mann darstellte. Auf die gedrechselten Vorlagen malte der russische Künstler Maljutin jedoch ein Bauernmädchen, das eine traditionelle Tracht trägt, bestehend aus einem Kopftuch (**платок**), einem Sarafan (**сарафан**) und einer Schürze (**фартук**). Der Name Matrjoschka ist der Kosename des zu der Zeit sehr beliebten Vornamens Matrjona (**Матрёна**), der in Beziehung zu dem Wort „Mutter" (**мать**) steht.
Die erste Puppe bestand aus acht Figuren und war noch sehr teuer. Inzwischen gibt es Varianten mit 3–10 kleineren Puppen, der Rekord liegt bei 100!
Neben dem typisch russischen Mädchen werden inzwischen auch Menschen aus der Politik, der Literatur und des Films sowie ganze Familien dargestellt. So wurde zum Beispiel 1912 Napoleon mit seiner Entourage im Bauch hergestellt. In der Sammlung fehlt auch kein russischer Politiker (**политик**) der Neuzeit.
Im Ausland wurde man schnell auf diese besondere Puppe aufmerksam, was sie zum Exportschlager machte. Sowohl auf der Weltausstellung von Paris im Jahre 1900 als auch auf den Leipziger Messen war sie zu bewundern.
Noch mehr Informationen und skurrile Exemplare gibt es im Spielzeugmuseum von Sergiew Posad (**Сергиев Посад**), das sich ca. 50 km von Moskau befindet. Doch auch auf dem Arbat oder an anderen Orten findet man eine ansehnliche Anzahl dieser Puppen vor, die zum Kauf angeboten werden.

Museen und Theater

Das Bolschoi-Theater (**Большой театр**) und die Tretjakow-Galerie (**Третьяковская галерея**) in Moskau oder das Staatliche Russische Museum (**Государственный Русский музей**) und das Mariinski-Theater (**Мариинский театр**) in Sankt Petersburg sind zwar die berühmtesten, aber nur einige wenige der zahlreichen Museen und Theater in beiden Städten. Einen Überblick über das Angebot kann man sich auf der Seite www.russlandjournal.de verschaffen.

Wie in Deutschland sind die meisten russischen Museen montags geschlossen.

Theaterkarten sind im Vorverkauf direkt im Theater oder online auf der offiziellen Webseite des Theaters zu erwerben. Diese beiden Optionen sollte man unbedingt nutzen und keine Tickets auf der Straße oder vor den Eingängen von Privathand kaufen.

Neujahrsfeste und Weihnachten

In Russland wird Weihnachten (**Рождество**) sicher am längsten und das Neujahrsfest (**Новый год**) gleich zweimal begangen. Wie das geht? Ganz einfach:

Wie auch in Deutschland beginnt zumindest in den russischen Metropolen schon im November/Dezember das Weihnachtsgeschäft und man hört in den Kaufhäusern die bekannten Weihnachtsmelodien über die in Russland eigentlich bedeutungslosen Tage vom 24. bis 26.12. bis zu Silvester (**новогодний вечер**). Sowohl in den Stadtzentren als auch in den Wohnzimmern werden Tannen oder Fichten aufgestellt und geschmückt, die „Neujahrsbaum" (**новогодняя ёлка**) heißen.

In dieser festlichen Atmosphäre zu Hause oder in einem Restaurant rutscht man am 31.12. mit Familie oder Freunden tanzend und singend mit einem reich gedeckten Tisch in das Neue Jahr hinein. Um sich ein

gesundes Neues Jahr zu wünschen, sagt man **„С Новым годом!"** (S Novym godom!).
In der Silvesternacht, bei kleineren Kindern auch über den Tag, werden die Geschenke überreicht, entweder persönlich durch Väterchen Frost (**Дед Мороз**), den russischen Weihnachtsmann, mit seiner Enkelin Snegurotschka (**Снегурочка**) oder sie liegen am Neujahrsmorgen unter dem Baum.
Im Jahre 1918 wurde in Russland der in Europa gültige Gregorianische Kalender eingeführt, die orthodoxe Kirche hielt mit ihren Feiertagen aber am 13 Tage „hinterherhinkenden" alten Julianischen Kalender fest. Deshalb begehen seitdem alle orthodoxen Christen in Russland am 7. Januar Weihnachten. Wer die Weihnachtsmesse in der Kirche erleben möchte, muss am 6.1., zu Heiligabend (**сочельник**), von 23 Uhr bis zum 7.1., 2 Uhr, aushalten, und zwar stehend. Man kann aber auch die Messe aus der Moskauer Christ-Erlöser-Kirche (**Храм Христа Спасителя**) im Fernsehen verfolgen. „Frohe Weihnachten!" auf Russisch wünscht man sich so: **„С Рождеством!"** (S Roshdestvom!).
Wie das Weihnachtsfest wäre auch das Neujahrsfest nach Julianischem Kalender fast zwei Wochen später, weshalb man es „Altes Neues Jahr" (**Старый Новый год**) nennt. Nicht wenige Menschen in Russland nutzen dieses Datum für einen längeren Urlaub, zumindest aber von Neujahr bis Weihnachten. In dieser Woche kommt das öffentliche Leben daher fast zum Erliegen.

Notruf

Im Notfall rufen Sie die einheitliche Notfallrufnummer 112 an. Sie werden dann weiter geleitet, zum Notarzt (**скорая помощь**), zur Feuerwehr (**пожарная**) oder zur Polizei (**полиция**). Die Nummer ist rund um die Uhr kostenlos und auch vom Handy aus zu erreichen. Der Notrufdienst verfügt über ein Dolmetscherteam, sodass Verständigung auch auf

Englisch und in vielen anderen Sprachen möglich ist.
Bei Diebstahl oder Verlust von Ausweisdokumenten erreicht man die Deutsche Botschaft unter der Nummer +7 495 937-95-00.

Öffentliche Verkehrsmittel

Das öffentliche Verkehrsnetz in russischen Großstädten ist gut ausgebaut und man sollte es in den Zeiten außerhalb des Berufsverkehrs (**часы пик**) von ca. 8–9 und 18–19 Uhr nutzen, um dem höllischen Autoverkehr und den Staus in den russischen Metropolen zu entgehen. Zu den „Öffentlichen" zählen der Autobus (**автобус**) und der Oberleitungsbus (**троллейбус**), die Straßenbahn (**трамвай**), das Linien- bzw. Sammeltaxi (**маршрутное такси / маршрутка**), die U-Bahn (**метро / МЦК / монорельс**) und die S-Bahn bzw. Regionalbahn (**электропоезд / электричка**).
Es ist zu empfehlen, gleich nach der Ankunft das aufladbare Ticket für den gesamten öffentlichen Nahverkehr – die Trojka-Karte (**Тройка**) in Moskau und die Padaroschnik-Karte (**Подорожник**) in Sankt-Petersburg zu erwerben. Die einzelnen Fahrten sind dann viel günstiger und die Karte kann vor der Abreise wieder zurückgegeben werden. Erhältlich sind die Karten an den U-Bahn- und Bahnhofskassen sowie an den Ticketautomaten. Für die Regionalbahnen gibt es spezielle Ticket-Automaten. Natürlich hat jede Stadt ihr eigenes Ticketsystem, das zumindest in den Städten, die Austragungsorte der WM 2018 waren, auch auf Englisch erläutert wird.
Die Sammeltaxis halten nicht an allen Haltestellen, sondern nur auf Zuruf – und der sollte laut erfolgen... Mittlerweile gibt es auch in Russland Apps, über die günstige und dennoch sichere Taxifahrten gebucht werden können.

Rauchen

Seit dem 1. Juni 2014 ist in Russland das Rauchen (**курение**) in öffentlichen Gebäuden und Räumen sowie allen öffentlichen Verkehrsmitteln untersagt. Auch in Restaurants, Cafés, Bars usw. gilt ein generelles Rauchverbot.

Zigaretten (**сигареты**) und Tabak (**табак**) kann man nur noch in Läden kaufen, nicht mehr im Straßenverkauf an Kiosken und Ständen.

Erlaubt ist das Rauchen in den eigenen vier Wänden, an speziell ausgewiesenen Orten am Arbeitsplatz und auf der Straße, wobei da zu beachten ist, dass man 15 m von Orten mit Rauchverbot entfernt sein muss. Bei Nichtbeachtung droht eine Strafe ab 500 Rubel.

Raus in die Natur: Datscha, Picknick und mehr

Bei jeder Gelegenheit zieht es vor allem die Menschen aus der Großstadt hinaus in die Natur. Dabei geht es nicht nur darum, „frische Luft zu schnappen", sondern auch darum, beliebten Freizeitbeschäftigungen nachzugehen.

Das Zentrum der Erholung ist seit Ende des 18. Jahrhunderts – zunächst nur vor den Toren von Moskau und Sankt Petersburg – ein Wochenend- bzw. Ferienhaus, genannt Datscha (**дача**), mit dem dazugehörigen Grundstück (**участок**), wohin man sich an freien Tagen das ganze Jahr über, aber auch im Urlaub mangels anderer Möglichkeiten, zurückziehen kann. Im Sommer spricht man gern davon, dass die Städte „leergefegt" sind (**пустуют**). Inzwischen gibt es viele Datschensiedlungen (**дачные посёлки**) um die großen russischen Städte herum. Dort wird an den Häusern gewerkelt, im Garten gearbeitet, der bis heute zur Versorgung mit Obst und Gemüse beiträgt, und mit Familie und dem Freundeskreis bei Spaß und Spiel die Zeit verbracht.

Ausflüge in die Natur, von wo aus auch immer, werden in Russland ganz bestimmt von einem Picknick (**пикник**) begleitet, wofür ein Lagerfeuer (**костёр**) entfacht wird, um Schaschliks (**шашлыки**) zu bruzzeln. Das und die Schaschlik-Stäbe herzurichten war zumindest früher Aufgabe der Männer, die Speisen darüber hinaus wurden dann von den Frauen vorbereitet.

Das Angeln (**рыбалка**) und die Jagd (**охота**) spielen in Russland ebenfalls eine große Rolle. Und beim Wildcampen an einem schönen Fleckchen Erde kann man sich dann wunderbar erholen.

Restaurants

In Russland findet man gute Restaurants (**ресторан**) und Cafés (**кафе**) zu erschwinglichen Preisen. Doch auch die ganze Palette von hochpreisigen Restaurants mit internationalem Namen, Szene-Cafés mit Live-Musik oder Lesungen, Frühstücksrestaurants bis hin zu Fast-Food-Ketten ist vorhanden.

In Russlands Hauptstadt kann man von Sushi (**суши**) im **02 Lounge®** bis zur Schweinshaxe im deutschen Restaurant **„Deutsches Eck®"** alles finden, was das Herz begehrt. Oder wie wäre es mit der zentralasiatischen oder kaukasischen Küche? Auch hier lässt die Auswahl nichts zu wünschen übrig. Wer es historisch mag, muss unbedingt das Café Puschkin (**кафе Пушкинъ**) besuchen.

Selbstverständlich gibt es zahlreiche Restaurants, die sich auf die russische Küche spezialisieren. Ketten solcher Restaurants, auch für Menschen mit einem kleineren Budget zu empfehlen, über Moskau hinaus sind **Ёлки-Палки®** (Jolki-Palki), **Грабли®** (Grabli), **Му-Му®** (Mu-Mu) und das Café **Штолле®** (Stolle). Für Kaffee und Kuchen gehen die Einheimischen am liebsten in die Cafés der Ketten **Шоколадница®** (Schokoladnica) und **Хлеб насущный®** (Khleb nasutschschnyi). Also dann Guten Appetit! (**Приятного аппетита!**).

Und noch ein Hinweis: Das getrennte Bezahlen in Restaurants ist mittlerweile auch in Russland üblich geworden. Man wird von der Bedienung auch danach gefragt (**счёт вместе или раздельно?**). Wer seine Freunde einladen möchte, kann es selbstverständlich weiterhin tun. Als Trinkgeld legt man einen angemessenen Betrag (5–10 % der Summe) in die dafür vorgesehene Rechnungsmappe, nachdem man sein Rückgeld zurückerhalten hat (siehe hierzu auch den Abschnitt „Trinkgeld").

Russische Banja

Unter dem russischen Wort „banja" (**баня**) versteht man entweder eine Badeanstalt oder viel häufiger eine kleine Holzhütte, wie sie auf dem Lande oder auf Datschengrundstücken anzutreffen ist, wo sich die Menschen nach einem bestimmten Ritual waschen. Aus diesem Grund trifft die Übersetzung „Sauna" nicht das Wesen. Zweifellos haben aber die russische Banja und die traditionelle finnische Sauna viele Gemeinsamkeiten.

Hinsichtlich der Bauweise und der Ausstattung sind russische Banjas sehr vielfältig. Der geräumige Typ besteht aus dem Auskleide-, Erholungs- und Waschraum, der einfachste nur aus einem einzigen Raum mit einer Sitzbank und einem Metall- oder Steinofen mit einer Steinschicht, auf die das Wasser zur Erzeugung des Wasserdampfes aufgegossen wird. Zum Ofen gehört ein Kanister, in dem das Wasser mit Holz bis auf 100°C oder darüber erhitzt werden kann.

Zu dem Ritual des Badens gehört zunächst das Abspülen mit kaltem (aus extra bereitgestellten Kübeln) und warmem Wasser. Mit Bündeln von Birkenzweigen (**веники**), die vorher eingeweicht wurden, schlagen sich die Badenden gegenseitig auf den Körper, was die Blutzirkulation anregt. Mit Erholungsphasen, in denen man etwas zu sich nimmt, kann das ganze Prozedere einige Male wiederholt werden.

Den aus der Banja Heraustretenden empfängt man mit den Worten **„С лёгким паром!"** (S ljochkim parom! – Leichten Dampf!), womit die Hoffnung ausgedrückt wird, dass man das Bad genossen hat.

Teetrinken und Samowar

Wussten Sie, dass Russland ein Land der Teetrinker ist?
Bereits im Jahre 1618 kostete der russische Zar (**царь**) Tee (**чай**) von chinesischen Gesandten. Aber erst 20 Jahre später, als russische Gesandte ihrerseits 4 Pud (≈ 75 kg) chinesischen Tee im Wert von 100 Zobelfellen nach Moskau brachten, wurde er als gut empfunden und von da ab etablierte er sich in der russischen Hauptstadt, nachdem man auch seine heilende und anregende Wirkung erkannt hatte.
In den folgenden 150 Jahren wurde das Teetrinken (**чаепитие**) weit über Moskaus Grenzen hinaus in allen Schichten der Bevölkerung populär. Der Tee, dessen Verbrauch enorm angestiegen war, wurde inzwischen auch aus Ceylon, Indien und Georgien herbeigeschafft. Alexander I. gestattete Gastwirtschaften (**трактир**), von 7–12 Uhr Tee auszuschenken, unter Alexander II. eröffneten in Moskau die ersten Teestuben (**чаевые**), die schon ab 5 Uhr allen, die sich bereits so früh auf dem Weg zum Markt befanden, Tee feilboten.
Nach russischer Tradition wird Tee mit Zucker getrunken, er wird entweder nach dem oder zum Essen in Tassen, wenn möglich aus Porzellan, oder in Teegläsern gereicht. Als kleine zusätzliche Mahlzeit zwischen Mittag- und Abendessen (**полдник**) oder als Bewirtung von Gästen gab und gibt es noch heute Honig (**мёд**), Geleefrüchte (**мармелад**), Konfitüre (**варенье**), Piroggen (**пироги**), eine Art gefüllter Küchlein bzw. Strudel, Gebäck (**печенье**), Lebkuchen (**пряники**) Brezeln (**бублики**) und so manches mehr zum Tee.
Ein unzertrennlicher Bestandteil des russischen Teetrinkens ist der Samowar (**самовар**), wortwörtlich: „Selbstkocher", der in Russland ab

Mitte des 18. Jahrhunderts sowohl in Suksun (**Суксун**) als auch in Tula (**Тула**) produziert wurde, in Tula bis heute, wo sich auch ein Samowar-Museum befindet.
Der Wasserkessel des Samowars wurde ursprünglich mit Kohle oder Holz beheizt, bis man auf die elektrische Variante umstieg. In den oberen Teil stellt man eine Kanne mit starkem Teeaufguss, aus der man ihn in kleiner Menge in Tassen oder Gläser einschenkt und das Ganze mit heißem Wasser aufgießt, indem man einen kleinen Hahn am Wasserkessel bedient.
Nicht nur Samoware als Zubehör des Teetrinkens, sondern auch kunstvoll verzierte Teeglashalter (**подстаканники**) aus Messing oder Kupfer zählen zu den begehrten Souvenirs aus Russland. Heutzutage muss man sie aber nicht mehr dem Personal in den Fernzügen abkaufen, abschwatzen oder gar Schlimmeres …, sondern kauft sie wie auch die Samoware, Matrjoschkas und anderes mehr in unzähligen Souvenirläden in allen wichtigen Tourismuszentren des Landes.

Trinkgeld

In Russland ist Trinkgeld (**чаевые**) in einer Höhe von 5–10 % in denselben Bereichen üblich wie in Deutschland, vor allem aber in Restaurants und Cafés, keineswegs jedoch obligatorisch. Im Unterschied zu Deutschland wird es nicht beim Bezahlen auf den zu zahlenden Betrag „aufgeschlagen" oder die Summe aufgerundet, sondern nach Begleichen der Rechnung entweder in die Mappe gelegt oder auf dem Tisch hinterlassen.
Auch in Hotels, im Taxi oder beim Friseur freut man sich über ein Trinkgeld als Zeichen, dass man mit der Arbeit zufrieden war. Das Geld darf man dann gern persönlich in die Hand geben.

Übernachtungsmöglichkeiten

In Russland gib es eine Vielzahl an Unterkünften. Die Bandbreite reicht von Hotels (**отели**) der Luxusklasse bis zu Mini-Hotels (**мини-отели**). Darüber hinaus findet man Ferienwohnungen (**апартаменты**), Gästehäuser (**гостевые дома**), Landhäuser (**коттеджи**), Villen (**виллы**), aber auch Plätze in Motels (**мотели**), Hostels (**хостелы**) und auf Campingplätzen (**кемпинги**).
Campingplätze mit europäischem Standard (**европейского уровня**) trifft man vor allem in Westrussland auf einer Achse von der Ostsee bis zum Schwarzen Meer an, die Umgebung von Sankt Petersburg und Moskau mit eingeschlossen. Je weiter man sich Richtung Osten bewegt, desto mehr muss man in der Regel auf Luxus und großzügige Ausstattung verzichten.
Eine beliebte Alternative bei den Einheimischen sind Erholungszentren (**турбазы / базы отдыха**), ausgestattet entweder mit Bungalows und/oder Holzhäusern. Der Unterschied zu Campingplätzen besteht in einem großen Angebot von Freizeitbeschäftigungen von Sport und Spiel bis hin zur Jagd.

Zu Besuch

Wer in Russland von Einheimischen eingeladen wird, sollte viel Zeit und Appetit mitbringen, denn das Mahl könnte einige Stunden in Anspruch nehmen.
Man sollte dem Anlass entsprechend gekleidet sein und auch ein Mitbringsel mit dabei haben, mindestens einen Blumenstrauß oder Pralinen und Kleinigkeiten für die Kinder, damit man dem Erscheinungsbild der Gastgebenden und dem sicher reich gedeckten Tisch etwas entgegenzusetzen hat. An der Haustür werden die Schuhe ausgezogen. In der Regel bekommt man auch gleich Pantoffeln gereicht.

Die zahlreichen Speisen sollte man sich nicht entgehen lassen, denn mit ihnen legt man sich auch die notwendige Grundlage für Wodka (**водка**) oder andere alkoholische Getränke, mit denen man entsprechend immer wieder anstoßen muss.
Beim Essen wird es nicht ohne Trinksprüche bzw. Toasts abgehen, die bei bestimmten Feierlichkeiten sehr lang ausfallen können. Die Kurzform lautet übrigens: **„За здоровье!"** (Sa sdorovje! – Auf die Gesundheit!) oder **„За твоё/ваше здоровье!"** (Sa tvojo/wasche sdorovje! – Auf deine/Ihre Gesundheit!) – und nicht **„На здоровье!"** (Na sdorovje!), denn das bedeutet „Gern geschehen!".

Deutsch – Russisch

A

A N MUS ля *n* **Aal** M угорь *m* **ab** *zeitl* с; *örtl* от, из, с (*P*); **auf und ~** взад и вперёд; вверх и вниз; **~ und zu** иногда; **weit ~** далеко; **~ heute** с сегодняшнего дня; **~ Berlin** от / из Берлина; **der Knopf ist ~** *umg* пуговица оторвалась **Abbau** M *Personal* сокращение *n*; *Sozialabbau* снижение *n*; *Erz* разработка *f*; TECH демонтаж *m* **abbauen** сокращать ⟨-ратить⟩; снижать ⟨снизить⟩; разрабатывать; демонтировать **abbeißen** откусывать ⟨-сить⟩ **abbestellen** отменить *pf* заказ; *Zeitung* прекращать ⟨-ратить⟩ выписку **abbiegen** сворачивать ⟨свернуть⟩ (**nach links** налево) **Abbildung** F изображение *n* **abblenden** AUTO переключать ⟨-чить⟩ на ближний свет **Abblendlicht** N ближний свет *m*

abbrechen VT обламывать ⟨-ломать⟩, отламывать ⟨-ломать⟩ (*v/i* -ся); *fig* прекращать ⟨-тить⟩ **abbremsen** ⟨за⟩тормозить **abbrennen** VI сгорать ⟨-реть⟩ (дотла) **abbringen**: **j-n von etw ~** разубеждать ⟨-едить⟩ (*В*) в (*П*) **abbröckeln** осыпаться ⟨-сыпаться⟩ **Abbruch** M *Haus* слом *m*, снос *m*; *fig* прекращение *n* **abbuchen** списывать ⟨-сать⟩ со счёта **abbürsten** ⟨по⟩чистить (щёткой) **Abc** N азбука *f*; *fig a.* основы *fpl* **abdecken** *bedecken* прикры(ва)ть, покры(ва)ть **Abdeckstift** M тональный карандаш *m* **abdichten** уплотнять ⟨-нить⟩ **abdrehen** *Gas usw* закры(ва)ть; VI отворачивать ⟨-вернуть⟩ **Abdruck** M отпечаток *m* **Abend** M вечер *m*; **gestern ~** вчера вечером; **guten ~!** добрый вечер!; **zu ~ essen** ⟨по⟩ужинать **Abendbrot** N, **Abendessen** N ужин *m* **Abendkleid** N вечернее платье *n* **Abendkurs** M вечерние курсы *mpl* **abends** ве-

чером; *wiederholt* по вечера́м
Abenteuer N приключе́ние *n*; *fig* авантю́ра *f*
aber KONJ но, а; **oder ~** или же
abergläubisch суеве́рный
abfahren V/I отправля́ться ⟨-ра́виться⟩ (**von** от, из *P*; **nach** до *P*, в, на *B*) **Abfahrt** F отправле́ние *n*
Abfahrtslauf M *Ski* скоростно́й спуск *m* **Abfahrtszeit** F вре́мя *n* отправле́ния
Abfall M му́сор *m*, *a. pl Abfälle* отбро́сы *mpl* **Abfalleimer** M му́сорное ведро́ *n*
abfallen отпада́ть ⟨-па́сть⟩; *Straße* спуска́ться; *fig umg* перепада́ть ⟨-па́сть⟩ (**für** *akk Д*) **abfällig** неле́стный **abfangen** *Brief, Flugzeug* перехва́тывать ⟨-ти́ть⟩ **abfertigen** *Gepäck* принима́ть ⟨-ня́ть⟩ к отправле́нию; *Kunden* обслу́живать ⟨-жи́ть⟩
Abfertigungshalle F зал *m* обслу́живания пассажи́ров
abfinden: **sich ~ mit** примиря́ться ⟨-ри́ться⟩ с *(T)* **Abfindung** F *Geld* выходно́е посо́бие *n*
abfliegen вылета́ть ⟨вы́лететь⟩ (**nach** в, на *B*, до *P*) **abfließen** вытека́ть ⟨вы́течь⟩
Abflug M вы́лет *m* **Abflugzeit** F вре́мя *n* вы́лета
Abfluss M сток *m* **Abflussrohr** N сто́чная труба́ *f*
abführen *pers* уводи́ть ⟨-вести́⟩ **Abführmittel** N слаби́тельное *n*
Abgabe F отда́ча *f*; *Steuer* нало́г *m* **abgabenfrei** освобождённый от нало́гов **abgabenpflichtig** обло́женный нало́гом **Abgase** *pl* выхлопны́е га́зы *mpl* **abgeben** отда́(ва́)ть; **sich ~ mit** вози́ться с *(T)* **abgehärtet** закалённый
abgehen *Zug* отходи́ть ⟨отойти́⟩; *Farbe usw* сходи́ть ⟨сойти́⟩
abgekocht кипячёный **abgelaufen** *Pass* просро́ченный **abgelegen** отдалённый **abgemacht!** по рука́м! **abgenutzt** изно́шенный
Abgeordnete M/F депута́т(ка) *m(f)*
abgeschlossen *separat* отде́льный; → beendet
abgesehen: **~ von** *(akk)* не счита́я *(P)*, не смотря́ на *(B)*; **~ davon, dass** не говоря́ о том, что
abgestanden *Bier usw* вы́дохшийся **abgetragen** = **abgewetzt** изно́шенный, *Kleid* поно́шенный
abgewöhnen: **sich das Rauchen ~** бро́сить кури́ть
Abgrund M про́пасть *f* **abhacken** отруба́ть ⟨-би́ть⟩ **abhaken** *Liste* отмеча́ть ⟨-ме́тить⟩ (га́лочкой)
abhalten *Sitzung* проводи́ть ⟨-вести́⟩; **j-n von etw ~** ⟨по⟩меша́ть к-у + *inf*
abhanden: **~kommen** пропа-

да́ть ⟨-па́сть⟩
Abhandlung F статья́ f **Abhang** M склон m, скат m
abhängen *Bild* снима́ть ⟨снять⟩; **~ von** зави́сеть от (*P*)
abhängig зави́симый (**von** *dat* от *P*) **Abhängigkeit** F зави́симость f
abhauen *umg* V/T → abhacken; V/I уд(и)ра́ть; **hau ab!** исче́зни!
abheben снима́ть ⟨снять⟩ (**vom Konto** со счёта; **den Hörer** тру́бку)
abhetzen: **sich ~** запа́ри(ва)ться
Abhilfe F: **~ schaffen** устрани́ть *pf* поме́ху
abholen заходи́ть ⟨зайти́⟩ за (*T*); **j-n vom Bahnhof ~** встреча́ть ⟨-ре́тить⟩ к-о на вокза́ле; **~ lassen** пос(ы)ла́ть за (*T*)
abholzen выруба́ть ⟨вы́рубить⟩ лес **abhören** *Schüler* опра́шивать ⟨-роси́ть⟩; *heimlich* подслу́ш(ив)ать
Abitur N экза́мен m на аттеста́т зре́лости
abkaufen покупа́ть ⟨купи́ть⟩ (**j-m** у к-о); *fig* → glauben **abkochen** *Wasser* ⟨вс⟩кипяти́ть
Abkommen N соглаше́ние n
abkratzen V/T соскреба́ть ⟨-рести́⟩; V/I *vulg* отда́(ва́)ть концы́ **abkühlen** V/I (*a.* **sich**) охлажда́ться ⟨-лади́ться⟩ **abkürzen** сокраща́ть ⟨-рати́ть⟩
Abkürzung F сокраще́ние n
abladen выгружа́ть ⟨вы́грузить⟩ **Ablage** F ме́сто n хране́ния; архи́в m (*im Büro*)
Ablauf M *Zeit* тече́ние n; TECH спуск m; **nach ~ von** (*dat*) по истече́нии (*P*) **ablaufen** *abfließen* стека́ть ⟨стечь⟩; *Zeit* истека́ть ⟨-те́чь⟩; → verlaufen
ablecken обли́зывать ⟨-за́ть⟩
ablegen *Kleider* снима́ть ⟨снять⟩; *Prüfung* сда(ва́)ть; *Schiff* отча́ли(ва)ть
ablehnen V/T отка́зывать ⟨-за́ть⟩ в (*П*) **Ablehnung** F отка́з m
ableiten *fig* выводи́ть ⟨вы́вести⟩ (**aus, von** *dat* из *P*) **ablenken** отвлека́ть ⟨-вле́чь⟩
ablesen *Rede* ⟨про⟩чита́ть (**von** *dat* по *Д*); *Zähler* снима́ть ⟨снять⟩ показа́ния **abliefern** сда(ва́)ть; → übergeben
ablösen *entfernen* снима́ть ⟨снять⟩; *pers* сменя́ть ⟨-ни́ть⟩ (**sich** -ся) **Ablösung** F сме́на f
ABM F, *mst pl* (Arbeitsbeschaffungsmaßnahmen) мероприя́тия *npl* по обеспе́чению за́нятости
abmachen *umg vereinbaren* усло́вливаться ⟨-о́виться⟩; *entfernen* снима́ть ⟨снять⟩ **Abmachung** F соглаше́ние n, сде́лка f
abmelden снима́ть ⟨снять⟩ с учёта; выпи́сывать ⟨вы́писать⟩ (**sich** -ся) **abmessen** ⟨от⟩ме́рить **abmühen**: **sich ~ mit** (*dat*) му́читься с, над (*T*)

Abnahme F *Bau usw* приёмка *f*; *Sinken* падение *n*; *der Kraft* ослабление *n*; *Kauf* покупка *f* **abnehmen** *Hut, Hörer* снимать ⟨снять⟩; *Geld* отнимать ⟨-нять⟩; V/I *sich vermindern* уменьшаться ⟨-шиться⟩; *an Gewicht* ⟨по⟩худеть **Abnehmer(in)** M(F) покупатель(ница) *m(f)*; заказчик *m* (заказчица *f*)

Abneigung F антипатия *f*

abnutzen: **sich ~** изнашиваться ⟨-носиться⟩ **Abnutzung** F износ *m*

abonnieren абонировать

abprallen отскакивать ⟨-скочить⟩ **abraten**: **j-m von etw ~** отговаривать ⟨-ворить⟩ к-о от (*P*) **abräumen** уб(и)рать

abrechnen V/I рассчитываться ⟨-таться⟩ (*a. fig*) **Abrechnung** F расчёт *m*

abreiben *Körper* обтирать ⟨-тереть⟩ (**mit** *dat T*); *Schmutz* стирать ⟨стереть⟩

Abreise F отъезд *m* **abreisen** уезжать ⟨-ехать⟩, отъезжать ⟨-ехать⟩ **Abreisetag** M день *m* отъезда

abreißen V/T срывать ⟨сорвать⟩ (*v/i* -ся); *Haus* сносить ⟨снести⟩ **abrunden** MATH округлять ⟨-лить⟩ **Abrüstung** F разоружение *n*

ABS N (Antiblockiersystem) антиблокировочная система *f* (тормозов) (АБС)

Absage F отказ *m*; *Konferenz* отмена *f* **absagen** отменять ⟨-нить⟩; *j-m* отказывать ⟨-зать⟩

absägen отпиливать ⟨-лить⟩

Absatz M *Schuh* каблук *m*; *Text* абзац *m*; WIRTSCH сбыт *m* **abschaffen** *Mangel* устранять ⟨-нить⟩ **abschalten** отключать ⟨-чить⟩ (*v/i fig* -ся); → ausschalten **abschätzen** оценивать ⟨-ить⟩ **abschicken** отправлять ⟨-править⟩

abschieben *Flüchtling* выдворять ⟨выдворить⟩

Abschied M прощание *m*; **zum ~** на прощание; **~ nehmen** ⟨по⟩прощаться (**von** *dat* с *T*)

Abschiedsfest N отвальная *f*

abschießen *Flugzeug* сбить; *Rakete* запускать ⟨-стить⟩; *Tier* застрелить *pf* **abschirmen** защищать ⟨-щитить⟩ (**gegen** *akk* от *P*)

Abschlag M *Anzahlung* задаток *m*; *Rabatt* скидка *f* **abschlagen** отби(ва)ть; *Bitte* отказывать ⟨-зать⟩ в (*П*)

Abschleppdienst M AUTO служба *f* буксировки **abschleppen** ⟨от⟩буксировать

abschließen *Tür* запирать ⟨-переть⟩ на ключ; *Vertrag* заключать ⟨-чить⟩; *beenden* заканчивать ⟨-кончить⟩ **abschließend** заключительный; ADV в заключение

Abschluss M *e-s Vertrags usw*

заключе́ние *n*; сде́лка *f*
abschneiden отре́з(ыв)ать (*a. fig*); *Haar* обстрига́ть ⟨-ри́чь⟩; **gut (schlecht) ~** получа́ть ⟨-чи́ть⟩ хоро́шую (плоху́ю) оце́нку
Abschnitt M отре́зок *m* (*a. Zeitabschnitt*); *Textabschnitt* разде́л *m*
abschrauben отви́нчивать ⟨-нтить⟩ **abschrecken** устраша́ть ⟨-ши́ть⟩; GASTR бы́стро охлажда́ть ⟨-лади́ть⟩ **abschreiben** перепи́сывать ⟨-писа́ть⟩; *Schüler* спи́сывать ⟨-писа́ть⟩ **Abschrift** F ко́пия *f*
Abschuss M *Rakete* за́пуск *m*
abschüssig накло́нный **abschütteln** *fig* сбра́сывать ⟨-ро́сить⟩
absehbar: **in ~er Zeit** в ближа́йшее вре́мя
absehen *Folgen* предви́деть *pf*; **von etw ~** *verzichten* отка́зываться ⟨-за́ться⟩ от (*P*); → abgesehen
abseits (*gen*, **von**) в стороне́ от (*P*) **Abseits** N SPORT положе́ние *n* вне игры́, аут *m*
absenden → abschicken **Absender** M отправи́тель *m*
absetzen V/T снима́ть ⟨снять⟩ (*v. Posten* с до́лжности); *Fahrgast* выса́живать ⟨вы́садить⟩; **von der Steuer ~** вычита́ть ⟨вы́честь⟩ из нало́га
Absicht F наме́рение *n* **absichtlich** (пред)наме́ренный, ADV наме́ренно, с у́мыслом
Absolvent(in) M(F) выпускни́к *m* (-и́ца *f*)
absperren *Tür* → abschließen; *Straße* перекры́(ва́)ть **Absperrung** F загражде́ние *n*; барье́р *m*
abspielen *Tonträger* прои́грывать ⟨-ра́ть⟩; **sich ~** происходи́ть ⟨-изойти́⟩
Absprache F соглаше́ние *n*; договорённость *f* **abspringen** спры́гивать ⟨-гнуть⟩ **Absprung** M прыжо́к *m*, соско́к *m* **abspülen** спола́скивать ⟨-лосну́ть⟩ **abstammen** происходи́ть ⟨-изойти́⟩ (**von** из *P*)
Abstand M диста́нция *f*; **~ halten** держа́ть диста́нцию; *zeitl* **in Abständen von ...** с интерва́лом в (*B*); *fig + sup* **mit ~** бесспо́рно
abstauben стира́ть ⟨стере́ть⟩ пыль **Abstecher**: **e-n ~ machen nach** (ненадо́лго) зае́хать в (*B*)
absteigen *v. Rad* слез(а́)ть; *im Hotel* остана́вливаться ⟨-нови́ться⟩ **abstellen** *Auto, Last* ⟨по⟩ста́вить в (*B*); *Gerät* выключа́ть ⟨вы́ключить⟩
Abstellraum M кладова́я *f*
abstempeln ⟨за⟩штемпелева́ть; → entwerten **absterben** *Glieder* ⟨за⟩неме́ть **Abstieg** спуск *m*; *fig* упа́док *m*
abstimmen голосова́ть (**über** *akk*); **aufeinander ~** согласо́вывать ⟨-сова́ть⟩

abstoßen *Ecke, Schuh* отби́(ва́)ть, сби́(ва́)ть; V/I *Boot* отча́ли(ва)ть **abstoßend** отта́лкивающий
abstreiten отпира́ться ⟨-пере́ться⟩ (*akk* от *P*), **Abstrich** MED мазо́к *m* **Absturz** паде́ние *n*; *Flugzeug a.* ава́рия *f*; IT срыв *m*, отка́з *m* **abstürzen** па́дать ⟨упа́сть⟩; *Flugzeug* разби́(ва)ться; IT отключа́ться ⟨-чи́ться⟩
Abszess M нары́в *m*
Abteil N BAHN купе́ *n*
Abteilung F *Amt, Kaufhaus* отде́л *m*; *Klinik* отделе́ние *n* **Abteilungsleiter(in)** M(F) завотде́лом *m*
abtreiben V/I дрейфова́ть **Abtreibung** F або́рт *m*
abtrennen отделя́ть ⟨-ли́ть⟩
abtreten V/I уходи́ть ⟨уйти́⟩ (**von** с *P*); V/T *Füße* вытирать ⟨вы́тереть⟩; **j-m / an j-n etw ~** уступа́ть ⟨-пи́ть⟩ к-у (*B*) **Abtreter** M ко́врик *m* (для вытира́ния ног)
abtrocknen V/T вытира́ть ⟨вы́тереть⟩ (**sich** -ся) **abwälzen**: *fig* **etw auf j-n ~** сва́ливать ⟨-ли́ть⟩ (*B*) на к-о **abwarten** ⟨подо⟩жда́ть; **warten wir's ab!** посмо́трим!
abwärts вниз
abwaschbar отмыва́ющийся **abwaschen** отмы́(ва́)ть, смы́(ва́)ть; *Geschirr* ⟨вы́⟩мыть
Abwasser N, *mst pl* сто́чные во́ды *fpl*
abwechseln: **sich / einander ~** чередова́ться **abwechselnd** *präd* попереме́нно
Abwechslung F разнообра́зие *n*; **zur ~** для разнообра́зия
Abwehr F отпо́р *m*; → Verteidigung **abwehren** отража́ть ⟨-рази́ть⟩ **Abwehrspieler** M защи́тник *m*
abweichen *v. e-r Regel usw* отступа́ть ⟨-пи́ть⟩ (**von** *dat* от *P*) **abweisen** *Besucher* не принима́ть ⟨-ня́ть⟩; отка́зывать ⟨-за́ть⟩ (**etw** в *П*) **abwenden**: **sich ~** отвора́чиваться ⟨-верну́ться⟩ **abwerfen** *Bombe* сбра́сывать ⟨-ро́сить⟩; *Gewinn* приноси́ть ⟨-нести́⟩ **Abwertung** F FIN девальва́ция *f*
abwesend отсу́тствующий
Abwesenheit F отсу́тствие *n*
abwickeln *fig Geschäft* выполня́ть ⟨вы́полнить⟩; ликвиди́ровать **abwiegen** разве́шивать ⟨-е́сить⟩ **abwischen** обтира́ть ⟨-тере́ть⟩, утира́ть ⟨-тере́ть⟩ **abwürgen** *Motor* ⟨за⟩глуши́ть **abzahlen** выпла́чивать ⟨вы́платить⟩ в рассро́чку **abzählen** отсчи́тывать ⟨-та́ть⟩
Abzahlung F: **auf ~** в рассро́чку
Abzeichen N значо́к *m* **abzeichnen** срисо́вывать ⟨-ова́ть⟩; *unterschreiben* подпи́сывать ⟨-са́ть⟩
abziehen MATH вычита́ть ⟨вы́честь⟩; *Schlüssel* вынима́ть

⟨вынуть⟩; V/I отходить ⟨отойти⟩, уходить ⟨уйти⟩

Abzug M WIRTSCH вычет *m*; удержания *npl*; FOTO копия *f*

abzüglich: **~ der Kosten** за вычетом издержек

Abzweig M, **Abzweigung** F ответвление *n*

Achse F ось *f*; AUTO *a.* мост *m*

Achsel F *Achselhöhle* подмышка *f*

acht восемь; **in ~ Tagen** за / через неделю

Acht F: **außer ~ lassen** оставлять ⟨-тавить⟩ без внимания; **sich in ~ nehmen** (**vor** *P*) остерегаться ⟨-речься⟩; **gib ~!** берегись!

achte NUM восьмой

Achtel N восьмая (часть) *f*

achten уважать; обращать ⟨-атить⟩ внимание (**auf** *akk* на *B*)

achtgeben (**auf**) → achten

achtlos *präd* без внимания; небрежно **achtstündig** восьмичасовой

Achtung F *Respekt* уважение *n*; **~!** внимание!

achtzehn восемнадцать

achtzig восемьдесят

Acker M пашня *f*; *Feld* поле *n*

Adapter M адаптер *m*

addieren складывать ⟨сложить⟩

Adel M дворянство *n*

Ader F BIOL, GEOL жила *f*

Adjektiv N прилагательное *n*

Adler M орёл *m*

Adlige M(F) дворянин *m* (-янка *f*)

adoptieren удочерять ⟨-рить⟩, усыновлять ⟨-вить⟩

Adressanhänger M *am Koffer* бирка *f* **Adressbuch** N адресная книга *f*

Adresse F адрес *m* **adressieren** адресовать

Advent M, **Adventszeit** F предрождественское время *n*

Adverb N наречие *n*

Affäre F судебное дело *n*; любовная история *f*

Affe M обезьяна *f*

Afrika N Африка *f*

After M задний проход *m*

Aftershave N лосьон *m* после бритья

AG F (Aktiengesellschaft) акционерное общество *n* (АО)

Agent M агент *m* **Agentur** F агентство *n*

Aggression F агрессия *f* **aggressiv** агрессивный

Agrar... аграрный, сельскохозяйственный

ahnen предчувствовать

ähnlich похожий; **und Ähnliches** и тому подобное (и т. п.); **j-m ~ sehen** *od* **sein** быть похожим на к-о **Ähnlichkeit** F сходство *n*

Ahnung F предчувствие *n*; **keine ~!** понятия не имею!

ahnungslos наивный

Ahorn M клён *m*

Ähre F колос *m*; *pl* колосья

Aids N СПИД *m* **Aidskranke**

M/F больной m (-ная f) СПИДом

Airbag M воздушная подушка f безопасности

Akademie F академия f

Akademiker(in) M(F) лицо n с высшим образованием **akademisch** mst университетский

Akkord M аккорд m **Akkordarbeit** F сдельная работа f

Akkordeon N аккордеон m

Akku(mulator) M аккумулятор m

Akkusativ M винительный падеж m

Akne F угорь m

Akrobat(in) M(F) акробат(ка) m(f)

Akt M акт m **Akte** F документ m

Aktentasche F портфель m **Aktenzeichen** N шифр m (дела)

Aktie F акция f **Aktiengesellschaft** → AG **Aktion** F действие n; кампания f **Aktionär** M акционер m

aktiv активный **Aktivität** F активность f; действие n

aktualisieren актуализировать **aktuell** актуальный

Akupunktur F акупунктура f

akut острый

Akzent M акцент m

akzeptieren принимать ⟨-нять⟩

Alarm M тревога f **Alarmanlage** F сигнальное устройство n **alarmieren** вызывать ⟨вызвать⟩ по тревоге

Albanien N Албания f

albern ADJ дурашливый

Album N альбом m

Alge F водоросль f

Algerien N Алжир m

Alibi N алиби n unv

Alkohol M спирт m; алкоголь m **alkoholfrei** безалкогольный **Alkoholiker(in)** M(F) алкоголик m (-ичка f) **alkoholisch** спиртной; алкогольный

Alkoholtest M проба на алкоголь

All N вселенная f

alle все; **wir ~** все мы; **~ zwei Stunden** каждые два часа; **das Geld ist ~** деньги вышли

Allee F аллея f

allein один; сам; **von ~** сам собой **Alleinerziehende** M/F отец-одиночка m; мать-одиночка f **Alleinstehende** M/F одиночка m/f

allerdings однако; конечно

Allergie F аллергия f (**gegen** на B)

Allerheiligen N праздник m всех святых **allerletzte** самый последний

alles всё; **~ Gute!** всего хорошего!

allgemein (все)общий; **im Allgemeinen** в общем, вообще

Allgemeinbildung F общее образование n

allmählich постепенно **Allradantrieb** M привод m на

все колёса **Alltag** M будний день *m*, будни *pl* **alltäglich** будничный; повседневный **allzu** слишком

Alm F альпийский луг *m*

Almosen N милостыня *f*

Alphabet N алфавит *m* **alphabetisch** алфавитный

alpin альпийский

als *zeitl* когда; *nach Komparativ* чем; *so wie* как; **~ ob** как будто (бы)

also итак; *d.h.* значит; **~ gut!** ладно!

alt старый; *pers a.* пожилой; *antik* древний, **wie ~ bist du?** сколько тебе лет?

Altar M алтарь *m*; престол *m*

Altbau M дом *m* старой застройки

Alte M/F старик *m* (-руха *f*) **Altenheim** N дом *m* престарелых

Alter N возраст *m*; старость *f*

älter старший; **zwei Jahre ~ als ich** на два года старше меня

altern ⟨по⟩стареть

alternativ альтернативный

Altertum N древность *f*

altmodisch старомодный

Altpapier N макулатура *f*

Altstadt F старая часть *f* города

Alufolie F фольга *f*

am → an; **~ Mittwoch** в среду; **~ 2. März** второго марта; **~ Rhein** на Рейне; **~ besten** лучше всего / всех

Amateur(in) M(F) любитель (-ница) *m(f)*

ambulant амбулаторный; *Handel* в разнос

Ameise F муравей *m*

Amerika N Америка *f*

Amnestie F амнистия *f*

Ampel F светофор *m*

Ampulle F ампула *f*

amputieren ампутировать

Amsel F чёрный дрозд *m*

Amt N должность *f*; ведомство *n* **amtlich** официальный

amüsieren: **sich ~** развлекаться ⟨-лечься⟩

an PRÄP (*dat*) при, у, на; (*akk*) к, на, до; **~ Ostern** на Пасху; **~ e-m Werktag** в рабочий день; **von heute ~** с сегодняшнего дня; **~ die fünfzig Euro** около пятидесяти евро; → *a.* am

analog аналогичный

Analphabet M неграмотный *m*

Analyse F анализ *m*

Anarchie F анархия *f*

Anbau M AGR разведение *m*; ARCH пристройка *f* **anbauen** разводить ⟨-вести⟩; пристраивать ⟨-роить⟩

anbehalten оста(ва)ться в (*П*)

anbei при этом; при сём

anbieten предлагать ⟨-ложить⟩ **anbinden** привязывать ⟨-зать⟩

Anblick M вид *m*; **beim ~ von** при виде (*P*)

anbrechen *Vorrat* откры(ва)ть

anbrennen *Essen* пригорать

⟨-ре́ть⟩
andauern дли́ться **andauernd** *umg* постоя́нный
Andenken N сувени́р *m*; **zum ~ an** (*akk*) в па́мять (*P*), о (*П*)
andere (anderer, anderes) друго́й, **etwas anderes** что-то друго́е; **am anderen Morgen** сле́дующим у́тром; **ein anderes Mal** в друго́й раз; **unter anderem** в том числе́
andererseits с друго́й стороны́
ändern изменя́ть ⟨-ни́ть⟩ (**sich** -ся)
andernfalls ина́че
anders: **jemand ~** кто́-то друго́й **anderswo** в друго́м ме́сте
anderthalb полтора́ + *P*
Änderung F измене́ние *n*
Andeutung F намёк *m*; **~en machen** намека́ть ⟨-кну́ть⟩
Andrang M *Leute* наплы́в *m*
aneinander *denken* друг о дру́ге; **~fügen** соединя́ть ⟨-ни́ть⟩
anerkennen призна́(ва́)ть **Anerkennung** F призна́ние *n*
anfahren наезжа́ть ⟨-е́хать⟩ (**j-n** на *B*); VI AUTO тро́гаться ⟨-ону́ться⟩
Anfall M MED припа́док *m*
anfällig восприи́мчивый
Anfang M нача́ло *n*; **am / zu ~** в нача́ле
anfangen нач(ин)а́ть; **damit kann man nichts ~** с э́тим де́лать не́чего
Anfänger M начина́ющий *m* **Anfängerkurs** M ку́рсы *mpl* для начина́ющих
anfassen тро́гать ⟨-о́нуть⟩
anfertigen ⟨с⟩де́лать; *Kleid* ⟨с⟩шить **anfeuern** SPORT подзадо́ри(ва)ть **Anflug** M прилёт *m*; *fig* отте́нок *m*
anfordern затре́бовать *pf* **Anforderung** F тре́бование *n*, зая́вка *f*
Anfrage F запро́с *m* **anfreunden**: **sich ~ mit** подружи́ться *pf* с (*T*)
anführen *leiten* возглавля́ть ⟨возгла́вить⟩; *Grund* приводи́ть ⟨-вести́⟩ **Anführer(in)** M(F) глава́рь *m* **Anführungszeichen** *pl* кавы́чки *fpl*
Angabe F указа́ние *n*; **weitere ~n** дополни́тельные да́нные
angeben ука́зывать ⟨-за́ть⟩; *prahlen umg* задава́ться **Angeber(in)** M(F) *umg* задава́ка *m u. f* **angeblich** ADJ мни́мый; подло́жный; ADV я́кобы
angeboren прирождённый
Angebot N предложе́ние *n*
angebrannt пригоре́лый **angeheitert** *präd* навеселе́
angehen *betreffen* каса́ться (*akk* *P*); *Licht* загора́ться ⟨-ре́ться⟩ **angehend** бу́дущий
angehören принадлежа́ть
Angehörige M/F ро́дственник *m* (-ица *f*); **meine ~n** мои́ родны́е

Angeklagte M/F обвиня́емый *m* (-мая *f*)
Angel F у́дочка *f*; *Tür* петля́ *f*
Angelegenheit F де́ло *n*
Angelhaken M рыболо́вный крючо́к *m* **angeln** уди́ть **Angelschein** M разреше́ние *n* на отло́в **Angelschnur** F ле́с(к)а *f*
angemessen соотве́тствующий **angenehm** прия́тный **angenommen**: ~, **dass** предполо́жим, что **angesehen** *pers* уважа́емый **angesichts** (*gen*) ввиду́ (*P*) **angespannt** напряжённый
Angestellte M/F слу́жащий *m* (-щая *f*)
angewiesen: ~ **sein auf** (*akk*) быть зави́симым от (*P*)
angewöhnen: **sich etw** ~ привыка́ть ⟨-вы́кнуть⟩ к (*Д*)
Angina F анги́на *f*
Angler M уди́льщик *m*
angreifen напада́ть ⟨-па́сть⟩ (*akk* на *B*) **Angreifer** M напада́ющий *m*
Angriff M нападе́ние *n*, ата́ка *f*
Angst F страх *m* (**vor** пе́ред *T*); ~ **haben vor** боя́ться (*P*)
ängstlich боязли́вый
angurten: **sich** ~ пристёгиваться ⟨-тегну́ться⟩
anhaben *Kleidung* носи́ть ⟨нести́⟩
anhalten V/T остана́вливать ⟨-нови́ть⟩ (*v/i* -ся) **Anhalter** M: **per** ~ автосто́пом, на попу́тках **Anhaltspunkt** M указа́ние *n*
anhand посре́дством
Anhang M дополне́ние *n*
anhängen V/T прицепля́ть ⟨-пи́ть⟩ **Anhänger** M AUTO прице́п *m*; *pers* сторо́нник *m*
anhänglich привя́занный; пре́данный
anhäufen нака́пливать ⟨-копи́ть⟩ **anheben** *Lohn usw* повыша́ть ⟨-вы́сить⟩ **anhören**: **sich** (*akk*) ~ выслу́ш(ив)ать, заслу́ш(ив)ать, прослу́ш(ив)ать (*B*)
Ankauf M заку́пка *f*; поку́пка *f*
Anker M я́корь *m*; **vor** ~ **gehen** станови́ться ⟨стать⟩ на я́корь **ankern** стоя́ть на я́коре
Anklage F обвине́ние *n* **anklagen** обвиня́ть ⟨-ни́ть⟩ (**wegen** в *П*)
ankleben прикле́и(ва)ть, наклепля́ть ⟨-пи́ть⟩ **anklicken** IT щёлкать ⟨-кнуть⟩ мы́шкой
anklopfen ⟨по⟩стуча́ться
anknipsen включа́ть ⟨-чи́ть⟩
ankommen прибы́(ва́)ть (**pünktlich** пункту́ально); (**auf** *akk*) зави́сеть от (*P*)
ankreuzen отмеча́ть ⟨-ме́тить⟩ кре́стиком **ankündigen** объявля́ть ⟨-ви́ть⟩
Ankunft F прибы́тие *n* **Ankunftszeit** F вре́мя *n* прибы́тия
Anlage F ARCH сооруже́ние

n; TECH устро́йство *n*; *Brief* приложе́ние *n*; BIOL предрасположе́ние *n*

Anlass M по́вод *m* **anlassen** *Motor* запуска́ть ‹-сти́ть›; *Mantel* не снима́ть ‹снять›

anlässlich по по́воду

Anlauf M разбе́г *m* **anlaufen** *Glas* запоте́(ва́)ть

anlegen *Weg* прокла́дывать ‹проложи́ть›, *Geld* вкла́дывать ‹вложи́ть›, *Verband* накла́дывать ‹наложи́ть›; V/I прича́ли(ва)ть

anlehnen прислоня́ть ‹-ни́ть› (**sich** -ся; **an** *akk* к *Д*)

Anleitung F руково́дство *n*

Anliegen N про́сьба *f*; де́ло *n*

Anlieger M *Anwohner* лицо́ *n*, живу́щее по сосе́дству

anmachen *umg* → anschalten; *j-n* приста́(ва́)ть к (*Д*)

Anmeldeformular N бланк *m* заявле́ния **anmelden** заявля́ть ‹-ви́ть›; **sich ~** *beim Arzt*, *Kurs* запи́сываться ‹-са́ться›, *Polizei* пропи́сываться ‹-са́ться› **Anmeldung** F заявле́ние *n*; за́пись *f*; *Raum* приёмная *f*

anmerken: **sich nichts ~ lassen** не под(ав)а́ть ви́ду

Anmerkung F примеча́ние *n*

annähen приши́(ва́)ть

annähernd *fast* почти́

Annahme F приём *m*; *Vermutung* предположе́ние *n* **Annahmestelle** F пункт *n* приёма

annehmbar прие́млемый, подходя́щий **annehmen** принима́ть ‹-ня́ть›; *vermuten* (пред)полага́ть ‹-ложи́ть›

Annonce F объявле́ние *n*

annullieren аннули́ровать

anonym анони́мный

anordnen *anweisen* распоряжа́ться ‹-ряди́ться› **Anordnung** F распоряже́ние *n*

anpacken *umg Sache* бра́ться ‹взя́ться› (*akk* за *В*) **anpassen**: **sich ~** приспоса́бливаться ‹-посо́биться› (**an** к *Д*)

anpflanzen наса́живать ‹-сади́ть› **anprobieren** примеря́ть ‹-ме́рить› **anrechnen** *Zeit* за(с)чи́тывать ‹-чита́ть› (**auf** *akk* в *В*)

Anrede F обраще́ние *n* **anreden** обраща́ться ‹-рати́ться› (**j-n** к к-у **mit du** на ты)

anregen *vorschlagen* предлага́ть ‹-ложи́ть›; *Appetit* возбужда́ть ‹-буди́ть›

Anreise F пое́здка *f*; прибы́тие *n* **anreisen** приезжа́ть ‹-е́хать› **anrichten** *Essen* ‹при›гото́вить; *Schaden* натвори́ть *pf*; *Böses* наде́лать *pf*

Anruf M вы́зов *m*, звоно́к *m* **Anrufbeantworter** M автоотве́тчнк *m* **anrufen** ‹по›звони́ть (*akk Д*)

Ansage F объявле́ние *n* **ansagen** объявля́ть ‹-ви́ть› (*akk* о *П*)

anschaffen V/T приобрета́ть ‹-брести́› (себе́) **Anschaf-**

fung F *Möbel usw* обнóвка *f*
anschauen ⟨по⟩смотрéть (*akk* на *В*) **anschaulich** нагля́дный
Anschein M вид *m*; **dem ~ nach** = **anscheinend** *adv* по-ви́димому
Anschlag M *Aushang* объявлéние *n*; *Attentat* покушéние *n* **Anschlagbrett** N доскá *f* для объявлéний **anschlagen** *aushängen* вывéшивать ⟨вы́весить⟩; *Medizin* ⟨по⟩дéйствовать; ELEK подключáть ⟨-чи́ть⟩; присоединя́ть ⟨-ни́ть⟩ (**an** *akk* к *Д*, **sich** -ся)
anschließend затéм, пóсле
Anschluss M TEL связь *f*; сообщéние *n* **Anschlussflug** M стыкóвочный рéйс *m* **Anschlusszug** M согласóванный пóезд *m*; *pers* контáкт(ы) *mpl*
anschnallen пристегну́ть (**sich** -ся) **Anschnallgurt** M ремéнь *m* безопáсности
anschneiden надрéз(ыв)ать
anschrauben приви́нчивать ⟨-нти́ть⟩ **anschreiben** *j-n* обращáться ⟨-рати́ться⟩ пи́сьменно к (*Д*) **anschreien** ⟨на⟩кричáть (*akk* на *В*)
Anschrift F áдрес *m*
anschwellen распухáть ⟨-пу́хнуть⟩
ansehen → anschauen; *Stadt a.* осмáтривать ⟨-мотрéть⟩
ansetzen V/T приставля́ть ⟨-тáвить⟩ (**an** к *Д*); *Termin* назначáть ⟨-нáчить⟩
Ansicht F вид *m*; взгляд *m*; **meiner ~ nach** на мой взгляд
Ansichtskarte F видовáя откры́тка *f* **Ansichtssache** F дéло *n* вкýса
Anspielung F намёк *m*
Ansprache F речь *f*
ansprechen заговáривать ⟨-вори́ть⟩; → anreden **ansprechend** привлекáтельный **Ansprechpartner(in)** M(F) консультáнт *m*
anspringen *Motor* заводи́ться ⟨-вести́сь⟩
Anspruch M *Forderung* трéбование *n*, претéнзия *f*; *Recht* прáво *n*; **in ~ nehmen** *Zeit* занимáть ⟨-ня́ть⟩
anspruchslos нетрéбовательный **anspruchsvoll** трéбовательный
Anstalt F заведéние *n*
Anstand M прили́чие *n*
anständig *a. fig* прили́чный
anstarren устáвиться *pf* (*akk* на *В*)
anstatt вмéсто
anstecken *Zigarette* закýривать ⟨-ри́ть⟩; MED заражáть ⟨-рази́ть⟩ (**sich** -ся) **ansteckend** зарáзный
anstehen стоя́ть в óчереди
ansteigen *Weg, Wasser* поднимáться ⟨-ня́ться⟩
anstellen *einschalten* включáть ⟨-чи́ть⟩; *Leute* нанимáть ⟨-ня́ть⟩; **sich** занимáть ⟨-ня́ть⟩ óчередь

Anstieg M *Preise usw* рост *m* **anstiften** подстрека́ть ⟨-кну́ть⟩ (**j-n zu** *dat* к-о к *Д*)
Anstoß M *Impuls* толчо́к *m* **anstoßen** выпить (**auf** *akk* за *В*)
Anstreicher M маля́р *m*
anstrengen (**sich**) напряга́ться ⟨-я́чься⟩ **anstrengend** утоми́тельный
Anteil M до́ля *f*; **~ nehmen an** сочу́вствовать (*Д*)
Antenne F анте́нна *f*
Antibabypille F противозача́точная пилю́ля *f* **Antibiotikum** N антибио́тик *m*
antik анти́чный **Antike** F анти́чность *f*
Antikörper M антите́ло *n*
Antiquität F антиква́рная вещь *f*
Antisemitismus M антисемити́зм *m*
Antrag M предложе́ние *n*; заявле́ние *n* **Antragsteller(in)** M(F) заяви́тель *m* (-ница *f*)
antreffen заста́(ва́)ть **antreiben** TECH приводи́ть ⟨-вести́⟩ в движе́ние; *fig umg* подгоня́ть ⟨-догна́ть⟩ **antreten** *Reise* отправля́ться ⟨-а́виться⟩; *Dienst* вступа́ть ⟨-пи́ть⟩ в *В* **antun** (**j-m** *akk*) ⟨с⟩де́лать (к-у *В*)
Antwort F отве́т *m* **antworten** отвеча́ть ⟨-ве́тить⟩
anvertrauen доверя́ть ⟨-ве́рить⟩ (**sich** -ся)
Anwalt M адвока́т *m* **Anwältin** F адвока́т *m* (-ша *f umg*)
Anwärter(in) M(F) кандида́т(-ка) *m(f)*
anweisen *j-n* прика́зывать ⟨-за́ть⟩; FIN переводи́ть ⟨-вести́⟩ **Anweisung** F FIN перево́д *m*; **auf ~** по назначе́нию
anwenden применя́ть ⟨ни́ть⟩ **Anwender** M IT по́льзователь *m* **Anwendung** F применéние *n*
anwesend прису́тствующий **Anwesenheit** F прису́тствие *n*
Anzahl F коли́чество *n* **anzahlen** да(ва́)ть зада́ток **Anzahlung** F ава́нс *m*, зада́ток *m*
Anzeichen N при́знак *m*
Anzeige F объявле́ние *n*, извеще́ние *n*; *Polizei* доно́с *m*, заявле́ние *n*; **~ erstatten = anzeigen** заявля́ть ⟨-ви́ть⟩ о (*П*)
anziehen наде́(ва́)ть, оде́(ва́)ть (**sich** -ся); *Schraube* подтя́гивать ⟨-яну́ть⟩; *fig* привлека́ть ⟨-е́чь⟩
Anzug M костю́м *m*
anzüglich двусмы́сленный
anzünden зажига́ть ⟨-же́чь⟩
Apartment N апартаме́нт *m*; (удо́бная) кварти́ра *f*
Apfel M я́блоко *n* **Apfelbaum** M я́блоня *f* **Apfelsaft** M я́блочный сок *m* **Apfelsine** F апельси́н *m*
Apostroph M апостро́ф *m*
Apotheke F апте́ка *f* **Apotheker(in)** M(F) апте́карь *m* (-рша *f umg*)

App F приложе́ние *n*
Apparat M аппара́т *m*; TEL **wer ist am ~?** с кем я говорю́? **bleiben Sie am ~!** не клади́те тру́бку!
Appetit M аппети́т *m*; **guten ~!** прия́тного аппети́та! **appetitlich** аппети́тный
Applaus M аплодисме́нты *mpl*
April M апре́ль *m*
Aquaplaning N скольже́ние *n* автомоби́ля на мо́крой доро́ге **Aquarell** N акваре́ль *f*
Aquarium N аква́риум *m*
Äquator M эква́тор *m*
Arbeit F рабо́та *f*, труд *m* **arbeiten** рабо́тать **Arbeiter(in)** M(F) рабо́чий *m*, рабо́тник *m* (-ица *f*) **Arbeitgeber** M работода́тель *m* **Arbeitnehmer** M работополуча́тель *m*
Arbeitsamt N би́ржа *f* труда́ **Arbeitserlaubnis** F разреше́ние *n* на трудову́ю де́ятельность **arbeitslos** безрабо́тный (*a. subst m*) **Arbeitslosenunterstützung** F посо́бие *n* по безрабо́тице **Arbeitslosigkeit** F безрабо́тица *f* **Arbeitsplatz** M *Stelle* ме́сто *n* рабо́ты **Arbeitsspeicher** M IT операти́вная па́мять *f* **Arbeitstag** M рабо́чий день *m* **arbeitsunfähig** нетрудоспосо́бный **Arbeitsunfall** M несча́стный слу́чай *m* на произво́дстве **Arbeitszeit** F рабо́чее вре́мя *n*
Archäologie F археоло́гия *f*
Architekt(in) M(F) архите́ктор *m* **Architektur** F архитекту́ра *f*
Archiv N архи́в *m*
Arena F мане́ж *m*, аре́на *f*
Ärger M доса́да *f*; *Unannehmlichkeiten* неприя́тности *fpl* **ärgerlich** *pers* серди́тый; *Sache* доса́дный **ärgern** ⟨рас⟩серди́ть (**sich** -ся; **über** *akk* на *B*)
Argument N аргуме́нт *m*
Arie F а́рия *f*
arm бе́дный, неиму́щий
Arm M рука́ *f*; *Ärmel* рука́в *m*
Armaturenbrett N прибо́рная доска́ *f*
Armband N брасле́т *m* **Armbanduhr** F ручны́е часы́ *mpl*
Armee F а́рмия *f*
Ärmel M рука́в *m*
Armut F бе́дность *f*
Aroma N арома́т *m*
arrogant надме́нный, зано́счивый
Arsch M *vulg* жо́па *f*, сра́ка *f* (*a. pers*)
Art F *Weise* мане́ра *f*, спо́соб *m*; *Sorte* род *m*, вид *m*; **eine ~ …** вро́де (*P*); **nach ~ des Hauses** по со́бственному реце́пту; **auf diese ~** таки́м о́бразом
Arterie F арте́рия *f*
artig *Kind* послу́шный
Artikel M *Ware* арти́кул *m*, предме́т *m*; *Zeitungsartikel* статья́ *f*; GRAM арти́кль *m*
Artist(in) M(F) арти́ст(ка) *m(f)*

Arznei F лекарство *n*
Arzt M врач *m* **Arzthelferin** F помощница *f* врача
Ärztin F врач *m*, женщина-врач *f*
ärztlich: **in ~er Behandlung sein** лечиться, состоять на учёте у врача
As N → Ass
Asche F пепел *m* **Aschenbecher** M пепельница *f* **Aschermittwoch** M первая среда *f* Великого поста
aseptisch асептический
asiatisch азиатский
Asien N Азия *f*
Ass N туз *m*; *fig pers* ас *m*
Assistent(in) M(F) ассистент(ка) *m(f)*
Ast M сук *m* (*pl* сучья)
Asthma N астма *f*
Astrologie F астрология *f* **Astronaut** M астронавт *m* **Astronomie** F астрономия *f*
Asyl N убежище *n* **Asylantenheim** N *neg!* общежитие *n* для беженцев **Asylbewerber(in)** M(F) лицо *n*, подавшее заявление о предоставлении ему убежища
Atelier N ателье *n*; студия *f*
Atem M *bes Atmen* дыхание *n*; **außer ~ sein** задыхаться ‹-дохнуться›; **den ~ anhalten** задерживать ‹-жать› дыхание; **~ holen** переводить ‹-вести› дух
Äther M эфир *m*
Athlet(in) M(F) атлет *m*
Atlantik M Атлантический океан *m*
Atlas M *Buch* атлас *m*
atmen дышать (*akk T*)
Atmosphäre F атмосфера *f*
Atmung F дыхание *n*
Atom N атом *m* **atomar** атомный, ядерный **Atomkraft** F атомная энергия *f* **Atomreaktor** M атомный реактор *m*
Attachment N IT приложение *n*
Attentat N покушение *n*
Attest N свидетельство *n*
attraktiv привлекательный
Attribut N GRAM определение *n*
ätzend едкий
Aubergine F баклажан *m*
auch тоже, также; *sogar* даже
auf PRÄP на, в, по; **~ dem Land** в деревне; **~ der Straße** на улице; **~ ein Jahr** на год; **~ Deutsch** по-немецки; **~ einmal** разом; вдруг; **bis ~** кроме (*P*); **~ sein** *pers* быть (уже *od* ещё) на ногах; *Laden* быть открытым
aufatmen (облегчённо) вздыхать ‹-дохнуть›
Aufbau M TECH сооружение *n*; POL строительство *n* **aufbauen** сооружать ‹-дить›; ‹по›строить
aufbekommen *Dose* ‹с›мочь открыть **aufbewahren** хранить
aufblasen наду(ва)ть **aufblü-**

hen расцвета́ть ⟨-ести́⟩ **aufbrechen** *Tür* взла́мывать ⟨-лома́ть⟩; *gehen* соб(и)ра́ться в путь **aufdecken** *fig* раскры́(ва́)ть

aufdrängen навя́зывать ⟨-за́ть⟩ (**sich** -ся **j-m als** *nom* к-у в *В*)

aufdrehen *Hahn* откры́(ва́)ть **aufdringlich** навя́зчивый, назо́йливый

aufeinander: **~folgend** последова́тельный

Aufenthalt M пребыва́ние *n*; BAHN остано́вка *f*

Aufenthaltserlaubnis F разреше́ние *n* на прожива́ние

aufessen доеда́ть ⟨-е́сть⟩ **auffahren** *Auto* наезжа́ть ⟨-е́хать⟩ (**auf** *akk* на *В*)

Auffahrt F въезд *m* **Auffahrunfall** M нае́зд *m*

auffallen броса́ться ⟨-о́ситься⟩ в глаза́; **ist Ihnen aufgefallen ...?** Вы заме́тили ...?

auffallend, auffällig необы́чный; *Kleid* крикли́вый

auffangen подхва́тывать ⟨-ти́ть⟩

auffassen понима́ть ⟨-ня́ть⟩ **Auffassung** F понима́ние *n*

auffordern приглаша́ть ⟨-си́ть⟩; вызыва́ть ⟨вы́звать⟩

Aufforstung F облесе́ние *n*

auffrischen обновля́ть ⟨-ви́ть⟩; освежа́ть ⟨-жи́ть⟩

aufführen MUS исполня́ть ⟨-о́лнить⟩; THEAT ⟨по⟩ста́вить; **sich ~** вести́ себя́ **Aufführung** F постано́вка *f*

auffüllen заполня́ть ⟨-о́лнить⟩

Aufgabe F зада́ча *f*; зада́ние *n*

Aufgang M *Hausaufgang* подъе́зд *m*

aufgeben *Post, Gepäck* отправля́ть ⟨-а́вить⟩; *Annonce* да(ва́)ть; *verzichten* капитули́ровать (*im*)*pf*

aufgehen *Sterne* восходи́ть ⟨взойти́⟩; *sich öffnen* откры́(ва́)ться, раскры́(ва́)ться

aufgeregt взволно́ванный **aufgeschlossen** общи́тельный

aufgießen *Tee* зава́ривать ⟨-ри́ть⟩

aufgrund на основа́нии

aufhaben *Hut* носи́ть; *Laden* быть откры́тым

aufhalten *j-n* заде́рживать ⟨-жа́ть⟩ (**sich** -ся)

aufhängen *Kleidung* ве́шать ⟨пове́сить⟩ **Aufhänger** M ве́шалка *f*; *fig* по́вод *m*

aufheben поднима́ть ⟨-ня́ть⟩; *aufbewahren* сохраня́ть ⟨-ни́ть⟩; *annullieren* отменя́ть ⟨-ни́ть⟩ **aufheitern** развесели́ть **aufhetzen** *j-n* подстрека́ть ⟨-кну́ть⟩ (**zu** *dat* к *Д*) **aufholen** *Zeit* навёрстывать ⟨-верста́ть⟩ **aufhören** переста́(ва́)ть

aufklären разъясня́ть ⟨-ни́ть⟩ (**j-n über** *akk* к-у *В*); **sich ~** *Wet-*

ter проясня́ться ⟨-ни́ться⟩ **aufkleben** накле́и(ва)ть **Aufkleber** M накле́йка *f*, ярлы́к *m*
aufknöpfen расстёгивать ⟨-тегну́ть⟩ **aufkommen** возника́ть ⟨-и́кнуть⟩ **aufladen** нагружа́ть ⟨-узи́ть⟩; ELEK заряжа́ть ⟨-ряди́ть⟩
Auflage F *Buch* изда́ние *n*; тира́ж *m*; *Pflicht* обяза́тельство *n*
auflassen *Tür usw* оставля́ть ⟨-та́вить⟩ откры́тым
Auflauf M GASTR запека́нка *f*; *Menschen* сбо́рище *n*
auflegen *Hörer* класть ⟨положи́ть⟩ **auflesen** подбира́ть ⟨-добра́ть⟩ **aufleuchten** *Augen* засия́ть
auflösen ликвиди́ровать *im(pf)*; *in Wasser* растворя́ть ⟨-ри́ть⟩; **sich** ~ *Nebel* рассе́иваться ⟨-е́яться⟩ **Auflösung** F *Rätsel* разга́дка *f*
aufmachen *öffnen* откры́(ва́)ть **Aufmachung** F *v. Waren* упако́вка *f*
aufmerksam внима́тельный **Aufmerksamkeit** F внима́ние *n*
aufmuntern ободря́ть ⟨-ри́ть⟩
Aufnahme F FOTO съёмка *f*; *Tonaufnahme* за́пись *f*; *im Krankenhaus* приём *m* **Aufnahmeprüfung** F приёмный экза́мен *m*
aufnehmen *Gast* принима́ть ⟨-ня́ть⟩; *auf Tonträger* записыва́ть ⟨-са́ть⟩; → fotografieren
aufpassen быть внима́тельным / осторо́жным; *auf Kinder* присма́тривать
Aufprall M уда́р *m*; нае́зд *m*
Aufpreis M наце́нка *f* **aufpumpen** нака́чивать ⟨-ча́ть⟩
aufräumen уб(и)ра́ть **aufrecht** прямо́й; ADV пря́мо
aufregen ⟨вз⟩волнова́ть (**sich** -ся) **aufregend** *spannend* захва́тывающий **Aufregung** F волне́ние *n*
aufreißen *Umschlag usw* разрыва́ть ⟨-зорва́ть⟩ **aufrichten** поднима́ть ⟨-ня́ть⟩ **aufrichtig** и́скренний
Aufruf M вы́зов *m* **aufrufen** вызыва́ть ⟨вы́звать⟩ (**zu** *dat* к *Д*); *Namen* выклика́ть ⟨вы́кликнуть⟩
aufrunden округля́ть ⟨-ли́ть⟩
Aufrüstung F вооруже́ние *n*
Aufsatz M *Schulaufsatz* сочине́ние *n*; *Möbel* наста́вка *f*
aufsaugen вса́сывать ⟨-соса́ть⟩ **aufschieben** *Sache* откла́дывать ⟨отложи́ть⟩
Aufschlag M уда́р *m*; *Preisaufschlag* наце́нка *f* **aufschlagen** → öffnen; *Zelt* ⟨по⟩ста́вить; V/I ударя́ться ⟨-а́риться⟩ (**auf** о *В*)
aufschließen отпира́ть ⟨-пере́ть⟩ **aufschneiden** разреза́ть ⟨-ре́зать⟩; *prahlen* ⟨по⟩хва́стать(ся) **Aufschnitt** M GASTR ассорти́ *n unv* **aufschrauben** *lösen* разви́нчи-

вать ‹-винти́ть› **aufschreiben** запи́сывать ‹-са́ть› **Aufschrift** F на́дпись *f* **Aufschub** M отсро́чка *f* **Aufschwung** M подъём *m* **Aufsehen** N: **~ erregen** нашуме́ть *pf* **aufsetzen** *Brille* наде́(ва́)ть; *Brief* составля́ть ‹-а́вить› **Aufsicht** F контро́ль *m*; надзо́р *m* **Aufsichtsrat** M наблюда́тельный сове́т *m* **aufspringen** pf/s вска́кивать ‹-кочи́ть›; *Haut* ‹рас›тре́скаться **Aufstand** M восста́ние *n* **aufstehen** вста(ва́)ть **aufsteigen** поднима́ться ‹-ня́ться›; *fig* выдвига́ться ‹вы́двинуться› **aufstellen** ‹по›ста́вить; *Rekord, Maschine* устана́вливать ‹-нови́ть› **Aufstellung** F *Liste* спи́сок *m* **Aufstieg** M подъём *m*; *Beruf* продвиже́ние *n*; *fig* расцве́т *m* **aufsuchen** посеща́ть ‹-сети́ть› **Auftakt** M *fig* проло́г *m* **auftanken** заправля́ть ‹-ра́вить› **auftauchen** всплы(ва́)ть; *fig* появля́ться ‹-ви́ться› **auftauen** V/T размора́живать ‹-рози́ть› **aufteilen** разделя́ть ‹-ли́ть› (**unter** *akk* ме́жду *T*) **Auftrag** M поруче́ние *n*; WIRTSCH зака́з *m*; **im ~** по пору́чению **auftragen** *z.B. Creme* наноси́ть ‹-нести́› **Auftraggeber(in)** M(F) WIRTSCH зака́зчик *m* (-ица *f*) **auftrennen** распа́рывать ‹-поро́ть› **auftreten** THEAT выступа́ть ‹вы́ступить›; *vorkommen* быва́ть **Auftritt** M выступле́ние *n* **aufwachen** просыпа́ться ‹-сну́ться› **aufwachsen** выраста́ть ‹вы́расти› **Aufwand** M расхо́ды *mpl* **aufwändig** тре́бующий больши́х затра́т **aufwärmen** подогре́(ва́)ть **aufwärts** вверх; **es geht ~** де́ло идёт к лу́чшему **aufweichen** размягча́ть ‹-чи́ть› (*v/i* -ся) **aufwenden** ‹по›тра́тить **aufwerten** ревальви́ровать (*im*)*pf*; *fig* повыша́ть ‹-ы́сить› прести́ж **aufwischen** подтира́ть ‹-тере́ть› **aufzählen** перечисля́ть ‹-чи́слить› **aufzeichnen** ‹на›черти́ть; *schriftlich, auf Tonträger* запи́сывать ‹-са́ть› **Aufzeichnung** F за́пись *f* **aufziehen** *Uhr* заводи́ть ‹-вести́›; *fig j-n* подшу́чивать ‹-шути́ть› над (*T*) **Aufzug** M лифт *m*; THEAT карти́на *f* **Auge** N глаз *m*; **im ~ behalten** не упуска́ть ‹-сти́ть› и́з виду **Augenarzt** M глазно́й врач *m* **Augenblick** M мгнове́ние *n*; **einen ~!** мину́т(оч)ку! **Augenbraue** F бровь *f* **Au-**

genlid N пéко *n* **Augentropfen** MPL глазны́е кáпли *fpl* **Augenzeuge** M очеви́дец *m* **Augenzeugin** F очеви́дица *f*

August M áвгуст *m*

Auktion F аукциóн *m*

Au-pair(-Mädchen) N молодáя инострáнная рабóтница *f* (*mst* ня́ня *f*) живýщая в семьé

aus PRÄP *Ort, Stoff* из; *Grund* от, и́з(-за), по; **~ dem Gedächtnis** по пáмяти; **~ der Mode** из мóды; **... ist ~** *Stunde usw* кóнчено; *Vorrat usw* (*P*) бóльше нет; *Licht usw* вы́ключено; **von mir ~** мне всё равнó

ausarbeiten *Plan* разрабáтывать ⟨-бóтать⟩ **ausatmen** выдыхáть ⟨вы́дохнуть⟩ **ausbauen** *Motor* демонти́ровать (*im*)*pf* **ausbessern** починя́ть ⟨-ни́ть⟩

Ausbeute F добы́ча *f*, вы́ход *m* **ausbeuten** эксплуати́ровать

ausbilden обучáть ⟨-чи́ть⟩ (**in** *Д*) **Ausbilder** M преподавáтель *m*; мáстер-настáвник *m* **Ausbildung** F обучéние *n*; подготóвка *f*

ausbleiben не приходи́ть ⟨прийти́⟩ **Ausblick** M вид *m*; перспекти́вы *fpl* **ausbrechen** *Feuer, Krieg, Krankheit* вспы́хивать ⟨-ыхнуть⟩

ausbreiten *Arme* простирáть ⟨-терéть⟩; **sich ~** распространя́ться ⟨-ни́ться⟩

Ausbruch M *Flucht* побéг *m*; *Vulkan* извержéние *n*

ausbrüten вы́сиживать ⟨вы́сидеть⟩ (*a. fig*)

Ausdauer F вынóсливость *f* **ausdauernd** вынóсливый

ausdehnen *zeitl* затя́гивать ⟨-тянýть⟩, PHYS растя́гивать ⟨-тянýть⟩; расширя́ть ⟨-ши́рить⟩ (*beide* **sich** -ся)

ausdenken: **sich ~** придýм(ыв)ать

Ausdruck M выражéние *n*; IT распечáтка *f*; **zum ~ bringen** = **ausdrücken**

ausdrücken выражáть ⟨вы́разить⟩; *Zigarette* ⟨за⟩гаси́ть **ausdrücklich** осóбый

ausdruckslos невырази́тельный **ausdrucksvoll** вырази́тельный

Ausdünstung F испарéние *n*

auseinanderbringen *j-n* разнимáть ⟨-ня́ть⟩ **auseinandergehen** *pers, Meinungen* расходи́ться ⟨разойти́сь⟩; *Gegenstand* развáливаться ⟨-ли́ться⟩ **auseinandernehmen** разбирáть ⟨-зобрáть⟩

auseinandersetzen: **sich mit j-m ~** спóрить с (*T*) **Auseinandersetzung** F спор *m*

Ausfahrt F вы́езд *m*; съезд *m* (спуск *m*)

ausfallen выпадáть ⟨вы́пасть⟩; *Zug* отменя́ться ⟨-ни́ться⟩; *Sitzung* не состоя́ться; TECH простáивать ⟨-стоя́ть⟩

ausfindig: ~ **machen** разыскивать ⟨-кáть⟩
ausflippen *umg* распускáться ⟨-пусти́ться⟩
Ausflug M экску́рсия *f*; прогу́лка *f*
ausfragen расспрáшивать ⟨-роси́ть⟩
Ausfuhr M вы́воз *m*, э́кспорт *m*
ausführen вывози́ть ⟨вы́везти⟩; *Auftrag* выполня́ть ⟨вы́полнить⟩ **ausführlich** подро́бный **Ausführung** F модéль *f*; *Plan* осуществлéние *n*; *Auftrag* выполнéние *n*
ausfüllen *Formular, Zeit* заполня́ть ⟨-о́лнить⟩
Ausgabe F вы́дача *f*; *Geld* расхо́д *m*; *Buch* издáние *n*
Ausgang M вы́ход *m*; *Ergebnis* исхо́д *m*, результáт *m* **Ausgangspunkt** M исхо́дный пункт *m*
ausgeben вы́да(вá)ть (**für / als** за); *Geld* ⟨по⟩трáтить, ⟨ис⟩трáтить; **einen ~** *umg* постáвить вы́пивку
ausgebucht: **alles ist ~** всё зáнято; все билéты про́даны **ausgefallen** необычáйный **ausgeglichen** *Mensch* уравновéшенный
ausgehen выходи́ть ⟨вы́йти⟩ (*a. Vorrat*); *Feuer* ⟨по⟩гáснуть; *enden* кончáться ⟨ко́нчиться⟩; исходи́ть ⟨изойти́⟩ (**von** от)
ausgelassen весёлый, рéзвый **ausgenommen** PRÄP *akk* кро́ме (*P*) **ausgeprägt** чёткий **ausgerechnet** и́менно **ausgeschlossen!** ни в ко́ем слу́чае! **ausgewogen** гармони́чный **ausgezeichnet** отли́чный, превосхо́дный
ausgiebig оби́льный
Ausgleich M компенсáция *f*; урáвнивание *n*; **zum ~** *Schulden* в погашéние **ausgleichen** компенси́ровать (*im*)*pf*; *Konto* покры́(вá)ть
ausgraben раскáпывать ⟨-копáть⟩ **Ausgrabungen** FPL раско́пки *fpl*
Ausguss M рáковина *f*
aushalten *etw* выноси́ть ⟨вы́нести⟩ **Aushang** M объявлéние *n* **aushelfen** помогáть ⟨-мо́чь⟩ (**j-m mit** *dat* к-у *T*)
Aushilfe F *pers* врéменный (-ая) рабо́тник *m* (-ница *f*)
auskennen: **sich ~** разбирáться ⟨-зобрáться⟩
auskommen лáдить (**mit j-m** с *T*); обходи́ться ⟨обойти́сь⟩ (**mit etw** *T*; **ohne etw** без *P*)
Auskunft F спрáвка *f*, информáция *f*; спрáвочное бюро́ *n*; **j-m ~ geben** да(вá)ть к-у спрáвку
auslachen ⟨по⟩смеяться (**j-n** над *T*) **ausladen** *Ware* выгружáть ⟨вы́грузить⟩
Auslage F витри́на *f*
Ausland N зарубéжье *n*, заграни́ца *f*; **im / ins ~** за грани́цей / грани́цу
Ausländer M инострáнец *m*

Ausländerbehörde F отде́л *m* по дела́м иностра́нцев **ausländerfeindlich** враждебный к иностра́нцам **Ausländerin** F иностра́нка *f*
ausländisch иностра́нный, зарубе́жный
Auslandsreise F путеше́ствие *n* за грани́цу
auslassen пропуска́ть ⟨-сти́ть⟩, опуска́ть ⟨-сти́ть⟩
auslaufen *Schiff* отплы́(ва́)ть; *Flüssigkeit* вытека́ть ⟨вы́течь⟩
auslegen *Geld* ⟨за⟩плати́ть (**für** *akk* за *B*); *deuten* истолко́вывать ⟨-кова́ть⟩
ausleihen *j-m* да(ва́)ть напрока́т; *sich von j-m* брать ⟨взять⟩ напрока́т
ausliefern поставля́ть ⟨-а́вить⟩; POL вы́да(ва́)ть **Auslieferung** F поста́вка *f*; вы́дача *f*
ausloggen выходи́ть ⟨вы́йти⟩(*a.* **sich**)
auslosen реша́ть ⟨-ши́ть⟩ жеребьёвкой **auslösen** *bewirken* вызыва́ть ⟨вы́звать⟩ **Auslöser** M FOTO спуск *m*; *fig* по́вод *m*
ausmachen *Licht* выключа́ть ⟨вы́ключить⟩; *Termin* догова́риваться ⟨-вори́ться⟩ о (*П*); *ergeben* составля́ть ⟨-а́вить⟩; **macht es Ihnen etwas aus, ...?** Вам не меша́ет, ...?
Ausmaß N разме́р *m*; сте́пень *f* **ausmessen** вымеря́ть ⟨вы́мерить⟩
Ausnahme F исключе́ние *n*; **mit ~ von** за исключе́нием (*P*) **Ausnahmezustand** M POL чрезвыча́йное положе́ние *n*
ausnahmslos без исключе́ния **ausnahmsweise** в ви́де исключе́ния
ausnehmen *Tier* ⟨вы́⟩потроши́ть; *fig umg j-n* обира́ть ⟨обобра́ть⟩ **ausnutzen** испо́льзовать (*im*)*pf* **auspacken** распако́вывать ⟨-ова́ть⟩ **auspressen** выжима́ть ⟨вы́жать⟩ (*a. fig*) **ausprobieren** ⟨по⟩про́бовать
Auspuff M вы́хлоп *m* **Auspuffgase** NPL выхлопны́е га́зы *mpl*
ausradieren стира́ть ⟨стере́ть⟩ **ausrauben** ⟨о⟩гра́бить **ausräumen** опорожня́ть ⟨-ни́ть⟩ **ausrechnen** вычисля́ть ⟨вы́числить⟩
Ausrede F отгово́рка *f*
ausreichen хвата́ть ⟨-ти́ть⟩
ausreichend доста́точный; *Note* удовлетвори́тельный
Ausreise F вы́езд *m* **ausreisen** выезжа́ть ⟨вы́ехать⟩
Ausreisevisum N выездна́я ви́за *f*
ausreißen V/T вырыва́ть ⟨вы́рвать⟩; V/I *fig* уд(и)ра́ть
ausrenken: **sich den Arm ~** вы́вихнуть *pf* себе́ ру́ку
ausrichten *erreichen* доби́(ва́)ться (**etw** *P*); *Grüße* переда́(ва́)ть
ausrotten истребля́ть ⟨-би́ть⟩

Ausruf M восклица́ние *n* **ausrufen** *Stationen* объявля́ть ⟨-ви́ть⟩ **Ausrufezeichen** N восклица́тельный знак *m*
ausruhen (*a.* **sich**) отдыха́ть ⟨-дохну́ть⟩
ausrüsten оснаща́ть ⟨-насти́ть⟩ (**mit** *T*) **Ausrüstung** F TECH обору́дование *n*
ausrutschen поскользну́ться *pf*
Aussage F выска́зывание *n*; JUR показа́ние *n* **aussagen** JUR да(ва́)ть показа́ния
ausschalten выключа́ть ⟨вы́ключить⟩; *fig Feinde* уничтожа́ть ⟨-то́жить⟩
Ausschank M прода́жа *f* в ро́злив; *Theke* сто́йка *f*
ausscheiden V/T выделя́ть ⟨вы́делить⟩; *aus e-m Amt* выходи́ть ⟨вы́йти⟩ в отста́вку
ausschimpfen ⟨вы́⟩брани́ть
ausschlafen высыпа́ться ⟨вы́спаться⟩
Ausschlag M MED сыпь *f*; *fig* **den ~ geben** име́ть реша́ющее значе́ние **ausschlagen** *Zahn* вы́би(ва́)ть; *ablehnen* отка́зываться ⟨-за́ться⟩ от (*P*)
ausschlaggebend реша́ющий
ausschließen исключа́ть ⟨-чи́ть⟩ **ausschließlich** исключи́тельный
Ausschluss M исключе́ние *n*
ausschmücken украша́ть ⟨-ра́сить⟩ **ausschneiden** выре́зывать ⟨вы́резать⟩ **Ausschnitt** M *Teil* отры́вок *m*; *Kleid* вы́рез *m* **ausschreiben** *Stelle* объявля́ть ⟨-ви́ть⟩; *Scheck usw* выпи́сывать ⟨вы́писать⟩ **Ausschreibung** F *v. Aufträgen* размеще́ние *n* зака́зов / *v. Stellen* замеще́ние *n* до́лжностей по ко́нкурсу
Ausschreitungen FPL эксце́ссы *mpl*
Ausschuss M комите́т *m*, коми́ссия *f*; *Ware* брак *m*
ausschütten *Sand* высыпа́ть ⟨вы́сыпать⟩; *Wasser* выли(ва́)ть; FIN выпла́чивать ⟨вы́платить⟩
aussehen вы́глядеть (**wie** как, *T*); **es sieht nach Regen aus** похо́же, что бу́дет дождь
Aussehen N вид *m*; **dem ~ nach** с/по ви́ду
außen снару́жи; **nach ~** нару́жу; **von ~** снару́жи
Außendienst M рабо́та *f* на места́х **Außenhandel** M вне́шняя торго́вля *f* **Außenministerium** N министе́рство *n* иностра́нных дел **Außenpolitik** F вне́шняя поли́тика *f* **Außenseiter** M аутса́йдер *m* **Außenstelle** F филиа́л *m*
außer PRÄP (*dat*) кро́ме, за исключе́нием (*P*); **~ dass** ра́зве что; **~ Betrieb sein** быть неиспра́вным; **~ Dienst** в отста́вке; **~ der Reihe** вне о́череди; **~ Haus** *verkaufen* на вы́нос
außerdem кро́ме того́

äußere вне́шний; нару́жний **Äußere** N вне́шность *f*, нару́жность *f* **außergewöhnlich** необыкнове́нный **außerhalb** PRÄP (*gen*) вне (*P*), за (*T*); **~ der Stadt** *wohnen* за го́родом **außerirdisch** внеземно́й **äußerlich** → äußere; ADV изве́; с ви́ду; MED **~ anzuwenden** нару́жно **äußern** выража́ть ⟨вы́разить⟩ (**sich** -ся); **sich ~** *sich zeigen* проявля́ться ⟨-ви́ться⟩ **außerordentlich** чрезвыча́йный **außerplanmäßig** внепла́новый, внеочередно́й **äußerst** *sehr* кра́йне, весьма́, чрезвыча́йно **Äußerung** F выска́зывание *n* **aussetzen** *Belohnung* назнача́ть ⟨-на́чить⟩; *e-r Gefahr* подверга́ть ⟨-ве́ргнуть⟩ (**sich** -ся); *Motor* рабо́тать с перебо́ями; *mit etw* приостана́вливать ⟨-нови́ть⟩; **etw auszusetzen haben** быть недово́льным (**an** *T*) **Aussicht** F вид *m*; *fig* перспекти́ва *f* **aussichtslos** бесперепекти́вный **aussichtsreich** перспекти́вный **Aussiedler(in)** M(F) выселе́нец *m* (-нка *f*); переселе́нец *m* (-нка *f*) **aussortieren** отсортиро́вывать ⟨-ровать⟩ **ausspannen** *Pferde* выпряга́ть ⟨вы́прячь⟩; *umg* отби́(ва́)ть; V/I *fig* отдыха́ть ⟨-дохну́ть⟩ **aussperren** оставля́ть ⟨-а́вить⟩ за две́рью **ausspielen** *Karte* ходи́ть с (*P*) **Aussprache** F произноше́ние *n*; *Gespräch* собесе́дование *n* **aussprechen** *Laut* произноси́ть ⟨-нести́⟩; *äußern* выска́зывать ⟨вы́сказать⟩ (**sich** -ся) **ausspucken** выплёвывать ⟨вы́плюнуть⟩ **ausspülen** прополаскивать ⟨-лоска́ть⟩ **ausstatten** снабжа́ть ⟨-бди́ть⟩ (**mit** *T*) **Ausstattung** F снабже́ние *n*; AUTO *a.* комплекта́ция *f*; → Ausrüstung **ausstehen** V/T выноси́ть ⟨вы́нести⟩ (*a. fig etw, j-n nicht ausstehen können*) **ausstehend** *Rechnung* неупла́ченный **aussteigen** выходи́ть ⟨вы́йти⟩, сходи́ть ⟨сойти́⟩ (**aus** *dat* из, с *P*) **ausstellen** *Pass, Quittung* вы́да(ва́)ть; *Waren, Bilder* выставля́ть ⟨вы́ставить⟩ **Ausstellung** F вы́ставка *f* **aussterben** вымира́ть ⟨вы́мереть⟩ **ausstopfen** наби́(ва́)ть **Ausstrahlung** F TV переда́ча *f*; *fig* обая́ние *n* **ausstrecken** растя́гивать ⟨-тяну́ть⟩, *Hand* протя́гивать ⟨-тяну́ть⟩ (**sich** -ся) **ausströmen** *Gas* утека́ть ⟨уте́чь⟩; → *a.* **austreten** **aussuchen** выбира́ть ⟨вы́брать⟩ **Austausch** M обме́н *m* **austauschen** обме́нивать

⟨-нять⟩ (-ся опытом **Erfahrungen**; **gegen** *akk* на *B*)
austeilen разда́(ва́)ть
Auster F у́стрица *f*
austragen *Post* разноси́ть ⟨-нести́⟩; *Spiel* разы́грывать ⟨-зыгра́ть⟩
Australien N Австра́лия *f*
austreiben *fig* отуча́ть ⟨-чи́ть⟩ (**j-m etw** к-о от *P*) **austreten** *aus e-r Partei* выходи́ть ⟨вы́йти⟩ (*a. Wasser, Gas*); *umg* **ich muss ~** мне на́до вы́йти
austrinken вы́пи(ва́)ть
Austritt M вы́ход *m* **austrocknen** V/I высыха́ть ⟨вы́сохнуть⟩ **ausüben** *Beruf* рабо́тать (**als** *T*)
Ausverkauf M распрода́жа *f*
ausverkauft! распро́дано!
Auswahl F вы́бор *m*; SPORT сбо́рная *f* **auswählen** выбира́ть ⟨вы́брать⟩
Auswanderer M, **Auswanderin** F эмигра́нт(ка) *m(f)*
auswandern переселя́ться ⟨-ли́ться⟩ (**nach** в *B*)
auswärtig нezде́шний; POL вне́шний
auswärts *nicht zu Hause* вне до́ма
auswechseln сменя́ть ⟨-ни́ть⟩, заменя́ть ⟨-ни́ть⟩ (**gegen** *akk* на *B*)
Ausweg M вы́ход *m* **ausweglos** безвы́ходный
ausweichen *a. fig* **j-m** уклоня́ться ⟨-ни́ться⟩ от (*P*) **ausweichend** укло́нчивый
Ausweis M докуме́нт *m* (-ы *mpl* = **Ausweispapiere** *npl*)
ausweisen *j-n* высыла́ть ⟨вы́слать⟩ **Ausweisung** F вы́сылка *f*
auswendig наизу́сть **auswerten** обраба́тывать ⟨-бо́тать⟩ **auswickeln** развёртывать ⟨-верну́ть⟩
auswirken: **sich ~ auf** отража́ться ⟨-рази́ться⟩ (на *П*)
Auswirkung F после́дствие *n*
auszahlen выпла́чивать ⟨вы́платить⟩; *fig* **sich ~** окупа́ться ⟨-пи́ться⟩ **Auszahlung** F вы́плата *f*
auszeichnen награжда́ть ⟨-ради́ть⟩ (**j-n mit** к-о *T*) **Auszeichnung** F награжде́ние *n*; *Note* **mit ~** с отли́чием
ausziehen V/T разде́(ва́)ть (**sich** -ся) съезжа́ть ⟨-е́хать⟩ (**aus** *dat* с *P*)
Auszubildende M/F учени́к *m* (-и́ца *f*)
Auszug M *Textauszug* вы́держка *f*
Auto N автомоби́ль *m*, (авто)маши́на *f*; **mit dem ~ fahren** е́здить ⟨е́хать⟩ на (авто) маши́не
Autobahn F автостра́да *f* **Autobahnauffahrt** F въезд *m* на автостра́ду **Autobahnausfahrt** F съезд *m* с автостра́ды **Autobahndreieck** N авторазви́лка *f* **Autobahngebühr** F доро́жный сбор *m*

Autobahnkreuz N развя́зка *f* автостра́д **Autobatterie** F аккумуля́тор *m* **Autobiografie** F автобиогра́фия *f* **Autobus** M авто́бус *m* **Autodiebstahl** M уго́н *m* автомоби́ля **Autofähre** F паро́м *m* для перево́зки автомоби́лей **Autofahrer(in)** M(F) автоводи́тель(ница) *m(f)* **Autogramm** N авто́граф *m* **Automat** M автома́т *m* **Automatik** F AUTO *Getriebe* автомати́ческое переключе́ние *n* передач **Automatikschaltung** F AUTO коробка-автома́т *m* **automatisch** автомати́ческий **Automechaniker** M автомеха́ник *m* **Autonummer** F номерно́й знак *m* (автомоби́ля) **Autor(in)** M(F) а́втор *m* **Autoradio** N радиоприёмник *m* в автомоби́ле **Autorennen** N автого́нки *fpl* **Autorität** F авторите́т *m* **Autounfall** M доро́жно-тра́нспортное происше́ствие *n* **Autovermietung** F пункт *m* автопрока́та **Autowaschanlage** F пункт *m* мо́йки автомоби́лей **Autowerkstatt** F автосе́рвис *m* **Axt** F топо́р *m* **Azubi** → Auszubildende

B

B N MUS си-бемо́ль *m* **Baby** N (грудно́й) ребёнок *m*, младе́нец *m* **Babynahrung** F де́тское пита́ние *n* **Babysitter** M ня́ня *f* **Bach** M руче́й *m* **Backblech** N про́тивень *m* **Backe** F щека́ *f*; **~n** *pl* щёки **backen** ⟨ис⟩пе́чь **Backenzahn** M коренно́й зуб *m* **Bäcker** M пе́карь *m* **Bäckerei** F *Laden* бу́лочная *f* **Backhähnchen** N жа́реный цыплёнок *m* **Backofen** M *im Herd* духо́вка *f* **Bad** N купа́ние *n*; ва́нна *f* (*a.* TECH); *Zimmer* ва́нная *f* **Badeanstalt** F купа́льня *f*; бассе́йн *m* **Badeanzug** M купа́льник *m* **Badehose** F пла́вки *fpl* **Bademantel** M купа́льный хала́т *m* **Bademeister** M дежу́рный *m* по пля́жу **baden** купа́ть (*v/i* -ся) **Badeort** M куро́рт *m* **Badestrand** M пляж *m* **Badewanne** F ва́нна *f* **Badezeug** N ве́щи *fpl* для пля́жа **Badezimmer** N ва́нная (ко́мната) *f* **Bafög** N (Bundesausbildungsförderungsgesetz) федера́льный зако́н *m* о поощре́нии обучéния

Bagger M экскавáтор *m*

Bahn F *Weg* дорóга *f*; *umg Zug* пóезд *m*; *Straßenbahn* трамвáй *m*; **mit der ~** по желéзной дорóге, пóездом **Bahnbeamte** M железнодорóжный слýжащий *m* **Bahndamm** M железнодорóжная нáсыпь *f*

Bahnfahrt F поéздка *f* (на пóезде)

Bahnhof M вокзáл *m*; **auf dem ~** на вокзáле, **j-n zum ~ bringen** провожáть ⟨-водúть⟩ к-о на вокзáл

Bahnlinie F железнодорóжная лúния *f* **Bahnsteig** M платфóрма *f*, перрóн *m* **Bahnübergang** M железнодорóжный переéзд *m*

Bahre F носúлки *pl*

Bakterie F бактéрия *f*

bald скóро; **~ darauf** вскóре; **so ~ wie möglich** как мóжно скорéе

Baldrian M валерьяна *f*

Balken M бревнó *n*; брус *m*

Balkon M балкóн *m*

Ball M мяч *m*; *Tanzfest* бал *m*

Ballast M баллáст *m* **Ballaststoffe** MPL баллáстные веществá *npl*

Ballen M тюк *m*; *Fuß* мя́коть *f*

Ballett N балéт *m*

Ballon M воздýшный шар *m*

Baltikum N Прибáлтика *f*

banal банáльный

Band[1] N *Stoff* лéнта *f*

Band[2] M *Buch* том *m*

Band[3] F музыкáльная грýппа *f*

Bandage F бандáж *m*

Bande F бáнда *f*, шáйка *f*

bändigen обуздывать ⟨-дáть⟩

Bandit M бандúт *m*

Bandmaß N рулéтка *f* **Bandscheibe** F межпозвонóчный диск *m* **Bandwurm** M солитёр *m*

Bank F *Möbel* скамья́ *f*; FIN банк *m* **Bankangestellte** M/F бáнковский (-кая) слýжащий *m* (-щая *f*) **Banker** M банкúр *m* **Bankkarte** F платёжная кáрта *f* **Bankkonto** N бáнковский счёт *m* **Bankleitzahl** F úндекс *m* бáнка **Banknote** F банкнóт *m* **Bankomat** M *österr* банкомáт *m*

bankrott обанкрóтившийся; **~ sein** обанкрóтиться *pf*

bar: **in / gegen ~** налúчными

Bar F бар *m*; *Theke* стóйка *f*

Bär M медвéдь *m*

Baracke F барáк *m*

barfuß босикóм

Bargeld N налúчные *pl* **bargeldlos** безналúчный

Barkeeper M бáрмен *m*

barmherzig милосéрдный

barock барóчный

Barometer N барóметр *m*

Barren M слúток *m*; *Turngerät* (параллéльные) брýсья *mpl*

Barriere F заграждéние *n* **barrierefrei** пригóдный для инвалúдов

Barsch M óкунь *m*

Bart M бородá *f*

bärtig борода́тый
Barzahlung F (о)пла́та *f* / плате́ж *m* нали́чными
Baseball M бейсбо́л *m*
basieren осно́вываться ⟨-нова́ться⟩ (**auf** *dat* на *П*)
Basis F ба́зис *m*, осно́ва *f*
Basketball M баскетбо́л *m*
Bass M (контра)ба́с *m*
Bast M лы́ко *n*, лу́б(ок) *m*
basteln V/T ⟨с⟩мастери́ть
Batterie F батаре́я *f*; аккумуля́тор *m* **batteriebetrieben** на батаре́йках
Bau M строи́тельство *n*; *Gebäude* постро́йка *f*; *Tierbau* нора́ *f*; **auf dem ~** на стро́йке **Bauarbeiten** FPL строи́тельные / *Schild* ремо́нтные рабо́ты *fpl* **Bauarbeiter** M строи́тель *m*
Bauch M живо́т *m* **Bauchschmerzen** MPL бо́ли *fpl* в животе́ **Bauchtanz** M та́нец *m* живота́
bauen ⟨по⟩стро́ить
Bauer M крестья́нин *m*; SCHACH пе́шка *f*
Bäuerin F крестья́нка *f* **bäuerlich** крестья́нский
Bauernhof M крестья́нский двор *m*
baufällig ве́тхий
Baufirma F строи́тельная фи́рма *f* **Baugenehmigung** F разреше́ние *n* на строи́тельство **Baujahr** N год *m* постро́йки **Baukasten** M ку́бики *mpl* **Baukosten** *pl* расхо́ды *mpl* на строи́тельство
Bauland N уча́сток *m* для застро́йки
Baum M де́рево *n*
Baumaterial N строи́тельный материа́л *m*
Baumschule F древе́сный пито́мник *m* **Baumstamm** M ствол *m* **Baumwolle** F хло́пок *m*
Bausparen N сбереже́ние *n* для кредитова́ния индивиду́ального строи́тельства
Baustein M строи́тельный ка́мень *m*; элеме́нт *m* **Baustelle** F строи́тельная пло́щадка *f*, стройка *f*; *auf e-r Straße* ремо́нтные рабо́ты *fpl*
Baustil M архитекту́рный стиль *m* **Bauunternehmer** M строи́тельный подря́дчик *m* **Bauwerk** N постро́йка *f*
Bayern N Бава́рия *f*
Bazillus M баци́лла *f*
beabsichtigen *etw zu tun* намерева́ться + *inf*
beachten обраща́ть ⟨-рати́ть⟩ внима́ние на (*В*); *befolgen* соблюда́ть ⟨-юсти́⟩ **beachtlich** значи́тельный **Beachtung** F внима́ние *n*
Beamte M чино́вник *m* **Beamtin** F чино́вница *f*
beanspruchen *fordern* ⟨по⟩тре́бовать; *Platz, Zeit a.* занима́ть ⟨-ня́ть⟩; TECH нагружа́ть ⟨-узи́ть⟩; *beruflich* **sehr beansprucht sein** быть о́чень за́нятым

beanstanden критиковать; заявлять ⟨-вить⟩ претензию (*akk* на *B*) **Beanstandung** F WIRTSCH рекламация *f*
beantragen пода(ва)ть заявление (*akk* о *П*)
beantworten отвечать ⟨-ветить⟩ (*akk* на *B*)
bearbeiten обрабатывать ⟨-ботать⟩; *Antrag* рассматривать ⟨-мотреть⟩ **Bearbeitung** F *Fassung* редакция *f*
Beatmung F поддержание *n* дыхания
beaufsichtigen присматривать ⟨-мотреть⟩ (**j-n** за *T*) **beauftragen** поручать ⟨-чить⟩ (**j-n mit** к-у *B*) **beauftragt** уполномоченный
bebauen ARCH застраивать ⟨-роить⟩
beben сотрясаться ⟨-трястись⟩
Becher M стакан(чик) *m*
Becken N раковина *f*; ANAT таз *m*; MUS тарелки *fpl*
bedanken: **sich bei j-m ~** ⟨по⟩благодарить к-о
Bedarf M потребность *f*; WIRTSCH спрос *m*; **nach ~** по мере надобности
bedauerlich прискорбный **bedauerlicherweise** к сожалению
bedauern *j-n* ⟨по⟩жалеть; *etw* сожалеть; **ich bedaure, dass** мне жаль, что **bedauernswert** жалкий
bedecken покры(ва)ть **bedeckt** *Himmel* → bewölkt
bedenken *berücksichtigen* учитывать ⟨учесть⟩; **wenn man bedenkt** если подумать **Bedenken** *pl* сомнения *npl*
bedeuten обозначать, означать; **was bedeutet ...?** что значит ...?; **das bedeutet mir viel** это очень важно для меня
bedeutend значительный; ADV *a.* гораздо **Bedeutung** F значение *n*; важность *f* **bedeutungslos** незначительный
bedienen обслуживать ⟨-жить⟩; *beim Essen* **~ Sie sich!** угощайтесь!
Bedienung F обслуживание *n*; *Kellner(in)* официант(ка) *m(f)* **Bedienungsanleitung** F инструкция *f* по эксплуатации
bedingt условный; обусловленный (**durch** *akk T*)
Bedingung F условие *n*; **unter der ~** при условии **bedingungslos** безусловный
bedrängen наседать ⟨-сесть⟩ (**j-n** на к-о)
bedrohen угрожать (**j-n mit** к-у *T*) **Bedrohung** F угроза *f*
bedrücken *Sorgen* угнетать ⟨-ести⟩ **bedrückend** *deprimierend* угнетающий
Bedürfnis N потребность *f* (**nach** *dat* в *П*) **bedürftig** нуждающийся; → arm
beeilen: **sich ~** ⟨по⟩спешить
beeindrucken производить

⟨-вести́⟩ впечатле́ние **beeinflussen** ⟨по⟩влия́ть **beeinträchtigen** *verringern* снижа́ть ⟨-и́зить⟩; *schaden* ⟨по⟩вреди́ть

beenden ока́нчивать ⟨-ко́нчить⟩, заверша́ть ⟨-ши́ть⟩

beerben насле́довать (*akk Д*)

beerdigen ⟨по⟩хорони́ть **Beerdigung** F по́хороны *pl*

Beere F я́года *f*

Beet N гря́дка *f*

befahrbar прое́зжий **befahren** е́здить по (*Д*)

befallen V/T охва́тывать ⟨-ти́ть⟩; **~ von** (*dat*) *Ungeziefer usw* поражённый (*T*)

befassen: **sich ~ mit** занима́ться ⟨-ня́ться⟩ (*T*)

Befehl M прика́з *m*; IT кома́нда *f* **befehlen** прика́зывать ⟨-за́ть⟩

befestigen *Ufer* укрепля́ть ⟨-пи́ть⟩, *an etw* закрепля́ть ⟨-пи́ть⟩

befinden: **sich ~** *örtl* находи́ться

befolgen ⟨по⟩сле́довать (*akk Д*, за *Т*); *Regel* соблюда́ть ⟨-юсти́⟩

befördern перевози́ть ⟨-везти́⟩; *beruflich* выдвига́ть ⟨вы́двинуть⟩ **Beförderung** F перево́з(ка) *f*; выдвиже́ние *n*

befragen опра́шивать ⟨-роси́ть⟩

befreien освобожда́ть ⟨-боди́ть⟩ (**von** *dat* от *Р*) **Befreiung** F освобожде́ние *n*

befreundet: **~ sein mit j-m** дружи́ть с к-м

befriedigen удовлетворя́ть ⟨-ри́ть⟩ **befriedigend** удовлетвори́тельный **Befriedigung** F удовлетворе́ние *n*

befristet ограни́ченный

befruchten оплодотворя́ть ⟨-ри́ть⟩ (*a. fig*)

Befund M да́нные *pl* осмо́тра / ана́лиза; **ohne ~** без измене́ний

befürchten опаса́ться (*akk Р*) **Befürchtung** F опасе́ние *n*

befürworten *unterstützen* подде́рживать ⟨-жа́ть⟩

begabt одарённый **Begabung** F спосо́бности *fpl*, тала́нт *m*

begegnen встреча́ть ⟨-е́тить⟩ (**sich** -ся) **Begegnung** F встре́ча *f*

begehen *Fest* ⟨от⟩пра́здновать; *Mord usw* соверша́ть ⟨-ши́ть⟩

begehrt жела́емый; *Ware umg* хо́дкий

begeistern увлека́ть ⟨-ле́чь⟩ (**sich** -ся **für etw** *Т*); **begeistert sein** быть в восто́рге (**von etw** от *Р*)

Begeisterung F восто́рг *m*; **mit ~** с увлече́нием

begießen поли́(ва́)ть; *umg Vertrag* спры́снуть *pf*

Beginn M нача́ло *n*; **zu ~** внача́ле **beginnen** нач(ин)а́ть(ся *v/i*)

beglaubigen заверя́ть ⟨-е́рить⟩ **beglaubigt** заве́ренный **Beglaubigung** F удостовере́ние *n*; *Schreiben* вери́тельная гра́мота *f*

begleichen *Rechnung* опла́чивать ⟨-лати́ть⟩

begleiten провожа́ть ⟨-води́ть⟩, сопровожда́ть ⟨-води́ть⟩; MUS аккомпани́ровать **Begleiter(in)** M(F) провожа́тый *m* (-тая *f*); спу́тник *m* (-ица *f*) **Begleitschreiben** N сопроводи́тельное письмо́ *n* **Begleitung** F сопровожде́ние *n*; → Begleiter

beglückwünschen поздравля́ть ⟨-а́вить⟩ (**zu** *dat* с *T*)

begnadigen ⟨по⟩ми́ловать

begnügen: **sich ~ mit etw** ⟨у⟩дово́льствоваться (*T*)

begreifen понима́ть ⟨-ня́ть⟩ **begreiflich** поня́тный

begrenzen ограни́чи(ва)ть **Begrenzung** F ограниче́ние *n*

Begriff M поня́тие *n*; **im ~ sein zu** соб(и)ра́ться + *inf*

begründen обосно́вывать ⟨-нова́ть⟩ (**mit** *T*) **Begründung** F обоснова́ние *n*

begrüßen ⟨по⟩приве́тствовать **Begrüßung** F приве́тствие *n*

begünstigen *Sache* ⟨по⟩спосо́бствовать

begutachten да(ва́)ть заключе́ние о (*П*)

behaart волоса́тый **behalten** оставля́ть ⟨-а́вить⟩; *im Gedächtnis* запомина́ть ⟨-по́мнить⟩

Behälter M вмести́лище *n*

behandeln обраща́ться ⟨-рати́ться⟩ (*akk* с *T*); *ärztlich* лечи́ть

Behandlung F лече́ние *n*

beharren наста́ивать ⟨-тоя́ть⟩ (**auf** D на *П*) **beharrlich** насто́йчивый

behaupten утвержда́ть ⟨-рди́ть⟩; **sich ~** уде́рживаться ⟨-жа́ться⟩ **Behauptung** F утвержде́ние *m*

beherbergen принима́ть ⟨-ня́ть⟩ (у себя́)

beherrschen *Sprache usw* владе́ть (*T*); **sich ~** сде́рживаться ⟨-жа́ться⟩

behilflich: **~ sein bei etw** помога́ть ⟨-мо́чь⟩ в (*П*)

behindern ⟨по⟩меша́ть **behindert** *körperlich* физи́чески / *geistig* у́мственно неполноце́нный *neg!* **Behinderte** M/F *neg!* инвали́д *m* **behindertengerecht** обору́дованный для инвали́дов **Behinderung** F препя́тствие *n*; MED неполноце́нность *neg!* *f*

Behörde F ве́домство *n*

bei PRÄP (*dat*) у, во́зле (*P*), при, в, на (*П*), под, за (*T*); **~ j-m zu Hause** у к-о до́ма; **~ Nacht** но́чью; **~ einem Unfall** в происше́ствии; **~ einem Glas Bier** за кру́жкой пи́ва; **~m besten Willen** при всём жела́нии; **~**

schönem Wetter в хорóшую погóду; **~ Leipzig** под Лéйпцигом; **~ sich haben** имéть при себé **beibehalten** *Gewohnheit* сохранять ‹-нúть› **beibringen**: **j-m etw ~** *lehren* обучáть ‹-чúть› (к о *Д*) **Beichte** F̲ исповедь *f* **beichten** исповéд(ов)аться *(akk* в *П)* **Beichtstuhl** M̲ исповедальня *f* **beide** óба *m*, óбе *f*; **wir ~** *du und ich* мы с тобóй; **eins von ~n** однó из двух **beieinander** *nebeneinander* рядом; *zusammen* вмéсте **Beifahrer(in)** M̲(̲F̲)̲ пассажúр *m*; напáрник *m* **Beifall** M̲ аплодисмéнты *pl* **beifügen** прилагáть ‹-ложúть› **beige** бéж(евый) **Beigeschmack** M̲ прúвкус **Beihilfe** F̲ посóбие *n*; JUR посóбничество *n* (**zu** *akk* в *П*) **Beil** N̲ топóр *m* **Beilage** F̲ приложéние *n*; GASTR гарнúр *m* **beiläufig** A̲D̲V̲ мимохóдом **beilegen** → beifügen **Beileid** N̲ соболéзнование *n* **beiliegend** прилагáемый **beim** → bei **Bein** N̲ ногá *f*; *Tischbein* нóжка *f* **beinah(e)** почтú; чуть не **Beinbruch** M̲ перелóм *m* ногú; **Hals- und ~!** ни пýха ни перá!

beisammen вмéсте **Beisammensein** N̲ встрéча *f*; вечерúнка *f* **beiseite** в стóрону **beiseitelegen** отклáдывать ‹отложúть› **beiseiteschaffen** *stehlen* ‹у›крáсть **Beisetzung** F̲ погребéние *n* **Beispiel** N̲ примéр *m*; **zum ~** напримéр **beispielhaft** примéрный **beispiellos** беспримéрный **beispielsweise** к примéру, напримéр **beißen** V̲/̲T̲ *Hund* кусáть ‹укусúть› **beißend** *Rauch* éдкий **Beistand** M̲ поддéржка *f* **beistehen** → helfen **beisteuern** вносúть ‹внестú› **Beitrag** M̲ вклад *m*; *Mitgliedsbeitrag* взнос *m* **beitragen** вносúть ‹внестú› вклад (**zu** *dat* в *В*) **Beitritt** M̲ вступлéние *n* **Beiwagen** M̲ колясќа *f* мотоцúкла; прицепнóй вагóн *m* **bejahen** отвечáть ‹-éтить› утвердúтельно; → billigen **bekämpfen** борóться (*akk* с *Т*, прóтив *Р*) **bekannt** знакóмый; извéстный (**für** *Т*); **~ geben** объявлять ‹-вúть›; **~ machen** *pers* ‹по›знакóмить (**sich** -ся **mit** с *Т*) **Bekannte** M̲/̲F̲ знакóмый *m* (-мая *f*) **bekanntlich** как извéстно **Bekanntmachung** F̲ объявлéние *n* **Bekanntschaft** F̲ знакóмство *n*; знакóмые *pl* **bekennen** V̲/̲T̲ призн(ав)áть

beklagen: **sich ~** ⟨по⟩жа́ловаться (**über** *akk* на *В*)
Bekleidung F оде́жда *f*
bekommen получа́ть ⟨-чи́ть⟩; дост(ав)а́ть; *Krankheit* заболе́(ва́)ть (*Т*); *Kind* рож(д)а́ть ⟨роди́ть⟩; **j-m gut / schlecht ~** быть к-у на по́льзу / во вред; **wo bekommt man ...?** где мо́жно доста́ть / купи́ть ...?
beladen *v/t* нагружа́ть ⟨-узи́ть⟩, загружа́ть ⟨-узи́ть⟩ (**mit** *Т*)
Belag M покры́тие *n*; *Zahnbelag* налёт *m*; *Kuchenbelag a.* крем *m*
belagern осажда́ть ⟨-сади́ть⟩ **Belagerung** F оса́да *f*
belanglos нева́жный
belasten нагружа́ть ⟨-узи́ть⟩, обременя́ть ⟨-ни́ть⟩ (**mit** *Т*, *a. fig*); *Konto* дебетова́ть; JUR обвиня́ть ⟨-ни́ть⟩
belästigen прист(ав)а́ть (**j-n** к *Д*) **Belästigung** F пристава́ние *n*
Belastung F нагру́зка *f* (*a. fig*); *Sorgen* тя́готы *pl*
belebend живи́тельный **belebt** *Ort* оживлённый
Beleg M докуме́нт *m*; спра́вка *f*; FIN *a.* квита́нция *f* **belegen** *Platz* занима́ть ⟨-ня́ть⟩; *Kurs* запи́сываться ⟨-са́ться⟩ в (*В*); → beweisen **Belegschaft** F персона́л *m*
belegt *Hotel usw* за́нятый; **~es Brötchen** бутербро́д *m*
belehren поуча́ть **Belehrung** F наставле́ние *n*
beleibt по́лный, то́лстый
beleidigen обижа́ть ⟨-и́деть⟩ (**beleidigt sein** -ся) **beleidigend** оби́дный **Beleidigung** F оскорбле́ние *n* (*a.* JUR)
beleuchten освеща́ть ⟨-ети́ть⟩ (*a. fig*)
Belgien N Бе́льгия *f*
belichten экспони́ровать (*im*)*pf* **Belichtung** F *Zeit* вы́держка *f* **Belichtungsmesser** M экспоно́метр *m*
beliebig любо́й; **~ oft** сколь уго́дно ча́сто
beliebt люби́мый
beliefern поставля́ть ⟨-а́вить⟩ (**j-n mit etw** к-у *В*)
bellen ⟨за⟩ла́ять, ⟨про⟩ла́ять
belohnen ⟨воз⟩награжда́ть ⟨-ради́ть⟩ **Belohnung** F награ́да *f*
Belüftung F вентиля́ция *f*
belügen ⟨со⟩лга́ть (**j-n** к-у)
bemalen раскра́шивать ⟨-ра́сить⟩
bemerkbar заме́тный; **sich ~ machen** *Sache a.* да(ва́)ть о себе́ знать **bemerken** замеча́ть ⟨-е́тить⟩ **bemerkenswert** замеча́тельный **Bemerkung** F заме́тка *f*, примеча́ние *n*
bemitleiden ⟨по⟩жале́ть
bemühen: **sich ~** ⟨по⟩стара́ться (**um etw** + *inf*); **~ Sie sich nicht!** не беспоко́йтесь!
Bemühung F стара́ние *n*
benachbart сосе́дний
benachrichtigen извеща́ть

⟨-естить⟩ (**von** о *П*) **Benachrichtigung** F извещéние *n*, уведомлéние *n* **benachteiligen** обделя́ть ⟨-ли́ть⟩ **Benehmen** N поведéние *n*; **sich benehmen** вести́ себя́ **beneiden** ⟨по⟩зави́довать (**j-n um etw** *Д od* к-у в *П*) **beneidenswert** зави́дный **benötigen** нужда́ться (*akk* в *П*) **benutzen** испóльзовать (*im*)*pf*; (*aus*)*nutzen* ⟨вос⟩пóльзоваться (*T*) **Benutzer(in)** M(F) пóльзователь *m* **Benutzerhandbuch** N инстру́кция *f* **Benutzung** F (ис)пóльзование *n*; **in ~** в употреблéнии **Benzin** N бензи́н *m* **Benzingutschein** M талóн *m* на бензи́н **Benzinpumpe** F бензонасóс *m* **Benzintank** M бензобáк *m* **Benzinverbrauch** M расхóд *m* бензи́на / тóплива **beobachten** наблюдáть (*akk* за *T*) **Beobachter(in)** M(F) наблюдáтель(ница) *m(f)* **Beobachtung** F наблюдéние *n* **bepflanzen** засáживать ⟨-сади́ть⟩, обсáживать ⟨-сади́ть⟩ (**mit** *T*) **bequem** удóбный; *mühelos* лёгкий; *pers* → faul; **es sich ~ machen** устрáиваться ⟨-рóиться⟩ поудóбнее **Bequemlichkeit** F удóбство *n*; *fig* лéнь *f*

beraten V/T *j-n* ⟨про⟩консульти́ровать (**sich ~ lassen** -ся); *etw* обсуждáть ⟨-уди́ть⟩; V/I ⟨по⟩совещáться (**über** *akk* о *П*) **Berater(in)** M(F) консультáнт(ка) *m(f)* **Beratung** F *Besprechung* совещáние *n* **Beratungsstelle** F консультáция *f* **berauben** ⟨о⟩грáбить **berauschend** опьяня́ющий; *fig* упои́тельный **berauscht** опьянённый (*a. fig*) **berechnen** вычисля́ть ⟨вы́числить⟩; *j-m etw* ⟨по⟩стáвить в счёт **berechnend** расчётливый **Berechnung** F расчёт *m* **berechtigen** да(вá)ть прáво (**j-n zu etw** к-у на *B*) **berechtigt** *begründet* обоснóванный **Berechtigung** F прáво *n* **Bereich** M óбласть *f* (*a. fig*) **bereichern** обогащáть ⟨-гати́ть⟩ (**sich** -ся) **Bereifung** F ши́ны *fpl*, *umg* рези́на *f* **bereit** готóвый (**zu etw** к *Д*, на *B*) **bereiten** приготовля́ть ⟨-тóвить⟩; *Freude* доставля́ть ⟨-стáвить⟩ **bereithalten** держáть (**sich** -ся) наготóве **bereits** уж(é) **Bereitschaft** F готóвность *f* **Bereitschaftsdienst** M дежу́рство *n*; MED *a.* скóрая пóмощь *f* **bereitstellen** предоставля́ть ⟨-тáвить⟩ **bereitwillig** ADV охóтно **bereuen** раскáиваться

⟨-áться⟩ (**etw** в *П*)

Berg M горá *f*; *fig a.* кýча *f* **bergab** пóд гору; *fig* **es geht ~** делá идýт плóхо **Bergarbeiter** M горня́к *m* **bergauf** в гóру; *fig* **es geht ~** делá поправля́ются

Bergbahn F фуникулёр *m* **Bergbau** M гóрное дéло *f*

bergen *retten* спасáть ⟨-сти́⟩ **Bergführer** M проводни́к *m* **bergig** гори́стый

Bergmann M (**Bergleute** *pl*) → Bergarbeiter **Bergrutsch** M óползень *m* **Bergsteiger(in)** M(F) альпини́ст(ка) *m(f)*

Bergung M спасéние *n* **Bergungsdienst** M пóисковоспасáтельная слýжба *f*

Bergwerk N рудни́к *m*

Bericht M доклáд *m*; *Presse* сообщéние *n* **berichten** доклáдывать ⟨доложи́ть⟩; → melden **Berichterstatter(in)** M(F) доклáдчик *m* (-ица *f*); → Korrespondent(in)

berichtigen исправля́ть ⟨-рáвить⟩, поправля́ть ⟨-рáвить⟩

Bernstein M янтáрь *m*

berüchtigt пресловýтый

berücksichtigen учи́тывать ⟨-чéсть⟩

Beruf M профéссия *f*, специáльность *f*; **von ~** по профéссии

beruflich профессионáльный; **~ unterwegs sein** разъезжáть по служéбным делáм

Berufsausbildung F профессионáльное обучéние *n* **Berufsberatung** F профориентáция *f* **Berufs(fach)schule** F проф(тех)учи́лище *n* **Berufskleidung** F спецодéжда *f* **berufstätig** рабóтающий **Berufsverkehr** M часы́ *pl* пик

Berufung F *in ein Amt* назначéние *f*; JUR апелля́ция *f*

beruhen: **das beruht auf** э́то оснóвывается на (*П*); **auf sich ~ lassen** оставля́ть ⟨-áвить⟩ как есть

beruhigen успокáивать ⟨-кóить⟩ (**sich** -ся) **beruhigend** успокои́тельный **Beruhigungsmittel** N успокои́тельное (срéдство) *n*

berühmt знамени́тый

berühren трóгать ⟨-óнуть⟩ (*a. emotional*); *streifen, betreffen* касáться ⟨коснýться⟩ **Berührung** F (со)прикосновéние *n*

Besatzung F комáнда *f*

beschädigen повреждáть ⟨-еди́ть⟩ **Beschädigung** F повреждéние *n*

beschäftigen занимáть ⟨-ня́ть⟩ (**sich** -ся **mit** *dat Т*); да(вá)ть рабóту

beschäftigt зáнятый **Beschäftigung** F заня́тие *n*; рабóта *f*

Bescheid M *Entscheidung* решéние *n*; *Auskunft* спрáвка *f*; **~ wissen** разбирáться ⟨-зобрáться⟩, **~ geben** сообщáть

⟨-щи́ть⟩
bescheiden ADJ скро́мный
bescheinigen удостоверя́ть ⟨-ве́рить⟩ **Bescheinigung** F *Schein* спра́вка *f*
bescheißen *vulg betrügen* объего́ри(ва)ть **beschießen** обстре́ливать ⟨-ля́ть⟩ **beschimpfen** ⟨об⟩руга́ть
beschlagen V/I *Glas* запоте́(ва́)ть **beschlagnahmen** конфискова́ть (*im*)*pf*
beschleunigen V/T ускоря́ть ⟨-о́рить⟩ **Beschleunigung** F ускоре́ние *n*
beschließen *entscheiden* реша́ть ⟨-ши́ть⟩; *beenden* зака́нчивать ⟨-ко́нчить⟩
Beschluss M реше́ние *n*
beschmieren обма́з(ыв)ать (**sich** -ся) **beschmutzen** ⟨за⟩грязни́ть **beschneiden** MED обреза́ть ⟨-ре́зать⟩ **beschönigen** приукра́шивать ⟨-а́сить⟩
beschränken ограни́чи(ва)ть (**sich** -ся; **auf** *akk* П) **beschränkt** ограни́ченный; *umg pers* недалёкий **Beschränkung** F ограниче́ние *n*
beschreiben опи́сывать ⟨-са́ть⟩ **Beschreibung** F описа́ние *n*
beschriften ⟨над⟩писа́ть (*akk* на П) **Beschriftung** F на́дпись *f*
beschuldigen обвиня́ть ⟨-ни́ть⟩ (**j-n** *gen* к-о в П) **Beschuldigung** F обвине́ние *n*
Beschuss M обстре́л *m*
beschützen защища́ть ⟨-щити́ть⟩ (**vor** *dat* от Р)
Beschwerde F жа́лоба *f* **Beschwerden** *pl* MED *a.* бо́ли *fpl*
beschweren: **sich ~** ⟨по⟩жа́ловаться (**über** *akk* на В)
beschwerlich утоми́тельный
beschwichtigen унима́ть ⟨-ня́ть⟩ **beschwindeln** наду́(ва́)ть **beschwipst** подвы́пивший; *präd* под му́хой **beschwören** *beeiden* присяга́ть ⟨-гну́ть⟩ **beseitigen** устраня́ть ⟨-ни́ть⟩ (*a. töten*)
Besen M метла́ *f*; *umg fig* злю́ка *m u. f*
besessen одержи́мый
besetzen *Platz* занима́ть ⟨-ня́ть⟩
besetzt за́нятый **Besetztzeichen** N TEL сигна́л *m* «за́нято»
Besetzung F THEAT *pers* соста́в *m* исполни́телей
besichtigen осма́тривать ⟨-мотре́ть⟩ **Besichtigung** F осмо́тр *m*; экску́рсия *f*
besiedeln заселя́ть ⟨-ли́ть⟩
besiegen побежда́ть ⟨-еди́ть⟩
Besinnung F созна́ние *n*; **wieder zur ~ kommen** прийти́ *pf* в себя́ **besinnungslos** бессозна́тельный **Besinnungslosigkeit** F: *fig* **bis zur ~** до поте́ри созна́ния

Besitz M владе́ние *n*; *Eigentum* иму́щество *n* **besitzen** владе́ть **Besitzer(in)** M(F) владе́лец *m* (-лица *f*)
besoffen *vulg* пья́ный
Besoldung F жа́лованье *n*
besondere осо́бый; ~ **Kennzeichen** осо́бые приме́ты *mpl* **Besonderheit** F осо́бенность *f* **besonders** осо́б(енн)о; *sehr* о́чень
besorgen доста́(ва́)ть; *machen* ⟨с⟩де́лать
Besorgnis F опасе́ние **besorgniserregend** вызыва́ющий опасе́ния
besorgt обеспоко́енный; ~ **sein** беспоко́иться (**um** *akk* о *П*)
Besorgung F: ~**en machen** де́лать поку́пки
besprechen обсужда́ть ⟨-уди́ть⟩ **Besprechung** F совеща́ние *n* **Besprechungsraum** M ко́мната *f* перегово́ров
bespritzen обры́зг(ив)ать
besser лу́чший; (по)лу́чше; ~ **werden** улучша́ться ⟨-лу́чшиться⟩; **es geht ihr** ~ ей лу́чше; **umso** *od* **desto** ~ тем лу́чше
bessern: **sich** ~ поправля́ться ⟨-ра́виться⟩, *pers* исправля́ться ⟨-ра́виться⟩
Besserung F улучше́ние *n*; **gute** ~! поправля́йтесь!
Bestand M соста́в *m*; запа́с *m*
beständig постоя́нный; *Wetter* усто́йчивый; *dauerhaft* про́чный
Bestandteil M составна́я часть *f*
bestätigen подтвержда́ть ⟨-рди́ть⟩, утвержда́ть ⟨-рди́ть⟩ **Bestätigung** F подтвержде́ние *n*, утвержде́ние *n*
bestatten → beerdigen **Bestattung** F похоро́ны *pl* **Bestattungsinstitut** N похоро́нное бюро́ *n*
beste: **der, die, das Beste** лу́чший, -шая, -шее; **sein ~r Freund** его́ лу́чший дру́г *m*; **am ~n** лу́чше всего́ / всех
bestechen подкупа́ть ⟨-пи́ть⟩ **bestechlich** прода́жный **Bestechlichkeit** F прода́жность *f* **Bestechung** F по́дкуп *m* **Bestechungsgeld** взя́тка *f*
Besteck N прибо́р *m*
bestehen *Prüfung* выде́рживать ⟨вы́держать⟩; наста́ивать ⟨-тоя́ть⟩ (**auf** *dat* на *П*); состоя́ть (**aus** *dat* из *P*)
bestehlen обкра́дывать ⟨обокра́сть⟩ **besteigen** *Pferd* сади́ться ⟨сесть⟩; *Berg* всходи́ть ⟨взойти́⟩ (*akk* на *B*)
bestellen зака́зывать ⟨-за́ть⟩; *zu sich* вызыва́ть ⟨вы́звать⟩ **Bestellschein** M бланк *m* зака́за **Bestellung** F зака́з *m*
besteuern облага́ть ⟨-ложи́ть⟩ нало́гом
bestialisch зве́рский **Bestie** F зверь *m*; *pers* и́зверг *m*

bestimmen *festlegen* определя́ть ‹-ли́ть›; *vorsehen* предназнача́ть ‹-на́чить›; *entscheiden* устана́вливать ‹-нови́ть›
bestimmt *sicherlich* наверняка́ **Bestimmtheit** F реши́тельность *f* **Bestimmung** F *Anordnung* постановле́ние *n* **Bestimmungsort** M ме́сто *n* назначе́ния
bestrafen нака́зывать ‹-каза́ть› **Bestrafung** F наказа́ние *n*
Bestrahlung F MED облуче́ние *n*
bestreichen обма́з(ыв)ать, нама́з(ыв)ать (**mit** *T*) **bestreiten** отрица́ть; *Unterhalt* финанси́ровать (*im*)*pf* **bestreuen** посыпа́ть ‹-ы́пать›
bestürzt растéрянный; → betroffen, verwirrt **Bestürzung** F растéрянность *f*
Besuch M посеще́ние *n*; *pers* го́сти *pl*; **bei j-m zu ~ sein** быть в гостя́х у к-о **besuchen** посеща́ть ‹-ети́ть›; *j-n a.* навеща́ть ‹-ести́ть› **Besucher(in)** M(F) посети́тель(ница) *m*(*f*) **Besuchszeit** F вре́мя *n* посеще́ний
betagt пожило́й
betäuben *durch Schlag usw* оглуша́ть ‹-ши́ть› **Betäubung** F MED обезбо́ливание *n*; нарко́з *m* **Betäubungsmittel** N нарко́тик *m*
beteiligen: **sich ~ an** принима́ть ‹-ня́ть› уча́стие в (*П*); **an e-m Unfall beteiligt sein** быть прича́стным к происше́ствию
Beteiligung F (со)уча́стие *n*
beten ‹по›моли́ться
beteuern заверя́ть ‹-е́рить›
Beton M бето́н *m*
betonen *Wort* ‹с›де́лать ударе́ние; *fig* подчёркивать ‹-черкну́ть› **Betonung** F *Akzent* ударе́ние *n*
Betracht M: **in ~ ziehen** принима́ть ‹-ня́ть› во внима́ние; **nicht in ~ kommen** ост(ав)а́ться без внима́ния **betrachten** рассма́тривать ‹-мотре́ть› (**als** как)
beträchtlich значи́тельный
Betrag M су́мма *f*
betragen составля́ть ‹-а́вить›; **sich ~** нести́ себя́ **Betragen** N поведе́ние *n*
Betreff M: **in ~** *betreffs* относи́тельно **betreffen** каса́ться ‹косну́ться› (*P*); *bestürzen* поража́ть ‹-рази́ть› **betreffend** каса́ющийся
betreten вступа́ть ‹-пи́ть› (на *В*); *Haus* входи́ть ‹войти́› (в *В*); **Betreten verboten!** вход воспрещён!
betreuen ‹по›забо́титься (*akk* о *П*) **Betreuung** F *v. Gästen, Kranken* обслу́живание *n*
Betrieb M *Firma* предприя́тие *n*; *Verkehr* движе́ние *n*; **in / außer ~ sein** быть испра́вным / неиспра́вным; **in ~ setzen** пуска́ть ‹пусти́ть› в ход
betriebsbereit гото́вый к

употреблéнию **Betriebskosten** *pl* производственные издéржки *pl* **Betriebsleitung** F дирéкция *f* предприя́тия **Betriebsrat** M совéт *m* предприя́тия **Betriebssystem** N IT операциóнная систéма *f* **Betriebswirtschaft** F эконóмика *f* и организáция *f* произвóдства
betrinken: **sich ~** напи(вá)ться
betroffen ADJ поражённый; растéрянный
Betrug M обмáн *m*, мошéнничество *n*
betrügen обмáнывать ‹-нýть› **Betrüger(in)** M(F) обмáнщик *m* (-ица *f*)
betrunken пья́ный (*a. subst*)
Bett N кровáть *f*; *komplett* постéль *f*; **zu ~ gehen** ложи́ться спать **Bettcouch** F дивáн-кровáть *f* **Bettdecke** F одея́ло *n*
betteln V/I ‹по›проси́ть ми́лостыню; *umg* попрошáйничать
bettlägerig лежáчий (больнóй)
Bettler(in) M(F) ни́щий *m* (-щая *f*)
Bettruhe F постéльный режи́м *m* **Betttuch** → Laken **Bettwäsche** F постéльное бельё *n*
beugen сгибáть ‹согнýть›
Beule F ши́шка *f*; → Delle
beunruhigen беспокóить (**sich** -ся)
beurlauben да(вá)ть óтпуск
beurteilen суди́ть о (*П*); → bewerten **Beurteilung** F (о)суждéние *n*; оцéнка *f*
Beute F добы́ча *f*
Beutel M сýмка *f*; мешóк *m*
Bevölkerung F населéние *n*
bevollmächtigen уполномóчи(ва)ть **Bevollmächtigte** M/F уполномóченный *m* (-ная *f*); повéренный *m* (-ная *f*)
bevor прéжде чем **bevorstehen** предстоя́ть **bevorzugen** предпочитáть ‹-чéсть›; *pers* окáзывать ‹-зáть› предпочтéние
bewachen охраня́ть, стерéчь **Bewacher** M охрáнник *m*; → Aufpasser **Bewachung** F охрáна *f*
bewaffnet вооружённый
bewahren уберéчь *pf* (**vor** от *P*); **Ruhe ~** сохраня́ть ‹-ни́ть› спокóйствие
bewährt *Mittel* испы́танный **Bewährung** F: JUR **auf ~** услóвно
bewältigen *Arbeit* справля́ться ‹-рáвиться› (*akk* с *T*); *Problem* преодолé(вá)ть
Bewässerung F орошéние *n*
bewegen дви́гать ‹-и́нуть› (**sich** -ся); **j-n zu etw ~** побуждáть ‹-уди́ть› к-о к (*Д*)
beweglich *pers* подви́жный; *rege* живóй **Beweglichkeit** F подви́жность *f*
bewegt ZEIT бýрный; *bewe-*

druckt взволно́ванный
Bewegung F движе́ние *n*; **sich in ~ setzen** тро́гаться ⟨-о́нуться⟩ **bewegungslos** неподви́жный
Beweis M доказа́тельство *n* **beweisen** дока́зывать ⟨-за́ть⟩
bewerben: **sich um e-e Stelle ~** под(ав)а́ть заявле́ние о приёме на рабо́ту **Bewerber(in)** M(F) кандида́т(ка) *m(f)* **Bewerbung** F заявле́ние *n* (о приёме на рабо́ту) **Bewerbungsunterlagen** FPL прилага́емые к заявле́нию докуме́нты *mpl*
bewerten оце́нивать ⟨-и́ть⟩ **Bewertung** F *Note* оце́нка *f*
Bewilligung F *v. Mitteln* предоставле́ние *n*
bewirken *hervorrufen* вызыва́ть ⟨вы́звать⟩
bewirten угоща́ть ⟨-сти́ть⟩ **bewirtschaften** *Land* обраба́тывать ⟨-бо́тать⟩; → betreiben **Bewirtung** F угоще́ние *n*
bewohnen населя́ть; жить в (*B*) **Bewohner(in)** M(F) жи́тель (-ница) *m(f)*; жиле́ц *m* (-ли́ца *f*)
bewölkt о́блачный
Bewunderer M, **Bewunderin** F покло́нник *m* (-ица *f*) **bewundern** восхища́ться ⟨-ити́ться⟩ (*akk T*) **bewundernswert** досто́йный восхище́ния **Bewunderung** F восхище́ние *m*
bewusst созна́тельный; *gewollt* умы́шленный; **sich e-r Sache ~ sein** отд(ав)а́ть себе́ отчёт в (*B*)
bewusstlos бессозна́тельный; **~ werden** ⟨по⟩теря́ть созна́ние
Bewusstsein N созна́ние *n*; → Besinnung; **das ~ verlieren** ⟨по⟩теря́ть созна́ние
bezahlen ⟨за⟩плати́ть, ⟨у⟩плати́ть; *fig* **etw teuer ~** до́рого поплати́ться за (*B*) **Bezahlung** F опла́та *f*, упла́та *f*
bezaubernd очарова́тельный
bezeichnen обознача́ть ⟨-на́чить⟩; *nennen* наз(ы)ва́ть **bezeichnend** характе́рный **Bezeichnung** F *Name* назва́ние *n*
beziehen *Haus* въезжа́ть ⟨-е́хать⟩ (в *B*); *Gehalt* получа́ть ⟨-чи́ть⟩; *Bett* ⟨по⟩меня́ть; **sich ~ auf** *pers* ссыла́ться ⟨сосла́ться⟩ на (*B*)
Beziehung F связь *f*; отноше́ние *n*; **in dieser ~** в э́том отноше́нии; **durch ~en** *umg* по бла́ту **beziehungsweise** точне́е говоря́ *od* или
Bezirk M райо́н *m*; о́бласть *f*
Bezug M *Möbel* оби́вка *f*; *Bettbezug* пододея́льник; *v. Geld* получе́ние *n*
Bezüge *pl* дохо́ды *mpl*
bezüglich относи́тельно (*P*)
bezweifeln сомнева́ться (*akk* в *П*)
BGB N (Bürgerliches Gesetz-

buch) Гражда́нский ко́декс *m*
BH M (Büstenhalter) бюстга́льтер *m*
Bibel F Би́блия *f*
Biber M бобр *m*
Bibliothek F библиоте́ка *f* **Bibliothekar(in)** M(F) библиоте́карь *m* (-рша *f umg*)
biegen V/I повора́чивать ‹-верну́ть›, свора́чивать ‹-верну́ть› (**nach links** нале́во; **um die Ecke** за́ угол)
biegsam ги́бкий **Biegung** F изги́б *m*; поворо́т *m*
Biene F пчела́ *f* **Bienenstock** M уле́й *m* **Bienenzucht** F пчелово́дство *n*
Bier N пи́во *n* (**vom Fass** разливно́е); *umg* **das ist nicht mein ~** э́то не моё де́ло **Biergarten** M пивна́я *f* (под откры́тым не́бом) **Bierkrug** M пивна́я кру́жка *f*
Biest N бе́стия *f*; тварь *f*
bieten предлага́ть ‹-ложи́ть›; **sich ~** *Gelegenheit* представля́ться ‹-та́виться›; **sich etw nicht ~ lassen** не потерпе́ть (*P*)
Bilanz F бала́нс *m*; *fig* ито́г *m*
Bild N карти́на *f*; FOTO сни́мок *m* **Bildband** M фотоальбо́м *m*
bilden образо́вывать ‹-ова́ть› (**sich** -ся); *ausmachen* составля́ть ‹-та́вить›; **~de Künste** *fpl* изобрази́тельные иску́сства *npl*
Bilderbuch N кни́жка-карти́нка *f*
Bildhauer(in) M(F) ску́льптор(-ша) *m(f)* **bildlich** ADV нагля́дно **Bildschirm** M экра́н *m*; IT диспле́й *m* **Bildung** F образова́ние *n*; *Grad* образо́ванность *f*
Billard N билья́рд *m*
billig дешёвый **billigen** одобря́ть ‹-о́брить› **Billigflug** M дешёвый авиаре́йс *m* **Billigung** F одобре́ние *n*
Binde F повя́зка *f*; *Monatsbinde* гигиени́ческая прокла́дка *f*
Bindegewebe N соедини́тельная ткань *f* **Bindehautentzündung** F конъюнктиви́т *m* **Bindemittel** N вя́жущее сре́дство *n*
binden свя́зывать ‹-за́ть›, завя́зывать ‹-за́ть›; *Buch* переплета́ть ‹-лести́› **bindend** обяза́тельный
Bindestrich M дефи́с *m*
Bindfaden M шпага́т *m* **Bindung** F связь *f*; *Skibindung* крепле́ние *n*
Binnenmarkt M вну́тренний ры́нок *m*
Biografie F биогра́фия *f* **Biologie** F биоло́гия *f* **Biomüll** M биологи́ческие отхо́ды *mpl*
Birke F берёза *f*
Birnbaum M гру́ша *f* **Birne** F гру́ша *f*; ELEK ла́мпочка *f*
bis до (*P*); **von … ~** с … до / *zeitl* по; **~ jetzt** до сих пор; **~ bald!** до ско́рого! пока́!; **~ auf** кроме; **~ wann?** до каких

пор?
Bischof M епископ *m*
bisher до сих пор
Biss M укус *m* (*a. Bisswunde*)
bisschen: **ein ~** немнож(еч)ко, чуточку; **kein ~** ни капельки, ничуть; **ein ~ (zu) viel** слишком
Bissen M кусок *m* **bissig** кусающий; *fig* ядовитый
bitte пожалуйста (*a. auf Dank*); прошу; **wie ~?** что Вы сказали?
Bitte F просьба *f*
bitten ⟨по⟩просить (**j-n um etw** к-о о *П*)
bitter горький
Blackout N провал *m* памяти
Blähungen FPL MED газы *mpl*
blamieren ⟨о⟩срамить (**sich** -ся)
blank сверкающий; *fig* **~ sein** не иметь ни гроша
Blase F пузырь *m* (*a.* ANAT)
blasen ⟨по⟩дуть; *Flöte usw* играть на (*П*) **Blaskapelle** F духовой оркестр *m*
blass бледный; **keine ~e Ahnung** ни малейшего представления
Blatt N BOT лист *m*; *Papier a.* листок *m*; *Zeitung* газета *f*
blättern перелистывать ⟨-тать⟩ (**in etw** *B*)
Blätterteig M слоёное тесто *n*
Blattlaus F тля *f*
blau синий; *hellblau* голубой; *fig betrunken* пьяный; **~er Fleck** синяк *m* **Blaubeeren** FPL черника *f*
blaumachen *umg* прогуливать ⟨-лять⟩
Blech N жесть *f* **Blechdose** F жестянка *f* **blechen** *umg* раскошели(ва)ться **Blechschaden** M повреждение *n* кузова
Blei N свинец *m*
bleiben ост(ав)аться; **dabei bleibt es!** решено!; **wo bleibt er denn?** где же он пропадает?; **~ lassen** оставлять ⟨-авить⟩ **bleibend** неизгладимый; вечный
bleich бледный **Bleichmittel** N отбеливатель *m*
bleifrei неэтилированный
Bleistift M карандаш *m* **Bleistiftspitzer** M точилка *f* для карандашей
Blende F FOTO диафрагма *f*
blenden ослеплять ⟨-пить⟩
blendend блестящий, чудесный
Blick M взгляд *m*; *Aussicht* вид *m*; **auf den ersten ~** на первый взгляд
blicken ⟨по⟩глядеть, ⟨по⟩смотреть; **sich ~ lassen** показываться ⟨-заться⟩
blind слепой; **~er Alarm** ложная тревога *f*; **~er Passagier** безбилетный пассажир *m*, *umg* заяц *m*
Blinddarm M слепая кишка *f*
Blinddarmentzündung F аппендицит *m*

Blinde M/F слепо́й *m* (-па́я *f*)
Blindenhund M соба́ка-поводы́рь *f*, **Blindenschrift** *f* шрифт *m* для слепы́х
Blindheit F слепота́ *f* **blindlings** сле́по, вслепу́ю
blinken AUTO под(ав)а́ть световы́е сигна́лы; → funkeln, glänzen **Blinker** M AUTO указа́тель *m* поворо́та
blinzeln мига́ть ‹-гну́ть›
Blitz M мо́лния *f*; FOTO *umg* блицвспы́шка *f* **Blitzableiter** M громоотво́д *m* **blitzen** сверка́ть ‹-кну́ть›; **es blitzt** сверка́ет мо́лния **Blitzlicht** N *Gerät* (фото)вспы́шка *f* **Blitzschlag** M уда́р *m* мо́лнии **blitzschnell** молниено́сный
Block M блок *m* (*a.* POL, *Häuserblock*); *Papierblock* блокно́т *m* **Blockade** F блока́да *f* **blockieren** блоки́ровать (*im*)*pf*
blöd(e) дура́цкий; *umg pers* тупо́й, чо́кнутый
Blödsinn M вздор *m*, чушь *f* **blödsinnig** вздо́рный; идио́тский
bloggen вести́ блог **Blogger(in)** M(F) бло́гер *m*(*f*)
blöken бле́ять
blond светловоло́сый, белоку́рый **Blondine** F блонди́нка *f*
bloß ADJ оди́н; *unbedeckt* го́лый; ADV *nur* то́лько
Bluff M блеф *m*; *umg* показу́ха *f*
blühen цвести́ *pf*, *fig* процвета́ть ‹-вести́›
Blume F цвето́к *m*; *v. Bier* пе́на *f*
Blumengeschäft N цвето́чный магази́н *m* **Blumenkohl** M цветна́я капу́ста *f* **Blumenstrauß** M буке́т *m* **Blumentopf** M цвето́чный горшо́к *m*
Bluse F блу́зка *f*
Blut N кровь *f* **Blutarmut** F малокро́вие *n* **Blutbad** N бо́йня *f* **Blutdruck** M кровяно́е давле́ние *n*
Blüte F цвето́к *m*; *Blütezeit* расцве́т *m*
bluten *Nase usw* кровоточи́ть
Bluterguss M кровоподтёк *m* **Blutgefäß** N кровено́сный сосу́д *m* **Blutgruppe** F гру́ппа *f* кро́ви **Bluthochdruck** M повы́шенное кровяно́е давле́ние *n* **blutig** крова́вый **Blutprobe** F ана́лиз *m* кро́ви; → Alkoholtest **Blutspender** M до́нор *m* **blutstillend**: **~es Mittel** кровоостана́вливающее сре́дство *n*
Bluttransfusion F перелива́ние *n* кро́ви **Blutung** F кровотече́ние *n*; менструа́ция *f* **Blutvergiftung** F зараже́ние *n* кро́ви **Blutwurst** F кровяна́я колбаса́ *f*
BLZ F (Bankleitzahl) и́ндекс *m* ба́нка
Bö F шквал *m*
Bob M боб(сле́й) *m* **Bobbahn** F бобсле́йная тра́сса *f*

Bock M козёл *m* (*a.* SPORT) **bockig** упрямый
Boden M *Erdboden* земля *f*; *Dachboden* чердак *m*; *Fußboden* пол *m*; *Gefäßboden* дно *n*; **auf dem ~ bleiben** *umg* опираться на факты
bodenlos *umg fig* неслыханный **Bodenschätze** MPL полезные ископаемые *npl* **Bodenturnen** N вольные упражнения *npl*
Bodybuilding N бодибилдинг *m*
Bogen M ARCH арка *f*; *Papier* лист *m*; *Biegung* изгиб *m*; MUS смычок *m* **Bogenschießen** N стрельба *f* из лука
Bohle F толстая доска *f*
Bohne F (**grüne** стручковая) фасоль *f*
bohren ⟨про⟩сверлить; *fig* искать (**nach** *dat B*) **Bohrer** M сверло *n* **Bohrinsel** F морская буровая платформа *f* **Bohrmaschine** F *Handbohrer* дрель *f*
Boiler M бойлер *m*, кипятильник *m*
Boje F буй *m*
Bolzen M болт *m*
Bombe F бомба *f*
Bombenangriff M бомбардировка *f* **Bombenanschlag** M бомбовое нападение *n*
Bomber M (самолёт-)бомбардировщик *m*
Bon M талон *m*; *Kassenbon* чек *m*
Bonbon N конфета *f*
Bonus M бонус *m*
Boot N лодка *f* **Bootsverleih** M прокат *m* лодок
Bord[1] N *Regal* полка *f*
Bord[2] M: **an ~** на борту
Bordell N бордель *m*, публичный дом *m*
Bordkarte F посадочный талон *m*
borgen *j-m* да(ва)ть / *v. j-m* брать ⟨взять⟩ взаймы
Borke F кора *f*
Börse F WIRTSCH биржа *f*; *Geldbörse* кошелёк *m* **Börsenkurs** M курс *m* на бирже **Börsenmakler** M биржевой маклер *m*
Borste F щетина *f*
Borte F бордюр *m*
bösartig злостный; MED злокачественный
Böschung F склон *m*, откос *m*
böse злой; злостный; скверный; *zornig a.* сердитый; **j-m ~ sein** сердиться на (*B*)
boshaft злобный; ехидный **Bosheit** F злость *f*
Bosnien N Босния *f*
böswillig JUR злонамеренный, злостный
botanisch: **~er Garten** ботанический сад *m*
Bote M курьер *m*
Botschaft F POL посольство *n*; *Nachricht* известие *n* **Botschafter(in)** M(F) посол

Boulevardpresse F бульва́рная пре́сса *f*
Bowle F крюшо́н *m*
Box F бокс *m*; *Stall* сто́йло *n*; *Lautsprecher* дина́мик *m*
boxen бокси́ровать **Boxen** N бокс *m* **Boxer** M боксёр *m* **Boxershorts** PL бо́ксеры *mpl*
boykottieren бойкоти́ровать *(im)pf*
brachliegen лежа́ть под па́ром
Branche F о́трасль *f* **Branchenverzeichnis** N TEL пе́речень *m* отрасле́й
Brand M пожа́р *m*; *umg Durst* жа́жда *f*; **in ~ geraten** загоре́ться *pf*; **in ~ stecken** поджига́ть ‹-жечь› **Brandblase** F пузы́рь *m* от ожо́га
Brandsalbe F мазь *f* от ожо́гов **Brandstiftung** F поджо́г *m* **Brandung** F прибо́й *m* **Brandwunde** F ожо́г *m*
Branntwein M спиртно́й напи́ток *m*, во́дка *f*
Brasilien N Брази́лия *f*
braten ‹за›жа́рить(ся *v/i*)
Braten M жарко́е *n* **Bratfisch** M жа́реная ры́ба *f* **Brathähnchen** N жа́реный цыплёнок *m* **Bratkartoffeln** FPL жа́реный карто́фель *m* **Bratpfanne** F сковоро́дка *f*
Bratsche F альт *m*
Bratspieß M ве́ртел *m* **Bratwurst** F жа́реная колба́ска *f*
Brauch M обы́чай *m* **brauchbar** приго́дный, поле́зный
brauchen *nötig haben* нужда́ться (*akk* в *B*); **man braucht zwei Stunden** тре́буется два часа́; **du brauchst nicht zu …** тебе́ не́зачем…
Braue F → Augenbraue
Brauerei F пивова́ренный заво́д *m*
braun кори́чневый; **~ gebrannt** загоре́лый, сму́глый; **~ werden** *v. Sonne* загора́ть ‹-ре́ть›
Bräune F зага́р *m*
Braunkohle F бу́рый у́голь *m*
brausen *Wind* шуме́ть; *schnell fahren* мча́ться
Braut F неве́ста *f*
Bräutigam M жени́х *m*
Brautkleid N подвене́чное пла́тье *f* **Brautpaar** N жени́х *m* и неве́ста *f*; новобра́чные *pl*
brav *Kind* послу́шный
BRD F (Bundesrepublik Deutschland) ФРГ *f* (Федерати́вная Респу́блика Герма́ния)
Brechdurchfall M холери́на *f* **Brecheisen** N лом *m* **brechen** V/T ‹раз›лома́ть, ‹с›лома́ть; *Vertrag* наруша́ть ‹-ши́ть›; V/I *kaputtgehen* ‹по›лома́ться, ‹с›лома́ться; *Damm* прорва́ться *pf*; MED **sich den Arm ~** ‹с›лома́ть себе́ ру́ку **Brechreiz** M тошнота́ *f*
Brei M ка́ша *f*; *fig* **um den heißen ~** вокру́г да о́коло
breit широ́кий; **3 m ~** ширино́й в 3 метра **Breite** F шири

на́ *f* **Breitengrad** M гра́дус *m* широты́
Bremsbelag M тормозна́я накла́дка *f* **Bremse** F то́рмоз *m*; ZO сле́пень *m* **bremsen** ⟨за⟩тормози́ть **Bremsflüssigkeit** F тормозна́я жи́дкость *f* **Bremslicht** N стоп-сигна́л *m*
brennbar горю́чий **brennen** VI *Licht* горе́ть; *Wunde* жечь; *Sonne* печь; **es brennt!** пожа́р! **brennend** *Schmerz usw* жгу́чий
Brenner M TECH горе́лка *f* **Brennholz** N дрова́ *pl* **Brennnessel** F крапи́ва *f* **Brennpunkt** M фо́кус *m* **Brennspiritus** M денатура́т *m* **Brennstoff** M то́пливо *n* **Brennweite** F фо́кусное расстоя́ние *n*
brenzlig *fig* сомни́тельный
Brett N доска́ *f*; **Schwarzes ~** доска́ *f* объявле́ний
Brezel F кре́ндель *m*
Brief M письмо́ *n* **Briefkasten** M почто́вый я́щик *m* **Briefmarke** F почто́вая ма́рка *f* **Briefpapier** N пи́счая бума́га *f* **Brieftasche** F бума́жник *m* **Briefträger(in)** M(F) почтальо́н(ша *umg*) *m(f)* **Briefumschlag** M конве́рт *m* **Briefwahl** F пи́сьменные вы́боры *mpl* **Briefwechsel** M перепи́ска *f*
Brillant M бриллиа́нт *m*
Brille F очки́ *pl*; **die ~ aufsetzen** наде́(ва́)ть очки́; **mit ~** в очка́х
Brillenetui N футля́р *m* **Brillenfassung** F (очко́вая) опра́ва *f*
bringen *herbringen* приноси́ть ⟨-нести́⟩, *wegbringen* относи́ть ⟨-нести́⟩; *mit Fahrzeug* привози́ть ⟨-везти́⟩, отвози́ть ⟨-везти́⟩; **ich bringe dich nach Hause** я провожу́ тебя́ домо́й; *senden* перед(ав)а́ть; **j-n zu … ~** заставля́ть ⟨-та́вить⟩ к-о …; **in Ordnung ~** приводи́ть ⟨-вести́⟩ в поря́док; **es zu etw ~** дости́чь *pf* успе́ха
Brise F бриз *m*
bröckeln ⟨рас⟩кроши́ть(ся *v/i*), ⟨на⟩кроши́ть(ся *v/i*)
Brocken M кусо́к *m*; обло́мок *m*
brodeln бурли́ть
Brokkoli M бро́коли *f*
Brombeeren FPL ежеви́ка *f*
Bronchitis F бронхи́т *m*
Bronze F бро́нза *f*
Brosche F бро́шка *f*, брошь *f*
Broschüre F брошю́ра *f*
Brot N хлеб *m* **Brotaufstrich** M бутербро́дная ма́сса *f*
Brötchen N бу́лочка *f*; **belegtes ~** бутербро́д *m*
Browser M бро́узер *m*
Bruch M MED перело́м *m*; MATH дробь *f*; *fig* наруше́ние *m*
brüchig ло́мкий; хру́пкий
Bruchlandung F авари́йная поса́дка *f* **Bruchrechnung**

F исчисле́ние *n* дробе́й **Bruchstück** N *fig* фрагме́нт *m* **Bruchteil** M до́ля *f*
Brücke F мост *m*; *Teppich* полови́к *m* **Brückenpfeiler** M опо́ра *f* моста́
Bruder M брат *m*
brüderlich бра́тский; ADV по-бра́тски
Brühe F бульо́н *m*; *fig* бурда́ *f*
brüllen реве́ть, *pers* ⟨за⟩ора́ть
brummen *Bär* рыча́ть; *pers* ворча́ть
Brunch M за́втрак-обе́д *m*
brünett *Haar* тёмный
Brunnen M коло́дец *m*; *Springbrunnen* фонта́н *m*
brüsk ADV ре́зко
Brust F грудь *f*; *Busen* бюст *m* **Brustbeutel** M нагру́дный кошелёк *m* **Brustkrebs** M рак *m* груди́ **Brustschwimmen** N брасс *m*
Brüstung F парапе́т *m*
Brustwarze F сосо́к *m* (груди́)
brutal жесто́кий; зве́рский
brüten выси́живать ⟨вы́сидеть⟩; **~de Hitze** зной *m*
brutto бру́тто **Bruttoeinkommen** N валово́й дохо́д *m* **Bruttosozialprodukt** N валово́й социа́льный проду́кт *m*
Bub M ма́льчик *m* **Bube** M вале́т *m*
Buch N кни́га *f*; **über etw ~ führen** вести́ учёт (*P*)
Buche F бук *m*
buchen *Flug* ⟨за⟩брони́ровать; WIRTSCH проводи́ть ⟨-вести́⟩ по кни́гам
Bücherei F библиоте́ка *f*
Bücherregal N кни́жная по́лка *f*
Buchhalter(in) M(F) бухга́лтер(ша *umg*) *m*(*f*) **Buchhaltung** F бухгалте́рия *f* **Buchhändler(in)** M(F) книготорго́вец **Buchhandlung** F = **Buchladen** M кни́жный магази́н *m* **Buchmacher** M букме́кер *m* **Buchprüfer** M ауди́тор *m*, ревизо́р *m*
Büchse F ба́нка *f*; *Waffe* ружьё *n*
Büchsen... → Dosen...
Buchstabe M бу́ква *f* **buchstabieren** ⟨про⟩диктова́ть по бу́квам **buchstäblich** ADV буква́льно
Bucht F зали́в *m*; бу́хта *f*
Buchung F *Flug usw* брони́рование *n*; WIRTSCH бухга́лтерская за́пись *f* **Buchungsbestätigung** F подтвержде́ние *n* брони́рования
Buchweizen M гречи́ха *f*
Buckel M горб *m* (*a. umg Rücken*)
bücken: **sich ~** нагиба́ться ⟨-гну́ться⟩ (**nach** *dat* за *T*)
bucklig горба́тый
Bude F бу́дка *f*; *Verkaufsbude* ла́вка *f*, ларёк *m*; *umg* лачу́га *f*
Büfett N буфе́т *m*; **kaltes ~** холо́дные заку́ски *fpl*
Büffel M бу́йвол *m* **büffeln** *umg lernen* ⟨вы́⟩зубри́ть

Bug M нос *m* (-ова́я часть *f*) **Bügel** M *Kleiderbügel* пле́чики *pl* **Bügelbrett** N глади́льная доска́ *f* **Bügeleisen** N утю́г *m* **bügelfrei** немну́щийся **bügeln** ⟨вы́⟩гла́дить **Buggy** M *Kinderwagen* прогу́лочная де́тская коля́ска *f* **Bühne** F сце́на *f* **Bühnenbild** N декора́ция *f* **Bühnenbildner(in)** M(F) худо́жник-декора́тор *m* (-ица-декора́тор *f*) **Bulgarien** N Болга́рия *f* **Bullauge** N иллюмина́тор *m* **Bulle** M бык *m*; *vulg Polizist* мент *m* **Bummel** M прогу́лка *f* **bummeln** *trödeln* ⟨за⟩вози́ться; ⟨по⟩гуля́ть (**durch die Stadt** по го́роду) **Bummelstreik** M забасто́вка *f* путём сниже́ния те́мпа рабо́ты **Bummelzug** M по́езд *m* ма́лой ско́рости, *umg* куку́шка *f* **bumsen** *vulg* ⟨по⟩тра́хаться *vulg* **Bund**[1] N *Möhren* пучо́к *m*; *Schlüssel* свя́зка *f* **Bund**[2] M сою́з *m*; *Hosenbund* по́яс *m*; *umg* → Bundeswehr **Bündel** N у́зел *m*; *Bund* пучо́к *m* **Bundesgrenzschutz** M (*abk* **BGS**) федра́льная пограни́чная охра́на *f* **Bundeskanzler** M федера́льный ка́нцлер *m* **Bundesland** N федера́льная земля́ *f* **Bundesliga** F бундесли́га *f* **Bundesrepublik** F федерати́вная респу́блика *f* **Bundestag** M бундеста́г *m* **Bundeswehr** F бундесве́р *m* **Bündnis** N сою́з *m* **Bungalow** M бу́нгало *n unv* **Bunker** M бу́нкер *m* **bunt** цветно́й; разноцве́тный; *fig* пёстрый **Buntstift** M цветно́й каранда́ш *m* **Burg** F кре́пость *f*; за́мок *m* **Bürge** M поручи́тель *m* **bürgen** руча́ться ⟨поручи́ться⟩ **Bürger(in)** M(F) граждани́н *m* (-да́нка *f*) **Bürgerkrieg** M гражда́нская война́ *f* **bürgerlich** гражда́нский; *spießig* обыва́тельский **Bürgermeister(in)** M(F) бургоми́стр *m*, мэр *m* **Bürgerrechtler(in)** M(F) правозащи́тник *m* (-ница *f*) **Bürgersteig** M тротуа́р *m* **Bürgschaft** F поручи́тельство *n* **Büro** N бюро́ *n*, о́фис *m* **Büroangestellte** M/F слу́жащий *m* (-щая *f*) бюро́ **Büroklammer** F скре́пка *f* **bürokratisch** бюрократи́ческий **Bürste** F щётка *f* **bürsten** приглáживать ⟨-а́дить⟩ щёткой **Bus** M авто́бус *m* **Busbahnhof** M автовокза́л *m* **Busch** M куст(а́рник) *m* **Büschel** N пук *m*, пучо́к *m* **Busen** M (же́нская) грудь *f* **Bushaltestelle** F авто́бусная остано́вка *f* **Buslinie** F авто́бусная ли́ния *f*

Bussard M сарыч *m*; канюк *m* **büßen** *fig* ⟨по⟩платиться **Bußgeld** N денежный штраф *m*

Büste F бюст *m* **Büstenhalter** M → BH

Butter F масло *n* **Butterbrot** N хлеб *m* с маслом **Butterbrotpapier** N пергамент *m* **Buttermilch** F пахта *f*

bzw. → beziehungsweise

C

C N MUS до *n*

Café N кафе *n* **Cafeteria** F кафе *n*

campen жить в кемпинге **Camper(in)** M(F) отдыхающий *m* (-щая *f*) в кемпинге

Camping N отдых *m* в кемпинге **Campingbus** M жилой миниавтобус *m* **Campingplatz** M кемпинг *m*

Cappuccino M капучино *n unv*

CD F (Compactdisc) компакт-диск *m* **CD-Player** M компакт-диск-плейер *m*

Cello N виолончель *f*

Cent M цент *m*

Champagner® M шампанское *n* **Champignon** M шампиньон *m* **Champion** M чемпион(ка) *m(f)*

Chance F шанс *m*; возможность *f*

Chaos N хаос *m* **chaotisch** хаотический, хаотичный

Charakter M характер *m* **charakteristisch** характерный

charmant очаровательный

Charterflug M чартерный рейс *m* **Chartermaschine** F чартерный самолёт *m*

chatten чатиться

Chauffeur M шофёр *m*

Check M проверка *f* **Check-in-Schalter** M регистрация *f*

Chef(in) M(F) начальник *m* (-ица *f*), шеф(иня *umg*) *m(f)* **Chefarzt** M, **Chefärztin** F главный врач *m*

Chemie F химия *f*

Chemikalien FPL химикалии *pl* **Chemiker(in)** M(F) химик *m* **chemisch** химический

Chemotherapie F химиотерапия *f*

Chiffre F шифр *m*; число *n*

China N Китай *m*

Chip M IT чип *m*; *Spielmarke* фишка *f* **Chipkarte** F смарт-карта *f* **Chips** *pl essbar* чипсы *pl*

Chirurg M хирург *m* **Chirurgie** F хирургия *f* **chirurgisch** хирургический

Chlor N хлор *m*

Cholera F холера *f*

Cholesterin N холестерин *m*

Chor M хор *m*; im ~ хором

Choreografie F хореография

f
Christ M христиáнин *m* **Christbaum** M рождéственская ёлка *f* **Christentum** N христиáнство *n* **Christin** F христиáнка *f* **Christkind** N младéнец *m* Христóс **christlich** христиáнский
Chrom N хром *m*
chronisch хрони́ческий
clever у́мный, лóвкий
Clique F кли́ка *f*, бáнда *f*
Clown M клóун(éсса) *m(f)*
Cockpit N каби́на *f* пилóта; SCHIFF кóкпит *m*
Cocktail M коктéйль *m*
Comeback F возвращéние *n*
Comic(s) M(*pl*) кóмикс(ы) *m(pl)*
Computer M компью́тер *m*
Container M контéйнер *m*
cool *umg* продви́нутый
Cord M вельвéт *m* (-овый *zssgn*)
Cornflakes *pl* кукуру́зные хлóпья *pl*
Corona N COVID-19; *Virus* коронави́рус *m* **Coronapandemie** F пандеми́я *f* COVID-19 **Corona-Test** M тест *m* на коронави́рус **Coronavirus** N *od.* M коронави́рус *m*; **sich vor dem ~ schützen** защити́ться от коронави́руса
Couch F куше́тка *f*, ди́ва́н *m*
Count-down M отсчёт *m* врéмени
Coupon M купóн *m*
Cousin M двою́родный брат *m* **Cousine** F двою́родная сестрá *f*
Cover N *Platte, CD* конвéрт *m*
COVID-19, Covid-19 ABK (= corona virus disease 2019) COVID-19, кови́д *m*; **an ~ erkrankt sein** заболéть COVID-19, кови́дом
Creme F крем *m*
Crew F комáнда *f*; экипáж *m*
Cup M ку́бок *m*
Cursor M IT курсóр *m*

D

D N MUS ре *n*
da ADV *dort* там; *hier* здесь; *zeitl* тогдá; KONJ *weil* поскóльку
dabei *daneben* ря́дом; *bei sich* при себé; при (э́)том; **~ sein** прису́тствовать при (*П*) **dabeibleiben** ост(ав)áться при (*П*); *Meinung* **er bleibt dabei** он стои́т на своём; *Termin* **es bleibt dabei!** договори́лись!
dableiben ост(ав)áться
Dach N кры́ша *f* **Dachboden** M чердáк *m* **Dachdecker** M крóвельщик *m* **Dachgepäckträger** M багáжник *m* на кры́ше **Dachgeschoss** N мансáрда *f* **Dachrinne** F крóвельный водостóчный жёлоб *m*
Dachs M барсу́к *m*
Dachstuhl M стропи́ло *n*
Dachziegel M черепи́ца *f*

Dackel M такса *f*
dadurch *auf diese Weise* таким образом; *Grund* вследствие (э)того; **~, dass …** вследствие того, что …
dafür за (э)то; *Ausgleich* зато; *Ersatz* вместо (*P*); **ich bin ~** я за (это); **ich kann nichts ~** я в этом не виноват
dagegen против (э)того; *Vergleich* в сравнении с тем; **er ist ~** он против (э)того, **wenn Sie nichts ~ haben** если Вы не возражаете
daheim дома; на родине
daher оттого; *v. dort* оттуда; *deshalb* поэтому
dahin *örtl* туда; *zeitl* **bis ~** до тех пор, до (э)того
dahinten там позади **dahinter** за этим / тем; позади; **es steckt etwas ~** за этим что-то кроется **dahinterkommen** докапываться ⟨-копаться⟩
dalassen оставлять ⟨-авить⟩
damals тогда, в то время
Dame F дама *f*; *Schach* ферзь *m*; **~ spielen** играть в шашки
Damenbinde F гигиеническая прокладка *f* **Damentoilette** F женский туалет *m*
damit (с) этим / тем; *Ziel* (для того,) чтобы
Damm M дамба *f*
dämmerig сумрачный **dämmern** *morgens* рассветать ⟨-ести⟩; *abends* смеркаться ⟨-кнуться⟩ **Dämmerung** F рассвет *m*; сумерки *pl*
Dampf M пар *m* **Dampfbad** N баня *f*, парилка *f* **Dampfbügeleisen** N паровой утюг *m* **dampfen** *Essen* дымиться
dämpfen *Stimme* понижать ⟨-изить⟩; *Essen* парить; *Freude* сдерживать ⟨-жать⟩
Dampfer M пароход *m*
danach *zeitl* после этого, затем, потом; *gemäß* соответственно; **kurze Zeit ~** вскоре после этого
daneben рядом; *außerdem* кроме (э)того
Dänemark N Дания *f*
dank + *gen, dat* благодаря (*Д*)
Dank M благодарность *f*; **vielen ~** большое спасибо
dankbar благодарный, признательный **Dankbarkeit** F признательность *f*; → Dank
danke спасибо; **~ schön** *od* **sehr** → vielen Dank; **ich ~ Ihnen** благодарю Вас; **~ gleichfalls** спасибо, и Вам того же
danken ⟨по⟩благодарить (**für** за); **nichts zu ~!** не за что!
dann тогда; *danach* потом; **~ und wann** порою, иногда; **bis ~!** пока!
daran на / о(б) / в (э)том; **mir liegt viel ~** это очень важно для меня; **das Gute ~ ist, dass …** это хорошо в том отношении, что …
darauf *örtl* на (э)том; *zeitl* затем; после этого; **bald ~** вскоре после этого; **am Tag ~** на следующий день; **das kommt**

~ an, ... это зависит от того, ... **daraufhin** *infolge* вследствие этого
daraus из (э)того; ~ **folgt** из этого следует; ~ **wird nichts** из этого ничего не выйдет
Darbietung F исполнение *n*
darin в (э)том; *örtl* внутри
Darlehen N ссуда *f*; заём *m*
Darm M кишка *f* **Darminfektion** F кишечная инфекция *f* **Darmkrebs** M рак *m* кишечника
darstellen являться ⟨явиться⟩ (*T*); *Rolle* исполнять ⟨-олнить⟩; *beschreiben* изображать ⟨-разить⟩ **Darsteller(in)** M(F) исполнитель(ница) *m(f)* **Darstellung** F *Beschreibung* изображение *n*
darüber об этом / о том; над этим / тем; *mehr* больше, свыше; **ich freue mich** ~ я рад этому; ~ **hinaus** сверх того; кроме того
darum *örtl* вокруг этого; о(б) (э)том; *deshalb* поэтому; **es geht** ~, **dass** ... дело в том, что ...
darunter под этим / тем; *dazwischen* в том числе; *weniger* ниже, меньше
das *kein Artikel*; → **dieses, jenes, welches**; ~ **ist**, ~ **sind** это; ~, **was** то, что; **was ist** ~? что это?; ~ **heißt** то есть
dass что; **außer** ~ кроме того, что; **so** ~ чтобы
dasselbe то же самое
Datei F файл *m*
Daten NPL данные *pl* **Datenbank** F банк *m* данных **Datenbrille** F умные очки, смарт-очки *pl* **Datenschutz** M защита *f* данных **Datenträger** M носитель *m* данных **Datenverarbeitung** F → EDV
datieren датировать (*im*)*pf*
Dativ M дательный падеж *m*
Datum N число *n*, дата *f*; **welches** ~ **haben wir heute?** какое сегодня число?
Dauer F продолжительность *f*; **auf die** ~ со временем **Dauerauftrag** M долгосрочное поручение *n* **Dauerfrostboden** M вечная мерзлота *f* **dauerhaft** прочный **Dauerlauf** M бег *m* на длинную дистанцию
dauern продолжаться ⟨-должиться⟩; **wie lange dauert es?** сколько времени это продлится? **dauernd** постоянный, непрерывный **Dauerregen** M затяжной дождь *m* **Dauerwelle** F перманент *m*
Daumen M большой палец *m*
Daunen FPL пух *m*
davon от / из (э)того; *darüber* о(б) (э)том **davonkommen** отделаться (**mit** *T*) **davonlaufen** убегать ⟨-ежать⟩
davor перед этим / тем; *zeitl* до (э)того; **ich habe Angst** ~ я этого боюсь

dazu к (э)тому; на (э)то; *Zweck* для (э)того́ **dazugehören** принадлежа́ть к (*Д*); **das gehört nicht dazu** это сюда́ не отно́сится **dazukommen** подходи́ть ⟨-дойти́⟩ к (*Д*)
dazwischen ме́жду (*T*) **dazwischenkommen**: **wenn nichts dazwischenkommt** е́сли ничто́ не помеша́ет **dazwischenreden** вме́шиваться ⟨-ша́ться⟩ в разгово́р
dealen торгова́ть нарко́тиками **Dealer** M торго́вец *m* нарко́тиками
Debatte F деба́ты *pl*; обсужде́ние *n*
Deck N па́луба *f*
Decke F покрыва́ло *n*; *Bett* одея́ло *n*; *Zimmer* потоло́к *m*
Deckel M кры́шка *f*
decken по *Tisch* накры́(ва́)ть; **den Bedarf ~** удовлетворя́ть ⟨-ри́ть⟩ спрос **Deckung** F покры́тие *n* (*a.* FIN), MIL укры́тие *n*
defekt дефе́ктный **Defekt** M дефе́кт *m*
Definition F дефини́ция *f*
Defizit N дефици́т *m*
dehnbar растяжи́мый **dehnen** растя́гивать ⟨-яну́ть⟩ (**sich** -ся) (*a. fig*)
Deich M плоти́на *f*; да́мба *f*
dein твой (-оя́, -оё, -ои́); свой **deinerseits** с твое́й стороны́ **deinetwegen** *wegen* из-за / *zuliebe* ра́ди тебя́
deinstallieren IT удаля́ть ⟨-ли́ть⟩ програ́мму
Deklaration F деклара́ция *f*
Deklination F склоне́ние *n*
Dekorateur(in) M(F) декора́тор *m* **Dekoration** F украше́ние *n*; THEAT декора́ция *f*
Delegation F делега́ция *f*
Delegierte M/F делега́т(ка) *m(f)*
delikat изы́сканный, вку́сный; *fig* делика́тный
Delikt N дели́кт *m*
Delle F вмя́тина *f*
Delphin M дельфи́н *m*
dementieren (официа́льно) опроверга́ть ⟨-е́ргнуть⟩
dementsprechend ADV соотве́тственно (э́тому) **demnach** сле́довательно **demnächst** в ско́ром вре́мени
Demokratie F демокра́тия *f*
demokratisch демократи́ческий; демократи́чный
demolieren разруша́ть ⟨-шить⟩
Demonstration F демонстра́ция *f* **demonstrieren** демонстри́ровать (*im*)*pf* (**gegen** про́тив *P*, **für** за *B*)
Demütigung F униже́ние *n*
denkbar: **das ist ~** это допусти́мо **denken** ⟨по⟩ду́мать (**an, über** *akk* о *П*); *nicht vergessen* по́мнить (*a. P*); **wie ~ Sie darüber?** что Вы об э́том ду́маете? **Denkmal** N па́мятник *m*
denn KONJ так как; *als* чем; **wo ist er ~?** где же он?; **es sei ~,**

dass ра́зве что
dennoch всё-таки, всё же
Deo(dorant) N дезодора́нт *m*
Deoroller M ро́ликовый дезодора́нт *m*
Deponie F храни́лище *n*; *Mülldeponie* сва́лка *f* **deponieren** депони́ровать *(im)pf*
Depot N депо́ *n unv*; *Lager* склад *m*
Depression F депре́ссия *f* **depressiv** депресси́вный
deprimiert удручённый
der *kein Artikel*; → dieser, jener, welcher **derartig** тако́й, тако́го ро́да
derb *grob* гру́бый; *kräftig* твёрдый, кре́пкий
deren DEM PR *sg* её, *pl* их; REL PR *sg* кото́рой, *pl* кото́рых
dergleichen → derartig; **und ~ mehr** и тому́ подо́бное **derjenige**: **~, welcher** тот, кто
dermaßen так **derselbe** тот же са́мый
desertieren дезерти́ровать *(im)pf*
deshalb поэ́тому; *weil* потому́, что
Design N диза́йн *m* **Designer(in)** M(F) диза́йнер *m*
Desinfektionsmittel N дезинфици́рующее сре́дство *n*
dessen DEM PR его́; REL PR кото́рого
Dessert N: **(zum** на**)** десе́рт
destilliert: **~es Wasser** дистилли́рованная вода́ *f*
desto тем **(mehr / besser** бо́льше / лу́чше)
deswegen из-за (э)того́; → deshalb
Detail N дета́ль *f*
Detektiv(in) M(F) детекти́в *m*
deuten ука́зывать ⟨-за́ть⟩ **(auf** на); *interpretieren* истолко́вывать ⟨-кова́ть⟩ **deutlich** отчётливый; *klar* я́сный
deutsch неме́цкий; герма́нский; **in** *od* **auf Deutsch** по-неме́цки **Deutsche** M/F не́мец *m* (-мка *f*) **Deutschkurs** M курс(ы) *m(pl)* неме́цкого языка́
Deutschland N Герма́ния *f*
deutschsprachig немецкоязы́чный **deutschstämmig** неме́цкого происхожде́ния
Devisen *pl* деви́зы *fpl*
Dezember M дека́брь *m*
dezent *Musik* негро́мкий; *Hinweis* такти́чный
dezimal десяти́чный
DGB M (Deutscher Gewerkschaftsbund) Объедине́ние *n* неме́цких профсою́зов
Dia N слайд *m*
Diabetiker(in) M(F) диабе́тик *m*
Diagnose F диа́гноз *m*
diagonal диагона́льный
Dialekt M диале́кт *m* **Dialog** M диало́г *m* **Diamant** M алма́з *m*
Diät F дие́та *f*; **~ halten** соблюда́ть дие́ту **Diäten** *pl* су́точные *pl*, содержа́ние *n* **diätisch** диетети́ческий

dich PERS PR *akk von* **du**; **für ~** для тебя́; **über ~** о тебе́
dicht густо́й; *undurchlässig* непроница́емый; *kompakt* плотный; **~ an (am)** вплотну́ю к (*Д*)
Dichte F пло́тность *f* **dichten** сочиня́ть ⟨-ни́ть⟩ стихи́ **Dichter(in)** M(F) поэ́т(écca) *m(f)*
Dichtung F *Werk* поэти́ческое произведе́ние *n*; TECH уплотне́ние *n*
dick то́лстый; *geschwollen* взду́тый **Dicke** M/F толстя́к *m* (-ту́ха *f*) **Dickkopf** M упря́мец *m* **Dickmilch** F простоква́ша *f*
die *kein Artikel*; → diese, jene, welche
Dieb(in) M(F) вор(о́вка) *m(f)*
Diebstahl M воровство́ *n*, кра́жа *f*; уго́н *m* **Diebstahlversicherung** F страхова́ние *m* иму́щества на слу́чай хище́ния
diejenige → derjenige
Diele F *Brett* полови́ца *f*; *Flur* пере́дняя *f*
dienen ⟨по⟩служи́ть (**j-m** *Д* **zu** для *P*, **als** *T*) **Diener(in)** M(F) слуга́ *m* (-ужа́нка *f*)
Dienst M *Amt* слу́жба *f*; *Gefälligkeit* услу́га *f*; **außer ~** в отста́вке; **~ haben, im ~ sein** дежу́рить
Dienstag M вто́рник *m*; **am ~** во вто́рник **dienstags** по вто́рникам
dienstbereit дежу́рный **Dienstgrad** M чин **diensthabend** дежу́рный **Dienstleistung** F услу́га *f* **dienstlich** служе́бный; ADV по (служе́бным) дела́м **Dienstreise** F командиро́вка *f* **Dienststelle** F ве́домство *n*; бюро́ *n* **Dienststunden** FPL служе́бное вре́мя *n* **Dienstvorschrift** F служе́бная инстру́кция *f*
diesbezüglich относя́щийся к э́тому
diese э́та, *pl* э́ти; **~r** э́тот; **~s** э́то; **~s Jahres** сего́ го́да
dieselbe → derjenige
Diesel M, **Dieselmotor** M ди́зель(ный дви́гатель) *m* **Dieselkraftstoff** M ди́зельное то́пливо *n*
diesjährig э́того го́да **diesmal** на э́тот раз **diesseits** по э́ту сто́рону
Dietrich M отмы́чка *f*
Differenz F ра́зница *f*
digital цифрово́й **Digitalanzeige** F цифрова́я индика́ция *f* **Digitalkamera** F цифрова́я ка́мера *f*
Diktat N дикта́нт *m* **Diktatur** F диктату́ра *f*
diktieren ⟨про⟩диктова́ть
Dill M укро́п *m*
Dimension F масшта́б *m*
Ding N вещь *f*; *Gegenstand* предме́т *m*; *umg* шту́ка *f*; **vor allen ~en** пре́жде всего́
Diplom N дипло́м *m*
Diplomat(in) M(F) диплома́т(ка *fig*) *m(f)* **diplomatisch** ди

пломатический; *fig* дипломатичный
dir PERS PR *dat von* **du**; **mit ~** с тобой; **zu ~** к тебе
direkt прямой **Direktflug** M прямой рейс *m*
Direktor(in) M(F) директор *m* (-ша, -триса *f umg*)
Dirigent(in) M(F) дирижёр *m*
dirigieren V/T MUS дирижировать (*T*)
Diskjockey M диск-жокей *m*
Disko(thek) F дискотека *f*, диско *n*
diskret конфиденциальный
diskriminieren дискриминировать (*im*)*pf*
Diskussion F дискуссия *f*
Diskuswerfen N метание *n* диска
diskutieren дискутировать (**über** *akk* о *П*)
Distanz F дистанция *f* **distanzieren**: **sich ~** дистанцироваться (*im*)*pf*
Distel F чертополох *m*
Disziplin F дисциплина *f* **diszipliniert** дисциплинированный
Dividende F дивиденд *m* (*mst pl*) **dividieren** ⟨раз⟩делить (**durch** на) **Division** F MATH деление *n*; MIL дивизия *f*
DJ → Diskjockey
doch *aber* однако, но; *dennoch* всё-таки, всё же; *verstärkend* же, ведь
Docht M фитиль *m*
Dock N док *m*
Dogge F дог *m*
Doktor M доктор *m*; *Arzt* врач *m*
Dokument N документ *m*
Dokumentarfilm M документальный фильм *m*
Dolch M кинжал *m*
Dollar M доллар *m*
Dolmetscher(in) M(F) переводчик *m* (-ица *f*)
Dom M кафедральный собор *m*
Dompteur M укротитель *m*
Dompteuse укротительница *f*
Döner M шаурма *f*
Donner M гром *m* **donnern**: **es donnert** гром гремит
Donnerstag M четверг *m*; **am ~** в четверг
doof → dumm, blöd
dopen *j-n* д(ав)ать допинг **Doping** N допинг *m* **Dopingkontrolle** F проверка *f* на допинг
Doppel N парная игра *f* **Doppelbett** N двуспальная кровать *f* **Doppelgänger** M двойник *m* **doppelklicken** IT кликать ⟨кликнуть⟩ **Doppelpunkt** M двоеточие *n*
doppelt двойной; **~ soviel** вдвое больше; **das Doppelte** двойное количество *n*
Doppelzimmer N двухместный номер *m*
Dorf N деревня *f*, село *n*
Dorfbewohner M сельский житель *m*

Dorn M BOT колючка *f* **dornig** колючий
Dorsch M треска́ *f*
dort там; **von ~** оттуда **dorthin** туда **dortig** тамошний
Dose F банка *f*; коробка *f* **Dosenmilch** F баночное молоко́ *n* **Dosenöffner** M открыва́лка *f* **dosieren** дози́ровать (*im*)*pf* **Dosis** F до́за *f*
Dotter M *od* N желто́к *m*
downloaden IT ска́чивать ⟨-чать⟩
Dozent(in) M(F) доце́нт *m*
Drache M драко́н *m*
Drachen M *Papierdrachen* бума́жный змей *m*; SPORT дельтапла́н *m* **Drachenfliegen** N дельтапланери́зм *m*
Draht M про́волока *f*
Drama N дра́ма *f* **dramatisch** драмати́ческий; драмати́чный
dran → daran; **ich bin ~** моя́ о́чередь; TEL **bleiben Sie ~!** жди́те отве́та!
drängeln напира́ть ⟨-пере́ть⟩
drängen *antreiben* ⟨по⟩торопи́ть (**zu** с *T*); насто́йчиво тре́бовать (**auf etw** *B od inf*); **die Zeit drängt** вре́мя не те́рпит; **sich ~** ⟨с⟩тесни́ться (**um** *akk* вокру́г *P*)
drankommen быть на о́череди
drauf → darauf; **~ und dran sein zu** соб(и)ра́ться + *inf*
draußen снару́жи; на у́лице / дворе́; **von ~** с у́лицы / со двора́
Dreck M грязь *f*; *fig* дрянь *f* **dreckig** гря́зный; дрянно́й
drehbar враща́ющийся **Drehbuch** N сцена́рий *m*
drehen враща́ть (-ся **sich**); *Film* снима́ть ⟨снять⟩, *Kopf* повора́чивать ⟨-верну́ть⟩ (-ся **sich**); **es dreht sich um** *akk* речь идёт о (*П*)
Drehtür F дверь-вертушка *f*
Drehung F поворо́т *m*; оборо́т *m* **Drehzahlmesser** M тахо́метр *m*
drei три; **~ Viertel** три че́тверти
Dreieck N треуго́льник *m* **dreifach** тройно́й **dreihundert** три́ста **dreimal** три ра́за три́жды **Dreirad** N трёхколёсный велосипе́д *m*
dreißig три́дцать **dreißigste** тридца́тый
Dreisternehotel N трёхзвёздочный оте́ль *m* **dreistöckig** трёхэта́жный **dreistündig** трёхчасово́й **dreizehn** трина́дцать **dreizehnte** трина́дцатый
dreschen молоти́ть
dressieren ⟨вы́⟩дрессирова́ть
Dressing N запра́вка *f* (для сала́та)
dringen проника́ть ⟨-и́кнуть⟩ (**durch** *akk* че́рез *B*)
dringend сро́чный; неотло́жный; **in ~en Fällen** *a.* в слу́чае о́строй необходи́мости; **ich brauche ~** мне сро́чно тре́буется

drinnen внутри́
dritte тре́тий; **als Dritter** тре́тьим **Drittel** N тре́тья часть *f*, треть *f* **drittens** в-тре́тьих
DRK N (Deutsches Rotes Kreuz) Неме́цкое о́бщество *n* Кра́сного Креста́
Droge F нарко́тик *m*
Drogenabhängige M/F наркома́н(ка) *m(f)* **Drogenhandel** M торго́вля *f* нарко́тиками, наркоби́знес *m* **Drogenhändler(in)** M(F) торго́вец *m* (-о́вка *f*) нарко́тиками **Drogenmafia** F наркома́фия *f* **Drogensucht** F наркома́ния *f*
Drogerie F магази́н *m* космети́ческих и апте́карских това́ров
drohen *j-m* ⟨по⟩грози́ть (**mit** *T*); угрожа́ть **drohend** угрожа́ющий, грозя́щий
dröhnen ⟨про⟩греме́ть; *Kopf* гуде́ть
Drohung F угро́за *f* (*a. Bedrohung*)
Drossel F *Vogel* дрозд *m*
drüben по ту сто́рону
drüber → darüber, drunter
Druck M давле́ние *n*; *Buchdruck* печа́тание *n*; *Zwang* нажи́м *m*
drucken ⟨на⟩печа́тать, ⟨от⟩печа́тать
drücken V/T наж(им)а́ть, *an sich* приж(им)а́ть, *Hand* пож(им)а́ть; *umarmen* обнима́ть ⟨-ня́ть⟩; V/I *Schuh* жать; **sich** ~ отлы́нивать (**vor** от *P*)
drückend гнету́щий; ~ **heiß** ду́шный
Drucker M IT при́нтер *m* **Druckerei** F типогра́фия *f*
Druckfehler M опеча́тка *f*
Druckknopf M кно́пка *f*
Drucksache F печа́тное изда́ние *n* **Druckschrift** F печа́тный шрифт *m*; **in** ~ печа́тным шри́фтом
Drüse F железа́ *f*
Dschungel M джу́нгли *pl*
du ты
Dübel M дю́бель *m*
ducken: **sich** ~ сгиба́ться ⟨согну́ться⟩ (**vor** *dat* пе́ред *T*)
Duell N дуэ́ль *f*
Duft M за́пах *m* **duften** па́хнуть (**nach** *T*)
dulden допуска́ть ⟨-сти́ть⟩
dumm глу́пый; *Lage* дура́цкий **Dummheit** F глу́пость *f*; *pl a.* вздор *m* **Dummkopf** M дура́к *m*, ду́рень *m*, дурале́й *m*
dumpf *Ton* глухо́й; *Gefühl* сму́тный
Düne F дю́на *f*
düngen удобря́ть ⟨-о́брить⟩
Dünger M удобре́ние *n*
dunkel тёмный; ADV темно́; **es wird** ~ темне́ет; **im Dunkeln** в потёмках **Dunkelheit** F темнота́ *f*, тьма *f*
dünn то́нкий; *mager* худо́й; *Suppe* жи́дкий
Dunst M мгла *f*; ды́мка *f*
Dunstabzug M *Dunstabzugshaube* вы́тяжка *f*

dünsten ⟨c⟩туши́ть
dunstig мгли́стый
Duplikat N дублика́т *m*
Dur N мажо́р *m*, дур *m*
durch *örtl* че́рез (*a. Ursache*), сквозь (*В*); по (*Д*); *Mittel, Ursache T*, посре́дством (*Р*); **~ und ~** насквво́зь; **die ganze Nacht ~** всю ночь напролёт **durcharbeiten** V/T прораба́тывать ⟨-бо́тать⟩
Durchblick M *fig* понима́ние *n* **Durchblutungsstörung** F наруше́ние *n* кровоснабже́ния
durchbohren просве́рливать ⟨-ли́ть⟩ **durchboxen** *umg*: **sich ~** проби́(ва́)ться **durchbrechen** V/T перела́мывать ⟨-ломи́ть⟩ (-ся *v/i*), прола́мывать ⟨-ломи́ть⟩ (-ся *v/i*)
durchbrennen *Birne* перегора́ть ⟨-ре́ть⟩ **Durchbruch** M проло́м *m*; проры́в *m* **durchdacht** проду́манный **durchdrehen** V/T пропуска́ть ⟨-сти́ть⟩; V/I *fig* выходи́ть ⟨вы́йти⟩ из себя́
durcheinander вперемéшку; *pers* пу́таный, сби́тый с то́лку **Durcheinander** N ха́ос *m*, пу́таница *f* **durcheinanderbringen** *verwechseln* перепу́т(ыв)ать
Durchfahrt F прое́зд *m*; **~ verboten!** прое́зд воспрещён!
Durchfall M поно́с *m* **durchfallen** прова́ливаться ⟨-и́ться⟩
durchführbar выполни́мый **durchführen** проводи́ть ⟨-вести́⟩
Durchgang M прохо́д *m*; **kein ~!** прохо́да нет!
durchgeben перед(ав)а́ть **durchgebraten** прожа́ренный **durchgehen** проходи́ть ⟨пройти́⟩ **durchgehend** *Zug* транзи́тный; *ohne Pause* без переры́ва **durchgreifen**: **hart ~** принима́ть ⟨-ня́ть⟩ радика́льные ме́ры
durchhalten V/T вы́держивать ⟨вы́держать⟩ **durchlassen** пропуска́ть ⟨-сти́ть⟩ **durchlässig** проница́емый
durchlaufen *Wasser* протека́ть ⟨-те́чь⟩ **Durchlauferhitzer** M прото́чный водонагрева́тель *m*
durchlesen прочи́тывать ⟨-та́ть⟩ **durchmachen** *feiern* пра́здновать до утра́; *durchleben* пережи́(ва́)ть **Durchmesser** M диа́метр *m* **durchnässt** промо́кший
Durchreise F прое́зд *m*; **auf der ~ sein** быть прое́здом **durchreisen** *ein Land* объезжа́ть ⟨-е́хать⟩
durchreißen перер(ы)ва́ть
Durchsage F сообще́ние *n*
durchschauen *fig* раску́сывать ⟨-си́ть⟩ **Durchschlag** M ко́пия *f*
durchschlagen проби́(ва́)ть (**sich** -ся *fig*) **durchschneiden** перереза́ть ⟨-ре́зать⟩

Durchschnitt M срéднее *n*; **im ~** в срéднем **durchschnittlich** срéдний **Durchschnittsgeschwindigkeit** F срéдняя скóрость *f*
Durchschrift F кóпия *f*
durchsehen *prüfen* просмáтривать ‹-мотрéть›
durchsetzen *erreichen* доби(вá)ться (*P*); **sich ~** проби(вá)ться
Durchsicht F просмóтр *m* **durchsichtig** прозрáчный
durchstreichen перечёркивать ‹-черкнýть› **Durchsuchung** F óбыск *m*
Durchwahl F прямóй набóр *m*
durchweg повсю́ду **durchwühlen** переры́(вá)ть
durchzählen V/T пересчи́тывать ‹-тáть› **Durchzug** M *Luft* сквозня́к *m*
dürfen ‹с›мочь; имéть прáво / разрешéние; **darf ich?** мóжно?; **man darf nicht** нельзя́
dürftig скýдный, убóгий
dürr тóщий (*a. Erde*); *trocken* сухóй **Dürre** F зáсуха *f*
Durst M жáжда *f*; **ich habe ~** я хочý пить
Dusche F душ *m* **duschen** V/I принимáть ‹-ня́ть› душ **Duschkabine** F душевáя каби́на *f*
Düse F соплó *n* **Düsenflugzeug** N реакти́вный самолёт *m*
düster мрáчный
Dutzend N дю́жина *f*
duzen: **sich ~** быть на ты
dynamisch динами́ческий, динами́чный **Dynamit** N динами́т *m* **Dynamo** M динáмо *n unv*

E

E N MUS ми *n*
Ebbe F отли́в *m*
eben рóвный; ADV *gerade* тóлько что, как раз
Ebene F равни́на *f*
ebenfalls тáкже, тóже
ebenso так же; **~ viel** стóлько же; **~ wenig** так же не (**wie** как)
Eber M кабáн *m*; *Hauseber* хряк *m*
ebnen разрáвнивать ‹-ровня́ть›
E-Bike N электровелосипéд *m*
E-Book N электрóнная кни́га *f*
Echo N э́хо *n*; *fig* óтклик *m*
echt пóдлинный; настоя́щий (*a. Gefühle*); *umg wirklich* дéйстви́тельно, впрáвду
Eckball M угловóй *m* **Ecke** F ýгол *m*; **um die ~ biegen** заворáчивать ‹-вернýть› зá угол
eckig угловáтый (*a. fig*)
Economy Class F туристи́ческий класс *m*
Edelmetall N благорóдный метáлл *m* **Edelstein** M драгоцéнный кáмень *m*

EDV F (Elektronische Datenverarbeitung) электро́нная обрабо́тка *f* да́нных
Efeu M плющ *m*
egal: **das ist mir ~** э́то мне безразли́чно / всё равно́
Egoist M эгои́ст(ка) *m(f)* **egoistisch** эгоисти́ческий
Ehe F брак *m*, супру́жество *n* **Ehefrau** F жена́ *f* **Eheleute** *pl* супру́ги *mpl* **ehelich** бра́чный
ehemalig бы́вший
Ehemann M муж *m* **Ehepaar** N → Eheleute
eher ра́ньше; *besser* лу́чше; **je ~, desto besser** чем ра́ньше, тем лу́чше
Ehering M обруча́льное кольцо́ *n*
Ehre F честь *f* **ehren** почита́ть; уважа́ть
ehrenamtlich ADV в поря́дке обще́ственной рабо́ты **Ehrengast** M почётный гость *m* **Ehrenmitglied** N почётный член *m* **Ehrenwort** N че́стное сло́во *n*
Ehrgeiz M честолю́бие *n* **ehrgeizig** честолюби́вый
ehrlich че́стный **Ehrlichkeit** F че́стность *f* **Ehrung** F чество́вание *n*
Ei N яйцо́ *n*
Eiche F дуб *m*
Eichel F BOT жёлудь *m* **Eichhörnchen** N бе́лка *f*
Eidechse F я́щерица *f*
eidesstattlich: **~e Erklärung** заявле́ние *n* равноси́льное да́нному под прися́гой
Eidotter M *od* N желто́к *m*
Eierkuchen M омле́т *m* **Eierstock** M я́ичник *m*
Eifer M усе́рдие *n* **Eifersucht** F ре́вность *f* **eifersüchtig** ревни́вый
eifrig усе́рдный
Eigelb N желто́к *m*
eigen со́бственный; *charakteristisch* сво́йственный **eigenartig** своеобра́зный; стра́нный **eigenhändig** собственнору́чный **eigenmächtig** самово́льный **Eigenname** M и́мя *n* со́бственное **eigennützig** своекоры́стный **Eigenschaft** F сво́йство *n*, ка́чество *n* **eigensinnig** упря́мый
eigentlich ADJ настоя́щий; прямо́й; ADV со́бственно
Eigentum N со́бственность *f* **Eigentümer(in)** M(F) со́бственник *m* (-ица *f*); владе́лец *m* (-лица *f*) **eigentümlich** → eigenartig **Eigentumswohnung** F ча́стная кварти́ра *f*
eignen: **sich ~** подходи́ть ⟨-дойти́⟩, годи́ться
Eilbote M на́рочный *m*, курье́р *m* **Eilbrief** M спе́шное письмо́ *n* **Eile** F спе́шка *f*; **ich bin in ~** я спешу́
eilen ⟨по⟩спеши́ть; **die Sache eilt** де́ло не те́рпит (отлага́тельства); **es eilt nicht** э́то не к спе́ху **eilig** сро́чный, спеш-

ный; **es ~ haben** → eilen
Eimer M ведро́ *n*
ein, eine *kein Artikel*; **~er** *jemand* кто́-то / -нибудь; **was für ~ …?** что / кто за …?; **~er von ihnen** оди́н из них; **~ und derselbe** оди́н и тот же; → so, solch, welch; NUM оди́н, одна́; **~ Uhr** час; **in ~em Jahr** че́рез год
einander друг дру́га / дру́гу
einarbeiten *j-n* вводи́ть ⟨ввести́⟩ / *sich* входи́ть ⟨войти́⟩ в курс де́ла
einatmen вдыха́ть ⟨вдохну́ть⟩
Einbahnstraße F у́лица *f* односторо́ннего движе́ния
Einband M переплёт *m*
einbauen встра́ивать ⟨-ро́ить⟩
Einberufung F созы́в *m*, MIL призы́в *m* **einbeziehen** включа́ть ⟨-чи́ть⟩
einbiegen свора́чивать ⟨сверну́ть⟩ (**nach links** нале́во)
einbilden: **sich etw ~** вообража́ть ⟨-рази́ть⟩ себе́ (*B*) **Einbildung** F воображе́ние *n*
einbrechen вла́мываться ⟨вломи́ться⟩; **bei mir ist eingebrochen worden** у меня́ соверши́ли взлом **Einbrecher(in)** M(F) взло́мщик *m* (-ица *f*)
einbringen *Idee* вноси́ть ⟨-нести́⟩, *Gewinn* приноси́ть ⟨-нести́⟩
Einbruch M взлом *m*; GEOL обва́л *m*; **bei ~ der Nacht** с наступле́нием но́чи
einbürgern принима́ть ⟨-ня́ть⟩ в гражда́нство
eincremen ⟨на⟩ма́зать кре́мом (**sich** -ся)
eindeutig недвусмы́сленный
eindringen проника́ть ⟨-и́кнуть⟩ **eindringlich** насто́ятельный
Eindruck M впечатле́ние *n*
eindrücken прода́вливать ⟨-ви́ть⟩ **eindrucksvoll** впечатля́ющий
eineinhalb полтора́
einerlei безразли́чно, всё равно́ **Einerlei** N однообра́зие *n*
einerseits с одно́й стороны́
einfach просто́й; *nicht schwer a.* лёгкий; **~ so** про́сто так
Einfahrt F въезд *m*; *Toreinfahrt* подворо́тня *f*
Einfall M обва́л *m*; (внеза́пная) иде́я *f* **einfallen** *Haus* обру́ши(ва)ться; *in ein Land* напада́ть ⟨-па́сть⟩ на (*B*); **… fällt mir nicht ein** не могу́ вспо́мнить …
einfarbig одноцве́тный **einfetten** сма́з(ыв)ать (жи́ром)
einfinden: **sich ~** явля́ться ⟨-ви́ться⟩
einflößen *Angst* внуша́ть ⟨-ши́ть⟩
Einfluss M влия́ние *n* **einflussreich** влия́тельный
einförmig моното́нный **einfrieren** *Lebensmittel, Löhne* замора́живать ⟨-ро́зить⟩ **einfü-**

gen вставля́ть ‹-а́вить›
Einfuhr F ввоз *m*, и́мпорт *m*
einführen вводи́ть ‹ввести́›; *Waren* ввози́ть ‹ввести́›
Einführung F введе́ние *n* **Einführungspreis** M (ни́зкая) цена́ *f* на но́вый вид проду́кции
Einfuhrverbot N запреще́ние *n* ввоза
Eingabe F *v. Daten* ввод *m*; *an Amt* заявле́ние *n* **Eingang** M вход *m*; *Erhalt* поступле́ние *n*
eingeben *Daten* вводи́ть ‹ввести́› **eingebildet** зано́счивый **Eingeborene** M/F *neg!* тузе́мец *m* (-мка *f*)
eingehen *Post* поступа́ть ‹-пи́ть›; *Pflanze* погиба́ть ‹-и́бнуть›; *Wäsche* сади́ться ‹сесть›; *zustimmen* **auf etw ~** соглаша́ться ‹-ласи́ться› с (*T*); *abschließen* заключа́ть ‹-чи́ть› **eingehend** тща́тельный
Eingemachte N варе́нье *n*
Eingeweide *pl* вну́тренности *fpl*
eingewöhnen: **sich ~** осва́иваться ‹-во́иться›; вжи́(ва́)ться
eingießen нали́(ва́)ть, вли́(ва́)ть **eingleisig** одноколе́йный **eingliedern** включа́ть ‹-чи́ть›, интегри́ровать (*im*)*pf* (**sich** -ся) **eingreifen** вме́шиваться ‹-ша́ться› **Eingriff** M MED вмеша́тельство *n* **einhalten** *befolgen* соблюда́ть ‹-юсти́›; *Versprechen* сде́рживать ‹-жа́ть›
einheimisch ме́стный; *Ware mst* оте́чественный
Einheit F еди́нство *n*; PHYS едини́ца *f* **einheitlich** еди́ный
einholen *j-n* догоня́ть ‹-гна́ть›; *umg* → einkaufen
einig единоду́шный; **wir sind uns ~** мы едины во мне́нии
einige не́который, -рая, -рое, -рые; не́сколько (*P*); **~ Tage** не́сколько дней
einigen: **sich ~** догова́риваться ‹-вори́ться›, сходи́ться ‹сойти́сь›
einigermaßen бо́лее или ме́нее **einiges** ко́е-что **Einigkeit** F еди́нство *n*; единоду́шие *n* **Einigung** F объедине́ние *n*; JUR соглаше́ние *n*
einjährig *Dauer* годи́чный; *Kind* годова́лый **einkalkulieren** учи́тывать ‹-че́сть›
Einkauf M поку́пка *f*; **Einkäufe machen** = **einkaufen gehen** идти́ ‹пойти́› за поку́пками
einkaufen V/T покупа́ть ‹купи́ть›
Einkaufsbummel M прогу́лка *f* по магази́нам **Einkaufspassage** F ТЦ *m*, торго́вый центр *m* **Einkaufstasche** F су́мка *f* для поку́пок **Einkaufswagen** M теле́жка *f* для поку́пок
einkehren заезжа́ть ‹-е́хать› (**in e-m Gasthaus** в рестора́н)
einkleiden оде́(ва́)ть (**sich**

-ся) **einklemmen** *Finger* прищемля́ть ‹-ми́ть›
Einkommen N дохо́д *m* **Einkommenssteuer** F подохо́дный нало́г *m*
Einkünfte *pl* дохо́ды *mpl*
einladen *j-n* приглаша́ть ‹-паси́ть› (**zu etw** на *B*); *Waren* погружа́ть ‹-узи́ть› **Einladung** F приглаше́ние *n*
Einlage F *Schuheinlage* супина́тор *m*; *Geld* вклад *m*
Einlass M впуск *m*; вход *m*
einlassen *Wasser* напуска́ть ‹-сти́ть›; *j-n* впуска́ть ‹-сти́ть›; **sich ~** пуска́ться ‹-сти́ться› (**auf** *akk* на *B*)
einleben: **sich ~** → sich eingewöhnen
einlegen вкла́дывать ‹вложи́ть›; GASTR ‹за›маринова́ть; AUTO *Gang* включа́ть ‹-чи́ть›
Einlegesohle F сте́лька *f*
einleiten нач(ин)а́ть; JUR возбужда́ть ‹-уди́ть›; *Abwasser* сбра́сывать ‹-ро́сить› **Einleitung** F *Einführung* введе́ние *n*; вступле́ние *n*
einleuchtend убеди́тельный; я́сный **einliefern** *j-n* помеща́ть ‹-ести́ть› в (*B*)
einloggen IT входи́ть ‹войти́›
einlösen *Scheck* обнали́чи(ва)ть; *Versprechen* выполня́ть ‹вы́полнить›
einmachen ‹за›консерви́ровать
einmal (оди́н) раз; *künftig* когда́-нибудь; **auf ~** сра́зу; *plötzlich* вдруг; **nicht ~** да́же не; **noch ~** ещё раз **Einmaleins** N табли́ца *f* умноже́ния; *fig* а́збука *f* **einmalig** ра́зовый; уника́льный
Einmarsch M вступле́ние *n*
einmischen: **sich ~** вме́шиваться ‹-ша́ться› **Einmischung** F вмеша́тельство *n*
Einnahme F FIN дохо́д *m*, прихо́д *m*; *pl a.* сбо́ры *mpl*
einnehmen получа́ть ‹-чи́ть›; *Arznei* принима́ть ‹-ня́ть›, *Platz* занима́ть ‹-ня́ть› **einnehmend** обая́тельный
einordnen: AUTO **sich ~** перестра́иваться ‹-ро́иться›
einpacken *in Papier* упако́вывать ‹-ова́ть›; *in den Koffer* укла́дывать ‹уложи́ть› **einparken** запаркова́ть *pf* **einpflanzen** сажа́ть ‹посади́ть›
einplanen заплани́ровать *pf*
einprägen: **sich etw ~** запомина́ть ‹-о́мнить› **einrahmen** обрамля́ть ‹-ра́мить›
einräumen уб(и)ра́ть; *zugestehen* допуска́ть ‹-сти́ть›
einreden *j-m etw* внуша́ть ‹-ши́ть› **einreiben** *j-n / etw mit* натира́ть ‹-тере́ть› **einreichen** под(ав)а́ть
Einreise F въезд *m* **Einreisevisum** N въездна́я ви́за *f*
einreißen *Papier* надрыва́ть ‹-дорва́ть› (-ся *v/i*)
einrenken MED вправля́ть

⟨-áвить⟩

einrichten *Zimmer* обставля́ть ⟨-áвить⟩; *ermöglichen* устрáивать ⟨-рóить⟩ **Einrichtung** F *Möbel* обстанóвка *f*; *Institution* учреждéние *n*

eins оди́н; раз; **um ~** в час

einsam одинóкий **Einsamkeit** F одинóчество *n*

einsammeln соб(и)рáть

Einsatz M *v. Maschinen* испóльзование *n*; *Spieleinsatz* стáвка *f*; **im ~ sein** дéйствовать

einscannen IT ⟨от⟩скани́ровать

einschalten *Licht, TV* включáть ⟨-чи́ть⟩ (**sich** -ся); **sich ~** *a.* → einmischen

einschätzen оцéнивать ⟨-ни́ть⟩ **einschenken** нали́(вá)ть

einschlafen засыпáть ⟨-снýть⟩; *Glieder* ⟨о⟩немéть

einschläfern усыпля́ть ⟨-пи́ть⟩ **einschlagen** *Nagel* вби́(вá)ть; *Tür* вылáмывать ⟨вы́ломать⟩; *Weg* изб(и)рáть; *Blitz* ударя́ть ⟨-áрить⟩; *fig Erfolg haben* имéть успéх

einschließen запирáть ⟨-перéть⟩; *enthalten* включáть ⟨-чи́ть⟩ **einschließlich** PRÄP включáя

Einschnitt M надрéз *m*; *fig* перелóм *m*, сдвиг *m*

einschränken ограни́чи(ва)ть (**sich** себя́) **Einschränkung** F ограничéние *n*; *Vorbehalt* оговóрка *f*

einschreiben: **sich ~** запи́сываться ⟨-сáться⟩ **Einschreiben** N заказнóе *n*; **per ~** заказны́м

einschüchtern запýгивать⟨-гáть⟩ **einsehen** *verstehen* понимáть ⟨-ня́ть⟩; *Fehler* призн(ав)áть **einseitig** односторóнний

einsenden пос(ы)лáть, прис(ы)лáть **Einsender(in)** M(F) отправи́тель(ница) *m(f)*

einsetzen *einfügen* вставля́ть ⟨-áвить⟩; *verwenden* применя́ть ⟨-ни́ть⟩; *in ein Amt* назначáть ⟨-нáчить⟩; VI *beginnen* нач(ин)áться; **sich ~ für** вступáться ⟨-пи́ться⟩ за (*B*)

Einsicht F *Erkenntnis* понимáние *n* **einsichtig** благоразýмный

einsinken ⟨за⟩вя́знуть, ⟨у⟩вя́знуть **einsparen** ⟨с⟩эконóмить **einsperren** запирáть ⟨-перéть⟩ **einspringen** замещáть ⟨-мести́ть⟩ (**für j-n** к-о)

Einspruch M протéст *m*; **~ erheben** заявля́ть ⟨-ви́ть⟩ протéст

einspurig однополóсный

einstecken *umg mitnehmen* брать ⟨взять⟩ с собóй; *Brief* опускáть ⟨-сти́ть⟩

einsteigen сади́ться ⟨сесть⟩ на (*B*); *umg* вступáть ⟨-пи́ть⟩ в (*B*); **~!** занимáйте местá!

einstellen *Sender* настрáивать

⟨-ро́ить⟩; *Gerät* ⟨от⟩регули́ровать; *Personal* нанима́ть ⟨-ня́ть⟩; *beenden* прекраща́ть ⟨-рати́ть⟩; **sich auf etw ~** ⟨при⟩гото́виться к (*B*)
Einstellung F отноше́ние *n*
Einstellungsgespräch N собесе́дование *n* при приёме на рабо́ту **Einstellungsstopp** M прекраще́ние *n* приёма на рабо́ту
einstimmig единогла́сный **einstöckig** одноэта́жный **Einstufung** F распределе́ние *n* по катего́риям **einstündig** одночасово́й
einstürzen разва́ливаться ⟨-и́ться⟩ **Einsturzgefahr** F угро́за *f* обва́ла
eintauchen V/I обма́кивать ⟨-кну́ть⟩ **eintauschen** обме́нивать ⟨-ня́ть⟩ (**gegen** на)
einteilen разделя́ть ⟨-ли́ть⟩; *Zeit, Geld* распланиро́вывать ⟨-ова́ть⟩ **einteilig** неразде́льный **Einteilung** F разделе́ние *n*
eintönig → einförmig **Eintopf** M мя́со-овощно́й суп *m* **einträchtig** единоду́шный **Eintrag** M за́пись *f*
eintragen вноси́ть ⟨-нести́⟩, *Gewinn* приноси́ть ⟨-нести́⟩ **einträglich** при́быльный **Eintragung** F регистра́ция *f*; за́пись *f*
eintreffen *ankommen* прибы́(ва́)ть; *sich erfüllen* сбы́(ва́)ться
eintreten входи́ть ⟨войти́⟩; *Fall* наступа́ть ⟨-пи́ть⟩; **~ für** *akk* вступа́ться ⟨-пи́ться⟩ за (*B*)
Eintritt M вход *m*; **~ frei!** вход свобо́дный / беспла́тный!; **kein ~!** вхо́да нет! **Eintrittskarte** F входно́й биле́т *m*
eintrocknen засыха́ть ⟨-со́хнуть⟩
einverstanden: **~ sein** быть согла́сным; **~!** согла́сен!, ла́дно!
Einwand M возраже́ние *n*
Einwanderer M, **Einwanderin** F иммигра́нт(ка) *m*(*f*) **einwandern** иммигри́ровать (*im*)*pf* **Einwanderung** F иммигра́ция *f*
einwandfrei безупре́чный **einwechseln** разме́нивать ⟨-ня́ть⟩
Einwegflasche F буты́лка *f* ра́зового употребле́ния **Einwegspritze** F однора́зовый шприц *m*
einweichen размáчивать ⟨-мочи́ть⟩ **einweihen** торже́ственно откры́(ва́)ть **einweisen** *in die Klinik* направля́ть ⟨-ра́вить⟩; *in e-e Arbeit* инструкти́ровать (*im*)*pf* **einwerfen** *Münze, Brief* опуска́ть ⟨-сти́ть⟩; *Ball* вбра́сывать ⟨-ро́сить⟩ **einwickeln** завёртывать ⟨-верну́ть⟩
einwilligen соглаша́ться ⟨-ласи́ться⟩ (**in** *akk* на *B*) **Einwilligung** F согла́сие *n*
einwirken возде́йствовать (*im*)*pf* (**auf** *akk* на *B*); **~ lassen**

д(ав)а́ть подействовать **Einwohner(in)** M(F) житель (-ница) *m(f)* **Einwohnermeldeamt** N стол *m* прописки **Einwurf** M *Schlitz* щель *f*; SPORT бросо́к *m*
Einzahl F единственное число́ *n* **einzahlen** вноси́ть ⟨внести́⟩ **Einzahlung** F взнос *m*, платеж *m*
Einzel N одино́чная игра́ *f* **Einzelgänger** M одино́чка *m/f* **Einzelhandel** M ро́зничная торго́вля *f* **Einzelheit** F подро́бность *f*, дета́ль *f* **Einzelkind** N единственный ребёнок *m*
einzeln отде́льный; ADV *eintreten* по́рознь, один за други́м; **im Einzelnen** в ча́стности
Einzelzimmer N одноме́стный но́мер *m*
einziehen протя́гивать ⟨-яну́ть⟩, втя́гивать ⟨-яну́ть⟩; MIL приз(ы)ва́ть; V/I *Mieter* въезжа́ть ⟨-е́хать⟩
einzig еди́нственный; **ein Einziger** то́лько оди́н; **kein Einziger** ни оди́н **einzigartig** уника́льный, осо́бенный
Einzug M въезд *m* **Einzugsermächtigung** F полномо́чие *n* на сня́тие со счёта **Einzugsgebiet** N *fig* зо́на *f* обслу́живания
Eis N лёд *m*; *Speise* моро́женое *n*; ~ **laufen** ката́ться на конька́х **Eisbahn** F като́к *m* **Eisbär** M бе́лый медве́дь *m* **Eisberg** M а́йсберг *m* **Eiscafé** N кафе́-моро́женое *n*
Eisen N желе́зо *n*
Eisenbahn F желе́зная доро́га *f* **Eisenbahner** M железнодоро́жник *m* **Eisenbahnwagen** M железнодоро́жный ваго́н *m*
Eisenwaren *pl umg* скобяны́е изде́лия *npl*
eisern желе́зный
eisgekühlt охлаждённый на льду **Eishockey** N хокке́й *m* на льду
eisig ледяно́й **eiskalt** холо́дный как лёд
Eiskunstlauf M фигу́рное ката́ние *n* **Eisläufer(in)** M(F) *umg* конькобе́жец *m* (-жка *f*)
Eisschrank M холоди́льник *m* **Eiswürfel** M ку́бик *m* льда **Eiszapfen** M сосу́лька *f* **Eiszeit** F леднико́вый пери́од *m*
eitel тщесла́вный
Eiter M гной *m* **eitern** гнои́ться **eitrig** гно́йный
Eiweiß N бело́к *m*
Ekel M отвраще́ние *n* **ekelhaft** отврати́тельный, проти́вный, ме́рзкий **ekeln**: **ich ek(e)le mich davor** мне э́то проти́вно; меня́ тошни́т от э́того
Ekzem N экзе́ма *f*
E-Ladestation F заря́дная ста́нция *f*
elastisch эласти́чный
Elch M лось *m*
Elefant M слон *m*

elegant элегáнтный, изя́щный
Elektriker M элéктрик *m*
elektrisch электри́ческий; **~er Schlag** удáр *m* тóком
Elektrizität F электри́чество *n*
Elektroauto N электромоби́ль *m*
Elektrogerät N электроприбóр *m* **Elektrogeschäft** N магази́н *m* электротовáров **Elektroherd** M электроплитá *f*
Elektronik F электрóника *f* **elektronisch** электрóнный
Elektrotechnik F электротéхника *f*
Element N элемéнт *m*; TECH *a.* составнáя часть *f* **elementar** элементáрный
Elend N нищетá *f* **Elendsviertel** N трущóбы *fpl*
elf оди́ннадцать
Elfenbein N слонóвая кость *f*
Elfmeter M пенáльти *m od n*
elfte оди́ннадцатый
Ellbogen M лóкоть *m*
Elster F сорóка *f*
Eltern *pl* роди́тели *mpl* **Elternhaus** N роднóй дом *m* **elternlos** не имéющий роди́телей
Email N эмáль *f*
E-Mail F электрóнная пóчта *f* **E-Mail-Account** M электрóнная пóчта *f*
Emanzipation F эмансипáция *f*
Embargo N эмбáрго *n unv*
Empfang M приём *m* (*a.* POL, TV); *Rezeption* приёмная *f* **empfangen** получáть ⟨-чи́ть⟩, принимáть ⟨-ня́ть⟩ (*a. pers*)
Empfänger M адресáт *m*; TV приёмник *m* **Empfängnisverhütung** F контрацéпция *f*
Empfangsbestätigung F распи́ска *f* в получéнии **Empfangschef** M администрáтор *m*
empfehlen ⟨по⟩рекомендовáть; **es empfiehlt sich** рекомендýется **empfehlenswert** достóйный рекомендáции
Empfehlung F рекомендáция *f*
empfinden ⟨по⟩чýвствовать **empfindlich** чувстви́тельный (**gegen** *akk* к *Д*); *schnell beleidigt* оби́дчивый
empört возмущённый **Empörung** F возмущéние *n*
Ende N конéц *m*; **~ Mai** в концé мáя; **am ~** в / на концé; **letzten ~s** наконéц, в концé концóв; **zu ~ sein** окáнчиваться ⟨окóнчиться⟩; → **enden**; **zu ~ gehen** подходи́ть к концý **enden** кончáться ⟨кóнчиться⟩ **endgültig** окончáтельный **endlich** ADV наконéц **endlos** бесконéчный **Endspiel** N финáл *m* **Endstation** F конéчная стáнция *f* **Endung** F GRAM окончáние *n*
Energie F энéргия *f* **Energiespar-** *zssgn* энергоэконóмный **energiesparend** эконóмящий энéргию **Energiever-**

sorgung F энергоснабже́ние *n*

energisch энерги́чный, *pers a.* реши́тельный

eng у́зкий; *Beziehung* те́сный; **~ anliegend** *a.* пло́тно облега́ющий

Engel M а́нгел *m*

England N А́нглия *f* **englisch** ADV по-англи́йски

Engpass M *fig* у́зкое ме́сто *m*

Enkel M внук *m* **Enkelin** F вну́чка *f*

enorm огро́мный; чрезме́рный

Ensemble N анса́мбль *m*

entbinden VI рожа́ть ⟨роди́ть⟩; VT освобожда́ть ⟨-боди́ть⟩ (**j-n von** *dat* к-о от *P*) **Entbindung** F ро́ды *pl* **Entbindungsstation** F роди́льное отделе́ние *n*

entdecken откры́(ва́)ть **Entdeckung** F откры́тие *n*

Ente F у́тка *f*

Enteignung F экспроприа́ция *f*

entfallen выпада́ть ⟨вы́пасть⟩ (*a. fig*; *j-m* из головы́; **auf j-n** на до́лю *P*); *Veranstaltung* не состоя́ться

entfernen удаля́ть ⟨-ли́ть⟩ (**sich** -ся **von** *dat* от *P*) **entfernt** отдалённый **Entfernung** F *örtl* расстоя́ние *n*

Entfroster M размора́живающее сре́дство *n*

entführen похища́ть ⟨-хи́тить⟩ **Entführer** M похи́титель *m* **Entführung** F похище́ние *n*; *Flugzeug* уго́н *m*

entgegen PRÄP (на)про́тив; вопреки́; *Richtung* навстре́чу **entgegengehen** идти́ навстре́чу **entgegengesetzt** противополо́жный **entgegenkommen** → entgegengehen (*a. fig*) **Entgegenkommen** N предупреди́тельность *f* **entgegenkommend** предупреди́тельный **entgegennehmen** принима́ть ⟨-ня́ть⟩

entgehen избега́ть ⟨-ежа́ть⟩ (e-r **Gefahr** опа́сности); **sich etw nicht ~ lassen** не упуска́ть ⟨-сти́ть⟩

Entgelt N опла́та *f*

entgiften выводи́ть ⟨вы́вести⟩ яд **entgleisen** сходи́ть ⟨сойти́⟩ с ре́льсов **enthalten** содержа́ть **enthaltsam** возде́ржанный **enthüllen** откры́(ва́)ть, *fig* раскры́(ва́)ть

entkommen убега́ть ⟨-ежа́ть⟩ от (*P*)

entkräften *Argument* опроверга́ть ⟨-ве́ргнуть⟩ **entkräftet** *pers* изнурённый; без сил

entladen разгружа́ть ⟨-узи́ть⟩; ELEK **sich ~** разряжа́ться ⟨-яди́ться⟩

entlang вдоль (*P*)

entlarven разоблача́ть ⟨-чи́ть⟩

entlassen *Arbeiter* увольня́ть ⟨-о́лить⟩; *Patient(in)* выпи́сывать ⟨вы́писать⟩ **Entlassung** F увольне́ние *n*; вы́писка *f*;

umg увольни́тельная *f*
entlaufen убега́ть ⟨-ежа́ть⟩
Entlüfter M вентиляцио́нная устано́вка *f* **entmündigen** опека́ть; *fig* лиша́ть самостоя́тельности **entmutigen** обескура́жи(ва)ть
entnehmen вынима́ть ⟨вы́нуть⟩; *folgern* заключа́ть ⟨-чи́ть⟩ (**aus etw** из *P*) **entrahmt**: **~e Milch** сня́тое молоко́ *n*
entreißen вырыва́ть ⟨вы́рвать⟩ (**j-m** у к-о) **entrüstet** возмущённый
entschädigen возмеща́ть ⟨-ести́ть⟩ (**j-n für** *akk* к-у *B*) **Entschädigung** F компенса́ция *f*
entscheiden реша́ть ⟨-ши́ть⟩ (**sich** -ся **für** на) **entscheidend** реша́ющий **Entscheidung** F реше́ние *n*
entschlacken выводи́ть ⟨вы́вести⟩ шла́ки **entschließen**: **sich ~** реша́ться ⟨-ши́ться⟩ (**zu** *dat* на *B*)
Entschluss M реше́ние *n*
entschlüsseln дешифро́вывать ⟨-ова́ть⟩
entschuldigen извиня́ть ⟨-ни́ть⟩ (**sich** -ся **für** *akk* за *B*; **bei** *dat* пе́ред *T*); **~ Sie!** извини́те!, прости́те! **Entschuldigung** F извине́ние *n*, проще́ние *n*
Entsetzen N у́жас *m* **entsetzlich** ужа́сный **entsetzt** *präd* в у́жасе
Entsorgung F устране́ние *n*
entspannen: **sich ~** *pers* отдыха́ть ⟨-дохну́ть⟩ **Entspannung** F POL разря́дка *f*
entsprechen соотве́тствовать **entsprechend** соотве́тственный; **Ihrem Wunsch ~** согла́сно Ва́шему жела́нию
entspringen брать нача́ло
entstehen возника́ть ⟨-и́кнуть⟩ **Entstehung** F возникнове́ние *n*
entstellen *Narbe* обезобра́живать ⟨-ра́зить⟩ **entstellt** обезобра́женный
enttäuschen разочаро́вывать ⟨-рова́ть⟩; **enttäuscht sein von** быть разочаро́ванным (*T*), в (*П*) **Enttäuschung** F разочарова́ние *n*
Entwässerung F обезво́живание *n*
entweder: **~ ... oder ...** или / ли́бо ..., или / ли́бо ...
entweichen выходи́ть **entwerfen** ⟨за⟩проекти́ровать
entwerten обесце́ни(ва)ть; *Fahrschein* компости́ровать (*im*)*pf* **Entwerter** M компо́стер *m* **Entwertung** F *Geld* девальва́ция *f*
entwickeln разви́(ва́)ть (**sich** -ся); FOTO проявля́ть ⟨-ви́ть⟩
Entwicklung F разви́тие *n*
Entwicklungshelfer(in) M(F) специали́ст-помо́щник *m* в развива́ющихся стра́нах **Entwicklungsland** N развива́ющаяся страна́ *f*

Entwurf M проéкт *m*; эскиз *m* **entziehen** лишáть ⟨-шить⟩ (**j-m** *akk* к-о *P*) **Entziehungskur** F курс *m* лечéния от алкоголизма / наркомáнии **entziffern** разбирáть ⟨-зобрáть⟩ **entzückend** обаятельный, восхитительный **entzückt** восхищённый **Entzug** M *des Führerscheins* лишéние *n*; *umg* → Entziehungskur **Entzugserscheinungen** FPL абстинéнтный синдрóм *m* **entzünden** разжигáть ⟨-жéчь⟩; **sich ~** MED воспаляться ⟨-литься⟩ **Entzündung** F воспалéние *n* **entzwei** → kaputt **Enzym** N энзим *m* **Epidemie** F эпидéмия *f* **Epilepsie** F эпилéпсия *f* **Episode** F эпизóд *m* **Epoche** F эпóха *f* **er** он; **~ selbst** он сам; **da ist ~ ja** а вот и он **erbärmlich** жáлкий; пóдлый **erbarmungsos** безжáлостный **erbauen** ⟨по⟩стрóить **Erbauer(in)** M(F) строитель *m* (ница *f*) **Erbe**[1] M наслéдник *m* **Erbe**[2] N наслéдство *n* **erben** наслéдовать *(im)pf* **erbeuten** захвáтывать ⟨-ватить⟩ **Erbin** F наслéдница *f* **erbittert** ожесточённый **erblinden** ослéпнуть *pf* **erbrechen** ⟨вы⟩рвать (*T*); **ich muss mich ~** меня тошнит **Erbschaft** F наслéдство *n* **Erbse** F горóшина *f*; *pl* горóх *m* **Erdbeben** N землетрясéние *n* **Erdbeere** F клубника *f* **Erdboden** M пóчва *f*; земля *f* **Erde** F земля *f*; *Planet* Земля *f* **erden** заземлять ⟨-лить⟩ **Erdgas** N прирóдный газ *m* **Erdgeschoss** N пéрвый этáж *m*; партéр *m* **Erdkunde** F геогрáфия *f* **Erdnuss** F арáхис *m* **Erdöl** N нефть *f* **erdrücken** задавить *pf*; *fig* подавлять ⟨-вить⟩ **Erdrutsch** M óползень *m* **Erdteil** M часть *f* свéта **ereignen**: **sich ~** происходить ⟨-изойти⟩ **Ereignis** N происшéствие *n*, событие *n* **Erektion** F эрéкция *f* **erfahren** узн(ав)áть; *spüren* испытывать ⟨-тáть⟩; ADJ óпытный; свéдущий **Erfahrung** F óпыт *m*; **aus eigener ~** по своемý óпыту **erfassen** *Daten* ⟨за⟩регистрировать; *verstehen* схвáтывать ⟨-тить⟩, *einbeziehen* охвáтывать ⟨-тить⟩ **erfinden** изобретáть ⟨-ести⟩; *sich ausdenken* выдýмывать ⟨выдумать⟩ **Erfinder(in)** M(F) изобретáтель(ница) *m(f)* **Erfindung** F изобретéние *n*

Erfolg M успе́х *m*; **~ versprechend** перспекти́вный **erfolgen** ⟨по⟩сле́довать **erfolglos** ADV безуспе́шно **erfolgreich** ADV успе́шно, уда́чно
erforderlich необходи́мый
erfordern ⟨по⟩тре́бовать
erforschen иссле́довать (im)pf; *erschließen* осва́ивать ⟨-во́ить⟩
erfreuen ⟨об⟩ра́довать; **erfreut sein** ⟨об⟩ра́доваться (**über** *akk Д*) **erfreulich** ра́достный
erfrieren V/I замерза́ть ⟨-мёрзнуть⟩ **Erfrierung** F, *mst pl* обмороже́ние *n*
erfrischen освежа́ть ⟨-жи́ть⟩ (**sich** -ся) **erfrischend** освежа́ющий **Erfrischung** F освеже́ние *n*
erfüllen *Bitte, Pflicht* исполня́ть ⟨-о́лнить⟩; *Aufgabe* выполня́ть ⟨ вы́полнить⟩; *Bedingung* отвеча́ть (*Д*); **sich ~** сбы(ва́)ться
ergänzen дополня́ть ⟨-по́лнить⟩; *hinzufügen* добавля́ть ⟨-а́вить⟩ **Ergänzung** F дополне́ние *n*; добавле́ние *n*
ergeben *insgesamt* составля́ть ⟨-а́вить⟩; *zeigen* пока́зывать ⟨-за́ть⟩; **sich ~** *folgen* получа́ться ⟨-чи́ться⟩ (**aus** *dat* из *P*); *aufgeben* сд(ав)а́ться
Ergebnis N результа́т *m* **ergebnislos** безрезульта́тный
ergiebig эконо́мный; плодотво́рный (*a. fig*)
ergreifen V/T схва́тывать ⟨-ти́ть⟩, *Macht* захва́тывать ⟨-ти́ть⟩; *Gelegenheit* воспо́льзоваться *pf*; *Maßnahme* принима́ть ⟨-ня́ть⟩; *Wort* брать ⟨взять⟩
erhalten получа́ть ⟨-чи́ть⟩; *bewahren* сохраня́ть ⟨-ни́ть⟩; **gut ~** в хоро́шем состоя́нии
erhängen: **sich ~** ве́шаться ⟨пове́ситься⟩
erheben поднима́ть ⟨-ня́ть⟩ (**sich** *aufstehen* -ся); *Gebühr* взима́ть; **sich ~** *revoltieren* восст(ав)а́ть **erheblich** значи́тельный **Erhebung** F подня́тие *n*; *Hügel* возвы́шенность *f*
erhitzen нагре́(ва́)ть
erhöhen повыша́ть ⟨-ы́сить⟩
Erhöhung F повыше́ние *n*
erholen: **sich ~** отдыха́ть ⟨-дохну́ть⟩; оправля́ться ⟨-а́виться⟩ (**von etw** от *P*) **Erholung** F о́тдых *m*
erinnern напомина́ть ⟨-по́мнить⟩, *sich* вспомина́ть ⟨-по́мнить⟩ (**j-n** к-у **an** *akk* о *П*)
Erinnerung F па́мять *f*; воспомина́ние; **zur ~ an** на / в па́мять (*P*), о (*П*)
erkälten: **sich ~** простужа́ться ⟨-уди́ться⟩; **er ist erkältet** он простуди́лся **Erkältung** F просту́да *f*
erkennen ви́деть (**dass** что); узн(ав)а́ть (**an** *dat* по *П*) **Erkenntnis** F позна́ние *n*
erklären объясня́ть ⟨-ни́ть⟩;

bekannt geben заявля́ть ⟨-ви́ть⟩ **Erklärung** F объясне́ние *n*; заявле́ние *n*, объявле́ние *n*
erkranken заболе́(ва́)ть (**an** *T*) **Erkrankung** F заболева́ние *n*; → Krankheit
erkunden разве́д(ыв)ать **erkundigen**: **sich ~** узн(ав)а́ть (**nach j-m** о *П* / **etw** *В*, о *П*)
Erlass M ука́з *m* **erlassen** изд(ав)а́ть; освобожда́ть ⟨-боди́ть⟩ (**j-m** *akk* к-о от *Р*)
erlauben разреша́ть ⟨-ши́ть⟩ **Erlaubnis** F разреше́ние *n*
erläutern поясня́ть ⟨-ни́ть⟩
erleben пережи́(ва́)ть **Erlebnis** N *Ereignis* собы́тие *n*
erledigen исполня́ть ⟨-о́лнить⟩ **erledigt** *umg erschöpft* изму́ченный
erleichtern облегча́ть ⟨-чи́ть⟩ **erleichtert** *beruhigt* успоко́енный **Erleichterung** F облегче́ние *n*
erlernen обуча́ться ⟨-чи́ться⟩, ⟨на⟩учи́ться (*akk Д*)
Erlös M вы́ручка *f*
erloschen *Vulkan* поту́хший
erlöschen *Licht* ⟨по⟩га́снуть
erlösen избавля́ть ⟨-а́вить⟩ (**von** *dat* от *Р*) **Erlöser** M спаси́тель *m* **Erlösung** F избавле́ние *n*; REL спасе́ние *n*
ermäßigt льго́тный; пони́женный, сни́женный; **zu ~en Preisen** по сни́женным це́нам **Ermäßigung** F льго́та *f*; ски́дка *f*
ermitteln рассле́довать (*im*)*pf*
Ermittlung F *v. Daten* определе́ние *n*; JUR *mst pl* ро́зыск *m*, рассле́дование *n*
ermöglichen ⟨с⟩де́лать возмо́жным
ermorden уби́(ва́)ть **Ermordung** F уби́йство *n*
ermüden VI уст(ав)а́ть **ermüdend** утоми́тельный
ermuntern побужда́ть ⟨-уди́ть⟩ (**zu** *dat* к *Д*)
ermutigen ободря́ть ⟨-ри́ть⟩ **ermutigend** ободри́тельный
ernähren пита́ть (**sich** -ся); → füttern **Ernährung** F *Nahrung* пита́ние *n*
ernennen назнача́ть ⟨-на́чить⟩ (**zum Direktor** дире́ктором) **Ernennung** F назначе́ние *n*
erneuern (воз)обновля́ть ⟨-ви́ть⟩ **Erneuerung** F (воз)обновле́ние *n*
erneut повто́рный; ADV опя́ть, вновь
erniedrigen унижа́ть ⟨-и́зить⟩ **Erniedrigung** F униже́ние *n*
ernst серьёзный; **~ nehmen** принима́ть ⟨-ня́ть⟩ всерьёз
Ernst M серьёзность *f*; **im ~** серьёзно **Ernstfall** M: **im ~** *fig* в слу́чае реа́льной опа́сности **ernsthaft** серьёзный
Ernte F урожа́й *m*; *Obst a.* сбор *m* **ernten** уб(и)ра́ть урожа́й
Ernüchterung F *fig* разочарова́ние *n*
Eroberer M завоева́тель *m*

erobern завоёвывать ⟨-оевать⟩ **Eroberung** F завоевание *n*, захват *m*
eröffnen откры́(ва́)ть **Eröffnung** F открытие *n*
erörtern обсуждать ⟨-удить⟩
Erotik F эро́тика *f* **erotisch** эротический
erpressen *etw* вымогать (**von j-m** у к-о); *j-n* шантажи́ровать **Erpresser(in)** M(F) шантажист(ка) *m(f)* **Erpressung** F шантаж *m*, вымогательство *n*
erproben испытывать ⟨-тать⟩
erraten догадываться ⟨-даться⟩
erregen возбуждать ⟨-удить⟩ **Erreger** M возбудитель *m* **erregt** возбуждённый **Erregung** F возбуждение *n*
erreichbar достижимый; **er ist schwer ~** TEL его́ тру́дно застать **erreichen** *Ort, Ziel* достигать ⟨-игнуть⟩; *fig a.* доби́(ва́)ться; *j-n* связаться с (*T*) (a TEL); *Zug* успе́(ва́)ть
errichten сооружать ⟨-удить⟩ **erringen** доби́(ва́)ться **erröten** ⟨по⟩краснеть
Errungenschaft F достижение *n*; *Anschaffung* приобретение *n*
Ersatz M замена *f*; *Schadenersatz* возмещение *n* **Ersatzdienst** M MIL альтернативная служба *f* **Ersatzrad** M запасное колесо́ *n* **Ersatzspieler** M запасной игро́к *m* **Ersatzteil** N запасная часть *f*
erscheinen появля́ться ⟨-ви́ться⟩; *Buch* выходить ⟨выйти⟩; **das erscheint mir seltsam** мне это кажется странным **Erscheinung** F (по)явление *n*
erschießen застреливать ⟨-елить⟩
erschlagen уби́(ва́)ть; ADV *umg* убитый, разбитый, поражённый
erschließen осваивать ⟨-воить⟩; *Sinn* раскры́(ва́)ть
erschöpft истощённый, *pers a.* изнурённый **Erschöpfung** F истощение *n*, изнурение *n*
erschrecken V/T ⟨ис⟩пугать (**sich** -ся *v/i*) **erschrocken** испуганный
erschüttern сотрясать ⟨-сти́⟩, *fig* потрясать ⟨-сти́⟩ **erschütternd** *fig* потрясающий **Erschütterung** F сотрясение *n*, *fig* потрясение *n*
erschweren затруднять ⟨-нить⟩ **erschwinglich** доступный **ersetzen** заменять ⟨-нить⟩; *Schaden, Kosten* возмещать ⟨-естить⟩
ersichtlich ви́димый
ersparen: **j-m etw ~** избавлять ⟨-авить⟩ к-о от (*P*) **Ersparnis** F экономия *f* (**an** *P*); *mst pl Geld* сбережение *n*
erst *zuerst* сперва́, сначала; *nicht früher, nur* то́лько; **~ gestern** то́лько вчера́; **~ recht** тем более
erstarren засты́(ва́)ть (*a. fig,*

vor от *P*) **erstatten** *Unkosten* возмещáть ‹-естúть›; *Anzeige* ‹с›дéлать
Erstaufführung F премьéра *f*
erstaunlich удивúтельно **erstaunt** удивлённый
erste пéрвый (*a. subst*); **am ~n Mai** пéрвого мáя; **~r Klasse** пéрвого клáсса; **Erste Hilfe** скóрая пóмощь *f*; **als Erster** пéрвым; **zum ~n Mal** впервые, в пéрвый раз
erstechen закáлывать ‹-колóть›
erstens во-пéрвых
ersticken V/I задыхáться ‹-дохнýться›
erstklassig первоклáссный
erstrebenswert желáнный
erstrecken: **sich ~** простирáться ‹-терéться› (**bis zu** *od* **an** на *B*)
ertappen ловúть ‹поймáть› (**bei etw** на *П*; **auf frischer Tat** на мéсте преступлéния)
erteilen д(ав)áть
Ertrag M дохóд *m*; AGR урожáй *m*
ertragen терпéть
erträglich снóсный
ertränken ‹у›топúть **ertrinken** ‹у›тонýть
erübrigen уделять ‹-лúть› (**für j-n** к-у); **es erübrigt sich** излúшне
erwachen пробуждáться ‹-удúться›; → aufwachen
erwachsen взрóслый (*a. subst*)
erwägen взвéшивать ‹-éсить›
erwähnen упоминáть ‹-мянýть› **erwärmen** нагрé(вá)ть
erwarten ждать, ожидáть; **das war zu ~** э́того слéдовало ожидáть **Erwartung** F ожидáние *n*
erwecken *fig* вызывáть ‹вы́звать›, ‹про›будúть **erweisen** окáзывать ‹-зáть› (**sich** -ся, **als** *T*) **erweitern** расширять ‹-шúрить›
Erwerb M приобретéние *n* **erwerben** приобретáть ‹-естú›
erwerbslos безрабóтный **erwerbsunfähig** нетрудоспосóбный
erwidern отвечáть ‹-éтить› (*a. Gruß, Gefühl*) **erwischen** *umg Zug* успé(вá)ть; *j-n antreffen* заст(ав)áть; → ertappen
erwünscht желáтельный **erwürgen** ‹за›душúть
Erz N рудá *f*
erzählen расскáзывать ‹-зáть› **Erzählung** F расскáз *m*; *literarische a.* пóвесть *f*
erzeugen производúть ‹-вестú›; *hervorrufen* вызывáть ‹вы́звать› **Erzeuger** M производúтель *m* **Erzeugnis** N продýкт *m* (*a. fig*); *Ware* издéлие *n*
erziehen воспúтывать ‹-тáть›
Erzieher(in) M(F) воспитáтель (-ница) *m(f)* **Erziehung** F воспитáние *n*
erzielen → erringen **erzwingen** вынуждáть ‹вы́нудить›

es оно́; э́то; **ich bin ~** э́то я; **~ ist spät** по́здно; **~ gibt** есть; **~ klopft** стуча́т
Esel M осёл *m*, иша́к *m*
Eskimo M *neg!* эскимо́с *m*
essbar съедо́бный **Essbesteck** N столо́вый прибо́р *m*
essen ⟨по⟩е́сть, ⟨по⟩ку́шать; **zu Mittag ~** ⟨по⟩обе́дать; **zu Abend ~** ⟨по⟩у́жинать
Essen N еда́ *f*; *Speise a.* пи́ща *f*; **beim ~** за едо́й
Essig M у́ксус *m* **Essiggurke** F корнишо́н *m*
Esslöffel M столо́вая ло́жка *f*
Esszimmer N столо́вая *f*
Etage F эта́ж *m* **Etagenbett** N двухъя́русная крова́ть *f*
Etappe F эта́п *m*
Etat M бюдже́т *m*
E-Ticket N электро́нный биле́т *m*
Etikett N ярлы́к *m*, этике́тка *f*
Etui N футля́р *m*
etwa *in Frage* ра́зве, неуже́ли; → ungefähr
etwas что́-нибудь / -либо (*beliebig*) / -то (*bestimmt*); *ein wenig* немно́го, немно́жко, чуть; не́что
EU F (Europäische Union) Европе́йский сою́з *m*
euch PERS PR *dat, akk von* **ihr**; **bei ~** у вас; **mit ~** с ва́ми; **zu ~** к вам; **über ~** о вас
euer ваш (-а, -е, -и); свой
Eule F сова́ *f*
eure → euer **euretwegen** из-за / ра́ди вас
Euro M *Währung* е́вро *n*
Europa N Евро́па *f* **Europäer(in)** M(F) европе́ец *m* (-пе́йка *f*) **europäisch** европе́йский; → EU
Eurozone F Еврозона *f*
e.V. M (eingetragener Verein) зарегистри́рованное о́бщество *n*
evakuieren эваку́ировать (*im*)*pf*
evangelisch евангели́ческий
Evangelium N ева́нгелие *n*
Event N мероприя́тие *n*, иве́нт *m*
eventuell ADV возмо́жно
ewig ве́чный **Ewigkeit** F ве́чность *f*
EWS N (Europäisches Währungssystem) европе́йская валю́тная систе́ма *f*
exakt то́чный
Examen N экза́мен *m*
Exemplar N экземпля́р *m*
Exil N изгна́ние *n*, эмигра́ция *f*
Existenz F существова́ние *n*
Existenzminimum N прожи́точный ми́нимум *m*; **unter dem ~** ни́же прожи́точного ми́нимума
existieren существова́ть
Exkursion F экску́рсия *f*
exotisch экзоти́ческий
Expedition F экспеди́ция *f*
Experiment N экспериме́нт *m*
Experte M, **Expertin** F экспе́рт *m*
explodieren взрыва́ться

⟨-зорва́ться⟩ **Explosion** F взрыв *m* **explosiv** взрывно́й
Export M э́кспорт *m*, вы́воз *m* **exportieren** экспорти́ровать *(im)pf*
extra э́кстра; *getrennt* отде́льный; *eigens* осо́бый; *zusätzlich* дополни́тельный; **~ für dich** специа́льно для тебя́
Extras NPL *Auto usw* повы́шенная комплекта́ция *f*
extrem кра́йний **Extremist(in)** M(F) экстреми́ст(ка) *m(f)*
E-Zigarette F электро́нная сигаре́та *f*

F

F N MUS фа *n*
Fa. F (Firma) фи́рма *f*
Fabel F ба́сня *f*; фа́була *f*
Fabrik F фа́брика *f*, заво́д *m*
Fabrikat N фабрика́т *m*
Fach N *Schublade* я́щик *m*; *Schulfach* предме́т *m*; *Bereich* специа́льность *f* **Facharbeiter(in)** M(F) квалифици́рованный (-ная) рабо́чий *m* (-о́тница *f*) **Facharzt** M, **Fachärztin** F врач-специали́ст *m* **Fachausdruck** M те́рмин *m* **Fachfrau** F специали́стка *f* **Fachgebiet** N специа́льность *f*; о́бласть *f* **Fachhochschule** F специа́льное вы́сшее уче́бное заведе́ние *n* **Fachkenntnisse** FPL специа́льные зна́ния *npl* **fachlich** специа́льный **Fachmann** M специали́ст *m* **Fachmesse** F отраслева́я я́рмарка *f*
Fackel F фа́кел *m*
fad(e) безвку́сный; *fig* ску́чный
Faden M ни́тка *f*, нить *f*
fähig спосо́бный (**zu** *dat* к *Д*)
Fähigkeit F спосо́бность *f*
fahnden разы́скивать (**nach j-m** *B*) **Fahndung** F ро́зыск *m*
Fahne F зна́мя *n*
Fahrausweis M проездно́й биле́т *m* **Fahrbahn** F прое́зжая часть *f*
Fähre F паро́м *m*
fahren *lenken* води́ть, вести́; *befördern* ⟨от⟩везти́, вози́ть; V/I ⟨по⟩е́хать, е́здить (**mit dem Zug** по́ездом); → abfahren
Fahrer M води́тель *m*, шофёр *m* **Fahrerflucht** F бе́гство *n* води́теля с ме́ста происше́ствия **Fahrerin** F води́тельница *f*, шофёр(ка *umg*) *m(f)*
Fahrgast M пассажи́р *m*
Fahrkarte F (проездно́й) биле́т *m* **Fahrkartenautomat** M биле́тный автома́т *m* **Fahrkartenschalter** M биле́тная ка́сса *f*
fahrlässig неосторо́жный
Fahrlehrer(in) M(F) инстру́ктор *m* по вожде́нию **Fahr-**

plan M расписáние *n* / грáфик *m* движéния **Fahrpreis** M стóимость *f* проéзда
Fahrrad N велосипéд *m*, *umg* вéлик *m* **Fahrradverleih** M пункт *m* прокáта велосипéдов
Fahrschein M → Fahrkarte **Fahrscheinentwerter** M компóстер *m*
Fahrschule F автошкóла *f* **Fahrspur** F полосá *f* движéния **Fahrstuhl** M лифт *m*
Fahrt F ездá *f*; *Reise* поéздка *f*; **gute ~!** счастлѝвого путѝ!
Fährte F след *m*
Fahrtkosten *pl* расхóды *mpl* на проéзд **Fahrtrichtung** F направлéние *n* движéния
Fahrzeug N трáнспортное срéдство *n* **Fahrzeughalter** M владéлец *m* автомобѝля **Fahrzeugpapiere** *pl* пáспорт *m* автомобѝля
fair порядочный, чéстный
Faktor M фáктор *m*
Fakultät F факультéт *m*
Falke M сóкол *m*
Fall M слýчай *m*; *Sturz* падéние *n*; GRAM падéж *m*; **auf jeden ~** во вся́ком слýчае; **auf keinen ~** ни в кóем слýчае
Falle F ловýшка *f* (*a. fig*)
fallen пáдать ⟨упáсть⟩ (*a. fig*); **es fällt mir schwer** мне э́то даётся с трудóм
fällen *Baum* ⟨по⟩валѝть; *Urteil* выносѝть ⟨вы́нести⟩
fällig подлежáщий уплáте / исполнéнию **Fälligkeit** F срок *m* платежá / исполнéния
falls éсли
Fallschirm M парашю́т *m* **Fallschirmspringer** M парашютѝст *m*
falsch непрáвильный (*a. Uhr*; *falsch gehen*); *unwahr* невéрный (*a. pers*); *unecht* фальшѝвый (*a. pers*); **~ verbunden!** Вы ошѝблись нóмером!
fälschen поддéл(ыв)ать
Falschgeld N фальшѝвые дéньги *pl*; *umg* фальшѝвка *f* **Falschparken** N стоя́нка *f* в запрещённом мéсте
Fälschung F поддéлка *f*, *umg* фальшѝвка *f*
Faltboot N складнáя байдáрка *f* **Falte** F склáдка *f*; *Hautfalte* морщѝна *f* **falten** склáдывать ⟨сложѝть⟩
Falter M мотылёк *m*, бáбочка *f*
faltig морщѝнистый
familiär семéйный; *vertraulich* фамилья́рный
Familie F семья́ *f* **Familienmitglied** N член *m* семьѝ **Familienname** M фамѝлия *f* **Familienstand** M семéйное положéние *n*
Fan M фанáт(ка) *m(f)* *umg*; SPORT болéльщик *m* (-ица *f*)
Fanatiker(in) M(F) фанáтик *m* (-ичка *f*) **fanatisch** фанатѝчный
Fang M лóвля *f*; *Beute* улóв *m*
fangen ловѝть ⟨поймáть⟩
Fantasie F фантáзия *f* **fan-**

tastisch фантастический
Farbdrucker M цветной принтер *m* **Farbe** F цвет *m*; *Malfarbe* краска *f* **farbecht** не выцветающий
färben *Haar* ⟨вы⟩красить
farbenblind: **er ist ~** он дальтоник
farbig цветной **farblos** бесцветный **Farbton** M оттенок *m*
Färbung F окраска *f* (*a. fig*)
Farn M папоротник *m*
Fasching M карнавал *m*
Faschismus M фашизм *m*
Faser F волокно *n*; фибра *f*
fas(e)rig волокнистый
Fass N бочка *f*; **vom ~** бочковый, разливной
Fassade F фасад *m* (*a. fig*)
Fassbier N бочковое / разливное пиво *n*
fassen *Dieb* схватывать ⟨-тить⟩; *begreifen* понимать ⟨-нять⟩; **sich kurz ~** быть кратким
Fassung F *Edelstein, Brille* оправа *f*; *Glühbirne* патрон *m*; *fig* самообладание *n*; **aus der ~ bringen** вывести из себя
fassungslos растерявшийся; ADV безудержно
fast почти
fasten поститься **Fastenzeit** F REL пост *m* **Fast Food** N фаст фуд *m* **Fastnacht** F карнавал *m* в канун Великого поста
faszinierend очаровательный; увлекательный
fatal фатальный
fauchen фыркать ⟨-кнуть⟩
faul *pers* ленивый; *Obst* гнилой; *Ei* тухлый **faulen** ⟨с⟩гнить; ⟨про⟩тухнуть
faulenzen лентяйничать **Faulenzer(in)** M(F) лентяй(ка) *m(f)*
Faulheit F лень *f*, леность *f*
Faust F кулак *m*; **auf eigene ~** на свой риск **Fausthandschuh** M рукавица *f* **Faustschlag** M удар *m* кулаком
Favorit(in) M(F) фаворит(ка) *m(f)*
Fax N факс *m* (*a. Gerät*) **faxen** перед(ав)ать по факсу
Fazit N вывод *m*, итог *m*
FCKW N (Fluorchlorkohlenwasserstoff) фреон *m*
Februar M февраль *m*
fechten фехтовать
Feder F перо *n*; TECH пружина *f* **Federball** M *Spiel* бадминтон *m* **Federbett** N перина *f* **federn** V/I пружинить **Federung** F AUTO рессоры *fpl*
Fee F фея *f*; волшебница *f*
fegen ⟨под⟩мести
Fehlbetrag M недочёт *m*, дефицит *m* **fehlen** не хватать ⟨-тить⟩; *pers* отсутствовать; **was fehlt Ihnen?** что с Вами?
Fehler M ошибка *f*; недостаток *m* **fehlerfrei** безошибочный **fehlerhaft** ошибочный; дефектный
Fehlgeburt F выкидыш *m*
Fehlschlag M неудача *f*

Feier F праздник *m*, торжество *n* **Feierabend** M конец *m* рабочего дня; **nach ~** после работы **feierlich** торжественный **feiern** ⟨от⟩праздновать **Feiertag** M праздник *m*, выходной день *m*

feig(e) трусливый **Feigheit** F трусость *f* **Feigling** M трус (-иха) *m(f)*

Feile F напильник *m* **feilen** опиливать ⟨-лить⟩

feilschen торговаться

fein мелкий; *zart* тонкий; **~er Kerl** *umg* хороший парень *m*

Feind M враг *m* **feindlich** враждебный; *bes* MIL вражеский **Feindschaft** F вражда *f* **feindselig** неприязненный

feinfühlig чуткий, деликатный **Feinheit** F тонкость *f*; деталь *f* **Feinschmecker(in)** M(F) гурман(ка) *m(f)*

Feld N поле *n* **Feldweg** M просёлочная дорога *f*

Felge F обод *m* (колеса)

Fell N шкур(к)а *f*; *Pelz* мех *m*

Fels(en) M скала *f* **felsig** скалистый

feminin женственный; GRAM женского рода

Fenster N окно *n* **Fensterbrett** N подоконник *m* **Fensterladen** M ставень *m* **Fensterplatz** M место *n* у окна **Fensterputzer** M мойщик *m* стёкол **Fensterrahmen** M оконная рама *f*

Ferien *pl* каникулы *pl*; *Urlaub* отпуск *m* **Ferienhaus** N дача *f*, коттедж *m*

Ferkel N поросёнок *m*

fern далёкий; дальний (*nur örtl*)

Fernabfrage F TEL дистанционное прослушивание *n* автоответчика; IT запрос *m* данных **Fernbedienung** F дистанционное управление *n*; *Gerät a.* пульт *m*

fernbleiben отсутствовать

Ferne F даль *f*; **aus der ~** издали; **in der ~** вдали

ferner ADV в дальнейшем

Fernfahrer M *umg* дальнобойщик *m* **Ferngespräch** N междугородный разговор *m* **ferngesteuert** телеуправляемый **Fernglas** N бинокль *m* **Fernlicht** N дальний свет *m*

Fernmeldewesen N связь *f* на расстоянии **Fernrohr** N телескоп *m*

fernsehen ⟨по⟩смотреть телевизор

Fernsehen N телевидение *n* **Fernseher** M телевизор *m* **Fernsehprogramm** N программа *f* телепередач **Fernsehsendung** F телепередача *f* **Fernsehzuschauer** M телезритель *m*

Fernsicht F видимость *f*

Fernstudium N заочное обучение *n* **Fernverkehr** M дальнее следование *n*; TEL дальняя связь *f*

Ferse F пятка f, пята f
fertig готовый; *fig umg* измученный **fertigbringen** справляться ‹-авиться›
Fertiggericht N готовое блюдо n **Fertighaus** N сборный дом m **Fertigkeit** F навык m; *Geschick* ловкость f
fertigmachen *beenden* заканчивать ‹-кончить›; *fig erschöpfen* доконать pf; **sich ~** *bereitmachen* приготавливаться ‹-товиться› **fertigstellen** завершать ‹-шить›
Fessel F ANAT лодыжка f **fesseln** связывать ‹-зать›; *fig* захватывать ‹-тить›
fest твёрдый (*a. Preis, Charakter*); *Wohnsitz* постоянный; *Schlaf* крепкий
Fest N праздник m
festbinden привязывать ‹-зать›
festhalten (крепко) держать (**sich** -ся); *fig* придерживаться (**an etw** P)
Festival N фестиваль m
Festland N суша f; материк m
festlich праздничный; *feierlich* торжественный
festmachen SCHIFF ‹при›швартоваться **Festnahme** F задержание n **festnehmen** задерживать ‹-жать› **Festnetzanschluss** M городской телефон m **Festplatte** F IT жёсткий диск m, винчестер m **festsetzen** *Termin, Preis* определять ‹-лить›
Festspiele *pl* фестиваль m
feststehen быть решённым **feststellen** устанавливать ‹-новить›
Festtag M праздничный день m **Fest(um)zug** M праздничное шествие n
Festung F крепость f **festverzinslich** с твёрдым процентом
Fete F пирушка f, вечеринка f
fett жирный; *Boden* тучный
Fett N жир m **fettarm** обезжиренный **fettig** жирный
Fetzen M лоскут m, клочок m
feucht влажный **Feuchtigkeit** F влажность f
Feuer N огонь m; *Brand* пожар m **Feueralarm** M пожарная тревога f **Feuerbestattung** F кремация f **feuerfest** огнеупорный **feuergefährlich** огнеопасный **Feuerlöscher** M огнетушитель m **Feuermelder** M пожарная сигнализация f
feuern *umg entlassen* выгонять ‹выгнать›
Feuerwehr F пожарная команда f **Feuerwerk** N фейерверк m **Feuerzeug** N зажигалка f
feurig огненный; *fig* горячий
Fichte F ель f
ficken *vulg* трахать ‹-хнуть›
Fieber N жар m; температура f **fieberfrei** без температуры **fieberhaft** лихорадочный **fiebersenkend** жаропони-

жа́ющий
fiebrig лихора́дочный
fies ме́рзкий; *gemein* га́дкий
Figur F фигу́ра *f*; *Romanfigur* персона́ж *m*
Filiale F филиа́л *m*
Film M фильм *m*; *Rollfilm a.* плёнка *f* **Filmaufnahme** F киносъёмка *f* **filmen** снима́ть ⟨снять⟩ на плёнку **Filmfestspiele** NPL кинофестива́ль *m* **Filmstar** M кинозвезда́ *f*
Filter M фильтр *m* **filtern** ⟨про⟩фильтрова́ть **Filterpapier** N фильтрова́льная бума́га *f* **Filterzigarette** F сигаре́та *f* с фи́льтром
Filz M во́йлок *m*, фетр *m* **Filzstift** M флома́стер *m*
Finale N фина́л *m*
Finanzamt N фина́нсовое управле́ние *n* **Finanzen** FPL фина́нсы *pl* **finanziell** фина́нсовый, де́нежный **finanzieren** ⟨про⟩финанси́ровать **Finanzministerium** N министе́рство *n* фина́нсов
finden находи́ть ⟨найти́⟩; *meinen a.* счита́ть; **wie ~ Sie das?** как Вы э́то нахо́дите?
Finger M па́лец *m*; **kleiner ~** мизи́нец *m* **Fingerabdruck** M отпеча́ток *m* па́льца **Fingernagel** M но́готь *m*
Fink M зя́блик *m*
Finnland N Финля́ндия *f*
finster тёмный; *fig* мра́чный
Firma F фи́рма *f*
Firmung F конфирма́ция *f*
Fisch M ры́ба *f* **fischen** рыба́чить **Fischer** M рыба́к *m* **Fischerboot** N рыба́цкая ло́дка *f* **Fischerei** F, **Fischfang** M рыболо́вство *n* **Fischfilet** N ры́бное филе́ *n* **Fischgeschäft** N ры́бный магази́н *m* **Fischzucht** F рыбово́дство *n*
fit в хоро́шей фо́рме; **darin ist sie ~** в э́том она хорошо́ разбира́ется **Fitnesscenter** N фи́тнес-центр *m*
fix шу́стрый; *fest* твёрдый; **mach ~!** живе́е!; **~ und fertig** *müde* измо́танный
fixen *umg* ⟨у⟩ коло́ться
FKK-Strand M пляж *m* для нуди́стов
flach пло́ский; *eben* равни́нный; *Wasser* ме́лкий
Fläche F пло́щадь *f*; *Oberfläche* пове́рхность *f*
Flachland N равни́на *f*
Flachs M лён *m*
flackern мерца́ть
Flagge F флаг *m*
Flamme F пла́мя *n*; *fig* любо́вь *f*
Flanke F бок *m*
Flasche F буты́лка *f*
Flaschenöffner M открыва́лка *f* **Flaschenzug** M полиспа́ст *m*
Flatrate F еди́ный тари́ф *m*
flattern развева́ться
flau вя́лый; *a. Wind* сла́бый
Flaum M пух *m*; *Bart* пушо́к *m*
Flaute F безве́трие *n*; WIRTSCH, *fig* засто́й *m*

Flechte F BOT лиша́йник *m*; MED лиша́й *m*
flechten ⟨с⟩плести́
Fleck M пятно́ *n*; *Stelle* ме́сто *n* **Fleckentferner** M пятновыводи́тель *m* **fleckig** в пя́тнах; *gefleckt* пятни́стый
Fledermaus F лету́чая мышь *f*
Fleecejacke F дра́повая ку́ртка *f*
Flegel M *pers* хам *m*, грубия́н *m*
flehen моли́ть (**um** *akk* о *П*)
Fleisch N мя́со *f*; *Fruchtfleisch* мя́коть *f* **Fleischer** M мясни́к *m* **Fleischerei** F мясна́я (ла́вка) *f* **fleischig** мяси́стый
Fleiß M усе́рдие *n* **fleißig** усе́рдный, приле́жный
flicken ⟨за⟩лата́ть **Flicken** M запла́т(к)а *f* **Flickzeug** N апте́чка *f* для ремо́нта шин
Flieder M сире́нь *f*
Fliege F му́ха *f* **fliegen** ⟨по⟩лете́ть, лета́ть (**mit** на *П*, **nach** в *В*, до *Р*) **Flieger** M самолёт *m*; *pers* лётчик *m*
fliehen убега́ть ⟨-ежа́ть⟩
Fliese F пли́тка *f*
Fließband N конве́йер *m*
fließen ⟨по⟩те́чь; ⟨по⟩ли́ться **fließend** теку́щий; проточный; ADV *sprechen* бе́гло
flimmern мерца́ть
flink прово́рный; ло́вкий
Flinte F ружьё *n*
flirten флиртова́ть
Flitterwochen FPL медо́вый ме́сяц *m*
Flocke F *Schneeflocke* снежи́нка *f* **Flocken** FPL хло́пья *pl*
Floh M блоха́ *f* **Flohmarkt** M барахо́лка *f*
Flop M *umg* прова́л *m*, неуда́ча *f*
florieren процвета́ть ⟨-ести́⟩
Floß N плот *m*
Flosse F плавни́к *m*; *Schwimmflosse* ласт *m mst pl*
Flöte F фле́йта *f*
flott бо́йкий; *schick* мо́дный
Flotte F флот *m*
Fluch M руга́тельство *n*; REL прокля́тие *n* **fluchen** ⟨вы⟩руга́ться
Flucht F бе́гство *n*, побе́г *m*
flüchten ⟨с⟩бежа́ть **flüchtig** *oberflächlich* пове́рхностный **Flüchtling** M POL бе́женец *m* (-нка *f*), нелега́л *m* **Flüchtlingslager** N ла́герь *m* бе́женцев
Flug M полёт *m*; рейс *m* **Flugbegleiter(in)** M(F) стюард(е́сса) *m*(*f*) **Flugblatt** N листо́вка *f*
Flügel M крыло́ *n*; MUS роя́ль *m*
Fluggesellschaft F авиакомпа́ния *f* **Flughafen** M аэропо́рт *m* **Fluglotse** M авиадиспе́тчер *m* **Flugplan** M расписа́ние *n* полётов **Flugplatz** M аэродро́м *m* **Flugreise** F авиапутеше́ствие *n* **Flugverbindung** F возду́шное сообще́ние *n* **Flugzeug**

N самолёт *m* **Flugzeugträger** M авианосец *m*
Fluor N фтор *m*
Flur M прихожая *f*; коридор *m*
Fluss M река *f* **flussabwärts** вниз по реке **flussaufwärts** вверх по реке **Flussbett** N русло *n* (реки)
flüssig жидкий; *Verkehr* текущий **Flüssigkeit** F жидкость *f*
flüstern шептать ⟨-пнуть⟩
Flut F прилив *m* **Flutlicht** N свет *m* прожекторов
Flyer M буклет *m*
Fohlen N жеребёнок *m*
Föhn M фён *m*
Folge F (по)следствие *n*; TV серия *f*
folgen ⟨по⟩следовать; *geistig* следить; *gehorchen* ⟨по⟩слушаться (*dat P*); **daraus folgt** из этого следует **folgend** следующий
folgern заключать ⟨-чить⟩
Folgerung F заключение *n*
folglich следовательно **folgsam** послушный
Folie F фольга *f*; плёнка *f*
Folklore F фольклор *m*
Folter F пытка *f* **foltern** пытать
fordern ⟨по⟩требовать
fördern *j-n* содействовать (к-у); *Erz* добы(ва)ть
Forderung F требование *n*; WIRTSCH претензия *f*
Förderung F содействие *n*; *v. Erz* добыча *f*
Forelle F форель *f*
Form F форма *f*; **in ~ sein** быть в форме
Formalität F формальность *f*
Format N формат *m*, размер *m* **formatieren** IT ⟨от⟩форматировать **Formel** F формула *f* **formen** ⟨с⟩формовать, ⟨от⟩формовать; *fig* ⟨с⟩формировать
förmlich формальный; ADV *geradezu* прямо-таки
formlos *Antrag* в свободной форме
Formular N бланк *m* **formulieren** ⟨с⟩формулировать
forsch решительный
forschen исследовать (*im*)*pf*
forschend пытливый **Forscher(in)** M(F) исследователь (-ница) *m(f)* **Forschung** F исследование *n*
Forst M лес *m*
Förster M лесничий *m*
Forstwirtschaft F лесное хозяйство *n*
fort прочь; → **weg**; **in einem ~** беспрерывно; **und so ~** и так далее (и т. д.)
fortbewegen: **sich ~** двигаться ⟨-инуться⟩ (вперёд)
fortbilden: **sich ~** повышать ⟨-высить⟩ свою квалификацию **Fortbildung** F повышение *n* квалификации
fortfahren *weitermachen* продолжать ⟨-должить⟩ **fortgehen** уходить ⟨уйти⟩ **fortge-**

schritten продвúнувшийся **fortpflanzen**: **sich ~** размнoжáться ⟨-óжиться⟩ **Fortschritt** M прогрéсс *m*; *mst* **Fortschritte** *pl* успéхи *mpl* **fortschrittlich** прогрессúвный **fortsetzen** продолжáть ⟨-дóлжить⟩ **Fortsetzung** F продолжéние *n* **Foto** N фóто *n* **Fotoapparat** M фотоаппарáт *m* **Fotograf(in)** M(F) фотóграф *m* **Fotografie** F фотогрáфия *f* **fotografieren** ⟨с⟩фотографúровать **Fotokopie** F фотокóпия *f* **Fotomodell** N фотомодéль *f* **Fracht** F груз *m*; фрахт *m* **Frachtbrief** M накладнáя *f* **Frachter** M = **Frachtschiff** N грузовóе сýдно *f* **Frage** F вопрóс *m*; **e-e ~ stellen** зад(ав)áть вопрóс **Fragebogen** M анкéта *f* **fragen** спрáшивать ⟨-росúть⟩ (**nach etw** о *П*) **Fragezeichen** N вопросúтельный знак *m* **fraglich** сомнúтельный **Fraktion** F фрáкция *f* **Franken** M: **Schweizer ~** швейцáрский франк *m* **frankieren** оплáчивать ⟨-атúть⟩ почтóвый сбор **Frankreich** N Фрáнция *f* **Franse** F бахромá *f* **fräsen** ⟨от⟩фрезеровáть **Fratze** F рóжа *f*; гримáса *f* **Frau** F жéнщина *f*; *Anrede* госпожá; *Ehefrau* женá *f* **Frauenarzt** M, **Frauenärztin** F гинекóлог *m* **Frauenhaus** N убéжище *n* для жéнщин **Fräulein** N дéвушка *f* **frech** дéрзкий **Frechheit** F дéрзость *f* **frei** свобóдный; *kostenlos* бесплáтный; ADV *a.* дáром; **im Freien** на (вóльном) вóздухе; **haben Sie ein Zimmer ~?** есть ли у Вас свобóдный нóмер? **Freibad** N открытый бассéйн *m* **freiberuflich** на гонорáрной оснóве **Freiexemplar** N бесплáтный экземплáр *m* **freigeben** *j-m*, *Preise* отпускáть ⟨-стúть⟩ **Freigepäck** N бесплáтный багáж *m* **freihaben** быть свобóдным **freihalten** *Platz* занимáть ⟨-нять⟩ **Freihandelszone** F зóна *f* свобóдной торгóвли **Freiheit** F свобóда *f*; *geistige a.* вóля *f* **Freiheitsstrafe** F наказáние *n* лишéнием свобóды **Freikarte** F бесплáтный билéт *m* **freilassen** выпускáть ⟨вы́пустить⟩ **Freilichtbühne** F лéтний теáтр *m* **freimachen** *Brief* → frankieren; *nicht arbeiten* не рабóтать; **sich ~** *v. etw* освобождáться ⟨-бодúться⟩ (от *P*) **freisprechen** JUR оправдывать ⟨-дáть⟩ **Freispruch** M оправда́ние *n* **freistellen** освобожда́ть ⟨-боди́ть⟩ (**von etw** от *P*) **Freistoß** M свобо́дный уда́р *m*

Freitag M пя́тница *f*; **am ~** в пя́тницу

freiwillig доброво́льный **Freiwillige** M/F доброво́лец *m*

Freizeit F свобо́дное вре́мя *n*, досу́г *m*

fremd чужо́й; *ausländisch* иностра́нный; **ich bin hier ~** я нездё́шний **fremdartig** необы́чный **Fremde**[1] F: **in der ~** на чужби́не

Fremde[2] M/F чужо́й *m* (-жа́я *f*)

Fremdenführer M гид *m* **Fremdenverkehr** M тури́зм *m* **Fremdenverkehrsamt** N туристи́ческое аге́нтство *n*

fremdgehen изменя́ть ⟨-ни́ть⟩ (*Д*) **Fremdsprache** F иностра́нный язы́к *m* **Fremdwort** N иностра́нное сло́во *n*

Frequenz F частота́ *f*

Fresko N фре́ска *f*

fressen ⟨съ⟩есть; *umg pers* ⟨со⟩жра́ть

Freude F ра́дость *f*; **j-m e-e ~ machen** доставля́ть ⟨-а́вить⟩ к-у ра́дость

freudig ра́достный

freuen: **sich über** (*akk*) **~** ⟨об⟩ра́доваться (*Д*); **sich auf** (*akk*) **~** ожида́ть с ра́достью (*P*)

Freund M друг *m* **Freundin** F подру́га *f*

freundlich любе́зный; приве́тливый; **das ist sehr ~ von Ihnen** э́то о́чень любе́зно с Ва́шей стороны́

Freundschaft F дру́жба *f* **freundschaftlich** дру́жественный; дру́жеский

Friede(n) M мир *m*; *fig* поко́й *m*

Friedenstruppen FPL миротво́рческие си́лы *fpl*

Friedhof M кла́дбище *n* **friedlich** ми́рный; *ruhig* споко́йный

frieren ⟨за⟩мёрзнуть; *pers* зя́бнуть; **es friert** моро́зит

Fries M фриз *m*; *textil* касто́р *m*

frisch све́жий; *Wäsche a.* чи́стый; **~ gebacken** свежеиспечённый; **auf ~er Tat** с поли́чным

Frische F све́жесть *f* **Frischhaltepackung** F упако́вка *f* для сохране́ния све́жести

Friseur(in) M(F) парикма́хер(-ша *umg*) *m*(*f*) **Friseursalon** M парикма́херская *f*

frisieren причёсывать ⟨-чеса́ть⟩

Frist F срок *m*; *Aufschub* отсро́чка *f* **fristlos** бессро́чный

Frisur F причёска *f*

frittiert паниро́ванный

froh ра́д (-а *f*, -ы *pl*) (**über** *akk Д*); ADJ ра́достный; **~e Ostern!** с пра́здником Па́схи!; **~e Weihnachten!** весёлого Рождества́!

fröhlich весёлый
fromm *gläubig* набожный
Fronleichnam M праздник *m* Тела Христова
Front F фронт *m*; ARCH фасад *m* **frontal** фронтальный **Frontantrieb** M передний привод *m*
Frosch M лягушка *f*
Frost M мороз *m*
frostig морозный; *fig* холодный **Frostschutzmittel** N антифриз *m*
Frottee N махровая ткань *f*
Frucht F плод *m*; *Obst* фрукт *m* **fruchtbar** плодородный; *fig* плодотворный **Fruchtfleisch** N мякоть *f* плода **Fruchtsaft** M фруктовый сок *m*
früh ранний; **zu ~** слишком рано; **heute / morgen ~** сегодня / завтра утром
früher *eher* прежде; *einst* раньше; ADJ *einstig* бывший
frühestens самое раннее
Frühgeburt F преждевременные роды *mpl* **Frühjahr** N, **Frühling** M весна *f* **Frühstück** N завтрак *m* **frühstücken** ⟨по⟩завтракать **Frühstücksbüffet** N континентальный завтрак *m* **Frühstückszimmer** N помещение *n* для завтрака
Frust M *umg* фрустрация *f*
Fuchs M лисица *f*, *a. fig* лиса *f*
Fuge F стык *m*; MUS фуга *f*
fügen: **sich ~** *pers* покоряться ⟨-риться⟩ (**in etw** *Д*)
fühlen ⟨по⟩чувствовать (**sich** себя) **Fühler** M ZO усик *m*
führen V/T вести (*a. Buch*, *v/i* SPORT); *Tourist* водить; *leiten* руководить; V/I вести (**zu, nach, in** к, на, в)
führend ведущий
Führer(in) M(F) лидер *m*; *Reiseführer pers* гид *m* **Führerschein** M водительское удостоверение *n*
Führung F *im Museum* экскурсия *f*; *Leitung* руководство *n*; *Betragen* поведение *n* **Führungskraft** F руководящий работник *m* **Führungszeugnis** N свидетельство *n* о поведении
Fülle F изобилие *n* **füllen** наполнять ⟨-полнить⟩; GASTR начинять ⟨-нить⟩ (**mit** *T*) **Füller** M = **Füllfederhalter** M (авто)ручка *f* **Füllung** F GASTR начинка *f*; *Zahnfüllung* пломба *f*
fummeln копаться
Fund M *Gegenstand* находка *f*
Fundament N фундамент *m*
Fundbüro N бюро *n* находок
Fundgrube F *fig* сокровищница *f* **Fundsache** F находка *f*
fünf пять **Fünf** F, **Fünfer** M *Note* пятёрка *f* **fünfhundert** пятьсот **Fünfsternehotel** N пятизвёздочный отель *m*
fünfte пятый **Fünftel** N пятая (часть) *f* **fünfzehn** пят-

надцать **fünfzig** пятьдеся́т **Funke** M и́скра f **funkeln** сверка́ть ⟨-кну́ть⟩ **funken** ради́ровать (im)pf **Funktion** F фу́нкция f **funktionieren** функциони́ровать **für** для; *Zweck* за; **~ Sie** для Вас; **~ heute** на сего́дня **Furche** F борозда́ f **Furcht** F страх m, боя́знь f (**vor** P) **furchtbar** ужа́сный (*a. fig*), стра́шный **fürchten**: **sich ~** ⟨по⟩боя́ться (**vor** *dat P*) **fürchterlich** → furchtbar **furchtlos** бесстра́шный **furchtsam** боязли́вый **Fürsorge** F забо́та f; *öffentliche* социа́льная по́мощь f **Fürst** M князь m **Fürstentum** N кня́жество n **Fürstin** F княги́ня f **Furunkel** M *od* N фуру́нкул m **Furz** M *vulg* пердёж m **furzen** *vulg* перде́ть ⟨пёрнуть⟩ **Fusion** F слия́ние n; си́нтез m **Fuß** M нога́ f; **zu ~** пешко́м **Fußball** M футбо́л m; *Ball* футбо́льный мяч m **Fußballplatz** M футбо́льное по́ле n **Fußballspiel** N футбо́льный матч m **Fußballspieler** M футболи́ст m **Fußboden** M пол m **Fussel** M ворси́нка f **Fußgänger** M пешехо́д m **Fußgängerzone** F пешехо́дная зо́на f **Fußnote** F сно́ска f **Fußpflege** F педикю́р m **Fußtritt** M пино́к m **Fußweg** M (пешехо́дная) доро́жка f **Futter** N корм m; *Mantelfutter* подкла́дка f **Futteral** N футля́р m **füttern** *j-n* ⟨на⟩корми́ть **Futur** N бу́дущее вре́мя n

G

G N MUS соль n **Gabe** F дар m (*a. Begabung*) **Gabel** F ви́лка f (*a.* TECH) **Gabelflug** M неза́мкнутый маршру́т m **gackern** куда́хтать **Gage** F гонора́р m **gähnen** зева́ть ⟨-вну́ть⟩ **Galerie** F галере́я f **Galle** F жёлчь f **Gallenkolik** F жёлчная ко́лика f **galoppieren** галопи́ровать **Gang** M *Ablauf* ход m; *Essen* блю́до n; AUTO переда́ча f; **in ~ bringen** привести́ в движе́ние **gängig** ходя́чий **Gangschaltung** F переключе́ние n переда́ч **Gangster** M га́нгстер m **Gans** F гусь m **Gänseblümchen** N маргари́тка f **Gänsebraten** M жа́реный гусь m **Gänsehaut** F

гуси́ная ко́жа *f*
ganz весь, це́лый (*a. heil*); ADV *völlig* по́лностью; *recht* дово́льно; *sehr* о́чень; **die ~e Zeit** всё вре́мя; **ein ~es Jahr** це́лый год; **nicht ~** не вполне́
ganzjährig круглогоди́чный
Ganztagsbeschäftigung F рабо́та *f* на по́лный рабо́чий день
gar гото́вый; ADV **~ keiner** никто́; **~ nicht** ничу́ть, во́все не; **~ nichts** ничего́
Garage F гара́ж *m*
Garantie F гара́нтия *f* **garantieren** гаранти́ровать (*im*)*pf*
Garderobe F гардеро́б *m*
Gardine F занаве́ска *f*
gären броди́ть
Garn N ни́тки *fpl*; пря́жа *f*
Garnele F креве́тка *f*
garnieren гарни́ровать (*im*)*pf*
Garnitur F гарниту́р *m*, набо́р *m*
Garten M сад *m*
Gärtner M садо́вник *m* **Gärtnerei** F садо́вое хозя́йство *n*
Gärtnerin F садо́вница *f*
Gärung F броже́ние *n*
Gas N газ *m*; **~ geben** газова́ть
Gasflasche F га́зовый балло́н *m*
Gasheizung F га́зовое отопле́ние *n* **Gasherd** M га́зовая плита́ *f* **Gasleitung** F газопрово́д *m* **Gaspedal** N акселера́тор *m*
Gasse F переу́лок *m*, у́лочка *f*
Gast M гость *m*; *Feriengast* отдыха́ющий *m*; **zu ~ sein** быть в гостя́х
Gästebuch N кни́га *f* отзывов
Gästezimmer N гостева́я ко́мната *f*
Gastfreundschaft F гостеприи́мство *n* **Gastgeber(in)** M(F) хозя́ин *m* (-я́йка *f*) **Gasthaus** N рестора́н *m*, небольша́я гости́ница *f* **gastlich** раду́шный
Gastronomie F рестора́нное де́ло *n* **Gastspiel** N гастро́ли *fpl* **Gaststätte** F рестора́н *m*
Gastwirt(in) M(F) хозя́ин *m* (-я́йка *f*) рестора́на
Gate N гейт *m*
Gatte M супру́г *m* **Gattin** F супру́га *f* **Gattung** F род *m*; жанр *m*
GAU M (größter anzunehmender Unfall) максима́льная прое́ктная ава́рия *f* (МПА)
Gaumen M нёбо *n*
Gauner M моше́нник *m*
Gaze F ма́рля *f*
Gebäck N пече́нье *n*
gebacken испечённый, запечённый
gebären рож(д)а́ть, роди́ть (*im*)*pf* **Gebärmutter** F ма́тка *f*
Gebäude N зда́ние *n*
geben да(ва́)ть, пода(ва́)ть; **~ Sie mir…** да́йте мне…; **was gibt's?** в чём де́ло?; **es gibt** есть, быва́ет; **wo gibt es …?** где мо́жно купи́ть …?; **gib her!** дава́й (сюда́)!

Gebet N моли́тва *f*
gebildet образо́ванный
Gebirge N го́ры *fpl*
Gebiss N (*künstliches* иску́ственная) че́люсть *f*
geblümt цвети́стый **geboren**: **ich bin … ~** я роди́лся … **geborgen** под защи́той
Gebot N REL за́поведь *f*
gebraten жа́реный
Gebrauch M по́льзование *n*; → Verwendung **gebrauchen** употребля́ть ‹-би́ть›; → nutzen, verwenden; **das kann ich gut ~** э́то мне о́чень пригоди́тся
gebräuchlich употреби́тельный
Gebrauchsanweisung F спо́соб *m* употребле́ния
gebraucht поде́ржанный **Gebrauchtwagen** M поде́ржанный автомоби́ль *m*
gebrechlich не́мощный
Gebrüll N рыча́ние *n*, рёв *m*
Gebühr F сбор *m*, по́шлина *f* **gebührenfrei** свобо́дный от по́шлины **gebührenpflichtig** подлежа́щий опла́те
Geburt F рожде́ние *n*; *Vorgang* ро́ды *mpl* **Geburtenkontrolle** F контро́ль *f* за рожда́емостью
Geburtsdatum N да́та *f* рожде́ния **Geburtsort** M ме́сто *n* рожде́ния **Geburtstag** M день *m* рожде́ния **Geburtsurkunde** F свиде́тельство *n* о рожде́нии
Gebüsch N куста́рник *m*
Gedächtnis N па́мять *f*
Gedanke M мысль *f*; **sich ~n machen** беспоко́иться **gedankenlos** необду́манный **Gedankenstrich** M тире́ *n unv*
Gedeck N прибо́р *m*
gedeihen разви́(ва́)ться; *wachsen* ‹вы́›расти́
gedenken вспомина́ть ‹-о́мнить› **Gedenkfeier** F торжество́ *n* в па́мять (*P*) **Gedenktafel** F мемориа́льная доска́ *f*
Gedicht N стихотворе́ние *n*
Gedränge N да́вка *f*; *umg* толкотня́ *f*
Geduld F терпе́ние *n* **gedulden**: **sich ~** име́ть терпе́ние **geduldig** терпели́вый
geehrt: **sehr ~e Damen und Herren!** (много)уважа́емые (да́мы в) господа́!
geeignet подходя́щий
Gefahr F опа́сность *f*; *Bedrohung* угро́за *f*; **außer ~** вне опа́сности; **auf eigene ~** на свой риск
gefährden подверга́ть ‹-е́ргнуть› опа́сности **gefährlich** опа́сный
Gefälle N перепа́д *m*
gefallen ‹по›нра́виться; **… gefällt mir (nicht) …** мне (не) нра́вится; **sich etw ~ lassen** сноси́ть ‹снести›
Gefallen M одолже́ние *n*, любе́зность *f*; удово́льствие *n*;

tun Sie mir den ~ сде́лайте одолже́ние **gefangen** пле́нный; *Tier* по́йманный; **~ nehmen** брать ⟨взять⟩ в плен **Gefangene** M/F заключённый *m* (-ная *f*) **Gefangenschaft** F плен *m*, нево́ля *f*
Gefängnis N тюрьма́ *f* **Gefängnisstrafe** F тюре́мное заключе́ние *m* **Gefängniswärter(in)** M(F) тюре́мщик *m* (-ица *f*)
Gefäß N сосу́д *m* (*a. Blutgefäß*)
gefasst *ruhig* споко́йный; **auf etw ~ sein** быть гото́вым к (*Д*)
Gefecht N бой *m* **Gefieder** N опере́ние *n* **Geflügel** N (дома́шняя) пти́ца *f*
gefragt расхо́жий **gefräßig** прожо́рливый
gefrieren замерза́ть ⟨-мёрзнуть⟩ **Gefrierfach** N морози́льник *m* **Gefrierschrank** M морози́льник *m* **Gefriertruhe** F морози́льник *m*
Gefühl N чу́вство *n* (*a.* **für** *P*, к *Д*) **gefühllos** бесчу́вственный **gefühlvoll** чувстви́тельный
gegen про́тив; *Richtung* к, на; *zeitl* о́коло; *verglichen mit* по сравне́нию с (*T*); **~ Quittung** под распи́ску; **~ Husten** *a.* от ка́шля **Gegenanzeige** F MED противопоказа́ние *n*
Gegend F ме́стность *f*; **in der ~ von Moskau** в окре́стностях Москвы́
gegeneinander друг про́тив / от дру́га; *kämpfen* друг с дру́гом
Gegenmittel N сре́дство *n* про́тив (*P*) **Gegenrichtung** F встре́чное направле́ние *n*
Gegensatz M противополо́жность *f*; **im ~ zu** (*dat*) в отли́чие от (*P*) **gegensätzlich** противополо́жный **Gegenseite** F *fig* проти́вная сторона́ *f* **gegenseitig** взаи́мный
Gegenspieler M проти́вник *m* **Gegenstand** M предме́т *m* **Gegenteil** N противополо́жность *f*; **im ~** наоборо́т
gegenüber ADV напро́тив
Gegenverkehr M встре́чное движе́ние *n*
Gegenwart F настоя́щее вре́мя *n*; *Anwesenheit* прису́тствие *n* **gegenwärtig** настоя́щий
Gegenwert M эквивале́нт *m*
Gegner(in) M(F) проти́вник *m* (-ница *f*); оппоне́нт(ка) *m(f)*
gegrillt жа́ренный в/на гри́ле
Gehalt N *Lohn* за́работная пла́та *f*, зарпла́та *f*; M *Inhalt* содержа́ние *n*
Gehaltsabrechnung F расчёт *m* зарпла́ты **Gehaltserhöhung** F повыше́ние *n* зарпла́ты
Gehäuse N TECH ко́рпус *m*; кожу́х *m*; *Obst* сердцеви́на *f*
geheim та́йный, секре́тный; **~ halten** скры(ва́)ть **Geheimdienst** M спецслу́жба *f* **Geheimnis** N та́йна *f*, секре́т

m **geheimnisvoll** таинственный **Geheimtipp** M доверительная информа́ция *f* **Geheimzahl** F личный код *m*
gehen идти́ ⟨пойти́⟩ (*a. fig*); ходи́ть; *weggehen* уходи́ть ⟨уйти́⟩; *Zug* отправля́ться ⟨-а́виться⟩; TECH рабо́тать; **es geht um** (*akk*) речь идёт о (*T*); **das geht nicht** э́то не возмо́жно; **wie geht's?** как пожива́ете?, как дела́?; **sich ~ lassen** распуска́ться ⟨-сти́ться⟩
Gehirn N мозг *m* **Gehirnerschütterung** F сотрясе́ние *n* мо́зга
Gehör N слух *m*
gehorchen ⟨по⟩слу́шаться
gehören принадлежа́ть; *zu* относи́ться; **das gehört mir** э́то моё
gehörlos глухо́й
gehorsam послу́шный
Gehsteig M = **Gehweg** M тротуа́р *m*, доро́жка *f*
Geier M ко́ршун *m*
Geige F скри́пка *f*; **~ spielen** игра́ть ⟨сыгра́ть⟩ на скри́пке **Geiger(in)** M(F) скрипа́ч(ка) *m(f)*
geil похотли́вый; *umg toll* клёвый, кла́ссный
Geisel F зало́жник *m* (-ица *f*) **Geiselnahme** F захва́т *m* зало́жников
Geist M дух *m*; *Verstand* ум *m* **geistesgegenwärtig** не теря́я самооблада́ния **geisteskrank** душевнобольно́й, умалишённый **Geisteswissenschaft** F гумани́тарная нау́ка *f*
geistig духо́вный; у́мственный; **~ behindert** у́мственно отста́лый *neg!*
geistlich духо́вный **Geistliche** M свяще́нник *m*
geistlos пусто́й **geistreich** остроу́мный
Geiz M ску́пость *f* **Geizhals** M скупе́ц *m*, скря́га *m/f* **geizig** скупо́й
gekocht варёный
Gelächter N смех *m*, хо́хот *m*
geladen заряжённый; *Gast* приглашённый **gelähmt** парализо́ванный (*a. fig*)
Gelände N ме́стность *f* **Geländer** N пара́пет *m* **Geländewagen** M автомоби́ль *m* повы́шенной проходи́мости
gelassen невозмути́мый **geläufig** общепри́нятый **gelaunt**: **gut / schlecht ~** в хоро́шем / плохо́м настро́ении
gelb жёлтый **Gelbsucht** F желту́ха *f*
Geld N де́ньги *pl* **Geldanlage** F вложе́ние *n* де́нег **Geldautomat** M банкома́т *m* **Geldbuße** F штраф *m* **Geldschein** M де́нежный знак *m* **Geldstück** N моне́та *f* **Geldwäsche** F отмыва́ние *n* де́нег **Geldwechsel** M обме́н *m* валю́ты
gelegen *örtl* располо́женный; *fig* **das kommt mir ~** э́то мне

кстáти **Gelegenheit** F (удóбный) слу́чай *m*, возмóжность *f* **gelegentlich** ADV инoгдá **Gelehrte** M/F учёный *m* (жéнщина(-)учёный *f*) **Gelenk** N сустáв *m*; шарни́р *m* **gelenkig** ги́бкий, провóрный **gelernt** ADJ обу́ченный **Geliebte** M/F любóвник *m* (-ица *f*) **gelingen** удá(вá)ться **geloben** ⟨по⟩обещáть **gelten** *gültig sein* быть действи́тельным; **~ als** считáться (*T*); **~ lassen** признá(вá)ть **geltend** *Recht* дéйствующий; **~ machen** *Anspruch* заявля́ть ⟨-ви́ть⟩ **Geltung** F: **zur ~ bringen** выставля́ть ⟨вы́ставить⟩ в вы́годном свéте **gelungen** ADJ удáчный; **es ist mir nicht ~** мне не удалóсь **Gemälde** N карти́на *f* **Gemäldegalerie** F карти́нная галерéя *f* **gemäß** PRÄP в соотвéтствии **gemäßigt** *Klima* умéренный **gemein** пóдлый, гну́сный **Gemeinde** F óбщи́на *f*, комму́на *f*; REL прихóд *m* **Gemeinderat** M коммунáльный совéт *m* **Gemeinheit** F пóдлость *f*, гну́сность *f* **gemeinnützig** общéственно полéзный **gemeinsam** óбщий; ADV вмéсте

Gemeinschaft F сообщество *n*; óбщность *f* **Gemeinschaftsunternehmen** N совмéстное предприя́тие *n* **Gemisch** N смесь *f* **gemischt** смéшанный **Gemurmel** N бормотáние *n* **Gemüse** N óвощи *mpl* **Gemüseladen** M овощнáя лáвка *f* **gemütlich** ую́тный; *Tempo* неторопли́вый **Gen** N ген *m* **genau** тóчный; *detailliert* подрóбный; **es ist ~ drei Uhr** рóвно три часá; **~ genommen** точнée говоря́ **Genauigkeit** F тóчность *f* **genauso** (тóчно) так(óй) же; **~ gut** *adv* (тóчно) так же хорошó **Gender** N гéндер *m* **genehmigen** разрешáть ⟨-ши́ть⟩; *amtlich* утверждáть ⟨-рди́ть⟩ **Genehmigung** F разрешéние *n*; утверждéние *n* **geneigt** *fig* склóнный **General** M генерáл *m* **Generalprobe** F генерáльная репети́ция *f* **Generalstreik** M всеóбщая забастóвка *f* **Generation** F поколéние *n* **Generator** M генерáтор *m* **generell** (все)óбщий; *präd* вообщé **genesen** выздорáвливать ⟨вы́здороветь⟩ (**von** пóсле *P*) **Genesung** F выздоровлéние *n* **genetisch** генети́ческий **Genick** N затылок *m* **Genie** N гéний *m* **genieren:**

sich ~ ⟨по⟩стесня́ться
genießbar *Essen* съедо́бный
genießen наслажда́ться ⟨-лади́ться⟩ **Genießer(in)** M(F) сибари́т(ка) *m(f)*
Genitiv M роди́тельный паде́ж *m*
genmanipuliert генномодифици́рованный
genormt станда́ртный
Genosse M това́рищ *m* **Genossenschaft** F коопера́ция *f*, това́рищество *n*
Gentechnik F ге́нная инжене́рия *f*
genug доста́точно
genügen хвата́ть ⟨-ти́ть⟩; **das genügt!** хва́тит! **genügend** доста́точный **genügsam** непритяза́тельный
Genus N род *m*
Genuss M наслажде́ние *n*; *Verzehr* потребле́ние *n*; **mit ~** с наслажде́нием
Geografie F геогра́фия *f*
Geologie F геоло́гия *f*
Gepäck N бага́ж *m* **Gepäckabfertigung** F бага́жное отделе́ние *n* **Gepäckanhänger** M прице́п *m* **Gepäckaufbewahrung** F ка́мера *f* хране́ния **Gepäckband** N транспортёр *m* **Gepäckschein** M бага́жная квита́нция *f* **Gepäckträger** M бага́жник *m*; *pers* носи́льщик *m* **Gepäckversicherung** F страхо́вка *f* багажа́
gepanzert брониро́ванный
gepflegt ухо́женный; *pers* холёный
gerade прямо́й; *Zahl* чётный; ADV *soeben* то́лько что; *ausgerechnet* и́менно
Gerade F пряма́я *f* **geradeaus** пря́мо **geradezu** про́сто
Gerät N аппара́т *m*; *Werkzeug* прибо́р *m*; SPORT снаря́д *m*
geraten *in etw* попада́ть ⟨-па́сть⟩; *gut, schlecht* получа́ться ⟨-чи́ться⟩
geräuchert копчёный
geräumig просто́рный
Geräusch N шо́рох *m*; *lauter* шум *m* **geräuschlos** бесшу́мный **geräuschvoll** шу́мный
gerecht справедли́вый **gerechtfertigt** опра́вданный **Gerechtigkeit** F справедли́вость *f*
gereizt раздражённый
Gericht N GASTR блю́до *n*; JUR суд *m* **gerichtlich** суде́бный; ADV суде́бным поря́дком
Gerichtsverhandlung F суде́бное разбира́тельство *n*
Gerichtsvollzieher M суде́бный исполни́тель *m*
gering ма́лый; *Kosten* незначи́тельный; *Wert* ни́зкий; **nicht im Geringsten** ничу́ть
gerinnen свёртываться ⟨сверну́ться⟩ **gerissen** *umg pers* у́шлый, продувно́й
Germanistik F германи́стика *f*
gern охо́тно; **sehr ~!** с удово́льствием!; **~ haben** лю-

бить; ~ **geschehen!** не стóит благодáрности!; **ich möchte** ~ мне хотéлось бы; **ich lese** ~ я люблю́ читáть

Geröll N гáлька *f* **geröstet** (под)жáренный

Gerste F ячмéнь *m* (*a. für* **Gerstenkorn** *n* MED)

Geruch M зáпах *m* **geruchlos** без зáпаха **Geruchssinn** M обоня́ние *f*

Gerücht N слух *m* **gerührt** растрóганный **Gerümpel** N хлам *m* **Gerüst** N *Baugerüst* лесá *mpl* **gesalzen** солёный

gesamt весь, óбщий **Gesamtausgabe** F пóлное собрáние *n* сочинéний **Gesamtbetrag** M óбщая сýмма *f*

Gesang M пéние *n*; *Lied* пéсня *f*

Gesäß N ягодицы *pl*

Geschäft N бизнес *m*; *Laden* магази́н *m*; *Handel* сдéлка *f* **geschäftlich** деловóй; *präd* по делáм

Geschäftsbrief M деловóе письмó *n* **Geschäftsfrau** F деловáя жéнщина *f*, бизнесмéнка *f umg* **Geschäftsführer(in)** M(F) управля́ющий *m* (-щая *f*) **Geschäftsmann** M деловóй человéк *m*, *umg* бизнесмéн *m* **Geschäftspartner** M деловóй партнёр *m*

geschehen происходи́ть <-изойти́>; **was ist** ~? что случи́лось?; → gern

gescheit (раз)ýмный

Geschenk N подáрок *m*

Geschichte F истóрия *f*; *Erzählung* расскáз *m*

geschickt лóвкий **geschieden** разведённый

Geschirr N посýда *f*; *Pferdegeschirr* сбрýя *f* **Geschirrspülmaschine** F посудомóйка *f*

Geschlecht N род *m*; *natürliches* пол *m* **geschlechtlich** половóй

Geschlechtskrankheit F венери́ческая болéзнь *f* **Geschlechtsorgan** N половóй óрган *m* **Geschlechtsverkehr** M половóе сношéние *n*

geschlossen закры́тый

Geschmack M вкус *m* **geschmacklos** безвкýсный **Geschmackssache** F дéло *n* вкýса **geschmackvoll** со вкýсом

geschmeidig ги́бкий **geschmort** тушёный

Geschöpf N существó *n* **Geschoss** N этáж *m*; *Kugel* пýля *f* **Geschrei** N крик *m*; шум *m* **Geschütz** N орýдие *n* **Geschwätz** N болтовня́ *f*

Geschwindigkeit F скóрость *f* **Geschwindigkeitsüberschreitung** F превышéние *n* скóрости

Geschwister *pl* брáтья *mpl* и сёстры *fpl*, брат *m* и сестрá *f*

geschwollen опýхший

Geschworene M/F присяжный *m*

Geschwulst F опухоль *f*
Geschwür N язва *f*; нарыв *m*
Geselle M подмастерье *m* **gesellig** общительный
Gesellschaft F общество *n*; WIRTSCH *a* товарищество *n*; **j-m ~ leisten** составить к-у компанию; → GmbH **gesellschaftlich** общественный **Gesellschaftsspiel** N настольная игра *f*
Gesetz N закон *m* **Gesetzgeber** M законодатель *m* **gesetzlich** законный **gesetzwidrig** противозаконный
Gesicht N лицо *n* **Gesichtsausdruck** M выражение *n* лица **Gesichtspunkt** M точка *f* зрения
Gesinnung F убеждения *npl*
gespannt напряжённый (*a. fig*); *pers* любопытный
Gespenst N привидение *n* **gespenstisch** жуткий
gesperrt перекрытый, закрытый
Gespräch N беседа *f*; *a.* TEL разговор *m* **gesprächig** разговорчивый
Gestalt F вид *m*; *Wuchs* фигура *f*; THEAT персонаж *m* **gestalten** оформлять ⟨-ормить⟩; *Freizeit* проводить ⟨-вести⟩ **Gestaltung** F оформление *n*
Geständnis N признание *n* **Gestank** M смрад *m*, вонь *f*
gestatten разрешать ⟨-шить⟩; *j-m etw* позволять ⟨-волить⟩
Geste F жест *m*
gestehen призна(ва)ть
Gestein N горная порода *f* **Gestell** N стеллаж *m*; *Brillengestell* оправа *f*; *Rahmen* рама *f*
gestern вчера; **~ Abend** вчера вечером
gestorben умерший **gestreift** полосатый
gestrig вчерашний
Gestrüpp N заросли *fpl* **gesucht** нужный; *Verbrecher* разыскиваемый
gesund здоровый; *Klima a* полезный; **~ werden** выздоравливать ⟨выздороветь⟩
Gesundheit F здоровье *n*; **auf Ihre ~!** за Ваше здоровье!
Gesundheitsamt N отдел *m* здравоохранения **Gesundheitswesen** N здравоохранение *n*
gesundschreiben выписывать ⟨выписать⟩ (на работу)
Getränk N напиток *m* **Getränkeautomat** M автомат *m* для продажи напитков
Getreide N злаки *mpl*; зерно *n* **Getriebe** N коробка *f* передач **getrocknet** сушёный
Gewächshaus N теплица *f*
gewagt рискованный
Gewähr F: **ohne ~** без гарантии **gewähren** предоставлять ⟨-авить⟩ **gewährleisten** обеспечи(ва)ть
Gewalt F насилие *n*; *Stärke* сила *f*; **mit ~** насильно **gewaltfrei** ненасильственный **ge-**

waltig огро́мный; ADV си́льно **gewaltsam** наси́льственный; ADV наси́льно **gewalttätig** наси́льственный
Gewässer N водоём *m*
Gewebe N ткань *f* (*a.* ANAT)
Gewehr N ружьё *n*, винто́вка *f* **Geweih** N рога́ *mpl*
Gewerbe N про́мысел *m* **gewerblich** промысло́вый
Gewerkschaft F профсою́з *m* **Gewerkschafter(in)** M(F) член *m* профсою́за **gewerkschaftlich** профсою́зный
Gewicht N вес *m*; **nach ~** на вес **Gewichtheben** N подня́тие *n* тя́жестей
Gewimmel N толпа́ *f*, кише́щая ма́сса *f*, толкотня́ *f* **Gewinde** N резьба́ *f*
Gewinn M при́быль *f*; *Spielgewinn* вы́игрыш *m* **gewinnen** выи́грывать ⟨вы́играть⟩ (*a. Zeit*); *Erz* добы́(ва́)ть **Gewinner(in)** M(F) победи́тель(ница) *m(f)* **Gewinnung** F добыва́ние *n*, добы́ча *f*
Gewirr N пу́таница *f*
gewiss не́кий; не́который; ADV *sicher* наве́рно(е)
Gewissen N со́весть *f* **gewissenhaft** *gründlich* тща́тельный **gewissenlos** бессо́вестный
gewissermaßen до не́которой сте́пени **Gewissheit** F уве́ренность *f*
Gewitter N гроза́ *f*
gewöhnen приуча́ть ⟨-чи́ть⟩; **sich ~** привыка́ть ⟨-вы́кнуть⟩ (*beide* **an** *akk* к *Д*)
Gewohnheit F привы́чка *f*
gewöhnlich обы́чный; **wie ~** как обы́чно
gewohnt: **ich bin es ~** я привы́к
Gewölbe N свод *m*
Gewühl N да́вка *f*
Gewürz N припра́ва *f*, пря́ность *f*
Gezeiten *pl* прили́в *m* и отли́в *m*
Gicht F пода́гра *f*
Giebel M фронто́н *m*
gierig жа́дный
gießen *eingießen* нали́(ва́)ть; *ausgießen* вылива́ть ⟨вы́лить⟩; *Blumen* поли́(ва́)ть; TECH отли́(ва́)ть; **es gießt** льёт
Gift N яд *m*; отра́ва *f* **Giftgas** N ядови́тый газ *m* **giftig** ядови́тый (*a. fig*) **Giftmüll** M токси́чные отхо́ды *mpl*
gigantisch гига́нтский
Gipfel M верши́на *f* (*a. fig*) **Gipfeltreffen** N встре́ча *f* на вы́сшем у́ровне, са́ммит *m*
Gips M гипс **Gipsverband** M ги́псовая повя́зка
Giraffe F жира́ф(а) *m(f)*
Girlande F гирля́нда *f*
Girokonto N жиросчёт *m*
Gitarre F гита́ра *f*
Gitter N решётка *f*
Glanz M блеск *m*; *Politur* лоск *m*
glänzen блесте́ть ⟨-сну́ть⟩, *fettig* лосни́ться **glänzend**

блестя́щий (*a. fig*)

Glas N стекло́ *f* (*a. Brillenglas*); *Trinkglas* стака́н *m*; *Konservenglas* ба́нка *f* **Glascontainer** M контéйнер *m* для стеклобо́я **Glaser** M стекóльщик *m*

gläsern стекля́нный

Glasfaserkabel N стекловолокни́стый ка́бель *m* **glasig** *Blick* стекля́нный **Glasscheibe** F око́нное стекло́ *n* **Glasscherbe** F оско́лок *m* стекла́

Glasur F глазу́рь *f*

glatt гла́дкий; *Straße* ско́льзкий; **es geht alles ~** всё идёт гла́дко

Glätte F ско́льзкость *f*

Glatteis N гололе́дица *f* **Glatteisgefahr** F опа́сность *f* гололёда

glätten сгла́живать ‹-ла́дить›, разгла́живать ‹-ла́дить› (*a. fig*; **sich** -ся)

Glatze F лы́сина *f*

Glaube M ве́ра *f* (**an** *akk* в *B*)

glauben ‹по›ве́рить (**j-m** к-у, **an** *akk* в *B*); REL ве́ровать; *denken* ‹по›ду́мать **glaubhaft** вероя́тный; ADV убеди́тельно

gläubig ве́рующий; **die Gläubigen** *pl* ве́рующие *pl* **Gläubiger(in)** M(F) кредито́р *m*

glaubwürdig правдоподо́бный; *Zeuge* правди́вый

gleich тако́й же, одина́ковый; **zur ~en Zeit** в то же вре́мя; **das ist mir ~** мне э́то всё равно́; **ich komme ~** сейча́с приду́

gleichaltrig *präd* одного́ во́зраста

gleichberechtigt равнопра́вный **Gleichberechtigung** F равнопра́вие *n*

gleichen быть похо́жим (*dat* на *B*, **einander** друг на дру́га) **gleichfalls**: **danke, ~!** спаси́бо, Вам то́же!

Gleichgewicht N равнове́сие *n* **gleichgültig** равноду́шный **Gleichheit** F ра́венство *n* **gleichmäßig** равноме́рный **gleichnamig** одноимённый

Gleichstrom M постоя́нный ток *m* **Gleichung** F уравне́ние *n* **gleichwertig** равноце́нный **gleichzeitig** ADV одновреме́нно, *umg* ра́зом

Gleis N железнодоро́жный пу́ть *m*

gleiten скользи́ть ‹-зну́ть›; FLUG пари́ть **Gleitzeit** F скользя́щий гра́фик *m*

Gletscher M гле́тчер *m*, ледни́к *m* **Gletscherspalte** F леднико́вая тре́щина *f*

Glied N *Penis* (полово́й) член *m*; *Kettenglied* звено́ *n*; *mst pl* **~er** → Gliedmaßen **gliedern** (под)разделя́ть ‹-ли́ть› **Gliedmaßen** *pl* коне́чности *fpl*

glimmen тлеть

glitschig ско́льзкий

glitzern сверка́ть

global глоба́льный **Globus** M гло́бус *m*

Glocke F ко́локол *m*; *Türglocke*

звонóк *m* **Glockenturm** M колокóльня *f*
glotzen глазéть
Glück N счáстье *n*; *Gelingen* удáча *f*; **zum ~** к счáстью; **viel ~!** счастлúво!
glücklich счастлúвый **glücklicherweise** к счáстью
Glücksspiel N азáртная игрá *f*
Glückwunsch M поздравлéние *n*; **herzlichen ~!** сердéчно поздравля́ю!
Glühbirne F лáмпочка *f* **glühen** горéть; пылáть (*a. fig*) (**vor** *T*) **glühend** горя́чий; *fig* пы́лкий **Glühwein** M глинтвéйн *m* **Glühwürmchen** N светлячóк *m*
Glut F жар *m*; *Hitze a.* зной *m*
Gluten N глютéн *m*
glutenfrei без глютéна
GmbH F (Gesellschaft mit beschränkter Haftung) óбщество *n* с ограни́ченной отвéтственностью (ООО)
Gnade F ми́лость *f* **gnadenlos** беспощáдный
Gold N зóлото *n* **golden** золотóй **Goldmedaille** F золотáя медáль *f* **Goldschmied** M ювели́р *m*
Golf M (морскóй) зали́в *m*; N *Spiel* гольф *m* **Golfplatz** M площáдка *f* для гóльфа **Golfschläger** M клю́шка *f* для гóльфа
gönnen желáть (**j-m** *akk* к-у *P*); не зави́довать к-у, в (*П*)
googeln ⟨про⟩гу́глить
Gosse F стóчная канáва *f*
Gotik F гóтика *f*
Gott M бог *m*; REL Бог *m*, Госпóдь *m*; **~ sei Dank!** слáва бóгу!; **um ~es Willen!** бóже мóй!
Gottesdienst *m* богослужéние *n*
Göttin F боги́ня *f* **göttlich** бóжий, бóжеский
Grab N моги́ла *f* **graben** ⟨вы́⟩копать **Graben** M ров *m*; *kleiner* канáва *f* **Grabstein** M надгрóбный кáмень *m*
Grad M грáдус *m*; стéпень *f*
Graf M граф *m*
Grafik F грáфика *f* **Grafiker(in)** M(F) грáфик *m* **Grafikkarte** F IT видеокáрта *f*
Gräfin F графи́ня *f*
grafisch графи́ческий
Gramm N грамм *m*
Grammatik F граммáтика *f*
Granate F гранáта *f*
Grapefruit F грейпфру́т *m*
Gras N травá *f*; *umg Drogen* трáвка *f* **grasen** пасти́сь
grässlich ужáсный
Grat M ребрó *n*; *Berg* хребéт *m*
Gräte F ры́бья кость *f*
gratis бесплáтно, дáром
gratulieren поздравля́ть ⟨-áвить⟩ (**j-m zu etw** к-о с *Т*)
grau сéрый; *grauhaarig* седóй
Grauen N у́жас *m* **grauenhaft** ужáсный, стрáшный
graupeln: **es graupelt** идёт мéлкий град
grausam жестóкий **Grausamkeit** F жестóкость *f*

greifbar *Fakt* конкрéтный; *präd* под рукóй **greifen** схвáтывать ⟨-тúть⟩; брáться ⟨взя́ться⟩ (**zu etw** за *B*)
Greis(in) M(F) старúк *m* (-рýха *f*)
grell я́ркий; *Ton* рéзкий
Grenze F граница *f*, рубéж *m*; *fig* предéл *m* **grenzen** гранúчить (**an** *akk* с *T*) **grenzenlos** безгранúчный **Grenzübergang** M погранúчный перехóд *m*
Grieche M грек *m* **Griechenland** N Грéция *f* **Griechin** F гречáнка *f*
Grieß M мáнная крупá *f*
Griff M *Zugriff* хвáтка *f*; *v. Tür usw* рýчка *f* **griffbereit** *präd* под рукóй
Grill M гриль *m*, решётка *f*
Grille F ZO сверчóк *m*
grillen ⟨за⟩жáрить в/на грúле
Grimasse F гримáса *f*
grinsen ухмыля́ться ⟨-льнýться⟩ **Grinsen** N ухмы́лка *f*
Grippe F грипп *m*
grob грýбый; **~ gemahlen** … крýпного помóла
grölen горлáнить
groß большóй; *hoch* высóкий; *bedeutend* велúкий; **er ist 2 m** ~ он рóстом (в) 2 м **großartig** великолéпный
Großaufnahme F съёмка *f* крýпным плáном **Großbritannien** N Великобритáния *f* **Großbuchstabe** M большáя бýква *f*
Größe F величинá *f*; *Körpergröße* рост *m*; *Konfektionsgröße* размéр *m*
Großeltern *pl* бáбушка *f* и дéдушка *m* **Großhandel** M оптóвая торгóвля *f* **Großmacht** F велúкая держáва *f* **Großmutter** F бáбушка *f* **Großstadt** F большóй гóрод *m*
größtenteils бóльшей чáстью
Großvater M дéдушка *f*
großzügig великодýшный; *finanziell* щéдрый
Grotte F грот *m*
Grube F я́ма *f*; *Schacht* шáхта *f*
grübeln размышля́ть
Gruft F склеп *m*
grün зелёный; POL **die Grünen** *pl* зелёные *pl*; **bei Grün** на зелёный свет **Grünanlage** F сквер *m*
Grund M *Boden* дно *f*; *Ursache* причúна *f*; **ohne ~** без пóвода; **aus diesem ~** по э́той причúне **Grundbesitz** M земéльная собствешюсть *f* **Grundbesitzer(in)** M(F) т землевладéлец *m* (-лица *f*) **Grundbuch** N поземéльная кнúга *f*
gründen оснóвывать ⟨-овáть⟩
Gründer(in) M(F) основáтель (-ница) *m(f)*
Grundgebühr F основнóй тарúф *m* **Grundgesetz** N *BRD* Основнóй Закóн *m* **Grundkapital** N основнóй капитáл *m*
Grundkurs M кýрсы *mpl* для начинáющих **Grundlage**

F основа *f* **grundlegend** основополагающий
gründlich основательный; *gewissenhaft* тщательный
grundlos беспричинный
Gründonnerstag M Святой четверг *m*
Grundriss M горизонтальная проекция *f* **Grundsatz** M принцип *m* **grundsätzlich** ADV в принципе **Grundschule** F начальная школа *f* **Grundsteuer** F поземельный налог *m* **Grundstück** N земельный участок *m*
Gründung F основание *n*
Grundwasser N грунтовые воды *fpl* **Grundwehrdienst** M действительная военная служба *f*
Grünfläche F площадь *f* зелёных насаждений **Grüntee** M зелёный чай *m*
grunzen хрюкать ‹-кнуть›
Gruppe F группа *f* **Gruppenreise** F путешествие *n* группой
gruselig жуткий
Gruß M привет *m*; **e-n ~ bestellen** перед(ав)ать привет; **mit freundlichen Grüßen** с дружеским приветом; *offiziell* с уважением
grüßen ‹по›приветствовать; **grüß dich!** привет!
gültig действительный; *Gesetz* действующий, в силе
Gummi M *od* N резина *f*
Gummiband N резинка *f*
Gummistiefel MPL резиновые сапоги *mpl*
günstig выгодный
gurgeln ‹про›полоскать
Gurke F огурец *m*
Gurt M пояс *m*; ремень *m*
Gürtel M пояс *m*
GUS F (Gemeinschaft Unabhängiger Staaten) Содружество *n* независимых государств (СНГ)
Guss M *Regen* ливень *m* **gusseisern** чугунный
gut хороший, добрый; ADV хорошо; **~en Tag!** здравствуй(-те)!; **so ~ wie** почти; **mir ist nicht ~** мне нездоровится; **also ~!** ладно!; **mach's ~!** пока!; **~ gemeint** доброжелательный; **~ tun** быть полезным
Gut N *Ware* товар(ы) *m(pl)*; *Landgut* имение *n* **Gutachten** N экспертиза *f* **gutartig** MED доброкачественный
Gute N: **alles ~!** всего хорошего / доброго!
Güte F доброта *f*; *Qualität* качество *n*
Güter NPL *Waren* товары *mpl*
Gütertrennung F раздел *m* имущества **Güterzug** M товарный поезд *m*
gutgläubig доверчивый **Guthaben** N вклад *m* **gutheißen** одобрять ‹-обрить›
gütig добрый
gutmachen: **wieder ~** исправлять ‹-равить›

gutmütig доброду́шный **Gutschein** M тало́н *m* (**für** на *B*) **Gymnasium** N гимна́зия *f* **Gymnastik** F гимна́стика *f* **Gynäkologie** F гинеколо́гия *f*

H

H N MUS си *n*
Haar N *einzeln* во́лос *m*; во́лосы *mpl*; **um ein ~** на волосо́к **Haarausfall** M выпаде́ние *n* воло́с **Haarbürste** F щётка *f* для воло́с **Haarschnitt** M стри́жка *f*; *Frisur* причёска *f*
Haarspray N закрепи́тель *m* для воло́с **haarsträubend** ужа́сный, стра́шный **Haartrockner** M суши́лка *f*, фен *m* **Haarwäsche** F мытьё *n* головы́; *a.* = **Haarwaschmittel** *n* шампу́нь *m*
Habe F иму́щество *n*
haben *oft nicht übersetzt*; име́ть; **ich habe** у меня́ (есть); **wir ~ nicht / kein …** у нас нет (*P*); **da hast du …** вот (тебе́) …; **was ~ Sie?** что с Ва́ми?; **bei sich ~** име́ть при себе́
Hacke F кирка́ *f*; *a.* **~n** *m Ferse* пя́тка *f* **hacken** AGR вска́пывать ⟨-копа́ть⟩; GASTR наре́зать ⟨-е́зать⟩ **Hacker** M IT ха́кер *m*, компью́терный взло́мщик *m* **Hackfleisch** N ру́бленое мя́со *n*
Hafen M порт *m* **Hafenstadt** F порто́вый го́род *m*
Hafer M овёс *m* **Haferbrei** M овся́нка *f* **Haferflocken** FPL овся́ные хло́пья *pl*
Haft F аре́ст *m*; **in ~ nehmen** аресто́вывать ⟨ова́ть⟩ **haftbar** отве́тственный **Haftbefehl** M о́рдер *m* на аре́ст **haften** прист(ав)а́ть (**an** *dat* к *Д*); отвеча́ть (**für** *akk* за *В*)
Häftling M заключённый *m*
Haftpflichtversicherung F страхова́ние от отве́тственности за нанесе́ние уще́рба **Haftung** F прилипа́ние *n*; JUR отве́тственность *f*
Hagebutte F шипо́вник *m*
Hagel M град *m* **hageln**: **es hagelt** идёт град
hager худоща́вый
Hahn M пету́х *m*; TECH кра́н *m*
Hähnchen N GASTR (жа́реный) цыплёнок *m*
Hai(fisch) M аку́ла *f*
häkeln ⟨с⟩вяза́ть (крючко́м)
Haken M крюк *m* **Hakenkreuz** N сва́стика *f*
halb *mst* пол(у)-; ADV наполови́ну; **~e Stunde** полчаса́; **auf ~em Wege** на полпути́; **~ zwei** полови́на второ́го; **zum ~en Preis** за полцены́ **halber** → **wegen**
Halbfinale N полуфина́л *m* **halbieren** ⟨по⟩дели́ть попола́м **Halbinsel** F полуо́стров

m **Halbjahr** N полугóдие *n* **halblaut** вполгóлоса **Halbmond** M полумéсяц *m* **Halbpension** F пансиóн *m* с непóлным содержáнием **Halbschuhe** MPL полуботи́нки *mpl* **halbstündlich** кáждые полчасá **halbtägig** полусу́точный **Halbtagsarbeit** F рабóта *f* на полстáвки **halbtrocken** *Sekt* полусухóй **halbwegs** до нéкоторой стéпени **Halbzeit** F тайм *m*

Hälfte F полови́на *f*; **zur ~** наполови́ну

Halle F зал *m*; холл *m* **Hallenbad** N закры́тый бассéйн *m*

hallo! привéт!; TEL алло́!

Halm M стéбель *m*

Halogenlampe F галогéнная лáмпа *f*

Hals M шéя *f*; *Kehle* гóрло *n*; **~ über Kopf** очертя́ гóлову

Halsband N *Tierhals* ошéйник *m* **Halskette** F (нашéйная) цéпочка *f*

Hals-Nasen-Ohren-Arzt M врач *m* (по болéзням) у́ха, гóрла и нóса

Halsschmerzen MPL боль *f* в гóрле **Halstuch** N коси́нка *f*

Hals-und Beinbruch! ни пу́ха ни перá!

Halt M остановка *f*; *Stütze* опóра *f*; **halt!** стой!, стоп!

haltbar прóчный; *Lebensmittel* **~ bis ...** гóден до **Haltbarkeitsdatum** N срок *m* гóдности

halten V/T держáть; *festhalten* задéрживать ⟨-жáть⟩, удéрживать ⟨-жáть⟩; V/I *anhalten* останáвливаться ⟨-нови́ться⟩; **~ für** (*akk*) считáть ⟨счесть⟩ (*T*); **was ~ Sie davon?** что Вы ду́маете об э́том?; **sich ~** *Speise* сохраня́ться ⟨-ни́ться⟩; **sich links ~** держáться лéвой сторoны́; **Halten verboten!** останóвка запрещенá!

Haltestelle F остановка *f*

Halteverbot N запрещéние *n* останóвки

haltlos *Gerücht* безосновáтельный **Haltung** F осáнка *f*; *Einstellung* отношéние *m*

Hamburger M GASTR гáмбургер *m*

hämisch злорáдный

Hammel M барáн *m* **Hammelfleisch** N барáнина *f*

Hammer M молотóк *m*, мóлот *m*

hämmern (грóмко) ⟨по⟩стучáть (**an** *akk* в *B*)

Hämorrhoiden *pl* геморрóй *m*

Hamster M хомя́к *m* **hamstern** *umg* ⟨на⟩копи́ть

Hand F рукá *f*; **zu Händen von** в ру́ки (*Д*); **zur ~ haben** под рукóй; **e-e ~ voll** гóрст(оч)ка *f*; **die ~ schütteln** пож(им)áть ру́ку

Handarbeit F ручнáя рабóта *f*; *mst pl* рукодéлие *n* **Hand-**

ball M гандбóл *m* **Handbremse** F ручнóй тóрмоз *m* **Handbuch** N спрáвочник *m*
Händedesinfektionsgel N санитáйзер *m*
Händedruck M рукопожáтие *n*
Handel M торгóвля *f* **handeln** дéйствовать; торговáть (-ся *feilschen*; **mit** *T*); **es handelt sich um …** речь идёт о (*П*)
Handelsabkommen N торгóвое соглашéние *n* **Handelskammer** F торгóвая палáта *f* **Handelsvertreter(in)** M(F) торгóвый агéнт *m*
Handfeger M вéер *m* **Handfläche** F ладóнь *f* **Handgelenk** N запя́стье *n* **handgemacht** сдéланный вручнýю **Handgepäck** N ручнóй багáж *m*
Händler(in) M(F) торгóвец *m* (-вка *f*)
handlich удóбный **Handlung** F дéйствие *n* (*a. Film*) **Handschellen** FPL нарýчники *mpl* **Handschrift** F пóчерк *m*; *Text* рýкопись *f* **handschriftlich** рукопúсный
Handschuh M перчáтка *f* **Handschuhfach** N *umg* бардачóк *m* **Handstand** M стóйка *f* на рукáх **Handtasche** F сýм(оч)ка *f* **Handtuch** N полотéнце *n*
Handwerk N ремеслó *f*
Handwerker M ремéсленник *m* **Handwerkszeug** N *fig* оснóвы *fpl* ремеслá
Handy N сóтовый *od* мобúльный телефóн *m* **Handyhülle** F чехóл *m* для телефóна **Handynummer** F мобúльный нóмер *m*
Hanf M коноплЯ *f*; *Faser* пенькá *f*
Hang M косогóр *m*; *fig* тЯга *f*
Hängebrücke F висЯчий мост *m* **Hängematte** F гамáк *m*
hängen V/T вéшать ⟨повéсить⟩; V/I висéть; *pers* быть привЯзанным (**an** *dat* к *Д*); **~ bleiben** зацеплЯться ⟨-пúться⟩; **~ lassen** *fig j-n* бросáть ⟨-óсить⟩
Hantel F гантéль *f*
Happen M кусóк *m*
Hardware F технúческое / аппарáтное обеспéчение *n*
Harfe F áрфа *f*
Harke F грáбли *pl*
harmlos безобúдный
Harmonie F гармóния *f*
Harn M мочá *f* **Harnblase** F мочевóй пузы́рь *m*
hart твёрдый; *zäh* жёсткий; *streng* сурóвый; *schwer* тяжёлый; **~ gekocht** свáренный вкрутýю; **~ werden** ⟨за⟩твердéть
Härte F твёрдость *f*; → **hart**
hartnäckig упóрный
Harz N смолá *f*
Haschisch N гашúш *m*
Hase M зáяц *m*

Haselnuss F лесной орех *m* **Hass** M ненависть *f* **hassen** ненавидеть **Hasskriminalität** F преступление *n* на почве ненависти **hässlich** безобразный **hastig** торопливый **Haube** F чепец *m*; *Trockenhaube* сушилка *f* для волос **Hauch** M *Lufthauch* дуновение *n* **hauchen** дохнуть *pf*; → flüstern **hauen** *umg* *j-n* ⟨по⟩бить; **übers Ohr ~** облапоши(ва)ть **Haufen** M куча *f* (*a. fig*); *v. Menschen* толпа *f* **häufen**: **sich ~** *fig Fälle* учащаться ⟨участиться⟩ **haufenweise** кучами **häufig** частый; ADV часто **Häufigkeit** F частота *f* **Haupt** N *Kopf* голова *f*; *fig* глава *f* **Hauptbahnhof** M главный вокзал *m* **Hauptfach** N основной учебный предмет *m* **Hauptfigur** F главный персонаж *m* **Hauptgericht** N второе (блюдо) *n* **Häuptling** M вождь *m* **Hauptmann** M капитан *m* **Hauptpost(amt** N) F главный почтамт *m* **Hauptrolle** F главная роль *f* **Hauptsache** F главное (дело) *n* **hauptsächlich** ADV главным образом **Hauptsaison** F разгар *m* сезона **Hauptsatz** M главное предложение *n* **Hauptschule** F общеобразовательная школа *f* (5-9 классы) **Hauptstadt** F столица *f* **Hauptstraße** F главная улица *f* **Hauptverkehrsstraße** F магистраль *f* **Hauptverkehrszeit** F часы *mpl* пик **Haus** N дом *m*; **nach ~e** домой; **zu ~e** дома **Hausarbeit** F работа *f* по дому; *v. Student usw* домашняя работа *f* **Hausarzt** M, **Hausärztin** F домашний врач *m* **Hausaufgabe** F домашнее задание *n* **Hausbesitzer(in)** M(F) домовладелец *m* (-лица *f*) **Hausbewohner(in)** M(F) жилец *m* (-лица *f*) **Häuserblock** M квартал *m* **Hausflur** M передняя *f*; подъезд *m* **Hausfrau** F (домо)хозяйка *f* **hausgemacht** *Wurst usw* домашнего приготовления **Haushalt** M домашнее хозяйство *n*; бюджет *m* **Haushälterin** F домработница *f* **Hausherr(in)** M(F) хозяин *m* (-яйка *f*) **häuslich** домашний **Hausmeister** M дворник *m* **Hausmittel** N домашнее средство *n* **Hausordnung** F правила *npl* внутреннего распорядка **Hausratversicherung** F страхование *n* домашнего имущества **Hausschlüssel** M ключ *m* от дома **Hausschuhe** MPL домашние тапочки *fpl* **Haustier** N до-

ма́шнее живо́тное *n* **Haustür** F нару́жная дверь *f* **Hausverwaltung** F домоуправле́ние *n* **Hauswirtschaft** F *Fach* домово́дство *n*
Haut F ко́жа *f*; *Tierhaut a.* шку́ра *f* **Hautarzt** M дермато́лог *m* **Hautausschlag** M сыпь *f*
häuten снима́ть ⟨снять⟩ шку́ру
hauteng пло́тно облега́ющий **Hautfarbe** F цвет *m* ко́жи **Hautkrankheit** F ко́жная боле́знь *f*
Hebamme F акуше́рка *f*
Hebel M рыча́г *m*
heben поднима́ть ⟨-ня́ть⟩
hebräisch евре́йский
Hecht M щу́ка *f* **Hechtsprung** M *Turnen* прыжо́к *m* прогну́вшись, *Schwimmen* прыжо́к *m* согну́вшись
Heck N SCHIFF корма́ *f*; AUTO, FLUG хвост *m* **Hecke** F жива́я и́згородь *f* **Heckscheibe** F за́днее стекло́ *f*
Heer N во́йско *n*, а́рмия *f*
Hefe F дро́жжи *pl*
Heft N тетра́дь *f*; *Zeitschrift* вы́пуск *m*; *Griff* рукоя́тка *f* **heften** прикрепля́ть ⟨-пи́ть⟩ (an *akk* к *Д*) **Hefter** M скороши́ватель *m*
heftig си́льный; *Kampf, Streit* ожесточённый
Heftklammer F скобка *f* **Heftpflaster** N пла́стырь *m* **Heftzwecke** F кно́пка *f*
Hehler M укрыва́тель *m*
Heide[1] F пу́стошь *f* **Heide**[2] F, **Heidekraut** N ве́реск *m*
Heidelbeere F черни́ка *f*
heidnisch язы́ческий
heikel щекотли́вый
heil невреди́мый, це́лый **heilbar** излечи́мый **heilen** V/T лечи́ть, выле́чивать ⟨вы́лечить⟩ (*v/i* -ся)
heilig свято́й **Heiligabend** M рожде́ственский соче́льник *m* **Heilige** M/F свято́й *m* (-та́я *f*) **Heiligtum** N святы́ня *f*
Heilmittel N лече́бное сре́дство *n* **Heilpflanze** F лече́бное расте́ние *n* **heilsam** благотво́рный **Heilung** F (из)лече́ние *n*, исцеле́ние *n*
heim домо́й
Heim N дома́шний оча́г *m*; *Wohnheim* общежи́тие *n* **Heimarbeit** F рабо́та *f* на дому́
Heimat F ро́дина *f* **heimatlos** безро́дный **Heimatort** M родно́й го́род *m*
heimfahren возвраща́ться ⟨-рати́ться⟩ домо́й **Heimfahrt** F пое́здка *f* домо́й **heimisch** *Tier* ме́стный; ADV как до́ма **heimkehren** возвраща́ться ⟨-рати́ться⟩ домо́й
heimlich скры́тый; ADV тайко́м
Heimreise F → Heimfahrt
Heimtrainer M велотрена-жёр *m* **heimtückisch** кова́рный **Heimweg** M путь *m* / доро́га *f* домо́й **Heimweh** N

тоска́ *f* по ро́дине **Heimwerker** M куста́рь *m*
Heirat F брак *m*; *der Frau* заму́жество *n*; *des Mannes* жени́тьба *f* **heiraten** ⟨по⟩жени́ться; *e-n Mann* выходи́ть ⟨вы́йти⟩ за́муж за (*В*); *e-e Frau* жени́ться (*im*)*pf* на (*П*)
Heiratsantrag M бра́чное предложе́ние *n* **Heiratsanzeige** F бра́чное объявле́ние *n* **Heiratsurkunde** F свиде́тельство *n* о бра́ке
heiser хри́плый **Heiserkeit** F хрипота́ *f*
heiß *Wetter* жа́ркий (*a. fig*); *Liebe usw* горя́чий; **mir ist ~** мне жа́рко
heißen VI наз(ы)ва́ться; *bedeuten* зна́чить; **ich heiße** меня́ зову́т; **was soll das ~?** что э́то зна́чит?; **wie heißt das auf …?** как э́то по-…?; **es heißt, dass** говоря́т, что
heiter весёлый; *Himmel* я́сный **Heiterkeit** F весёлость *f*; *Gelächter* весе́лье *n*
heizbar ота́пливаемый **heizen** топи́ть (**mit** *Т*)
Heizlüfter M тепловентиля́тор *m* **Heizmaterial** N то́пливо *n* **Heizöl** N жи́дкое то́пливо *n* **Heizplatte** F электроплитка *f* **Heizung** F отопле́ние *n*
Hektar M гекта́р *m*
hektisch лихора́дочный
Held(in) M(F) геро́й *m* (-о́иня *f*)
helfen помога́ть ⟨-мо́чь⟩; **~ Sie mir!** помоги́те мне! **Helfer(in)** M(F) помо́щник *m* (-ица *f*)
hell све́тлый (*a. fig*); *in zssgn mst* светло-; **es wird schon ~** уже́ света́ет **Helligkeit** F я́ркость *f* **Hellseher(in)** M(F) ясновидец *m* (-дица *f*)
Helm M шлем *m*; *Schutzhelm* ка́ска *f*
Hemd N руба́шка *f*, соро́чка *f*; *Unterhemd* ма́йка *f*
hemmen ⟨за⟩тормози́ть **Hemmung** F торможе́ние *n* **hemmungslos** безу́держный
Hengst M жеребе́ц *m*
Henkel M ру́чка *f*
Henker M пала́ч *m*
Henne F ку́рица *f*
Hepatitis F гепати́т *m*
her сюда́; **von außen ~** снару́жи; **von oben ~** све́рху; **von weit ~** издалека́; **ein Jahr ~** год (тому́) наза́д
herab вниз **herablassend** снисходи́тельный; ADV свысока́ **herabsetzen** *Preis* снижа́ть ⟨-изить⟩
heran сюда́; к(о); **näher ~** (по)бли́же (к) **herankommen** подходи́ть ⟨-дойти́⟩; *umg erreichen* дост(ав)а́ть **heranwachsen** подраста́ть ⟨-сти́⟩
herauf вверх, наве́рх, кве́рху **heraufbeschwören** вызыва́ть ⟨вы́звать⟩ **heraufsetzen** *Preis* повыша́ть ⟨-ысить⟩

heraus *in zssgn mst* вы-; **von innen ~** изнутри́ **herausbekommen** *Fleck* выводи́ть ‹вы́вести›; *Geld* получа́ть ‹-чи́ть› сда́чу; *fig* обнару́жи(ва)ть **herausbringen** *Marke* выпуска́ть ‹вы́пустить›
herausfordern вызыва́ть ‹вы́звать› **Herausforderung** F вы́зов *m*
herausgeben *Geld* да(ва́)ть сда́чу; *Buch* изд(ав)а́ть **Herausgeber(in)** M(F) изда́тель (-ница) *m(f)* **herausholen** выта́скивать ‹вы́тащить›; *fig* выжима́ть ‹вы́жать› **herauskommen** выходи́ть ‹вы́йти›; *fig* обнару́жи(ва)ться **herausnehmen** вынима́ть ‹вы́нуть›
herausreden: **sich ~** отгова́риваться ‹-вори́ться› **herausziehen** вытя́гивать ‹вы́тянуть›
herb те́рпкий; *fig* го́рький
herbei сюда́; *in zssgn mst* при-, под- **herbringen** *j-n* приводи́ть ‹-вести́› сюда́
Herbst M о́сень *f*; **im ~** о́сенью **herbstlich** осе́нний
Herd M плита́ *f*; *fig* оча́г *m*
Herde F ста́до *n*
herein внутрь; **~!** входи́те! **hereinfallen** *umg* попада́ться ‹-па́сться› **hereinkommen** входи́ть ‹войти́› **hereinlassen** впуска́ть ‹-сти́ть› **hereinlegen** *fig* наду́(ва́)ть
Herfahrt F пое́здка *f* (сюда́)
herfallen набра́сываться ‹-ро́ситься› (**über** *A* на *B*)
Hergang M ход *m* **hergeben** под(ав)а́ть, отд(ав)а́ть
Hering M сельдь *f*, селёдка *f*
herkommen приходи́ть ‹прийти́›; **wo kommen Sie her?** отку́да Вы?; **komm her!** иди́ сюда́!
Herkunft F происхожде́ние *n*
Heroin N герои́н *m*
Herr M господи́н *m* (*a. Anrede*); *Besitzer* хозя́ин *m*; **meine ~en!** господа́!; → *a.* geehrt
Herren... *in zssgn* мужско́й **herrenlos** *Tier* бездо́мный **Herrentoilette** F мужско́й туале́т *m*
Herrin F *Besitzerin* хозя́йка *f* **herrlich** прекра́сный **Herrschaft** F госпо́дство *n*; *Gewalt* власть *f* **herrschen** госпо́дствовать (**über** *akk* над *T*); *Not* цари́ть **Herrscher(in)** M(F) власти́тель(ница) *m(f)*
herstellen *Ware* изготовля́ть ‹-то́вить› **Hersteller** M изготови́тель *m* **Herstellung** F изготовле́ние *n*
herüber сюда́; на э́ту сто́рону
herum: **um** *akk* **herum** вокру́г (*P*); *etwa* о́коло **herumkommen** *in der Welt* мно́го путеше́ствовать **herumreichen** переда́(ва́)ть
herumsprechen: **sich ~** разноси́ться ‹-нести́сь›
herumtreiben: **sich ~** шата́ться, слоня́ться
herunter вниз **herunterfal-**

len падать ⟨упасть⟩ **heruntergekommen** запущенный; *pers* опустившийся **herunterkommen** *Treppe usw* спускаться ⟨-ститься⟩
hervor из; вперёд; наружу
hervorbringen порождать ⟨-родить⟩ **hervorheben** подчёркивать ⟨-черкнуть⟩
hervorragend *fig* выдающийся **hervorrufen** *fig* вызывать ⟨вызвать⟩
Herz N сердце *n*; *Karte* черви, червы *pl*; **von ganzem ~en** от всего сердца **Herzanfall** M сердечный приступ *m* **herzhaft** *Essen* плотный
Herzinfarkt M инфаркт *m*
Herzklopfen N сердцебиение *n* **herzkrank** страдающий болезнью сердца **herzlich** сердечный **herzlos** бессердечный
Herzog(in) M(F) герцог(иня) *m(f)*
Herzschlag M паралич *m* сердца; → Herzklopfen **Herzschrittmacher** M электростимулятор *m* сердца **Herzversagen** N сердечная недостаточность *f*
Hetze F *Eile* спешка *f* **hetzen** ⟨за⟩травить (*a. fig*)
Heu N сено *n*
Heuchelei F лицемерие *n*
Heuchler(in) M(F) лицемер(ка) *m(f)*
heulen *umg weinen* реветь
Heuschnupfen M сенная лихорадка *f* **Heuschrecke** F саранча *f*
heute сегодня (**Morgen** утром / **Nacht** ночью); **~ in einer Woche** (ровно) через неделю; **ab ~** с сегодняшнего дня
heutig сегодняшний; *jetzig* нынешний
Hexe F ведьма *f*; баба-яга *f*
Hexenschuss M прострел *m*
Hieb M удар *m*
hier здесь; **~ ist / sind** вот; **von ~** отсюда; *pers* здешний; **~ bleiben** ост(ав)аться здесь; **~ lassen** оставлять ⟨-авить⟩ здесь
hierauf *danach* затем **hieraus** из этого **hierbei** при этом
hierdurch этим **hierfür** за это **hierher**: **bis ~** досюда
hierhin сюда **hiermit** *im Brief* этим, сим, настоящим
hierüber об этом **hierzu** к этому; → *a.* da- *in zssgn*
hiesig здешний, местный
Hi-Fi- *in zssgn* высокоточный
Hilfe F помощь *f*; **~!** на помощь!; **mit ~ von** с помощью (*P*); **erste ~** скорая помощь *f*
Hilferuf M крик *m* о помощи
hilflos беспомощный
Hilfsarbeiter M подсобный рабочий *m* **hilfsbereit** готовый помочь **Hilfsmittel** N вспомогательное средство *n*
Himbeere F малина *f*
Himmel M небо *n*; *fig* небеса *pl* **himmelblau** небесно-голубой **Himmelfahrt** F *Christi*

Himmelfahrt Вознесе́ние *n* **Himmelsrichtung** F страна́ *f* све́та **himmlisch** небе́сный; *fig* боже́ственный, чуде́сный **hin** туда́; **wo kommt das ~?** куда́ э́то дева́ть?; **~ und her** туда́ и сюда́; **~ und zurück** туда́ и обра́тно **hinab** вниз; → hinunter **hinauf** вверх, наве́рх, кве́рху **hinaufsteigen** поднима́ться ⟨-ня́ться⟩ **hinaus** → aus, heraus **hinausgehen** выходи́ть ⟨вы́йти⟩ (*a.* **auf** *akk*, **nach** *dat* в / на *В*) **hinauslaufen** *fig* своди́ться **hinauslehnen**: **sich ~** высо́вываться ⟨вы́сунуться⟩ **hinausschieben** *Termin* откла́дывать ⟨отложи́ть⟩ **hinauswerfen** выбра́сывать ⟨вы́бросить⟩ **hinauszögern** оття́гивать ⟨-яну́ть⟩ **hinbringen** относи́ть ⟨-нести́⟩, доноси́ть ⟨-нести́⟩; *mit Fahrzeug* отвози́ть ⟨-везти́⟩, довози́ть ⟨-везти́⟩ (туда́) **hinderlich** меша́ющий **hindern** ⟨вос⟩препя́тствовать (**j-n an etw** *Д* + *inf*) **Hindernis** N препя́тствие *m*; поме́ха *f* **hindurch** *örtl* → durch; *zeitl* в тече́ние, напролёт; **die ganze Nacht ~** всю ночь напролёт **hinein** → rein, herein; *in zssgn mst* в- **hineingehen** входи́ть ⟨войти́⟩ **hinfahren** ⟨съ⟩е́здить, ⟨по⟩е́хать (туда́); *j-n, etw* отвози́ть ⟨-везти́⟩, довози́ть ⟨-везти́⟩; **soll ich Sie ~?** мо́жно отвезти́ Вас? **Hinfahrt** F пое́здка *f* туда́; **auf der ~** по пути́ туда́ **hinfallen** па́дать ⟨упа́сть⟩ **hinfällig** *ungültig* недействи́тельный **Hinflug** M полёт *m* туда́ **Hingabe** F самоотда́ча *f*; *Begeisterung* увлече́ние *n* **hingehen** идти́ ⟨пойти́⟩ (туда́) **hinhalten** *reichen* протя́гивать ⟨-яну́ть⟩; *vertrösten* заде́рживать ⟨-жа́ть⟩ **hinhören** ⟨по⟩слу́шать **hinken** хрома́ть **hinkriegen** ула́живать ⟨-а́дить⟩ **hinlegen** класть ⟨положи́ть⟩; **sich ~** ложи́ться ⟨лечь⟩ **hinnehmen** ⟨при⟩мири́ться (*akk* с *Т*) **Hinreise** F пое́здка *f* туда́ **hinreißend** захва́тывающий **Hinrichtung** F казнь *f* **hinschmeißen** *umg aufgeben* броса́ть ⟨-о́сить⟩ **hinsetzen**: **sich ~** сади́ться ⟨сесть⟩ **hinsichtlich** относи́тельно **hinstellen** ⟨по⟩ста́вить; **sich ~** станови́ться ⟨(*umg* в)стать⟩ **hinten** позади́, сзади́; *am Ende* в конце́; **von ~** сза́ди **hinter** PRÄP за (*akk, dat В, Т*); **~e** за́дний; **in der ~sten Reihe** в после́днем ряду́ **Hinterbliebene** *pl* бли́зкие *pl* уме́ршего **hintereinander** один за други́м; **dreimal** ~ три ра́за подря́д

Hintergedanke M за́дняя мысль *f* **hintergehen** обма́нывать ⟨-ну́ть⟩ **Hintergrund** M фон *m*, за́дний план *m* **Hinterhalt** M заса́да *f* **hinterhältig** кова́рный

hinterher *örtl* сле́дом, вслед (за *T*); *zeitl* пото́м, по́зже

hinterlassen оставля́ть ⟨-а́вить⟩ (в насле́дство) **hinterlistig** хи́трый

Hintern M *umg* за́дница *f*, зад *m*

Hinterrad N за́днее колесо́ *n* **Hintertür** F за́дняя дверь *f* **hinterziehen** уклоня́ться ⟨-ни́ться⟩ от упла́ты

hinüber туда́, на ту сто́рону; **... ist ~** *pers* ... на том све́те

hinunter вниз; → herunter **hinunterschlucken** прогла́тывать ⟨-глоти́ть⟩ (*a. fig*)

Hinweg M путь *m* туда́

hinwegsetzen: **sich über** *akk* ~ не соблюда́ть ⟨-юсти́⟩ (*B*)

Hinweis M указа́ние *n* **hinweisen** ука́зывать ⟨-за́ть⟩

hinziehen: **sich ~** *dauern* затя́гиваться ⟨-тяну́ться⟩

hinzu к э́тому **hinzufügen** добавля́ть ⟨-а́вить⟩ **hinzukommen** подходи́ть ⟨-дойти́⟩ к (*Д*); **hinzu kommt,...** и к тому́ же **hinzuziehen** ⟨про⟩консульти́роваться (*j-n* с *T*)

Hirn N мозг *m* **Hirnhautentzündung** F менинги́т *m*

Hirsch M оле́нь *m*

Hirse F пшено́ *n*

Hirt(e) M пасту́х *m*

hissen поднима́ть ⟨-ня́ть⟩

Historiker(in) M(F) исто́рик *m* **historisch** истори́ческий

Hit M хит *m*

Hitze F жара́ *f* **hitzebeständig** огнеупо́рный **Hitzewelle** F пери́од *m* (си́льной) жары́

hitzig горя́чий; вспы́льчивый **Hitzkopf** M горя́чая голова́ *f* **Hitzschlag** M теплово́й уда́р *m*

HIV-positiv ВИЧ-положи́тельный

H-Milch F сто́йкое молоко́

Hobby N хо́бби *n unv*

Hobel M струг *m*, руба́нок *m* **hobeln** ⟨вы⟩строга́ть

hoch высо́кий (*a. fig*); *Strafe, Ehre* большо́й; → hinauf; ADV *in zssgn* высоко-; **auf hoher See** в откры́том мо́ре; **~ begabt** высокоодарённый; **~!** ура́!

Hoch N тост *m*, МЕТЕО антицикло́н *m*

Hochachtung F глубо́кое уваже́ние *n* **hochachtungsvoll** с глубо́ким уваже́нием

Hochbetrieb M *umg* авра́л *m* **Hochdeutsch** N литерату́рный неме́цкий язы́к *m*

Hochdruck M высо́кое давле́ние *m* **Hochdruckgebiet** N → Hoch

Hochebene F плоского́рье *n* **hochfahren** IT стартова́ть **Hochgebirge** N высокого́рье *n* **Hochgeschwindigkeitszug** M высокоскоростно́й по́езд *m* **Hochhaus** N высо́тный дом *m*, *umg* высо́тка *f*

hochklappen отки́дывать ‹-и́нуть› (вве́рху)

Hochland N наго́рье *n*

hochmütig высокоме́рный; надме́нный **hochprozentig** высокопроце́нтный

Hochsaison F разга́р *m* сезо́на **Hochschule** F вы́сшее уче́бное заведе́ние *n*, *umg* вуз *m* **Hochsee-** *in zssgn* океа́нский **Hochspannung** F высо́кое напряже́ние *n* **Hochsprung** M прыжки́ *mpl* в высоту́

höchst ADV *äußerst* кра́йне, весьма́, чрезвыча́йно; **~ selten** о́чень ре́дко

Hochstapler M хвасту́н *m*; *Betrüger* моше́нник *m*

höchste са́мый высо́кий, (наи)вы́сший; POL верхо́вный; **am ~n** вы́ше всего́ / всех

höchstens не бо́льше чем; *bestenfalls* в лу́чшем слу́чае **Höchstgeschwindigkeit** F максима́льная ско́рость *f* **höchstwahrscheinlich** по всей вероя́тности

Hochverrat M госуда́рственная изме́на *f* **Hochwasser** N па́водок *f* **hochwertig** высокока́чественный

Hochzeit F сва́дьба *f* **Hochzeitskleid** N сва́дебное пла́тье *n* **Hochzeitsreise** F сва́дебное путеше́ствие *n* **Hochzeitstag** M годовщи́на *f* сва́дьбы

hocken сиде́ть на ко́рточках

Hocker M табуре́тка *f*

Höcker M горб *m*

Hockey N хокке́й *m*

Hoden M яи́чко *n*

Hof M двор *m*; *Gehöft* уса́дьба *f*

hoffen ‹по›наде́яться (**auf etw** на *В*) **hoffentlich** на́до наде́яться, что …

Hoffnung F наде́жда *f* **hoffnungslos** безнадёжный **hoffnungsvoll** по́лный наде́жды

höflich ве́жливый; *aufmerksam* учти́вый **Höflichkeit** F ве́жливость *f*; учти́вость *f*

Höhe F высота́ *f*; *Niveau* у́ровень *m*; **nicht auf der ~ sein** *krank* нездоро́виться (*Д*)

Hoheitsgebiet N сувере́нная террито́рия *f*

Höhenmesser M высотоме́р *m* **Höhensonne®** F ква́рцевая ла́мпа *f* **höhenverstellbar** регули́руемый по вышине́

Höhepunkt M вы́сшая то́чка *f*, пик *m* **höher** вы́ше; бо́лее высо́кий

hohl по́лый; *fig* пусто́й

Höhle F пеще́ра *f*; *Tierhöhle* нора́ *f*

Hohlmaß N мéра f ёмкости **Hohlraum** M пóлость f
Hohn M издевáтельство n
höhnisch издевáтельский
holen идти́ ⟨пойти́⟩ за (T); → (her)bringen; ~ **Sie e-n Arzt!** вы́зовите врачá!
Hölle F ад m **höllisch** áдский
holprig ухáбистый; *fig* коря́вый, неро́вный
Holunder M бузинá f
Holz N дéрево n; **aus** ~ деревя́нный
Holzfäller M лесору́б m **holzig** деревяни́стый **Holzkohle** F древéсный у́голь m **Holzmalerei** F ро́спись f по дéреву **Holzschnitzerei** F резьбá f по дéреву
Homepage F ли́чная страни́чка f (в интернéте)
homosexuell гомосексуáльный
Honig M мёд m
Honorar N гонорáр m
Hooligan M хулигáн(ка) m(f)
Hopfen M хмель m
hörbar слы́шимый, слы́шный **Hörbuch** N аудиокни́га f **hören** ⟨по⟩слу́шать; *erfahren* ⟨у⟩слы́шать; **schwer** ~ пло́хо слы́шать; **lass von dir** ~! *umg* дай о себé знать!
Hörensagen N: **vom** ~ понаслы́шке **Hörer** M тру́бка f **Hörer(in)** M(F) слу́шатель (-ница) m(f) **Hörgerät** N слуховóй аппарáт m
Horizont M горизóнт m **horizontal** горизонтáльный
Hormon N гормóн m
Horn N рог m **Hornhaut** F ороговéвшая кóжа f; ANAT роговáя оболо́чка f
Hornisse F шéршень m
Horoskop N гороскóп m
Horror M у́жас m; *fig* кошмáр m
Hörsaal M аудитóрия f **Hörspiel** N радиопьéса f
Hose F брю́ки pl, *umg* штаны́ pl
Hosentasche F кармáн m **Hosenträger** M подтя́жки pl
Hostess F сотру́дница f, отвечáющая за приём гостéй
Hostie F облáтка f
Hotel N гости́ница f, отéль m **Hotelgruppe** F грýппа f отéлей **Hotelkette** F сеть f отéлей **Hotelzimmer** N нóмер m
Hotline F хот-лáйн m **Hotspot** M хот-спóт m
Hubraum M AUTO литрáж m
hübsch краси́вый
Hubschrauber M вертолёт m
Huf M копы́то n **Hufeisen** N подкóва f
Hüfte F бедрó n **Hüftgelenk** F тазобéдренный сустáв m
Hügel M холм m, пригóрок m **hügelig** холми́стый
Huhn N ку́рица f
Hühnchen N ку́рочка f; GASTR (жáреный) цыплёнок m
Hühnerauge N мóзоль f

Hühnerstall M курятник *m*
Hülle F оболочка *f*; *Umschlag* обложка *f*; *Behälter* чехол *m*
Hülse F стручок *m*; *Patronenhülse* гильза *f* **Hülsenfrucht** F бобовое *n*
human гуманный **humanitär** гуманитарный
Hummel F шмель *m*
Hummer M омар *m*
Humor M юмор *m* **humorvoll** остроумный
humpeln *umg* ковылять
Hund M собака *f* **Hundehütte** F собачья будка *f*; конура *f* (*a. fig*)
hundert сто **Hundertstel** N сотая часть *f*
Hundeschlitten M нарты *pl*
Hündin F сука *f*
Hunger M голод *m*; ~ **haben** быть голодным **hungern** голодать **Hungersnot** F голод *m* **Hungerstreik** M голодовка *f*
hungrig голодный
Hupe F клаксон *m* **hupen** ⟨про⟩сигналить
hüpfen скакать ⟨скакнуть⟩
Hürde F барьер *m*; *fig* препятствие *m* **Hürdenlauf** M бег *m* с барьерами
Hure F *vulg* блядь *f vulg*, шлюха *f vulg*
husten кашлять **Husten** M кашель *m* **Hustenmittel** N средство *n* от кашля
Hut M шляпа *f*
hüten оберегать ⟨-речь⟩; *Vieh* пасти; **sich** ~ остерегаться ⟨-речься⟩ (**vor** *dat P*)
Hütte F хижина *f*; приют *m*
Hygiene F гигиена *f* **hygienisch** гигиенический
Hymne F гимн *m*
Hypnose F гипноз *m*
Hypothek F ипотека *f*
Hypothese F гипотеза *f*
hysterisch истерический

I

i.A. (im Auftrag) по поручению
IC® M → Intercity®
ICE® M (Intercityexpress®) междугородный экспресс *m*
ich я; ~ **bin's** это я
ideal идеальный **Idealfall** M: **im** ~ в идеальном случае
Idee F идея *f*
identifizieren идентифицировать (*im*)*pf* **identisch** идентичный, тождественный
Identität F идентичность *f*, тождество *n*
Ideologie F идеология *f* **ideologisch** идеологический
Idiot(in) M(F) идиот(ка) *m*(*f*)
idiotisch идиотский
idyllisch идиллический
IG F (Industriegewerkschaft) промышленный профсоюз *m*
Igel M ёж *m*

ignorieren ⟨про⟩игнори́ровать
IHK F (Industrie- und Handelskammer) Торго́во-промы́шленная пала́та *f*
ihm PERS PR *dat v.* **er** / **es** ему́; **bei ~** у него́; **mit ~** с ним
ihn PERS PR *akk v.* **er** его́; **für ~** для него́; **über ~** о нём
ihnen PERS PR *dat v.* **sie** им; **mit ~** с ни́ми **Ihnen** *dat v.* **Sie** Вам; **mit ~** с Ва́ми
ihr PERS PR вы; *dat v.* **sie** ей; **mit ~** с ней; POSS PR её; *pl* их **Ihr** Ваш(а *f*, -е *n*, -и *pl*)
ihretwegen *wegen* из-за неё / них; *zuliebe* ра́ди неё / них
Ikone F ико́на *f* **Ikonenmalerei** F иконопись *f*
illegal нелега́льный
Illusion F иллю́зия *f*
Illustration F иллюстра́ция *f*
Illustrierte F журна́л *m*
Image N и́мидж *m*
Imbiss M заку́ска *f* **Imbissstube** F заку́сочная *f*
Imker M пчелово́д *m*
Immatrikulation F приём *m* / зачисле́ние *n* в вуз
immer всегда́; **~ besser** всё лу́чше; **für ~** навсегда́ **immerhin** всё же **immerzu** всё вре́мя
Immobilie F недви́жимость *f*
Immobilienmakler M ма́клер *m* по торго́вле недви́жимостью
immun невосприи́мчивый
Imperativ M GRAM повели́тельное наклоне́ние *n*; императи́в *m*
Imperfekt N имперфе́кт *m*
impfen привива́ть ⟨-ви́ть⟩
Impfschein M свиде́тельство *n* о приви́вке **Impfstoff** M вакци́на *n* **Impfung** F приви́вка *f*
imponieren импони́ровать
Import M и́мпорт *m* **importieren** импорти́ровать *(im)pf*
impotent импоте́нтный
imprägnieren пропи́тывать ⟨-та́ть⟩ **imprägniert** непромока́емый
improvisieren импровизи́ровать ⟨сымпровизи́ровать⟩
impulsiv импульси́вный
imstande: **~ sein zu** быть спосо́бным / в состоя́нии
in в(о), на (*В, П*), *zeitl a.* *binnen* за, *nach* че́рез (*В*); **~ der Stadt** в го́роде; **~ die Berge** в го́ры; **~s Kino** в кино́; **im März** в ма́рте; **im Sommer** ле́том; **~ diesem Jahr** в э́том году́; **~ dieser Woche** на э́той неде́ле
indem *dadurch* тем, что
Index M и́ндекс *m*, *Liste* спи́сок *m* запрещённых (*P*)
Indien N И́ндия *f*
indirekt ко́свенный **indiskret** нескро́мный **individuell** индивидуа́льный **Indiz** N ули́ка *f*
Industrie F промы́шленность *f* **Industriegebiet** N промы́шленный райо́н *m*
ineinander одно́ в друго́е; *bc*

lebt друг в дрýга
Infarkt M инфáркт *m* **Infektion** F инфéкция *f* **Infinitiv** M инфинитѝв *m* **infizieren** заражáть ⟨-разѝть⟩ (**sich** -ся **mit** *T*) **Inflation** F инфля́ция *f*
infolge вслéдствие (*P*)
Infomaterial N информáция *f*
Informatik F информáтика *f* **Information** F информáция *f* **informieren** ⟨про⟩информѝровать (**sich** -ся **über** *akk* о *П*)
infrage: ~ **kommen** принимáться ⟨-ня́ться⟩ в расчёт
infrarot инфракрáсный **Infrastruktur** F инфраструктýра *f*
Ingenieur M инженéр *m* **Ingenieurbüro** N констрýкторское бюрó *n*
Ingwer M имбѝрь *m*
Inhaber(in) M(F) владéлец *m* (-лица *f*)
inhalieren ингалѝровать *im(pf)*
Inhalt M содержáние *n* **Inhaltsverzeichnis** N оглавлéние *n*
Initiative F инициатѝва *f*
Injektion F инъéкция *f*
inklusive включѝтельно
inkompatibel несовместѝмый
Inland N: **im** ~ внутрѝ страны́ **inländisch** внýтренний, отéчественный **Inlandsflug** M рейс *m* внутрѝ страны́ **Inlandsflüge** MPL внýтренние рéйсы *mpl*
inmitten (по)средѝ, в кругý
innen внутрѝ; **von** ~ изнутрѝ
Innenministerium N министéрство *n* внýтренних дел **Innenpolitik** F внýтренняя полѝтика *f* **Innenstadt** F центр *m* гóрода
innere внýтренний **Innere** N внýтренность *f* **Innereien** FPL внýтренности *fpl*; GASTR потрохá *mpl*
innerhalb *örtl* внутрѝ; *zeitl* в течéние (*P*), за (*B*) **innerlich** внýтренний; душéвный
innig глубóкий; сердéчный
inoffiziell неофициáльный
Inschrift F нáдпись *f*
Insekt N насекóмое *n* **Insektenspray** N спрей *m* от насекóмых
Insel F óстров *m* **Inselgruppe** F архипелáг *m*
Inserat N объявлéние *n* (в газéте) **inserieren** да(вá)ть объявлéние
insgesamt в цéлом, всегó
insofern KONJ поскóльку
Inspektion F инспéкция *f*; TECH техосмóтр *m*
Installateur M монтёр *m* **installieren** устанáвливать ⟨-новѝть⟩
Instandhaltung F технѝческий ухóд *m*
Instinkt M инстѝнкт *m*; чутьё *n*
Institut N инститýт *m* **Insti-**

tution F учреждéние *n* **Instrument** N инструмéнт *m* **Insulin** N инсулин *m* **Inszenierung** F постанóвка *f* **intakt** испрáвный **Intellektuelle** M/F интеллектуáл(ка *umg*) *m(f)* **intelligent** интеллигéнтный **Intelligenz** F интеллигéнтность *f*; *pers* интеллигéнция *f* **intensiv** интенсѝвный **Intensivkurs** M ускóренный курс *m* **Intensivstation** F реанимациóнное отделéние *n* **Intercity®** M междугорóдный скóрый пóезд *m* **interessant** интерéсный **Interesse** N интерéс *m* **interessieren** V/T интересовáть; **das interessiert mich nicht** э́то меня́ не интересýет; **sich ~** ⟨за⟩интересовáться (**für** *T*) **Internat** N интернáт *m* **international** междунарóдный **Internet** N Интернéт *m* **Internetadresse** F áдрес *m* в интернéте **Internetcafé** N интернéт-кафé *n* **Internetzugang** M дóступ *m* к Интернéту **internieren** интернѝровать (*im*)*pf* **Internist(in)** M(F) терапéвт *m* **Interpret(in)** M(F) исполнѝтель(ница) *m(f)* **Interview** N интервью́ *n unv* **intim** интѝмный **intolerant** нетерпѝмый **intravenös** внутривéнный

Intrige F интрѝга *f* **Invalide** M инвалѝд *m* **Invasion** F вторжéние *n* **Inventur** F инвентаризáция *f* **investieren** вкладывать ⟨вложѝть⟩ **Investition** F вложéние *n*, инвестѝция *f* **inwiefern** наскóлько **inzwischen** мéжду тем **IP-Adresse** F IP-áдрес *m* **irdisch** земнóй **irgendein** какóй-то, *beliebig* какóй-нибудь **irgend(et)was** чтó-то / -нибудь **irgendjemand** ктó-то / -нибудь **irgendwann** когдá-то / -нибудь **irgendwo** гдé-то / -нибудь **Iris** F рáдужная оболóчка *f* **Ironie** F ирóния *f* **irre** сумасшéдший; *fig toll* клёвый **irrelevant** невáжный **irren** блуждáть; **sich ~** ошибáться ⟨-би́ться⟩ (**in** *dat* в *П*; **in der Straße** ýлицей) **irreparabel** непоправѝмый **irritieren** смущáть ⟨-утѝть⟩ **irrsinnig** → wahnsinnig **Irrtum** M *Fehler* ошѝбка *f* **irrtümlich** ошѝбочный **Islam** M ислáм *m* **Isolierband** N изоляциóнная лéнта *f* **isolieren** изолѝровать (*im*)*pf* **Isolierung** F изоляция *f* **Israel** N Израѝль *m* **Italien** N Итáлия *f*

J

ja да; *sogar* да́же; **na ~** ну да
Jacht F я́хта *f*
Jacke F ку́ртка *f*; *für Damen* ко́фта *f* **Jackett** N пиджа́к *m*
Jagd F охо́та *f*; *fig* пого́ня *f* **Jagdrevier** N охо́тничье уго́дье *n* **Jagdschein** M охо́тничий биле́т *m*
jagen охо́титься (*akk* за *T*)
Jäger M охо́тник *m*
Jahr N год *m*; **ein halbes ~** полго́да; **im ~ 2000** в 2000 году́; **dieses / voriges ~** в э́том / про́шлом году́; **seit ~en** с да́вних пор **jahrelang** до́лгие го́ды, года́ми
Jahrestag M годовщи́на *f* **Jahresurlaub** M ежего́дный о́тпуск *m* **Jahreszeit** F вре́мя *n* го́да
Jahrgang M *v. Wein* урожа́й *m* **Jahrhundert** N век *m*, столе́тие *n*
jährlich годово́й; ADV ежего́дно
Jahrmarkt M я́рмарка *f* **Jahrzehnt** N десятиле́тие *n*
jähzornig вспы́льчивый
Jammer M: **ein ~!** как жаль!
jämmerlich жа́лкий
jammern вопи́ть
Jänner = **Januar** M янва́рь *m*
Japan N Япо́ния *f*
jäten ⟨вы⟩поло́ть
Jauche F наво́зная жи́жа *f*
jaulen выть, завыва́ть
Jazzband F джаз-ба́нд *m*
je *jemals* когда́-нибудь / -либо; *vor Zahl* по; PRON за, на (*B*); **~ … desto** чем …, тем; **~ nachdem, ob** смотря́ по тому́, …
Jeans *pl* джи́нсы *pl*
jede, **jeder**, **jedes** ка́ждая, -ый, -ое; *verschieden* вся́кий *usw*; *beliebig* любо́й *usw*; **auf ~n Fall** на вся́кий слу́чай
jedenfalls по ме́ньшей ме́ре **jederzeit** в любо́е вре́мя **jedesmal** → Mal
jedoch одна́ко
jemand кто́-нибудь / -либо
jene, **jener**, **jenes** та, *pl* те; тот; то
jenseits по ту сто́рону; за
jetzig ны́нешний **jetzt** тепе́рь, сейча́с; **bis ~** до сих пор
Job M рабо́та *f*
Jod N йод *m*
joggen бе́гать трусцо́й **Jogginghose** F тре́ники *pl*
Jog(h)urt M йогу́рт *m*
Johannisbeere F сморо́дина *f*
Joint M ко́ся́к *m*
Journalist M журнали́ст *m*
Jubel M ликова́ние *n* **jubeln** ликова́ть
Jubiläum N юбиле́й *m*
jucken: **sich ~** ⟨по⟩чеса́ться **Juckreiz** M зуд *m*
Jude M евре́й *m*

Jüdin F евре́йка *f* **jüdisch** евре́йский
Jugend F мо́лодость *f*; *pers* молодёжь *f* **Jugendamt** N управле́ние *n* по дела́м молодёжи **jugendfrei**: ... **ist ~** на (*B*) де́ти допуска́ются **Jugendherberge** F молодёжная турба́за *f* **jugendlich** *Äußeres* моложа́вый **Jugendliche** M/F подро́сток *m* **Jugendstil** M стиль *m* моде́рн
Juli M ию́ль *m*
jung молодо́й, ю́ный **Junge**[1] N детёныш *m* **Junge**[2] M ма́льчик *m* **jungenhaft** мальчи́шеский **Jungfrau** F де́вственница *f*; де́ва *f* **Junggeselle** M холостя́к *m*
jüngste са́мый мла́дший
Juni M ию́нь *m*
Jura NPL пра́во *f* **Jurist(in)** M(F) юри́ст *m*, правове́д *m* **juristisch** юриди́ческий
Jury F жюри́ *n*
Justiz F юсти́ция *f*
Juwel N драгоце́нность *f* **Juwelier(in)** M(F) ювели́р *m*

K

Kabarett N кабаре́ *n* *unv*; эстра́дный дивертисме́нт *m*
Kabel N ка́бель *m* **Kabelfernsehen** N ка́бельное телеви́дение *n*
Kabeljau M треска́ *f*
Kabine F каби́на *f* **Kabinett** N кабине́т *m*
Kachel F изразе́ц *m*, ка́фель *m*
Kacke F *umg* дерьмо́ *f* *vulg*
Kadaver M труп *m*
Käfer M жук *m*
Kaffee M ко́фе *m* *unv*; **~ kochen** зава́ривать ‹-ри́ть› ко́фе **Kaffeekanne** F кофе́йник *m* **Kaffeemaschine** F кофева́рка *f* **Kaffeemühle** F кофемо́лка *f*
Käfig M кле́тка *f*
kahl го́лый; *Kopf* лы́сый
Kahn M ло́дка *f*, челно́к *m*
Kai M на́бережная *f*
Kaiser(in) M(F) импера́тор *m* (-три́ца *f*) **Kaiserreich** N импе́рия *f* **Kaiserschnitt** M ке́сарево сече́ние *n*
Kajüte F каю́та *f*
Kakao M кака́о *n* *unv*
Kakerlake F тарака́н *m*
Kalb N телёнок *m* **Kalbfleisch** N теля́тина *f*
Kalender M календа́рь *m*
Kalium N ка́лий *m*
Kalk M и́звесть *f* **kalkhaltig** известко́вый
kalkulieren ‹с›калькули́ровать
Kalorie F кало́рия *f* **kalorienarm** малокалори́йный
kalt холо́дный; **mir ist ~** мне хо́лодно; **~ werden** *Wetter* ‹по›холоде́ть; *Essen* осты́‹ва́›ть

kaltblütig хладнокро́вный
Kälte F хо́лод(а́) *m(pl)*
Kaltmiete F квартпла́та *f* без надба́вки за отопле́ние
Kalzium N ка́льций *m*
Kamel N верблю́д *m*
Kamera F FOTO ка́мера *f*
Kamerad M това́рищ *m* **Kameradschaft** F това́рищество *n*
Kamille F рома́шка *f*
Kamin M ками́н *m*; *Schornstein* дымова́я труба́ *f*
Kamm M *Haarkamm* гребёнка *f*
kämmen: **sich ~** расчёсываться ‹-чеса́ться›
Kammer F POL пала́та *f*; *Vorratskammer* кладо́вка *f* **Kammermusik** F ка́мерная му́зыка *f*
Kampagne F кампа́ния *f*
Kampf M MIL бой *m* (*a. fig*); SPORT борьба́ *f*
kämpfen *mit j-m* сража́ться ‹-зи́ться›; боро́ться (**für, um** за) **Kämpfer** M боре́ц *m*; бое́ц *m*
Kampfrichter M судья́ *m u. f*
Kanada N Кана́да *f*
Kanal M кана́л *m* (*a.* TV) **Kanalisation** F канализа́ция *f*
Kandidat(in) M(F) кандида́т(ка) *m(f)* **kandidieren** баллоти́роваться (**für** на *B*)
Kaninchen N кро́лик *m*
Kanister M кани́стра *f*
Kanne F кофе́йник *m*; ча́йник *m*
Kanone F пу́шка *f*
Kante F край *m*; *Saum* кант *m*
Kantine F столо́вая *f*
Kanu N кано́э *n unv*
Kanzel F каби́на *f* пило́та; REL ка́федра *f* **Kanzlei** F канцеля́рия *f* **Kanzler** M ка́нцлер *m*
Kap N мыс *m*
Kapazität F произво́дственная мо́щность *f*; *pers* кру́пный специали́ст *m*
Kapelle F часо́вня *f*; MUS капе́лла *f*
kapieren *umg* понима́ть ‹-ня́ть›
Kapital N капита́л *m* **Kapitalanlage** F капиталовложе́ние *n* **kapitalistisch** капиталисти́ческий
Kapitän M капита́н *m* **Kapitel** N глава́ *f* **kapitulieren** капитули́ровать *(im)pf*
Kappe F *Mütze* ша́пка *f*
Kapsel F MED ка́псула *f*
kaputt разби́тый (*a. fig*); сло́манный **kaputtmachen** ‹по›лома́ть
Kapuze F капюшо́н *m*
Karambolage F столкнове́ние *n*
Karat N кара́т *m* **Karate** N карате́ *n unv*
Karawane F карава́н *m*
Kardinal M кардина́л *m*
Karfreitag M Страстна́я пя́тница *f*
kariert клётчатый
Karies F ка́риес *m*

Karikatur F карикатýра *f*
Karneval M карнавáл *m*
Karo N ромб *m*; *Karte* бýбны *fpl*
Karosserie F кýзов *m*
Karotte F морко́вь *f*
Karpfen M карп *m*
Karre(n) F(M) телéжка *f*; *Schubkarre, umg Auto* тáчка *f*
Karriere F карьéра *f*
Karte F *Speisekarte* меню́ *n unv*; *Postkarte* откры́тка *f*; *Landkarte, Spielkarte* кáрта *f*; *Kreditkarte* креди́тная кáрточка *f*; **~n spielen** игрáть в кáрты
Kartei F картотéка *f*
Kartenspiel N *Karten* кáрты *fpl* **Kartentelefon** N кáрточный телефо́н *m*
Kartoffeln FPL картóфель *m*, картóшка *f* **Kartoffelpüree** N картóфельное пюрé *n*
Karton M картóн *m*; *Schachtel* картóнка *f*
Karussell N карусéль *f*
Käse M сыр *m*; *umg Unsinn* вздор *m*
Kaserne F казáрма *f*
Kasse F кáсса *f* **Kassenarzt** M врач *m*, обслу́живающий пациéнтов, имéющих обязáтельную медици́нскую страхóвку **Kassenzettel** M чек *m*
Kassette F кассéта *f*
Kassierer(in) M(F) касси́р(ша *umg*) *m(f)*
Kastanie F каштáн *m* (*a. Baum*)
Kästchen N корóбочка *f*
Kasten M я́щик *m*, корóбка *f*
Katalog M каталóг *m*
Katalysator M катализáтор *m*
Katarr(h) M катáр *m*
katastrophal катастрофи́ческий **Katastrophe** F катастрóфа *f*, бéдствие *n*
Kategorie F категóрия *f*
Kater M кот *m*; *umg fig* похмéлье *n*
Kathedrale F собóр *m*
katholisch католи́ческий
Katze F кóшка *f*
kauen жевáть
kauern сидéть на кóрточках
Kauf M поку́пка *f* **kaufen** покупáть ⟨купи́ть⟩
Käufer(in) M(F) покупáтель (-ница) *m(f)*
Kauffrau F коммерсáнтка *f*; *Händlerin* торгóвка *f* **Kaufhaus** N универмáг *m* **Kaufmann** M коммерсáнт *m*; *Händler* торгóвец *m* **Kaufvertrag** M торгóвый договóр *m*
Kaugummi M жевáтельная рези́нка *f*, *umg* жвáчка *f*
kaum ADV *fast nicht / kein* почти́ не / ничтó, никтó; *wohl kaum* едвá ли; KONJ тóлько
Kaution F залóг *m*
Kaviar M икрá *f*
Kegel M *Spielkegel* кéгля *f* **kegeln** игрáть в кéгли
Kehle F гóрло *n*; глóтка *f*
Kehlkopf M гортáнь *f*
kehren подметáть ⟨-ести́⟩
Kehrschaufel F совóк *m* для му́сора **Kehrseite** F из-

на́нка *f*

Keil M клин *m* **Keiler** M каба́н *m* **keilförmig** клинови́дный **Keilriemen** M клинова́я ре-ме́нь *m*

Keim M заро́дыш *m* **keimen** прораста́ть ⟨-сти́⟩ **keimfrei** стери́льный

kein ни оди́н; *pers a.* никто́; *keinerlei* никако́й; **ich habe ~ ...** у меня́ нет (*P*); **~ bisschen** ничу́ть **keinesfalls** ни в ко́ем слу́чае

Keks M пече́нье *n*

Kelch M ча́ша *f*; BOT ча́шечка *f*

Kelle F *Schöpfkelle* разлива́тельная ло́жка *f*

Keller M подва́л *m* (*a. Kellergeschoss*); *Weinkeller* по́греб *m*

Kellner(in) M(F) официа́нт(ка) *m(f)*

kennen знать; *bekannt sein* быть знако́мым (**mit** *dat* с *T*) **kennenlernen** ⟨по⟩знако́миться (*akk* с *T*)

Kenner M знато́к *m*

Kenntnis F зна́ние *n*; **zur ~** к све́дению **Kenntnisse** *pl* зна́ния *npl*

Kennzeichen N приме́та *f*; AUTO номерно́й знак *m* **kennzeichnen** маркирова́ть *(im)pf*

kentern опроки́дываться ⟨-и́нуться⟩

Keramik F кера́мика *f*

Kerbe F зару́бка *f*

Kerl M па́рень *m*; *negativ* тип *m*

Kern M ядро́ *n*; *Obstkern* ко́сточка *f*; се́мечко *n* **Kernenergie** F я́дерная эне́ргия *f* **Kernkraftgegner** M проти́вник *m* я́дерной энерге́тики **Kernkraftwerk** N я́дерная электроста́нция *f* **Kernwaffen** FPL я́дерное ору́жие *n*

Kerze F свеча́ *f*, све́чка *f* **Kerzenständer** M подсве́чник *m*

Kessel M котёл *m*; GEOG котлови́на *f*

Ketchup M *od* N ке́тчуп *m*

Kette F цепь *f*; *Halskette* це́почка *f* **Kettenreaktion** F цепна́я реа́кция *f*

ketzerisch ерети́ческий

keuchen тяжело́ дыша́ть **Keuchhusten** M коклю́ш *m*

Keule F GASTR но́жка *f*

Keyboard N клавиату́ра *f*; MUS ки́борд *m*

Kfz → Kraftfahrzeug

kichern хихи́кать

Kiefer[1] M че́люсть *f*

Kiefer[2] F сосна́ *f*

Kieferhöhle F га́йморова па́зуха *f*

Kiel M SCHIFF киль *m*

Kieme F жа́бра *f*

Kies M гра́вий *m*

Kilo(gramm) N кило́ *n* (-гра́мм *m*) **Kilometer** M киломе́тр *m* **Kilometerzähler** M счётчик *m* километра́жа

Kind N ребёнок *m*; дитя́ *n* (*a. fig*); **für ~er** для дете́й

Kinderarzt M детский врач *m* **Kindergarten** M детский сад *m* **Kindergärtnerin** F воспитательница *f* (в детском саду) **Kindergeld** N пособие *n* на детей **Kinderheim** N детский дом *m* **Kinderkrippe** F (детские) ясли *pl*

Kinderlähmung F полиомиелит *m* **kinderlos** бездетный **Kindermädchen** N няня *f* **Kindersitz** M сиденье *n* для ребёнка **Kinderspielecke** F игровая комната *f* **Kinderwagen** M детская коляска *f* **Kinderzimmer** N детская *f*

Kindheit F детство *n* **kindisch** ребячливый **kindlich** детский; ADV по-детски

Kinn N подбородок *m*

Kino N кино *n unv* **Kinoprogramm** N афиша *f* кинотеатров

Kiosk M киоск *m*

Kippe F *Zigarettenkippe* окурок *m*

kippen опрокидывать ⟨-инуть⟩ (-ся *v/i*)

Kirche F церковь *f* **Kirchensteuer** F церковный налог *m* **kirchlich** церковный **Kirchturm** M колокольня *f*

Kirsche F вишня *f* (*a. Baum*)

Kissen N подушка *f* **Kissenbezug** M наволочка *f*

Kiste F ящик *m* (*a. fig*)

Kitsch M кич *m* **kitschig** кичевый

Kitt M замазка *f* **Kittel** M (рабочий) халат *m* **kitten** склеи(ва)ть

kitzeln ⟨по⟩щекотать **kitzlig** щекотливый (*a. fig*)

Klage F жалоба *f*; JUR *a.* иск *m* **klagen** ⟨по⟩жаловаться; пода(ва)ть в суд (**über, gegen** *akk* на *B*)

Kläger(in) M(F) истец *m* (-тица *f*)

Klammer F *Büroklammer* скрепка *f*; *Wäscheklammer* прищепка *f*

klammern: **sich ~** цепляться (**an** *akk* за *B*)

Klang M звук *m*; *Klangbild* звучание *n*

klappen *Tür usw* хлопать ⟨-пнуть⟩; *fig* получаться ⟨-читься⟩ **klappern** ⟨по⟩стучать **Klappstuhl** M складной стул *m*

Klaps M шлепок *m*

klar ясный; *Wasser* чистый; *verständlich* понятный; **sich ~ werden** (ясно) понимать ⟨-нять⟩ (**über** *akk B*)

Kläranlage F очистная установка *f* **klären** *fig* выяснять ⟨выяснить⟩ (**sich** -ся)

Klarheit F ясность *f*

Klarinette F кларнет *m*

klarkommen справляться ⟨-авиться⟩ **klarmachen** объяснять ⟨-нить⟩

Klasse F класс *m*; **klasse!** классно! **Klassenzimmer** N класс *m* (-ная комната *f*)

klassisch классический

Klatsch M *umg* сплéтни *fpl* **klatschen**: **in die Hände ~** хлóпать в ладóши; **Beifall ~** рукоплескáть

Klaue F лáпа *f*; → Kralle **klauen** ‹с›тащи́ть

Klausel F оговóрка *f*

Klavier N пиани́но *n unv*

Klebeband N клéйкая лéнта *f* **kleben** VI наклéи(ва)ть; VI клéиться **klebrig** клéйкий

Klebstoff M клей *m*

kleckern пáчкать(ся) **Klecks** M пятнó *n*; *v. Tinte* кля́кса *f*

Klee M клéвер *m*

Kleid N плáтье *n*

Kleiderbügel M плéчики *pl* **Kleiderschrank** M платянóй шкаф *m*

Kleidung F одéжда *f*

klein мáленький; *unbedeutend* незначи́тельный **Kleinbus** M микроавтóбус *m* **Kleingeld** N мéлочь *f* **Kleinigkeit** F *Sache* пустя́к *m* **Kleinkind** N ребёнок *m* млáдшего вóзраста **kleinlich** мéлочный **Kleinstadt** F мáленький горoдóк *m*

Klemme F зажи́м *m*; **in der ~ sitzen** быть в передря́ге **klemmen** *festklemmen* зажи(ма)ть

Klempner M **1** жестя́н(щ)ик *m* **2** *umg Gas-, Wasser- und Heizungsinstallateur* сантéхник *m*

Klette F репéй(ник) *m* **klettern** *hochklettern* ‹вс›карáбкаться **Klettverschluss®** M липу́чка *f* (застёжка *f*)

Klima N кли́мат *m* **Klimaanlage** F кондиционéр *m* **klimatisiert** *präd* климатизи́рован **Klimaveränderung** F изменéние *n* кли́мата

Klinge F лéзвие *n*

Klingel F звонóк *m* **klingeln** ‹по›звони́ть

klingen звучáть

Klinik F кли́ника *f*

Klinke F ру́чка *f*

Klippe F утёс *m*; *im Meer* риф *m*

klirren звя́кать ‹-кнуть›

Klischee N клишé *n unv*

Klo N *umg* туалéт *m*

klonen клони́ровать

klopfen ‹по›стучáть (**an** *akk* в *В*, по *Д*); *Herz* би́ться; **es klopft** стучáт

Kloß M клёцка *f*; *Fleischkloß* фрикадéлька *f*; битóк *m*

Kloster N монасты́рь *m*

Klotz M колóда *f* (*a. fig*)

Klub M клуб *m*

Kluft F *fig* прóпасть *f*

klug у́мный **Klugheit** F ум *m*

Klumpen M ком(óк) *m*

knabbern ‹по›гры́зть

Knäckebrot N хрустя́щие хлéбцы *mpl*

knacken *Nuss* щёлкать ‹-кнуть›; *umg Auto* взлáмывать ‹-ломáть›; VI трещáть ‹-ёснуть›

Knall M *v. Tür, Schuss* хлóпанье *n*; *Ballon* треск *m* **knallen** хлóпать ‹-пнуть›; *Schlag, auf*

etw трáхать ‹-хнуть› (-ся *v/i*)
knapp скýдный; *eng* тéсный; **~ bei Kasse** тýго с деньгáми
knarren скрипéть ‹-ѝпнуть›
Knäuel N *od* M клубóк *m*
kneifen V/T щипáть ‹ущипнýть›; V/I жáть; *fig* увѝливать ‹-льнýть›
Kneipe F пивнáя *f*, кабáк *m*
kneten ‹с›месѝть; ‹с›лепѝть
Knick M сгиб *m*; *Bruch* надлóм *m* **knicken** V/T *abknicken* надлáмывать ‹-ломѝть›
Knie N колéно *n* **knien** стоя́ть на колéнях; **sich ~** становѝться ‹встать› на колéни **Kniestrümpfe** MPL гóльфы *mpl*
Kniff M сгиб *m*; *fig* трюк *m*
knifflig замысловáтый, мудрёный
knipsen *umg* щёлкать ‹-кнуть›; *lochen* ‹за›компостѝровать
knirschen скрипéть
knistern потрéскивать; *Papier* шуршáть
knitterfrei немнýщийся **knittern** ‹из›мя́ть(ся *v/i*)
Knoblauch M чеснóк *m*
Knöchel M щѝколотка *f*; *Fingerknöchel* костя́шка *f*
Knochen M кость *f* **Knochenbruch** M перелóм *m* кóсти **Knochenmark** N кóстный мозг *m*
Knödel MPL кнéдли *pl*
Knolle F клýбень *m*
Knopf M пýговица *f*; TECH кнóпка *f* **Knopfloch** N петля́ *f*
Knorpel M хрящ *m*
Knospe F пóчка *f*
knoten завя́зывать ‹-зáть› узлóм
Knoten M ýзел *m* **Knotenpunkt** M узловáя стáнция *f*
Knüller M *umg* сенсáция *f*, хит *m*
knüpfen свя́зывать ‹-зáть›
Knüppel M дубѝн(к)а *f*; *Schaltknüppel* рычáг *m*
knurren ‹за›ворчáть (*a. fig*)
knusprig хрустя́щий
knutschen тѝскать
Koalition F коалѝция *f*
Koch M пóвар *m* **Kochbuch** N повáренная кнѝга *f* **kochen** V/T ‹с›варѝть; *zubereiten* ‹при›готóвить; V/I *sieden* ‹вс›кипéть **Kocher** M прѝмус *m*; кипятѝльник *m*
Köchin F повари́ха *f*
Kochnische F кýхонная нѝша *f* **Kochsalz** N повáренная соль *f* **Kochtopf** M кастрю́ля *f*
Köder M примáнка *f*
kodieren кодѝровать (*im*)*pf*
koffeinfrei без кофеѝна
Koffer M чемодáн *m* **Kofferraum** M AUTO багáжник *m*
Kognak M коньяк *m*
Kohl M капýста *f* **Kohle** F ýголь *m* **Kohlenhydrat** N углевóд *m* **Kohlensäure** F углекислотá *f*
Koje F кóйка *f*
Kokain N кокаѝн *m*
Koks M кокс *m*

Kolben M TECH пóршень *m* **Kolchose** F колхóз *m* **Kolik** F кóлики *fpl* **Kollaps** M коллáпс *m* **Kollege** M коллéга *m* **kollegial** товáрищеский **Kollegin** F коллéга *f* **Kollekte** F сбор *m* пожéртвований **Kollektion** F коллéкция *f* **Kollision** F столкновéние *n* **Kolonie** F колóния *f* **Kolonne** F колóнна *f* **kombinieren** ⟨c⟩комбини́ровать **komfortabel** комфортáбельный **Komiker(in)** M(F) кóмик *m* **komisch** *witzig* забáвный; *seltsam* стрáнный **Komitee** N комитéт *m* **Komma** N запятáя *f* **kommandieren** ⟨c⟩командовать **Kommando** N комáндование *n*; *Befehl* прикáз *m* **kommen** приходи́ть ⟨-ийти́⟩; *ankommen* прибы́(вá)ть; *zurückkommen* возвращáться ⟨-рати́ться⟩; **~ lassen** вызывáть ⟨вы́звать⟩; **wie komme ich zu …?** как мне попáсть на …?; **zu spät ~** опáздывать⟨опоздáть⟩; **das kommt von …** это происхóдит от ⟨P⟩ **Kommentar** M комментáрий *m* **Kommissar** M комиссáр *m* **Kommission** коми́ссия *f* **kommunal** коммунáльный **kommunistisch** коммунистический **Komödie** F комéдия *f* **kompakt** компáктный **Kompanie** F рóта *f*; компáния *f* **Kompass** M кóмпас *m* **kompatibel** совмести́мый **kompetent** компетéнтный **komplett** комплéктный **Komplikation** F осложнéние *n* **Kompliment** N комплимéнт *m* **Komplize** M сообщник *m* **kompliziert** слóжный **komponieren** MUS сочинять ⟨-ни́ть⟩ **Komponist(in)** M(F) компози́тор *m* **Kompott** N десéрт *m* **Kompresse** F компрéсс *m* **Kompromiss** M компроми́сс *m* **Kondensmilch** F сгущённое молокó *n* **Kondition** F (физи́ческая) фóрма *f*; WIRTSCH услóвие *n* **Konditorei** F конди́терская *f* **kondolieren** выражáть ⟨вы́разить⟩ соболéзнование **Kondom** N презервати́в *m* **Konfekt** N (шоколáдные) конфéты *m/pl* **Konfektionsgröße** F размéр *m* (одéжды) **Konferenz** F конферéнция *f* **Konfession** F вероисповéдание *n* **Konfirmation** F конфирмáция *f* **Konfitüre** F конфитю́р *m* **Konflikt** M конфли́кт *m* **konfus** запýтанный, смущённый **Kongress** M конгрéсс *m* **König(in)** M(F) корóль *m* (-лéва *f*) **königlich** королéвский; *fig*

царский **Königreich** N королевство *n*; *fig* царство *n*
Konjugation F спряжение *n*
Konjunktion F союз *m*
Konjunktur F конъюнктура *f*
konkret конкретный
Konkurrent(in) M(F) соперник *m* (-ица *f*); WIRTSCH конкурент(ка) *m(f)* **Konkurrenz** F конкуренция *f* **konkurrenzfähig** конкурентоспособный **konkurrieren** соперничать; конкурировать
Konkurs M банкротство *n*
können ⟨с⟩мочь (*a. dürfen*); *beherrschen* ⟨с⟩уметь; **kann ich …?** могу я …?; **ich kann (nicht) schwimmen** я (не) умею плавать; **es kann sein** может быть
konsequent последовательный
konservativ консервативный
Konserven FPL консервы *pl*
konservieren ⟨за⟩консервировать **Konservierungsmittel** N консервант *m*
konstant постоянный
konstruieren ⟨с⟩конструировать **Konstruktion** F конструкция *f*
Konsulat N консульство *n*
Konsum M потребление *n*
Konsument(in) M(F) потребитель(ница) *m(f)*
Kontakt M контакт *m* **Kontaktlinsen** FPL контактные линзы *fpl* **Kontaktlinsenflüssigkeit** F раствор *m* для линз
kontaktlos (*bezahlen*) бесконтактный (платёж *m*)
Kontinent M континент *m*, материк *m* **Kontingent** N контингент *m*; WIRTSCH фонд *m* **kontinuierlich** непрерывный
Konto N счёт *m* **Kontoauszug** M выписка *f* из счёта **Kontonummer** F номер *m* счёта
Kontrast M контраст *m*
Kontrolle F контроль *m* **Kontrolleur(in)** M(F) контролёр *m* **kontrollieren** ⟨про⟩контролировать **Kontrolllampe** F контрольная лампочка *f*
Konvention F конвенция *f*
konvertieren V/T IT конвертировать (*im*)*pf*
Konzentration F концентрация *f* **konzentrieren** ⟨с⟩концентрировать (**sich** -ся)
Konzept N план *m* **Konzern** M концерн *m* **Konzert** N концерт *m* **Konzession** F концессия *f*; *Zugeständnis* уступка *f*
Kooperation F кооперация *f*
koordinieren ⟨с⟩координировать
Kopf M голова *f*; **pro ~** на душу **Kopfhörer** MPL наушники *mpl* **Kopfkissen** N подушка *f* **Kopfschmerz** M головная боль *f* **Kopfsprung** M прыжок *m* головой вниз **kopfüber** вперёд головой; стрем-

глáв
Kopie F кóпия *f* **kopieren** ⟨с⟩копи́ровать **Kopiergerät** N копировáльный аппарáт *m*
Koppel F загóн *m* **koppeln** свя́зывать ⟨-зáть⟩
Koralle F корáлл *m*
Korb M корзи́н(к)а *f*
Kord... → Cord
Korken M прóбка *f* **Korkenzieher** M штóпор *m*
Korn N зернó *n*; *Sandkorn* песчи́нка *f* **Korn(branntwein)** M (хлéбная) вóдка *f*
körnig зерни́стый
Körper M тéло *n* **körperbehindert** физи́чески неполноцéнный **körperlich** телéсный; *Arbeit* физи́ческий **Körperpflege** F гигиéна *f* **Körperschaft** F корпорáция *f*
korrekt коррéктный; *richtig* прáвильный **Korrektur** F *Berichtigung* исправлéние *n*
Korrespondent(in) M(F) корреспондéнт(ка) *m(f)* **Korrespondenz** F корреспондéнция *f* **korrespondieren** переписываться
Korridor M коридóр *m*
korrigieren исправля́ть ⟨-áвить⟩
korrupt коррумпи́рованный **Korruption** F коррýпция *f*
Kosmetik F космéтика *f* **Kosmetikerin** F *pers* космети́чка *f* **Kosmetiksalon** M салóн *m* красоты́
kosmisch косми́ческий
Kost F питáние *n*; *Essen* пи́ща *f*
kostbar драгоцéнный
kosten *Geld, Zeit* стóить; *probieren* ⟨по⟩прóбовать; **was kostet ...?** скóлько стóит ...?
Kosten *pl* расхóды *mpl*; **auf ~ von** за счёт (*P*) **kostenlos** бесплáтный **kostenpflichtig** плáтный **Kostenvoranschlag** M предвари́тельная смéта *f*
köstlich лáкомый
Kostprobe F прóба *f* (пи́щи)
Kostüm N костю́м *m*
Kot M кал *m*; *v. Tieren* помёт *m*
Kotelett N котлéта *f*
Kotflügel M крылó *n*
kotzen *vulg* ⟨с⟩тошни́ть
Krabbe F краб *m*
krabbeln пóлзать; → kitzeln
Krach M шум *m*; *Streit* ссóра *f*
krachen *poltern* грохотáть
krächzen кáркать ⟨-кнуть⟩
Kraft F си́ла *f*; **außer ~ setzen** отменя́ть ⟨-ни́ть⟩
Kraftfahrer M води́тель *m*
Kraftfahrzeug N автомоби́ль *m* **Kraftfahrzeugpapiere** NPL регистрациóнные докумéнты *mpl* (автомоби́ля)
Kraftfahrzeugsteuer F налóг *m* на автомоби́ль **Kraftfahrzeugversicherung** F страховáние *n* автомоби́ля
kräftig си́льный, крéпкий
kraftlos бесси́льный **Kraftstoff** M тóпливо *n* **Kraftwerk** N электростáнция *f*
Kragen M воротни́к *m*

Krähe F воро́на *f* **krähen** кукаре́кать ⟨-кнуть⟩

Kralle F ко́готь *m*

Kram M *Zeug* хлам *m*, *umg* барахло́ *n*

Krampf M су́дорога *f* **Krampfadern** FPL расши́ренные ве́ны *fpl*

Kran M кран *m*

krank больно́й (*a. subst*); **er ist ~** он бо́лен; **~ werden** заболе́(ва)ть

kränken обижа́ть ⟨оби́деть⟩

Krankengeld N посо́бие *n* по боле́зни **Krankenhaus** N больни́ца *f* **Krankenkasse** F больни́чная ка́сса *f* **Krankenpflege** F ухо́д *m* за больны́м **Krankenschein** M больни́чный лист *m*, *umg* бюллете́нь *m* **Krankenschwester** F медсестра́ *f* **Krankenversicherung** F страхова́ние *n* на слу́чай боле́зни **Krankenwagen** M маши́на *f* ско́рой по́мощи

krankhaft боле́зненный

Krankheit F боле́знь *f*

krankschreiben выдава́ть ⟨вы́дать⟩ больни́чный лист

Kranz M вено́к *m*

krass ре́зкий, ре́жущий

Krater M кра́тер *m*

kratzen ⟨по⟩цара́пать(ся *v/i*); **sich ~** ⟨по⟩чеса́ться **Kratzer** M *Wunde* цара́пина *f*

kraulen почёсывать; SPORT пла́вать кро́лем

kraus *Haar* курча́вый

kräuseln зави́(ва́)ть (**sich** -ся); *Wasser* ряби́ть

Kraut N трава́ *f*; *Kohl* капу́ста *f*

Kräutertee M травяно́й чай *m*

Krawall M *umg* шум *m* **Krawalle** *pl* беспоря́дки *mpl*

Krawatte F га́лстук *m*

Krebs M рак *m* (*a.* MED)

Kredit M креди́т *m* **Kreditkarte** F креди́тная ка́рточка *f*

Kreide F мел *m*; *Malkreide a.* мело́к *m*

Kreis M круг *m*; *Gebiet* райо́н *m*

kreischen визжа́ть

kreisen кружи́ться (**um** вокру́г *P*) **kreisförmig** кругово́й **Kreislauf** M обраще́ние *n* **Kreislaufstörung** F наруше́ние *n* кровообраще́ния **Kreisverkehr** M кругово́е движе́ние *n*

Kreml- *in zssgn* кремлёвский

Kreuz N крест *m*; ANAT поясни́ца *f*; *Karte* тре́фы *fpl*; **kreuz und quer** вдоль и поперёк

kreuzen BIOL скре́щивать ⟨-ести́ть⟩; **sich ~** пересека́ться ⟨-се́чься⟩

Kreuzfahrt F круи́з *m* **Kreuzung** F *Straßenkreuzung* перекрёсток *m* **Kreuzworträtsel** N кроссво́рд *m*

kriechen заполза́ть ⟨-зти́⟩

Krieg M война́ *f*

kriegen *umg* получа́ть ⟨-чи́ть⟩

Kriegsdienstverweigerer M отка́зник *m* от вое́нной слу́жбы **Kriegsgefangene**

M военнопле́нный *m* **Kriegsverbrecher** M вое́нный престу́пник *m*
Krimi M *umg* детекти́в *m* **Kriminalität** F престу́пность *f* **Kriminalpolizei** F уголо́вный ро́зыск *m* **kriminell** уголо́вный
Krippe F я́сли *pl*
Krise F кри́зис *m*
Kristall M криста́лл *m*; N хруста́ль *m*
Kriterium N крите́рий *m* **Kritik** F кри́тика *f*; реце́нзия *f* **kritisch** крити́ческий **kritisieren** критикова́ть
kritzeln ⟨на⟩писа́ть неразбо́рчиво
Kroate M хорва́т *m* **Kroatien** N Хорва́тия *f* **Kroatin** F хорва́тка *f*
Krokodil N крокоди́л *m*
Krone F коро́на *f*; *Zahnkrone* коро́нка *f*; *Baumkrone* кро́на *f* **Kronleuchter** M лю́стра *f*
Kropf M зоб *m*
Kröte F жа́ба *f*
Krücke F косты́ль *m*; **an ~n** на костыля́х
Krug M кувши́н *m*
Krümel M кро́шка *f* **krümeln** ⟨на⟩кроши́ть(ся *v/i*)
krumm криво́й
Krüppel M *neg!* кале́ка *m u. f neg!*
Kruste F ко́р(оч)ка *f*
Kruzifix N распя́тие *n*
Kuba N Ку́ба *f*
Kübel M бадья́ *f*
Kubik- *in zssgn* куби́ческий
Küche F ку́хня *f*
Kuchen M пиро́жное *n*
Kuckuck M куку́шка *f*
Kugel F шар *m*; *Gewehrkugel* пу́ля *f* **kugelförmig** шарообра́зный **Kugellager** N шарикоподши́пник *m* **Kugelschreiber** M ша́риковая ру́чка *f* **Kugelstoßen** N толка́ние *n* ядра́
Kuh F коро́ва *f*
kühl прохла́дный; *fig a.* холо́дный **kühlen** охлажда́ть ⟨-лади́ть⟩ **Kühler** M радиа́тор *m* **Kühl(er)flüssigkeit** F охлажда́ющая жи́дкость *f* **Kühlschrank** M холоди́льник *m* **Kühltruhe** F морози́льник *m* **Kühlung** F охлажде́ние *n*
kühn сме́лый
Küken N цыплёнок *m*
Kuli M *Stift* ша́риковая ру́чка *f*
Kulisse F кули́са *f*
Kult M культ *m* **kultivieren** культиви́ровать
Kultur F культу́ра *f* **Kulturbeutel** M космети́чка *f* **kulturell** культу́рный **Kulturerbe** N культу́рное насле́дие *n*
Kümmel M тмин *m*
Kummer M го́ре *n*; печа́ль *f*
kümmern: **sich ~** ⟨по⟩забо́титься (**um** *akk* о *П*)
Kumpel M горня́к *m*; *umg* прия́тель *m*
Kunde M клие́нт *m* **Kundendienst** M се́рвис *m*

Kundgebung F ми́тинг *m* **kündigen** *Vertrag* расторга́ть ⟨-о́ргнуть⟩; *Arbeit* увольня́ть ⟨-о́лить⟩ (-ся *v. Arbeiter aus*) **Kündigung** F расторже́ние *n*; увольне́ние *n*; *v. Arbeiter aus* ухо́д *m*

Kundin F клие́нтка **Kundschaft** F клиенту́ра *f*

künftig бу́дущий; ADV в бу́дущем

Kunst F иску́сство *n*; *Können* мастерство́ *n* **Kunstausstellung** F худо́жественная вы́ставка *f* **Kunstfaser** F иску́сственное волокно́ *n* **Kunstgewerbe** N худо́жественный про́мысел *m*

Künstler(in) M(F) худо́жник *m* (-ица *f*) **künstlerisch** худо́жественный **künstlich** иску́сственный

Kunststoff M синтети́ческий материа́л *m*; пла́стик *m* **Kunststück** N трюк *m* **Kunstwerk** N произведе́ние *n* иску́сства

Kupfer N медь *f* **Kupferstich** M гравю́ра *f* на ме́ди

Kuppel F ку́пол *m* **kuppeln** AUTO выж(им)а́ть сцепле́ние **Kupplung** F сцепле́ние *n*; *Hängerkupplung* сце́пка *f*

Kur F куро́ртное лече́ние *n*

Kurbel F рукоя́тка *f*

Kürbis M ты́ква *f*

Kurier M курье́р *m* (-ская слу́жба *f*) **Kurort** M куро́рт *m*

Kurs M курс *m* **Kursschwankungen** FPL колеба́ния *npl* ку́рса

Kurve F поворо́т *m*; MATH крива́я *f* **kurvenreich** изви́листый

kurz коро́ткий; *zeitl a.* кра́ткий; ADV ко́ротко; бы́стро; **vor Kurzem** неда́вно

Kurzarbeit F непо́лное рабо́чее вре́мя *n* **kurzärmelig** с коро́ткими рука́вами

Kürze F: **in ~** вско́ре **kürzen** сокраща́ть ⟨-рати́ть⟩

kurzfristig краткосро́чный

kürzlich неда́вно

Kurzparkzone F зо́на *f* кратковре́менных стоя́нок **Kurzschluss** M коро́ткое замыка́ние *n* **kurzsichtig** близору́кий

Kürzung F сокраще́ние *n*

Kurzwaren FPL галантере́йные това́ры *mpl*

kuscheln ласка́ться

Kusine F → Cousine

Kuss M поцелу́й *m*

küssen ⟨по⟩целова́ть

Küste F побере́жье *n*

Kutsche F каре́та *f*

Kyrillisch N кири́ллица *f*

KZ N (Konzentrationslager) HIST концла́герь *m*

L

Label N наклейка *f*, *umg* лейбл *m*
Labor N лаборатория *f* **Laborant(in)** M(F) лаборант(ка) *m(f)*
lächeln улыбаться ⟨-бнуться⟩
Lächeln N улыбка *f*
lachen ⟨по⟩смеяться (**über** *akk* над *T*) **Lachen** N смех *m*
lächerlich смешной
Lachs M лосось *m*
Lack M лак *m* **lackieren** ⟨от⟩лакировать
Ladegerät N зарядка *f* **laden** ⟨по⟩грузить; ELEK, MIL заряжать ⟨-ядить⟩
Laden M магазин *m*; лав(оч)ка *f* (*a. umg fig*) **Ladendiebstahl** M магазинная кража *f* **Ladenschluss** M время *n* закрытия магазина
Ladung F груз *m*; ELEK, MIL заряд *m*
Lage F положение *n*; *Schicht* слой *m*; **ich bin (nicht) in der ~** я (не) в состоянии
Lager N лагерь *m*; *Warenlager* склад *m*; TECH подшипник *m* **lagern** *Ware* V/T складировать(ся *v/i*) (*im*)*pf* **Lagerung** F складирование *n*
lahm хромой; *fig* вялый **lahmlegen** парализовать (*im*)*pf*
Lähmung F паралич *m*
Laie M профан *m*
Laktose F лактоза *f*
Laken N простыня *f*
laktosefrei безлактозный
Lamm N ягнёнок *m*; REL агнец *m* **Lammfleisch** N баранина *f*
Lampe F лампа *f* **Lampenfieber** N волнение *n* перед выступлением
Land N земля *f* (*a. Bundesland*); *Staat* страна *f*; **auf dem ~** в деревне, на селе
Landebahn F взлётно-посадочная полоса *f* **landen** приземляться ⟨-литься⟩; *fig* попадать ⟨-пасть⟩ в, на (*B*)
Länderspiel N международный матч *m*
Landesgrenze F граница *f* страны **Landesregierung** F правительство *n* земли
Landhaus N дача *f* **Landkarte** F географическая карта *f*
ländlich сельский
Landschaft F ландшафт *m*
Landsmann M земляк *m*
Landsmännin F землячка *f*
Landstraße F шоссе *n unv*
Landtag M ландтаг *m* **Landung** F FLUG посадка *f* **Landungssteg** M сходни *fpl*
Landwirt M сельский хозяин *m*, фермер *m* **Landwirtschaft** F сельское хозяйство *n* **landwirtschaftlich** сельскохозяйственный
lang длинный; *zeitl* долгий; **zwei Wochen ~** в течение

двух недель; две недели **lange** ADV долго; **schon ~** уже давно; **so~** до тех пор, пока

Länge F длина *f*; долгота *f*; *zeitl* продолжительность *f*

Langeweile F скука *f* **langfristig** долгосрочный **Langlauf** M *Ski* лыжные гонки *fpl*

länglich продолговатый

längs (*gen*) вдоль (*Р*), по (*Д*)

langsam медленный; ADV медленно; *umg* постепенно **langsamer** *fahren* помедленнее

längst (уже) давно

langweilen надоедать ⟨-есть⟩ (*akk Д*); **sich ~** скучать **langweilig** скучный

langwierig длительный **Langzeitarbeitslose** M/F длительно безработный *m* (-ная *f*)

Lappen M тряпка *f*

Laptop M лэптоп *m*

Lärm M шум *m*; *Poltern* грохот *m*

Larve F ZO личинка *f*

Laser M лазер *m* **Laserdrucker** M лазерный принтер *m*

lassen *veranlassen* заставлять ⟨-тавить⟩; *erlauben* допускать ⟨-тить⟩; *belassen* оставлять ⟨-авить⟩; *aufhören* бросать ⟨-осить⟩; **~ wir das!** хватит об этом!; **~ Sie sich nicht stören!** не беспокойтесь!; **lass mich in Ruhe!** оставь меня в покое!; **lass das!** перестань!

lässig непринуждённый

Last F груз *m*; *fig* тягость *f*; → zulasten **Laster** M → Lkw

lästern злословить **lästig** обременительный; надоедливый

Last-Minute-Flug M горящий полёт *m*

Lastschrift F запись *f* в дебет **Lastwagen** M → Lkw

Latein N латынь *f* **Lateinamerika** N Латинская Америка *f*

Laterne F фонарь *m*

Latte F планка *f*, рейка *f*

Lätzchen N нагрудник *m*

lau тепловатый

Laub N листва *f* **Laubbaum** M лиственное дерево *n*

Lauch M (зелёный) лук *m*

lauern подстерегать ⟨-речь⟩

Lauf M бег *m*; *Verlauf* ход *m*; **im ~(e)** в течение **Laufbahn** F карьера *f* **laufen** *gehen* ходить (пешком); *rennen* бегать, бежать; SPORT *a.* кататься (на *П*); *Maschine* работать **laufend** текущий; **auf dem Laufenden** в курсе дела

Läufer M бегун *m*; SCHACH слон *m* **Läuferin** F бегунья *f*

Laufschuh M кросовок *m* **Laufsteg** M помост *m*; подиум *m* **Laufwerk** N IT дисковод *m*

Lauge F щёлок *m*

Laune F настроение *n*; **gute / schlechte ~ haben** быть в хорошем / плохом настроении **launisch** капризный

Laus F вошь *f*

lauschen *heimlich* подслу́ш(ив)ать; → zuhören
laut гро́мкий; PRÄP согла́сно (*gen Д*) **Laut** M звук *m* **lauten** звуча́ть; гласи́ть
läuten ⟨по⟩звони́ть
lautlos беззву́чный **Lautsprecher** M громкоговори́тель *m* **Lautstärke** F гро́мкость *f*
lauwarm теплова́тый
Lawine F лави́на *f* **Lawinengefahr** F опа́сность *f* обва́ла
Layout N маке́т *m*
Leasing N ли́зинг *m*
leben жить; **~ Sie wohl!** проща́йте! **Leben** N живо́й (*a. fig*)
Lebensgefahr F опа́сность *f* для жи́зни **Lebensgefährte** M, **Lebensgefährtin** F спу́тник *m* (-ица *f*) жи́зни **Lebenshaltungskosten** *pl* сто́имость *f* жи́зни **lebenslänglich** пожи́зненный **Lebenslauf** M биогра́фия *f*
Lebensmittel NPL проду́кты *mpl* пита́ния **Lebensmittelgeschäft** N продово́льственный магази́н *m* **Lebensmittelvergiftung** F пищево́е отравле́ние *n*
Lebensstandard M жи́зненный у́ровень *m* **Lebensunterhalt** M пропита́ние *n* **Lebensversicherung** F страхова́ние *n* жи́зни **lebenswichtig** жи́зненно ва́жный
Leber F пе́чень *f* **Leberwurst** F ли́верная колбаса́ *f*
Lebewesen N живо́е существо́ *n* **lebhaft** оживлённый
Lebkuchen M пря́ник *m*
leblos безжи́зненный
leck: **~ sein** течь
lecken *Eis* лиза́ть ⟨-зну́ть⟩ **lecker** вку́сный **Leckerbissen** N ла́комый кусо́чек *m* (*a. fig*)
LED F светодио́д *m*
Leder N ко́жа *f* **Lederjacke** F ко́жаная ку́ртка *f* **Lederwaren** FPL ко́жаные изде́лия *npl*
ledig нежена́тый, незаму́жняя
lediglich ADV то́лько
leer пусто́й **Leere** F пустота́ *f*
leeren опорожня́ть ⟨-ни́ть⟩ (**sich** -ся) **Leerlauf** M холосто́й ход *m* **Leertaste** F IT пробе́льная кла́виша *f*
legal лега́льный
legen V/T класть ⟨положи́ть⟩; **sich ~** *ins Bett* ложи́ться ⟨лечь⟩; *Wind* утиха́ть ⟨-и́хнуть⟩
Leggin(g)s *pl* лоси́ны *pl*
Legierung F сплав *m*
Lehm M гли́на *f*
Lehne F спи́нка *f* **lehnen** прислоня́ть ⟨-ни́ть⟩ (**sich** -ся **an** *akk* к *Д*)
Lehrbuch N уче́бник *m* **Lehre** F *Theorie* уче́ние *n*; *Ausbildung* обуче́ние *n* **lehren** ⟨на⟩учи́ть (**j-n** *akk* к-о *Д*) **Lehrer(in)** M(F) учи́тель(ница) *m(f)*, преподава́тель(ница) *m(f)* **Lehrgang** M ку́рс(ы) *m(pl)* **lehrreich** поучи́тель-

ный **Lehrstuhl** M кафедра *f*
Leib M тело *n* **Leibwächter** M телохранитель *m*
Leiche F труп *m* **Leichenwagen** M катафалк *m*
leicht лёгкий; *einfach a.* простой **Leichtathletik** F лёгкая атлетика *f* **leichtfallen** легко д(ав)аться **leichtgläubig** легковерный **Leichtigkeit** F легкость *f* **Leichtmetall** N лёгкий металл *m*
leichtsinnig легкомысленный
leiden ⟨по⟩страдать (**an** *dat T*); **nicht ~ können** не выносить
Leiden N MED недуг *m*, болезнь *f*
Leidenschaft F страсть *f* **leidenschaftlich** страстный; пылкий
leider к сожалению
leidtun: **es tut mir leid** мне жаль; **er tut mir leid** мне его жаль
leihen *j-m* д(ав)ать / *sich* брать ⟨взять⟩ взаймы, напрокат
Leihfrist F срок *m* пользования **Leihgebühr** F плата *f* за прокат **Leihwagen** M автомобиль *m*, взятый напрокат
leihweise напрокат, заимообразно
Leim M клей *m* **leimen** ⟨с⟩клеить
Leine F верёвка *f*; *Hundeleine* поводок *m* **Leinen** N полотно *n*, холст *m* **Leinsamen** M льняное семя *n* **Leinwand** F *Film* экран *m*
leise тихий; **~r stellen** ⟨с⟩делать потише
Leiste F рейка *f*; ANAT пах *m*
leisten *Hilfe, Dienst* оказывать ⟨-зать⟩; **sich etw ~** позволять ⟨-волить⟩ себе (*B*)
Leistenbruch M паховая грыжа *f*
Leistung F работа *f*; *Ergebnis* достижение *n*; *Dienstleistung* услуга *f*; TECH мощность *f*; FIN пособие *n*, платёж *m*
Leistungsfähigkeit F (работо)способность *f*; мощность *f*
Leitartikel M передовая статья *f* **leiten** *Betrieb* руководить (*T*); ELEK проводить **Leiter**[1] F лестница *f* **Leiter**[2] M ELEK проводник *m* **Leiter(in)** M(F) руководитель(ница) *m(f)*
Leitung F руководство *n*, управление *n*; TECH, ELEK провод *m*; TEL линия *f* **Leitungswasser** N вода *f* из-под крана
Lektion F урок *m* **Lektüre** F чтение *n*; *Buch* литература *f*
Lende F ANAT поясница *f*
lenken *steuern* управлять (*T*); *fig* направлять ⟨-равить⟩
Lenkrad N руль *m* **Lenkung** F управление *n*
Lerche F жаворонок *m*
lernen ⟨на⟩учиться (*Д*); V/I учиться; *Beruf* обучаться
lesbisch лесбийский
Lesebrille F очки *mpl* для чте-

ния **lesen** *Buch usw* ⟨про⟩читать **Leser(in)** M(F) читатель (-ница) *m(f)* **Leserbrief** M читательское письмо *n* **leserlich** чёткий

Lette M латыш *m* **Lettin** F латышка *f* **Lettland** N Латвия *f*

letzte последний; ~ **Woche** на прошлой неделе; ~**n Endes** в конце концов; **in ~r Zeit** в последнее время *n*

leuchten ⟨по⟩светить **leuchtend** *Farbe* яркий **Leuchter** M *Kerzenleuchter* подсвечник *m* **Leuchtreklame** F световая реклама *f* **Leuchtstoffröhre** F люминесцентная трубка *f* **Leuchtturm** M маяк *m*

leugnen отрицать

Leukämie F лейкемия *f*

Leute *pl* люди *pl*

Leutnant M лейтенант *m*

Lexikon N лексикон *m*, словарь *m*

liberal либеральный

Licht N свет *m*; ~ **machen** зажечь *pf* свет **Lichthupe** F световой сигнал *m* **Lichtmaschine** F генератор *m* **Lichtschalter** M выключатель *m* **Lichtung** F просека *f*

Lid N веко *f* **Lidschatten** M тени *fpl* для век

lieb дорогой (*a. Anrede*); *liebenswürdig* милый; *Kind* хороший; **am ~sten** охотнее всего **Liebe** F любовь *f* **lieben** любить **liebenswürdig** любезный **lieber** ADV лучше **Liebesbrief** M любовное письмо *n* **Liebeskummer** M любовная тоска *f* **Liebespaar** N любовная пара *f* **liebevoll** ласковый **Liebhaber** M любовник *m*; *Kunstliebhaber* любитель *m* **lieblich** *Wein* полусладкий **Liebling** M *Anrede* милый *m* (-лая *f*) **Lieblings-** *in zssgn* любимый **lieblos** чёрствый

Lied N песня *f*

Lieferant M поставщик *m* **lieferbar** поставляемый **Lieferbedingungen** FPL условия *npl* поставки **liefern** поставлять ⟨-авить⟩ **Lieferschein** M накладная *f* **Lieferung** F поставка *f* **Lieferwagen** M пикап *m*; *größer* фургон *m*

Liege F тахта *f*; *tragbar* шезлонг *m*

liegen лежать; *sich befinden* находиться; **das liegt an** *dat* это зависит от (*P*); ~ **lassen** оставлять ⟨-авить⟩ **Liegestuhl** M шезлонг *m* **Liegewiese** F лужайка *f* (на которой разрешено лежать)

Lift M лифт *m*; *Skilift* подъёмник *m*

Likör M ликёр *m*

lila лиловый **Lilie** F лилия *f*

Limonade F лимонад *m*

Limousine F лимузин *m*

Linde F липа *f*

lindern смягчать ⟨-чить⟩

Lineal N линейка *f*

Linie F ли́ния *f*; *Bus usw* но́мер *m* маршру́та; **in erster ~** в пе́рвую о́чередь **Linienbus** M ре́йсовый авто́бус *m* **Linienflug** M регуля́рный авиаре́йс *m*

Link M IT ссы́лка *f*

linke ле́вый **Linke** F POL ле́вые *pl*

links нале́во, сле́ва; **nach ~** нале́во; **von ~** сле́ва **Linkshänder(in)** M(F) левша́ *m u. f*

Linse F ли́нза *f*; *im Auge* хруста́лик *m*; BOT чечеви́ца *f*

Lippe F губа́ *f* **Lippenbalsam** M бальза́м *m* для губ **Lippenstift** M губна́я пома́да *f*

lispeln шепеля́вить

Liste F спи́сок *m*, ве́домость *f*

listig хи́трый, лука́вый

Litauen N Литва́ *f* **Litauer(in)** M(F) лито́вец *m* (-о́вка *f*)

Liter M литр *m*

Literatur F литерату́ра *f*

Live-Sendung F прямо́е включе́ние *n*, *umg* живо́й эфи́р *m* **Livestream** M стрим *m*, онла́йн трансля́ция *f*

Lizenz F лице́нзия *f*

Lkw M (Lastkraftwagen) грузови́к *m*

Lob N похвала́ *f* **loben** ⟨по⟩хвали́ть **lobenswert** похва́льный

Loch N дыра́ *f*; *Schlagloch* вы́боина *f* **lochen** *Fahrschein* ⟨про⟩компости́ровать **Locher** M дыроко́л *m*

löchrig дыря́вый

Lockdown M *Ausgangssperre zur Eindämmung einer Epidemie* локда́ун *m*

Locke F ло́кон *m*; *pl mst* ку́дри *pl* **locken** ⟨по⟩мани́ть **Lockenwickler** M бигуди́ *pl*

locker *Schraube* ша́ткий, расша́танный **lockern** *Gürtel* ослабля́ть ⟨-а́бить⟩ *Muskeln* расслабля́ть ⟨-а́бить⟩; *Zahn* расша́тывать ⟨-та́ть⟩ (**sich** -ся)

lockig кудря́вый, курча́вый

Löffel M *Esslöffel* ло́жка *f*

Loge F ло́жа *f*

Logik F ло́гика *f* **logisch** логи́ческий, логи́чный **Logo** N доготи́п *m*

Lohn M за́работная пла́та *f*, зарпла́та *f* **lohnen**: **es lohnt sich (nicht)** (не) сто́ит **lohnend** WIRTSCH при́быльный

Lohnerhöhung F повыше́ние *n* зарпла́ты **Lohnkürzung** F сниже́ние *n* зарпла́ты

Lohnsteuer F нало́г *m* на за́работную пла́ту **Lohnzahlung** F вы́плата *f* зарпла́ты

Loipe F лыжня́ *f*

Lok → Lokomotive

Lokal N рестора́н *m* **Lokalseite** F *in Zeitung* ме́стная хро́ника *m*

Lokomotive F локомоти́в *m*

Lorbeer M лавр *m* **Lorbeerblatt** N лавро́вый лист *m*

los → lose; **ich muss ~** мне пора́ (уходи́ть); **~!** дава́й(те)!, пое́хали!; **was ist (mit dir) ~?** что (с тобо́й) случи́лось? **Los** N

Lotterie билéт *m* **losbinden** отвя́зывать ⟨-за́ть⟩
löschen *Feuer, Licht* ⟨по⟩туши́ть; *Daten* стира́ть ⟨стере́ть⟩; **den Durst ~** утоля́ть ⟨-ли́ть⟩ жа́жду
lose *locker* незакреплённый; расша́танный; *unverpackt* неупако́ванный
Lösegeld N вы́куп *m* **lösen** *trennen* отделя́ть ⟨-ли́ть⟩ (**sich** -ся *a. pers*) (**von** *dat* от *P*); *Problem* реша́ть ⟨-ши́ть⟩ (**sich** -ся); *Rätsel* разга́дывать ⟨-да́ть⟩
losfahren уезжа́ть ⟨-е́хать⟩, отъезжа́ть ⟨-е́хать⟩; *Zug* отправля́ться ⟨-а́виться⟩ **losgehen** уходи́ть ⟨уйти́⟩; *anfangen* нач(ин)а́ться **loslassen** отпуска́ть ⟨-сти́ть⟩
löslich раствори́мый
Lösung F реше́ние *n*; CHEM раство́р *m* **Lösungsmittel** N раствори́тель *m*
loswerden избавля́ться ⟨-а́виться⟩ (*akk* от *P*)
löten пая́ть **Lötkolben** M пая́льник *m*
Lotse M ло́цман *m* **lotsen** *umg fig* ⟨за⟩тащи́ть
Lotto N лото́ *n unv*
Löwe M лев *m* **Löwin** F льви́ца *f*
Luchs M рысь *f*
Lücke F пусто́е ме́сто *n*; *Spalt* зазо́р *m*; *fig* пробе́л *m* **lückenhaft** непо́лный, с пробе́лами
Luft F во́здух *m* **Luftangriff** M возду́шный налёт *m* **Luftballon** M возду́шный ша́рик *m* **Luftblase** F возду́шный пузырёк **luftdicht** гермети́ческий **Luftdruck** M атмосфе́рное давле́ние *n*
lüften прове́три(ва)ть
Luftfahrt F авиа́ция *f* **Luftfracht** F авиагру́з *m* **Luftgewehr** N пневмати́ческое ружьё *n* **luftig** *Kleidung* возду́шный **Luftkissenboot** N су́дно *n* на возду́шной поду́шке **Luftkurort** M климати́ческий куро́рт *m* **luftleer** безвозду́шный **Luftmatratze** F надувно́й матра́ц *m* **Luftpost** F авиапо́чта *f* **Luftpumpe** F возду́шный насо́с *m* **Luftröhre** F трахе́я *f*
Lüftung F вентиля́ция *f*
Luftverschmutzung F загрязне́ние *n* во́здуха **Luftwaffe** F вое́нная авиа́ция *f*
Luftzug M сквозня́к *m*
Lüge F ложь *f* **lügen** ⟨со⟩лга́ть, ⟨со⟩вра́ть **Lügner(in)** M(F) лгу́н(ья) *m(f)*, вру́н(ья) *m(f)*
Luke F люк *m*
Lumpen MPL тря́пки *fpl*
Lunchpaket M паке́т *m* с доро́жной заку́ской
Lunge F лёгкие *npl* **Lungenentzündung** F воспале́ние *n* лёгких
Lupe F лу́па *m*
Lust F: **ich habe ~** мне хо́чется (**auf** *akk P*, **zu** *inf*) **lustig** весёлый; *witzig* смешно́й; **sich**

~ machen ⟨по⟩смеяться (**über** *akk* над *T*)
lutschen ⟨по⟩сосать **Lutscher** M леденец *m*
luxuriös роскошный
Luxus M роскошь *f* **Luxusartikel** M предмет *m* роскоши
Luxushotel N гостиница *f* люкс
Lymphe F лимфа *f* **Lymphknoten** M лимфатический узел *m*
lynchen линчевать (*im*)*pf*
Lyrik F лирика *f*

M

machen ⟨с⟩делать; **macht nichts** ничего, не беда; **da kann man nichts ~** ничего не поделаешь; **wie viel macht das?** сколько с меня?; **mach's gut!** пока!; **mach schon!** давай!
Macht F власть *f*; **an der ~** у власти **Machthaber** M правитель *m*
mächtig могущественный; ADV *umg fig* ужасно, весьма
machtlos бессильный
Mädchen N девочка *f*; *großes* девушка *f* **Mädchenname** M девичья фамилия *f*; *Vorname* женское имя *n*
Made F личинка *f*; червяк *m*
Mafia F мафия *f*
Magazin N *Lager* склад *m*; *Zeitschrift* журнал *m*
Magen M желудок *m*; **auf nüchternen ~** натощак **Magen-Darm-Infektion** F кишечная инфекция *f* **Magengeschwür** N язва *f* желудка
Magenschmerzen MPL боль *f* в желудке
mager худой; *Fleisch* постный; *fig dürftig* скудный **Magermilch** F обезжиренное молоко *n*
Magie F магия *f* **magisch** магический
Magnet M магнит *m* **magnetisch** магнитный
Mähdrescher M зерновой комбайн *m* **mähen** ⟨с⟩косить
Mahl N еда *f*, трапеза *f* **mahlen** ⟨с⟩молоть **Mahlzeit** F еда *f*; **~!** приятного аппетита!
Mähne F грива *f*
mahnen напоминать ⟨-омнить⟩ (**j-n** к-у) **Mahnung** F напоминание *n*
Mai M май *m* **Maikäfer** M майский жук *m*
Mailbox F мейлбокс *m*
Mais M кукуруза *f* **Maiskolben** M кукурузный початок *m*
Majestät F величие *n*
Major M майор *m*
makaber мрачный, жуткий
Makel M недостаток *m*, порок *m* **makellos** безупречный
mäkeln *umg* придираться
Make-up N макияж *m*, мейк-

а́п *m*
Makler M ма́клер *m*; бро́кер *m*
Makrele F ску́мбрия *f*
mal: **zwei ~ zwei** два́жды два; *umg einmal* раз; **komm ~ her!** подойди́-ка сюда́!
Mal N раз *m*; **jedes ~** ка́ждый раз; **zum ersten ~** впервы́е; **das nächste ~** в сле́дующий раз
malen *zeichnen* ⟨на⟩рисова́ть; *anmalen* ⟨по⟩кра́сить **Maler** M худо́жник *m*; *Anstreicher* маля́р *m* **Malerei** F жи́вопись *f* **Malerin** F худо́жница *f* **malerisch** живопи́сный
Malz N со́лод *m* **Malzbier** N солодо́вое пи́во *n* **Malzkaffee** M ячме́нный ко́фе *m*
man: **~ sagt** говоря́т; **~ muss** на́до; ну́жно; **kann ~ …?** мо́жно …?
Manager(in) M(F) ме́неджер *m*
mancher ко́е-кто **manchmal** иногда́
Mandant(in) M(F) манда́нт *m* **Mandat** N POL (парла́ментский) манда́т *m*
Mandel F минда́ль *m*; ANAT минда́лина *f* **Mandelentzündung** F воспале́ние *n* минда́лин
Manege F мане́ж *m*
Mangel M недоста́ток *m*; дефе́кт *m*; **aus ~** из-за нехва́тки (**an** *dat P*) **mangelhaft** недоста́точный; дефе́ктный; *Note* неудовлетвори́тельный **mangeln** недостава́ть (**an** *dat P*)
Mangelware F дефици́тный това́р *m*
Manieren FPL мане́ры *fpl*
Maniküre F маникю́р *m* (-ша *f pers*) **manipulieren** манипули́ровать (*akk T*)
Manko N *Fehlbetrag* недочёт *m*
Mann M мужчи́на *m*; *Ehemann* муж *m*
Männchen N BIOL саме́ц *m*
Männer… *in zssgn mst* мужско́й **männlich** мужско́й; *mannhaft* му́жественный
Mannschaft F кома́нда *f*
Manöver N MIL манёвры *mpl*
Mantel M пальто́ *n unv*
Manuskript N ру́копись *f*
Mappe F па́пка *f*; *Aktenmappe* портфе́ль *m*
Marathon(lauf) M марафо́н(ский бег) *m*
Märchen N ска́зка *f*; *fig* небы́лица *f* **märchenhaft** ска́зочный
Marder M куни́ца *f*
Margarine F маргари́н *m*
Marienkäfer M бо́жья коро́вка *f*
Marine F морско́й флот *m*
mariniert марино́ванный
Marionette F марионе́тка *f*
Mark N ANAT ко́стный мозг *m*
Marke F ма́рка *f* **Markenartikel** M фи́рменное изде́лие *n*
Marketing N ма́ркетинг *m*
markieren маркирова́ть (*im*)*pf* **Markierung** F маркиро́вка *f*; *Zeichen* поме́тка *f*
Markt M ры́нок *m*; **auf den ~**

bringen выбра́сывать ‹вы́бросить› на ры́нок **Marktführer** M ли́дер *m* ры́нка **Marktlücke** F ры́ночная ни́ша *f* **Marktplatz** M ры́ночная пло́щадь *f* **Marktwirtschaft** F ры́ночная эконо́мика *f*
Marmelade F пови́дло *n*
Marmor M мра́мор *m*
Marotte F причу́да *f*, зама́шка *f*
Marsch M марш *m*; похо́д *m* **marschieren** маршировáть
Märtyrer M му́ченик *m*
marxistisch маркси́стский
März M март *m*
Masche F петля́ *f*; *v. Netz* яче́йка; *umg fig* трюк *m*
Maschine F маши́на *f*; стано́к *m* **maschinell** маши́нный
Maschinenbau M машинострое́ние *n* **Maschinengewehr** N пулемёт *m* **Maschinenpistole** F автома́т *m*
Masern *pl* MED корь *f*
Maske F ма́ска *f* **Maskenpflicht** F *z. B. im Zusammenhang mit der COVID-19-Pandemie* ма́сочный режи́м *m* **maskiert** (за)маскиро́ванный
maskulin мужско́й; GRAM мужско́го ро́да
Maß N ме́ра *f*; *Größe* разме́р *m*; **nach ~** по ме́рке
Massage F масса́ж *m* **Massaker** N резня́ *f*, бо́йня *f*
Maßanzug M костю́м *m* на зака́з
Masse F ма́сса *f*; *Menschenmasse a.* толпа́ *f*; *Menge* большо́е коли́чество *n*
Maßeinheit F едини́ца *f* измере́ния
Massenartikel MPL изде́лия *npl* ма́ссового произво́дства **Massengrab** N о́бщая моги́ла *f* **massenhaft** ма́ссовый; ADV › massenweise
Massenmedien NPL сре́дства *npl* ма́ссовой информа́ции (СМИ) **Massenproduktion** F ма́ссовое произво́дство *n* **massenweise** ма́ссами; в большо́м коли́честве; *pers* толпа́ми
Masseur(in) M(F) массажи́ст(ка) *m(f)* **massieren** *j-n* масси́ровать *(im)pf*
mäßig уме́ренный; *mittelmäßig* зауря́дный **mäßigen** умеря́ть ‹-е́рить›; **sich ~** *pers* сде́рживаться ‹-жа́ться›
massiv масси́вный; *dauerhaft* про́чный **Massiv** N масси́в *m*
maßlos чрезме́рный; ADV кра́йне **Maßnahme** F ме́ра *f*, мероприя́тие *n* **Maßstab** M масшта́б *m*
Mast[1] M SCHIFF ма́чта *f*; ELEK столб *m*
Mast[2] F *Viehmast* отко́рм *m*
mästen отка́рмливать ‹-корми́ть›
Material N материа́л *m* **materiell** материа́льный
Mathematik F матема́тика *f*
Mathematiker(in) M(F) матема́тик *m*

Matratze F матрáц *m*
Matrose M матрóс *m*
Matsch M слякоть *f*
matt *schwach* вялый, слáбый; *glanzlos* мáтовый **Matte** F цинóвка *f*; SPORT ковёр *m*, мат *m*
Mauer F стенá **mauern** *Bau* ⟨по⟩стрóить из кирпичá
Maul N пасть *f*; *Schnauze* мóрда *f* (*a. vulg*); *vulg* **halt's ~!** заткнись!
Maulkorb M намóрдник *m* **Maultier** N мул *m* **Maulwurf** M крот *m*
Maurer M кáменщик *m*
Maus F мышь *f* (*a.* IT) **Mausefalle** F мышелóвка *f* **Mausklick** M IT щелчóк *m* мышью **Mauspad** N IT кóврик *m* (для мышки)
Mausoleum N мавзолéй *m*
Maut F дорóжная пóшлина *f*
maximal максимáльный
Mayonnaise F майонéз *m*
MB N (Megabyte) мегабáйт *m*
Mechanik F механика *f* **Mechaniker(in)** M(F) механик *m* **mechanisch** механический **Mechanismus** M механизм *m*
meckern *umg fig* ныть
Medaille F медáль *f*
Medien NPL срéдства *npl* (мáссовой) информáции
Medikament N лекáрство *n* **meditieren** медитировать **medium** GASTR срéдняя прожáрка *f* **Medizin** F медицина *f*; *Arznei* лекáрство *n* **medizinisch** медицинский
Meer N мóре *n*; **am ~** у мóря **Meerenge** F пролив *m* **Meeresfrüchte** FPL GASTR морепродýкты *pl* **Meeresspiegel** M ýровень *m* мóря **Meerrettich** M хрен *m* **Meerschweinchen** N морскáя свинка *f*
Mehl N мукá *f* **Mehlspeise** F мучнóе блюдо *n*
mehr бóльше, бóлее; **immer ~** всё бóльше; **nichts ~** бóльше ничегó; **nicht ~** бóльше не; **~ oder weniger** бóлее или мéнее; **umso ~** тем бóлее
mehrbändig многотóмный **Mehrbettzimmer** N многомéстный нóмер *m* **mehrdeutig** многознáчный **mehrere** *einige* нéкоторые **mehrfach** многокрáтный; ADV → mehrmals **Mehrfachstecker** M перенóска *f*
Mehrheit F большинствó *n*
mehrmals неоднокрáтно, не раз **mehrtägig** многоднéвный **mehrteilig** *Film* многосерийный
Mehrweg... *in zssgn* многорáзовый **Mehrwertsteuer** F налóг *m* на добáвленную стóимость **Mehrzahl** F → Mehrheit; GRAM мнóжественное числó *n* **Mehrzweck...** *in zssgn* универсáльный
meiden избегáть ⟨-ежáть⟩
Meile F миля *f*
mein мой (-оя́, -оё, -ой); свой

Meineid M лжеприся́га *f*, клятвопреступле́ние *n*
meinen име́ть в виду́; *denken* счита́ть, ду́мать
meinerseits с мое́й стороны́ **meinetwegen** *wegen* из-за / *zuliebe* ра́ди меня́
Meinung F мне́ние *n*; **meiner ~ nach** по-мо́ему
Meinungsfreiheit F свобо́да *f* сло́ва **Meinungsumfrage** F опро́с *m* обще́ственного мне́ния **Meinungsverschiedenheit** F разногла́сие *n*
Meise F сини́ца *f*; *umg* **er hat e-e ~** у него́ не все до́ма
meist → meistens
meiste: **das Meiste** бо́льшая часть *f*; **am ~n** бо́льше всего́; **die ~n (Leute)** большинство́ (люде́й) **meistens** ADV *zeitl* ча́ще всего́
Meister M ма́стер *m* **Meisterbrief** M дипло́м *m* ма́стера **meisterhaft** мастерско́й
Meisterin F ма́стер *m* **meistern** справля́ться ‹-а́виться›
Meisterschaft F мастерство́ *n*; SPORT чемпиона́т *m* **Meisterwerk** N шеде́вр *m*
Meldeamt N бюро́ *n* пропи́ски **Meldefrist** F срок *m* я́вки
melden сообща́ть ‹-щи́ть›; *anzeigen* заявля́ть ‹-ви́ть› (**etw** о *П*); **sich ~** *polizeilich* пропи́сываться ‹-са́ться›; явля́ться ‹яви́ться› (**bei** *dat* в *В*); TEL отвеча́ть ‹-е́тить›; *v.* *sich hören lassen* да(ва́)ть о себе́ знать
Meldung F сообще́ние *n*
melken ‹по›дои́ть
Melodie F мело́дия *f*
Melone F арбу́з *m*; ды́ня *f*
Menge F (большо́е) коли́чество *n*; *Leute* толпа́ *f*; **jede ~** *umg* ско́лько хо́чешь
Mensa F студе́нческая столо́вая *f*
Mensch M челове́к *m*; *pl* лю́ди *pl*; **kein ~** никто́ **menschenleer** безлю́дный **Menschenmenge** F толпа́ *f* (люде́й) **Menschenrechte** NPL права́ *npl* челове́ка **Menschheit** F челове́чество *n*
menschlich челове́ческий; *human* челове́чный
Menstruation F менструа́ция *f* **Mentalität** F менталите́т *m*
Menü N меню́ *n unv* (*a.* IT)
Merkblatt N (инстру́кция-) па́мятка *f* **merken** замеча́ть ‹-е́тить›; *spüren* ‹по›чу́вствовать; **sich ~** запомина́ть ‹-о́мнить› **Merkmal** N при́знак *m* **merkwürdig** стра́нный
messbar измери́мый
Messe F REL ме́сса *f*; WIRTSCH я́рмарка *f* **Messegelände** N террито́рия *f* я́рмарки **Messehalle** F я́рмарочный павильо́н *m* **messen** *ausmessen* измеря́ть ‹-е́рить›
Messer N нож *m* **Messerstecherei** F поножо́вщина *f*
Messgerät N измери́тельный

прибóр *m* **Messing** N латýнь *f* **Messung** F измерéние *n* **Metall** N метáлл *m* **Metallarbeiter** M (рабóчий-)металлúст *m* **meteorologisch** метеорологúческий **Meter** M метр *m* (= *a.* **Metermaß** *n*) **Methode** F мéтод *m* **Metro** F метрó *n unv* **Metzger** M мяснúк *m* **Metzgerei** F мяснóй магазúн *m* **Meute** F свóра *f* **meutern** бунтовáть **Mexiko** N Мéксика *f* **mich** PERS PR *akk v.* **ich; für ~** для менá; **über ~** óбо мне **Miene** F мúна *f*, вид *m* **mies** сквéрный; *gemein* пóдлый **Miete** F квартúрная плáта *f*, квартплáта *f* **mieten** снимáть ⟨снять⟩; *Gerät* брать ⟨взять⟩ напрокáт **Mieter(in)** M(F) (квартиро)съёмщик *m* (-ица *f*) **Mietvertrag** M договóр *m* о нáйме **Mietwagen** M автомобúль *m*, взя́тый напрокáт **Migräne** F мигрéнь *f* **Mikrofaser** F микроволокнó *n* **Mikrofilm** M микрофúльм *m* **Mikrofon** N микрофóн *m* **Mikroprozessor** M микропроцéссор *m* **Mikroskop** N микроскóп *m* **Mikrowelle** F, **Mikrowellenherd** M микроволнóвая печь *f* **Milch** F молокó *n* **Milchflasche** F молóчная буты́лка *f* **Milchkaffee** M кóфе *m* с молокóм **Milchpulver** N сухóе молокó *n* **Milchstraße** F Млéчный Путь *m* **Milchzahn** M молóчный зуб *m* **mild** мя́гкий; *Tabak* слáбый **mildern** смягчáть ⟨-чúть⟩ **Milieu** N средá *f* **Militär** N вóйскá *npl*, áрмия *f*; **er ist beim ~** он слýжит в áрмии **Militärdienst** M воéнная слýжба *f* **militärisch** воéнный **Miliz** F милúция *f* **Milizionär** M милиционéр *m* **Milliarde** F миллиáрд *m* **Millimeter** M миллимéтр *m* **Million** F миллиóн *m* **Millionär(in)** M(F) миллионéр(ша) *m(f)* **Milz** F селезёнка *f* **Minderheit** F меньшинствó *n* **minderjährig** несовершеннолéтний **mindern** уменьшáть ⟨-éньшить⟩; *senken* понижáть ⟨-нúзить⟩ **minderwertig** низкокáчественный **Mindest...** *in zssgn* минимáльный **Mindestalter** N возрастнóй ценз **mindeste** малéйший, наимéньший; **nicht im Mindesten** ничýть **mindestens** по мéньшей мéре **Mindestlohn** M минимáльная зарплáта *f* **Mine** F мúна *f*; *Bergbau* руднúк *m*; *Kulimine* стéржень *m* **Mineral** N минерáл *m* **Mine-**

ralöl N минеральное масло *n* **Mineralwasser** N минеральная вода *f*
Minibar F мини-бар *m* **Minikleid** N мини-платье *n* **minimal** минимальный
Minister(in) M(F) министр *m* **Ministerium** N министерство *n* **Ministerpräsident(in)** M(F) премьер министр *m*
minus минус; ~ **sieben Grad** минус семь градусов
Minute F минута *f*
mir PERS PR *dat v.* **ich**; **bei** ~ при мне; у меня; **mit** ~ со мной; **von** ~ от меня; **zu** ~ ко мне
Mischehe F смешанный брак *m* **mischen** *vermischen* смешивать ‹-шать› (**sich** -ся) **Mischung** F смесь *f*
miserabel мизерный; *Lohn usw* жалкий; → mies
missachten пренебрегать ‹-речь› **Missbildung** F уродство *n* **missbilligen** не одобрять ‹-обрить› **Missbrauch** M злоупотребление *n* **Misserfolg** M неудача *f* **Missernte** F неурожай *m*
Missgeschick N несчастье *n* **missglückt** неудачный **misshandeln** истязать
Mission F миссия *f* **Missionar(in)** M(F) миссионер(ка) *m(f)*
misslingen не уд(ав)аться **missmutig** угрюмый **Missstände** MPL недостатки *mpl*
Misstrauen N недоверие *n* **misstrauisch** недоверчивый (**gegen** к *Д*) **Missverständnis** N недоразумение *n* **Misswirtschaft** F бесхозяйственность *f*
Mist M навоз *m*; *umg Unsinn* чушь *f*; *Plunder* дрянь *f* **Misthaufen** M навозная куча *f*
mit PRÄP *dat* с(о) *T*; ~ **dem Zug** поездом, на поезде
Mitarbeit F сотрудничество *n* **Mitarbeiter(in)** M(F) сотрудник *m* (-ица *f*)
Mitbestimmung F участие *n* в управлении **Mitbewohner(in)** M(F) сожитель(ница) *m(f)*, сосед(ка) *m(f)* **mitbringen** приносить ‹-нести› (с собой) **miteinander** друг с другом **mitfahren** ездить, ‹по›ехать (**mit** вместе с *T*)
Mitgefühl N сочувствие *n* **mitgehen** ходить, идти ‹пойти› (**mit** вместе с *T*) **Mitgift** F приданое *n*
Mitglied N член *m* **Mitgliedsbeitrag** M членский взнос *m* **Mitgliedskarte** F *Ausweis* членский билет *m*
Mitleid N сострадание *n* (**mit** к *Д*) **mitmachen** (со)участвовать (**etw**, **bei** в *П*) **mitnehmen** брать ‹взять› с собой **Mitschüler(in)** M(F) соученик *m* (-ица *f*)
Mittag M полдень *m*; **zu** ~ **essen** ‹по›обедать **Mittagessen** N обед *m*

mittags в пóлдень **Mittagspause** F обéденный перерыв *m* **Mittagsruhe** F послеобéденный óтдых *m*
Mitte F серединá *f*; **in der ~** посередине; в цéнтре; **~ Mai** в середине мáя
mitteilen сообщáть ⟨-щить⟩ (*akk* о *П*) **Mitteilung** F сообщéние *n*
Mittel N срéдство *n* **Mittelalter** N срéдние векá *mpl* **mitteleuropäisch** среднеевропéйский **Mittelfinger** M срéдний пáлец *m* **mittelfristig** среднесрóчный **mittellos** неимýщий **mittelmäßig** заурядный
Mittelpunkt M центр *m* **mittelständisch** срéдний **Mittelstufe** F срéдние клáссы *mpl* школы **Mittelstürmer** M центрáльный нападáющий *m*
mitten: **~ in** (по)среди (*P*); **~ im Sommer** в разгáре лéта **Mitternacht** F пóлночь *f* **mittlere** срéдний; *örtl* серединный; **~n Alters** срéдних лет **Mittwoch** M средá *f*; **am ~** в срéду; **mittwochs** по средáм
mitwirken учáствовать (**bei**, **an** в *П*)
mixen *Getränke* → mischen
Möbel NPL мéбель *f* **Möbelwagen** M мéбельный фургóн *m*
mobil мобильный; *pers* подвижный **mobilisieren** мобилизовáть (*im*)*pf* **Mobilfunknetz** N мобильная сеть *f* **Mobiltelefon** N мобильный телефóн *m*
möbliert: **~es Zimmer** меблирóванная кóмната *f*
Mode F мóда *f* **Modefarbe** F мóдный цвет *m*
Model N (фото)модéль *f*
Modell N модéль *f*, образéц *m*
Modem N модéм *m*
Modenschau F покáз *m* мод
Moderator(in) M(F) ведýщий *m* (-щая *f*)
modern совремéнный; → modisch **modernisieren** модернизировать (*im*)*pf*
modisch мóдный
mogeln ⟨с⟩мошéнничать
mögen любить; *wollen* хотéть; **ich möchte** мне хóчется, я хотéл бы
möglich возмóжный; **alles Mögliche** всё возмóжное **Möglichkeit** F возмóжность *f* **möglichst** по возмóжности
Mohn M мак *m*
Möhre F морковь *f*
Mole F мол *m*
Molkerei F молóчный завóд *m*
Moll N минóр *m*, моль *m*
mollig *pers* пóлный
Moment M момéнт *m*; **einen ~!** минýт(оч)ку!; **im ~** в дáнный момéнт
Monarchie F монáрхия *f*

Monat M̲ мéсяц *m*; **einmal im ~** раз в мéсяц; **vor e-m ~** мéсяц (томý) назáд **monatlich** помéсячный, ежемéсячный
Monatsgehalt N̲ мéсячная зарплáта *f* **Monatskarte** F̲ мéсячный билéт *m* **Monatsrate** F̲ мéсячный взнос *m*
Mönch M̲ монáх *m*
Mond M̲ лунá *f*
Mongole M̲ монгóл *m* **Mongolei** F̲ Монгóлия *f* **Mongolin** F̲ монгóлка *f*
Monitor M̲ монитóр *m*
Monopol N̲ монопóлия *f*
Montag M̲ понедéльник *m*; → *a.* Donnerstag
Montage F̲ монтáж *m* **Monteur** M̲ монтáжник *m*; ELEK монтёр *m* **montieren** ⟨c⟩монтúровать
Monument N̲ монумéнт *m*
Moor N̲ болóто *n*
Moos N̲ мох *m*
Moped N̲ мопéд *m*
Moral F̲ морáль *f* **moralisch** морáльный
Morast M̲ трясúна *f*, болóто *n*
Mord M̲ убúйство *n*
Mörder(in) M̲(F̲) убúйца *m/f*
morgen зáвтра (**früh** ýтром); **für ~** на зáвтра
Morgen M̲ ýтро *n*; **guten ~!** дóброе ýтро! **Morgendämmerung** F̲ рассвéт *m* **Morgenrot** N̲ ýтренняя зарń *f*
morgens ýтром; *wiederholt* по утрáм **morgig** зáвтрашний
Morphium N̲ мóрфий *m*
morsch трухлńвый; вéтхий
Mörtel M̲ раствóр *m*
Mosaik N̲ мозáика *f*
Moschee F̲ мечéть *f*
Moskau N̲ Москвá *f* **Moskauer(in)** M̲(F̲) москвúч(ка) *m*(*f*)
Moskito M̲ комáр *m*
Moslem M̲ → Muslim
Most M̲ (виногрáдное) сýсло *n*; *v. Obst* плодóвый сок *m*
Motel N̲ мотéль *m*
Motiv N̲ мотúв *m* **motivieren** мотивúровать (*im*)*pf*
Motor M̲ двúгатель *m*, мотóр *m* **Motorboot** N̲ мотóрная лóдка *f* **Motorhaube** F̲ капóт *m* **Motoröl** N̲ мотóрное мáсло *n*, автóл *m* **Motorrad** N̲ мотоцúкл *m* **Motorschaden** M̲ повреждéние *n* двúгателя
Motte F̲ моль *f*
Motto N̲ мóтто *n unv*, девúз *m*
Mountainbike N̲ гóрный велосипéд *m*, мáунтбайк *m*
Möwe F̲ чáйка *f*
MTA F̲ (Medizinisch-technische Assistentin) фéльдшер-лаборáнтка *f*
Mücke F̲ комáр *m* **Mückenstich** M̲ комарúный укýс *m*
müde устáлый, утомлённый **Müdigkeit** F̲ устáлость *f*, утомлéние *n*
muffig *Geruch* зáтхлый
Mühe F̲ труд *m*; усúлие *n*; **sich ~ geben** ⟨по⟩старáться; **mit ~ und Not** éле-éле, насú-

лу **mühelos** лёгкий; ADV *a.* без труда́
Mühle F ме́льница *f*
mühsam тру́дный, тяжёлый
Mulde F лощи́на *f*
Mull M *Verbandmull* ма́рля *f*
Müll M му́сор *m* **Müllabfuhr** F вы́воз *m* му́сора **Müllbeutel** M мешо́к *m* для му́сора **Mülleimer** M ведро́ *n* для му́сора **Müllkippe** F му́сорная сва́лка *f* **Müllschlucker** M мусоропрово́д *m* **Mülltonne** F мусоросбо́рник *m*
multikulturell мультикульту́рный **multimedial** мультимеди́йный **multinational** мультинациона́льный **multiplizieren** умножа́ть ⟨-о́жить⟩ (**mit** *dat* на *B*)
Mumps M MED сви́нка *f*
Mund M рот *m*; **halt den ~!** закро́й рот! **Mundart** F диале́кт *m*
münden *Fluss* впада́ть ⟨впасть⟩
mündig совершенноле́тний **mündlich** у́стный **Mündung** F *Flussmündung* у́стье *n*
Munition F боеприпа́сы *mpl*
munter живо́й; *wach* бо́дрый
Münze F моне́та *f*
mürbe *brüchig* ло́мкий
murren ворча́ть
mürrisch ворчли́вый
Mus N пюре́ *n unv*
Muschel F *Muschelschale* ра́ковина *f*
Museum N музе́й *m*
Musik F му́зыка *f* **musikalisch** музыка́льный **Musiker(in)** M(F) музыка́нт(ша *umg*) *m(f)* **Musikinstrument** N музыка́льный инструме́нт *m*
Muskat(nuss F) N муска́т(ный оре́х) *m*
Muskel M му́скул *m*, мы́шца *f* **Muskelkater** M мы́шечная боль *f*
muskulös мускули́стый
Muslim(in) M(F) мусульма́нин *m* (-а́нка *f*)
müssen: **man muss** на́до / ну́жно …; **ich muss** я до́лжен; мне придётся; **du musst nicht** … тебе́ не на́до …
Muster N образе́ц *m*; *auf Stoff* узо́р *m* **Musterung** F осмо́тр *m*; MIL освиде́тельствование *n*
Mut M сме́лость *f*, му́жество *n*; **den ~ verlieren** пасть *pf* ду́хом **mutig** сме́лый, му́жественный **mutlos** уны́лый, пода́вленный
Mutter F мать *f*; TECH га́йка *f*
mütterlich матери́нский
Mutterliebe F матери́нская любо́вь *f* **Muttermal** N ро́динка *f* **Mutterschaft** F матери́нство *n* **Mutterschutz** M охра́на *f* матери́нства **Muttersprache** F родно́й язы́к *m*
mutwillig преднаме́ренный
Mütze F ша́пка *f*; фура́жка *f*
MwSt. → Mehrwertsteuer
mysteriös таи́нственный
Mythologie F мифоло́гия *f*

N

Nabel M пупóк *m*
nach *zeitl* пóсле (*P*); чéрез (*B*); *örtl* в, на (*B*); *Reihenfolge* за (*T*); **der Zug ~ Berlin** пóезд в Берлúн; **fünf Minuten ~ zwei** пять минýт трéтьего; **~ und ~** постепéнно; **~ Hause** домóй
nachahmen подражáть (*akk Д*) **Nachahmung** F подражáние *n*
Nachbar(in) M(F) сосéд(ка) *m(f)* **Nachbarschaft** F сосéдство *n*; *pers* сосéди *mpl*
nachbestellen дополнúтельно закáзывать ‹-казáть›
nachdem пóсле тогó как; **je ~, …** смотря́ по томý, …
nachdenken ‹по›дýмать (**über** *akk* о *П*) **nachdenklich** задýмчивый **Nachdruck** M *v. Buch usw* перепечáтка *f*; **mit ~ = nachdrücklich** *adv* настóйчиво
nacheifern равня́ться (*dat* на *В*) **nacheinander** оди́н за другúм, друг за дрýгом
Nachfolger(in) M(F) преéмник *m* (-ица *f*) **Nachforschungen** FPL расспрóсы *mpl* **Nachfrage** F запрóс *m*; WIRTSCH спрос *m* **nachfragen** справля́ться ‹-áвиться› (**nach** *dat* о *П*)
nachfüllen дополня́ть ‹-пóлнить›; долú(вá)ть
nachgeben уступáть ‹-пúть›
Nachgebühr F доплáта *f*
nachgehen *j-m* ‹по›слéдовать за (*T*); *Uhr* отст(ав)áть
Nachgeschmack M прúвкус *m* **nachgiebig** устýпчивый
nachhaltig экологúчески устóйчивый
nachher потóм, пóсле этого; **bis ~!** покá! **Nachhilfe** F дополнúтельные заня́тия *npl*
nachholen навёрстывать ‹-верстáть›
Nachlass M наслéдство *n*; *Rabatt* скúдка *f* **nachlassen** становúться ‹стать› мéдленнее / хýже; *schwächer werden* ослабé(вá)ть
nachlässig небрéжный, халáтный **nachlaufen** ‹по›бежáть (*dat* за *T*)
Nachmittag M вторáя полови́на *f* дня; **am ~ = nachmittags** во вторóй половúне дня, пóсле обéда
Nachnahme F: **per ~** наложéнным платежóм
Nachname M фамúлия *f*
nachprüfen проверя́ть ‹-вéрить, перепровéрить›
nachrechnen пересчúтывать ‹-итáть› **Nachricht** F извéстие *n* (*a.* TV, *mst pl*); сообщéние *n*
Nachrichtenagentur F информациóнное агéнтство *n*
Nachrichtensendung F

передáча *f* извéстий

Nachruf M некролóг *m* **Nachrüstung** F TECH дооснащéние *n* **Nachsaison** F послесезóнный перúод *m* **nachschlagen** справля́ться ‹-áвиться› **Nachschlagewerk** N спрáвочник *m*

Nachschub M снабжéние *n*, подвóз *m* **nachsehen** *kontrollieren* проверя́ть ‹-вéрить›; *j-m etw* спускáть ‹-стúть› **nachsenden** пос(ы)лáть вслед (*dat* за *T*) **Nachspeise** F десéрт *m* **nachsprechen** повторя́ть ‹-рúть› (*dat* за *T*)

nächste ближáйший; *folgend* слéдующий; **~ Woche** на слéдующей недéле; **in ~r Zeit** в ближáйшее врéмя **Nächste** M/F: **der ~, bitte!** слéдующий, пожáлуйста!

Nacht F ночь *f*; **gute ~!** спокóйной нóчи!; **bei / in der ~** нóчью **Nachtdienst** M ночнóе дежýрство *n*

Nachteil M ущéрб *m*; *Mangel* недостáток *m*

Nachthemd N ночнáя рубáшка *f*

Nachtigall F соловéй *m*

Nachtisch M → Nachspeise

Nachtleben N ночнáя жизнь *f*

nächtlich ночнóй

Nachtportier M ночнóй швейцáр *m*

nachtragend злопáмятный

nachträglich дополнúтельный

Nachtruhe F ночнóй покóй *m* **nachts** нóчью; по ночáм **Nachtschicht** F ночнáя смéна *f* **Nachttisch** M тýмбочка *f* **Nachtzug** M ночнóй пóезд *m*

Nachweis M доказáтельство *n*; *Beleg* спрáвка *f* **nachweisen** докáзывать ‹-зáть›; *mit e-m Dokument* удостоверя́ть ‹-вéрить›

Nachwirkung F последéйствие *n* **Nachwuchs** M дéти *pl*; *beruflich* смéна *f* **nachzahlen** доплáчивать ‹-латúть› **nachzählen** пересчúтывать ‹-итáть› **Nachzahlung** F доплáта *f* **Nachzügler** M *Zurückbleibender* опоздáвший *m*

Nacken M заты́лок *m*

nackt гóлый

Nadel F иглá *f*, игóлка *f*; *Stecknadel* булáвка *f* **Nadelbaum** M хвóйное дéрево *n*

Nagel M гвоздь *m*, гвóздик *m*; *Fingernagel* нóготь *m* **Nagelfeile** F пúл(оч)ка *f* для ногтéй **Nagellack** M лак *m* для ногтéй **nageln** прибú(вá)ть гвоздя́ми (**an** *akk* к *Д*) **Nagelschere** F нóжницы *pl* для ногтéй

nagen грызть (*a. fig*) **Nagetier** N грызýн *m*

nah(e) ADJ блúзкий; PRÄP близ (**bei** *P*)

Nähe F блúзость *f*; **in der ~** поблúзости, вблизú **nahekommen**: *fig* **das kommt** *dat*

nahe э́то недалеко́ от (*P*) **naheliegend** поня́тный
nähen ⟨с⟩шить
näher бо́лее бли́зкий; ADV бли́же; *genauer* подро́бнее
nähern: sich ~ приближа́ться ⟨-бли́зиться⟩ (*dat* к *Д*)
Nähgarn N шве́йные ни́тки *fpl* **Nähmaschine** F шве́йная маши́на *f*
nahrhaft пита́тельный **Nahrung** F пи́ща *f* **Nahrungsmittel** N проду́кты *mpl* пита́ния
Nährwert M пита́тельность *f*
Naht F шов *m* **nahtlos** бесшо́вный; *fig* пла́вный
Nahverkehr M ме́стное сообще́ние *n*
naiv наи́вный
Name M и́мя *n*; *Nachname* фами́лия *f* **Namenstag** M имени́ны *pl* **namentlich** поимённый
nämlich ADV а и́менно
Napf M ми́ска *f*
Narbe F рубе́ц *m*, шрам *m*
Narkose F нарко́з *m*
naschen ⟨по⟩ла́комиться (*T*)
Nase F нос *m*; *umg* **ich habe die ~ voll** с меня́ хва́тит; **sich die ~ putzen** сморка́ться ⟨вы́сморкаться⟩ **Nasenbluten** N кровотече́ние *n* из но́са
Nashorn N носоро́г *m*
nass мо́крый; **~ machen** намочи́ть *pf*
Nässe F сы́рость *f*, мокрота́ *f*
nasskalt промо́зглый
Nation F на́ция *f*
national национа́льный **Nationalgericht** N национа́льное блю́до *n* **nationalistisch** националисти́ческий
Nationalität F национа́льность *f* **Nationalmannschaft** F национа́льная сбо́рная *f* **Nationalpark** M национа́льный парк *m* **Nationalsozialismus** M национа́л-социали́зм *m*
NATO F НАТО *f* (Организа́ция Североатланти́ческого догово́ра)
Natur F приро́да *f*; **von ~ aus** от приро́ды **Naturheilkunde** F физиатри́я *f* **Naturkatastrophe** F стихи́йное бе́дствие *n*
natürlich есте́ственный; **~!** коне́чно!, разуме́ется!
Naturschutz M охра́на *f* приро́ды **Naturschutzgebiet** N (приро́дный) запове́дник *m*
Naturwissenschaften FPL есте́ственные нау́ки *fpl*
Navi N навига́тор *m*
Nebel M тума́н *m* **Nebelscheinwerfer** M противотума́нная фа́ра *f*
neben *örtl* ря́дом с (*T*), у (*P*); *außer* наряду́ с (*T*) **nebenan** ря́дом **nebenbei** ме́жду про́чим, попу́тно **Nebenbeschäftigung** F побо́чная рабо́та *f*
nebeneinander ря́дом (друг с дру́гом) **Nebenfach** N вто-

ростепе́нный (уче́бный) предме́т *m* **Nebenfluss** M прито́к *m* **Nebenkosten** *pl* побо́чные расхо́ды *mpl* **Nebenprodukt** N побо́чный проду́кт *m* **nebensächlich** нева́жный **Nebensatz** M прида́точное предложе́ние *n* **Nebenstelle** F филиа́л *m*, отделе́ние *n* **Nebenstraße** F бокова́я у́лица *f*; переу́лок *m* **Nebenwirkung** F побо́чное де́йствие *n* **Nebenzimmer** N сме́жная ко́мната *f*
neblig тума́нный
Neffe M племя́нник *m*
negativ отрица́тельный, негати́вный **Negativ** N негати́в *m*
nehmen брать ⟨взять⟩; *annehmen* принима́ть ⟨-ня́ть⟩; **~ Sie Platz!** сади́тесь!
Neid M за́висть *f* **neidisch** зави́стливый
neigen наклоня́ть ⟨-ни́ть⟩ (**sich** -ся); *fig* быть скло́нным **Neigung** F накло́н *m*; *fig* скло́нность *f*
nein нет
Nektarine F нектари́н *m*
Nelke F гвозди́ка *f*
nennen наз(ы)ва́ть (**sich** -ся) **Nenner** M знамена́тель *m*
Neonlicht N нео́новый свет *m* **Neonröhre** F нео́новая тру́бка *f*
Nerv M нерв *m*; **j-m auf die ~en gehen** де́йствовать на не́рвы (*Д*) **nervenkrank** нервнобольно́й **Nervenzusammenbruch** M истоще́ние *n* не́рвной систе́мы **nervös** не́рв(оз)ный **Nervosität** F не́рв(оз)ность *f*
Nerz M но́рка *f*
Nest N гнездо́ *n*
nett ми́лый; симпати́чный
netto не́тто **Nettolohn** M зарпла́та *f* за вы́четом нало́гов
Netz N сеть *f*, *Einkaufsnetz*, SPORT се́тка *f* **Netzanschluss** M подключе́ние *n* к се́ти **Netzhaut** F сетча́тка *f* **Netzkarte** F еди́ный проездно́й биле́т *m* **Netzwerk** N сеть *f*
neu но́вый; **von Neuem** вновь **Neubau** M новостро́йка *f* **Neueröffnung** F откры́тие *n* **Neuerung** F но́вшество *n* **Neugeborene** N новорождённый *m*
Neugier(de) F любопы́тство *n* **neugierig** любопы́тный
Neuheit F нови́нка *f* **Neuigkeit** F но́вость *f* **Neujahr** N Но́вый год *m*; **pros(i)t ~!** с Но́вым го́дом! **neulich** неда́вно **Neuling** M новичо́к *m*
neun де́вять **neunhundert** девятьсо́т **neunte** девя́тый **Neuntel** N девя́тая (часть) *f* **neunzehn** девятна́дцать **neunzig** девяно́сто
neutral нейтра́льный; GRAM сре́днего ро́да **Neutralität** F *fig* нейтралите́т *m*
nicht не; **er ist ~ da** его́ нет
Nichte F племя́нница *f*

Nichtraucher(in) M(F) некурящий *m* (-щая *f*)
nichts ничто, ничего; **macht ~!** ничего!; **~ zu danken!** не за что! **Nichtschwimmer(in)** *m(f)*: **ich bin Nichtschwimmer(in)** я не умею плавать
nichtssagend ничего не выражающий
nicken кивать ‹-внуть›
nie никогда; **~ mehr = ~ wieder** больше никогда
nieder ADV вниз **Niedergang** M *fig* упадок *m* **niedergeschlagen** удручённый **Niederlage** F поражение *m* **Niederlande** *pl* Нидерланды *pl*
niederlassen: **sich ~** *siedeln* поселяться ‹-литься› **Niederlassung** F WIRTSCH отделение *n*, филиал *m*
niederlegen *Amt* слагать ‹сложить› с себя **Niederschlag** M осадок *m* **niederträchtig** низкий, подлый **Niederung** F низменность *f*
niedlich миленький, миловидный **niedrig** низкий
niemals никогда **niemand** никто; **es ist ~ hier** здесь никого нет
Niere F почка *f*
Nieselregen M изморось *f*
niesen чихать ‹-хнуть›
Niete F *Los* пустой (лотерейный) билет *m*
nippen пригубливать ‹-бить›
nirgends нигде
Nische F ниша *f*
nisten гнездиться
Niveau N уровень *m*
nobel шикарный; *pers* благородный
noch ещё; **~ nicht** ещё нет; **immer ~** всё ещё; **~ etwas?** ещё что (угодно)? **nochmals** еще раз
Nomade M кочевник *m*
Nominativ M именительный падеж *m*
nominieren выдвигать ‹выдвинуть› кандидатуру
Nonne F монахиня *f*
Nonstopflug M беспосадочный полёт *m*
Norden M север *m* **nordeuropäisch** североевропейский
nördlich северный; **~ von** *dat* к северу от (*P*)
Nordlicht N северное сияние *n* **Nordosten** M северо-восток *m* **Nordpol** M Северный полюс *m* **Nordsee** F Северное море *n* **Nordwesten** M северо-запад *m* **Nordwind** M северный ветер *m*
nörgeln прид(и)раться
Norm F норма *f* **normal** нормальный **Normalisierung** F нормализация *f*
Norwegen N Норвегия *f*
Not F нужда *f*; **~ leidend** бедствующий; **zur ~** в крайнем случае
Notar(in) M(F) нотариус *m*

Notarzt M врач *m* скóрой пóмощи **Notausgang** M запаснóй выход *m* **Notbremse** F аварийный тóрмоз *m* **Notdienst** M дежýрство *n* **notdürftig** скýдный
Note F нóта *f*; *Zensur* отмéтка *f*
Notfall M экстренный / аварийный слýчай *m*; **im ~ = notfalls** в крáйнем слýчае
notieren запи́сывать ⟨-сáть⟩
nötig нýжный; → notwendig; **es ist (nicht) ~** (не) нýжно / нáдо; **~ haben** нуждáться (*akk* в П)
Notiz F зáпись *f*, замéтка *f* **Notizbuch** N записнáя кни́жка *f*
Notlage F бéдственное положéние *n* **Notlandung** F вынужденная посáдка *f* **Notlösung** F врéменное решéние *n*
Notruf M экстренный вызов *m* **Notrufnummer** F экстренный нóмер *m*
Notverband M врéменная повязка *f* **Notwehr** F необходи́мая оборóна *f* **notwendig** необходи́мый **Notwendigkeit** F необходи́мость *f*
November M ноябрь *m*
Nu: **im ~** вмиг
nüchtern трéзвый; **auf ~en Magen** натощáк
Nudeln FPL лапшá *f*
null: **~ Uhr** ноль часóв; **unter ~** ни́же нуля́ **Null** F ноль *m*, нуль *m* **Nulltarif** M нулевóй тари́ф *m*
Nummer F нóмер *m* **nummerieren** ⟨про⟩нумеровáть **Nummernschild** N AUTO щитóк *m* с номерны́м знáком
nun тепéрь; ну; **was ~?** что дáльше?; **~ mal** так (уж)
nur тóлько, лишь
Nuss F орéх *m* **Nussknacker** M щипцы́ *pl* для орéхов
Nutte F *vulg* шлюха *f*, *vulg* блядь *f*
nutzen испóльзовать (*im*)*pf*; ⟨вос⟩пóльзоваться (T) **Nutzen** M пóльза *f*; *Vorteil* вы́года *f*
nützen *j-m* приноси́ть ⟨-нести́⟩ пóльзу; **wem nützt das?** komý это нýжно? **nützlich** полéзный
nutzlos бесполéзный

Oase F оáзис *m*
ob ли; **als ~** как бýдто
obdachlos бездóмный
oben наверхý, вверхý; **nach ~** навéрх; **von ~** свéрху; **~ genannt** вышеупомя́нутый
Ober M *Kellner* официáнт *m*
Oberarm M плечó *n* **obere** вéрхний, *fig* стáрший **Oberfläche** F повéрхность *f*

oberflächlich поверхностный **Obergeschoss** N верхний этаж *m*
oberhalb поверх, выше
Oberhaupt N глава *f* **Oberkörper** M верхняя часть *f* тела **Oberschenkel** M бедро *n*
Oberst M полковник *m*
oberste высший; *fig* верховный
Oberstufe F старшие классы *mpl* **Oberteil** M *od* N верхняя часть *f*
Obhut F попечение *n*; надзор *m*
Objekt N объект *m*; GRAM дополнение *n* **objektiv** объективный **Objektiv** N объектив *m*
obligatorisch обязательный
Obst N фрукты *mpl* **Obstbaum** M плодовое дерево *n*
obszön непристойный; *Witz* скабрёзный
obwohl хотя; несмотря на то, что
Ochse M вол *m*
öde глухой; *fig* скучный
oder или
Ofen M печь *f*, печка *f*; *Backofen im Herd* духовка *f*
offen открытый (*a. fig*); *pers* откровенный **offenbar** = **offensichtlich** ADV очевидно **Offensive** F наступление *n*
öffentlich общественный; *Sitzung* публичный **Öffentlichkeit** F общественность *f*, гласность *f*
offiziell официальный
Offizier M офицер *m*
offline офлайн
öffnen откры(ва)ть, раскры(ва)ть **Öffner** M открывалка *f* **Öffnung** F открытие *n*; *Loch* отверстие *n* **Öffnungszeiten** FPL часы *mpl* работы
oft часто; **wie ~?** сколько раз?, как часто?
öfters (довольно) часто
ohne PRÄP (*akk*) без (*P*); **~ Weiteres** прямо **ohnehin** и без того; всё равно
ohnmächtig: **~ werden** упасть в обморок
Ohr N ухо *n*; *pl* уши; **j-n übers ~ hauen** обманывать <обмануть> (*B*)
Ohrenschmerzen MPL боль *f* в ушах
Ohrfeige F пощёчина *f* **Ohrläppchen** N мочка *f* уха **Ohrring** M серьга *f* **Ohrstöpsel** MPL наушники *mpl*
Ökologie F экология *f* **ökologisch** экологический **Ökonomie** F экономия *f* **ökonomisch** экономический; *fig* экономичный, экономный
Oktober M октябрь *m*
Öl N масло *n*; *Erdöl* нефть *f*; *Heizöl* мазут *m*
ölen смаз(ыв)ать маслом **Ölfarbe** F масляная краска *f* **Ölheizung** F мазутное отопление *n* **ölig** маслянистый; масляный
Olive F маслина *f*, олив(к)а *f*

Ölleitung F маслопрово́д *m* **Ölpest** F загрязне́ние *n* мазу́том / не́фтью **Ölsardinen** FPL сарди́ны *fpl* в ма́сле **Ölwechsel** M сме́на *f* ма́сла

Olympiade F олимпиа́да *f* **olympisch** олимпи́йский

Oma F ба́бушка *f*

Omelette F блин *m*, бли́нчик *m*

Omnibus M авто́бус *m*

Onkel M дя́дя *m*

online ADV о́нлайн **Onlinebuchung** F онла́йн-брони́рование *n* **Online-Check-in** M веб-регистра́ция *f* **Onlinedienst** M слу́жба *f* о́нлайн **Online-Reservierung** F о́нлайн брони́рование *n*

Opa M де́душка *m*

Open-Air-Konzert N конце́рт *m* под откры́тым не́бом

Oper F о́пера *f*

Operation F опера́ция *f* **Operationssaal** M операцио́нная *f*

Operette F опере́тта *f*

operieren опери́ровать (*im*)*pf*

Opernhaus N о́пера *f*

Opfer N же́ртва *f*; *Spende* поже́ртвование *n* **opfern** ⟨по⟩же́ртвовать (*akk T*; **sich** собо́й)

Opium N о́пиум *m*, о́пий *m*

Opposition F оппози́ция *f*

Optik F о́птика *f*; *Aussehen* вид *m* **Optiker(in)** M(F) о́птик *m*

optimistisch оптимисти́ческий

orange ора́нжевый **Orange** F апельси́н *m* **Orangensaft** M апельси́новый сок *m*

Orchester N орке́стр *m*

Orchidee F орхиде́я *f*

Orden M о́рден *m*

ordentlich поря́дочный; ADV *umg* здо́рово

ordinär *gewöhnlich* обы́чный; гру́бый

ordnen приводи́ть ⟨-вести́⟩ в поря́док **Ordner** M распоряди́тель *m*; *Aktenordner* скоросшива́тель *m* **Ordnung** F поря́док *m*; POL строй *m*; **alles in ~** всё в поря́дке **Ordnungszahl** F поря́дковое числи́тельное *n*

Organ N о́рган *m* **Organisation** F организа́ция *f* **organisatorisch** организацио́нный **organisch** органи́ческий **organisieren** организова́ть (*im*)*pf* **Organismus** M органи́зм *m* **Organist(in)** M(F) органи́ст(ка) *m*(*f*)

Orgasmus M орга́зм *m*

Orgel F орга́н *m*

Orient M Восто́к *m* **orientalisch** восто́чный, ориента́льный

orientieren: **sich ~** ориенти́роваться (*im*)*pf* **Orientierung** F ориента́ция *f*, ориенти́ровка *f*

original оригина́льный **Original** N оригина́л *m* **originell** оригина́льный

Orkan M урага́н *m*

Ort M место *n*
orthodox ортодокса́льный; REL правосла́вный **orthopädisch** ортопеди́ческий
örtlich ме́стный
Ortschaft F → Dorf, Stadt
Ortsgespräch N ме́стный (телефо́нный) разгово́р *m* **Ortszeit** F ме́стное вре́мя *n*
Öse F ушко́ *n*; *Schlinge* петля́ *f*
Osten M восто́к *m*; **Ferner / Naher / Mittlerer ~** Да́льний / Бли́жний / Сре́дний Восто́к *m*
Ostern N Па́сха *f*
Österreich N А́встрия *f* **Österreicher(in)** M(F) австри́ец *m* (-и́йка *f*) **österreichisch** австри́йский
Osteuropa N Восто́чная Евро́па *f* **osteuropäisch** восто́чноевропе́йский
östlich восто́чный; **~ von** (*dat*) к восто́ку от (*P*)
Ostsee F Балти́йское мо́ре *n* **Ostwind** M восто́чный ве́тер *m*
Outfit N *umg* прики́д *m*
oval ова́льный
Overall M комбинезо́н *m*
Oxyd N окси́д *m* **oxydieren** V/I окисля́ться ⟨-ли́ться⟩
Ozean M океа́н *m*
Ozonloch N озо́новая дыра́ *f* **Ozonschicht** F озо́новый слой *m*

P

paar не́сколько; **ein ~ Mal** не́сколько раз; **vor ein ~ Tagen** не́сколько дней тому́ наза́д
Paar N па́ра *f*; *Ehepaar* чета́ *f*
Pacht F аре́нда *f* **pachten** арендова́ть (*im*)*pf*
Pächter(in) M(F) аренда́тор(ша *umg*) *m*(*f*)
Päckchen N па́чка *f*; *Post* бандеро́ль *f*
packen ⟨у⟩пакова́ть; *fassen* хвата́ть ⟨схвати́ть⟩ **Packung** F па́чка *f*; *Verpackung* упако́вка *f*; MED уку́тывание *n* **Packungsbeilage** F описа́ние *n* препара́та
Pädagogik F педаго́гика *f*
Paddel N весло́ *n* **Paddelboot** N байда́рка *f* **paddeln** ката́ться на байда́рке
Paket N паке́т *m*; *Post* посы́лка *f* **Paketkarte** F квита́нция *f* на посы́лку
Pakt M пакт *m*, догово́р *m*
Palast M дворе́ц *m*
Palme F па́льма *f*
Pandemie F пандеми́я *f*
paniert панир́ованный
Panik F па́ника *f*
Panne F ава́рия *f* **Pannendienst** M авари́йная слу́жба *f*
Pant(h)er M панте́ра *f*
Pantoffel M шлёпанец *m*

Panzer M ZOOL панци́рь *m*; MIL танк *m*
Papagei M попуга́й *m*
Papier N бума́га *f* **Papiere** *pl Dokumente* докуме́нты *mpl* **Papierkorb** M корзи́на *f* для бума́г
Pappe F карто́н *m*
Pappel F то́поль *m*
Paprika M стручко́вый пе́рец *m* **Paprikaschote** F стручо́к *m* пе́рца
Papst M па́па ри́мский *m*
Parade F пара́д *m* **Paradies** N рай *m* **Paragraf** M пара́граф *m* **parallel** паралле́льный **Parasit** M парази́т *m*
Pärchen N па́рочка *f*
Parfüm N духи́ *pl*
Park M парк *m*
parken ⟨при⟩паркова́ть(ся *v/i*); **Parken verboten!** стоя́нка запрещена́!
Parkett N парке́т(ный пол) *m*; THEAT парте́р *m*
Parkgebühr F пла́та *f* за стоя́нку **Parkhaus** N гара́ж *m* **Parkplatz** M автостоя́нка *f* **Parkscheibe** F указа́тель *m* вре́мени стоя́нки **Parkschein** M парко́вочная ка́рта *f* **Parkuhr** F парко́метр *m* **Parkverbot** N запреще́ние *n* стоя́нки **Parkwächter(in)** M(F) парко́вщик *m* (-ица *f*)
Parlament N парла́мент *m*
parlamentarisch парла́ментский
Partei F па́ртия *f*; JUR сторона́ *f* **parteiisch** пристра́стный
parteilos беспарти́йный
Parteimitglied N член *m* па́ртии
Parterre N пе́рвый эта́ж *m*
Partie F па́ртия *f*
Partizip N прича́стие *n*
Partner(in) M(F) партнёр(ша) *m(f)* **Partnerschaft** F партнёрство *n* **Partnerstadt** F го́род-побрати́м *m*
Party F вечери́нка *f*
Parzelle F земе́льный уча́сток *m*
Pass M па́спорт *m*; *Gebirgspass* перева́л *m* **Passage** F пасса́ж *m* **Passagier** M пассажи́р *m*
Passant M прохо́жий *m*
Passbild N фотогра́фия *f* для па́спорта
passen *Kleidung* быть впо́ру; *recht sein* устра́ивать; подходи́ть ⟨-дойти́⟩ (**zu** к) **passend** подходя́щий
passieren проходи́ть ⟨пройти́⟩, проезжа́ть ⟨-е́хать⟩; *geschehen* случа́ться ⟨-чи́ться⟩
Passierschein M про́пуск *m*
passiv пасси́вный **Passiv** N GRAM страда́тельный зало́г *m*
Passkontrolle F прове́рка *f* паспорто́в **Passwort** N паро́ль *m*
Pastete F паште́т *m*; пиро́г *m*
pasteurisiert пастеризо́ванный
Pastor(in) M(F) па́стор *m*
Pate M кре́стный оте́ц *m* **Patenkind** N кре́стник *m* (-ица

f) **Patenschaft** F *fig* шéфство *n*
Patent N патéнт *m*
Patient(in) M(F) пациéнт *m* (-ка *f*)
Patin F крёстная мать *f*
patriotisch патриотúческий
Patrone F патрóн *m*; *Tintenpatrone* баллóнчик *m*
Pauke F литáвры *fpl*
Pauschale F паушáльная / óбщая сýмма *f*
Pause F пáуза *f*, перерыв *m*
pausenlos беспрерывный
Pavillon M павильóн *m*
Pazifik M Тúхий океáн *m* **Pazifist(in)** M(F) пацифúст(ка) *m(f)*
PC M (Personalcomputer) персонáльный компьютер *m*
Pech N: **ich habe / hatte ~** мне не везёт / повезлó
Pedal N педáль *f*
pedantisch педантúчный
Pegel M футштóк *m*
peinlich нелóвкий; *unangenehm* неприятный
Peitsche F бич *m*, плеть *f*
Pellkartoffeln FPL картóфель *m* в мундúре
Pelz M мех *m* **Pelzmantel** M шýба *f* **Pelzmütze** F меховáя шáпка *f*
pendeln качáться; *Bus usw* курсúровать **Pendelverkehr** M челнóчное сообщéние *n*
Penis M пéнис *m*
Penner M *umg* бич *m*, бомж *m*
Pension F пéнсия *f*; *Gasthaus* пансиóн *m* **Pensionär(in)** M(F) пенсионéр(ка) *m(f)*
per: **~ Post®** по пóчте, пóчтой; **~ E-Mail** электрóнной пóчтой; → pro
perfekt совершéнный **Perfekt** N GRAM перфéкт *m*
Periode F перúод *m*; *der Frau* менструáция *f* **periodisch** периодúческий
Perle F жемчýжина *f* **Perlmutt** N перламýтр *m*
permanent постоянный
Person F лицó *n*; **pro ~** *für* на человéка, *v.* с человéка
Personal N персонáл *m*, лúчный состáв *m* **Personalabbau** M сокращéние *n* штáтов **Personalabteilung** F отдéл *m* кáдров **Personalausweis** M пáспорт *m*, удостоверéние *n* лúчности **Personalien** *pl* анкéтные дáнные *pl*
Personenbeschreibung F описáние *m* примéт лúчности **Personenverkehr** M пассажúрское сообщéние *m*
persönlich лúчный; *selbst* сам(á, -и) **Persönlichkeit** F лúчность *f*
Perücke F парúк *m*
pervers извращённый
pessimistisch пессимистúческий
Petersilie F петрýшка *f*
Pfad M тропá *f*; *fig* путь *m*
Pfahl M кол *m*, свáя *f*
Pfand N залóг *m*
pfänden опúсывать ‹-сать›

имущество
Pfanne F сковородка *f*
Pfannkuchen M блин(чик) *m*
Pfarrei F *Gemeinde* церковный приход *m* **Pfarrer(in)** M(F) священник *m*; *evangelisch* пастор *m*
Pfau M павлин *m*
Pfeffer M перец *m* **Pfefferminze** F мята *f* **Pfefferminztee** M мятный чай *m* **Pfefferstreuer** M перечница *f*
Pfeife F свисток *m*; *Tabakspfeife* трубка *f* **pfeifen** ⟨по⟩свистеть; *Lied* насвистывать ⟨-стать⟩
Pfeil M стрела *f*; *Zeichen* стрелка *f* **Pfeiler** M столб *m*; бык *m*
Pfiff M свист(ок) *m*
Pfingsten N Троица *f*
Pfirsich M персик *m*
Pflanze F растение *n* **pflanzen** сажать ⟨посадить⟩ **Pflanzenschutzmittel** N средство *n* защиты растений **pflanzlich** растительный
Pflaster N пластырь *m*; *Straßenpflaster* мостовая *f*
Pflaume F слива *f*
Pflege F уход *m* **pflegebedürftig** нуждающийся в уходе **Pflegeheim** N дом *m* для престарелых и для инвалидов **pflegeleicht** не требующий особого ухода **pflegen** ухаживать (*akk* за *T*) **Pfleger(in)** M(F) санитар(ка) *m(f)*
Pflicht F долг *m*, обязанность *f*
pflücken срывать ⟨сорвать⟩
pflügen ⟨вс⟩пахать
Pförtner(in) M(F) привратник *m* (-ица *f*), швейцар *m*
Pfosten M *Türpfosten* косяк *m*; SPORT штанга *f*
Pfote F лапа *f* (*a. umg für Hand*)
Pfropfen M пробка *f*
pfui! фу!, тьфу!
Pfund N фунт *m*
Pfusch M халтура *f* **pfuschen** халтурить
Pfütze F лужа *f*
Phantasie F *usw* → Fantasie
Phase F фаза *f*
Philosoph M философ *m* **Philosophie** F философия *f* **philosophisch** философский
phlegmatisch флегматичный
ph-neutral с нейтральным водородным показателем *m*
Physik F физика *f* **physikalisch** физический **Physiker(in)** M(F) физик *m* **physisch** физический
Pianist(in) M(F) пианист(ка) *m(f)*
Pickel M кирка *f*; MED прыщ *m* **picken** клевать **Picknick** N пикник *m*
piepsen пикать ⟨-кнуть⟩
Piercing N пирсинг *m*
Pik N *Karte* пики *pl*
Pilger M паломник *m*

Pille F пилю́ля *f*
Pilot M пило́т *m*, лётчик *m*
Pilz M гриб *m*; MED грибо́к *m*
pinkeln ‹по›писать
Pinsel M кисть *f* **Pinzette** F пинце́т *m*
Pionier M MIL сапёр *m*
Piste F FLUG взлётно-поса́дочная полоса́ *f*; *Skipiste* тра́сса *f*; *Rennpiste* трек *m*
Pistole F пистоле́т *m*
Pizza F пи́цца *f* **Pizzeria** F пиццери́я *f*
Pkw M (Personenkraftwagen) (легкова́я) маши́на *f*
Plage F муче́ние *n*; бич *m* **plagen** ‹из›му́чить, ‹за›му́чить (**sich** -ся)
Plakat N плака́т *m*, афи́ша *f*
Plan M план *m*; прое́кт *m*; *Zeitplan* гра́фик *m* **Plane** F брезе́нт *m* **planen** ‹за›плани́ровать; *vorhaben* намеча́ть ‹-е́тить›
Planet M плане́та *f* **planieren** выра́внивать ‹вы́ровнять›
Planke F доска́ *f*
planmäßig планоме́рный; ADV по пла́ну / гра́фику
planschen плеска́ться
Plantage F планта́ция *f*
Planung F плани́рование *n*
Plastik[1] F скульпту́ра *f*
Plastik[2] N пла́стик *m*, пластма́сса *f*
Plastikbeutel M = **Plastiktüte** F пла́стиковый паке́т *m*
Platin N пла́тина *f*
plätschern плеска́ть(ся)
platt пло́ский; **ich habe einen Platten** ши́на спусти́ла
Platte F плита́ *f*, пли́тка *f*; GASTR **kalte ~** холо́дные заку́ски *fpl*
Plattform F платфо́рма *f*
Platz M пло́щадь *f*; *Sitzplatz* ме́сто *n*; SPORT площа́дка *f*; **nehmen Sie ~!** сади́тесь!
Plätzchen N пече́нье *n*
platzen ло́паться ‹-пнуть›
Platzkarte F плацка́рта *f*
plaudern ‹по›болта́ть
pleitegehen обанкро́титься *pf*; *a. fig* прогора́ть ‹-ре́ть›
Plombe F пло́мба *f* **plombieren** ‹за›пломбирова́ть
plötzlich внеза́пный; ADV *a.* вдруг
plump неуклю́жий
plündern ‹раз›гра́бить
Plural M мно́жественное число́ *n*
plus плюс *m*; **3 Grad ~** 3 гра́дуса тепла́ / вы́ше нуля́ **Plus** N плюс *m*; *Überschuss* изли́шек *m*
PLZ → Postleitzahl
Pöbel M чернь *f*, сброд *m*
pochen → klopfen; **~ auf etw** *fig* наста́ивать на (*П*)
Pocken FPL о́спа *f* **Pockenschutzimpfung** F оспопрививание *n*
Podium N помо́ст *m*, по́диум *m*
poetisch поэти́ческий
Pokal M SPORT ку́бок *m* **Po-**

kalspiel N игра́ *f* на ку́бок
Pol M по́люс *m* **Polarstern** M Поля́рная звезда́ *f*
Pole M поля́к *m* **Polen** N По́льша *f*
Police F (страхово́й) по́лис *m*
polieren ⟨от⟩полирова́ть
Polin F по́лька *f*
Politesse F коммуна́льная слу́жащая *f*, осуществля́ющая контро́ль за соблюде́нием пра́вил парко́вки маши́н **Politik** F поли́тика *f* **Politiker(in)** M(F) поли́тик *m* **politisch** полити́ческий
Politur F политу́ра *f*
Polizei F поли́ция *f* **Polizeirevier** N полице́йский уча́сток *m* / отделе́ние *n* поли́ции **Polizeistreife** F полице́йский патру́ль *m*
Polizist(in) M(F) полице́йский *m* / женщина-полицейский *f*
Pollen M пыльца́ *f*
polnisch по́льский
Polster N оби́вка *f*; *fig* резе́рв *m* **Polstermöbel** *pl* мя́гкая ме́бель *f*
Polterabend M вечери́нка *f* накану́не сва́дьбы **poltern** грохота́ть, громыха́ть
Pommes frites *pl* карто́фель *m* фри
Pony[1] N по́ни *m*
Pony[2] M чёлка *f*
Popcorn N возду́шная кукуру́за *f* **Popmusik** F поп-му́зыка *f*
Popo M *umg* по́пка *f*
populär популя́рный
Pore F по́ра *f*
Pornografie F порногра́фия *f*
porös по́ристый
Portemonnaie N кошелёк *m*
Portier M → Pförtner
Portion F по́рция *f*
Porto N почто́вый сбор *m*
Porträt N портре́т *m*
Portugal N Португа́лия *f*
Porzellan N фарфо́р *m*
Position F пози́ция *f*; пост *m*
positiv положи́тельный
Post F по́чта *f*; **mit der ~®** по по́чте, по́чтой **Postamt** N почто́вое отделе́ние *n*, *Hauptpost* почта́мт *m* **Postbeamte** M почто́вый слу́жащий *m*
Postbote M почтальо́н *m*
posten выкла́дывать ⟨вы́ложить⟩
Posten M пост *m*; WIRTSCH па́ртия *f*; MIL часово́й *m*
Postfach N почто́вый я́щик *m*
Postkarte F откры́тка *f*
postlagernd до востре́бования **Postleitzahl** F почто́вый и́ндекс *m*
Potenz F поте́нция *f*; MATH сте́пень *f*
PR (Public Relations) рекла́мно-информацио́нная де́ятельность *f*
Pracht F великоле́пие *n*
prächtig великоле́пный
prägen *Münze* ⟨от⟩чека́нить; *fig* накла́дывать ⟨наложи́ть⟩ свой отпеча́ток

prahlen ⟨по⟩хвали́ться **Praktikant(in)** M(F) практика́нт(ка) m(f) **Praktikum** N пра́ктикум m; *Betriebspraktikum* пра́ктика f **praktisch** практи́ческий; *zweckmäßig* практи́чный **praktizieren** практикова́ть
Praline F шокола́дная конфе́та f
prall пу́хлый; *Sonne* паля́щий; *Segel* взду́тый
Prämie F пре́мия f **Präparat** N препара́т m **Präposition** F предло́г m **präsentieren** предъявля́ть ⟨-ви́ть⟩ **Präsident** M президе́нт m **Präsidium** N прези́диум m
prasseln *Regen* бараба́нить; *Feuer* треща́ть
Praxis F пра́ктика f (*a. Arztpraxis*)
präzise то́чный
predigen пропове́довать **Predigt** F про́поведь f
Preis M цена́ f; *Siegespreis* приз m **Preisausschreiben** N ко́нкурс m **Preiserhöhung** F повыше́ние n цен **preisgeben** *Prinzipien* поступа́ться ⟨-пи́ться⟩; *Geheimnis* выдава́ть ⟨вы́дать⟩ **Preisliste** F прейскура́нт m
Preisnachlass M ски́дка f **Preisrichter** M член m жюри́ **Preissenkung** F пониже́ние n цен **Preisträger** M лауреа́т(ка *umg*) m(f) **preiswert** недорого́й
Prellung F уши́б m
Premiere F премье́ра f
Presse F *Zeitungen* печа́ть f, пре́сса f **pressen** TECH ⟨с⟩прессова́ть, ⟨от⟩прессова́ть; *Saft* выжима́ть ⟨вы́жать⟩
Priester(in) M(F) свяще́нник m; жрец m (жри́ца f)
prima великоле́пный, прекра́сный
primitiv примити́вный
Prinz M принц m **Prinzessin** F принце́сса f
Prinzip N при́нцип m
Prise F щепо́тка f
Pritsche F на́ры *pl*
privat ча́стный; *persönlich* ли́чный; **~ versichert** застрахо́ванный ча́стным о́бразом **Privateigentum** N ча́стная со́бственность f **Privatleben** N ли́чная жизнь f
Privileg N привиле́гия f
pro *je* на; *für* за; *von* с; **~ Tag / Stunde** в день / час
Probe F про́ба f; MUS репети́ция f; *Warenprobe* образе́ц m **Probefahrt** F про́бная пое́здка f **proben** ⟨про⟩репети́ровать **Probezeit** F испыта́тельный срок m
probieren ⟨по⟩про́бовать
Problem N пробле́ма f
Produkt N проду́кт m **Produktion** F произво́дство n; *Waren* проду́кция f **produktiv** продукти́вный
produzieren производи́ть ⟨-вести́⟩

Professor(in) M(F) профе́ссор *m*
Profi M профессиона́л *m*
Profil N про́филь *m*
Profit M при́быль *f* **profitieren** выи́грывать ⟨вы́играть⟩
Prognose F прогно́з *m*
Programm N програ́мма *f* **Programmheft** N програ́мма *f* **programmieren** ⟨за⟩программи́ровать **Programmierer(in)** M(F) программи́ст(ка) *m(f)*
Projekt N прое́кт *m*; план *m*
Prokurist(in) M(F) прокури́ст *m* **Promenade** F промена́д *m* **Promille** N проми́лле *n unv* **prominent** знамени́тый **promovieren** получа́ть ⟨-чи́ть⟩ учёную сте́пень до́ктора / *in Russland* кандида́та нау́к
Pronomen N местоиме́ние *n* **Propaganda** F пропага́нда *f* **Propangas** N пропа́н *m* **Propeller** M FLUG пропе́ллер *m*
Prophet M проро́к *m* **prophezeien** предска́зывать ⟨-за́ть⟩
pros(i)t! на здоро́вье!
Prospekt M проспе́кт *m* **Prostituierte** F проститу́тка *f*
Protest M проте́ст *m* **protestantisch** протеста́нтский **protestieren** протестова́ть
Prothese F проте́з *m* **Protokoll** N протоко́л *m* **Proviant** M провиа́нт *m* **Provinz** F прови́нция *f* **Provision** F комиссио́нные *pl*
provisorisch вре́менный
provozieren ⟨с⟩провоци́ровать **Prozent** N проце́нт *m*
Prozess M проце́сс *m* **Prozession** F проце́ссия *f*
prüde чо́порный
prüfen проверя́ть ⟨-е́рить⟩; *Schüler* ⟨про⟩экзаменова́ть **Prüfung** F прове́рка *f*; экза́мен *m*
Prügelei F дра́ка *f*
prügeln: **sich ~** ⟨по⟩дра́ться
Prunk M ро́скошь *f*
PS[1] N (Postskriptum) постскри́птум *m*
PS[2] F (Pferdestärke) лошади́ная си́ла *f*
Psychiater(in) M(F) психиа́тр *m* **psychisch** психи́ческий; **~e Erkrankung** психи́ческое заболева́ние **psychologisch** психологи́ческий
Pubertät F пуберта́тный пери́од *m* **Publikum** N пу́блика *f* **publizieren** ⟨о⟩публикова́ть
Pudding M пу́динг *m*
Puder M пу́дра *f*
Puff M борде́ль *m*
Pullover M пуло́вер *m*, сви́тер *m*
Puls M пульс *m*
Pulver N MED порошо́к *m*
Pumpe F насо́с *m* **pumpen**: *umg* **sich ~** перехва́тывать ⟨-ати́ть⟩ (**von j-m** у *P*)
Punkt M то́чка *f*; SPORT очко́

n; ~ **drei Uhr** то́чно в три (часа́)
pünktlich пунктуа́льный
Pupille F зрачо́к m
Puppe F ку́кла f
pur чи́стый
Püree N пюре́ n unv
pusten ⟨по⟩ду́ть
Pute F инде́йка f **Puter** M инд́ю́к m
Putsch M путч m
Putz M штукату́рка f **putzen** ⟨по⟩чи́стить (a. *Zähne*); *Fenster, Brille* протира́ть ⟨-тере́ть⟩
Putzfrau F убо́рщица f
Putzlappen M тря́пка f
Putzmittel N мо́ющее сре́дство n
Puzzle N пазл m, карти́нка-головоло́мка f
Pyramide F пирами́да f

QR-Code M QR-код m
Quadrat N квадра́т m **quadratisch** квадра́тный **Quadratmeter** M квадра́тный метр m
quaken ква́кать ⟨-кнуть⟩
Qual F муче́ние n, му́ка f
quälen ⟨из⟩му́чить (**sich** -ся **mit** *dat* с, над *T*)
Qualifikation F квалифика́ция f **Qualität** F ка́чество n
Qualle F меду́за f
Qualm M дым m; *stickig* чад m
qualmen дыми́ть(ся)
Quantität F коли́чество n
Quarantäne F каранти́н n
Quark M творо́г m
Quartal N кварта́л m **Quartett** N кварте́т m **Quartier** N кварти́ра f
Quarz M кварц m
Quatsch M вздор m, ерунда́ f
quatschen *plaudern* ⟨по⟩болта́ть
Quecksilber N ртуть f
Quelle F исто́чник m **quellen** *aufquellen* разбуха́ть ⟨-у́хнуть⟩
quer ADV попере́к; **kreuz und ~** вдоль и попере́к **Quere** F: **in die Quere kommen** *fig* стать попере́к доро́ги **Querschnitt** M попере́чное сече́ние n **Querschnitt(s)lähmung** F попере́чный миели́т m **Querstraße** F попере́чная у́лица f
quetschen *in etw* вти́скивать ⟨-и́снуть⟩ (**sich** -ся)
quietschen *Tür* скрипе́ть ⟨-и́пнуть⟩
Quirl M муто́вка f
Quittung F распи́ска f, квита́нция f; **e-e ~ ausstellen** выдава́ть ⟨вы́дать⟩ распи́ску
Quiz N виктори́на f
Quote F кво́та f, до́ля f

R

Rabatt M скидка *f*
Rabe M ворон *m*
Rache F месть *f*
Rachen M зев *m*; *v. Tier* пасть *f*
rächen: **sich ~** ⟨ото⟩мстить
Rad N колесо *n*; *Fahrrad* велосипед *m*; **~ fahren** ездить на велосипеде
Radar M *od* N радиолокация *f*; *Gerät* радар *m* **Radarfalle** F полицейский радар *m* **Radarkontrolle** F контроль *m* скорости
Radfahrer(in) M(F) велосипедист(ка) *m(f)*
radieren стирать ⟨стереть⟩ резинкой **Radiergummi** M резинка *f* **Radierung** F офорт *m*
Radieschen N редиска *f*
radikal радикальный
Radio N радио *n unv* **radioaktiv** радиоактивный
Radius M радиус *m*
Radrennen N велогонки *fpl* **Radtour** F велопоход *m* **Radweg** M велодорожка *f*
raffiniert *schlau* хитрый
Rahmen M рам(к)а *n*
Rakete F ракета *f*
rammen *Fahrzeug* наскакивать ⟨-скочить⟩ (*akk* на *B*)
Rampe F грузовая платформа *f*; *Auffahrt* подъезд *m*
Rand M край *m*; **am ~** на краю **randalieren** дебоширить, хулиганить
Rang M степень *f*; MIL звание *n*; THEAT ярус *m*
rangieren BAHN сортировать
Ranke F усик *m*
Ranzen M ранец *m*
ranzig прогорклый
rasch быстрый, скорый
rascheln шуршать
rasen ⟨по⟩мчать(ся)
Rasen M газон *m* **Rasenmäher** M газонокосилка *f*
Rasierapparat M (электро)бритва *f* **rasieren**: **sich ~** ⟨по⟩бриться **Rasierklinge** F лезвие *n* бритвы **Rasierwasser** N лосьон *m* для бритья
raspeln *reiben* шинковать
Rasse F *a. neg!* раса *f*; ZO порода *f*
Rast F отдых *m* **Rastplatz** M площадка *f* отдыха; автостоянка *f* **Raststätte** F ресторан *m* при автостраде
Rasur F бритьё *n*
Rat M совет *m*; **j-n um ~ fragen** спрашивать ⟨спросить⟩ совета у к-о
raten ⟨по⟩советовать; *erraten, Rätsel* отгадывать ⟨-дать⟩
Ratenzahlung F уплата *f* в рассрочку
Ratgeber M советчик *m*; *Buch* справочник *m* **Rathaus** N ратуша *f*
Ration F рацион *m*, паёк *m*

rationalisieren рационализи́ровать *(im)pf* **rationell** рациона́льный; *sparsam* эконо́мный **rationieren** распределя́ть ⟨-ли́ть⟩
ratlos растéрянный **ratsam** ADV целесообра́зно **Ratschlag** M → **Rat**
Rätsel N зага́дка *f* **rätselhaft** зага́дочный
Ratte F кры́са *f*
rattern ⟨про⟩грохота́ть
rau шерохова́тый; *Klima* суро́вый; *Stimme* хри́плый
Raub M грабёж *m*; похище́ние *n*; *Beute* награ́бленное *n* **rauben** похища́ть ⟨-и́тить⟩ (**j-m** у к-о)
Räuber M разбо́йник *m*; *Straßenräuber* граби́тель *m*
Raubkopie F пира́тская ко́пия *f* **Raubtier** N хи́щник *m* **Raubüberfall** M разбо́йное нападе́ние *n* (**bewaffneter** вооружённое) **Raubvogel** M хи́щная пти́ца *f*
Rauch M дым *m* **rauchen** дыми́ться; *Zigarette usw* ⟨по⟩ кури́ть **Raucher(in)** M(F) куря́щий *m* (-щая *f*) **Raucherabteil** N купе́ *n unv* для куря́щих
räuchern ⟨за⟩копти́ть
rauchig ды́мный; *Stimme* хри́плый
Rauchmelder M противодымова́я сигнализа́ция *f* **Rauchverbot** N запреще́ние *n* кури́ть **Rauchwolke** F о́блако *n* ды́ма
raufen ⟨по⟩дра́ться; **sich die Haare ~** рвать на себе́ во́лосы **Rauferei** F дра́ка *f*
rauh → **rau**
Raum M ме́сто *n*; *Räumlichkeit* помеще́ние *n*; *Gebiet* райо́н *m*
räumen *wegräumen* уб(и)ра́ть
Raumfahrt F космона́втика *f* **Raumflug** M косми́ческий полёт *m* **Raumschiff** N косми́ческий кора́бль *m*
Raupe F гу́сеница *f* (*a.* TECH)
Raureif M и́зморозь *f*
Rausch M опьяне́ние *n*, хмель *m* **rauschen** *Wasser* шуме́ть; *Blätter* шурша́ть
Rauschgift N нарко́тик *m* **Rauschgiftsüchtige** M/F наркома́н(ка) *m(f)*
räuspern: **sich ~** отка́шливаться ⟨-ляться⟩
Razzia F обла́ва *f*
reagieren *auf etw* ⟨про⟩реаги́ровать, ⟨от⟩реаги́ровать (на *B*)
Reaktion F реа́кция *f* **Reaktor** M реа́ктор *m*
real реа́льный **realisieren** реализова́ть *(im)pf* **realistisch** реалисти́ческий **Realität** F реа́льность *f* **Realschule** F реа́льное учи́лище *n*
Rebe F виногра́дная лоза́ *f*
Rebell M бунта́рь *m* **rebellieren** бунтова́ть ⟨взбунтова́ться⟩
rechen ⟨с⟩грести́ гра́блями

Rechen M грáбли *pl*
Rechenschaft F: **~ ablegen** отчи́тываться ⟨-тáться⟩ (**über** *akk* о *П*); **zur ~ ziehen** привлекáть ⟨-éчь⟩ к отвéту
rechnen ⟨по⟩считáть **Rechner** M компью́тер *m* **Rechnung** F счёт *m*
recht *passend* подходя́щий; → rechte; *präd* вéрно; *ziemlich* довóльно; **das ist mir ~** э́то мне подхóдит; **ganz ~** совершéнно вéрно; **Sie haben ~** Вы прáвы
Recht N прáво *n*; **mit ~** по прáву
rechte прáвый; прямóй **Rechte** F POL прáвые *pl*
Rechteck N прямоугóльник *m*
rechtfertigen опрáвдывать ⟨-дáть⟩ (**sich** -ся) **rechtlich** правовóй **rechtlos** бесправный **rechtmäßig** правомéрный, закóнный
rechts спрáва; **nach ~** напрáво; **von ~** спрáва; **sich ~ halten** держáться прáвой стороны́
Rechtsanwalt M, **Rechtsanwältin** F адвокáт *m* **Rechtsberater(in)** M(F) юрискóнсульт *m*
Rechtschreibung F правописáние *n*
Rechtshänder(in) M(F) правшá *m/f* **rechtskräftig** имéющий закóнную си́лу **Rechtsradikale** M(F) прáвый радикáл *m* **rechtswidrig** противопрáвный
rechtwinklig прямоугóльный
rechtzeitig ADV вóвремя
Reck N турни́к *m*
Recycling N рециркуля́ция *f*
Redakteur(in) M(F) редáктор *m* **Redaktion** F редáкция *f*
Rede F речь *f* **reden** разговáривать (**über** *akk* о *П*) **Redensart** F оборóт *m* рéчи; поговóрка *f* **Redner(in)** M(F) выступáющий *m* (-щая *f*)
reduzieren уменьшáть ⟨-мéньшить⟩
Reeder M судовладéлец *m*
Referat N реферáт *m* **Referent(in)** M(F) доклáдчик *m* (-ица *f*)
reflektieren отражáть ⟨-рази́ть⟩ **Reflex** M рефлéкс *m* **reflexiv** возврáтный
Reform F refóрма *f* **reformieren** реформи́ровать (*im*)*pf*
Regal N пóлка *f*, стеллáж *m*
Regatta F регáта *f*
rege *Interesse, Geist* живóй; *Verkehr usw* оживлённый
Regel F прáвило *n*; *der Frau* менструáция *f* **regelmäßig** регуля́рный **regeln** ⟨от⟩регули́ровать; *fig Sache* улáживать ⟨-áдить⟩ **Regelung** F урегули́рование *n*
Regen M дождь *m* **Regenbogen** M рáдуга *f* **Regenmantel** M дождеви́к *m* **Regenschirm** M зóнт(ик) *m* **Regen-**

wurm M дождевóй червь *m*
Regie F режиссýра *f*
regieren прáвить (*akk T*) **Regierung** F правúтельство *n*
Regime N режúм *m* **Regimekritiker** M диссидéнт *m*
Regiment N MIL полк *m*
Region F óбласть *f*, региóн *m*
regional регионáльный
Regisseur(in) M(F) режиссёр *m*
Register N реéстр *m*; *im Buch* указáтель *m* **registrieren** ⟨за⟩регистрúровать; *bemerken* отмечáть ⟨-éтить⟩
regnen: **es regnet** идёт дождь
regulär регулярный; *Sitzung* очереднóй **regulieren** ⟨от⟩регулúровать
Regung F движéние *n*; *Gefühlsregung* побуждéние *n* **regungslos** неподвúжный
Reh N косýля *f*
Rehabilitation F (*oft a. abk; Reha*) реабилитáция *f*
Reibe F тёрка *f* **reiben** ⟨по⟩терéть, GASTR ⟨на⟩терéть; **sich die Hände ~** потирáть рýки **Reibung** F TECH трéние *n*
reich богáтый
Reich N импéрия *f*
reichen доходúть ⟨дойтú⟩ (**bis an** *akk* до *P*); *geben* под(ав)áть; *genügen* хватáть ⟨-тúть⟩; **es reicht** хвáтит; **mir reicht es!** с меня хвáтит! **reichhaltig** *Essen* обúльный **reichlich** богáтый, щéдрый **Reichtum** M богáтство *n* **Reichweite** F дáльность *f* дéйствия
reif зрéлый **Reife** F зрéлость *f*
reifen созрé(вá)ть (*a. fig*)
Reifen M AUTO шúна *f* **Reifenpanne** F прокóл *m* шú-н(ы)
Reihe F ряд *m*; *pers* óчередь *f*; **der ~ nach** по óчереди; **Ich bin an der ~** моя óчередь
Reihenfolge F порядок *m*
Reihenhaus N дом *m* рядовóй застрóйки
rein чúстый **Reinfall** M *umg* провáл *m*; неудáча *f*
reinigen ⟨по⟩чúстить, ⟨о⟩чúстить, очищáть; *Raum* уб(и)рáть **Reinigung** F (о)чúстка *f*; *chemische* химчúстка *f* **Reinigungsmittel** N чúстящее срéдство *n*
Reis M рис *m*
Reise F путешéствие *n*; *Fahrt* поéздка *f*; **gute ~!** счастлúвого путú! **Reiseapotheke** F аптéчка *f* **Reisebüro** N бюрó *n unv* путешéствий **Reisebus** M туристúческий автóбус *m*
Reiseführer M *Buch* путеводúтель *m* **Reisegepäckversicherung** F страховáние багажá **Reisegruppe** F турúстская грýппа *f* **Reiseleiter(in)** M(F) гид(éсса *umg*) *m(f)*
reisen путешéствовать; → **fahren** **Reisende** M *u* F путешéственник *m* (-ица *f*)
Reisepass M заграни́чный пáспорт *m* **Reiserücktritts-**

versicherung F страхова́ние n на слу́чай непредви́денного отка́за от пое́здки **Reisetasche** F доро́жная су́мка f **Reiseunterlagen** FPL информа́ция f для пое́здки **Reiseveranstalter** M организа́тор m турпое́здок; → Reisebüro **Reisewarnung** F предупрежде́ние n об опа́сности для путеше́ственников **Reiseziel** N цель f пое́здки

reißen *herausreißen* вырыва́ть ⟨вы́рвать⟩; *zerreißen* разрыва́ть ⟨-зорва́ть⟩ **reißend** бу́рный **Reißverschluss** M мо́лния f **Reißzwecke** F кно́пка f

reiten ⟨по⟩е́хать верхо́м **Reiter(in)** M(F) вса́дник m (-ица f) **Reitsport** M ко́нный спорт m

Reiz M раздраже́ние n; *Schönheit* обая́ние n **reizbar** раздражи́тельный **reizen** раздража́ть ⟨-жи́ть⟩; *anziehen* привлека́ть ⟨-ле́чь⟩ **reizend** преле́стный

Reklamation F реклама́ция f **reklamieren** заявля́ть ⟨-ви́ть⟩ реклама́цию

Rekord M реко́рд m

relativ относи́тельный

relaxen расслабля́ться ⟨-сла́биться⟩

Relief N релье́ф m

Religion F рели́гия f **religiös** религио́зный

Reling F по́ручни mpl

Reliquie F рели́квия f

Rendite F дохо́д m

Rennbahn F ипподро́м m

rennen ⟨по⟩бежа́ть **Rennen** N го́нки fpl; *Pferderennbahn* ска́чки fpl **Rennfahrer** M го́нщик m

renovieren ⟨от⟩ремонти́ровать **Renovierung** F ремо́нт m

rentabel рента́бельный **Rente** F пе́нсия f **Rentier** N се́верный оле́нь m **rentieren**: **sich ~** окупа́ться ⟨-пи́ться⟩ **Rentner(in)** M(F) пенсионе́р(-ка) m(f)

Reparatur F почи́нка f; *größere* ремо́нт m **Reparaturwerkstatt** F ремо́нтная мастерска́я f

reparieren ⟨по⟩чини́ть; ⟨от⟩ремонти́ровать

Reportage F репорта́ж m **Reporter(in)** M(F) репортёр(ша umg) m(f)

repräsentieren *vertreten* представи́тельствовать

Reptil N пресмыка́ющееся n

Republik F респу́блика f **Republikaner** MPL республика́нцы mpl

Reserve F резе́рв m, запа́с m **Reserverad** N запасно́е колесо́ n

reservieren ⟨за⟩брони́ровать **reserviert** *Platz* за́нято; *pers* сде́ржанный **Reservierung** F бро́ня f

resignieren *sich abfinden* смиря́ться ⟨-ри́ться⟩

Resolution F резолю́ция *f* **respektieren** уважа́ть **Rest** M оста́ток *m* **Restaurant** N рестора́н *m* **restaurieren** реставри́ровать (*im*)*pf* **restlich** остально́й **restlos** ADV сполна́ **Resultat** N результа́т *m* **retten** спаса́ть ⟨-сти́⟩ **Retter(in)** M(F) спаси́тель(ница) *m*(*f*) **Rettung** F спаса́ние *n*; *Ergebnis* спасе́ние *n* **Rettungsboot** N спаса́тельная шлю́пка *f* **Rettungsdienst** M спаса́тельная слу́жба *f* **Rettungsring** M спаса́тельный круг *m* **Reue** F раска́яние *n* **revidieren** ревизова́ть (*im*)*pf* **Revier** N уча́сток *m* **Revolte** F мяте́ж *m* **Revolution** F револю́ция *f* **Revolutionär(in)** M(F) революционе́р(ка) *m*(*f*) **Revolver** M револьве́р *m* **Rezension** F реце́нзия *f* **Rezept** N реце́пт *m* **rezeptfrei** без реце́пта **Rezeption** F *Hotelrezeption* администра́ция *f* **rezeptpflichtig** то́лько по реце́пту **Rheuma** N ревмати́зм *m* **Rhythmus** M ритм *m* **richten** *Bitte* направля́ть ⟨-ра́вить⟩ (**an** *akk* в, на *B*); **sich** ~ ⟨по⟩сле́довать (**nach** *dat Д*) **Richter(in)** M(F) судья́ *m u. f* **richtig** пра́вильный; *fig* настоя́щий **Richtlinie** F директи́ва *f* **Richtung** F направле́ние *n* **riechen** па́хнуть (**nach** *dat T*); V/T ⟨по⟩ню́хать **Riegel** M *Türriegel* задви́жка *f*; *Schokoladenriegel* бато́нчик *m* **Riemen** M реме́нь *m* **Riese** M велика́н *m* **rieseln** сы́пать(ся) **riesig** колосса́льный, огро́мный **Riff** N риф *m* **Rille** F желобо́к *m* **Rind** N *Kuh* коро́ва *f*; *Bulle* бык *m* **Rinde** F кора́ *f*; *v. Brot* ко́рка *f* **Rinder** *pl* кру́пный рога́тый скот *m* **Rindfleisch** N говя́дина *f* **Ring** M кольцо́ *n* **Ringer** M боре́ц *m* **Ringfinger** M безымя́нный па́лец *m* **Ringkampf** M борьба́ *f* **Rinne** F жёлоб *m*; кана́в(к)а *f* **rinnen** струи́ться **Rinnstein** M сто́чная кана́ва *f* **Rippe** F ANAT ребро́ *n* **Risiko** N риск *m* **riskant** риско́ванный **riskieren** рискова́ть ⟨-кну́ть⟩ **Riss** M тре́щина *f* **Ritt** M пое́здка *f* верхо́м **Ritter** M ры́царь *m* **rituell** ритуа́льный **Ritze** F щель *f* **ritzen** ⟨по⟩цара́пать **Rivale** M сопе́рник *m* **rivalisieren** сопе́рничать **Roaminggebühren** FPL TEL цена́ *f* за ро́уминг

Robbe F тюлéнь *m*
Roboter M рóбот *m*
robust крéпкий
Rock M *Kleidung* юбка *f* **Rockmusik** F рок-мýзыка *f*
rodeln катáться на сáнках **Rodelschlitten** M сáнки *pl*; салáзки *pl*
roden корчевáть
Roggen M рожь *f* **Roggenbrot** N ржанóй хлеб *m*
roh сырóй; *fig pers* грýбый **Rohkost** F сыроедéние *f* **Rohöl** N неочи́щенная нефть *f*
Rohr N *Röhre* трубá *f*, трýбка *f* **Rohrbruch** M разры́в *m* трубы́
Röhre F → Rohr; *Backröhre* духóвка *f*
Rohrleitung F трубопровóд *m*
Rohstoff M сырьё *n*
Rolle F рулóн *m*; *Rad* рóлик *m*; THEAT роль *f* **rollen** катáть(ся *v/i*), ⟨по⟩кати́ть(ся *v/i*) **Roller** M самокáт *m*; *Motorroller* моторóллер *m*
Rollkoffer M чемодáн *m* на колёсиках **Rollkragen** M высóкий вóрот *m* **Rollladen** M жалюзи́ *n od pl unv* **Rollschuhe** MPL рóлики *mpl* **Rollstuhl** M инвали́дная коля́ска *f* **Rolltreppe** F эскалáтор *m*
Roman M ромáн *m* **romanisch** ромáнский **Romantik** F KUNST романти́зм *m* **romantisch** романти́ческий; *Stimmung* романти́чный
römisch ри́мский
röntgen ⟨с⟩дéлать рентгéн
rosa рóзовый **Rose** F рóза *f*
Rosenkohl M брюссéльская капýста *f* **Rosenkranz** M чётки *pl* **Rosenmontag** M «буйный» (карнавáльный) понедéльник *m*
rosig *Wangen* румя́ный
Rosine F изю́минка *f*
Rost M ржáвчина *f*; *Gitter* решётка *f* **rosten** ⟨за⟩ржáветь
rösten поджáри(ва)ть, обжáри(ва)ть
rostfrei нержавéющий **rostig** ржáвый **Rostschutzmittel** N антикоррозиóнное срéдство *n*
rot крáсный; **Rote Bete** (крáсная) свёкла *f*
Röteln *pl* краснýха *f*
rothaarig рыжеволóсый **Rotkohl** M краснокочáнная капýста *f*
rötlich красновáтый
Rotlichtviertel N райóн *m* крáсных фонарéй **Rotwein** M крáсное винó *n*
Roulade F рулéт *m* **Route** F маршрýт *m* **Routine** F сноровка *f*
Rowdy M хулигáн(ка) *m(f)*
Rübe F свёкла *f*; → Möhre
Rubel M рубль *m*
rüber *umg* → herüber, hinüber
Rubrik F рýбрика *f*
Ruck M толчóк *m*; POL сдвиг

m

Rückblick M ретроспекти́вный взгляд *m* **rücken** VT дви́гать; *wegrücken* сдвига́ть ‹-ви́нуть›; VI подвига́ться ‹-и́нуться›

Rücken M спина́ *f* **Rückenmark** N спинно́й мозг *m* **Rückenschmerzen** MPL боль *f* в спине́ **Rückenschwimmen** N пла́вание *n* на спине́

Rückerstattung F возвра́т *m* **Rückfahrkamera** F AUTO ка́мера *f* за́днего ви́да **Rückfahrkarte** F обра́тный биле́т *m* **Rückfahrt** F обра́тный путь *m* **Rückfall** M рециди́в *m* **rückfällig** рециди́вный

Rückflug M обра́тный полёт **Rückgabe** F возвра́т *m* **Rückgang** M сниже́ние *n*, спад *m*

rückgängig: ~ **machen** отменя́ть ‹-ни́ть›

Rückgrat N позвоно́чник *m* **Rückkehr** F возвраще́ние *n* **rückläufig** сокраща́ющийся **Rücklicht** N за́дний свет *m*

Rucksack M рюкза́к *m*

Rückschlag M *fig* неуда́ча *f* **Rückschritt** M регре́сс *m* **Rückseite** F оборо́тная сторона́ *f*

Rücksicht F внима́ние *n*; ~ **nehmen** принима́ть ‹-ня́ть› во внима́ние (**auf** *akk B*) **rücksichtslos** *hart* беспоща́дный; → ungeniert **rücksichtsvoll** предупреди́тельный; → aufmerksam

Rücksitz M за́днее сиде́ние *n* **Rückspiegel** M зе́ркало *m* за́днего ви́да **Rückspiel** N отве́тная игра́ *f* **Rückstand** M отстава́ние *n*; *Produktionsrückstand* невыполне́ние *n*; *Rest* оста́ток *m* **rückständig** *Land* отста́лый

Rücktritt M *v. Amt* отста́вка *f*; *v. Reise* отка́з *m* **Rücktrittbremse** F педа́льный то́рмоз *m*

rückwärts наза́д; *gehen | fahren* за́дом **Rückwärtsgang** M за́дний ход *m*

Rückweg M обра́тный путь *m* **rückwirkend** противоде́йствующий **Rückzahlung** F возвра́т *m* **Rückzug** M отступле́ние *n*, отхо́д *m*

Rudel N ста́до *n*; *Meute* стая́ *f*

Ruder N весло́ *n*; *Steuer, a. fig* руль *m* **Ruderboot** N гребна́я ло́дка *f* **rudern** грести́

Ruf M крик *m*; *fig* репута́ция *f* **rufen** крича́ть ‹-и́кнуть›; *j-n zu sich* приз(ы)ва́ть **Rufname** M и́мя *n*

rügen порица́ть

Ruhe F поко́й *m*; *Stille* тишина́ *f*; *Ausruhen* о́тдых *m*; ~! ти́хо! **ruhelos** неспоко́йный **ruhen** отдыха́ть ‹-дохну́ть› **Ruhepause** F переды́шка *f* **Ruhestand** M пе́нсия *f*, отста́вка *f* **Ruhetag** M нерабо́чий день *m*

ruhig споко́йный; *still* ти́хий

Ruhm M слава *f* **Rührei** N яичница-болтунья *f* **rühren** *umrühren* ⟨по⟩мешать; *fig* ⟨рас⟩трогать **rührend** трогательный **Rührgerät** N мешалка *f* **Rührung** F умиление *n*
ruinieren разорять ⟨-рить⟩ (**sich** -ся); *fig* ⟨по⟩губить
rülpsen рыгать ⟨-гнуть⟩
Rumänien N Румыния *f*
Rummel M ярмарка *f*; *umg fig* суета *f*, шум *m*
Rumpf M ANAT туловище *n*
rund круглый; *etwa* около (*P*); **~ um** *präp akk* вокруг (*P*) **Runde** F *Abschnitt* тур *m*; *pers* компания *f*; → Kreis **Rundfahrt** F круговой маршрут *m*, тур *m*
Rundfunk M радио(вещание) *n* **Rundfunksender** M радиостанция *f* **Rundfunksendung** F радиопередача *f*
Rundgang M обход *m*; *im Museum* осмотр *m* **rundherum** вокруг **rundlich** *pers* полный **Rundreise** F круговое путешествие *n*, тур *m*
runter *umg* → herunter, hinunter
Runzel F морщина *f* **runzeln** ⟨на⟩морщить
rupfen ⟨о⟩щипать
Ruß M сажа *f*
Russe M русский
Rüssel M хобот *m*
Russin F русская *f* **russisch** русский; *präd* по-русски **Russisch** N русский (язык) *m*
Russland N Россия *f* **Russlanddeutsche** M/F российский (-кая) немец *m* (немка *f*)
rüsten MIL вооружаться ⟨-житься⟩ **rüstig** бодрый **Rüstung** F MIL вооружение *n*
Rute F прут *m*; *Angelrute* удочка *f*
Rutschbahn F горка *f* **rutschen** *hinunterrutschen* сползать ⟨-зти⟩; *ausrutschen* скользить; *Hose usw* съезжать ⟨-ехать⟩ **rutschfest** нескользящий **rutschig** скользкий
rütteln ⟨по⟩трясти

S

Saal M зал *m*
Saat F семена *npl*; *Säen* посев *m*
Sachbearbeiter(in) M(F) ответственный исполнитель *m* **sachdienlich** полезный **Sache** F дело *n*; *Gegenstand* вещь *f* **Sachen** *pl* вещи *fpl* **sachkundig** компетентный **sachlich** деловой
sächlich среднего рода
Sachschaden M материальный ущерб *m* **Sachverhalt** M обстоятельства *npl* **Sachverständige** M/F эксперт *m*
Sack M мешок *m* **Sackgasse**

F тупи́к *m*
säen ⟨по⟩се́ять
Safe M сейф *m*
Saft M сок *m* **saftig** со́чный
Sage F преда́ние *n*, были́на *f*
Säge F пила́ *f*
sagen говори́ть ⟨сказа́ть⟩
sägen пили́ть
Sahne F сли́вки *pl*; *saure* смета́на *f*
Saison F сезо́н *m*
Saite F струна́ *f* **Saiteninstrument** N стру́нный инструме́нт *m*
Sakko N пиджа́к *m*
Salat M сала́т *m*
Salbe F мазь *f*
salopp фамилья́рный; *Kleidung* свобо́дный
Salz N соль *f* **salzen** ⟨по⟩соли́ть **salzig** солёный **Salzkartoffeln** FPL отварно́й карто́фель *m* **Salzsäure** F соля́ная кислота́ *f* **Salzstange** F солёная соло́мка *f* **Salzstreuer** M соло́нка *f* **Salzwasser** N солёная вода́ *f*
Samen M се́мя *n*; спе́рма *f*
sammeln соб(и)ра́ть **Sammler(in)** M(F) собира́тель(ница) *m(f)* **Sammlung** F *Geldsammlung* сбор *m*; *Kunstsammlung* собра́ние *n*
Samstag M суббо́та *f*; **am ~** в суббо́ту; **samstags** по суббо́там; → *a.* Dienstag
Samt M ба́рхат *m*
sämtliche *pl* все
Sanatorium N санато́рий *m*

Sand M песо́к *m* **Sandale** F санда́лия *f* **Sandbank** F мель *f* **sandig** песча́ный **Sandkasten** M песо́чница *f*
sanft *Stimme* мя́ткий; *Druck* лёгкий; *Charakter* кро́ткий
Sänger(in) M(F) певе́ц *m* (-вйца *f*)
Sanierung F реконстру́кция *f*
Sanitäter(in) M(F) санита́р(ка) *m(f)*
Sardelle F анчо́ус *m*
Sardine F сарди́н(к)а *f*
Sarg M гроб *m*
Satellit M спу́тник *m* **Satellitenfernsehen** N спу́тниковое телеви́дение *n*
satirisch сатири́ческий
satt сы́тый; **ich bin ~** я сыт(а́); **ich habe es ~** *umg* с меня́ хва́тит, мне надое́ло
Sattel M седло́ *n*
sättigen насыща́ть ⟨насы́тить⟩
Satz M GRAM предложе́ние *n*; *Set* набо́р *m*; *Serie* компле́кт *m*; → Sprung **Satzung** F уста́в *m*
Sau F свинья́ *f* (*a. vulg pers*)
sauber чи́стый; **~ machen** → putzen, reinigen **Sauberkeit** F чистота́ *f*
säubern → putzen, reinigen
Saudi-Arabien N Сау́довская Ара́вия *f*
sauer ки́слый; *Gurke* солёный; *umg pers* серди́тый; **~ werden** ⟨про⟩ки́снуть **Sauerkraut** N ки́слая капу́ста *f* **Sauerstoff**

M кислоро́д *m*
saufen ⟨вы́⟩пить; *umg pers v/i* пья́нствовать
Säufer(in) M(F) пья́ница *m/f*
saugen ⟨по⟩соса́ть (an *dat B*)
Sauger M *an Flasche* со́ска *f*
Säugetier N млекопита́ющее *n* **Säugling** M грудно́й ребёнок *m*
Säule F коло́нна *f*, столб *m*
Saum M подо́л *m*; кайма́ *f*
Sauna F ба́ня *f*, са́уна *f*
Säure F кислота́ *f*
Saxofon N саксофо́н *m*
S-Bahn® F электри́чка *f*
scannen IT ⟨от⟩скани́ровать
Scanner M IT ска́нер *m*
schaben скрести́
schäbig потёртый; *fig* по́длый, ни́зкий
Schach N: **~ spielen** игра́ть ⟨сыгра́ть⟩ в ша́хматы **Schachfigur** F ша́хматная фигу́ра *f* **schachmatt** мат
Schacht M ша́хта *f* **Schachtel** F коро́бка *f*; *Zigaretten* па́чка *f*
schade жаль, жа́лко
Schädel M че́реп *m* **Schädelbruch** M проло́м *m* че́репа
schaden ⟨по⟩вреди́ть, ⟨на⟩вреди́ть **Schaden** M уще́рб *m*; *finanziell* убы́ток *m*; → Beschädigung **Schadenersatz** M возмеще́ние *n* уще́рба **schadenfroh** злора́дный
schadhaft дефе́ктный
schädigen V/T наноси́ть ⟨-нести́⟩ уще́рб (*Д*) **schädlich** вре́дный **Schädling** M вреди́тель *m*
Schadstoff M вре́дное вещество́ *n* **schadstoffarm** без загрязни́телей **schadstofffrei** без вре́дных веще́ств
Schaf N овца́ *f*
Schäfer M овча́р *m*; *Hirte* чаба́н *m* **Schäferhund** M овча́рка *f*
schaffen *erschaffen* созда́(ва́)ть; *Zug* успе́(ва́)ть; *fertigbringen* справля́ться ⟨-а́виться⟩
Schaffner(in) M(F) конду́ктор(-ша *f umg*) *m(f)*
Schaft M *Gewehrschaft* ло́жа *f*; *Stiefelschaft* голени́ще *n*
Schal M шарф *m*
Schale F *v. Obst, Kartoffel* кожура́ *f*; *v. Ei* скорлупа́ *f*; *Gefäß* ча́ш(к)а *f*, ми́ска *f*
schälen снима́ть ⟨снять⟩ кожуру́ / скорлупу́
Schall M звук *m* **Schalldämpfer** M глуши́тель *m* **schalldicht** звуконепроница́емый **schallen** ⟨про⟩звуча́ть
schalten *umschalten* AUTO переключа́ть ⟨-чи́ть⟩; → ausschalten, einschalten **Schalter** M око́шко *n*; *Lichtschalter* выключа́тель *m* **Schaltjahr** N високо́сный год *m* **Schaltung** F ELEK соедине́ние *n*; AUTO переключе́ние *n* (переда́ч)
schämen: **sich ~** стыди́ться

schamlos бесстыдный
Schande F позор *m*, срам *m*
Schanze F трамплин
Schar F толпа *f*, орава *f*
scharf острый; FOTO, *heftig* резкий; *deutlich* чёткий
Schärfe F острота *f*; резкость *f*; чёткость *f*
Scharlach M скарлатина *f*
Scharnier N шарнир *m*
scharren шаркать ‹-кнуть›
Schaschlik N шашлык *m*
Schatten M тень *f* (*a. fig*) **schattig** тенистый
Schatz M сокровище *n*; **mein ~** милый *m* (-лая *f*) мой (моя)
schätzen оценивать ‹-ить›; → achten **Schätzung** F оценка *f*
Schau F показ *m*, выставка *f*; **zur ~ stellen** выставлять ‹выставить› напоказ
schauen ‹по›смотреть, ‹по›глядеть **Schauer** M дрожь *f*; *Regenschauer* ливень *m*
Schaufel F лопата *f* **Schaufenster** N витрина *f*
Schaukel F качели *pl* **schaukeln** V/I ‹по›качаться **Schaukelstuhl** M кресло-качалка *n*
Schaum M пена *f*
schäumen пениться
Schaumstoff M пенопласт *m*
Schauplatz M место *n* действия, арена *f*
Schauspiel N пьеса *f* **Schauspieler(in)** M(F) актёр *m* (-трица *f*)
Scheck M чек *m* **Scheckkarte** F *hist* чековая карточка *f*
Scheibe F *Glasscheibe* стекло *n*; *Brotscheibe* ломтик *m*, ломоть *m* **Scheibenwischer** M дворник *m*, стеклоочиститель *m*
Scheide F ANAT влагалище *n*
scheiden: **sich ~ lassen** разводиться ‹-вестись› (**von** *dat* с *T*)
Scheidung F *Ehescheidung* развод *m*
Schein... *in zssgn* фиктивный **Schein** M *Bescheinigung* свидетельство *n*, зачёт *m*; *Geldschein* банкнота *f*, банкнот *m*; *Lichtschein* сияние *n*; *Anschein* вид *m*, видимость *f*
scheinbar ADV видимо **scheinen** светить(ся); *fig* ‹по›казаться; **die Sonne scheint** светит солнце; **mir scheint** мне кажется **scheinheilig** лицемерный **Scheinwerfer** M AUTO фара *f*
Scheiße F дерьмо *n*, *vulg* говно *n*
Scheitel M *Haarscheitel* пробор *m*
scheitern не уд(ав)аться; → schiefgehen
Schema N схема *f*
Schemel M табурет *m*
Schenke F трактир *m* **Schenkel** M бедро *n* **schenken** ‹по›дарить
Scherbe F осколок *m* **Schere**

F ножницы *pl* **Scherereien** FPL хлопоты *pl*; возня *f*
Scherz M шутка *f* **scherzhaft** шутливый
scheu робкий **scheuen** *meiden* чуждаться (*akk P*)
scheuern тереть, чистить (*a. Schuhe*)
Scheune F сарай *m*
Scheusal N чудовище *n*
scheußlich мерзкий; → furchtbar, schrecklich
Schicht F слой *m*; *Arbeitsschicht* смена *f* **Schichtarbeit** F работа *f* по сменам
schick элегантный, *umg* шикарный **schicken** пос(ы)лать
Schicksal N судьба *f*
Schiebedach N раздвижная крыша *f* **schieben** *wegschieben* двигать ⟨-инуть⟩; *anschieben* толкать ⟨-кнуть⟩ **Schiebetür** F раздвижная дверь *f*
Schiedsrichter M судья *m u. f*
schief косой; *Ebene* наклонный
Schiefer M GEOL сланец *m*
schiefgehen *Sache* срываться ⟨сорваться⟩, проваливаться ⟨-иться⟩
schielen косить
Schienbein N голень *f*
Schiene F MED шина *f*; BAHN рельс *m*
schießen стрелять ⟨выстрелить⟩ (**auf** *akk* в *B*) **Schießerei** F перестрелка *f*
Schiff M корабль *m*, судно *n*; ARCH неф *m* **Schiffbau** M кораблестроение *n* **Schiffbruch** M кораблекрушение *n* **Schifffahrt** F судоходство *n*
Schikane F придирка *f* **schikanieren** прид(и)раться (*j-n* к к-у)
Schild[1] N щит *m*; *Türschild* табличка *f*
Schild[2] M *Schutzschild* щит *m*
Schilddrüse F щитовидная железа *f* **schildern** изображать ⟨-разить⟩ **Schildkröte** F черепаха *f*
Schilf N камыш *m*
schillern переливаться
Schimmel M *Pferd* белая лошадь *f*; *Pilz* плесень *f* **schimmelig** заплесневелый
schimmeln ⟨за⟩плесневеть
schimmern блестеть
schimpfen ругаться; ⟨об⟩ругать (**auf**, **über** *akk B*)
Schimpfwort N ругательство *n*
Schinken M ветчина *f*
Schirm M зонт(ик) *m*; *Bildschirm* экран *m* **Schirmherr(in)** M(F) покровитель (-ница) *m(f)*
Schlacht F битва *f*, сражение *n* **schlachten** заби(ва)ть
Schlaf M сон *m* **Schlafanzug** M пижама *f*
Schläfe F висок *m*
schlafen ⟨по⟩спать **Schlaflosigkeit** F бессонница *f*
Schlafmittel N снотворное

n **Schlafsack** M спáльный мешóк *m* **Schlafwagen** M спáльный вагóн *m* **Schlafzimmer** N спáльня *f*
Schlag M удáр *m* **Schlagader** F артéрия *f* **Schlaganfall** M удáр *m* **schlagen** V/T ⟨по⟩бить; *mit etw* ударя́ть ⟨-áрить⟩ (*T*); V/I *Uhr* ⟨про⟩бить
Schlager M шля́гер *m*; *Hit* хит *m*
Schläger M SPORT ракéтка *f*; *Rowdy* драчýн *m* **Schlägerei** F дрáка *f*
schlagfertig нахóдчивый **Schlagloch** N вы́боина *f* **Schlagobers** *österr* M взби́тые сли́вки *pl* **Schlagsahne** F сби́тые сли́вки *pl* **Schlagzeile** F крýпный заголóвок *m* **Schlagzeug** N удáрные инструмéнты *mpl*
Schlamm M ил *m*, ти́на *f* **schlammig** и́листый, ти́нистый
schlampig неря́шливый; *Arbeit* халтýрный
Schlange F змея́ *f*; óчередь *f*; ~ **stehen** стоя́ть в óчереди
schlank стрóйный **Schlankheitskur** F лечéние *n* от ожирéния
schlapp вя́лый; → schwach
schlau лóвкий; *klug* ýмный
Schlauch M шланг *m*, кишкá *f*; *v. Reifen* кáмера *f* **Schlauchboot** N надувнáя лóдка *f*
schlecht плохóй; *Speise* испóрченный; ADV плóхо; **mir ist ~** мне дýрно
Schleier M вуáль *f*; фатá *f*
Schleife F бант *m*; *Schlinge* петля́ *f* **schleifen** V/T *ziehen* ⟨за⟩тащи́ть; *Messer* ⟨на⟩точи́ть; V/I тянýться
Schleim M слизь *f* **Schleimhaut** F сли́зистая оболóчка *f* **schleimig** сли́зистый
schlemmen пировáть
schleppen ⟨по⟩тащи́ть **schleppend** вя́лый; медли́тельный **Schlepper** M SCHIFF букси́р *m*
Schleuder F центрифýга *f* **schleudern** V/T *Wäsche* отж(им)áть; → **werfen**; V/I *Auto* заноси́ть ⟨-нести́⟩
Schleuse F шлюз *m*
schlicht простóй **schlichten** улáживать ⟨-áдить⟩
schließen закры́(вá)ть **Schließfach** N *Gepäckschließfach* ячéйка *f*; *Postschließfach* абонемéнтный я́щик *m* **schließlich** наконéц **Schließung** F закры́тие *n*
schlimm плохóй, дурнóй; **das ist nicht ~** э́то не бедá; **das Schlimmste** наихýдшее **schlimmstenfalls** в хýдшем слýчае
Schlinge F петля́ *f* **schlingen** *um etw* обви́(вá)ть, обхвáтывать ⟨-вати́ть⟩ (*D*)
Schlips M гáлстук *m*
Schlitten M сáн(к)и *pl*
Schlittschuh M конёк *m*;

~ **laufen** ката́ться на конька́х **Schlittschuhläufer(in)** M(F) конькобе́жец *m* (-бе́жка *f*)
Schlitz M разре́з *m* (*a. Rockschlitz*); *Einwurf* щель *f*
Schloss N замо́к *m*; *Gebaude* за́мок *m* **Schlosser** M сле́сарь *m*
Schlucht F уще́лье *n*
schluchzen рыда́ть
Schluck M глото́к *m*
Schluckauf M = **Schlucken** M ико́та *f* **schlucken** прогла́тывать ⟨-лоти́ть⟩
schlüpfen *Vogel* вылупля́ться ⟨вы́лупиться⟩ **schlüpfrig** ско́льзкий (*a. fig*)
Schluss M *Ende* коне́ц *m*; **zum** ~ в заключе́ние
Schlüssel M ключ *m* **Schlüsselbein** N ключи́ца *f* **Schlüsselloch** N замо́чная сква́жина *f*
Schlussfolgerung F вы́вод *m*
Schlusslicht N за́дний / BAHN хвостово́й фона́рь *m*
schmächtig щу́плый
schmackhaft вку́сный
schmal у́зкий; *pers* то́нкий
Schmalz N топлёное са́ло *n*
schmalzig *umg fig* слаща́вый
schmecken: **nach etw** ~ име́ть вкус (*P*); **(nicht) gut** ~ быть (не)вку́сным
schmeichelhaft ле́стный
schmeicheln ⟨по⟩льсти́ть (**j-m** к-у)
schmeißen швыря́ть ⟨-рну́ть⟩ (*a. fig*)
schmelzen V/I ⟨рас⟩пла́виться; *Schnee* ⟨рас⟩та́ять
Schmerz M боль *f* **schmerzen** боле́ть **schmerzhaft** боле́зненный **Schmerzmittel** N болеутоля́ющее (сре́дство) *n* **schmerzstillend** болеутоля́ющий
Schmetterling M ба́бочка *f*
Schmied M кузне́ц *m*
schmieden V/T вы́ко́вывать ⟨вы́ковать⟩
schmieren *umg beim Schreiben* ⟨на⟩па́чкать; **auf etw** ~ ⟨на⟩ма́з(ыв)ать; TECH *u. fig* сма́з(ыв)ать **Schmiergeld** N взя́тка *f* **schmierig** ско́льзкий; са́льный **Schmiermittel** N сма́зка *f*
Schminke F косме́тика *f*
schminken ⟨на⟩кра́сить (**sich** -ся)
schmollen ду́ться
schmoren GASTR ⟨с⟩туши́ть
Schmuck M украше́ния *npl*; *Juwelen* драгоце́нности *fpl*
schmücken украша́ть ⟨-ра́сить⟩ (**sich** -ся; **mit** *T*)
schmuddelig *umg* неопря́тный
Schmuggel M контраба́нда *f*
schmuggeln V/T провози́ть ⟨-везти́⟩ контраба́ндой
schmunzeln усмеха́ться ⟨-хну́ться⟩
Schmutz M грязь *f* **schmutzig** гря́зный, испа́чканный
Schnabel M клюв *m*; но́сик *m*
Schnalle F пря́жка *f*

schnappen *greifen, fangen* хвата́ть ‹схвати́ть›; **nach Luft ~** тяжело́ дыша́ть **Schnappschuss** M FOTO момента́льный сни́мок *m*
Schnaps M во́дка *f*
schnarchen храпе́ть
schnattern *Ente* кря́кать ‹-кнуть›; *umg* треща́ть
schnaufen пыхте́ть
Schnauze F *Tier u. vulg* мо́рда *f*; *vulg* **halt die ~!** заткни́сь!
schnäuzen: **sich ~** сморка́ться ‹вы́сморкаться›
Schnecke F ули́тка *f*
Schnee M снег *m* **Schneeball** M снежо́к *m* **Schneebesen** M *Küchengerät* сбива́лка *f* **Schneeflocke** F снежи́нка *f* **Schneegestöber** N мете́ль *f* **Schneekette** F цепь *f* против скольже́ния **Schneemann** M сне́жная ба́ба *f* **Schneepflug** M снегоочисти́тель *m* **Schneesturm** M вьюга *f*
Schneide F ле́звие *n* **schneiden** ‹на›ре́зать, ‹от›ре́зать; *Haare* подстрига́ть ‹-и́чь› **Schneider(in)** M(F) портно́й *m* (-ни́ха *f*) **Schneidezahn** M резе́ц *m*
schneien: **es schneit** идёт снег
Schneise F про́сека *f*
schnell бы́стрый, ско́рый; ADV бы́стро; **so ~ wie möglich** как мо́жно скоре́е
Schnellhefter M скоросшива́тель *m* **Schnelligkeit** F быстрота́ *f*, ско́рость *f* **Schnellimbiss** M забега́ловка *f* **Schnellstraße** F скоростна́я автомагистра́ль *f* **Schnellzug** M ско́рый по́езд *m*
Schnitt M разре́з *m*; *Kleidung* покро́й *m*; *Frisur* стри́жка *f*; **im ~** в сре́днем **Schnittlauch** M лук-ре́занец *m* **Schnittmuster** N вы́кройка *f* **Schnittpunkt** M то́чка *f* пересече́ния **Schnittwunde** F ре́заная ра́на *f*
Schnitzel N GASTR шни́цель *m* **schnitzen** выреза́ть ‹вы́резать› **Schnitzerei** F резьба́ *f*
Schnorchel M дыха́тельная тру́бка *f*
schnüffeln обню́х(ив)ать; *umg spionieren* шпио́нить; *inhalieren* ‹по›ню́хать
Schnuller M со́ска *f*
Schnupfen M на́сморк *m*
Schnur F верёвка *f*; *Kabel* шнур *m*
schnüren свя́зывать ‹-а́ть›; *Schuhe* ‹за›шнурова́ть
Schnurrbart M усы́ *mpl*
schnurren мурлы́кать
Schnürschuh M боти́нок *m* со шнурка́ми **Schnürsenkel** M шнуро́к *m*
Schock M шок *m* **schockieren** шоки́ровать (*im*)*pf*
Schokolade F шокола́д *m*
Schokoriegel M шокола́дный бато́нчик *m*

schon уже́; **~ wieder** опя́ть
schön краси́вый; → *a.* gut; хоро́ший; **na ~!** ну, ла́дно!
schonen ⟨по⟩бере́чь (**sich** -ся)
schonend ADV бе́режно
Schönheit F красота́ *f*; *pers* краса́вица *f*
Schonkost F щадя́щая дие́та *f*
Schonung F бере́жное обхожде́ние *n*; *Wald* молодня́к *m*
Schonzeit F пери́од *m* запре́та на охо́ту
schöpfen че́рпать **schöpferisch** тво́рческий **Schöpfkelle** F = **Schöpflöffel** M разлива́тельная ло́жка *f*
Schöpfung F (REL со)творе́ние *n*
Schoppen M бока́л *m* (вина́)
Schorf M струп *m*
Schornstein M дымова́я труба́ *f* **Schornsteinfeger** M трубочи́ст *m*
Schoß M: **auf den ~ nehmen** брать ⟨взять⟩ на коле́ни
Schote F стручо́к *m*
Schotte M шотла́ндец *m*
Schotter M щё́бень *m*
Schottin F шотла́ндка *f*
Schottland N Шотла́ндия *f*
schräg накло́нный
Schramme F цара́пина *f*
Schrank M шкаф *m* **Schranke** F барье́р *m*
Schraube F ви́нт(ик) *m*; шуру́п *m* **schrauben** *hineinschrauben* ввинчивать ⟨-нти́ть⟩
Schraubenschlüssel M га́ечный ключ *m* **Schraubenzieher** M отвёртка *f*
Schreck M испу́г *m*; **vor ~** от стра́ха; **einen ~ bekommen** ⟨ис⟩пуга́ться **schrecklich** стра́шный, ужа́сный
Schrei M крик *m*
Schreibblock M блокно́т *m*
schreiben ⟨на⟩писа́ть
schreibgeschützt IT защищённый **Schreibtisch** M пи́сьменный стол *m* **Schreibwarengeschäft** N магази́н *m* канцеля́рских това́ров
schreien крича́ть
Schreiner(in) M(F) столя́р *m*
Schrift F шрифт *m*; *Handschrift* по́черк *m*; *Text* сочине́ние *n* **schriftlich** пи́сьменный; ADV пи́сьменно **Schriftsteller(in)** M(F) писа́тель(ница) *m(f)* **Schriftwechsel** M перепи́ска *f*
schrill ре́зкий
Schritt M шаг *m*; **~ fahren** ⟨по⟩е́хать ша́гом
schroff *steil* круто́й; *Antwort* ре́зкий
Schrot M дробь *f* **Schrotflinte** F дробови́к *m*
Schrott M (металло)ло́м *m*; *umg Wertloses* ру́хлядь *f*, дрянь *f*
schrubben тере́ть шва́брой
schrumpfen V/I ⟨с⟩мо́рщиться
Schubfach N (выдвижно́й) я́щик *m* **Schubkarre** F та́чка *f*
schüchtern ро́бкий; застен-

чивый
Schuft N подлéц *m*, мерзáвец *m* **schuften** *umg* вкáлывать
Schuh M ботинок *m*; *Damenschuh* тýфля *f*; *pl Schuhe* óбувь *f* **Schuhcreme** F крем *m* для óбуви **Schuhgeschäft** N магазин *m* óбуви **Schuhgröße** F размéр *m* óбуви **Schuhmacher** M сапóжник *m*
Schulabgänger(in) M(F) выпускник *m* (-ица *f*) **Schularbeiten** FPL домáшние задáния *npl* **Schulbuch** N учéбник *m*
Schuld F винá *f*; **schuld sein** быть виновáтым (**an** *dat* в *П*) **schulden** быть должны́м (**j-m** *akk* к-у *Т*) **Schulden** *pl* долг *m* **schuldig** винóвный, виновáтый **schuldlos** → **unschuldig** ADV безви́нно **Schuldner(in)** M(F) должни́к *m* (-и́ца *f*)
Schule F шкóла *f*
Schüler(in) M(F) учени́к *m* (-и́ца *f*)
Schulferien *pl* кани́кулы *pl* **schulfrei**: **~ haben** не имéть урóков **Schulgeld** N плáта *f* за обучéние **Schuljahr** N учéбный год *m* **Schulpflicht** F обязáтельное шкóльное обучéние *n* **Schulstunde** F урóк *m*
Schulter F плечó *n*
Schulung F обучéние *n* **Schulwesen** N систéма *f* образовáния **Schulzeit** F гóды *mpl* учёбы
Schund M дешёвка *f*
Schuppen[1] FPL чешуя́ *f*; *Haarschuppen* пéрхоть *f*
Schuppen[2] M сарáй *m*
schüren раздý(вá)ть; *Hass usw a.* разжигáть ⟨-жéчь⟩
Schürze F фáртук *m*
Schuss M вы́стрел *m*; SPORT удáр *m*
Schüssel F ми́ска *f*; чáш(к)а *f*
Schusswaffe F огнестрéльное орýжие *n*
Schuster M сапóжник *m*
Schutt M мýсор *m*
Schüttelfrost M ознóб *m*
schütteln ⟨по⟩трясти́; *Hand* пож(им)áть
schütten насыпáть ⟨-ы́пать⟩; *gießen* ⟨на⟩ли́ть
Schutz M защи́та *f*; охрáна *f* **Schutzblech** N *Fahrrad usw* крылó *n* **Schutzbrille** F защи́тные очки́ *pl*
Schütze M стрелóк *m* **schützen** защищáть ⟨-щити́ть⟩; *sichern* охраня́ть ⟨-ни́ть⟩ (**vor** *dat* прóтив, от *Р*)
Schutzgelderpresser M рэкети́р *m* **Schutzimpfung** F профилакти́ческая приви́вка *f* **schutzlos** беззащи́тный **Schutzmarke** F товáрный знак *m* **Schutzmaske** F медици́нская мáска *f*, респирáтор *m* **Schutzvorrichtung** F заши́тное устрóйство *n*
schwach слáбый (*a. Kaffee*)
Schwäche F слáбость *f* (*fig* **für** *akk* к *Д*) **schwächen** ос-

лаблять ‹-абить›
Schwager M *Bruder v. Mann* деверь *m*; *Bruder v. Frau* шурин *m*; *Mann v. Schwägerin* свояк *m*; *Mann v. Schwester* зять *m*
Schwägerin F *Schwester v. Mann* золовка *f*; *Schwester v. Frau* свояченица *f*; *Frau v. Schwager | Bruder* невестка *f*
Schwalbe F ласточка *f*
Schwamm M губка *f*
Schwan M лебедь *m*
schwanger беременная
Schwangerschaft F беременность *f*
schwanken ‹по›колебаться
Schwanz M хвост *m*; *vulg* хуй *m vulg*
schwänzen *umg* прогуливать ‹-лять›
Schwarm M *Insekten* рой *m*; *Vögel* стая *f*
schwärmen: ~ **für A** увлекаться ‹-ечься› (*T*)
schwarz чёрный; **das Schwarze Meer** Чёрное море *n*
Schwarzarbeit F левая работа *f* **Schwarzbrot** N чёрный хлеб *m* **Schwarze** M/F чернокожий *m* (-жая *f*) **Schwarzfahrer(in)** M(F) безбилетный (-ая) пассажир(ка) *m*(*f*), заяц *umg* **Schwarzhandel** M нелегальная торговля *f*
Schwarztee M чёрный чай *m*
schwatzen ‹по›болтать
schweben парить; **in Gefahr** ~ находиться в опасности
Schweden N Швеция *f*
schwedisch шведский
Schwefel M сера *f* **Schwefelsäure** F серная кислота *f*
schweigen ‹по›молчать
Schweigen N молчание *n*
schweigsam молчаливый
Schwein N свинья *f*; **du hast ~ gehabt** *umg* тебе повезло
Schweinefleisch N свинина *f*
Schweinerei F сальность *f*; *Verhalten* свинство *n* **Schweinestall** M свинарник *m*; *fig* бардак *m*
Schweiß M пот *m* **schweißen** сваривать ‹-рить›
Schweißer M сварщик *m*
Schweiz F Швейцария *f*
Schweizer M швейцарец *m*
Schweizerdeutsch N швейцарский немецкий *m*
Schweizerin F швейцарка *f*
schweizerisch швейцарский
schwelen тлеть
Schwelle F порог *m* **Schwellung** F опухоль *f*
schwenken V/T махать ‹-хнуть›; V/I поворачивать ‹-вернуть›
schwer тяжёлый (*a. Krankheit*); *fig schwierig* трудный; **es fällt mir ~** мне трудно; **~ verletzt** тяжелораненый; **~ verständlich** малопонятный
Schwerbehinderte M/F *neg!* инвалид(ка) *m*(*f*) **schwerfällig** неповоротливый **schwerhörig** глуховатый **Schwerindustrie** F тяжёлая промы-

шленность *f* **Schwerkraft** F тяготение *n* **schwermütig** тоскливый **Schwerpunkt** M центр *m* тяжести
Schwert N меч *m*
Schwester F сестра́ *f*
Schwiegermutter F тёща *f*; *Mutter v. Mann* свекро́вь *f* **Schwiegersohn** M зять *m* **Schwiegertochter** F неве́стка *f* **Schwiegervater** M тесть *m*; *Vater v. Mann* свёкор *m*
Schwiele F мозо́ль *f*
schwierig тру́дный, сло́жный **Schwierigkeit** F тру́дность *f*, сло́жность *f*
Schwimmbad N купа́льня *f* **Schwimmbecken** N пла́вательный бассе́йн *m* **schwimmen** ‹по›плы́ть, пла́вать **Schwimmweste** F спаса́тельный жиле́т *m*
Schwindel M MED головокруже́ние *n* *Betrug* надува́тельство *n* **schwindeln** *umg* → lügen, betrügen **Schwindler(in)** M(F) *umg* → Lügner, Betrüger **schwindlig**: **mir ist ~** у меня́ кру́жится голова́
schwingen V/T разма́хивать **Schwingung** F колеба́ние *n*
Schwips M: **e-n ~ haben** быть навеселе́ / под му́хой
schwitzen ‹вс›поте́ть
schwören ‹по›кля́сться
schwul *umg* голубо́й
schwül: **es ist ~** ду́шно
Schwule(r) M *umg* гомосексуали́ст *m*, *umg* го́мик *m*
Schwung M (раз)ма́х *m*; *fig* подъём *m* **schwungvoll** воодушевлённый
Schwurgericht N суд *m* прися́жных
Science-Fiction F нау́чная фанта́стика *f*
scrollen IT прокру́чивать ‹-тить› (страни́цу)
sechs шесть **sechste** шесто́й **Sechstel** N шеста́я (часть) *f*
sechzehn шестна́дцать **sechzig** шестьдеся́т
See[1] M о́зеро *n*
See[2] F мо́ре *n*; **an der ~** у мо́ря
Seehund M тюле́нь *m* **seekrank** страда́ющий морско́й боле́знью
Seele F душа́ *f* **seelisch** душе́вный **Seelsorge** F забо́та *f* о спасе́нии души́
Seemann M моря́к *m* **Seemeile** F морска́я ми́ля *f* **Seenot** F бе́дствие *n* на мо́ре **Seereise** F морско́е путеше́ствие *n*
Segel N па́рус *m* **Segelboot** N па́русная ло́дка *f* **Segelfliegen** N планери́зм *m* **Segelflugzeug** N пла́нер *m* **segeln** ходи́ть под па́русом **Segelschiff** N па́русное су́дно *n*
Segen M благослове́ние *n* **segnen** благословля́ть ‹ви́ть›
sehen ‹по›смотре́ть; ‹у›ви-

деть; **mal ~** посмóтрим; **das sieht man** э́то ви́дно

sehenswert достопримечáтельный **Sehenswürdigkeit** F достопримечáтельность *f*

Sehne F ANAT сухожи́лие *n*

sehnen: **sich nach** *dat* **~** тосковáть по *(Д)* **Sehnsucht** F тоскá *f*

sehr óчень; **~ gern!** с удовóльствием!; **zu ~** сли́шком

Sehtest M провéрка *f* зрéния

seicht *Wasser usw* мéлкий

Seide F шёлк *m*

Seife F мы́ло *n*

Seil N канáт *m* **Seilbahn** F канáтная дорóга *f*

sein¹ V/I быть; *darstellen* явля́ться ⟨яви́ться⟩; **~ lassen** оставля́ть ⟨-áвить⟩; **ich bin Arzt** я врач; **er ist nicht hier** егó здесь нет

sein² POSS PR егó; свой **seinerseits** с егó стороны́ **seinetwegen** *wegen* из-за | *zuliebe* рáди негó

seit с *(P)*; **~ wann?** с каки́х пор? **seitdem** ADV с тех пор; KONJ с тех пор, как

Seite F сторонá *f*; *Buchseite* страни́ца *f*; **zur ~** в стóрону

Seitensprung M супрýжеская измéна *f* **Seitenstraße** F боковáя ýлица *f*

seither с тех пор **seitlich** боковóй

Sekretär(in) M(F) секретáрь *m* (-рша *f*) **Sekretariat** N секретариáт *m*

Sekt M шампáнское *n* **Sekte** F сéкта *f* **Sektor** M сéктор *m*

Sekunde F секýнда *f*

selbst *pron* сам(á *f*, -ó *n*, сáми *pl*); **~ gebacken** домáшней вы́печки

Selbstauslöser M автоспýск *m* **Selbstbedienung** F самообслýживание *n* **Selbstbeherrschung** F самооблáдание *n* **selbstbewusst** самоувéренный **selbstklebend** самоклéющийся **Selbstmord** M самоуби́йство *n*

selbstsicher самоувéренный

selbstständig самостоя́тельный **selbstverständlich** ADV самó собóй разумéется!

Selbstvertrauen N увéренность *f* в себé **Selbstverwaltung** F самоуправлéние *n*

Selfie N FOTO сéлфи *n*

selten рéдкий **Seltenheit** F рéдкость *f* **seltsam** стрáнный

Semester N семéстр *m* **Semikolon** N тóчка *f* с запятóй

Seminar N *Unterricht* семинáр *m*

Semmel F бýл(оч)ка *f*

senden пос(ы)лáть; TV перед(ав)áть **Sender** M радиостáнция *f* **Sendung** F *Post* посы́лка *f*; TV передáча *f*

Senf M горчи́ца *f*

Senioren MPL пенсионéры *mpl*, престарéлые *pl* **Seniorenheim** N дом *m* для престарéлых

senken опускáть ⟨-сти́ть⟩; *ver-*

ringern понижа́ть ⟨-ни́зить⟩, снижа́ть ⟨-ни́зить⟩ (**sich** -ся)
Sensation F сенса́ция *f*
Sense F коса́ *f*
sensibel чувстви́тельный
sentimental сентимента́льный
September M сентя́брь *m*
Serbe M серб *m* **Serbien** N Се́рбия *f* **Serbin** F се́рбка *f*
Serie F се́рия *f* **serienmäßig** сери́йный
seriös соли́дный
Serum N сы́воротка *f*
Service[1] M се́рвис *m*, обслу́живание *n*
Service[2] N серви́з *m*
servieren сервирова́ть *(im)pf* **Serviererin** F официа́нтка *f* **Serviette** F салфе́тка *f* **Servolenkung** F сервоуправле́ние *n*
Sessel M кре́сло *n* **Sessellift** M кре́сельный подъёмник *m*
setzen сажа́ть ⟨посади́ть⟩; *Schrift* наб(и)ра́ть; **sich ~** сади́ться ⟨сесть⟩
Seuche F эпиде́мия *f*
seufzen вздыха́ть ⟨-дохну́ть⟩
Sex M секс *m* **sexuell** сексуа́льный
Shorts *pl* шо́рты *pl*
Show F шо́у *n unv*
Shuttlebus *m* трансфе́р *m*
Sibirien N Сиби́рь *f* **sibirisch** сиби́рский
sich себя́, себе́; *oft Verb* + -ся
Sichel F серп *m* (*a. Mondsichel*)
sicher безопа́сный; *zuverlässig* надёжный; *gewiss* уве́ренный; ADV → sicherlich; **ich bin ~, dass ...** я уве́рен в том, что ... **Sicherheit** F безопа́сность *f*; *soziale* защищённость *f* **Sicherheiten** *pl* WIRTSCH гара́нтии *fpl*
Sicherheitsgurt M реме́нь *m* безопа́сности **Sicherheitsnadel** F була́вка *f* **Sicherheitsschloss** N цили́ндровый замо́к *m*
sicherich наве́рное **sichern** *schützen* охраня́ть ⟨-ни́ть⟩; *gewährleisten* обеспе́чи(ва)ть **Sicherung** F ELEK предохрани́тель *m*
Sicht F ви́димость *f*; *fig* то́чка *f* зре́ния **sichtbar** ви́димый
sie *sg* она́; *pl* они́ **Sie** Вы
Sieb N си́т(еч)ко *n*; решето́ *n*
sieben семь **siebente** седьмо́й **siebzehn** семна́дцать **siebzig** се́мьдесят
sieden ⟨вс⟩кипе́ть **Siedepunkt** M то́чка *f* кипе́ния
Siedler(in) M(F) поселе́нец *m* (-нка *f*) **Siedlung** F поселе́ние *n*
Sieg M побе́да *f* **siegen** побежда́ть ⟨-еди́ть⟩ (**über j-n** к-о) **Sieger(in)** M(F) победи́тель *m* (-ница *f*) **siegreich** победоно́сный
siehe смотри́
Signal N сигна́л *m*
Silbe F слог *m*
Silber N серебро́ *n* **silbern** сере́бряный; *Farbe* цве́та *f* се-

ребра́
Silvester N новогóдный вéчер *m*
simsen ⟨по⟩сла́ть СМС
simulieren *am Computer* моделúровать *(im)pf*
Sinfonie F симфóния *f*
singen ⟨с⟩петь **Single** M одинóчка *m/f*
Singular M еди́нственное числó *n*
sinken снижа́ться ⟨-и́зиться⟩; *Schiff* ⟨по⟩тонýть
Sinn M чýвство *n*; *Bedeutung* смысл *m* **sinngemäß** по смы́слу **sinnlich** чýвственный **sinnlos** бессмы́сленный **sinnvoll** осмы́сленный
Sippe F род *m*, клан *m*
Sirup M сирóп *m*
Sitte F обы́чай *m*
Situation F ситуа́ция *f*
Sitz M сидéнье *n*; мéсто *n*; *Firmensitz* местонахождéние *n*, а́дрес *m* **sitzen** сидéть *(a. Kleidung)* **Sitzung** F заседа́ние *n*
Skala F шкала́ *f*
Skandal M сканда́л *m*
Skandinavien N Скандина́вия *f*
Skateboard N рóликовая доска́ *f*, скéйтборд *m*
Skelett N скелéт *m*
skeptisch скепти́ческий
Ski M лы́жа *f*; **~ laufen / fahren** ходи́ть на лы́жах **Skiläufer(in)** M(F) лы́жник *m* (-ица *f*)
Skispringen N прыжки́ *mpl* на лы́жах
Skizze F эски́з *m*; *Entwurf* набрóсок *m* **skizzieren** набра́сывать ⟨-роса́ть⟩
skrupellos бессóвестный
Skulptur F скульптýра *f*
Skyline F панора́ма *f*
skypen® говори́ть по скáйпу
Slang M сленг *m*
slawisch славя́нский
Slip M трýсики *pl*, трусы́ *pl* **Slipeinlage** F проклáдка *f*
slowakisch словáцкий **slowenisch** словéнский
Slums MPL трущóбы *fpl*
Small Talk M смóлток *m*, неформáльная бесéда *f*
Smaragd M изумрýд *m*
Smoothie M *Mixgetränk* смýзи *m undekl*
Smartphone N смартфóн *m*
SMS F СМС *f od n*, СМС-сообщéние *n*
Sneakersöckchen NPL слéдочки *pl*
Snob M сноб *m*
s.o. (siehe oben) смотри́ вы́ше
so так; *auf diese Art a.* таки́м óбразом; **~ genannt** так называ́емый; **~ viel** стóлько **sobald** как тóлько
Socke F носóк *m* **Sockel** M цóколь *m*
sodass так, что
Sodawasser N сóдовая водá *f*
Sodbrennen N изжóга *f*
soeben тóлько что
Sofa N дивáн *m*
sofort сейчáс, немéдленно
Softdrink M безалкогóльный

напиток *m* **Software** F программное обеспечение *n*
sogar даже
Sohle F *Schuhsohle* подошва *f*; *Fußsohle* ступня *f*
Sohn M сын *m*
Sojasoße F GASTR соевый соус *m* **Sojasprossen** FPL GASTR соевые ростки *mpl*
solange пока
Solaranlage F солнечные батареи *pl* **Solarenergie** F солнечная энергия *f* **Solarium** N солярий *m*
solch такой; таковой
Soldat M солдат *m*
solidarisch солидарный
solide солидный
Solist(in) M(F) солист(ка) *m(f)*
Soll N WIRTSCH дебет *m* **sollen**: **du sollst** ты должен; **man soll nicht** нельзя; **sie soll hübsch sein** говорят, что она красива; **was soll das?** зачем это?
Sommer M лето *n*; **im ~** летом **Sommerferien** *pl* летние каникулы *pl* **sommerlich** летний **Sommerschlussverkauf** M летняя распродажа *f*
Sonde F зонд *m*
Sonderangebot N распродажа *f* (по сниженным ценам) **sonderbar** странный **Sonderfahrt** F спецрейс *m* **Sonderfall** M особый случай *m* **Sondermüll** M мусор *m*, не подлежащий смешиванию с обычным
sondern а, но; **nicht nur …, ~ auch** не только …, но и
Sonnabend M → Samstag
Sonne F солнце *n*; **in der ~** на солнце **sonnen**: **sich ~** загорать ⟨-реть⟩
Sonnenaufgang M восход *m* солнца **Sonnenbrand** M солнечный ожог *m* **Sonnenbrille** F солнцезащитные очки *pl* **Sonnencreme** F крем *m* от солнечного ожога **Sonnenfinsternis** F солнечное затмение *n* **sonnengebräunt** загорелый
Sonnenkollektor M солнечный коллектор *m* **Sonnenschirm** M зонтик *m* от солнца **Sonnenschutz** M защита *f* от солнца **Sonnenstich** M солнечный удар *m* **Sonnenuntergang** M закат *m*
sonnig солнечный **Sonntag** M воскресенье; → *a.* Donnerstag; **an Sonn- und Feiertagen** по выходным (дням)
sonst иначе; *außerdem* кроме того; *gewöhnlich* обычно; **~ noch etwas?** ещё что-нибудь? **sonstig** прочий
Sopran M сопрано *n unv*
Sorge F забота *f*, беспокойство *n*; **keine ~!** не волнуйтесь!; **sich ~n machen** беспокоиться (**um** *akk* о *П*) **sorgen** ⟨по⟩заботиться (**für** *akk* о *П*)
sorgfältig тщательный **sorglos** беззаботный

Sorte F сорт *m* **sortieren** ⟨рас⟩сортировать **Sortiment** N ассортимент *m*
Soße F соус *m*
Souvenir N сувенир *m* **Souvenirladen** M сувенирная лавка *f* **souverän** суверенный
soviel = **soweit**: KONJ **~ ich weiß** насколько мне известно
sowie *auch* а также, как и **sowieso** всё равно
sowohl: **~ ... als auch ...** как ..., так и ...
sozial социальный; **~ schwach** малообеспеченный
Sozialamt N ведомство *n* по социальному обеспечению
sozialdemokratisch социал-демократический **Sozialhilfe** F социальное пособие *n* **sozialistisch** социалистический **Sozialversicherung** F социальное страхование *n* **Sozialwohnung** F льготная квартира *f* (для малообеспеченных)
sozusagen так сказать
Spag(h)etti *pl* спагетти *pl unv*
Spalt M щель *f* **Spalte** F *a.* трещина *f*; *Textspalte* колонка *f* **spalten** *mst fig* раскалывать ⟨-колоть⟩ (**sich** -ся) **Spaltung** F раскол *m*; PHYS расщепление *n*
Spange F застёжка *f*; *Zahnspange* пластина *f*
Spanien N Испания *f* **Spanier(in)** M(F) испанец *m* (-нка *f*)
Spann M подъём *m* **Spanne** F *Zeitspanne* промежуток *m*
spannen натягивать ⟨-януть⟩ **spannend** увлекательный **Spannung** F напряжение *n* (*a.* PHYS)
spar... бюджетный **Sparbuch** N сберегательная книжка *f* **Sparbüchse** F копилка *f*
sparen ⟨на⟩копить; *einsparen* ⟨с⟩экономить **Sparkasse** F сберегательная касса *f*
spärlich скудный
Sparmaßnahme F мероприятие *n* по экономии **sparsam** бережливый; *im Verbrauch* экономный **Sparvariante** F бюджетный вариант *m*
Spaß M потеха *f*, развлечение *n*; *Scherz* шутка *f*; **viel ~!** желаю хорошо повеселиться!
spät поздний; **wie ~ ist es?** который час?; **zu ~ kommen** опаздывать ⟨-поздать⟩
Spaten M лопата *f*
später ADV позже, позднее; **bis ~!** пока! **spätestens** самое позднее
Spatz M воробей *m*
spazieren: **~ gehen** ⟨по⟩гулять **Spaziergang** M прогулка *f*
Speck M (копчёное) сало *n*
Spedition F транспортно-экспедиционное агентство *n*
Speer M копьё *n* **Speerwerfen** N метание *n* копья
Speiche F *des Rades* спица *f*
Speichel M слюна *f*

Speicher M *Lager* склад *m*; храни́лище *n*; *EDV* па́мять *f* **speichern** храни́ть
Speise F блю́до *n*; *Nahrung* еда́ *f* **Speisekarte** F меню́ *n unv* **Speiseöl** N (пищево́е) расти́тельное ма́сло *n* **Speisesaal** M столо́вая *f* **Speisewagen** M ваго́н-рестора́н *m*
Spekulation F спекуля́ция *f*
Spende F поже́ртвование *n* **spenden** *Geld* ⟨по⟩же́ртвовать
Sperling M воробе́й *m*
Sperma N спе́рма *f*
Sperre F прегра́да *f*; *fig* запре́т *m* **sperren** *absperren* закры́(ва́)ть, перекры́(ва́)ть; блоки́ровать *(im)pf* **sperrig** громо́здкий **Sperrung** F закры́тие *n*, перекры́тие *n*
Sperrzone F запре́тная зо́на *f*
Spesen *pl* изде́ржки *fpl*
Spezialist(in) M(F) специали́ст(ка) *m(f)* **speziell** специа́льный; ADV *a.* в ча́стности
Spiegel M зе́ркало *n* **Spiegelbild** N зерка́льное отраже́ние *n* **Spiegelei** N я́ичница-глазу́нья *f* **spiegeln** V/T отража́ть ⟨-рази́ть⟩ (**sich** -ся)
Spiegelreflexkamera F зерка́льный фотоаппара́т *m*, зерка́лка *f*
Spiel N игра́ *f* **spielen** игра́ть ⟨сыгра́ть⟩ (**Karten** в ка́рты; **Gitarre** на гита́ре; **e-e Rolle** роль) **Spieler(in)** M(F) игро́к *m*
Spielfeld N площа́дка *f* для игры́ **Spielfilm** M худо́жественный фильм *m* **Spielkasino** N = **Spielothek** F игроте́ка *f* **Spielplan** M реперту́ар *m* **Spielplatz** M де́тская площа́дка *f* **Spielregel** F пра́вило *n* игры́ **Spielzeug** N игру́шка *f*
Spieß M GASTR ве́ртел *m* **spießig** обыва́тельский
Spinne F пау́к *m* **spinnen** ⟨с⟩прясть; *umg fig* рехну́ться *pf*
Spion M шпио́н *m*; *Türspion* глазо́к *m* **Spionage** F шпиона́ж *m* **spionieren** шпио́нить
Spionin F шпио́нка *f*
Spirale F спира́ль *f*
Spirituosen *pl* спиртны́е напи́тки *mpl*
Spiritus M спирт *m* **Spirituskocher** M спирто́вка *f*
spitz о́стрый; *fig* ко́лкий **Spitze** F ко́нчик *m*; *v. Berg* верши́на *f*; *Stoff* кру́жево *n*; **an der ~** во главе́ **Spitzel** M шпик *m* **spitzen** *Bleistift* ⟨на⟩точи́ть
Spitzenkandidat M гла́вный кандида́т *m*
Spitzname M про́звище *n*, кли́чка *f*
Splitter M оско́лок *m*; *in der Haut* зано́за *f* **splittern** раска́лываться ⟨-коло́ться⟩
Sponsor M спо́нсор *m* **spontan** sпонта́нный
Sport M спорт *m*; **~ treiben** занима́ться спо́ртом **Sportar-**

tikel MPL спорттова́ры *mpl* **Sportbekleidung** F спорти́вный костю́м *m*, *umg* спорти́вная оде́жда *f* **Sportler(in)** M(F) спортсме́н(ка) *m(f)* **sportlich** спорти́вный; *pers a.* натрениро́ванный **Sportplatz** M спортплоща́дка *f* **Sporttasche** F спорти́вная су́мка *f* **Sportwagen** M вид *m* де́тской коля́ски; *Auto* спорти́вная маши́на *f*

Spott M насме́шка *f* **spottbillig** копе́ечный **spotten** насмеха́ться (**über** *akk* над *T*)

spöttisch насме́шливый

Sprache F язы́к *m*; *Stil* речь *f* **Sprachführer** M разгово́рник *m* **Sprachkurs** M ку́рс(ы) *m(pl)* (иностра́нного) языка́ **sprachlich** языково́й **sprachlos** онеме́вший

Spray N аэрозо́ль *m*

Sprechanlage F перегово́рное устро́йство *n* **sprechen** говори́ть (**mit** *dat* с *T*, **über** *akk* / **von** *dat* о *П*); → *a.* reden **Sprecher(in)** M(F) TV ди́ктор *m*; POL представи́тель(ница) *m(f)* **Sprechstunde** F приём(ный час) *m* **Sprechzimmer** N приёмная *f*

spreizen ⟨рас⟩топы́рить

sprengen взрыва́ть ⟨взорва́ть⟩; *Rasen* поли́(ва́)ть **Sprengstoff** M взры́вчатое вещество́ *n* **Sprengung** F взрыв *m*

Sprichwort N посло́вица *f*

sprießen проби́(ва́)ться

Springbrunnen M фонта́н *m* **springen** пры́гать ⟨-гнуть⟩

Sprit M *umg Benzin* горю́чее *n*

Spritze F шприц *m*; *Injektion* уко́л *m* **spritzen** V/T опры́ск(ив)ать; V/I *Blut* пры́скать ⟨-снуть⟩

spröde хру́пкий; *Haut* сухо́й

Sprosse F перекла́дина *f*

Spruch M изрече́ние *n*

Sprudel M минера́льная вода́ *f* **sprudeln** бурли́ть; *sieden* ⟨вс⟩кипе́ть

sprühen V/I *Funken* ⟨по⟩сы́паться; V/T опры́ск(ив)ать **Sprühregen** M ме́лкий дождь *m*

Sprung M прыжо́к *m*; *Riss* тре́щина *f* **Sprungbrett** N трампли́н *m* **Sprungschanze** F лы́жный трампли́н *m* **Sprungturm** M вы́шка *f* для прыжко́в

Spucke F *umg* слюна́ *f* **spucken** ⟨на⟩плева́ть (*a. fig*)

Spülbecken N мо́йка *f*

Spule F кату́шка *f*

spülen ⟨про⟩полоска́ть; *Geschirr* ⟨по⟩мы́ть **Spülmaschine** F посудомо́йка *f* **Spülmittel** N посудомо́ечное сре́дство *n*

Spur F след *m*; *Fahrspur* полоса́ *f*

spürbar ощути́мый **spüren** ⟨по⟩чу́вствовать

spurlos ADV бессле́дно

Staat M госуда́рство *n* **staat-**

lich госуда́рственный **Staatsangehörigkeit** F гражда́нство *n* **Staatsanwalt** M прокуро́р *m* **Staatsbürger(in)** M(F) граждани́н *m* (-да́нка *f*) **Staatsmann** M госуда́рственный де́ятель *m* **Staatsoberhaupt** N глава́ *f* госуда́рства **Staatsstreich** M госуда́рственный переворо́т *m*

Stab M га́лка *f*; *pers* штаб *m* **Stabhochsprung** M прыжки́ *mpl* с шесто́м

stabil стаби́льный

Stachel M шип *m*; *v. Insekt* жа́ло *n*; *v. Igel* колю́чка *f* **Stachelbeere** F крыжо́вник *m* **Stacheldraht** M колю́чая про́волока *f* **stachelig** колю́чий

Stadion N стадио́н *m* **Stadium** N ста́дия *f*, эта́п *m*

Stadt F го́род *m* **Stadtbahn** F электри́чка *f* **Stadtbummel** M прогу́лка *f* по го́роду **Städtetour** F экску́рсия *f* по города́м **städtisch** городско́й

Stadtmitte F центр *m* го́рода **Stadtplan** M план *m* го́рода **Stadtrand** M окра́ина *f* **Stadtrundfahrt** F экску́рсия *f* по го́роду **Stadtteil** M райо́н *m*

Staffelei F мольбе́рт *m* **Staffellauf** M эстафе́тный бег *m*

Stahl M сталь *f* **Stahlwerk** N сталеплави́льный заво́д *m*

Stall M хлев *m*; *kleiner* сто́йло *f*

Stamm M *Baumstamm* ствол *m* **stammeln** V/T ⟨про⟩лепета́ть **stammen**: **~ aus** быть ро́дом из (*P*) **Stammkunde** M постоя́нный клие́нт *m* **Stammtisch** M стол *m* для завсегда́таев

stampfen V/T ⟨ис⟩толо́чь; V/T топа́ть

Stand M *Spielstand* счёт *m*; *Messestand* стенд *m*; → Lage, Niveau, imstande, zustande

Ständer M сто́йка *f*

Standesamt N загс *m*

ständig постоя́нный; *Wohnsitz* определённый

Standort M местонахожде́ние *n* **Standpunkt** M то́чка *f* зре́ния

Stange F шест *m*; *Zigaretten* блок *m*

Stängel M сте́бель *m*

Stapel M сто́пка *f* **Stapellauf** M спуск *m* со ста́пеля **stapeln** укла́дывать ⟨уложи́ть⟩ в сто́пку; **sich ~** нака́пливаться ⟨-копи́ться⟩

Star M ZO скворе́ц *m*; *Filmstar* звезда́ *f*; MED **grauer ~** катара́кта *f*; **grüner ~** глауко́ма *f*

stark си́льный; *Verkehr* интенси́вный; *Tee* кре́пкий

Stärke F си́ла *f*; *v. pers* си́льная сторона́ *f*; *Zahl* чи́сленность *f* **stärken** укрепля́ть ⟨-пи́ть⟩ (**sich** -ся)

Starkstrom M ток *m* высо́кого напряже́ния

starr застывший; *Blick* неподвижный **starren** *anstarren* уставляться ⟨-авиться⟩
Start M старт *m*; FLUG *a.* взлёт *m*; *Motor* запуск *m* **Startbahn** F взлётная полоса *f* **startbereit** готовый к старту **starten** стартовать *(im)pf*; *Motor, Rakete* запускать ⟨-стить⟩
Station F остановка *f*; станция *f*; *Krankenhaus* отделение *n*
Statist(in) M(F) статист(ка) *m(f)*
Statistik F статистика *f*
statt PRÄP *gen* вместо (*P*) **stattfinden** состояться *pf* **stattlich** *pers* статный; *fig* значительный
Statue F статуя *f*
Stau M затор *m*; *Autos* пробка *f*
Staub M пыль *f* **staubig** пыльный **Staubsauger** M пылесос *m*
Staudamm M плотина *f*
staunen удивляться ⟨-виться⟩ (**über** *akk Д*)
Stausee M водохранилище *n*
stechen *Insekt* кусать ⟨укусить⟩ **stechend** колючий
Steckbrief M объявление *n* о розыске **Steckdose** F розетка *f* **stecken** V/T втыкать ⟨воткнуть⟩; V/I торчать; *umg* **wo steckst du?** где ты пропадаешь?; **~ bleiben** застревать ⟨-рять⟩ **Stecker** M штепсель *m* **Stecknadel** F булавка *f*
Steg M *Anlegesteg* причал *m*
stehen стоять; *sich befinden* находиться; *Kleidung* идти (**j-m** к-у); **im Stehen** стоя; **~ bleiben** останавливаться ⟨-новиться⟩; **~ lassen** оставлять ⟨-авить⟩ **stehend** *Gewässer* стоячий
stehlen ⟨у⟩красть **Stehplatz** M стоячее место *n*
steif жёсткий; *gezwungen* натянутый; → starr
steigen *hochsteigen, Aktien* подниматься ⟨-няться⟩; *Preis, Fieber* повышаться ⟨-выситься⟩; → aussteigen, einsteigen **steigern** *erhöhen* повышать ⟨-ысить⟩; *verstärken* усили(ва)ть **Steigerung** F повышение *n*; увеличение *n*
steil крутой
Stein M камень *m* **Steinbruch** M каменоломня *f* **steinig** каменистый **Steinkohle** F каменный уголь *m*
Steinschlag M камнепад *m*
Steinzeit F каменный век *m*
Stelle F *Ort* место *n*; *Arbeitsstelle* должность *f* **stellen** ⟨по⟩ставить; *Frage* зад(ав)ать; **sich ~** являться ⟨явиться⟩; *sich verstellen* притворяться ⟨-риться⟩ (*T*)
Stellenangebot N предложение *n* вакантной должности **Stellengesuch** N объявление *n* о поиске работы
Stellung F положение *n*; *Anstellung* должность *f*; → Meinung

Stellvertreter(in) M(F) замести́тель‧ница) *m(f)*
stemmen *Loch* ⟨вы́⟩долби́ть
Stempel M печа́ть *f*; *Poststempel* штемпель *m* **stempeln** *abstempeln* прикла́дывать ⟨-ложи́ть⟩ печа́ть
Stengel M → Stängel
Steppdecke F стёганое одея́ло *n* **Steppe** F степь *f*
sterben умира́ть ⟨умере́ть⟩ **Sterbeurkunde** F свиде́тельство *n* о сме́рти
sterblich сме́ртный
Stereoanlage F стереоустано́вка *f*
steril стери́льный **sterilisieren** стерилизова́ть *(im)pf*
Stern M звезда́ *f* **Sternbild** N созве́здие *n* **Sternschnuppe** F па́дающая звезда́ *f* **Sternwarte** F обсервато́рия *f* **Sternzeichen** N знак *m* зодиа́ка
Steuer[1] N руль *m*; SCHIFF штурва́л *m*
Steuer[2] F нало́г *m* **Steuerberater(in)** M(F) консульта́нт(ка) *m(f)* по нало́говым вопро́сам **Steuerbescheid** M нало́говое извеще́ние *n* **Steuerbord** N пра́вый борт *m* **Steuererklärung** F нало́говая деклара́ция *f* **Steuerfahndung** F нало́говая поли́ция *f*
steuerfrei не облага́емый нало́гом **Steuerhinterziehung** F сокры́тие *n* нало́гов **Steuermann** M шту́рман *m*
steuern управля́ть **steuerpflichtig** налогооблага́емый **Steuerung** F управле́ние *n* **Steuerzahler(in)** M(F) налогоплате́льщик *m* (-ица *f*)
Steward(ess) M(F) стю́ард(е́сса) *m(f)*
Stich M *v. Insekt* уку́с *m*; *Kupferstich* гравю́ра *f*; **im ~ lassen** покида́ть ⟨-и́нуть⟩ **stichhaltig** обосно́ванный **Stichprobe** F вы́борочная прове́рка *f* **Stichtag** M срок *m* (выполне́ния) **Stichwahl** F перебаллотиро́вка *f* **Stichwort** N ключево́е / *im Lexikon* загла́вное сло́во *n*
sticken выши(ва́)ть **stickig** ду́шный **Stickstoff** M азо́т *m*
Stiefel M сапо́г *m*
Stiefeltern *pl* о́тчим *m* и ма́чеха *f* **Stiefmutter** F ма́чеха *f* **Stiefsohn** M па́сынок *m* **Stieftochter** F па́дчерица *f* **Stiefvater** M о́тчим *m*
Stiel M ру́чка *f*, рукоя́тка *f*; BOT сте́бель *m*
Stier M бык *m*
Stift M TECH штырь *m*; *Bleistift* каранда́ш *m* **stiften** *spenden* учрежда́ть ⟨-еди́ть⟩ **Stiftung** F учрежде́ние *n*
Stil M стиль *m*
still споко́йный; *leise* ти́хий; **~!** ти́хо! **Stille** F тишина́ *f* **stillen** *Kind* ⟨на⟩корми́ть гру́дью; *Blut* остана́вливать ⟨-нови́ть⟩ **Stillleben** N натюрмо́рт *m* **stilllegen** закры́(ва́)ть **Still-**

raum M кóмната *f* для кормлéния **stillschweigend** ADV мóлча **Stillstand** M застóй *m*; *einer Maschine* простóй *m* **Stimme** F гóлос *m* **stimmen** *wahr sein* быть прáвильным / вéрным; *abstimmen* ⟨про⟩голосовáть (**für** *akk* за *B*; **gegen** *akk* прóтив *P*); *Instrument* настрáивать ⟨-рóить⟩; **das stimmt (nicht)** э́то (не) прáвильно / вéрно
Stimmenthaltung F воздержáние *n* от голосовáния
Stimmrecht N прáво *n* гóлоса **Stimmung** F настроéние *n*
stinken вонять
Stipendium N стипéндия *f*
Stirn F лоб *m*
Stock M пáлка *f*; → Stockwerk **stocken** *beim Reden* запинáться ⟨-пнýться⟩ **Stockwerk** N этáж *m*
Stoff M веществó *n*; *Gewebe* ткань *f* **Stoffwechsel** M обмéн *m* веществ
stöhnen стонáть
Stollen M BERGB штóльня *f*
stolpern спотыкáться ⟨-ткнýться⟩
stolz гóрдый; **~ sein auf** *akk* гордиться (*T*)
stopfen *Pfeife* наби́(вá)ть; *zustopfen* затыкáть ⟨-ткнýть⟩; *hineinstopfen* запи́хивать ⟨-хáть⟩
stoppen останáвливать ⟨-нови́ть⟩ (-ся *v/i*); *Zeit* засекáть ⟨-сéчь⟩ **Stoppuhr** F секундомéр *m*
Stöpsel M прóбка *f*
Storch M áист *m*
stören ⟨по⟩мешáть; нарушáть ⟨-рýшить⟩ **stornieren** сторни́ровать *pf*, аннули́ровать *pf* **Störung** F помéха *f*; нарушéние *n*; TECH неисправность *f*
Stoß M толчóк *m*; *Schlag* удáр *m*; *Stapel* стóпка *f* **Stoßdämpfer** M амортизáтор *m* **stoßen** V/T толкáть ⟨-кнýть⟩; V/I натáлкиваться ⟨-толкнýться⟩ (**an, gegen** *akk, a. fig*; **auf** *akk* на *B*); **sich ~** ударяться ⟨-áриться⟩ (**an** *dat* о *B*) **Stoßstange** F бáмпер *m* **Stoßzeit** F часы́ *mpl* пик
stottern заикáться
Str. → Straße
Strafanzeige F донесéние *n* о совершённом преступлéнии (**gegen j-n** на к-о) **strafbar** наказýемый **Strafe** F наказáние *n*; *Geldstrafe* штраф *m*
strafen накáзывать ⟨-зáть⟩
straff тугóй
straffrei безнакáзанный
Strafpunkt M штрафнóе очкó *n* **Strafrecht** N уголóвное прáво *n* **Strafstoß** M штрафнóй удáр *m* **Straftat** F престýпное деяние *n* **Strafverfahren** N уголóвное дéло *n* **Strafzettel** M уведомлéние *n* о штрáфе
Strahl M луч *m*; *Wasserstrahl* струя́ *f* **strahlen** сиять (*a. fig*) **strahlend** сияющий

Strahlung F излучéние *n*, радиáция *f*
Strähne F *Haarsträhne* прядь *f*
Strampelanzug M ползункú *mpl* **strampeln** дрыгать
Strand M пляж *m*; **am ~** на пляже **Strandpromenade** F набережная *f*
Strang M верёвка *f*
strapazierfähig прóчный
Straße F ýлица *f*; *Landstraße* дорóга *f*; **auf der ~** на ýлице
Straßenbahn F трамвáй *m*
Straßenbau M дорóжное строительство *n* **Straßenglätte** F гололёд *m*; **Achtung ~** осторожно гололёд **Straßenhändler** M ýличный торгóвец *m* **Straßenkarte** F кáрта *f* дорóг
Straßenverkehr M ýличное движéние *n* **Straßenverkehrsordnung** F прáвила *npl* дорóжного движéния **Straßenverzeichnis** N указáтель *m* ýлиц
sträuben: **sich ~ gegen etw** ⟨вос⟩противиться (*Д*)
Strauch M куст *m*
Strauß M *Blumenstrauß* букéт *m*
streben стремиться (**nach** *dat* к *Д*)
Strecke F расстояние *n*; BAHN линия *f* **strecken** *hinausstrecken* высóвывать ⟨высунуть⟩ (**aus** *dat* из *Р*); **sich ~** потягиваться ⟨-янýться⟩
Streich M *fig* продéлка *f*
streicheln ⟨по⟩глáдить
streichen *Wand* ⟨по⟩крáсить; *Termin usw* отменять ⟨-нить⟩; ⟨по⟩глáдить (**über** *akk* по *Д*); → anstreichen, bestreichen **Streichholz** N спичка *f* **Streichinstrument** N смычкóвый инструмéнт *m*
Streife F патрýль *m* **streifen** касáться ⟨коснýться⟩ **Streifen** M полосá *f* **Streifenwagen** M патрýльная машина *f*
Streik M забастóвка *f* **Streikbrecher** M штрейкбрéхер *m*
streiken ⟨за⟩бастовáть
Streit M спор *m*; *Zank* ссóра *f*
streiten ⟨по⟩спóрить; ⟨по⟩ссóриться **Streitfrage** F спóрный вопрóс *m* **Streitkräfte** *pl* вооружённые сúлы *fpl* **streitsüchtig** задиристый
streng стрóгий; *fig* сурóвый
Stress M стресс *m* **stressig** стрéссовый, нéрвный
streuen рассыпáть ⟨-ыпать⟩
Strich M чертá *f*; *umg* **auf den ~ gehen** идтú на панéль **Strichkode** M штриховóй код *m*
Strick M верёвка *f* **stricken** ⟨с⟩вязáть **Strickjacke** F вязаная кóфта *f*
strikt тóчный
Striptease M стриптúз *m*
strittig спóрный
Stroh N солóма *f* **Strohhalm** M солóминка *f*
Strom M ток *m*; *Fluss* рекá *f*
stromabwärts вниз по течé-

нию **Stromanschluss** M подключéние *n* к электросéти **stromaufwärts** вверх по течéнию **Stromausfall** M прекращéние *n* подáчи тóка
strömen ⟨по⟩тéчь
Stromstärke F сúла *f* тóка
Strömung F течéние *n*
Strophe F строфá *f*
Strudel M водоворóт *m*
Struktur F структýра *f*
Strumpf M чулóк *m* **Strumpfhose** F колгóтки *pl*
struppig растрёпанный
Stube F (óбщая) кóмната *f*
Stück N кусóк *m*; *Teil* часть *f*; WIRTSCH штýка *f*; THEAT пьéса *f* **Stückzahl** F колúчество *n*
Student M студéнт *m* **Studenten(wohn)heim** N студéнческое общежúтие *n* **Studentin** F студéнтка *f*
Studie F исслéдование *n* **studieren** ⟨на⟩учúться (*akk Д*) **Studio** N стýдия *f*, ательé *n unv* **Studium** N учёба *f*
Stufe F ступéнь(ка) *f*
Stuhl M стул *m* **Stuhlgang** M стул *m*
stumm немóй
stumpf тупóй **Stumpf** M *Baumstumpf* пень *m*; *Beinstumpf usw* культя́ *f*
Stunde F час *m*; *Schulstunde* урóк *m* **stunden** FIN отсрóчи(ва)ть
Stundenkilometer M киломéтр *m* в час **stundenlang** часáми **Stundenlohn** M почасовáя оплáта *f* **Stundenplan** M расписáние *n* (урóков) **stundenweise** ADV по часáм
stündlich ежечáсный
stur упря́мый
Sturm M бýря *f*; SCHIFF штóрм *m*
stürmen V/T штурмовáть; V/I **es stürmt** бушýет бýря **Stürmer** M нападáющий *m* **stürmisch** бýрный
Sturz M падéние *n*; POL свержéние *n*
stürzen V/I *fallen* пáдать ⟨упáсть⟩; **sich ~** набрáсываться ⟨-рóситься⟩ (**auf** *akk* на *В*)
Sturzflug M пикúрование *n* **Sturzhelm** M защúтный шлем *m*
Stute F кобы́ла *f*
Stütze F подпóрка *f*; *fig Hilfe* опóра *f* **stützen** подпирáть ⟨-перéть⟩; **sich ~** опирáться ⟨-перéться⟩ (**auf** *akk* на *В*)
stutzig: **~ werden** насторáживаться ⟨-сторожúться⟩
Stützpunkt M бáза *f*
s.u. (siehe unten) смотрú нúже
Subjekt N субъéкт *m*; GRAM подлежáщее *n* **subjektiv** субъектúвный **Substantiv** N существúтельное *n* **Substanz** F субстáнция *f* **Subvention** F субвéнция *f*
Suche F пóиск *m* **suchen** искáть **Sucher** M FOTO видоискáтель *m* **Suchmaschine**

F IT поисковик *m*
Sucht F ...мания *f*; страсть *f* (*a. fig*)
süchtig страдающий ...манией
Südafrika N Южная Африка *f* **Südamerika** N Южная Америка *f* **Süden** M юг *m* **südlich** южный; **~ von** *dat* к югу от (*P*) **Südosten** M юговосток *m* **Südpol** M Южный полюс *m* **Südwesten** M югозапад *m* **Südwind** M южный ветер *m*
Sülze F студень *f*
Summe F сумма *f* **summen** *Insekt* жужжать **summieren**: **sich ~** накапливаться ‹-копиться›
Sumpf M болото *n*, трясина *f* **sumpfig** болотистый
Sünde F грех *m*
super *umg* клёвый, классный **Supermarkt** M супермаркет *m*
Suppe F суп *m* **Suppengrün** N коренья *pl*
Surfbrett N сёрфинг *m* **surfen** заниматься ‹-няться› сёрфингом; **im Internet ~** путешествовать по интернету, работать в интернете
surren ‹по›гудеть
Sushi N суши *n unv*
süß сладкий; *fig a.* миленький **Süßigkeiten** FPL сласти *f/pl* **Süßstoff** M сахарин *m* **Süßwasser** N пресная вода *f*
Sweatshirt N реглан *m*, свитшорт *m*
Swimmingpool M бассейн *m*
Symbol N символ *m* **symbolisch** символический
symmetrisch симметричный
sympathisch симпатичный
Symptom N симптом *m*
Synagoge F синагога *f* **synchronisiert** дублированный **synthetisch** синтетический
Syrien N Сирия *f*
System N система *f* **systematisch** систематический
Szene F сцена *f* (*a. fig*)

T

Tabak M табак *m* **Tabakladen** M табачный магазин *m*
Tabelle F таблица *f*
Tablet N IT планшет *m*
Tablett N поднос *m* **Tablette** F таблетка *f*
Tacho(meter) M тахометр *m*
tadeln порицать
Tafel F *Schokolade* плитка *f*; *Wandtafel* доска *f*
Tag M день *m*; *Dauer* сутки *pl*; **guten ~!** здравствуй(те)!; **am** *od* **bei ~(e)** днём; **jeden ~** каждый день **Tagebuch** N дневник *m* **tagelang** целыми днями **tagen** заседать
Tagesanbruch M рассвет *m* **Tagesausflug** M дневная

экскýрсия *f* **Tageslicht** N дневнóй свет *m* **Tagesordnung** F повéстка *f* дня **Tageszeitung** F ежеднéвная газéта *f*
täglich ежеднéвный; **zweimal ~** два рáза в день
tagsüber днём
Tagung F заседáние *n*
Taille F тáлия *f*
Takt M такт *m* (*a. fig; Taktgefühl*) **Taktik** F тáктика *f* **taktlos** бестáктный **Taktstock** M дирижёрская пáлочка *f* **taktvoll** тактúчный
Tal N долúна *f*
Talent N талáнт *m*
Talg M сáло *n*
Talkshow F ток-шóу *n unv*
Tampon M тампóн *m*
Tank M (бензо)бак *m* **tanken** заправля́ться ⟨-рáвиться⟩ (*akk T*) **Tanker** M тáнкер *m* **Tankstelle** F (бензо)заправóчная стáнция *f*
Tanne F ель *f*, пи́хта *f*
Tante F тётя *f*
Tanz M тáнец *m* **tanzen** ⟨c⟩танцевáть
Tänzer(in) M(F) танцóр(ка) *m(f)*; *Balletttänzer(in)* танцóвщик *m* (-ица *f*)
Tapete F обóи *pl* **tapezieren** оклéи(вá)ть обóями
tapfer смéлый, хрáбрый
Tarif M тариф *m* **Tarifvertrag** M тарифный договóр *m*
tarnen ⟨за⟩маскировáть (**sich** -ся) **Tarnung** F маскирóвка *f*
Tasche F сýмка *f*; *Hosentasche* кармáн *m*
Taschendieb(in) M(F) кармáнник *m* **Taschengeld** N кармáнные дéньги *pl* **Taschenlampe** F кармáнный фонáрик *m* **Taschenmesser** N перочи́нный нож *m* **Taschenrechner** M (микро)калькуля́тор *m* **Taschentuch** N носовóй платóк *m*
Tasse F чáшка *f*
Tastatur F клавиатýра *f* **Taste** F клáвиша *f* **tasten** искáть óщупью (**nach** *dat B*)
Tat F постýпок *m*; *Straftat* преступлéние *n*
Täter(in) M(F) *Straftäter(in)* престýпник *m* (-ица *f*)
tätig дéятельный; **~ sein als** рабóтать (*T*) **Tätigkeit** F дéятельность *f*
Tätowierung F татуирóвка *f*
Tatsache F факт *m* **tatsächlich** фактúческий; ADV *a.* на сáмом дéле
Tatze F лáпа *f*
Tau[1] M росá *f*
Tau[2] N *Seil* канáт *m*
taub глухóй; *Gliedmaßen* онемéлый **Taube** F *Vogel* гóлубь *m*, голýбка *f* **taubstumm** *neg!* глухонемóй
tauchen V/I ныря́ть ⟨-рнýть⟩ **Taucher(in)** M(F) *Sporttaucher(in)* аквалангúст(ка) *m(f)*
tauen: **es taut** тáет
Taufe F крещéние *n* **taufen** ⟨о⟩крестúть **Taufschein** M

свидéтельство *n* о крещéнии **taugen** годи́ться **tauglich** (при)гóдный **taumeln** шатáться **Tausch** M обмéн *m* **tauschen** ⟨по⟩меня́ть (**gegen** *akk* на *B*) **täuschen** обмáнывать ⟨-нýть⟩ (**sich** -ся) **Täuschung** F обмáн *m* **tausend** ты́сяча *f* **Tausender** M ты́сяча *f* **Tausendstel** N ты́сячная (часть) *f* **Taxi** N такси́ *n unv* **Taxifahrer(in)** M(F) такси́ст(ка) *m(f)* **Taxistand** M стоя́нка *f* такси́ **Team** N коллекти́в *m*; SPORT комáнда *f* **Teamarbeit** F коллекти́вная рабóта *f* **teamfähig** спосóбный рабóтать в коллекти́ве **Technik** F тéхника *f* **Techniker(in)** M(F) тéхник *m* **technisch** техни́ческий **Technologie** F технолóгия *f* **Tee** M чай *m* **Teebeutel** M пакéтик *m* с чáем **Teekanne** F, **Teekessel** M чáйник *m* **Teelöffel** M чáйная лóжка *f* **Teenager** M подрóсток *m* **Teer** M смолá *f* **Teestube** F чáйная *f* **Teich** M пруд *m* **Teig** M тéсто *n* **Teigwaren** FPL макарóнные издéлия *npl* **Teil** M *od* N часть *f*; **zum ~** частúчно **teilen** ⟨по⟩дели́ть (-ся *etw* *mit* *j-m*) **Teilhaber(in)** M(F) компаньóн(ка) *m(f)* **Teilnahme** F учáстие *n* **teilnehmen** принимáть ⟨-ня́ть⟩ учáстие *n* (**an** *dat* в *П*) **Teilnehmer(in)** M(F) учáстник *m* (-ица *f*) **teils** отчáсти **Teilung** F (раз)делéние *n* **teilweise** ADV частúчно **Teilzahlung** F уплáта *f* в рассрóчку **Teilzeitbeschäftigung** F непóлная зáнятость *f* **Teint** M цвет *m* лицá **Telefon** N телефóн *m* **Telefonbuch** N телефóнная кни́га *f* **Telefongespräch** N телефóнный разговóр *m* **telefonieren** *mit j-m* ⟨по⟩говори́ть по телефóну **telefonisch** ADV по телефóну **Telefonkarte** F телефóнная кáрточка *f* **Telefonnummer** F нóмер *m* телефóна **Telefonseelsorge** F телефóн *m* довéрия **Telefonzelle** F телефóнная бýдка *f* **Telefonzentrale** F коммутáтор *m* **Teleobjektiv** N телеобъекти́в *m* **Teller** M тарéлка *f* **Tempel** M храм *m* **Temperament** N темперáмент *m* **temperamentvoll** темперáментный **Temperatur** F температýра *f* **Tempo** N скóрость *f* **Tempolimit** N ограничéние *n* скóрости **Tempomat** M AUTO круиз-контрóль *m* **Tendenz** F тендéнция *f* **Tennis** N тéннис *m* **Tennis-**

platz M корт *m* **Tennisschläger** M (те́ннисная) раке́тка *f* **Tennisspieler(in)** M(F) теннисист(ка) *m(f)*
Tenor M те́нор *m*
Teppich M ковёр *m* **Teppichboden** M ковро́вое покры́тие *n*
Termin M срок *m*; *Treffen* встре́ча *f* **Terminal** N аэровокза́л *m*; термина́л *m* **Terminkalender** M органа́йзер *m*
Terrasse F терра́са *f* **Terror** M терро́р *m* **Terrorismus** M террори́зм *m*
Test M испыта́ние *n* **Testament** N завеща́ние *n*; REL заве́т *m* **testen** испы́тывать ⟨-та́ть⟩
Tetanus M столбня́к *m*
teuer дорого́й; **das ist zu ~** э́то сли́шком до́рого
Teufel M чёрт *m*; **zum ~!** к чёрту!
Text M текст *m*; *Liedtext* слова́ *npl*
Textilien *pl* тексти́льные изде́лия *npl*
Textmarker M ма́ркер *m* **Textverarbeitung** F обрабо́тка *f* те́кста
Theater N теа́тр *m*; *fig* шуми́ха *f* **Theaterstück** N пье́са *f*
theatralisch театра́льный
Theke F сто́йка *f*
Thema N те́ма *f*
Theologe M тео́лог *m* **Theologie** F теоло́гия *f* **theologisch** теологи́ческий **theoretisch** теорети́ческий **Theorie** F тео́рия *f*
Therapie F терапи́я *f*
Thermalbad N куро́рт *m* с терма́льными исто́чниками
Thermometer N термо́метр *m* **Thermostat** N термоста́т *m*
These F те́зис *m*
Thriller M три́ллер *m*
Thron M престо́л *m*
Thunfisch M туне́ц *m*
ticken ти́кать
Ticket N биле́т *m*
tief глубо́кий (*a. fig*); *Ton* ни́зкий; **3 Meter ~** глубино́й в 3 ме́тра
Tief N цикло́н *m*, ни́зкое давле́ние *n* **Tiefbau** M подзе́мное строи́тельство *n* **Tiefdruckgebiet** N о́бласть *f* ни́зкого давле́ния **Tiefe** F глубина́ *f* **Tiefgarage** F подзе́мный гара́ж *m* **tiefgekühlt** (све́же)заморо́женный
Tiefkühlfach N морози́льник *m* **Tiefkühltruhe** F морози́льник *m*
Tier N живо́тное *n* **Tierarzt** M ветерина́р *m* **Tierheim** N заведе́ние *n* для бездо́мных живо́тных **tierisch** живо́тный; ADV *fig umg* ужа́сно **Tierschutz** M защи́та *f od* охра́на живо́тных
Tiger(in) M(F) тигр(и́ца) *m(f)*
tilgen погаша́ть ⟨-гаси́ть⟩
Tinktur F насто́йка *f*

Tinte F чернила *pl* **Tintenfisch** M каракатица *f* **Tintenstrahldrucker** M струйный принтер *m*
Tipp M *umg Rat* совет *m* **tippen** ⟨на⟩печатать на машинке; *Lotto* играть в лото
Tisch M стол *m*; **am / bei ~** за столом **Tischdecke** F скатерть *f* **Tischler** M столяр *m* **Tischtennis** N настольный теннис *m*
Titel M титул *m*; SPORT звание *n*
Toast M тост *m* **Toaster** M тостер *m*
toben неистовствовать
Tochter F дочь *f*, дочка *f*
Tod M смерть *f* **Todesanzeige** F извещение *n* о смерти **Todesstrafe** F смертная казнь *f*
tödlich смертельный (*a. fig*)
todmüde смертельно усталый
Toilette F туалет *m* **Toilettenpapier** N туалетная бумага *f*
tolerant терпимый
toll *großartig* клёвый, шикарный **Tollwut** F бешенство *n*
Tomate F помидор *m* **Tomatensaft** M томатный сок *m*
Tombola F вещевая лотерея *f*
Ton M тон *m*; *Klang* звук *m*; *Material* глина *f* **Tonart** F тональность *f*
tönen *Haar* подцвечивать ⟨-етить⟩
Tonleiter F гамма *f*
Tonnage F тоннаж *m* **Tonne** F бочка *f*; *Maßeinheit* тонна *f*
Tönung F подцветка *f*
Top N майка *f* **Top..., top...** *zssgn* высший, отличный, супер...
Topf M *Kochtopf* кастрюля *f*; *Blumentopf* горшок *m*
Töpfer M гончар *m* **Töpferwaren** FPL гончарные изделия *npl*
Tor N ворота *pl*; SPORT гол *m*
Torf M торф *m*
torkeln качаться
Torte F торт *m*
Torwart M вратарь *m* **Torweg** M подворотня *f*
tot мёртвый
total полный, тотальный
Totalschaden M: **das Auto hat e-n ~** машина пришла в полную негодность
Tote M/F мёртвый *m* (-вая *f*); *Unfalltote* погибший *m* (-шая *f*)
töten уби(ва)ть
Totenschein M свидетельство *n* о смерти
Toto N (футбольный) тотализатор *m*
Totschlag M убийство *n*
Toupet N накладка *f* из волос
Tour F *Fahrt* поездка *f*; *Wanderung* поход *m* **Tourismus** M туризм *m* **Tourist** M турист *m* **Touristenklasse** F туристский класс *m* **Touristin** F туристка *f* **Tournee** F турне *n unv*

Trab M рысь *f*
Tracht F наря́д *m*
Tradition F традиция *f* **traditionell** традиционный
Tragbahre F носилки *pl*
tragbar переносно́й
träge инертный; *pers* вялый
tragen ⟨по⟩нести́; *Kleidung* носи́ть; **bei sich ~** име́ть при себе́
Träger M *pers* носильщик *m*; *fig* носитель *m*; *an Kleidung* бретелька *f*; ARCH балка *f*
Tragfläche F крыло́ *n* **Tragflächenboot** N су́дно *n* на подво́дных кры́льях **tragisch** траги́ческий, траги́чный **Tragödie** F трагедия *f*
Trainer(in) M(F) тре́нер *m* **trainieren** ⟨на⟩тренирова́ть(ся *v/i*) **Training** N трениро́вка *f*
Trainingsanzug M трениро́вочный костю́м *m*
Traktor M тра́ктор *m*
trampeln топа́ть **trampen** ⟨по⟩е́хать автосто́пом
Träne F слеза́ *f* **Tränengas** N слезоточи́вый газ *m*
Tränke F водопо́й *m* **tränken** *Stoff usw* пропи́тывать ⟨-ита́ть⟩
Transfer M *Geldtransfer* трансфе́р *m* **Transformator** M трансформа́тор *m* **Transformator** M трансформа́тор *m*
Transgender M/F трансчелове́к *m* **transgender** трансге́ндерный (-ное движе́ние *n*)
Transplantation F трансплантация *f*
Transport M перево́зка *f*, тра́нспорт *m* **transportfähig** транспорта́бельный **transportieren** перевози́ть ⟨-везти́⟩ **Transportkosten** *pl* тра́нспортные расхо́ды *mpl*
Transportunternehmen N тра́нспортное предприя́тие *n*
Transportversicherung F тра́нспортное страхова́ние *n*
Transvestit M трансвести́т *m*
Trasse F тра́сса *f*
Traube F гроздь *f*; *Weintraube, mst pl* виногра́д *m* **Traubensaft** M виногра́дный сок *m*
Traubenzucker M виногра́дный са́хар *m*
trauen: **j-m ~** доверя́ть ⟨-е́рить⟩; **sich ~** *etw zu tun* осме́ли(ва)ться; **sich ~ lassen** ⟨за⟩регистри́ровать брак; *Kirche* ⟨об⟩венча́ться
Trauer F тра́ур *m*; → Traurigkeit **Trauerfeier** F тра́урная церемо́ния *f* **trauern** горева́ть (**um** *akk* о *П*) **Trauerspiel** N трагедия *f*
Traum M сон *m*; *fig* мечта́ *f*
träumen ви́деть во сне; мечта́ть (**von** *dat* о *П*)
traurig гру́стный, печа́льный
Traurigkeit F грусть *f*, печа́ль *f*
Trauring M обруча́льное кольцо́ *n* **Trauschein** M свиде́тельство *n* о бра́ке **Trauung** F бракосочета́ние *n*; *Kirche* венча́ние *n* **Trauzeuge** M свиде́тель *m* бракосочета́ния

treffen попадáть ⟨-пáсть⟩; *j-n* встречáть ⟨-éтить⟩ (**sich** -ся) **Treffen** N встрéча *f* **Treffer** M попадáние *n* **Treffpunkt** M мéсто *n* встрéчи

treiben *antreiben* ⟨по⟩гнать; *im Wasser* дрейфовáть; **Sport ~** занимáться спóртом **Treibhaus** N теплíца *f* **Treibstoff** M тóпливо *n*

Trekking N трéкинг *m*

trennen разделя́ть ⟨-лить⟩, отделя́ть ⟨-лить⟩; **sich ~** расстá(вá)ться **Trennung** F разделéние, отделéние; расставáние

Treppe F лéстница *f*; **drei ~n hoch** *in Russland* на четвёртом этажé **Treppengeländer** N перíла *pl* лéстницы **Treppenhaus** N лéстничная клéтка *f*

Tresor M сейф *m*

Tretboot N вóдный велосипéд *m* **treten** *j-n* ударя́ть ⟨-áрить⟩ ногóй; *auf etw* наступáть ⟨-пить⟩

treu вéрный **Treue** F вéрность *f* **Treuhänder** M довéренное лицó *n* **treulos** невéрный

Tribüne F трибýна *f*

Trichter M ворóнка *f*

Trick M трюк *m* **Trickfilm** M мультфíльм *m*

Trieb M инстíнкт *m*; BOT побéг *m* **Triebkraft** F движýщая сíла *f* **Triebwagen** M мотóрный вагóн *m* **Triebwerk** N FLUG двíгатель *m*

triefen: **sie trieft vor Nässe** онá насквóзь промóкла

triftig *Grund* уважíтельный

Trikot N футбóлка *f*

trinkbar питьевóй **trinken** ⟨вы́⟩пить **Trinker(in)** M(F) пья́ница *m/f* **Trinkflasche** F спортíвная фля́га *f*, спортíвная буты́лка *f* **Trinkgeld** N чаевы́е *pl* **Trinkspruch** M тост *m* **Trinkwasser** N питьевáя водá *f*

Tritt M *Fußtritt* пинóк *m*

Triumph M триýмф *m* **triumphieren** торжествовáть (**über** *akk* над *T*); *still* рáдоваться

trocken сухóй (*a. Wein*); *umg Alkoholiker* трéзвый **Trockenheit** F METEO зáсуха *f* **Trockenmilch** F сухóе молокó *n*

trocknen V/T ⟨вы́⟩сушить (-ся *v/i Wäsche*); V/I ⟨вы́⟩сóхнуть **Trockner** M (автоматíческая) сушíлка *f*

Trödelmarkt M барахóлка *f*

trödeln *umg* мéшкать

Trog M кóрыто *n*

Trolley M *Rollenkoffer* чемодáн *m* для ручнóй клáди

Trommel F барабáн *m* **Trommelfell** N ANAT барабáнная перепóнка *f* **trommeln** барабáнить

Trompete F трубá *f*

Tropen *pl* трóпики *mpl*

Tropf M MED кáпельница *f*

tropfen *Wasserhahn* кáпать

Tropfen M кáпля *f* **tropfen-**

weise ADV каплями
tropisch тропический
Trost M утешение *n*
trösten утешать ⟨-ешить⟩
trostlos безрадостный; *öde* унылый **Trostpreis** M утешительный приз *m*
Trottel M простак *m*, *vulg* чурбан *m*
trotz *gen od dat* несмотря на (*В*) **Trotz** M упрямство *n*; **aus ~** из упрямства; *dat* **zum ~** назло (*Д*) **trotzdem** всё-таки; несмотря на то, что …
trotzig упрямый
trübe мутный; *Wetter* пасмурный; *fig* мрачный
Trubel M сутолока *f*; возня *f*
trüben ⟨за⟩мутить, *mst fig* ⟨по⟩мутить; *fig Stimmung* омрачать ⟨-чить⟩ **trübsinnig** мрачный, печальный
trügerisch обманчивый
Trugschluss M ложный вывод *m*
Truhe F ларь *m*, сундук *m*
Trümmer *pl* развалины *fipl*
Trumpf M козырь *m*
Trunkenheit F *Zustand* опьянение *n* **Trunksucht** F алкогольная зависимость *f*
Trupp M группа *f*; MIL отряд *m* **Truppe** F армия *f*; THEAT труппа *f*
Truthahn M индюк *m*
Tschechien N Чехия *f* **tschechisch** чешский
Tschetschenien N Чечня *f*, Чеченская Республика *f*
T-Shirt N футболка *f*
Tube F тюбик *m*
Tuberkulose F туберкулёз *m*
Tuch N платок *m*; *Stoff* сукно *n*
tüchtig *pers* дельный; *fleißig* прилежный
tückisch коварный (*a. fig*)
Tugend F добродетель *f*
Tulpe F тюльпан *m*
Tumor M опухоль *f*
Tümpel M пруд *m*
Tumult M шум *m*, шумиха *f*, сумятица *f*
tun *machen* ⟨с⟩делать; *hintun* → stellen, legen; **ich habe nichts zu ~** мне нечего делать; **ich habe viel zu ~** у меня много дел; **so ~, als ob …** делать вид, что … / как будто …
tünchen ⟨по⟩красить
Tunesien N Тунис *m*
Tunika F туника *f*
Tunnel M туннель *m*
Tupfen M крапина *f*
Tür F дверь *f*
Turban M тюрбан *m* **Turbine** F турбина *f* **turbulent** бурный
Türke M турок *m* **Türkei** F Турция *f* **Türkin** F турчанка *f*
türkisch турецкий
Turm M (*Kirchturm* церковная) башня *f*; *Schach* ладья *f*
turnen заниматься гимнастикой **Turnen** N гимнастика *f*
Turner(in) M(F) гимнаст(ка) *m*(*f*) **Turnhalle** F спортзал *m* **Turnier** N турнир *m* **Turn-**

schuhe MPL кроссо́вки *fpl*
Türöffner M (автомати́ческий) открыва́тель *m* две́ри
Tusche F тушь *f*
Tüte F паке́т(ик) *m*; *spitz* кулёк *m*
TÜV M (Technischer Überwachungsverein) Объедине́ние *n* техни́ческого надзо́ра, технадзо́р *m*
twittern® тви́ттеть
Typ M тип *m*
Typhus M тиф *m*
typisch типи́чный
Tyrann M тира́н *m*

U

U-Bahn F метро́ *n*
übel дурно́й; ADV **mir ist ~** мне ду́рно, меня́ тошни́т; **~ nehmen** обижа́ться ⟨-и́деться⟩ (**j-m etw** на к-о за *В*) **Übelkeit** F дурнота́ *f*; *Brechreiz* тошнота́ *f*
üben упражня́ть(ся)
über PRÄP *örtl* (*dat*) над (*Т*); (*akk*) *a.* на (*В*), пове́рх (*Р*); *reisen über* че́рез; *sprechen über* о(бо) (*П*); *zeitl* **~ Nacht** на́ ночь; *mehr als + Zahl* бо́льше, (с)вы́ше (*Р*) **überall** везде́
überanstrengen: **sich ~** перенапряга́ться ⟨-ря́чься⟩
überbelichtet FOTO передéржанный **überbieten** *Rekord* превосходи́ть ⟨-взойти́⟩ **Überblick** M обзо́р *m* **überbringen** переда́(ва́)ть **Überbringer** M предъяви́тель *m*
überdauern пережи́(ва́)ть **Überdosis** F сверхдо́за *f*
überdurchschnittlich *Leistung* незауря́дный **übereilt** *Entscheidung* необду́манный
übereinander *örtl* оди́н над други́м; *übereinander reden* друг о дру́ге **Übereinkunft** F соглаше́ние *n* **übereinstimmen** быть согла́сным (**in** *dat* в *П*, по *Д*); *Dinge* совпада́ть ⟨-па́сть⟩
überfahren *j-n* переезжа́ть ⟨-е́хать⟩ **Überfahrt** F перее́зд *m*
Überfall M нападе́ние *n*; *Angriff* налёт *m* **überfallen** *Bank* напада́ть ⟨-па́сть⟩ (*akk* на *В*)
überfliegen пролета́ть ⟨-те́ть⟩ (*akk* над *Т*); *Text* пробега́ть ⟨-ежа́ть⟩ глаза́ми **Überfluss** M изоби́лие *n* (**an** *dat* *Р*) **überflüssig** (из)ли́шний
überfluten зали́(ва́)ть **überfordern** перегружа́ть ⟨-узи́ть⟩
überführen *erwischen* улича́ть ⟨-чи́ть⟩; *transportieren* перевози́ть ⟨-везти́⟩ **Überführung** F *Transport* перево́д *m*, пере́гон *m*; BAHN путепрово́д *m*
überfüllt перепо́лненный; перегру́женный
Übergabe F переда́ча *f*

Übergang M переход m **Übergangszeit** F переходный период m
übergeben переда́(ва́)ть; → überreichen; **sich ~** ⟨с⟩тошнить **übergehen** переходить ⟨-рейти⟩ (**zu** *dat* к Д); *übersehen* обходить ⟨-бойти⟩
Übergepäck N лишний багаж m **Übergewicht** N лишний вес m; *fig* перевес m **Übergröße** F нестандартный размер m
überhäufen засыпать ⟨-ыпать⟩ **überhaupt** вообще; **~ nicht** совсем не **überheblich** надменный **überholen** обгонять ⟨-богнать⟩; *ausbessern* ⟨от⟩ремонтировать **Überholverbot** N запрещение n обгона **überhören** недослышать *pf*
überladen V/T перегружать ⟨-узить⟩; ADJ *fig* напыщенный **überlassen** предоставлять ⟨-авить⟩ **überlaufen** V/I *Flüssigkeit* перели́(ва́)ться; ADJ → überfüllt **überleben** V/I выжи(ва́)ть **Überlebende** M/F оставшийся m (-шаяся f) в живых
überlegen V/T (*sich*) *etw* обду́м(ыв)ать; ADJ *Gegner* превосходящий **Überlegenheit** F превосходство n **Überlegung** F соображение n; *Nachdenken* размышление n
übermäßig чрезмерный **übermorgen** послезавтра **übermüdet** переутомлённый **übermütig** задорный
übernachten ⟨пере⟩ночевать **Übernachtung** F ночёвка f
Übernahme F приём m **übernatürlich** сверхъестественный **übernehmen** принимать ⟨-нять⟩ **überprüfen** проверять ⟨-ерить⟩ **überqueren** пересекать ⟨-сечь⟩
überraschen удивлять ⟨-вить⟩ (**mit** *dat* T) **Überraschung** F сюрприз m; *Verwunderung* удивление n
überreden уговаривать ⟨-ворить⟩ **überregional** выходящий за пределы региона
überreichen вручать ⟨-чить⟩ **Überschallgeschwindigkeit** F сверхзвуковая скорость f **überschätzen** переоценивать ⟨-нить⟩ (**sich** себя) **überschlagen** *Kosten* прикидывать ⟨-инуть⟩; **sich ~** перекувыркиваться ⟨-рнуться⟩
überschneiden: **sich ~** *Termine usw* совпадать ⟨-пасть⟩
überschreiten переходить ⟨-рейти⟩; *Limit, Frist* превышать ⟨-ысить⟩; → *a.* übertreten **Überschrift** F заголовок m **Überschuss** M излишек m, избыток m (**an** *dat* P) **überschüssig** (из)лишний, избыточный
Überschwemmung F наводнение n **überseeisch** за-

океа́нский **übersehen** не замеча́ть ⟨-е́тить⟩; *j-n absichtlich* обходи́ть ⟨обойти́⟩
übersetzen *Text* переводи́ть ⟨-вести́⟩; *über das Wasser* переправля́ть ⟨-ра́вить⟩ (-ся *v/i*) **Übersetzer(in)** M(F) перево́дчик *m* (-ица *f*) **Übersetzung** F перево́д *m*; TECH переда́ча *f*
Übersicht F обзо́р *m* **übersichtlich** нагля́дный
übersiedeln переселя́ться ⟨-ли́ться⟩ **überspringen** перепры́гивать ⟨-гнуть⟩
überstehen *aushalten* переноси́ть ⟨-нести́⟩ **übersteigen** *Kraft* превыша́ть ⟨-ы́сить⟩
überstimmen побежда́ть ⟨-еди́ть⟩ большинство́м голосо́в
Überstunden FPL сверхуро́чная рабо́та *f*; **~ machen** рабо́тать сверхуро́чно **überstürzen** ⟨по⟩торопи́ться
Übertrag M перено́с *m* **übertragbar** переноси́мый; *Ausweis* с пра́вом переда́чи **übertragen** TV переда́(ва́)ть; *Krankheit* переноси́ть ⟨-нести́⟩ **Übertragung** F TV переда́ча *f*
übertreffen превосходи́ть ⟨-взойти́⟩; → übersteigen
übertreiben переходи́ть ⟨перейти́⟩ ме́ру **übertreten** переходи́ть ⟨-рейти́⟩; *Gesetz* наруша́ть ⟨-ру́шить⟩ **Übertritt** M перехо́д *m* **übervölkert** перенаселённый
überwachen наблюда́ть (*akk* за *T*) **Überwachung** F наблюде́ние *n*, надзо́р *m*
überwältigen одоле́(ва́)ть
überwältigend *fig* грандио́зный; *Zahl* подавля́ющий
überweisen *Geld* переводи́ть ⟨-вести́⟩; *Patienten* направля́ть ⟨-ра́вить⟩ (**zu** *dat*, **an** *akk* к *Д*)
Überweisung F перево́д *m*; направле́ние *n*
überwiegend ADJ преоблада́ющий **überwinden** преодоле́(ва́)ть
überzeugen убежда́ть ⟨-еди́ть⟩ (**sich** -ся **von** *dat* в *П*) **überzeugend** убеди́тельный **Überzeugung** F убежде́ние *n*; *Ansicht* воззре́ние *n*
überziehen *Konto* перерасхо́довать (*im*)*pf*; *anziehen* наде́(ва́)ть **überzogen** ADJ *Reaktion usw* преувели́ченный
Überzug M покры́шка *f*; *Hülle* чехо́л *m*
üblich (обще)при́нятый
U-Boot N подво́дная ло́дка *f*
übrig остально́й; **~ bleiben** оста́(ва́)ться; **~ lassen** оставля́ть ⟨-а́вить⟩ **übrigens** ме́жду про́чим, впро́чем
Übung F упражне́ние *n*
Ufer N бе́рег *m*; **am ~** на берегу́
UFO N (unbekanntes Flugobjekt) неопо́знанный лета́ющий объе́кт *m* (НЛО)
Uhr F часы́ *mpl*; **wieviel ~ ist**

es? который час?; **es ist drei ~** три часа́; **um fünf ~ zehn** в пять часо́в де́сять мину́т **Uhrmacher** M часовщи́к *m*
Uhrzeigersinn M: **im ~** по часово́й стре́лке
Uhrzeit F вре́мя *n* су́ток
Uhu M фи́лин *m*
Ukraine F Украи́на *f* **Ukrainer(in)** M(F) украи́нец *m* (-и́нка *f*) **ukrainisch** украи́нский
UKW F (Ultrakurzwelle) ультракоро́ткие во́лны *fpl*
Ultraschall M ультразву́к *m*
um *örtl* вокру́г (*P*); *zeitl* в (*B*); → *a.* Uhr; *ungefähr* о́коло (*P*); *es geht um, bitten um* о (*П*); *kämpfen um* за (*B*); **~ jeden Preis** любо́й ценой; KONJ **~ zu** что́бы; → umso
umarbeiten перераба́тывать ‹-бо́тать› **umarmen** обнима́ть ‹-ня́ть› **Umarmung** F объя́тие *n* **Umbau** M перестро́йка *f* **umbauen** перестра́ивать ‹-ро́ить›
umbenennen переименовывать ‹-ова́ть› **umbinden** повя́зывать ‹-за́ть› **umblättern** перели́стывать ‹-листну́ть› **umbringen** уби́(ва́)ть **umbuchen** *Ticket* перезака́зывать ‹-каза́ть›
umdrehen повора́чивать‹-верну́ть› (**sich** -ся); *auf den Kopf stellen* переверты́вать ‹-верну́ть›; V/I *wenden* развора́чиваться ‹-верну́ться› **Umdrehung** F оборо́т *m*
umfallen па́дать ‹упа́сть›
Umfang M объём *m* **umfangreich** объёмистый **umfassen** обхва́тывать ‹-ти́ть›
umfassend обши́рный
Umfeld N окруже́ние *n* **Umfrage** F опро́с *m* **Umgang** M обще́ние *n* **Umgangssprache** F разгово́рный язы́к *m*
umgeben V/T окружа́ть ‹-жи́ть› (**mit** *dat T*) **Umgebung** F окре́стность *f*; → Umfeld
umgehen обходи́ть ‹-бойти́›; обраща́ться (**mit** *dat* с *T*) **Umgehungsstraße** F объе́зд *m*
umgekehrt обра́тный; ADV наоборо́т **umgestalten** переустра́ивать ‹-ро́ить›
Umhängetasche F су́мка *f* че́рез плечо́
umkehren V/I повора́чивать ‹-верну́ть› наза́д
umkippen V/T опроки́дывать ‹-и́нуть› (-ся *v/i*)
umklammern кре́пко обхва́тывать ‹-ти́ть› **Umkleideraum** M раздева́лка *f* **umkommen** погиба́ть ‹-и́бнуть›
Umkreis M: **im ~ von** в ра́диусе (*P*) **umkreisen** кружи́ться вокру́г (*P*)
Umlauf M обраще́ние *n*; циркуля́ция *f* **Umlaufbahn** F орби́та *f*
umleiten перенаправля́ть ‹-ра́вить› **Umleitung** F объе́зд *m*

umliegend окружа́ющий, окре́стный **umpflanzen** переса́живать ‹-ади́ть›
umrechnen пересчи́тывать ‹-ита́ть› **Umrechnungskurs** M курс *m* пересчёта
umringen окружа́ть ‹-жи́ть› **Umriss** M очерта́ние *n* **umrühren** переме́шивать ‹-ша́ть›
Umsatz M оборо́т *m* **Umsatzsteuer** F нало́г *m* с оборо́та
umschalten переключа́ть ‹-чи́ть› **Umschlag** M *Briefumschlag* конве́рт *m*; *Buchumschlag* обло́жка *f*; MED компре́сс *m*
umschreiben *Wort* опи́сывать ‹-са́ть› **umschulen** переквалифици́ровать(ся *v/i*) *(im)pf* **Umschulung** F переквалифика́ция *f* **Umschwung** M *Wandel* поворо́т *m*
umsehen: **sich ~** огля́дываться ‹-яну́ться›; иска́ть (**nach etw** *B*)
umsichtig осмотри́тельный
umsiedeln переселя́ть ‹-ли́ть› (-ся *v/i*)
umso: **~ mehr** тем бо́лее; **~ besser** тем лу́чше
umsonst *gratis* беспла́тно; *vergeblich* напра́сно
Umstände MPL обстоя́тельства *npl*; **unter ~n** возмо́жно; **unter diesen ~n** при э́тих обстоя́тельствах; **machen Sie sich keine ~!** не беспоко́йтесь!; **in anderen ~n** в положе́нии, бере́менная
umständlich обстоя́тельный **Umstandskleidung** F оде́жда *f* для бере́менных **umsteigen** переса́живаться ‹-сесть›
umstellen *an anderen Ort* переставля́ть ‹-а́вить›; **sich ~ auf** перестра́иваться ‹-ро́иться› **Umstellung** F перестро́йка *f*; *Produktion usw* перево́д *m*
umstoßen опроки́дывать ‹-и́нуть› **umstritten** спо́рный **umstrukturieren** изменя́ть ‹-ни́ть› структу́ру **Umsturz** M переворо́т *m*
Umtausch M обме́н *m* **umtauschen** обме́нивать ‹-ня́ть›
umwandeln превраща́ть ‹-рати́ть› (**in** *akk* в *B*) **Umwandlung** F превраще́ние *n*
Umweg M око́льный путь *m*; **e-n ~ machen** сде́лать крюк
Umwelt F окружа́ющая среда́ *f* **umweltbelastend** экологи́чески вре́дный **umweltfreundlich** экологи́чески чи́стый **Umweltschutz** M охра́на *f* окружа́ющей среды́ **Umweltschützer** M защи́тник *m* окружа́ющей среды́ **Umweltverschmutzung** F загрязне́ние *n* окружа́ющей среды́ **umweltverträglich** безвре́дный для окружа́ющей среды́
umwerfen опроки́дывать

⟨-и́нуть⟩ **umwickeln** обма́тывать ⟨-мота́ть⟩ (**mit** *dat T*) **umzäunen** огора́живать ⟨-роди́ть⟩
umziehen переезжа́ть ⟨-е́хать⟩; **sich ~** переоде́(ва́)ться
Umzug M перее́зд *m*; *Festumzug* (пра́здничное) ше́ствие *n*
unabhängig незави́симый **unabsehbar** непредви́денный **unabsichtlich** неумы́шленный **unabwendbar** неотврати́мый
unachtsam невнима́тельный
unangebracht неуме́стный **unangenehm** неприя́тный **Unannehmlichkeiten** FPL неприя́тности *fpl* **unansehnlich** невзра́чный **unanständig** неприли́чный
unappetitlich неаппети́тный
unauffällig незаме́тный; *pers a.* скро́мный **unaufhaltsam** неудержи́мый **unaufhörlich** беспреры́вный
unausstehlich несно́сный
unbeachtet незаме́ченный **unbedenklich** *präd* без опасе́ний **unbedeutend** незначи́тельный **unbedingt** ADV обяза́тельно **unbefahrbar** непрое́зжий **unbefangen** непринуждённый **unbefriedigend** неудовлетвори́тельный **unbefristet** без ограниче́ния сро́ка де́йствия
unbefugt: **Unbefugten ist der Zutritt verboten!** посторо́нним вход воспрещён!
unbegreiflich непостижи́мый **unbegrenzt** неограни́ченный **unbegründet** необосно́ванный **Unbehagen** N неприя́тное чу́вство *n* **unbeherrscht** несде́ржанный **unbeholfen** неуклю́жий
unbekannt неизве́стный, незнако́мый **unbekümmert** беззабо́тный **unbeliebt** нелюби́мый **unbemerkt** ADV незаме́тно **unbequem** неудо́бный
unberechenbar непредсказу́емый **unberechtigt** неопра́вданный **unbeschädigt** неповреждённый **unbeschränkt** неограни́ченный **unbeschreiblich** неопису́емый
unbesiegbar непобеди́мый **unbeständig** *Wetter* неусто́йчивый **unbestechlich** неподку́пный **unbestimmt** неопределённый **unbestreitbar** неоспори́мый
unbeteiligt неприча́стный **unbewacht** неохраня́емый **unbeweglich** неподви́жный; WIRTSCH недви́жимый **unbewohnt** нежило́й **unbewusst** бессозна́тельный **unbezahlbar** недосту́пный; *fig* бесце́нный
unbrauchbar него́дный
und и; **~ so weiter** и так да́лее
undankbar неблагода́рный **undenkbar** немы́слимый

undeutlich неясный **undicht** неплотный **undurchlässig** непроницаемый **undurchsichtig** непрозрачный; *fig* тёмный **uneben** неровный **unehelich** внебрачный **unehrlich** нечестный **uneigennützig** бескорыстный **uneinig** несогласный **unempfindlich** нечувствительный (gegen(über) *dat* к Д) **unendlich** бесконечный **unentbehrlich** необходимый **unentgeltlich** бесплатный **unentschieden** *Frage* нерешённый; ADV SPORT вничью **unentschlossen** нерешительный **unerbittlich** неумолимый **unerfahren** неопытный **unerfreulich** неприятный **unerhört** неслыханный; *empörend* безобразный **unerklärlich** необъяснимый **unerlaubt** недозволенный **unermüdlich** неутомимый **unerreichbar** недостижимый **unersättlich** ненасытный **unerschütterlich** непоколебимый; *unzerstörbar* нерушимый **unerschwinglich** недоступный **unersetzlich** незаменимый **unerträglich** невыносимый **unerwartet** неожиданный **unerwünscht** нежелательный **unfähig** неспособный, неумелый **unfair** некорректный, нечестный **Unfall** M несчастный случай *m*, *a. Störung* авария *f* **Unfallstation** F отделение *n* скорой помощи **Unfallversicherung** F страхование *n* от несчастных случаев **unfehlbar** непогрешимый **unförmig** бесформенный **unfrankiert** неоплаченный **unfreiwillig** вынужденный **unfreundlich** неприветливый **unfruchtbar** бесплодный; AGR неплодородный **Unfug** M проказа *f*; → Unsinn **ungarisch** венгерский **Ungarn** N Венгрия *f* **ungebildet** необразованный **ungebräuchlich** неупотребительный **ungebunden** *frei* вольный **ungedeckt** *Scheck* непокрытый **Ungeduld** F нетерпение *n* **ungeduldig** нетерпеливый **ungeeignet** непригодный **ungefähr** ADV около (Р), приблизительно **ungefährlich** безопасный **ungeheuer** ADJ огромный; ADV чудовищно **Ungeheuer** N чудовище *n* **ungehorsam** непослушный **ungelegen** неудобный; ADV некстати **ungelernt** неквалифицированный **ungemütlich** неуютный **ungenau** неточный **ungenießbar** *Speise* несъедобный **ungenügend** недостаточный **ungepflegt** неухоженный **ungerade** *Zahl* нечёт-

ный **ungerecht** несправедливый **Ungerechtigkeit** F несправедливость *f*
ungern неохотно
ungeschickt неловкий **ungesetzlich** незаконный **ungestört** спокойный **ungesund** нездоровый
ungewiss неопределённый; неизвестный **Ungewissheit** F неопределённость *f*
ungewöhnlich необыкновенный **ungewohnt** необычный **Ungeziefer** N паразиты *mpl* **ungezogen** невоспитанный **ungezwungen** → unbefangen
ungläubig недоверчивый **unglaublich** невероятный; неимоверный **ungleichmäßig** неравномерный
Unglück N несчастье *n* **unglücklich** несчастный **unglücklicherweise** к несчастью
ungültig недействительный **ungünstig** неблагоприятный **unhandlich** неудобный **Unheil** N беда *f* **unheilbar** неизлечимый **unheimlich** жуткий, страшный **unhöflich** невежливый **unhörbar** неслышный **unhygienisch** негигиеничный
Uniform F форма *f*
uninteressant неинтересный
Union F союз *m*
Universität F университет *m*
Unkenntnis F незнание *n*
unklar неясный **unklug** неразумный **Unkosten** *pl* издержки *fpl* **Unkraut** N сорняк *m* **unleserlich** неразборчивый **unliebsam** неприятный; *Gast a.* нежеланный
unmenschlich бесчеловечный **unmerklich** незаметный **unmissverständlich** недвусмысленный **unmittelbar** непосредственный **unmodern** немодный **unmöglich** невозможный **unmoralisch** аморальный **unnachgiebig** неуступчивый **unnötig** ненужный
UNO F (Organisation der Vereinten Nationen) Организация *f* Объединённых Наций (ООН)
unordentlich беспорядочный **Unordnung** F беспорядок *m*
unparteiisch беспристрастный **unpassend** неподходящий **unpersönlich** безличный **unpraktisch** непрактичный **unpünktlich** непунктуальный **unrasiert** небритый
Unrecht N несправедливость *f*; **~ haben** быть неправым **unrechtmäßig** незаконный
unregelmäßig неровный; *zeitl* нерегулярный **unreif** незрелый **Unruhe** F беспокойство *n* **unruhig** беспокойный, неспокойный
uns PERS PR *v.* **wir**; **bei ~** у нас;

mit ~ с нами; **zu ~** к нам; **über ~** о нас

unsachlich необъективный **unschädlich** безвредный **unscharf** FOTO нерезкий **unschätzbar** *Wert* неоценимый **unscheinbar** невзрачный

Unschuld F JUR невиновность *f* **unschuldig** невиновный

unser наш (-а, -е, -и); свой **unsererseits** с нашей стороны **unseretwegen** *wegen* из-за / *zuliebe* ради нас

unsicher *pers* неуверенный; *ungewiss* ненадёжный; небезопасный **Unsicherheit** F неуверенность *f*

unsichtbar невидимый

Unsinn M вздор *m*; глупости *fpl*; → *a.* Unfug, Quatsch **unsinnig** вздорный; *sinnlos* бессмысленный

unsterblich бессмертный **Unstimmigkeit** F разногласие *n*; *Widerspruch* противоречие *n* **unsympathisch** несимпатичный **untätig** бездеятельный **untauglich** негодный

unten внизу; **von oben bis ~** сверху донизу

unter PRÄP *örtl* (*dat*) под (*T*); (*akk*) под (*B*); *zwischen* между (*T*), среди (*P*); *weniger als* ниже (*P*); **~ anderem** между прочим **Unterarm** M предплечье *n* **unterbelichtet** FOTO недодержанный **Unterbewusstsein** N подсознание *n*

unterbrechen прер(ы)вать **Unterbrechung** F *Pause* перерыв *m*

unterbringen помещать ‹-естить›, размещать ‹-естить› **Unterbringung** F помещение *n*, размещение *n*

unterdrücken подавлять ‹-вить›; *Volk* угнетать

untere нижний; *fig* младший

untereinander *örtl* один под другим; *unter sich* между собой **unterentwickelt** недоразвитый **Unterführung** F подземный переход *m* **Untergang** M *Schiff u. fig* гибель *f* **untergehen** *Schiff* ‹за›тонуть; ASTRON заходить ‹зайти›; *Reich* погибать ‹-ибнуть› **untergeordnet** подчинённый **Untergrund** M подпочва *f*; POL подполье *n* **unterhalb** (*gen*) под (*T*); ниже (*P*)

Unterhalt M содержание *n*; *Lebensunterhalt* средства *npl* к жизни **unterhalten** *Kontakte* поддерживать ‹-жать›; *Geschäft*, TECH содержать; **sich ~** ‹по›беседовать; *sich amüsieren* развлекаться ‹-ечься› **Unterhaltung** F беседа *f*, разговор *m*; *e-s Geschäfts*, TECH содержание *n*; *Vergnügen* развлечение *n*

Unterhemd N нижняя рубашка *f* **Unterhose** F кальсоны *pl* **unterirdisch** подземный **Unterkunft** F приют *m*, пристанище *n*

Unterlage F подкла́дка *f* **Unterlagen** *pl* докуме́нты *mpl* **unterlassen** не ⟨с⟩де́лать; *aufhören* броса́ть ⟨-о́сить⟩ **Unterleib** M ни́жняя часть *f* живота́ **unterliegen** *verlieren* прои́грывать ⟨-ра́ть⟩ **Untermieter(in)** M(F) поднанима́тель(ница) *m(f)* **unternehmen** предпринима́ть ⟨-ня́ть⟩ **Unternehmen** N *Betrieb* предприя́тие *n* **Unternehmer(in)** M(F) предпринима́тель(ница) *m(f)* **Unternehmensberater(in)** M(F) би́знес-консульта́нт *m* **unternehmungslustig** предприи́мчивый **Unteroffizier** M у́нтер-офице́р *m* **unterordnen** подчиня́ть ⟨-ни́ть⟩ (**sich** -ся) **Unterricht** M преподава́ние *n*; *Schulstunde* уро́к *m* **unterrichten** преподава́ть (**j-n in** *dat* к-у *B*) **Unterrock** M ни́жняя ю́бка *f* **unterschätzen** недооце́нивать ⟨-ни́ть⟩ **unterscheiden** различа́ть ⟨-чи́ть⟩; **sich ~** отлича́ться **Unterschenkel** M го́лень *f* **Unterschied** M ра́зница *f* **unterschiedlich** разли́чный **unterschlagen** растра́чивать ⟨а́тить⟩ **Unterschlupf** M убе́жище *n* **unterschreiben** подпи́сывать ⟨-са́ть⟩ **Unterschrift** F по́дпись *f* **untersetzt** кря́жистый

unterste са́мый ни́жний **unterstehen** подчиня́ться **unterstellen** *j-m etw* припи́сывать ⟨-са́ть⟩ **unterstreichen** подчёркивать ⟨-черкну́ть⟩ **unterstützen** подде́рживать ⟨-жа́ть⟩ **Unterstützung** F подде́ржка *f*; *finanziell* посо́бие *n* **untersuchen** иссле́довать *(im)pf*; MED осма́тривать ⟨-мотре́ть⟩ **Untersuchung** F иссле́дование *n*; JUR сле́дствие *n*; MED осмо́тр *m* **Untersuchungshaft** F предвари́тельное заключе́ние *n* **Untersuchungsrichter** M сле́дственный судья́ *m* **Untertasse** F блю́дце *n* **untertauchen** окуна́ть ⟨-ну́ть⟩ (-ся *v/i*); *fig* скры(ва́)ться **Unterteil** N ни́жняя часть *f* **Untertitel** M подзаголо́вок *m*; *Film* субти́тр *m* **Unterwäsche** F на́тельное / ни́жнее бельё *n* **unterwegs** по доро́ге / пути́ **Unterwelt** F престу́пный мир *m* **unterwerfen** покоря́ть ⟨-ри́ть⟩ **unterziehen** *Kleidung* наде́(ва́)ть под (*B*); **sich ~** *e-r Prüfung* подверга́ться ⟨-е́ргнуться⟩ **untrennbar** не(от)дели́мый **untreu** неве́рный **untröstlich** безуте́шный **unüberlegt** необду́манный **unübersichtlich** труднообозрева́емый; *fig* запу́танный

unübertroffen непревзойдённый **unüberwindlich** непреодолимый
unumgänglich необходимый
unumstritten бесспорный
ununterbrochen непрерывный
unverändert неизменный
unverantwortlich безответственный **unverbesserlich** неисправимый **unverbindlich** негарантированный
unverbleit неэтилированный
unvergänglich непреходящий **unvergesslich** незабываемый **unvergleichlich** несравненный **unverheiratet** незамужняя / неженатый
unverkäuflich непродажный
unverkennbar очевидный
unverletzt невредимый **unvermeidlich** неизбежный
unvermutet непредусмотренный **unvernünftig** неразумный
unverschämt наглый **unverschuldet** незаслуженный
unversehrt целый **unverständlich** непонятный **unverträglich** несовместимый
unverwüstlich прочный
unverzinslich беспроцентный **unverzüglich** немедленный
unvollendet незаконченный
unvollkommen несовершенный **unvollständig** неполный
unvorbereitet неподготовленный **unvoreingenommen** непредвзятый **unvorhergesehen** непредусмотренный **unvorsichtig** неосторожный **unvorstellbar** неимоверный
unwahrscheinlich невероятный **unwesentlich** несущественный; ADV *ein wenig* немного **Unwetter** N непогода *f*
unwichtig неважный **unwiderstehlich** *pers* неотразимый **unwillkürlich** невольный **unwirklich** нереальный **unwirsch** резкий
unwissend невежественный
Unwissenheit F невежество *n*; **aus ~** по незнанию
unwohl ADV нехорошо; *fig* неловко; **mir ist ~** мне нездоровится
unzählige бесчисленные
unzerbrechlich небьющийся **unzertrennlich** неразлучный
unzufrieden недовольный
unzulässig недопустимый
unzureichend недостаточный **unzuverlässig** ненадёжный
Update N обновление *n*
üppig *Mahl* обильный; *Form* пышный
uralt очень старый; *Zeit usw* древний
Uran N уран *m*
Uraufführung F премьера *f*

Urenkel(in) M(F) пра́внук *m* (-учка *f*) **Urgroßmutter** F праба́бушка *f* **Urgroßvater** M праде́душка *m* **Urheber** M а́втор *m*; инициа́тор *m*
Urin M моча́ *f*
Urkunde F докуме́нт *m*
Urlaub M о́тпуск *m* **Urlauber(in)** M(F) отпускни́к *m* (-и́ца *f*) **Urlaubsgeld** N отпускны́е (де́ньги) *pl* **Urlaubsort** M куро́рт *m* **Urlaubsreise** F пое́здка *f* в о́тпуск
Urne F у́рна *f*
Urologe M уро́лог *m*
Ursache F причи́на *f*; **keine ~!** не́ за что!
Ursprung M происхожде́ние *n* **ursprünglich** первонача́льный **Urteil** N сужде́ние *n*; JUR пригово́р *m* **urteilen** суди́ть (**über** *akk* о *П*) **Urwald** M де́вственный лес *m*
USA *pl* (United States of America) Соединённые Шта́ты *mpl* Аме́рики (США)
USB-Kabel N ка́бель *m* USB **USB-Stick** M USB флеш-накопи́тель *m*
User M IT по́льзователь *m*
usw. (und so weiter) и так да́лее (и т. д.)
Utensilien *pl* принадле́жности *fpl*
utopisch утопи́ческий

V

vage сму́тный
Vakuum N ва́куум *m*
Vanille F вани́ль *f*
variieren варьи́ровать
Vase F ва́за *f*
Vater M оте́ц *m* **Vaterland** N оте́чество *n*
väterlich оте́ческий
Vaterschaft F отцо́вство *n*
Vatersname M о́тчество *n*
vegan веган́ский
Vegetarier M вегетариа́нец *m* **vegetarisch** вегетариа́нский **Vegetation** F расти́тельность *f*
Veilchen N фиа́лка *f*
Vene F ве́на *f* **Venenentzündung** F воспале́ние *n* вен
Ventil N ве́нтиль *m* **Ventilator** M вентиля́тор *m*
verabreden: **sich ~** догова́риваться ⟨-вори́ться⟩ **Verabredung** F встре́ча *f*, свида́ние *n*; → Vereinbarung
verabschieden провожа́ть ⟨-води́ть⟩; **sich ~** проща́ться ⟨-сти́ться⟩ (**von** *dat* с *T*)
verachten презира́ть **verächtlich** презри́тельный
verallgemeinern обобща́ть ⟨-щи́ть⟩ **veraltet** устаре́лый
veränderlich изме́нчивый
verändern изменя́ть ⟨-ни́ть⟩

(**sich** -ся) **Veränderung** F изменéние *n*
Veranlagung F MED, *fig* предрасположéние *n*; *steuerlich* начислéние *n* налóгов
veranlassen распоряжáться ⟨-рядиться⟩ (**etw** о *П*) **Veranlassung** F пóвод *m*
veranstalten организовáть (*im*)*pf* **Veranstalter** M организáтор *m* **Veranstaltung** F *Fest* мероприя́тие *n* **Veranstaltungsort** M концéртный зал *m*
verantworten V/T, *a.* **sich** ~ отвечáть ⟨-éтить⟩ (**etw, für** *akk* за *В*) **verantwortlich** отвéтственный **Verantwortung** F отвéтственность *f* **verantwortungslos** безотвéтственный
verarbeiten перерабáтывать ⟨-бóтать⟩, обрабáтывать ⟨-бóтать⟩ **Verarbeitung** F перерабóтка *f*, обрабóтка *f*
Verb N глагóл *m*
Verband M MED повя́зка *f* **Verbandskasten** M аптéчка *f* **Verbandzeug** N перевя́зочный материáл *m*
verbannen ссылáть ⟨сослáть⟩ **Verbannung** F ссы́лка *f*
verbergen скры́(вá)ть
verbessern улучшáть ⟨-ýчшить⟩; → berichtigen **Verbesserung** F улучшéние *n*
Verbeugung F поклóн *m*
verbiegen ⟨со⟩гнýть **verbieten** запрещáть ⟨-етúть⟩, воспрещáть ⟨-етúть⟩
verbinden свя́зывать ⟨-зáть⟩; TEL, *Teile* соединя́ть ⟨-нúть⟩; *Wunde* перевя́зывать ⟨-зáть⟩
verbindlich обязáтельный
Verbindung F связь *f*; *Verkehr* сообщéние *n*; **in ~ stehen** поддéрживать связь
verbleit этилúрованный **verblüffend** поразúтельный **verblüfft** озадáченный **verblühen** отцветáть ⟨-естú⟩
verbluten умирáть ⟨-мерéть⟩ от потéри крóви
verborgen V/T д(ав)áть взаймы́ *od* напрокáт; ADJ скры́тый
Verbot N запрещéние *n*, запрéт *m* **verboten** запрещённый; **...verboten!** ... запрещенó!
verbrannt подгорéвший
Verbrauch M потреблéние *n*, расхóд *m* **verbrauchen** ⟨из⟩расхóдовать **Verbraucher(in)** M(F) потребúтель (-ница) *m*(*f*)
Verbrechen N преступлéние *n* **Verbrecher(in)** M(F) престýпник *m* (-ица *f*) **verbrecherisch** престýпный
verbreiten распространя́ть ⟨-нúть⟩ **verbreitern** расширя́ть ⟨-úрить⟩ **Verbreitung** F распространéние *n*
verbrennen V/T ⟨с⟩жечь; V/I сгорáть ⟨-рéть⟩; **sich ~** обжигáться ⟨-жéчься⟩ **Verbren-**

nung F MED ожóг *m* **verbringen** *Zeit* проводи́ть ⟨-вести́⟩
verbunden: **(Sie sind) falsch ~!** Вы оши́блись! (но́мером)!
Verbündete M/F сою́зник *m* (-ица *f*) **verbüßen** отбы́(ва́)ть **verchromt** хроми́рованный **Verdacht** M подозре́ние *n*
verdächtig подозри́тельный **verdächtigen** подозрева́ть (**j-n** *gen* к-о в *П*)
verdammt ADJ прокля́тый; *umg* черто́вский; **~!** чёрт возьми́!, к чёрту! **verdanken** быть обя́занным (**j-m** *akk* к-у *Т*)
Verdauung F пищеваре́ние *n* **Verdeck** N *Auto* складно́й верх *m* **verdecken** закры́(ва́)ть; *verheimlichen* скры́(ва́)ть
verderben ⟨ис⟩по́ртить (-ся *v/i Lebensmittel*; **sich den Magen** себе́ желу́док) **verderblich** *Speise* по́ртящийся
verdienen *Geld* зараба́тывать ⟨-бо́тать⟩; *fig* заслу́живать ⟨-жи́ть⟩
Verdienst[1] N заслу́га *f*
Verdienst[2] M *Geld* за́работок *m*, зарпла́та *f*
verdoppeln удва́ивать ⟨-во́ить⟩ **verdorben** испо́рченный **verdrängen** вытесня́ть ⟨вы́теснить⟩ **verdrehen** *fig Sachverhalt* извраща́ть ⟨-ати́ть⟩
verdunkeln V/T затемня́ть ⟨-ни́ть⟩ **verdünnen** разбавля́ть ⟨-ба́вить⟩ (**mit etw** чем)
verdunsten V/I испаря́ться ⟨-ри́ться⟩ **verdursten** умира́ть ⟨-мере́ть⟩ от жа́жды
verehren почита́ть; → achten **Verehrer(in)** M(F) покло́нник *m* (-ица *f*)
vereidigt прися́жный **Vereidigung** F принесе́ние *n* прися́ги
Verein M о́бщество *n*, объедине́ние *n*
vereinbaren догова́риваться ⟨-вори́ться⟩ **Vereinbarung** F соглаше́ние *n*; **laut ~** по договорённости
vereinfachen упроща́ть ⟨-ости́ть⟩ **vereinigen** соединя́ть ⟨-ни́ть⟩; **die Vereinigten Staaten (von Amerika)** → USA **Vereinigung** F соедине́ние *n*; → *a.* Verein **Vereinsamung** F изоля́ция *f* **vereint**: **die Vereinten Nationen** → UNO
vereinzelt едини́чный **vereist** обледене́лый **vereitert** гно́йный **verengen** сужа́ть ⟨су́зить⟩ (**sich** -ся)
vererben оставля́ть ⟨-а́вить⟩ в насле́дство; **sich ~** передава́ться ⟨-да́ться⟩ по насле́дству **Vererbung** F насле́дственность *f*
verfahren поступа́ть ⟨-пи́ть⟩; **sich ~** сби́(ва́)ться с доро́ги **Verfahren** N TECH спо́соб *m*; JUR произво́дство *n* де́ла
Verfall M *v. Gesellschaft usw* упа́док *m* **verfallen** па́дать

⟨упа́сть⟩; *j-m, einer Sache* пред(аз)а́ться; ADJ *zerstört* забро́шенный; *abgelaufen* недействи́тельный **Verfallsdatum** N срок *m* го́дности
verfassen составля́ть ⟨-а́вить⟩ **Verfasser(in)** M а́втор *m* **Verfassung** F состоя́ние *n*; POL конститу́ция *f* **Verfassungsschutz** M *Behörde* Ве́домство *n* по охра́не конститу́ции
verfaulen прогни́(ва́)ть **verfehlen** *Ziel* не попада́ть ⟨-па́сть⟩; размину́ться *pf* (**j-n** с кем) **verfehlt** *falsch* оши́бочный **verfilmen** экранизи́ровать *(im)pf* **verflucht** прокля́тый; → verdammt
verfolgen пресле́довать **Verfolger** M пресле́дователь *m* **Verfolgung** F пресле́дование *n*; POL гоне́ние *n*
verfressen ADJ *umg* прожо́рливый **verfrüht** преждевре́менный
verfügbar нали́чный **verfügen** име́ть в своём распоряже́нии (**über** *akk B*) **Verfügung** F: **zur ~ stellen** предоставля́ть ⟨-а́вить⟩; **zur ~ stehen** быть в распоряже́нии
verführen соблазня́ть ⟨-ни́ть⟩ (**zu** *dat T*, на *B*) **verführerisch** соблазни́тельный
vergangen про́шлый **Vergangenheit** F про́шлое *n*; GRAM проше́дшее вре́мя *n*
Vergaser M карбюра́тор *m*
vergeben *Auftrag* выдава́ть ⟨вы́дать⟩; *Preis* присужда́ть ⟨-уди́ть⟩ **vergeblich** напра́сный
vergehen *Zeit* проходи́ть ⟨пройти́⟩
Vergehen N просту́пок *m*
Vergeltungsschlag M отве́тный уда́р *m*
vergessen забы́(ва́)ть; **vergiss nicht ...!** не забу́дь ...! **vergesslich** забы́вчивый
vergewaltigen ⟨из⟩наси́ловать **Vergewaltigung** F изнаси́лование *n*
vergewissern: **sich ~** удостоверя́ться ⟨-е́риться⟩ (*gen* в *П*)
vergiften отравля́ть ⟨-ви́ть⟩ **vergiftet** отра́вленный **Vergiftung** F отравле́ние *n*
Vergissmeinnicht N BOT незабу́дка *f*
Vergleich M сравне́ние *n*; JUR мирово́е соглаше́ние *n*; **im ~ zu** в сравне́нии с **vergleichbar** сравни́мый **vergleichen** сра́внивать ⟨-ни́ть⟩ (**mit** *dat* с *T*)
vergnügen: **sich ~** развлека́ться ⟨-е́чься⟩ **Vergnügen** N развлече́ние *n*, удово́льствие *n*; **mit ~!** с удово́льствием!; → Spaß **vergnügt** весёлый
vergoldet золочёный **vergraben** V/T зака́пывать ⟨-копа́ть⟩ **vergriffen** распро́данный
vergrößern увели́чи(ва)ть

(**sich** -ся) **Vergrößerung** F увеличе́ние *m* (*a.* FOTO)
Vergünstigung F льго́та *f*
Vergütung F *für Arbeit* опла́та *f*
verhaften аресто́вывать ‹-ова́ть› **Verhaftung** F аре́ст *m*
verhalten: **sich** ~ *pers* ‹по›вести́ себя́; *Sache* обстоя́ть **Verhalten** N поведе́ние *n*
Verhältnis N отноше́ние *n*; *Liebesverhältnis* рома́н *m*, *umg* ша́шни *pl*; **~se** *pl* усло́вия *npl* **verhältnismäßig** ADV относи́тельно
verhandeln вести́ перегово́ры (**über** *akk* о *П*) **Verhandlung** F перегово́ры *pl*; JUR слу́шание *n* де́ла
verhasst ненави́стный **verheimlichen** скры(ва́)ть **verheiratet** *Mann* жена́тый; *Frau* заму́жняя; ~ **sein mit** *dat* быть жена́тым на (*П*) / за́мужем за (*Т*) **verhindern** ‹вос›препя́тствовать (*akk Д*)
Verhör N допро́с *m* **verhören** допра́шивать ‹-роси́ть›; **sich** ~ ослы́шаться *pf*
verhungern умира́ть ‹-мере́ть› от го́лода
verhüten предотвраща́ть ‹-ати́ть›; *Schwangerschaft* предохраня́ться ‹-ни́ться› (от бере́менности) **Verhütung** F предотвраще́ние *n*; предохране́ние *n* **Verhütungsmittel** N противозача́точное сре́дство *n*
verirren: **sich** ~ заблуди́ться *pf*
verjagen прогоня́ть ‹-гна́ть›
Verjährung F да́вность *f*
Verkauf M прода́жа *f*; *Absatz* сбыт *m* **verkaufen** прод(ав)а́ть; **zu** ~ продаётся
Verkäufer(in) M(F) продаве́ц *m* (-вщи́ца *f*) **verkäuflich**: ... **ist (nicht)** ~ ... (не) продаётся
Verkaufsabteilung F отде́л *m* сбы́та
Verkehr M (*Straßenverkehr* у́личное) движе́ние *n*; тра́нспорт *m*; *Sex* (полово́е) сноше́ние *n* **verkehren** *Bus usw* ходи́ть; *mit j-m* обща́ться
verkehrsberuhigt с ограни́ченным движе́нием **Verkehrschaos** N ха́ос *m* в у́личном движе́нии **Verkehrsinsel** F острово́к *m* безопа́сности **Verkehrsmeldung** F кана́л *m* автодоро́жных сообще́ний, веща́ние *n* тра́фика **Verkehrsmittel** N тра́нспортное сре́дство *n*; **öffentliche** ~ *pl* обще́ственный тра́нспорт *m*
Verkehrspolizei F доро́жная поли́ция *f* **Verkehrsregeln** FPL пра́вила *npl* доро́жного движе́ния **verkehrsreich** оживлённый **Verkehrsteilnehmer** M уча́стник *m* движе́ния **Verkehrsunfall** M

дорóжно-трáнспортное происшéствие *n* **Verkehrswert** M рыночная ценá *f* **Verkehrszeichen** N дорóжный знак *m*
verkehrt *falsch* непрáвильный; ADV *umgekehrt* наоборóт
verklagen подá(вá)ть жáлобу (**j-n** на *B*)
verkleiden: **sich ~** переодé(вá)ться
verkleinern уменьшáть ⟨-éньшить⟩ **verklemmt** *umg pers* скóванный **verknüpfen** связывать ⟨-зáть⟩ **verkommen** *Lebensmittel* пропадáть ⟨-пáсть⟩; → verwahrlosen; ADJ *pers* опустúвшийся **verkörpern** воплощáть ⟨-потúть⟩ **verkrampft** сýдорожный
verkriechen: **sich ~** ⟨с⟩прятаться
verkrüppelt *Arm usw* искалéченный **verkümmern** ⟨за⟩чáхнуть **verkünden** объявлять ⟨-вúть⟩ **verkürzen** *zeitl* сокращáть ⟨-ратúть⟩ **verladen** погружáть ⟨-узúть⟩
Verlag M издáтельство *n*
verlangen V/T ⟨по⟩трéбовать (P) **Verlangen** N трéбование; *Wunsch* желáние (**nach** *dat P*); **auf ~** по трéбованию
verlängern удлинять ⟨-нúть⟩; *zeitl* продлевáть ⟨-лúть⟩ **Verlängerung** F удлинéние *n*; продлéние *n* **Verlängerungsschnur** F удлинúтель *m*
verlangsamen замедлять ⟨-éдлить⟩ (**sich** -ся)
verlassen V/T покидáть ⟨-úнуть⟩; **sich ~** полагáться ⟨-ложúться⟩ (**auf** *akk* на *B*); ADJ покúнутый; *öde* опустéлый
verlässlich надёжный
Verlauf M *zeitl* течéние *n*; *Ablauf* ход *m* **verlaufen** *zeitl* проходúть ⟨пройтú⟩; **sich ~** заблудúться *pf*
verlegen *Termin* переносúть ⟨-нестú⟩ (**auf** *akk* на *B*); *etw* дé(вá)ть; ADJ смущённый **Verlegenheit** F смущéние *n* **Verleger(in)** M(F) издáтель(ница) *m(f)*
Verleih M прокáт *m* **verleihen** отд(ав)áть напрокáт; *Preis* присуждáть ⟨-удúть⟩
verleiten склонять ⟨-нúть⟩ (**zu etw** на *B*, к *Д*) **verlernen** разýчиваться ⟨-úться⟩
verletzen порáнить *pf* (**sich** -ся); *Gesetz* нарушáть ⟨-ýшить⟩; → kränken **verletzend** оскорбúтельный **verletzt**, **Verletzte** M/F рáненый *m* (-ная *f*) **Verletzung** F ранéние *n*; нарушéние *n*
verleumden оклеветáть *pf* **Verleumdung** F клеветá *f*
verlieben: **sich ~** влюбляться ⟨-бúться⟩ (**in** *akk* в *B*) **verliebt** влюблённый
verlieren ⟨по⟩терять; *Spiel* проúгрывать ⟨-рáть⟩ **Verlierer(in)** M(F) проигрáвший *m*

(-шая *f*)
verloben: **sich ~** обруча́ться ⟨-чи́ться⟩ **verlobt** обручённый **Verlobte** M/F *Frau* неве́ста *f*; *Mann* жени́х *m* **Verlobung** F обруче́ние *n*
verlockend зама́нчивый **verlogen** лжи́вый
verloren поте́рянный; *vergeblich* напра́сный; **~ gehen** пропада́ть ⟨-па́сть⟩
verlosen разы́грывать ⟨-ра́ть⟩ **Verlosung** F ро́зыгрыш *m*
Verlust M поте́ря *f*; *finanziell* убы́ток *m* **Verlustgeschäft** N убы́точная сде́лка *f*
vermachen завеща́ть (*im*)*pf*
vermehren умножа́ть ⟨-о́жить⟩; **sich ~** BIOL размножа́ться ⟨-о́житься⟩
vermeiden избега́ть ⟨-ежа́ть⟩ **vermeintlich** мни́мый **Vermerk** M заме́тка *f* **vermessen** V/T обме́ри(ва)ть
vermieten *Wohnung* сд(ав)а́ть внаём; *Auto* → verleihen **Vermieter(in)** M(F) сдаю́щий *m* (-щая *f*) внаём
vermindern уменьша́ть ⟨-е́ньшить⟩ **vermischen** сме́шивать; ⟨-ша́ть⟩ **vermissen** недосчи́тываться ⟨-та́ться⟩ (*akk P*); → sehnen **Vermisste** M/F пропа́вший *m* (-шая *f*) бе́з вести
vermitteln *zwischen j-m* посре́дничать; → verschaffen **Vermittler(in)** M(F) посре́дник *m* (-ица *f*) **Vermittlung** F TEL коммута́тор *m*
Vermögen N *Besitz* состоя́ние *n*, иму́щество *n*
vermuten предполага́ть ⟨-ложи́ть⟩ **vermutlich** наве́рно **Vermutung** F предположе́ние *n*
vernachlässigen *Arbeit, Haus* запуска́ть ⟨-сти́ть⟩
vernehmen JUR допра́шивать ⟨-роси́ть⟩ **Vernehmung** F допро́с *m*
verneinen отрица́ть
vernichten уничтожа́ть ⟨-о́жить⟩ **vernichtend** *Urteil* уничтожа́ющий **Vernichtung** F уничтоже́ние *n*
Vernunft F ра́зум *m*; *Einsicht* благоразу́мие *n* **vernünftig** (благо)разу́мный
veröffentlichen ⟨о⟩публикова́ть **Veröffentlichung** F опубликова́ние *n*; публика́ция *f*
verordnen MED пропи́сывать ⟨-са́ть⟩
verpachten сд(ав)а́ть в аре́нду
verpacken упако́вывать ⟨-ова́ть⟩ **Verpackung** F упако́вка *f*
verpassen упуска́ть ⟨-сти́ть⟩ **verpfänden** отд(ав)а́ть в зало́г **verpflanzen** переса́живать ⟨-сади́ть⟩
verpflegen пита́ть (**sich** -ся) **Verpflegung** F пита́ние *n*
verpflichten обя́зывать ⟨-за́ть⟩ (**sich** -ся **zu etw** на *B*

od inf) **Verpflichtung** F → Pflicht
verprügeln изби́(ва́)ть
Verputz M штукату́рка *f* **verputzen** ⟨о⟩штукату́рить
Verrat M преда́тельство *n*; *Untreue* изме́на *f* **verraten** пред(ав)а́ть; выдава́ть ⟨вы́дать⟩ (*a. Geheimnis*); *untreu sein* изменя́ть ⟨-ни́ть⟩
Verräter(in) M(F) преда́тель *m* (-ница *f*) **verräterisch** преда́тельский
verrechnen рассчи́тывать ⟨-та́ть⟩; **sich** ~ обсчи́тываться ⟨-та́ться⟩ (**um** на)
verreisen уезжа́ть ⟨уе́хать⟩ **verrenken** выви́хивать ⟨вы́вихнуть⟩ **verriegeln** запира́ть ⟨-пере́ть⟩ **verringern** → vermindern **verrosten** ⟨за⟩ржа́веть
verrückt, **Verrückte** M/F сумасше́дший *m* (-шая *f*); **bist du ~?** ты с ума́ сошёл?
Vers M стих *m*
versagen V/I отка́зывать ⟨-за́ть⟩; *pers* прова́ливаться ⟨-ли́ться⟩ **Versager** M неуда́чник *m* (-ица *f*)
versalzen ADJ пересо́ленный
versammeln соб(и)ра́ть (**sich** -ся) **Versammlung** F собра́ние *n*
Versand M *Versenden* отпра́вка *f* **Versandhandel** M посы́лочная торго́вля *f*
versäumen пропуска́ть ⟨-пусти́ть⟩
verschaffen дост(ав)а́ть **verschärfen** *fig Gesetz* ужесточа́ть ⟨-чи́ть⟩ **verschenken** ⟨по⟩дари́ть (**an j-n** к-у) **verscheuchen** спу́гивать ⟨-гну́ть⟩ **verschicken** рассыла́ть ⟨разосла́ть⟩ **verschieben** передвига́ть ⟨-и́нуть⟩, сдвига́ть ⟨-и́нуть⟩; *zeitl* переноси́ть ⟨-нести́⟩ (**auf** на)
verschieden разли́чный, ра́зный **verschiedenartig** разнообра́зный **Verschiedenheit** F разли́чие *n*
verschimmelt запле́сневелый **verschlafen** прос(ы)па́ть; ADJ со́нный
verschlechtern ухудша́ть ⟨-у́дшить⟩ (**sich** -ся)
Verschleiß M изно́с *m*
verschleppen угоня́ть ⟨-гна́ть⟩; *Krankheit* запуска́ть ⟨-сти́ть⟩ **verschließen** запира́ть ⟨-пере́ть⟩ **verschlingen** прогла́тывать ⟨-лоти́ть⟩ **verschlossen** закры́тый; *fig pers* за́мкнутый
verschlucken → verschlingen; **sich ~** захлебну́ться *pf* (**an** *dat T*)
Verschluss M запо́р *m*; *Deckel* кры́шка *f*; FOTO затво́р *m*; **unter ~** под замко́м
verschlüsselt шифро́ванный **verschmutzen** загрязня́ть ⟨-ни́ть⟩ (-ся *v/i*) **verschmutzt** загрязнённый **verschnaufen** отдыша́ться *pf* **verschneit** заснéженный

verschnupft: sie ist ~ у неё насморк **verschnüren** перевязывать ⟨-зать⟩ **verschonen** ⟨по⟩щадить **verschönern** украшать ⟨-расить⟩ **verschreiben** *Medikament* прописывать ⟨-сать⟩; **sich ~** описываться ⟨-саться⟩ **verschreibungspflichtig** по рецепту **verschrotten** пускать ⟨-стить⟩ на лом **verschulden** VT быть виноватым (в *П*); **sich ~** задолжать *pf* **verschütten** засыпать ⟨-ыпать⟩; *vergießen* проли́(ва́)ть **verschweigen** скры(ва́)ть **verschwenden** растрачивать ⟨-ратить⟩ **Verschwendung** F расточительство *n* **verschwiegen** ADJ *pers* молчаливый **verschwinden** исчезать ⟨-езнуть⟩; **verschwinde!** проваливай!, убирайся! **verschwommen** неясный **Verschwörung** F заговор *m* **versehen** снабжать ⟨-бдить⟩ (mit *dat T*) **Versehen** N ошибка *f*; **aus ~** = **versehentlich** по ошибке, нечаянно **versenden** отправлять ⟨-править⟩ **versenken** потоплять ⟨-пить⟩ **versetzen** *Zaun* перемещать ⟨-местить⟩; *Schüler* переводить ⟨-вести⟩; *in eine Lage* приводить ⟨-вести⟩ **verseucht** заражённый; *atomar* облучённый; → vergiftet **Verseuchung** F заражение *n*; → Vergiftung **versichern** ⟨за⟩страховать (**sich** -ся **gegen** *akk* от *P*); *beteuern* уверять ⟨-ерить⟩ **Versicherte** M/F застрахованный *m* (-нная *f*) **Versicherung** F страховка *f* **Versicherungsgesellschaft** F страховая компания *f* **Versicherungskarte** F страховая карта *f* **Versicherungspolice** F страховой полис *m* **versiegeln** запечат(ыв)ать, *amtlich* опечат(ыв)ать **versinken** ⟨у⟩тонуть **versöhnen** примирять ⟨-рить⟩ (**sich** -ся) **versorgen** обеспечи(ва)ть (mit *T*) **Versorgung** F обеспечение *n* **verspäten**: **sich ~** опаздывать ⟨-поздать⟩ **Verspätung** F опоздание **versperren** загораживать ⟨родить⟩ **verspielen** проигрывать ⟨-рать⟩ **verspotten** *j-n* насмехаться (над *T*) **versprechen** обещать (*im*)*pf*; **sich ~** оговариваться ⟨-вориться⟩ **Versprechen** N обещание *n* **Verstaatlichung** F национализация *f* **Verstand** M разум *m*; ум *m* **verständigen**: **sich ~** объясняться ⟨-ниться⟩; *einigen* договариваться ⟨-вориться⟩ **verständlich** понятный **Ver-**

ständnis N понимáние *n* **verständnisvoll** понимáющий

verstärken усúли(ва)ть **Verstärker** M усилúтель *m* **Verstärkung** F усилéние *n*; поддéржка *f*

verstauchen растя́гивать ‹-яну́ть› **Verstauchung** F растяжéние *n*

Versteck N укры́тие *n* **verstecken** ‹с›пря́тать (**sich** -ся)

verstehen понимáть ‹-ня́ть› (**sich** друг дру́га)

Versteigerung F аукциóн *m*

versteinert окаменéлый

verstellbar регулúруемый **verstellen** *einstellen* ‹от›регулúровать; **sich** ~ притворя́ться ‹-рúться›

versteuern: ... **muss man** ~ ... облагáется налóгом

verstopfen затыкáть ‹-ткну́ть›; *Rohr* засоря́ть ‹-рúть› **Verstopfung** F MED запóр *m*

verstorben покóйный **verstört** растéрянный; смущённый

Verstoß M нарушéние *n* **verstoßen** нарушáть ‹-у́шить› (**gegen** *akk B*)

verstrahlt облучённый **verstümmeln** ‹из›увéчить **verstummen** умолкáть ‹-олкнуть›

Versuch M попы́тка *f*; *wissenschaftlicher* óпыт *m* **versuchen** ‹по›прóбовать **Versuchung** F искушéние *n*

vertagen отклáдывать ‹отложúть› **vertauschen** → verwechseln

verteidigen защищáть ‹-итúть› (**sich** -ся **gegen** *akk* от *P*) **Verteidiger** M защúтник *m* **Verteidigung** F защúта *f*; MIL оборóна *f*

verteilen разделя́ть ‹-лúть›; *Mittel* распределя́ть ‹-лúть› **Verteilung** F распределéние *n*

verteuern удорожáть ‹-жúть› (**sich** -ся)

vertiefen углубля́ть ‹-бúть› **Vertiefung** F углублéние *n*; *Grube* впáдина *f*

Vertrag M договóр *m* **vertragen** переносúть ‹-нестú›; **sich** ~ ужú(вá)ться **vertraglich** договóрный; ADV по договóру

Vertragsbruch M нарушéние *n* договóра

vertrauen доверя́ть **Vertrauen** N довéрие *n* **vertraulich** доверúтельный **vertraut** знакóмый

vertreiben прогоня́ть ‹-гнáть›, изгоня́ть ‹-гнáть›; *Waren* сбы(вá)ть; **sich die Zeit** ~ ‹с›коротáть врéмя

vertreten *repräsentieren* представля́ть; *im Amt* замещáть ‹-естúть› **Vertreter(in)** M(F) представúтель(ница) *m(f)*; *Stellvertreter* заместúтель(ница) *m(f)*; *Handelsvertreter* агéнт *m*

Vertretung F представи́тельство *n*
Vertrieb M сбыт *m*; *Abteilung* отде́л *m* сбы́та **Vertriebene** M/F изгнанный *m* (-нная *f*)
vertrocknen засыха́ть ⟨-со́хнуть⟩ **verunglücken** *pers* пострада́ть *pf* от несча́стного слу́чая **verunreinigen** загрязня́ть ⟨-ни́ть⟩ **veruntreuen** растра́чивать ⟨-а́тить⟩ **verursachen** вызыва́ть ⟨вы́звать⟩ **verurteilen** осужда́ть ⟨-уди́ть⟩; JUR пригова́ривать ⟨-вори́ть⟩
vervielfältigen размножа́ть ⟨-о́жить⟩ **vervollkommnen** ⟨у⟩соверше́нствовать **vervollständigen** дополня́ть ⟨-по́лнить⟩
verwählen TEL: **Sie haben sich verwählt!** Вы оши́блись (но́мером)!
verwahrlosen приходи́ть ⟨-ийти́⟩ в упа́док; *pers* опуска́ться ⟨-сти́ться⟩
verwalten управля́ть **Verwalter(in)** M(F) управля́ющий *m* (-щая *f*), администра́тор *m* **Verwaltung** F управле́ние *n*, администра́ция *f*
verwandeln превраща́ть ⟨-рати́ть⟩ (**sich** -ся **in** *akk T*)
verwandt ро́дственный **Verwandte** M/F ро́дственник *m* (-ица *f*) **Verwandtschaft** F родство́ *n*; *pers* ро́дственники *mpl*
Verwarnung F предупрежде́ние *n*; **gebührenpflichtige ~** предупрежде́ние *n* со взыска́нием штра́фа
verwechseln перепу́т(ыв)ать **Verwechslung** F смеше́ние *n*, оши́бка *f*
verweigern отка́зывать ⟨-за́ть⟩ (**j-m** *Д* **etw** в *В*) **Verweis** M ссы́лка *f*; *Tadel* вы́говор *m* **verweisen** ука́зывать ⟨-за́ть⟩ (**auf** *akk* на *В*)
verwenden применя́ть ⟨-ни́ть⟩, употребля́ть ⟨-би́ть⟩; → *a.* benutzen **Verwendung** F примене́ние *n*; употребле́ние *n*; (ис)по́льзование *n* **verwerten** → verwenden; *Abfall* утилизи́ровать (*im*)*pf* **verwirklichen** осуществля́ть ⟨-ви́ть⟩
verwirren спу́т(ыв)ать **verwirrt** спу́танный **Verwirrung** F пу́таница *f*, *pers* смуще́ние *n*
verwischen сма́з(ыв)ать **verwitwet** овдове́вший **verwöhnen** ⟨из⟩балова́ть **verwöhnt** избало́ванный **verworren** запу́танный
verwunderlich удиви́тельный **verwundert** удивлённый **verwundet** = **Verwundete** M/F ра́неный *m* (-ная *f*)
verwüsten опустоша́ть ⟨-ши́ть⟩ **verzählen**: **sich ~** обсчи́тываться ⟨-та́ться⟩ **verzaubern** зачаро́вывать ⟨-ва́ть⟩ (*a. fig*)

Verzeichnis N список *m* **verzeihen** прощать ‹-остить› **Verzeihung** F прощение *n*; ~! простите!; извините! **Verzicht** M отказ *m* **verzichten** отказываться ‹-заться› (**auf** *akk* от *P*) **Verzierung** F украшение *n* **verzögern** задерживать ‹-жать› (**sich** -ся) **Verzögerung** F задержка *f*; просрочка *f* **verzollen** V/T ‹у›платить пошлину за (*B*) **verzweifeln** отчаиваться ‹-яться› **verzweifelt** отчаянный; *pers* в отчаянии **Verzweiflung** F отчаяние *n* **Vetter** M двоюродный брат *m* **Vetternwirtschaft** F кумовство *n* **vgl.** (vergleiche) сравни **VHS** F → Volkshochschule **Video** N видео *n unv* **Videokamera** F видеокамера *f* **Vieh** N скот *m* **Viehzucht** F скотоводство *n* **viel** много (*P*); + *komp* (на-)много, гораздо; ~ **zu** ... слишком ...: **viele** многие **vieles** многое; → Dank, Glück, Spaß **vielfach** многократный **Vielfalt** F разнообразие *n* **vielleicht** может быть, возможно **vielmals** многократно **vielseitig** многосторонний **vielversprechend** многообещающий

vier четыре **Vier** F четвёрка *f* **Viereck** N четырёхугольник *m* **viereckig** четырёхугольный **vierhundert** четыреста **Viertakter** M = **Viertaktmotor** M четырёхтактный двигатель *m* **vierte** четвёртый **viertel** четверть *f*; ~ **vor fünf** без четверти пять; ~ **nach fünf** четверть шестого **Viertel** N четвёртая часть *f*, четверть *f*; *Stadtviertel* квартал *m* **Vierteljahr** N квартал *m* **Viertelstunde** F четверть *f* часа **viertürig** четырёхдверный **vierzehn** четырнадцать **vierzig** сорок **violett** фиолетовый **Violine** F скрипка *f* **virtuell** виртуальный **Virus** *n*/*m* вирус *m* **Virusprogramm** N IT антивирусная программа *f* **Visitenkarte** F визитная карточка *f* **Visum** N виза *f* **Vitamin** N витамин *m* **Vize...** *in zssgn* вице-... **Vogel** M птица *f*; *umg* **er hat e-n** ~ у него не все дома **Vokabel** F слово *n* **Vokal** M гласный **Volk** N народ *m* **Volksfest** N народное гулянье *n* **Volkshochschule** F народный университет *m* **Volkskunst** F народное иску́сство *n* **Volkslied** N наро́дная пе́сня *f* **volkstümlich** наро́дный **Volkswirtschaft** F наро́дное хозя́йство *n*

voll по́лный; *ganz* весь; ADV → *a.* völlig; **halb ~** напо́лненный до полови́ны **vollautomatisch** по́лностью автоматизи́рованный **vollenden** заверша́ть ‹-ши́ть›

Volleyball M *Spiel* волейбо́л *m*

völlig по́лный; ADV вполне́; по́лностью; соверше́нно

volljährig совершенноле́тний

Vollkaskoversicherung F по́лное страхова́ние *n* ка́ско **vollkommen** соверше́нный; → *a.* völlig **Vollkornbrot** N хлеб *m* из муки́ (гру́бого помо́ла) с отрубя́ми; хлеб *m* **Vollmacht** F полномо́чие *m*; *Schreiben* дове́ренность *f* **Vollmilch** F це́льное молоко́ *m* **Vollmond** M полнолу́ние *m* **Vollnarkose** F о́бщий нарко́з *m* **Vollpension** F по́лный пансио́н *m* **vollständig** по́лный; ADV → *a.* völlig

volltanken заправля́ть ‹-ра́вить› бензоба́к до преде́ла

vollzählig компле́ктный

Volt N вольт *m*

Volumen N объём *m*

von PRÄP (*dat*) *örtl* от, с (*P*); *Herkunft* из (*P*); *über* о (*П*); *Zugehörigkeit, Eigenschaft* (*P*); *passiv mst* (*T*); **~ … bis …** от/с … до …; **~ hier** отсю́да; *grüßen* **~ mir** от меня́; **einer ~ ihnen** оди́н из них; **~ Beruf** по профе́ссии **voneinander** *abhängig sein* друг от дру́га / *hören* о дру́ге **vonseiten** со стороны́

vor PRÄP (*dat, akk*) *örtl* пе́ред (*T*); *zeitl a.* до (*P*); *aus, wegen* от (*P*); **~ einer Woche** неде́лю тому́ наза́д; **zehn ~ drei** без десяти́ три

Vorabend M: **am ~** накану́не

voran вперёд **vorankommen** *Arbeit usw* спо́риться

Voranmeldung F предвари́тельная зая́вка *f* **Vorarbeiter(in)** M(F) бригади́р(ша *umg*) *m*(*f*)

voraus: **im Voraus** зара́нее **voraussagen** предска́зывать ‹-за́ть› **voraussehen** предви́деть **voraussetzen** предполага́ть ‹-ложи́ть›; **vorausgesetzt, dass** при усло́вии, что **Voraussetzung** F предпо́сылка *f* **voraussichtlich** предполага́емый **Vorauszahlung** F ава́нс *m*, зада́ток *m*

Vorbehalt M огово́рка *f*; **ohne ~** без огово́рки; **unter ~** с огово́ркой

vorbei *örtl* ми́мо (**an** *dat P*); *zeitl* позади́; ко́нчено

vorbereiten подгота́вливать ‹-то́вить› **Vorbereitung** F подгото́вка *f* **Vorbestellung**

F предвари́тельный зака́з *m* **vorbestraft** име́ющий суди́мость
vorbeugen *e-r Sache* предупрежда́ть ⟨-ди́ть⟩ **Vorbeugung** F предупрежде́ние *n*; MED профила́ктика *f*
Vorbild N приме́р *m*; образе́ц *m* **vorbildlich** приме́рный
Vorderachse F пере́дняя ось *f* **vordere** пере́дний **Vordergrund** M пере́дний план *m* **Vorderrad** N пере́днее колесо́ *n* **Vordersitz** M пере́днее сиде́нье *n*
vordrängе(l)n: **sich ~** проти́скиваться ⟨-и́снуться⟩ вперёд
Vordruck M бланк *m* **voreilig** поспе́шный; опроме́тчивый **voreingenommen** предубеждённый **vorerst** пока́ **Vorfahrt** F преиму́щественный прое́зд *m* **Vorfall** M происше́ствие *n*
vorführen → zeigen **Vorführung** F демонстра́ция *f*
Vorgang M проце́сс *m*; *Akte* де́ло *n* **Vorgänger(in)** M(F) предше́ственник *m* (-ица *f*) **vorgehen** происходи́ть ⟨-изойти́⟩; *handeln* поступа́ть ⟨-пи́ть⟩; *Uhr* спеши́ть **Vorgesetzte** M/F нача́льник *m* (-ица *f*) **vorgestern** позавчера́ **vorhaben** → beabsichtigen; **was haben Sie vor?** каки́е у Вас пла́ны? **Vorhaben** N наме́рение *n*, план *m*
vorhanden нали́чный; **~ sein** име́ться в нали́чии
Vorhang M занаве́ска *f* **Vorhängeschloss** N вися́чий замо́к *m*
vorher (за)ра́нее **vorherig** пре́жний **Vorhersage** F прогно́з *m*; → Voraussage **vorhersehbar** предви́димый
vorhin то́лько что
vorige про́шлый
Vorjahr N про́шлый год *m*
Vorkehrungen FPL *Vorsichtsmaßnahmen* ме́ры *fpl* предосторо́жности **Vorkenntnisse** FPL подгото́вка *f*
vorkommen *geschehen* случа́ться ⟨-чи́ться⟩; **das kommt selten vor** э́то ре́дко быва́ет; **es kommt mir vor** мне ка́жется
Vorladung F вы́зов *m* **Vorlage** F *Muster* образе́ц *m* **vorläufig** вре́менный; ADV *a.* пока́ **vorlassen** пропуска́ть ⟨-сти́ть⟩ **vorlegen** *Dokument* предъявля́ть ⟨-ви́ть⟩ **vorlesen** ⟨про⟩чита́ть вслух **Vorlesung** F ле́кция *f* **vorletzte** предпосле́дний **Vorliebe** F пристра́стие *n* (**für** *akk* к *Д*)
vormerken запи́сывать ⟨-са́ть⟩
Vormittag M дообе́денное вре́мя *n*; **am ~, vormittags** до обе́да
vorn впереди́; **nach ~** вперёд; **von ~** спе́реди; *zeitl* снача́ла
Vorname M и́мя *n*

vornehm благоро́дный **vornehmen**: **sich ~** принима́ться ⟨-ня́ться⟩ (**etw** за *B*); → *a.* beabsichtigen
vornherein: **von ~** с са́мого нача́ла
Vorort M при́город *m*, предме́стье *n* **Vorortzug** M при́городный по́езд *m*
Vorrang M преиму́щество *n*
Vorrat M запа́с *m* **vorrätig** *präd* име́ющийся на скла́де / в запа́се **Vorrecht** N привиле́гия *f* **Vorrichtung** F устро́йство *n* **vorrücken** *pers* продвига́ться ⟨-и́нуться⟩ вперёд **Vorruhestand** M досро́чная пе́нсия *f* **Vorsaison** F предсезо́нный пери́од *m* **vorsätzlich** преднаме́ренный
Vorschau F предвари́тельный обзо́р *m*; TV *a.* ано́нс *m* **Vorschlag** M предложе́ние *n* **vorschlagen** предлага́ть ⟨-ложи́ть⟩ **vorschreiben** *j-m etw* предпи́сывать ⟨-са́ть⟩
Vorschrift F предписа́ние *n* **vorschriftsmäßig** согла́сно предписа́нию
Vorschuss M ава́нс *m*, зада́ток *m*
vorsehen предусма́тривать ⟨-мотре́ть⟩; **sich ~** остерега́ться ⟨-ре́чься⟩ (**vor** *dat P*)
Vorsicht F осторо́жность *f*; **~!** осторо́жно! **vorsichtig** осторо́жный
Vorsitz M председа́тельство *n*
Vorsitzende M/F председа́тель(ница) *m(f)*
Vorsorge F предусмотри́тельность *f*; профила́ктика *f* **vorsorglich** предусмотри́тельный
Vorspeise F заку́ска *f* **vorspielen** исполня́ть ⟨-о́лнить⟩
Vorsprung M ARCH вы́ступ *m*; *fig* преиму́щество *n* **Vorstadt** F → Vorort **Vorstand** M правле́ние *n*
vorstellen представля́ть ⟨-а́вить⟩ (**sich** -ся **j-m** к-у; **sich** *akk* себе́ *B*); *Uhr* ста́вить вперёд **Vorstellung** F представле́ние *n* **Vorstellungsgespräch** N собесе́дование *n* (*aus Sicht des Arbeitgebers* с кандида́том на ме́сто)
Vorstrafe F пре́жняя суди́мость *f* **vorstrecken** вытя́гивать ⟨вы́тянуть⟩ вперёд; *Geld* выдава́ть ⟨вы́дать⟩ ава́нс
Vorteil M вы́года *f*; → Vorsprung **vorteilhaft** вы́годный **Vortrag** M докла́д *m* **vortragen** *darlegen* излага́ть ⟨-ложи́ть⟩
Vortritt M: **den ~ lassen** пропуска́ть ⟨-сти́ть⟩ (**j-m** к-о)
vorüber → vorbei **vorübergehend** вре́менный
Vorurteil N предрассу́док *m*
Vorverkauf M предвари́тельная прода́жа *f* **Vorwahl** F код *m* **Vorwand** M предло́г *m*; → Ausrede
vorwärts → voran; **~!** дава́й-

те!, пошли́!
vorwerfen упрека́ть ⟨-кну́ть⟩ (**j-m etw** к-о в *П*) **vorwiegend** ADV в основно́м **Vorwort** N предисло́вие *n*
Vorwurf M упрёк *m* **vorwurfsvoll** укори́зненный
Vorzeichen N MATH, MUS знак *m*; *Anzeichen* при́знак *m*
vorzeitig преждевре́менный
vorziehen *Termin* приближа́ть ⟨-ли́зить⟩; *bevorzugen* предпочита́ть ⟨-че́сть⟩ **Vorzimmer** N приёмная *f* **Vorzug** M досто́инство *n*; *Vorrang* предпочте́ние *n* **vorzüglich** превосхо́дный; → großartig **Vorzugspreis** M льго́тная цена́ *f*
vulgär вульга́рный
Vulkan M вулка́н *m*

W

Waage F весы́ *pl* **waagerecht** горизонта́льный
wach бо́дрствующий; ~ **werden** просыпа́ться ⟨-сну́ться⟩ **Wache** F карау́л *m*; *Trupp* охра́на *f*; *pers a.* → Wächter **wachen** следи́ть (**über** *akk* за *T*) **Wachposten** M карау́льный *m* часово́й *m*
Wachs N воск *m*
wachsam бди́тельный; осторо́жный **Wachsamkeit** F бди́тельность *f*
wachsen ⟨вы́⟩расти́; → vergrößern (sich) **Wachstum** N рост *m*; увеличе́ние *n*
Wächter M сто́рож *m*; охра́нник *m*
wackelig ша́ткий **Wackelkontakt** M непло́тный конта́кт *m* **wackeln** шата́ться
Wade F икра́ *f*
Waffe F ору́жие *n*
Waffel F ва́фля *f*
Waffenschein M разреше́ние *n* на ору́жие **Waffenstillstand** M переми́рие *n*
wagen осме́ли(ва)ться (**etw zu tun** + *inf*)
Wagen M → Auto; BAHN ваго́н *m*; *Einkaufswagen* теле́жка *f* **Wagenheber** M домкра́т *m*
Waggon M ваго́н *m*
Wahl F вы́бор *m*; POL вы́боры *pl*; WIRTSCH сорт *m*
wählen выбира́ть ⟨вы́брать⟩; TEL наб(и)ра́ть **Wähler(in)** M(F) избира́тель(ница) *m(f)*
wählerisch разбо́рчивый
Wahlfach N факультати́вный предме́т *m* **Wahlkampf** M предвы́борная борьба́ *f*
wahllos без разбо́ра **Wahlrecht** N избира́тельное пра́во *n*
Wahnsinn M сумасше́ствие *n*; безу́мие *n*; MED помеша́тельство *n* **wahnsinnig** сумасше́дший; безу́мный (*a. fig*); MED поме́шанный
wahr правди́вый; *wirklich* ис-

тинный; *Freund* настоящий; → richtig; ... **ist (nicht) ~** ... (не) правда; **nicht ~?** не так ли?
während PRÄP (*gen*) во время (*P*); KONJ в то время как
Wahrheit F правда *f* **wahrnehmen** воспринимать ⟨-нять⟩ **Wahrsagerin** F гадалка *f* **wahrscheinlich** вероятный; ADV вероятно, наверно(е)
Währung F валюта *f* **Währungsreform** F валютно-финансовая реформа *f*
Wahrzeichen N символ *m*
Waise F сирота *m u. f*
Wal M кит *m*
Wald M лес *m* **Waldbrand** M лесной пожар *m* **Waldsterben** N гибель *f* лесов
Wall M вал *m* **Wallfahrt** F паломничество *n*
Walnuss F грецкий орех *m*
Walze F *Straßenwalze* каток *m*
wälzen ⟨вы⟩валять (**sich** -ся); *in Mehl usw* обваливать ⟨-лять⟩
Walzer M вальс *m*
Wand F стена *f*
Wandel M перемена *f*
Wanderausstellung F передвижная выставка *f* **Wanderer** M турист *m* **Wanderin** F туристка *f* **Wanderkarte** F карта *f* для походов **wandern** путешествовать пешком **Wanderung** F (тур)поход *m*
Wange F щека *f*
wanken → taumeln, schwanken
wann когда; **bis / seit ~?** до / с каких пор?
Wanne F ванна *f*
Wanze F клоп *m*; *umg* жучок *m*
Wappen N герб *m*
Ware F товар *m*
Warenlager N товарный склад *m* **Warensendung** F партия *f* товара
warm тёплый; **mir ist ~** мне тепло; **~ halten** держать в тепле; **~ machen** *Essen* разогре(ва)ть
Wärme F тепло *n*; теплота *f* (*a. fig*) **Wärmedämmung** F теплоизоляция *f* **wärmen** согре(ва)ть (**sich** -ся)
Wärmflasche F грелка *f*
Warnblinker M аварийный сигнал *m* **Warndreieck** N аварийный треугольник *m* **warnen** предупреждать ⟨-редить⟩ (**vor** *dat* о *П*) **Warnschild** N предупреждающий знак *m* **Warnstreik** M предупредительная забастовка *f* **Warnung** F предупреждение *n*
Warteliste F список *m* очередников, очередь *f* **warten** ⟨подо⟩ждать (**auf** *akk В, Р*); TECH обслуживать; **warte(n Sie)!** подожди(те)!
Wärter M смотритель *m*
Wartesaal M зал *m* ожидания
Wartezimmer N приёмная *f*

Wartung F обслу́живание *n* **warum** почему́ **Warze** F борода́вка *f* **was** что; **~ für ein(e)** что за; како́й; → (irgend)etwas **Waschanlage** F мо́ечная установка *f* **waschbar** стира́ющийся **Waschbecken** N умыва́льник *m* **Wäsche** F бельё *n*; *das Waschen* сти́рка *f*; мо́йка *f* **Wäscheklammer** F прище́пка *m* **waschen** ⟨по⟩мыть (**sich** -ся); *Wäsche* ⟨по⟩стира́ть **Wäscherei** F пра́чечная *f* **Wäscheschleuder** F центрифу́га *f* **Wäscheschrank** M бельево́й шкаф *m* **Wäschetrockner** M (автомати́ческая) суши́лка *f* (для белья́) **Waschlappen** M моча́лка *f*; *umg pers* тря́пка *m/f* **Waschmaschine** F стира́льная маши́на *f* **Waschmittel** N мо́ющее сре́дство *n* **Waschraum** M умыва́льная *f* **Waschsalon** M пра́чечная *f* (самообслу́живания) **Waschstraße** F AUTO автомо́йка *f* **Wasser** N вода́ *f*; **fließendes ~** водопрово́дная вода́ *f* **wasserdicht** водонепроница́емый **Wasserfall** M водопа́д *m* **Wasserfarbe** F акваре́ль *f* **Wasserhahn** M водопрово́дный кран *m* **Wasserkocher** M электрочáйник *m* **Wasserkraftwerk** N гидроэлектроста́нция *f* **Wasserleitung** F водопрово́д *m* **Wassermelone** F арбу́з *m* **wasserscheu**: **ich bin ~** я бою́сь воды́ **Wasserspiegel** M *Höhe* у́ровень *m* воды́ **Wassersport** M во́дный спорт *m* **Wasserstoff** M водоро́д *m* **Wasserversorgung** F водоснабже́ние *n* **Wasserwerfer** M водомёт *m* **Wasserzähler** M водоме́р *m* **Watt** N ELEK ватт *m* **Watte** F ва́та *f* **WC** N туале́т *m* **weben** ⟨со⟩тка́ть **Website** F сайт *m* **Wechsel** M сме́на *f*; *Geldwechsel* обме́н *m*; → Wandel **Wechselgeld** N сда́ча *f*; ме́лочь *f* **wechselhaft** изме́нчивый, переме́нчивый **Wechseljahre** NPL кли́макс *m* **Wechselkurs** M валю́тный курс *m*, **wechseln** переменя́ть ⟨-ни́ть⟩, сменя́ть ⟨-ни́ть⟩; *Geld* разме́нивать ⟨-ня́ть⟩ (**in** *akk* на *B*) **Wechselstrom** M ELEK переме́нный ток *m* **Wechselstube** F пункт *m* обме́на валю́ты **Weckdienst** M слу́жба *f* побу́дки **wecken** ⟨раз⟩буди́ть **Wecker** M буди́льник *m* **Weckruf** M звоно́к-буди́льник *m* **weder**: **~ … noch** ни … ни **weg** прочь, вон; **geh ~!** уходи́!; **ich muss ~** мне пора́; **er**

ist ~ он ушёл; **das Geld ist ~** де́ньги пропа́ли; **weit ~** о́чень далеко́

Weg M доро́га *f*; путь *m* (*a. fig*)

wegen *dat* из-за / *zuliebe* ра́ди (*P*)

wegfahren уезжа́ть ⟨-е́хать⟩ **wegfallen** отпада́ть ⟨-па́сть⟩ **weggehen** уходи́ть ⟨уйти́⟩ **weglassen** *etw* выпуска́ть ⟨вы́пустить⟩ **weglaufen** убега́ть ⟨-ежа́ть⟩

weglegen откла́дывать ⟨отложи́ть⟩ **wegmüssen**: **wir müssen ~** нам пора́ **wegnehmen** отнима́ть ⟨-ня́ть⟩ (**j-m** у к-о); → *a* **wegräumen** уб(и)ра́ть **wegschicken** отсыла́ть ⟨отосла́ть⟩

Wegweiser M доро́жный указа́тель *m*

Wegwerf... *in zssgn* ...разово́го по́льзования **wegwerfen** выбра́сывать ⟨вы́бросить⟩

wegziehen V/T отта́скивать ⟨-тащи́ть⟩; V/I уезжа́ть ⟨-е́хать⟩

wehen *Wind* ⟨по⟩ду́ть **Wehen** FPL родовы́е схва́тки *fpl* **wehmütig** тоскли́вый

Wehr N плоти́на *f*

Wehrdienst M вое́нная слу́жба *f* **Wehrdienstverweigerer** M отка́зник *m* от слу́жбы в а́рмии

wehren: **sich ~** защища́ться ⟨-ити́ться⟩ (**gegen** *akk* от *P*) **wehrlos** беззащи́тный

Wehrpflicht F во́инская обя́занность *f* **Wehrpflichtige** M военнообя́занный *m*

wehtun боле́ть; **mein ... tut weh** у меня́ боли́т ...

Weibchen N ZO са́мка *f* **weiblich** же́нский

weich мя́гкий; **~ werden** *fig* подд(ав)а́ться **Weiche** F BAHN стре́лка *f* **weichen** V/I уступа́ть ⟨-пи́ть⟩ **Weichspüler** M смягчи́тель *m* для белья́

Weide F па́стбище *n*; BOT и́ва *f* **weiden** V/T пасти́(-сь *v/i*)

weigern: **sich ~** отка́зываться ⟨-за́ться⟩

Weihnachten N Рождество́ *n*; **frohe ~!** весёлого Рождества́!

Weihnachtsabend M соче́льннк *m* **Weihnachtsbaum** M рожде́ственская ёлка *f* **Weihnachtsgeschenk** N рожде́ственский пода́рок *m* **Weihnachtsmann** M Дед Моро́з *m* **Weihnachtsmarkt** M рожде́ственская я́рмарка *f*

Weihwasser N свята́я вода́ *f*

weil потому́ что, так как

Weile F: **e-e ~** не́которое вре́мя *n*

Wein M вино́ *n*; BOT, *Stock* виногра́д *m*; **e-e Flasche ~** буты́лка *f* вина́ **Wein(an)bau** M виногра́дарство *n* **Weinberg** M виногра́дник *m* **Weinbrand** M конья́к *m*

weinen плáкать **Weinglas** N бокáл *m* **Weinhandlung** F вúнный магазúн *m* **Weinkeller** M вúнный пóгреб *m* **Weinlese** F сбор *m* виногрáда **Weinprobe** F дегустáция *f* вин **Weintraube** F *Beere* виногрáдина *f*
weise мýдрый
Weise F спóсоб *m*, óбраз *m*; **auf diese ~** такúм óбразом
Weisheitszahn M зуб *m* мýдрости
weiß бéлый **Weißbrot** N бéлый хлеб *m* **Weißkohl** M белокочáнная капýста *f* **Weißrussland** N Беларýсь *f* **Weißwein** M бéлое винó *n*
weit *entfernt* дáльний, далёкий; ADV далекó (*a. fig*); *Kleid* ширóкий; *ausgedehnt* обшúрный; **von Weitem** úздали; **bei Weitem** горáздо
weiter дáльше, дáлее; *örtl komp* дальнéйший; **nichts ~** бóльше ничегó; **das Weitere** дальнéйшее; подрóбности *fpl*; **bis auf Weiteres** поká; **ohne Weiteres** без трудá
weiterfahren éхать дáльше
weitergeben перед(ав)áть
weitergehen идтú ⟨пойтú⟩ дáльше; *zeitl* продолжáться ⟨-дóлжиться⟩ **weiterkommen** продвигáться ⟨-úнуться⟩ вперёд **weitermachen** продолжáть ⟨-дóлжить⟩
weitläufig простр áнный; *pers* дáльний **weitsichtig** дальнозóркий **Weitsprung** M прыжóк *m* в длинý **Weitwinkelobjektiv** N широкоугóльный объектúв *m*
Weizen M пшенúца *f* **Weizenbier** N пшенúчное пúво *n*
welche какáя; какúе *pl*; REL PR котóрая; котóрые *pl* **welcher** какóй; REL PR котóрый **welches** какóе; REL PR котóрое
welk вя́лый **welken** ⟨за⟩вя́нуть
Welle F волнá *f* (*a. fig*)
Wellenbad N бассéйн *m* с искýсственными вóлнами **wellenförmig** волнúстый **Wellengang** M волнéние *n* (на мóре) **Wellenlänge** F длинá *f* волны́ **Wellensittich** M волнúстый попугáйчик *m*
wellig волнúстый
Wellnessbereich M спа *n unv* **Wellnesshotel** N спа-отéль *m*
Welt F мир *m*, свет *m* **Weltall** N вселéнная *f* **Weltanschauung** F мировоззрéние *n* **weltberühmt** извéстный во всём мúре **Weltkrieg** M мировáя войнá *f* **Weltkulturerbe** N культýрное наслéдие *n* **Weltmarkt** M мировóй рынок *m* **Weltmeister(in)** M(F) чемпиóн(ка) *m(f)* мúра **Weltmeisterschaft** F пéрвенство *n* мúра
Weltraum M кóсмос *m* **Weltreise** F кругосвéтное путешé-

ствие *n* **Weltrekord** M мировой рекорд *m* **Weltstadt** F город *m* мирового значения **weltweit** мировой; ADV во всём мире **Weltwirtschaft** F мировое хозяйство *n* **Weltwunder** N чудо *n* света

wem (*dat v.* **wer**) кому; **~ gehört das?** чьё это?; **mit ~** с кем; **von ~** от кого

wen (*akk v.* **wer**) кого; **an ~** к кому; **über ~** о ком

Wende F поворот *m*; POL *a.* смена *f* курса **Wendekreis** M радиус *m* поворота; GEOGR тропик *m*

Wendeltreppe F винтовая лестница *f*

wenden V/T переворачивать ⟨-вернуть⟩; V/I AUTO разворачиваться ⟨-вернуться⟩; **sich ~** обращаться ⟨-ратиться⟩ (**an j-n** к к-у) **wendig** *pers* ловкий **Wendung** F поворот *m*; *Redewendung* оборот *m* речи

wenig мало (*P*) **weniger** меньше; **am wenigsten** менее / меньше всего **wenigstens** по меньшей мере

wenn *zeitl* когда; *falls* если

wer кто; **~ von Ihnen?** кто из Вас?

Werbeagentur F рекламное агентство *n* **werben** рекламировать (*im*)*pf* (**für** *akk В*) **Werbespot** M рекламный ролик *m*

Werbung F реклама *f* (**für** *P*)

werden становиться ⟨стать⟩; **er will** *nom* **~** он хочет стать (*T*); **krank ~** заболе(ва)ть; **alt ~** ⟨по⟩стареть; **es ist nichts geworden** не получилось; **was wird aus** *dat?* что будет с (*T*)?; **es wird schon ~** как-нибудь получится; **ich werde kommen** я приду; *passiv* **wird gebaut** строится

werfen бросать ⟨-осить⟩

Werft F верфь *f*

Werk N произведение *n*; *Gesamtwerk* творчество *n*; *Fabrik* завод *m* **Werkstatt** F мастерская *f* **Werktag** M рабочий день *m* **werktags** по будним **Werkzeug** N инструмент *m* **Werkzeugkasten** M ящик *m* для инструментов

wert *würdig* достойный; **es ist nichts ~** не имеет никакой ценности

Wert M ценность *f*; FIN стоимость *f*; **im ~ von** стоимостью в (*В*); **~ legen** прид(ав)ать значение (**auf** *akk Д*) **werten** оценивать ⟨-ить⟩ **wertlos** ненужный; *Geld* обесцененный **Wertpapiere** *pl* ценные бумаги *fpl* **Wertsachen** *pl* ценные вещи *fpl* **wertvoll** ценный

Wesen N натура *f*, нрав *m*; *Lebewesen* существо *f* **wesentlich** существенный; ADV значительно; **im Wesentlichen** в основном

weshalb почему

Wespe F оса *f*

wessen (*gen v.* **wer**) чей *m*, чья *f*, чьё *n*, чьи *pl*
Weste F жилéт(ка) *m(f)* **Westen** M зáпад *m* **westeuropäisch** зáпадно-европéйский **westlich** зáпадный; **~ von** *dat* к зáпаду от (*P*) **Westwind** M зáпадный вéтер *m*
Wettbewerb M кóнкурс *m*; SPORT соревновáния *npl*; WIRTSCH конкурéнция *f* **Wette** F парú *n unv* **wetten** ⟨по-⟩спóрить (**um** *akk* на *B*)
Wetter N погóда *f* **Wetterbericht** M свóдка *f* погóды **wetterfest** вынóсливый
Wettkampf M соревновáния *npl* **Wettkämpfer(in)** M(F) учáстник *m* (-ица *f*) соревновáний **Wettlauf** M = **Wettrennen** N гóнки *fpl* **Wettrüsten** M гóнка *f* вооружéний **Wettstreit** M соревновáние *n*
WG → Wohngemeinschaft
whatsappen V/I общáться по вéтсáпу
Whisk(e)y M вúски *n unv*
wichtig вáжный
wickeln обвя́зывать ⟨-зáть⟩ (**um** *akk* вокрýг *P*); *Baby* ⟨за⟩пеленáть **Wickelraum** M пеленáльная кóмната *f*
wider PRÄP *akk* прóтив (*P*), вопрекú (*Д*) **widerlegen** опровергáть ⟨-éргнуть⟩ **widerlich** отвратúтельный, протúвный **widerrechtlich** противопрáвный **widerrufen** *Geständnis* откáзываться ⟨-зáться⟩ (*akk* от *P*) **widerspenstig** строптúвый **widersprechen** *j-m* противорéчить
Widerspruch M противорéчие *n* **widersprüchlich** противоречúвый **Widerstand** M сопротивлéние *n* (**gegen** *akk Д*) **Widerstandsbewegung** F движéние *n* сопротивлéния
Widerwille(n) M отвращéние *n* (**gegen** *akk* к *Д*) **widerwillig** с отвращéнием
widmen посвящáть ⟨-ятúть⟩ (**sich** себя́) **Widmung** F посвящéние *n*
wie как; **~ geht's?** как делá?; **~ lange** скóлько врéмени; **~ viel** скóлько
wieder опя́ть, снóва; *noch einmal* ещё раз
Wiederaufbau M восстановлéние *n* **Wiederaufbereitung** F регенерáция *f* **wiederbekommen** получáть ⟨-чúть⟩ обрáтно **Wiederbelebung** F реанимáция *f* **wiederbringen** приносúть ⟨-нестú⟩ обрáтно **wiedererkennen** узн(ав)áть **wiederfinden** находúть ⟨найтú⟩ **wiedergeben** возвращáть ⟨-ратúть⟩; *Gespräch* перед(ав)áть **wiedergutmachen** возмещáть ⟨-естúть⟩ **wiederherstellen** восстанáвливать ⟨-новúть⟩
wiederholen повторя́ть ⟨-рúть⟩ **Wiederholung** F

повторéние *n*
Wiederkäuer M жвáчное живóтное *n* **Wiederkehr** F возвращéние *n* **wiederkommen** вернýться *pf*, возвращáться ‹-ратúться› **wiedersehen** (снóва) увúдеть *pf* (**sich** -ся) **Wiedersehen** N встрéча *f*; **auf ~!** до свидáния!
Wiedervereinigung F воссоединéние *n* **wiederverwendbar** многорáзовый **Wiederverwertung** F вторúчное испóльзование *n*
Wiege F колыбéль *f* **wiegen** V/T взвéшивать ‹-éсить›; *Kind* укáчивать ‹-чáть›; V/I вéсить
wiehern ржать
Wien N Вéна *f*
Wiese F луг *m*
Wiesel N лáска *f*
wieso почемý;
wievielte: der Wievielte ist heute? какóе сегóдня числó?
Wi-Fi N IT вай-фáй *m*
wild дúкий
Wild N дичь *f* **Wilderer** M браконьéр *m* **Wildleder** N зáмша *f* **Wildnis** F глушь *f* **Wildschwein** N кабáн *m*
Wille(n) M вóля *f*; **der letzte Wille** завещáние *n*; **beim besten Willen** при всём желáнии
willkommen: herzlich ~! добрó пожáловать!
wimmeln кишéть (**von** *dat T*)
wimmern скулúть
Wimper F реснúца *f* **Wimperntusche** F тушь *f* для ресни́ц
Wind M вéтер *m* **Windel** F пелёнка *f* **winden** ‹с›плестú; **sich ~** вúться **Windenergie** F энéргия *f* ветрá **windgeschützt** защищённый от вéтра **windig** вéтреный
Windjacke F ветрóвка *f* **Windmühle** F ветрянáя мéльница *f* **Windpocken** *pl* ветрянка *f* **Windstärke** F сúла *f* вéтра **Windstille** F безвéтрие *n* **Windstoß** M порыв *m* вéтра **Windsurfen** N вúндсёрфинг *m*
Wink M намёк *m* **Winkel** M ýгол *m* **winken** *j-m* ‹по›махáть рукóй
Winter M зимá *f*; **im ~** зимóй **winterlich** зúмний **Wintermantel** M зúмнее пальтó *n* **Winterreifen** M зúмняя шúна *f* **Winterschlussverkauf** M зúмняя распродáжа *f* **Wintersport** M зúмний вид *m* спóрта
Winzer M виногрáдарь *m*
winzig крóшечный
Wipfel M верхýшка *f*
wir PERS PR мы
Wirbel M ANAT позвонóк *m*; *Strudel* водоворóт *m* **Wirbelsäule** F позвонóчник *m* **Wirbelsturm** M ураrán *m*, смерч *m*
wirken *einwirken* ‹по›дéйствовать
wirklich дéйствúтельный; *Freund* настоя́щий; ADV на сá-

мом деле; *bestätigend* честное слово! **Wirklichkeit** F действительность *f*
wirksam действенный **Wirkung** F (воз)действие *n* **wirkungslos** неэффективный
wirr путаный **Wirrwarr** N путаница *f*, неразбериха *f*
Wirt(in) M(F) хозяин *m* (-яйка *f*)
Wirtschaft F хозяйство *n*; *Gaststätte* трактир *m* **wirtschaften** хозяйствовать **wirtschaftlich** экономический *sparsam* экономный **Wirtschaftskrise** F экономический кризис *m* **Wirtschaftswissenschaften** FPL экономика *f*
Wirtshaus N трактир *m*
wischen протирать ‹-тереть›, стирать ‹-тереть› **Wischlappen** M тряпка *f*
wissen знать; **~ lassen** д(ав)ать знать **Wissen** N знание *n*; *Kenntnisse* знания *npl*
Wissenschaft F наука *f* **Wissenschaftler(in)** M(F) учёный *m* (-ная *f*) **wissenschaftlich** научный
wittern ‹по›чуять **Witterung** F чутьё *n*; *Wetter* погода *f*
Witwe F вдова *f* **Witwenrente** F пенсия *f* вдове **Witwer** M вдовец *m*
Witz M анекдот *m*; *Scherz* шу(точ)ка *f*; *Spitze* острота *f* **Witzbold** M шутник *m* **witzig** шуточный; остроумный
WLAN N IT беспроводная сеть *f*
wo где **woanders** в другом месте **wobei** REL PR причём
Woche F неделя *f*; **in e-r ~** через неделю
Wochenende N конец *m* недели, уик-энд *m* **Wochenendhaus** N дача *f* **wochenlang** ADV неделями **Wochentag** M будничный день *m* **wochentags** в будни
wöchentlich (еже)недельный
Wodka M водка *f*
wodurch из-за чего **wofür** за что; → wozu
Woge F → Welle
wogegen против чего; KONJ между тем как **woher** откуда **wohin** куда
wohl → wahrscheinlich, vermutlich; **ich fühle mich nicht ~** я чувствую себя нехорошо
Wohl N благо *n*; **auf Ihr ~!** за Ваше здоровье! **wohlhabend** состоятельный **Wohlstand** M благосостояние *n* **wohltätig** благотворительный **wohlwollend** доброжелательный
Wohnanhänger M дача-прицеп *m*, жилой прицеп *m* **wohnen** жить **Wohngebiet** N жилой (микро)район *m* **Wohngeld** N дотация *f* на аренду жилья **Wohngemeinschaft** F *Lebensform* совместное проживание *n* **wohnhaft** проживающий

Wohnheim N общежи́тие *n* **Wohnmobil** N → Campingbus **Wohnort** M = **Wohnsitz** M местожи́тельство *n* **Wohnung** F кварти́ра *f* **Wohnungsamt** N жили́щный отде́л *m* **Wohnzimmer** N жила́я ко́мната *f*

wölben: **sich ~** образо́вывать ‹-ова́ть› свод

Wolf M волк *m*

Wolgadeutsche M/F не́мец *m* (-мка *f*) Пово́лжья

Wolke F о́блако *n* **Wolkenbruch** M ли́вень *m* **Wolkenkratzer** M небоскрёб *m* **wolkenlos** безо́блачный **wolkig** о́блачный

Wolle F шерсть *f* **wollen**[1] *aus Wolle* шерстяно́й

wollen[2] ‹за›хоте́ть; **wie Sie ~** как хоти́те

womit чем, с чем **womöglich** возмо́жно **wonach** *sich richten* чем; *fragen* о чём **woran** *denken* о чём; *sterben* от чего́ **worauf** *warten* чего́ **woraus** *bestehen* из чего́ **worin** *bestehen* в чём

World Wide Web N IT интерне́т *m*

Wort N сло́во *n*; **~ halten** сдержа́ть *pf* своё сло́во; **in ~en** про́писью

Wörterbuch N слова́рь *m*

wörtlich дosло́вный; ADV *a.* сло́во в сло́во

wortlos безмо́лвно **Wortschatz** M запа́с *m* слов

worüber *sprechen* о чём; *sich freuen* чему́ **worum** *sich handeln* о чём **wovon** *leben* чем; *sprechen* о чём **wovor** *sich fürchten* чего́ **wozu** для чего́; *warum* заче́м

Wrack N обло́мки *mpl*

Wucher M ростовщи́чество *n* **wuchern** *Pflanze* разраста́ться ‹-сти́сь› **Wucherung** F MED опу́холь *f*

Wuchs M рост *m*

Wucht F си́ла *f* **wuchtig** уве́систый

wühlen копа́ться (**in** *dat* в П)

wund натёртый до кро́ви; **sich ~ reiben** натере́ть *pf* себе́ **Wunde** F ра́на *f*

Wunder N чу́до *n* **wunderbar** чуде́сный **wundern**: **sich ~** удивля́ться ‹-ви́ться› (**über** *akk* Д) **wunderschön** прекра́сный

Wunsch M жела́ние *n*; **auf ~** по жела́нию

wünschen ‹по›жела́ть (*akk* Р, **sich** себе́); → wollen **wünschenswert** жела́тельный

Würde F досто́инство *n* **würdig** досто́йный (*gen* Р); *ehrwürdig* почте́нный **würdigen** оце́нивать ‹-и́ть›; *anerkennen* призн(ав)а́ть

Wurf M бросо́к *m*; ZO помёт *m*

Würfel M ку́б(ик) *m*; *Spielwürfel* кость *f* **würfeln** игра́ть ‹сыгра́ть› в ко́сти **Würfelzucker** M рафина́д *m*

würgen *j-n* дави́ть (-ся *v/i* **an** *dat T*)
Wurm M червь *m*, червя́к *m* **wurmstichig** черви́вый
Wurst F колбаса́ *f*
Würstchen N соси́ска *f*
Würze F припра́ва *f*
Wurzel F ко́рень *m*
würzen *etw* приправля́ть ⟨-а́вить⟩ (**mit** *dat T*)
Wüste F пусты́ня *f*
Wut F я́рость *f*; бе́шенство *n*; **vor ~** от я́рости
wütend бе́шеный (*a. fig*)

X

X-Beine NPL кривы́е но́ги *fpl*
x-beliebig любо́й
x-mal э́нное коли́чество
Xylofon N ксилофо́н *m*

Y

Yeti M сне́жный челове́к *m*
Yoga N йо́га *f*

Z

Zacke(n) F(M) зубе́ц *m*
zäh *Fleisch* жёсткий **zähflüssig** вя́зкий
Zahl F число́ *n*; *Anzahl* коли́чество *n* **zahlbar** подлежа́щий упла́те **zahlen** уплати́ть, заплати́ть (**mit** *dat T*); **bitte ~!** пода́йте, пожа́луйста, счёт!
zählen V/T ⟨по⟩счита́ть **Zähler** M счётчик *m*; MATH числи́тель *m*
zahllos бесчи́сленный **zahlreich** многочи́сленный; ADV в большо́м коли́честве **Zahlung** F платёж *m*
Zählung F подсчёт *m*
Zahlungsanweisung F платёжное поруче́ние *n* **Zahlungsbedingungen** FPL усло́вия *npl* платежа́ **zahlungsunfähig** неплатёжеспосо́бный
zahm *Tier* ручно́й
zähmen прируча́ть ⟨-чи́ть⟩
Zahn M зуб *m* **Zahnarzt** M, **Zahnärztin** F зубно́й врач *m* **Zahnbürste** F зубна́я щётка *f* **Zahnersatz** M зубно́й проте́з *m* **Zahnfleisch** N десна́ *f* **Zahnpasta** F зубна́я па́ста *f* **Zahnrad** N шестерня́ *f* **Zahnschmerzen** MPL зубна́я боль *f* **Zahnseide** F зуб-

ная нить *f* **Zahnstocher** M зубочистка *f*
Zange F щипцы *pl*
Zäpfchen N MED свеча *f*
Zapfen M шишка *f*; TECH шип *m* **Zapfsäule** F заправочная колонка *f*
zappeln барахтаться
zappen *umg* пробегаться ⟨-ежаться⟩ по каналам телевидения
Zar(in) M(F) царь *m* (-рица *f*)
zart нежный; *weich* мягкий; *zerbrechlich* хрупкий
zärtlich нежный, ласковый **Zärtlichkeit** F нежность *f*; ласка *f*
Zauber M чары *pl*; *Reiz* очарование *n* **Zauberei** F колдовство *n* **Zauberer** M волшебник *m*; *mst böser* колдун *m* **zauberhaft** очаровательный **Zauberkünstler(in)** M(F) фокусник *m* (-ица *f*) **zaubern** V/I колдовать
Zaum M узда *f*
Zaun M забор *m*
z.B. напр. → (zum) Beispiel
Zeche F счёт *m*; *Bergbau* шахта *f*
Zecke F клещ *m* **Zeckenstich** M укус *m* клеща
Zeh(e) M(F) палец *m* (ноги)
zehn десять **Zehn** F десятка *f* **Zehnkampf** M десятиборье *n* **zehnte** десятый **Zehntel** N десятая часть *f*
Zeichen N знак *m*; *Anzeichen* признак *m* **Zeichensprache** F язык *m* знаков **Zeichentrickfilm** M мультфильм *m*
zeichnen ⟨на⟩рисовать **Zeichner(in)** M(F) рисовальщик *m* (-ица *f*); *technische(r)* чертёжник *m* (-ица *f*) **Zeichnung** F рисунок *m*; чертёж *m*
Zeigefinger M указательный палец *m* **zeigen** показывать ⟨-зать⟩ (**sich** -ся) **Zeiger** M стрелка *f* (часов)
Zeile F строка *f*, строчка *f*
Zeit F время *n*; *Frist* срок *m*; **eine ~ lang** некоторое время; **es ist (höchste) ~** уже (давно) пора; **ich habe keine ~** у меня нет времени
Zeitabschnitt M период *m* **Zeitalter** N век *m* **Zeitarbeit** F временная работа *f* **zeitgemäß** → modern; ADV в духе времени **zeitgenössisch** современный **zeitig** ранний; ADV рано
Zeitkarte F сезонный билет *m* **zeitlich** временной **zeitlos** вневременный **Zeitlupe** F *Vorführung* замедленная проекция *f* **Zeitpunkt** M момент *m* **zeitraubend** требующий много времени **Zeitraum** M период *m* **Zeitschrift** F журнал *m*
Zeitung F газета *f* **Zeitungskiosk** M газетный киоск *m* **Zeitungsverkäufer** M газетчик *m*
Zeitunterschied M разница *f*

во вре́мени **Zeitverschwendung** F тра́та f вре́мени **Zeitvertreib** M времяпрепровожде́ние n **zeitweilig** вре́менный; ADV вре́мя от вре́мени **Zeitwort** N глаго́л m **Zeitzone** F часово́й по́яс m
Zelle F кле́тка f; *Raum* ка́мера f; TEL каби́на f **Zellstoff** M целлюло́за f
Zelt N пала́тка f **zelten** жить в пала́тке **Zeltlager** N пала́точный ла́герь m **Zeltplatz** M ке́мпинг m
Zement M цеме́нт m
Zensur F отме́тка f; *staatliche* цензу́ра f
Zentimeter m/n сантиме́тр m
Zentner M полце́нтнера
zentral центра́льный **Zentrale** F центра́льное отделе́ние n **Zentralheizung** F центра́льное отопле́ние n **zentralisieren** централизова́ть (*im*)*pf* **Zentralverriegelung** F центра́льный замо́к m
Zentrum N центр m
zerbeißen раску́сывать ⟨-куси́ть⟩ **zerbrechen** V/T разла́мывать ⟨-лома́ть⟩ (-ся *v/i*) **zerbrechlich** хру́пкий **zerdrücken** разда́вливать ⟨-дави́ть⟩; *platt* расплю́щи(ва)ть
Zeremonie F церемо́ния f
zerfallen V/I *Haus* разруша́ться ⟨-у́шиться⟩ **zerfressen** ADJ разъе́денный **zerhacken** разруба́ть ⟨-би́ть⟩ **zerkleinern** размельча́ть ⟨-чи́ть⟩ **zerknittert** изма́тый **zerknüllen** ⟨с⟩мять **zerkratzen** расцара́п(ыв)ать
zerlegbar разбо́рный **zerlegen** разбира́ть ⟨-зобра́ть⟩ **zerlumpt** рва́ный, обо́рванный **zerreißen** V/T разрыва́ть ⟨-зорва́ть⟩
zerren V/T выта́скивать ⟨-тащи́ть⟩, зата́скивать ⟨-тащи́ть⟩; V/I дёргать ⟨-рнуть⟩ (**an** *dat* за *B*) **Zerrung** F MED растяже́ние n
zerrüttet *fig* расша́танный
zersägen распи́ливать ⟨-ли́ть⟩ **zerschlagen** разби́(ва́)ть **zerschneiden** разреза́ть ⟨-е́зать⟩ **zersetzen** разлага́ть ⟨-ложи́ть⟩ (**sich** -ся)
Zerstäuber M распыли́тель m
zerstören разруша́ть ⟨-у́шить⟩ **Zerstörung** F разруше́ние n
zerstreuen рассе́ивать ⟨-е́ять⟩; *unterhalten* развлека́ть ⟨-е́чь⟩ (*beide* **sich** -ся) **zerstreut** *fig* рассе́янный **Zerstreuung** F *fig* развлече́ние n
Zertifikat N сертифика́т m
zertreten раста́птывать ⟨-топта́ть⟩ **zerzaust** растрёпанный
Zettel M бума́жка f, листо́к m
Zeug N *umg* → Kram, Sachen; **dummes ~** вздор m, чушь f
Zeuge M свиде́тель m **zeu-**

gen VI свидéтельствовать (**von** *dat* о *П*) **Zeugenaussage** F свидéтельское показáние *n* **Zeugin** F свидéтельница *f* **Zeugnis** N свидéтельство *n*; *Schulzeugnis* тáбель *m*
z.H(d). (zu Händen) → Hand
Zickzack: **im ~** зигзáгом
Ziege F козá *f*
Ziegel M кирпи́ч *m*; *Dachziegel* черепи́ца *f*
Ziegenbock M козёл *m* **Ziegenkäse** M кóзий сыр *m*
ziehen VT ⟨по⟩тянýть (*a. v/i* **an** *dat* за *В*); *Zahn* удаля́ть ⟨-ли́ть⟩; *Linie* проводи́ть ⟨-вести́⟩; VI *pers umziehen* переезжáть ⟨-éхать⟩ (**nach** в *В*); **es zieht** сквози́т
Ziehharmonika F гармóшка *f* **Ziehung** F *Lotto* тирáж *m*
Ziel N цель *f*; SPORT фи́ниш *m*; *Zweck* назначéние *n* **zielen** прицéли(ва)ться (**auf** *akk* в *В*) **Zielflughafen** M мéсто *n* назначéния самолёта **Zielgruppe** F целевáя грýппа *f*, целевáя аудитóрия *f* **Zielscheibe** F мишéнь *f*
ziemlich ADV довóльно
Ziffer F ци́фра *f* **Zifferblatt** N цифербла́т *m*
Zigarette F сигарéта *f* **Zigarettenautomat** M сигарéтный автомáт *m*
Zigarre F сигáра *f*
Zigeuner(in) M(F) *neg!* цыгáн(-ка) *m(f)*
Zimmer N кóмната *f*; *Hotelzimmer* нóмер *m* **Zimmermädchen** N гóрничная *f* **Zimmermann** M плóтник *m* **Zimmerpflanze** F кóмнатное растéние *n* **Zimmerschlüssel** M ключ *п* от нóмера **Zimmerservice** M обслýживание *n* в гости́ничном нóмере
zimperlich изнéженный
Zimt M кори́ца *f*
Zink N цинк *m* **Zinke** F зубéц *m*
Zinn N óлово *n*
Zinsen MPL процéнты *mpl* **Zinssatz** M процéнтная стáвка *f*
zirka примéрно, óколо
Zirkel M ци́ркуль *m*; *pers* кружóк *m*
Zirkus M цирк *m*
zischen шипéть
Zitat N цитáта *f* **zitieren** ⟨про⟩цити́ровать
Zitrone F лимóн *m* **Zitronenpresse** F лимóнный прéсс *m* **Zitronensaft** M лимóнный сок *m*
Zitrusfrüchte FPL ци́трусовые *pl*
zittern дрожáть (**vor Kälte** от хóлода)
zivil граждáнский; **in Zivil** в штáтском **Zivilbevölkerung** F граждáнское населéние *n* **Zivildienst** M альтернати́вная слýжба *f* **Zivilisation** F цивилизáция *f* **zivilisiert** цивилизóванный

zögern колеба́ться
Zoll M тамо́жня *f*; *Geld* (тамо́женная) по́шлина *f* **Zollabfertigung** F тамо́женное оформле́ние *n* **Zollamt** N тамо́жня *f* **Zollbeamter** M тамо́женник *m* **Zollbeamtin** F тамо́женница *f* **Zollerklärung** F тамо́женная деклара́ция *f* **zollfrei** беспо́шлиный **Zollkontrolle** F тамо́женный досмо́тр *m* **zollpflichtig** облага́емый по́шлиной **Zollstock** M складно́й метр *m* **Zolltarif** M тамо́женный тари́ф *m*
Zone F зо́на *f* (**verkehrsberuhigte** с ограни́ченным движе́нием)
Zoo M зоопа́рк *m* **Zoologie** F зооло́гия *f*
Zoom M зум *m*
Zopf M коса́ *f*
Zorn M гнев *m* **zornig** гне́вный
zu PRÄP *dat* к(о) (*Д*), в / на (*В*); **~ Ihnen** к Ва́м; **~r Bank** в банк; **~r Post** на по́чту; **~m Mittagessen** *einladen* на обе́д; **bis ~** до (*Р*); **~m Geburtstag** *Geschenk usw* ко дню рожде́ния; **~ Fuß** пешко́м; **~ fünf Euro** за / по пять е́вро; *vor inf* **~ verkaufen** продаётся / -аю́тся; **ist ~** *umg geschlossen* закры́т (-а, -о, -ы); **~ wenig / viel** сли́шком ма́ло / мно́го; **um ~** что́бы; → (zum) Beispiel, (zu) Gast, (zur) Hälfte, zuhause, (zur) Zeit
Zubehör N принадле́жность *f*
zubereiten приготовля́ть ⟨-то́вить⟩ **Zubereitung** F приготовле́ние *n*
zubinden завя́зывать ⟨-за́ть⟩
Zubringer M *Bus* аэропорто́вый авто́бус *m*; *Straße* подъездна́я доро́га *f*
Zucht F выра́щивание *n*
züchten выра́щивать ⟨вы́растить⟩ **Züchter(in)** M(F) животново́д *m*; растениево́д *m*
zucken вздра́гивать ⟨-ро́гнуть⟩; **mit den Schultern ~** пож(им)а́ть плеча́ми
Zucker M са́хар *m*; MED *umg* **~ haben** страда́ть диабе́том **Zuckerrübe** F са́харная свёкла *f*
zudecken прикры́(ва́)ть, накры́(ва́)ть (**mit** *dat T*) **zudrehen** завёртывать ⟨-верну́ть⟩ **zudringlich** навя́зчивый **zuerst** снача́ла; *als erster* пе́рвым (-вой *f*, -выми *pl*)
Zufahrt F подъе́зд *m*; *Straße* → Zubringer **Zufall** M слу́чай *m* **zufällig** ADV случа́йно **Zuflucht** F *Ort* приста́нище *n*, убе́жище *n* **zufolge** PRÄP *dat* согла́сно (*Д*)
zufrieden дово́льный (**mit** *dat T*) **Zufriedenheit** F удовлетворе́ние *n* **zufriedenstellen** удовлетворя́ть ⟨-ри́ть⟩ **zufriedenstellend** удовлетвори́тельный
zufrieren замерза́ть

⟨-мёрзнуть⟩ **zufügen** *Schaden* наноси́ть ⟨-нести́⟩ **Zufuhr** F подво́з *m*; *v. Strom* пита́ние *n*
Zug M BAHN по́езд *m*; *an Zigarette* затя́жка *f*; *Luftzug* сквозня́к *m*; *Schluck* глото́к *m*
Zugabe F MUS выступле́ние *n* на бис **Zugang** M до́ступ *m*; *Neuzugang* поступле́ние *n* **zugänglich** досту́пный **zugeben** *gestehen* призн(ав)а́ть **Zugehörigkeit** F принадле́жность *f*
Zügel M по́вод *m* **zügellos** *fig* распу́щенный
Zugeständnis N усту́пка *f* **zugestehen** призн(ав)а́ть (**j-m etw** *B* за кем)
Zugführer(in) M(F) BAHN нача́льник *m* по́езда
zügig бы́стрый; *ununterbrochen* непреры́вный
zugleich одновре́ме́нно
Zugluft F сквозня́к *m*
Zugpersonal N BAHN прово́дник *m* (-ница *f*)
zugreifen *beim Essen* угоща́ться ⟨-ости́ться⟩
Zugrestaurant N ваго́н-ресторáн *m*
zugrunde: ~ **gehen** погиба́ть ⟨-и́бнуть⟩; ~ **richten** *ruinieren* разоря́ть ⟨-ри́ть⟩
zugunsten PRÄP *gen* в по́льзу *P*
Zugverbindung F железнодоро́жное сообще́ние *n* **Zugvogel** M перелётная пти́ца *f*
Zuhälter M сутенёр *m*
zuhause *österr, schweiz* до́ма
Zuhause N (родно́й) дом *m*, оча́г *m*
zuhören ⟨по⟩слу́шать **Zuhörer(in)** M(F) слу́шатель(ница) *m(f)* **zukleben** закле́и(ва)ть
zuknöpfen застёгивать ⟨-тегну́ть⟩
Zukunft F бу́дущее (вре́мя GRAM) *n*; **in ~** в бу́дущем
zukünftig бу́дущий
Zulage F надба́вка *f* **zulassen** *gestatten* допуска́ть ⟨-сти́ть⟩; AUTO ⟨за⟩регистри́ровать **zulässig** допусти́мый
Zulassung F до́пуск *m*; допуще́ние *n*; AUTO регистра́ция *f* **zulasten** PRÄP *gen* за счёт (*P*)
Zulauf M → Zustrom **zuletzt** наконе́ц; *als letzter* после́дним (-ней *f*, -ними *pl*) **zuliebe** PRÄP *dat* ра́ди (*P*)
zum → zu
zumachen *umg* → schließen
zumindest по ме́ньшей ме́ре **zumuten** тре́бовать (**j-m etw** ч-о от к-о) **Zumutung** F чрезме́рное тре́бование *n*
zunächst пока́; *zuerst* снача́ла **zunähen** заши́(ва́)ть **Zunahme** F (при)ро́ст *m* **Zuname** M фами́лия *f*
Zündkabel N ка́бель *m* зажига́ния **Zündkerze** F свеча́ *f* зажига́ния **Zündschlüssel** M ключ *m* зажига́ния **Zündung** F AUTO зажига́ние *n*
zunehmen увели́чи(ва)ться; *dicker werden* ⟨по⟩полне́ть **Zu-**

neigung F симпа́тия *f*
Zunge F язы́к *m*
zunichte: ~ **machen** разруша́ть ⟨-у́шить⟩
zuordnen относи́ть ⟨-нести́⟩
zuparken запаркова́ть *pf*
zupfen щи́пывать ⟨-па́ть⟩
zurechnungsfähig JUR вменя́емый
zurechtfinden: **sich ~** ориенти́роваться (*im*)*pf*, **zurechtkommen** справля́ться ⟨-а́виться⟩ (**mit etw** с *T*) **zurechtmachen** приготовля́ть ⟨-то́вить⟩; **sich ~** наряжа́ться ⟨-яди́ться⟩
zureden угова́ривать (**j-m** к-о)
Zürich N Цю́рих *m*
zurück наза́д, обра́тно; **bin gleich ~** сейча́с верну́сь **zurückbekommen** получа́ть ⟨-чи́ть⟩ обра́тно **zurückbleiben** ост(ав)а́ться **zurückbringen** *j-m etw* приноси́ть ⟨-нести́⟩ обра́тно **zurückdrängen** V/T оттесня́ть ⟨-ни́ть⟩ **zurückfahren** V/I ⟨по⟩е́хать обра́тно; → *a.* zurückkommen **zurückfordern** ⟨по⟩тре́бовать обра́тно **zurückgeben** возвраща́ть ⟨-рати́ть⟩, верну́ть *pf* **zurückgeblieben** *Mensch* отста́лый *neg!* **zurückgehen** идти́ ⟨пойти́⟩ обра́тно; *abnehmen* снижа́ться ⟨-изиться⟩ **zurückgezogen** ADV уединённо
zurückhalten *aufhalten, Post* задёрживать ⟨-жа́ть⟩, *Gefühl* сдёрживать ⟨-жа́ть⟩ (**sich** -ся) **zurückhaltend** сдёржанный **zurückkommen** возвраща́ться ⟨-рати́ться⟩, верну́ться *pf* **zurücklassen** оставля́ть ⟨-а́вить⟩ **zurücklegen** *Ware* откла́дывать ⟨отложи́ть⟩; *Weg* проходи́ть ⟨-ойти́⟩ **zurücknehmen** брать ⟨взять⟩ обра́тно **zurückrufen** TEL перезва́нивать ⟨-звони́ть⟩ **zurückschicken** пос(ы)ла́ть обра́тно **zurückschlagen** *Kragen* отвора́чивать ⟨-верну́ть⟩; *Feind* отража́ть ⟨-рази́ть⟩ **zurückstellen** *Uhr* переводи́ть ⟨-вести́⟩ наза́д; *aufschieben* откла́дывать ⟨отложи́ть⟩ **zurücktreten** *v. Amt* уходи́ть ⟨уйти́⟩ в отста́вку **zurückweisen** *Verdacht* отверга́ть ⟨-ве́ргнуть⟩ **zurückzahlen** возвраща́ть ⟨-рати́ть⟩ **zurückziehen** *Vorhang* отдёргивать ⟨-рнуть⟩; *fig* → zurücknehmen; **sich ~** удаля́ться ⟨-ли́ться⟩
zurzeit в настоя́щее вре́мя
Zusage F *Einwilligung* согла́сие *n*; → Versprechen **zusagen** *gefallen* ⟨по⟩нра́виться; → versprechen
zusammen вме́сте; совме́стно **Zusammenarbeit** F сотру́дничество *n* **zusammenbauen** ⟨с⟩монти́ровать **zusammenbrechen** развали́ваться ⟨-ли́ться⟩; *fig* разруша́ться ⟨-ру́шиться⟩; *pers fig*

a. сломáться *pf* **Zusammenbruch** M развáл *m*, крах *m*; MED срыв *m*
zusammenfallen *zeitl* совпадáть ‹-пáсть›; *Haus* → einstürzen **zusammenfassen** обобщáть ‹-щи́ть› **Zusammenfassung** F обобщéние *n* **zusammengehören** *Teile* составля́ть ‹-áвить› комплéкт **zusammenhalten** *pers* держáться вмéсте **Zusammenhang** M связь *f* **zusammenhängen** быть свя́занным **zusammenhängend** свя́зный; ADV свя́зно
zusammenklappbar складнóй **zusammenklappen** склáдывать ‹сложи́ть›; *fig* → zusammenbrechen
zusammenkommen *pers* встречáться ‹-éтиться›; *bei Sammlung* наб(и)рáться **Zusammenkunft** F встрéча *f*; собрáние *n* **Zusammenleben** N сожи́тельство *n*
zusammennehmen: **seinen Mut ~** соб(и)рáться с дýхом; **sich ~** брать ‹взять› себя́ в рýки
zusammenpassen подходи́ть ‹-дойти́› друг к дрýгу
zusammenschlagen *j-n* изби́(вá)ть **zusammenschließen**: **sich ~** объединя́ться ‹-ни́ться›
zusammensetzen → zusammenbauen; **sich ~** состоя́ть (**aus** *dat* из *P*); *pers* соб(и)рáться **Zusammensetzung** F составлéние *n*; *Bestand* состáв *m*
zusammenstellen составля́ть ‹-áвить› **Zusammenstellung** F составлéние *n* **Zusammenstoß** M столкновéние *n* **zusammenstoßen** стáлкиваться ‹столкнýться›
zusammentreffen встречáться ‹-éтиться›; *zeitl* совпадáть ‹-пáсть› **zusammenzählen** подсчи́тывать ‹-тáть› **zusammenziehen** V/I съезжáться ‹-éхаться›; V/T *enger* затя́гивать ‹-янýть›
Zusatz M добавлéние *n*; дополнéние *n* **zusätzlich** дополни́тельный
zuschauen ‹по›смотрéть; наблюдáть (**j-m** за *T*) **Zuschauer(in)** M(F) зри́тель (-ница) *m(f)*
Zuschlag M BAHN доплáта *f* **zuschlagen** *Tür* захлóпывать ‹-пнуть› (-ся *v/i*)
zuschließen запирáть ‹-перéть› **zuschrauben** зави́нчивать ‹-нти́ть› **Zuschrift** F письмó *n* **Zuschuss** M *finanziell* посóбие *n* **zuschütten** засыпáть ‹-ы́пать› **zusehen** → zuschauen **zusenden** *hin* пос(ы)лáть; *her* прис(ы)лáть **zusetzen** прист(ав)áть (**j-m mit etw** к к-у с *T*); *Geld* ‹по›теря́ть **zusichern** гаранти́ровать *(im)pf*
zuspitzen: **sich ~** обостря́ться

⟨ри́ться⟩
Zustand M состоя́ние *n*
zustande: **~ kommen** осуществля́ться ⟨-ви́ться⟩
zuständig компете́нтный **zustehen** полага́ться
zustellen *versperren* заставля́ть ⟨-та́вить⟩, *Post* доставля́ть ⟨-та́вить⟩ **Zustellung** F доста́вка *f*
zustimmen соглаша́ться ⟨-ласи́ться⟩; → billigen **Zustimmung** F согла́сие *n*
zustopfen затыка́ть ⟨-ткну́ть⟩ **Zustrom** M прито́к *m*; *pers* наплы́в *m* **Zutaten** FPL компоне́нты *mpl*; → Gewürz **zuteilen** выделя́ть ⟨вы́делить⟩
zutrauen: **j-m etw ~** ожида́ть (*B*) от к-о
zutreffen относи́ться (**auf** *akk* к *Д*; **Zutreffendes unterstreichen** ну́жное подчеркну́ть
Zutritt M вход *m*; до́ступ *m*
zuverlässig надёжный **Zuversicht** F уве́ренность *f* **zuversichtlich** уве́ренный
zuviel → zu (viel)
zuvor пре́жде, до э́того **zuvorkommen** *Sache* предупрежда́ть ⟨-реди́ть⟩; *j-m* опережа́ть ⟨-реди́ть⟩ (*dat B*) **zuvorkommend** предупреди́тельный
Zuwachs M WIRTSCH → Zunahme **Zuwanderer** M иммигра́нт *m* **zuweisen** *Aufgabe* поруча́ть ⟨-чи́ть⟩ **zuwenden** *Interesse* обраща́ть ⟨-рати́ть⟩ (**sich** -ся) **Zuwendung** F забо́та *f*; *finanziell* посо́бие *n*
zuwenig → zu (wenig) **zuwider** PRÄP вопреки́ (*Д*)
Zuzahlung F припла́та *f* **zuziehen** *Vorhang* задёргивать ⟨-рнуть⟩; **sich e-e Krankheit ~** нажи́(ва́)ть себе́ боле́знь
zuzüglich плюс
Zwang M принужде́ние *n*; *Gewalt* наси́лие *n* **zwanglos** непринуждённый **Zwangsarbeiter** M HIST ка́торжник *m* **Zwangslage** F затрудни́тельное положе́ние *n*
zwanzig два́дцать **zwanzigste** двадца́тый
zwar хотя́; **und ~** (а) и́менно
Zweck M цель *f* **zwecklos** → sinnlos, vergeblich **zweckmäßig** целесообра́зный
zwei два, две **Zwei** F дво́йка *f* **Zweibettzimmer** N двухме́стный но́мер *m* **zweideutig** двусмы́сленный **zweifach** двойно́й
Zweifel M сомне́ние *n* **zweifelhaft** сомни́тельный **zweifellos** несомне́нно **zweifeln** сомнева́ться (**an** *dat* в *П*)
Zweig M ве́тка *f*; *Bereich* о́трасль *f* **Zweigstelle** F филиа́л *m*, отделе́ние *n*
zweihundert две́сти **zweimal** два ра́за, два́жды **zweimotorig** двухмото́рный **zweireihig** *Anzug* двубо́ртный **zweiseitig** двусторо́нний **zweisitzig** двухме́стный

zweisprachig двуязы́чный **zweistöckig** двухэта́жный
zweit: **zu ~** вдвоём
Zweitaktmotor M двухта́ктный дви́гатель *m*
zweite второ́й **zweitens** во-вторы́х
zweitrangig второстепе́нный **Zweitwohnung** F втора́я (ме́ньшая) кварти́ра *f*
Zwerchfell N диафра́гма *f*
Zwerg M ка́рлик *m*
Zwetschge F сли́ва *f*
zwicken щипа́ть ‹-ну́ть›
Zwieback M суха́рь *m*
Zwiebel F лук *m*; *Blumenzwiebel* лу́ковица *f*
Zwilling M близне́ц *m*
zwingen принужда́ть ‹-у́дить› **zwingend** *Grund* убеди́тельный
zwinkern морга́ть ‹-гну́ть›
Zwirn M кручёная нить *f*
zwischen PRÄP ме́жду (*T*) (*a. örtl*); *inmitten* среди́ (*P*) **zwischendurch** в промежу́тке **Zwischenfall** M инциде́нт *m* **Zwischenhändler** M переку́пщик
Zwischenlandung F промежу́точная поса́дка *f* **Zwischenraum** M промежу́ток *m* **Zwischenruf** M ре́плика *f* **Zwischenstecker** M промежу́точный ште́псель *m* **Zwischenzeit** F: **in der ~** ме́жду тем
zwitschern чири́кать ‹-кнуть›
zwölf двена́дцать **zwölfte** двена́дцатый
Zyklus M цикл *m*
Zylinder M TECH цили́ндр *m*
zynisch цини́чный
Zypern N Кипр *m*
Zyste F киста́ *f*

Anhang

Zahlen | Числи́тельные

Grundzahlen | Коли́чественные числи́тельные

0 *null* ноль *od* нуль *m*
1 *eins* оди́н *m*, одна́ *f*, одно́ *n*
2 *zwei* два *m*/*n*, две *f*
3 *drei* три
4 *vier* четы́ре
5 *fünf* пять
6 *sechs* шесть
7 *sieben* семь
8 *acht* во́семь
9 *neun* де́вять
10 *zehn* де́сять
11 *elf* оди́ннадцать
12 *zwölf* двена́дцать
13 *dreizehn* трина́дцать
14 *vierzehn* четы́рнадцать
15 *fünfzehn* пятна́дцать
16 *sechzehn* шестна́дцать
17 *siebzehn* семна́дцать
18 *achtzehn* восемна́дцать
19 *neunzehn* девятна́дцать
20 *zwanzig* два́дцать
21 *einundzwanzig* два́дцать оди́н *m* (одна́ *f*, одно́ *n*)
22 *zweiundzwanzig* два́дцать два *m*/*n* (две *f*)
23 *dreiundzwanzig* два́дцать три
30 *dreißig* три́дцать
40 *vierzig* со́рок
50 *fünfzig* пятьдеся́т
60 *sechzig* шестьдеся́т
70 *siebzig* се́мьдесят
80 *achtzig* во́семьдесят
90 *neunzig* девяно́сто
100 (*ein*)*hundert* сто
200 *zweihundert* две́сти
300 *dreihundert* три́ста
400 *vierhundert* четы́реста
500 *fünfhundert* пятьсо́т
600 *sechshundert* шестьсо́т
700 *siebenhundert* семьсо́т
800 *achthundert* восемьсо́т
900 *neunhundert* девятьсо́т
1 000 (*ein*)*tausend* (одна́) ты́сяча *f*
2 000 *zweitausend* две ты́сячи *f*
5 000 *fünftausend* пять ты́сяч *f*
60 140 *sechzigtausendeinhundertvierzig* шестьдеся́т ты́сяч сто со́рок
1 000 000 (*eine*) *Million* (оди́н) миллио́н *m*
1 000 000 000 (*eine*) *Milliarde* (оди́н) миллиа́рд *m*

Ordnungszahlen | Поря́дковые числи́тельные

1. *erste(r)* пе́рвый
2. *zweite(r)* второ́й
3. *dritte(r)* тре́тий
4. *vierte(r)* четвёртый
5. *fünfte(r)* пя́тый
6. *sechste(r)* шесто́й
7. *sieb(en)te(r)* седьмо́й
8. *achte(r)* восьмо́й
9. *neunte(r)* девя́тый
10. *zehnte(r)* деся́тый
11. *elfte(r)* оди́ннадцатый
12. *zwölfte(r)* двена́дцатый
13. *dreizehnte(r)* трина́дцатый
14. *vierzehnte(r)* четы́рнадцатый
15. *fünfzehnte(r)* пятна́дцатый
16. *sechzehnte(r)* шестна́дцатый
17. *siebzehnte(r)* семна́дцатый
18. *achtzehnte(r)* восемна́дцатый
19. *neunzehnte(r)* девятна́дцатый
20. *zwanzigste(r)* двадца́тый
21. *einundzwanzigste(r)* два́дцать пе́рвый
22. *zweiundzwanzigste(r)* два́дцать второ́й
30. *dreißigste(r)* тридца́тый
40. *vierzigste(r)* сороково́й
50. *fünfzigste(r)* пятидеся́тый
60. *sechzigste(r)* шестидеся́тый
70. *siebzigste(r)* семидеся́тый
80. *achtzigste(r)* восьмидеся́тый
90. *neunzigste(r)* девяно́стый
100. *(ein)hundertste(r)* со́тый
200. *(zwei)hundertste(r)* двухсо́тый
300. *dreihundertste(r)* трёхсо́тый
400. *vierhundertste(r)* четырёхсо́тый
500. *fünfhundertste(r)* пятисо́тый
600. *sechshundertste(r)* шестисо́тый
700. *siebenhundertste(r)* семисо́тый
800. *achthundertste(r)* восьмисо́тый
900. *neunhundertste(r)* девятисо́тый
1 000. *(ein)tausendste(r)* ты́сячный
60 140. *sechzigtausendeinhundertvierzigste(r)* шестьдеся́т ты́сяч сто сороково́й
1.000.000. *millionste(r)* миллио́нный

Jahreszahlen | Го́ды

Russische Jahreszahlen bilden Zusammensetzungen aus natürlichen Zahlen. Diese werden durch einzelne Wörter als Grund- und Ordnungszahlen wiedergegeben, wobei das letzte Wort immer eine Ordnungszahl darstellt. Beispiele:

1982	ты́чяча девятьсо́т во́семьдесят второ́й (год)	neunzehnhundertzweiundachtzig
2000	двухты́сячный (год)	(das Jahr) zweitausend
2017	две ты́сячи семна́дцатый (год)	zweitausendsiebzehn

Die obigen Formen entsprechen dem Nominativ auf die Frage **Како́й год...?** – Welches Jahr...? und dem Akkusativ auf die Frage **На како́й год...?** – Für welches Jahr...?.
Auf die Frage **Когда́?** – Wann? stehen alle Angaben im Genitiv, z. B.: **Когда́ ты роди́лся?** – Wann bist du geboren?
Два́дцать восьмо́го февраля́ ты́сяча девятьсо́т шестьдесят седьмо́го го́да. – Am 28.2.1967.
Wenn man alternativ **В како́м году́...?** – In welchem Jahr...? fragt, steht die Ordnungszahl und das Substantiv im Lokativ. Beispiel: **В како́м году́ была́ откры́та э́та галере́я?** – In welchem Jahr wurde diese Galerie eröffnet? **В две ты́сячи тре́тьем году́.** – 2003.

Feiertage in Russland | Пра́здники в Росси́и

Arbeitsfreie Feiertage | Нерабо́чие пра́здничные дни

1. Januar	Новый год Neujahr
7. Januar	Рождество Христово Russisch-Orthodoxes Weihnachtsfest
23. Februar	День защитника Отечества Tag des Verteidigers des Vaterlandes
8. März	Международный женский день Internationaler Frauentag
1. Mai	Праздник Весны и Труда Tag des Frühlings und der Arbeit
9. Mai	День Победы Tag des Sieges (*Ende des Zweiten Weltkrieges*)
12. Juni	День России Tag Russlands
4. November	День народного единства Tag der Volkseinheit

Nicht arbeitsfreie Feiertage | Пра́здники в рабо́чие дни

13./14. Januar	**Старый Новый год** Neujahrsfest nach dem Julianischen Kalender
Februar/März	**Масленица** Masleniza „Butterwoche", einwöchiges Fest zur Verabschiedung des Winters und des Übergangs zur Fastenzeit
April/Mai	**Пасха** Ostern
22. August	**День Государственного флага РФ** Tag der Nationalflagge der Russischen Föderation (RF)
1. September	**День знаний** Tag des Wissens (*Beginn des Schuljahres*)
12. Dezember	**День Конституции РФ** Tag der Verfassung der RF

Wenn ein gesetzlicher Feiertag auf ein Wochenende fällt, ist der darauf folgende Montag ein arbeitsfreier Tag.

Sprachführer | Кра́ткий разгово́рник

Das Allerwichtigste | Са́мые ва́жные фра́зы

Guten Morgen!	**До́брое у́тро!**
Guten Tag!	**До́брый день! / Здра́вствуйте!** *(Begrüßung zu jeder Tageszeit)*
Guten Abend!	**До́брый ве́чер!**
Auf Wiedersehen!	**До свида́ния!**
Tschüs!	**Пока́!**
…, bitte!	**…, пожа́луйста!**
Danke!	**Спаси́бо!**
Nichts zu danken!	**Не́ за что!**
Ja! / Nein!	**Да! / Нет!**
Entschuldigung!	**Извини́те! /** *umg* **Пардо́н!**
In Ordnung!	**Всё в поря́дке! / Хорошо́!**
Hilfe!	**Помоги́те! /** *umg* **Карау́л!**
Rufen Sie schnell einen Arzt!	**Сро́чно (Скоре́е) вы́зовите врача́!**
Rufen Sie schnell einen Krankenwagen!	**Сро́чно вы́зовите ско́рую по́мощь! /** *umg* **Скоре́е „ско́рую"!**
Wo ist die Toilette?	**Где здесь туале́т?**
Wann?	**Когда́?**
Was?	**Что?**
Wo?	**Где?**
Hier.	**Здесь.**

Da.	(*hier*) **(Вот) здесь.** / (*dort*) **(Вон) там.**
Dort.	**Там.**
Rechts. / Links.	**Спра́ва. / Сле́ва.**
Geradeaus.	**Пря́мо.**
Gestern. / Heute. / Morgen.	**Вчера́. / Сего́дня. / За́втра.**
Haben Sie…?	**У вас* есть …?**
Ich möchte …	**Я хоте́л(а) бы …**
Was kostet das?	**Ско́лько э́то сто́ит?**
Ich will nicht.	**(Я) не хочу́.**
Ich kann nicht.	**(Я) не могу́.**
Einen Moment bitte.	**Одну́ мину́ту, пожа́луйста!** / *umg* **Мину́точку!**

Verständigung | Обще́ние

Haben Sie / Hast du verstanden?	**Вы по́няли? / Ты по́нял (поняла́)?**
Ich verstehe (nicht)/ habe (nicht) verstanden.	**Я (не) понима́ю / (не) по́нял (поняла́).**
Sagen Sie es bitte noch einmal.	**Скажи́те э́то ещё раз, пожа́луйста!**
Bitte sprechen Sie etwas langsamer.	**Говори́те, пожа́луйста, (по)ме́дленнее.**
Bitte schreiben Sie mir das auf!	**Напиши́те мне э́то, пожа́луйста!**

* In persönlichen Briefen und offiziellen Dokumenten werden die Formen des Anredepronomens **Вы** großgeschrieben.

Small Talk | Непринуждённое общéние

Wie heißen Sie / heißt du?	Как вас / тебя́ зову́т?
Ich heiße …	Меня́ зову́т …
Woher kommen / stammen Sie?	Отку́да вы (ро́дом)?
Woher kommst / stammst du?	Отку́да ты (ро́дом)?
Ich komme aus…	Я (ро́дом) из …
Deutschland.	Герма́нии.
Österreich.	А́встрии.
der Schweiz.	Швейца́рии.
Wie alt sind Sie / bist du?	Ско́лько вам / тебе́ лет?
Ich bin … Jahre alt.	Мне … год (го́да, лет).
Was machen Sie / machst du beruflich?	Кто вы / ты по профе́ссии (по специа́льности)?
Sind Sie / Bist du zum ersten Mal hier?	Вы / Ты здесь впервы́е (в пе́рвый раз)?
Nein, ich war schon einmal in Russland.	Нет, я уже́ был(á) оди́н раз в Росси́и.
Wie lange sind Sie / bist du schon hier?	Как долго́ вы / ты уже здесь?
Seit fünf Tagen / zwei Wochen.	Уже́ пять дней / две неде́ли.
Wie lange sind Sie / bist du noch hier?	Как до́лго вы ещё пробу́дете / ты ещё пробу́дешь здесь?
Noch eine Woche / zwei Wochen.	Ещё (одну́) неде́лю / две неде́ли.
Gefällt es Ihnen / dir hier?	Вам / Тебе́ нра́вится здесь?
Es gefällt mir (sehr) gut.	Мне (о́чень) нра́вится.

Unterwegs | В пути́

Entschuldigung, wo ist … ?	Прости́те, где здесь …?
Wie komme ich nach / zu …?	(*zu Fuß*) Как (мне) дойти́ / (*mit dem Auto, Zug etc.*) доéхать до …?
Wie komme ich am schnellsten / am billigsten…	Как мне быстрée / дешéвле всегó добрáться до
zum Bahnhof?	(железнодорóжного) вокзáла?
zum Busbahnhof?	до автовокзáла?
zum Flughafen?	до аэропóрта?
zum Hafen?	до пóрта?
Zurück.	Обрáтно.
Geradeaus.	Пря́мо.
Nach links. / Nach rechts.	Налéво. / Напрáво.
Am besten mit dem Taxi.	Лýчше всегó – на такси́.

Im Hotel | В гости́нице

Ich habe bei Ihnen ein Zimmer reserviert.	Я заброни́ровал(а) у вас нóмер.
Mein Name ist …	Моя́ фами́лия – …
Hier ist meine Bestätigung.	Вот подтверждéние (о брони́ровании).
Haben Sie ein Doppelzimmer / Einzelzimmer frei …	У вас есть свобóдный двухмéстный / одномéстный нóмер
für eine Nacht / für drei Nächte?	на однý ночь / на три нóчи?
mit Bad / Dusche und WC?	с вáнной / душевóй каби́ной и туалéтом?
mit Blick aufs Meer?	с ви́дом на мóре?

Wir sind leider ausgebucht.	**К сожале́нию, у нас нет свобо́дных номеро́в.**
Morgen / Am Mittwoch … wird ein Zimmer frei.	**За́втра / в сре́ду освободи́тся (один) но́мер … .**
Wie viel kostet es …	**Ско́лько э́то сто́ит**
mit / ohne Frühstück?	**с за́траком / без за́втрака?**
mit Halbpension / Vollpension?	**с полупансио́ном / с по́лным пансио́ном?**

Shopping | Шо́ппинг

Wo bekomme ich …?	**Где мо́жно купи́ть …?**
Bitte schön?	**Слу́шаю вас.**
Kann ich Ihnen helfen?	**Вам помо́чь?**
Danke, ich sehe mich nur um.	**Нет, спаси́бо, я то́лько смотрю́.**
Ich werde schon bedient.	**Меня́ уже́ обслу́живают.**
Haben Sie …?	**У вас есть …?**
Ich hätte gerne …	**Мне, пожа́луйста, …**
eine Flasche Wasser.	**буты́лку воды́.**
Es tut mir leid, wir haben keine … mehr.	**К сожале́нию, у нас бо́льше нет …**
Was kostet (kosten) …?	**Ско́лько сто́ит (сто́ят) …?**
Das gefällt mir.	**Э́то мне нра́вится.**
Ich nehme es.	**Я беру́ (возьму́) э́то.**
Darf es sonst noch etwas sein?	**Жела́ете ещё что́-нибудь?**
Danke, das ist alles.	**Спаси́бо, это всё.**

Kann ich mit dieser Kreditkarte bezahlen?	**Мо́жно оплати́ть э́той креди́тной ка́ртой?**

Im Restaurant | В рестора́не

Die Karte bitte.	**Пожа́луйста, меню́.**
Was möchten Sie trinken / essen?	**Что вы бу́дете (жела́ете) пить / есть?**
Ich möchte …	**Я хоте́л(а) бы …**
ein Glas Rotwein.	**бока́л кра́сного вина́**
eine Flasche Weißwein.	**буты́лку бе́лого вина́.**
ein großes / kleines Bier.	**большу́ю / ма́ленькую кру́жку пи́ва.**
Haben Sie vegetarische / vegane Gerichte?	**У вас есть вегетариа́нские / вега́нские блю́да?**
Was nehmen Sie als Vorspeise / Nachtisch?	**Что вы возьмёте на заку́ску / десе́рт?**
Danke, ich nehme keine Vorspeise / keinen Nachtisch.	**Спаси́бо, мне, пожа́луйста, без заку́ски / десе́рта.**
Hat es Ihnen geschmeckt?	**Вам понра́вилось?**
Danke, sehr gut.	**Да, спаси́бо, о́чень.**
Ich möchte zahlen.	**Счёт, пожа́луйста.**

Меню́ | Speisekarte

За́втрак | Frühstück

блины́ *mpl* / бли́нчики *mpl* с тво́рогом (творого́м)	Eier(pfann)kuchen mit Quark
бу́лочка *f* с сы́ром	Brötchen mit Käse
бутербро́д *m* с икро́й	belegtes Brot (Brötchen), belegte Schnitte mit Kaviar
йо́гурт *m*	Joghurt
натура́льный йо́гурт	Naturjoghurt
фрукто́вый йо́гурт	Fruchtjoghurt
ка́ша *f*	Brei, Grütze
гре́чневая ка́ша	Buchweizengrütze
овся́ная ка́ша	Haferflockenbrei
кефи́р *m*	Kefir
клубни́чное варе́нье *n*	Erdbeerkonfitüre
колбаса́ *f*	Wurst
круасса́н *m*	Croissant
кукуру́зные хло́пья *pl*	Cornflakes
ма́сло *n* (сли́вочное)	Butter
мёд *m*	Honig
молоко́ *n*	Milch
ола́дьи *fpl* с мёдом	Eier(pfann)kuchen mit Honig (*dicker und kleiner als блины, aus einem Teig aus Hefe oder Kefir*)
омле́т *m*	Omelett
рога́лик *m*	Hörnchen

сардéлька *f* **(жáреная, отварнáя)**	Bockwurst (gebraten, gekocht)
сосúска *f* **(отварнáя)**	Würstchen (gekocht)
сыр *m*	Käse
сы́рник *m od* **творóжник** *m*	Quarkpfannkuchen
со сметáной	mit Sauerrahm
твóрог (*a.* **творóг)** *m* **с мёдом**	Quark mit Honig
тост *m*	Toast, Toastbrot
хлеб *m* **бéлый / чёрный**	Weißbrot / Schwarzbrot
бородúнский хлеб *m*	Borodinoer Brot (*russisches Roggenbrot mit süß-säuerlichem Geschmack – eine der bekanntesten russischen Roggenbrotsorten*)
яйцó *n* **вкрутýю / всмя́тку**	hart / weich gekochtes Ei
глазýнья *f*	Spiegelei
я́ичница *f*	Rührei

Холóдные закýски | Kalte Vorspeisen

ассортú *n*	Aufschnitt
грибнóе ассортú *od* **ассортú из грибóв**	Pilzplatte
овощнóе ассортú *od* **ассортú из овощéй**	Gemüseplatte
мяснóе ассортú	Aufschnittplatte
ры́бное ассортú *od* **ассортú из рыб**	Fischplatte
сы́рное ассортú	Käseplatte
варёный óкорок *m*	Kochschinken

винегре́т *m*	*Salat aus gekochten und klein geschnittenen Kartoffeln, Roter Bete, Möhren, Salzgurken, Sauerkraut, Zwiebeln, Schnittlauch, Öl und Salz*
гри́бы *mpl* **марино́ванные**	eingelegte Pilze
лосо́сь *m* / **сёмга** *f* **с лимо́ном**	Lachs mit Zitrone
икра́ *f* **кра́сная** / **чёрная**	roter / schwarzer Kaviar
ры́ба *f* **под марина́дом**	Fisch mit Essigmarinade
ры́ба *f* **заливна́я**	Fisch in Aspik
сала́т *m* **из све́жих овоще́й**	Gemüsesalat
сала́т *m* **из све́жих огурцо́в**	Gurkensalat
сала́т *m* **из све́жих помидо́ров**	Tomatensalat
сала́т *m* **„Оливье"**	*Salat aus gekochten und klein geschnittenen Kartoffeln, Hähnchen- oder Rindfleischstückchen, Eiern, Möhren, Salzgurken und grünen Erbsen*
сала́т *m* **с кра́бами**	Krabbensalat
сала́т *m* **с креве́тками**	Garnelensalat
сала́т *m* **с се́льдью**	Heringssalat
сала́т *m* **„Сельдь (Селёдка) под шу́бой"**	*Schichtsalat aus Heringsfilet („Hering im Pelzmantel"), gekochter und fein gewürfelter Roter Bete, Kartoffeln, Möhren, Eiern, Zwiebeln und Mayonnaise*
таре́лка *f* **разносо́лов**	Delikatessenplatte
осетри́на *f* **заливна́я**	Stör in Aspik

сту́день *m* **/ холоде́ц** *m*	Sülze
сту́день / холоде́ц из говя́дины	Rindfleischsülze
сту́день / холоде́ц из ку́рицы с желати́ном	Sülze aus Hühnerfleisch mit Gelatine
сту́день / холоде́ц по-дома́шнему	Sülze nach Hausmacherart
филе́ *n* **се́льди с печёным карто́фелем**	Heringsfilet mit Backkartoffeln
яйцо́ *n* **под майоне́зом**	Ei mit Mayonnaise

Горя́чие заку́ски | Warme Vorspeisen

жюлье́н *m* **из шампиньо́нов**	Champignon-Ragout
бли́нчики *mpl*	Eier(pfann)kuchen
запечённые баклажа́ны *mpl*	gebackene Auberginen
кальма́ры *mpl* **тушёные**	gedünstete Kalmare
гре́нки *mpl* **с помидо́ром и сы́ром**	geröstete Toastecken mit Tomaten und Käse
жа́реный сыр по-че́шски	gebackener Käse nach tschechischer Art
сала́т *m* **с обжа́ренными тома́тами**	Salat mit leicht angebratenen Tomaten

Пе́рвые блю́да | Suppen

бульо́н *m* **(кури́ный, овощно́й)**	(Hühner-, Gemüse-) Brühe
борщ *m* **со смета́ной**	Borschtsch (*Rote-Bete-Suppe*) mit Sauerrahm

окрóшка *f*	*kalte Suppe aus Kwass oder Kefir mit fein gewürfelten Kartoffeln, hart gekochten Eiern, klein geschnittenen Radieschen, sauren Gurken und Frühlingszwiebeln sowie fein gehackten Kräutern (Dill, Petersilie, Schnittlauch)*
рассóльник *m*	*leicht säuerliche Fleischsuppe mit klein geschnittenen Kartoffeln, Möhren, Zwiebeln, Graupen, Pfefferkörnern und Lorbeerblättern*
соля́нка *f* **мясня́я**	Fleischsoljanka
соля́нка *f* **ры́бная**	Fischsoljanka
суп-лапшá *m* **кури́ный**	Hühnersuppe mit Nudeln
суп *m* **грибнóй**	Pilzsuppe
ухá *f*	*klare Fischsuppe mit Kartoffeln, Zwiebeln, Lauch, Salz, Dill, Petersilie und Lorbeerblättern*
щи *pl*	Kohlsuppe
свéжие / ки́слые щи	Suppe aus frischem Kohl / Sauerkraut
пусты́е *od* **пóстные щи**	Kohlsuppe ohne Fleisch

Варе́ники, па́ста, ризо́тто | Teigtaschen, Pasta, Risotto

варе́ники *mpl*	kleine Teigtaschen
вареники с творо́гом и смета́ной	kleine Teigtaschen mit Quark und saurer Sahne
варе́ники с капу́стой	kleine Teigtaschen mit Sauerkraut
варе́ники с карто́фелем	kleine Teigtaschen mit Kartoffeln
лаза́нья *f* **с фа́ршем и сы́ром**	Lasagne mit Hackfleisch und Käse
лаза́нья *f* **овощна́я вегетари-а́нская**	vegetarische Lasagne
спаге́тти *npl* **„Карбона́ра"**	Spaghetti „Carbonara"
спаге́тти *npl* **с морепроду́ктами**	Spaghetti mit Meeresfrüchten
тальяте́лле *pl* **с лосо́сем**	Tagliatelle mit Lachs
ризо́тто *n* **с гриба́ми**	Risotto mit Pilzen
ризо́тто *n* **с ку́рицей и овоща́ми**	Risotto mit Huhn und Gemüse

Мясны́е блю́да | Fleischgerichte

бара́нина *f* **с карто́фелем в фольге́**	Hammelfleisch mit Kartoffeln in der Folie
бефстро́ганов *m*	Bœuf Stroganoff
бифште́кс *m*	Beefsteak
голубцы́ *mpl*	*Weißkohlrouladen mit Hackfleischfüllung*
гуля́ш *m*	Gulasch

жа́ркое *n* **из говя́дины**	Rinderbraten
жюлье́н *m* **из пти́цы**	Hühnergeschnetzeltes
котле́та *f* **ру́бленая**	Bulette, Frikadelle
котле́та *f* **отбивна́я**	Kotelett
котле́та *f* **по-ки́евски**	Kiewer Kotelett (*a.* „Kiewer Hühnchen") *Hähnchenbrustfilet, gefüllt mit kalter Butter oder einer Kräutermischung*
ку́рица *f* **жа́реная**	Brathähnchen
медальо́ны *mpl* **из теля́тины с тимья́ном и орега́но**	Kalbfleischmedaillons mit Thymian und Oregano
пельме́ни *mpl*	*kleine Teigtaschen mit Hackfleisch*
пе́рец *m* **фарширо́ванный**	*Paprikaschoten, gefüllt mit Hackfleisch und Reis*
стейк *m* **с со́усом „рокфо́р"**	Steak mit Roquefortsoße
теля́тина *f* **тушёная с овоща́ми**	gedünstetes Kalbfleisch mit Gemüse
цыплёнок *m* **„табака́"**	Brathähnchen „Tabaka"
ромште́кс *m*	Rumpsteak
шашлы́к *m* **из свини́ны**	Schaschlik aus Schweinefleisch
шни́цель *m* **из инде́йки**	Putenschnitzel
язы́к *m* **теля́чий отварно́й**	gekochte Kalbszunge

Ры́бные блю́да | Fischgerichte

карп *m* **отварно́й**	gekochter Karpfen
лосо́сь *m* **на гри́ле**	gegrillter Lachs
осетри́на *f* **под бе́лым со́усом**	Stör in heller Soße

па́лтус *m* **на пару́**	gedünsteter Steinbutt
пельме́ни *m* **с осетро́м / сёмгой**	Pelmeni *od gefüllte Teigtaschen mit Stör / Lachs*
севрю́га *f* **на гриле**	gegrillter Stör
суда́к *m* **фарширо́ванный**	gefüllter Zander
треска́ *f* **отварна́я**	gekochter Kabeljau
форе́ль *f* **жа́реная**	gebratene Forelle

Гарни́ры | Beilagen

карто́фель *m*	Kartoffeln
карто́фель в мунди́ре	Pellkartoffeln
жа́реный карто́фель	Bratkartoffeln
отварно́й карто́фель	Salzkartoffeln
карто́фель фри	Pommes frites
карто́фельное пюре́ *n*	Kartoffelpüree
лапша́ *f*	Nudeln
макаро́ны *pl*	Makkaroni
рис *m*	Reis

Десе́рты | Nachspeisen

блины́ *mpl* **с клубни́кой**	Eier(pfann)kuchen mit Erdbeeren
кисе́ль *m*	*aus Früchten und Beeren meist mit Kartoffelstärke angedickter Saft*
компо́т *m*	Kompott (*als Getränk in einem Glas serviert*)

моро́женое *n*	Speiseeis
клубни́чное моро́женое	Erdbeereis
моро́женое со взби́тыми сли́вками	Speiseeis mit Schlagsahne
шокола́дное моро́женое	Schokoladeneis
пиро́жное *n*	Stück Kuchen, Törtchen
пирожо́к *m* **с я́блоком**	Apfeltasche

Безалкого́льные напи́тки | Alkoholfreie Getränke

минера́льная вода́ *m*	Mineralwasser
квас *m*	Kwass (*kohlensäurehaltiges Erfrischungsgetränk aus gegorenem Roggenbrot, Mehl und Malz*)
сок *m*	Saft
апельси́новый сок	Orangensaft
виногра́дный сок	Traubensaft
вишнёвый сок	Kirschsaft
я́блочный сок	Apfelsaft
морс *m*	*Fruchtsaftgetränk aus Beerenobst*

Горя́чие напи́тки | Heißgetränke

горя́чий шокола́д *m*	heiße Schokolade
кака́о *n*	Kakao

кóфе *m*	Kaffee
кóфе со сли́вками	Kaffee mit Sahne
чёрный кóфе	schwarzer Kaffee
чай *m*	Tee
зелёный / чёрный чай	grüner / schwarzer Tee
чай с лимóном / молокóм	Tee mit Zitrone / Milch
травянóй чай	Kräutertee
фруктóвый чай	Früchtetee

Алкогóльные напи́тки | Alkoholische Getränke

винó *n*	Wein
бéлое сухóе винó	trockener Weißwein
крáсное полуслáдкое винó	lieblicher Rotwein
рóзовое слáдкое винó	süßer Roséwein
вóдка *f*	Wodka
глинтвéйн *m*	Glühwein
коньяк *m*	Cognac, Weinbrand
ликёр *m*	Likör
пи́во *n*	Bier
ром *m*	Rum
сидр *m*	Apfelschaumwein, Apfelsekt
шампáнское *n*	Champagner, Sekt
полусухóе шампáнское	halbtrockener Champagner, Sekt
слáдкое шампáнское	süßer Champagner, Sekt
сухóе шампáнское	trockener Champagner, Sekt

Abkürzungen und Symbole | Сокраще́ния и зна́ки

a.	auch также
abk	Abkürzung сокращение
ADJ, *adj*	Adjektiv прилагательное
ADV, *adv*	Adverb наречие
AGR	Landwirtschaft сельское хозяйство
akk	Akkusativ винительный падеж
ANAT	Anatomie анатомия
ARCH	Architektur архитектура
ASTRON	Astronomie астрономия
AUTO	Auto автомобилизм
BAHN	Eisenbahn железнодорожный транспорт
BERGB	Bergbau горное дело
bes	besonders особенно
BIOL	Biologie биология
BOT	Botanik ботаника
CHEM	Chemie химия
dat	Dativ дательный падеж
DEM PR	Demonstrativpronomen указательное местоимение
e-e	eine *keine Entsprechung im Russischen* нет эквивалента в русском языке
ELEK	Elektrotechnik und Elektrizität электротехника
e-m	einem *keine Entsprechung im Russischen* нет эквивалента в русском языке
e-n	einen *keine Entsprechung im Russischen* нет эквивалента в русском языке
e-r	einer *keine Entsprechung im Russischen*

	нет эквивалента в русском языке
e-s	eines
	keine Entsprechung im Russischen нет эквивалента в русском языке
etw	etwas что-либо
F, *f*	Femininum женский род
fig	figürlich, übertragen в переносном смысле
FIN	Finanzwesen финансовое дело
FLUG	Luftfahrt авиация
f(m)	Femininum und zusätzliche Maskulinendung in Klammern женский род и форма мужского рода в скобках
FOTO	Fotografie фотография
FPL *fpl*	Femininum Plural множественное число существительного женского рода
GASTR	Gastronomie гастрономия
gen	Genitiv родительный падеж
GEO	Geografie география
GEOL	Geologie геология
Ggs	Gegensatz антоним
GRAM	Grammatik грамматика
HIST	historisch, Geschichte историческое, история
IMPF, *impf*	imperfektives Verb глагол несовершенного вида
(IM)PF, *(im)pf*	imperfektives und perfektives Verb глагол несовершенного и совершенного вида
inf	Infinitiv неопределённая форма глагола
INT	Interjektion междометие
IT	Informatik, Computer информатика
j-m, j-m	jemandem

	кому-либо
j-n, j-n	jemanden кого-либо
j-s	jemandes кого-либо, чей-либо
JUR	Rechtswesen правовая система
komp	Komparativ сравнительная степень
KONJ, *konj*	Konjunktion союз
KUNST	Kunst искусство
LIT	Literatur литература
lit	buchsprachlich книжное (слово)
M, *m*	Maskulinum мужской род
MATH	Mathematik математика
MED	Medizin медицина
METEO	Meteorologie метеорология
M/F, *m/f*	Maskulinum und Femininum мужской и женский род
M(F), *m(f)*	Maskulinum mit zusätzlicher Femininendung in Klammern мужской род и форма женского рода в скобках
MIL	Militär вооружённые силы
MPL, *mpl*	Maskulinum Plural множественное число существительного мужского рода
mst	meistens большей частью
MUS	Musik музыка
N, *n*	Neutrum средний род
neg!	wird oft als beleidigend empfunden оскорбительное (слово)
nom	Nominativ именительный падеж
NPL, *npl*	Neutrum Plural множественное число существительного среднего рода
NUM, *num*	Zahlwort числительное
od	oder или

örtl	örtlich при обозначении места
österr	österreichisch австрийский
pers	Person, persönlich лицо, личный
PERS PR, *pers pr*	Personalpronomen личное местоимение
PF, *pf*	perfektives Verb совершенный вид
PHYS	Physik физика
PL, *pl*	Plural множественное число
POL	Politik политика
POSS PR, *poss pr*	Possessivpronomen притяжательное местоимение
präd	prädikativ предикативный, в качестве предикатива
PRÄP, *präp*	Präposition предлог
pron	Pronomen местоимение
®	eingetragene Marke товарный знак
REL	Religion религия
rel pr	Relativpronomen относительное местоимение
SCHACH	Schach шахматы
SCHIFF	Schifffahrt мореплавание
schweiz	schweizerisch швейцарский
sg	Singular единственное число
SPORT	Sport спорт
subst	Substantiv существительное
sup	Superlativ превосходная степень
TECH	Technik техника
TEL	Telekommunikation связь, телекоммуникация (термин)
THEAT	Theater театр
TV	Fernsehen телевидение
u.	und и
umg	umgangssprachlich разговорное (слово)
unv	unveränderlich неизменяемое (слово)
usw	und so weiter и так далее (и т.д.)

v.	von от
vgl	vergleiche сравни
V/I, *v/i*	intransitives Verb непереходный глагол
V/T, *v/t*	transitives Verb переходный глагол
vulg	vulgär вульгарное слово
WIRTSCH	Wirtschaft экономика
zeitl	zeitlich при обозначении времени
ZOOL	Zoologie зоология
zssgn	(in) Zusammensetzungen сложные слова
→	siehe смотри

Russische Abkürzungen

В, В	винительный падеж Akkusativ
Д, Д	дательный падеж Dativ
И, И	именительный падеж Nominativ
к-о	кого-либо jemanden, jemandes
к-у	кому-либо jemandem
П, П	предложный падеж Präpositiv
Р, Р	родительный падеж Genitiv
Т, Т	творительный падеж Instrumental